Johanna Schopenhauer
Im Wechsel der Zeiten, im Gedränge der Welt

Johanna Schopenhauer

Im Wechsel der Zeiten, im Gedränge der Welt

Jugenderinnerungen

Tagebücher

Briefe

Artemis & Winkler

Die Deutsche Bibliothek – CIP-Einheitsaufnahme

Schopenhauer, Johanna:
Im Wechsel der Zeiten, im Gedränge der Welt:
Jugenderinnerungen, Tagebücher, Briefe / Johanna Schopenhauer. –
Düsseldorf; Zürich: Artemis und Winkler, 2000
ISBN 3-538-07107-1

Neuausgabe 2000
© Verlag der Nation, Ingwert Paulsen jr., Husum
© 2000 Patmos Verlag GmbH & Co. KG
Artemis & Winkler Verlag, Düsseldorf und Zürich
Alle Rechte, einschließlich derjenigen des auszugsweisen
Abdrucks sowie der fotomechanischen und elektronischen
Wiedergabe, vorbehalten
Umschlagmotiv unter Verwendung der kolorierten Radierung
»Weimar von Nordwesten« (J. C. E. Melchior Kraus, 1798)
(AKG Berlin)
Satz: Josefine Urban – KompetenzCenter, Düsseldorf
Druck und Bindung: Bercker, Kevelaer
ISBN 3-538-07107-1

Einleitung

Die europäische Berühmtheit des Namens Schopenhauer gilt dem Philosophen des Irrationalismus, dem Begründer einer Modephilosophie, dem Hohenpriester des Pessimismus, dessen Lehre von der Verneinung des Willens zum Leben und von der Sinnlosigkeit politischen Handelns zum weltanschaulichen Credo vieler Vertreter der deutschen Bourgeoisie nach ihrer Niederlage in der Revolution von 1848/49 und danach zum Glaubensbekenntnis eines nicht geringen Teils der bürgerlichen Intelligenz in ganz Europa wurde.

Arthur Schopenhauer war der Sohn einer Mutter, deren Wirken heute vergessen ist, die aber in ihrer Zeit eine geschätzte und beliebte Schriftstellerin war und die neben Bettina von Arnim, Rahel Varnhagen, Henriette Herz und Dorothea Schlegel zu den berühmten Frauengestalten der Goethezeit zählt.

Wohl hatten Mutter und Sohn die Liebe zur Kunst und Literatur, den Sinn für das Schöngeistige und das Talent zur literarischen Gestaltung ihrer Gedanken und Erfahrungen gemeinsam, aber in der geistigen und charakterlichen Substanz ihres Wesens waren sie grundverschiedene Naturen. Anhänger wie Gegner seiner Lehre, die ihn persönlich kannten, schildern den weltflüchtigen Pessimisten übereinstimmend als einen ungeselligen, unverträglichen, übellaunischen, mit einem extrem krankhaften Selbstgefühl ausgestatteten Sonderling. Johanna Schopenhauer dagegen war eine heitere, sympathische, liebenswürdige Frau, deren Salon eine gesuchte Stätte anspruchsvoller Geselligkeit in der klassischen Zeit Weimars darstellte. Für Fürst Pückler-Muskau, den welterfahrenen Aristokraten und vorzüglichen Menschenkenner, war die Freundin Goethes »die angenehmste Frau«, die er je sah. Begabt mit einem starken Sinn für das Historische, der ihrem Sohn völlig abging, weltoffen für alle Eindrücke des Lebens, war sie eine Persönlichkeit, deren geistige Physiognomie im Zukunftsoptimismus der Aufklärung wurzelte und deren gesellschaftliches Wirken und literarisches Schaffen von Impulsen des bürgerlichen Humanismus der deutschen Klassik gespeist war. Bei der tiefen Gegensätzlichkeit, die zwischen ihren Weltanschauungen bestand, überrascht es nicht, daß die Mutter weder von der Philosophie ihres Sohnes Kenntnis nahm noch der Sohn den Büchern der Mutter Beachtung und Wertschätzung entgegenbrachte.

Johanna Schopenhauers literarische Berühmtheit hat ihren Tod nicht überdauert. Zu Recht ist der größte Teil ihres schriftstellerischen Schaffens der Vergessenheit anheimgefallen. Neben einigen Reisebüchern können heute nur noch ihre nachgelassenen autobiographischen Aufzeichnungen unser Interesse beanspruchen. Sie waren geplant als ein mehrbändiges Werk, dessen Höhepunkt die Schilderung der Weimarer Zeit, das Erlebnis der Freundschaft mit Goethe und Wieland, die Beziehungen zu den bedeutenden Menschen des klassischen Weimar bilden sollte. Johanna Schopenhauer begann ihre Autobiographie im Alter von siebzig Jahren, doch, wie sie von sich sagen konnte, »mit frischem Sinn und voll innerer Lebenskraft«. Vollendet wurde nur der erste Teil, die Zeit bis zum Beginn der Französischen Revolution 1789, dann nahm der Tod der Schriftstellerin die Feder aus der Hand. Überliefert sind wenige Seiten Notizen darüber, wie sie die Arbeit fortzusetzen gedachte. Für die weitere Niederschrift sollten neben ihren Tagebuchaufzeichnungen vor allem ihre zahlreichen Briefe, die sie für diesen Zweck von den Adressaten zurückgefordert hatte, Verwendung finden. Da ein Teil dieser Briefe erhalten geblieben ist, wird in dem vorliegenden Buch versucht, das Leben der bedeutenden Frau für die spätere Zeit durch Auszüge aus ihren Tagebüchern und durch eine Auswahl ihrer Briefe zu dokumentieren.

Johanna Schopenhauer war der Auffassung, Memoiren sollten nur im wörtlichen Sinne »Selbsterlebtes« erzählen und in Umkehrung des Titels von Goethes Lebensbeschreibung nur »Wahrheit ohne Dichtung« bieten. Beide Grundsätze hat sie bei der Aufzeichnung ihres »Jugendlebens« befolgt, und der Reiz dieses Werkes beruht vor allem darauf, daß die Wiedergabe ihrer Erlebnisse und Eindrücke von großer Echtheit und Unmittelbarkeit ist, daß dem Leser mit hoher Plastizität und mit reifer Kunst der Beschreibung vor Augen geführt wird, was für sie im Großen und im Kleinen von Bedeutung war. Doch die Orientierung auf das Individuelle und Selbsterlebte hat nicht zur Beschränkung des Gesichtskreises geführt. Mit dem Sinn der Schriftstellerin für das Typische und Allgemeine, das sich hinter dem Einzelnen verbirgt, mit dem sicheren Gefühl für das im gesellschaftlichen Sinne Interessante schildert sie aus der Perspektive einer Patriziertochter das Leben der Menschen, ihre Gebräuche und Geselligkeit, den Handel und Wandel und das politische Schicksal einer alten deutschen freien Reichsstadt im letzten Drittel des 18. Jahrhunderts. Johanna Schopenhauers Selbstbiographie, die das Kernstück dieses Buches bildet, ist so nicht nur ihre bedeutendste literarische Leistung, sondern zugleich ein kulturgeschichtliches Zeugnis von hohem Rang.

Johanna Schopenhauer erblickte am 9. Juli 1766 in Danzig das Licht der Welt. Väterlicher- wie mütterlicherseits gehörten ihre Vorfahren seit Generationen schon zum wohlhabenden Handelsbürgertum der Stadt. Ihr Vater, Christian Heinrich Trosiener, war ein vorurteilsfreier, fortschrittlichen Ideen aufgeschlossener Mann, der sich längere Zeit in Frankreich aufgehalten hatte und mehrere Sprachen beherrschte. Als erste Kinder in Danzig ließ er seine Töchter trotz aller Abmahnungen seiner verzopften Umgebung gegen die damals weit verbreitete Blatternkrankheit impfen. Die Blüte seines Handlungshauses beruhte auf den Geschäftsverbindungen nach Rußland. Ohne zu den Spitzen des Patriziats zu gehören, war Johannas Vater als Mitglied des Senats an der Regierung der freien Reichsstadt beteiligt. Von dem in der Familie herrschenden Stolz auf die republikanischen Institutionen des heimatlichen Gemeinwesens, der durch dieses politische Engagement stets neue Nahrung erhielt, wurde Johanna früh erfaßt.

Das Kind, das in der Geborgenheit einer reichen Familie heranwuchs, erfuhr schon in jüngsten Jahren mannigfaltige Förderung. Vom Buchhalter der elterlichen Firma, einem aus Nürnberg stammenden Original, erhielt es die erste Unterweisung im Schreiben. Da der Vater Wert darauf legte, daß seine Tochter mit der Muttersprache zugleich eine schwer auszusprechende Fremdsprache erlernte, wurde die Kinderfrau Kasche, die selbst Analphabetin war, angehalten, ihr Polnisch beizubringen. Die Schule, in die Johanna bereits mit vier Jahren gegeben wurde, unterstand der Obhut der Mutter und der Schwester des damals schon berühmten Zeichners und Kupferstechers Daniel Chodowiecki. Als der in Berlin lebende Künstler 1773 seine Vaterstadt besuchte, durfte die Patriziertochter ihm über die Schulter sehen, als er das Klassenzimmer zeichnete. Diese Begegnung legte den Grund für ihre frühe und starke Neigung zum Zeichnen und Malen, zur Beschäftigung mit der bildenden Kunst.

Johanna war sechs Jahre alt, als für sie ein eigener Hauslehrer angestellt wurde, der Kandidat der Theologie Kuschel, ein Predigtamtsanwärter aus einer armen Handwerkerfamilie. Ihm fiel es nicht schwer, das Vertrauen des Mädchens zu gewinnen und ihrem stets wachsenden Wissensdurst Nahrung zu geben. Lebhaft begeisterte sie sich für die Tugenden und Taten römischer Republikaner, für Brutus und Cicero, für Cincinnatus und Virginius. Der Enthusiasmus, den sie ihnen entgegenbrachte, bereitete den Boden für das frühe Verständnis aktueller geschichtlicher Vorgänge. Als der Befreiungskrieg der Nordamerikaner gegen das britische Kolonialjoch begann, waren es Lafayette und Washington, denen ihr Herz gehörte und für die sie den Sieg im Kampf gegen die Engländer erhoffte.

Das Mädchen hatte das Glück, in dem mit den Eltern befreundeten schottischen Theologen Richard Jameson, dem Prediger der englischen Kolonie in Danzig, einen väterlichen Freund zu finden, der zum guten Geist ihrer Kindheit und Jugend wurde. Sein Einfluß auf die geistige Entwicklung Johannas war größer als der der Eltern oder des Hauslehrers. Er machte sie mit den Geheimnissen des Sternenhimmels vertraut und weckte ihr Interesse für Vorgänge im Reich der Biologie. Doch den größten Gewinn hatte sie davon, daß Jameson sie im Englischen unterwies, und zwar mit solchem Erfolg, daß sie in kurzer Zeit die Sprache in Wort und Schrift beherrschte.

Es war in Danzig damals ein ungewöhnlicher Fall, daß ein Schulmädchen Englisch sprach, und Johanna mußte, um nicht in den kompromittierenden Verdacht zu geraten, ein gebildetes junges Frauenzimmer zu werden, den von seinen Erziehungserfolgen beflügelten Jameson bitten, davon Abstand zu nehmen, ihr auch noch Unterricht im Griechischen zu erteilen. Noch im Alter gedachte die Schriftstellerin voller Dankbarkeit, wie der Vertraute ihrer Kindheit sie mit dem Leben und der Kultur der Engländer bekannt gemacht, wie er ihr Shakespeare und die Großen der englischen Literatur nahegebracht hatte.

Im Deutschland des 18. Jahrhunderts wurden in den Kreisen des Adels und den Zirkeln des Bildungs- und Handelsbürgertums gesellschaftliche Lebensformen gepflogen, die sich vorwiegend am Geist der französischen Kultur orientierten. Eine standesgemäße Erziehung verlangte in erster Linie die Kenntnis des Französischen. Um Johanna damit auszurüsten, wurde sie der Betreuung der Mamsell Ackermann übergeben, der Exgouvernante einer schwedischen Prinzessin, die in Danzig eine Art Erziehungsanstalt für junge Mädchen unterhielt. Die Kinder lernten dort nicht nur Französisch – bei den Zusammenkünften durfte kein Wort Deutsch gesprochen werden –, sondern machten sich auch mit den in der vornehmen Gesellschaft üblichen Umgangsformen und mit weiblichen Handarbeiten vertraut. Johanna erwies sich auch hier als sehr gelehrig, und die ihr später eigene Sicherheit im Auftreten, ihre »Lebensleichtigkeit«, glaubte sie zum nicht geringen Teil den in dieser »Sozietät« verbrachten Jahren zu verdanken, die sie scherzhaft als ihre »akademische Zeit« bezeichnete. Diese Ausbildung brachte sie in geselligen Kontakt mit gleichaltrigen Mädchen und stellte auch eine vorteilhafte Ergänzung der intellektuellen Erziehung durch Jameson und Kuschel dar.

Entscheidende Kindheitseindrücke empfing die Patriziertochter vom Charakter ihrer Heimatstadt. Um die Mitte des 18. Jahrhunderts war Danzig eine blühende Handelsstadt, die den Warenaustausch zwischen West- und Osteuropa vermittelte. Russisches und polnisches Getreide besonders wurde an der Weichselmündung zum Export nach Holland und England umgeschlagen. Die städtischen Speicher mit ihren riesigen Dimensionen, der Verkehr im Hafen, die große Flottille der leichten Getreidekähne auf der Weichsel, das malerische Bild, das die zahlreichen Fremden boten, die polnischen Schimkys, leibeigene Flößerknechte, die russischen Kaufleute, die jüdischen Händler, die alljährlich zur Erntezeit aus Polen kommenden Schnitterinnen – all das waren Eindrücke, die sich dem Gedächtnis des Kindes unauslöschlich einprägten. Im Widerspruch zu dieser bürgerlichen Weltoffenheit ließen manche Erscheinungen im sozialen und religiösen Leben der Stadt erkennen, wie stark ihre Bewohner noch mittelalterlich-feudalen Gewohnheiten verhaftet waren.

Mit der ersten Teilung Polens 1772 erhielt der Wohlstand Danzigs einen schweren Schlag. Preußen annektierte einen bedeutenden Teil des der Stadt gehörenden Territoriums, und den Rest, einschließlich des Hafens, umschloß es mit schwarzweißen Grenzpfählen. Dieser Schritt hatte zur Folge, daß der Rußlandhandel Danzigs gelähmt und schließlich ganz erdrosselt wurde. Nur noch über die Messe in Leipzig konnten Geschäfte vermittelt werden. Der ökonomische Rückgang, den die mittleren Schichten zuerst zu spüren bekamen, wirkte sich bald auch auf die reichen Kaufherren aus. In seinem Lebensnerv wurde das Handlungshaus der Trosieners getroffen. Zehn Jahre später suchte der Hohenzollernkönig durch eine Blockade die Stadt zum Anschluß an Preußen zu zwingen. Von da an war den Bewohnern klar, daß der Selbständigkeit ihres Stadtstaates höchste Gefahr drohte. Hatte Goethe als Kind in Friedrich II. den Helden des Siebenjährigen Krieges bewundert, so teilte die heranwachsende Johanna den Ingrimm und Haß ihrer Mitbürger gegen einen Monarchen, der schuld am Niedergang ihrer Stadt war. Willkürakte der Zollbeamten, Leibesvisitationen und Prügelszenen unter exerzierenden Soldaten, die man vom Schlagbaum aus beobachten konnte, präsentierten sich dem Mädchen als »Segnungen« des Preußentums und flößten ihr tiefen Abscheu ein.

Nach der Konfirmation begann für das Mädchen der Eintritt in die Welt der Erwachsenen. Ein tragikomischer Heiratsantrag des Kandidaten Kuschel an seine dreizehnjährige Schülerin hatte diesen Übergang beschleunigt. Die schulische Ausbildung wurde für abgeschlossen betrachtet, weil es für eine Tochter wohlhabender Eltern nur darum gehen konnte, recht bald eine standesgemäße Ehe zu schließen. Daß es ausgeschlossen war, eine andere Perspektive auch nur in Erwägung zu ziehen, hatte Johanna noch als Kind erfahren, als ihr Wunsch, nach dem Vorbild der Angelika Kauffmann, der in Rom lebenden deutschen Künstlerin, Malerin zu werden, von ihren Eltern und Verwandten nur mit Hohn und Spott beantwortet wurde.

Noch nicht neunzehnjährig heiratete Johanna 1785 den zwanzig Jahre älteren Großkaufmann Heinrich Floris Schopenhauer. Schopenhauer hatte einige Jahre in Frankreich gelebt, liebte den englischen Lebensstil und die französische Aufklärungsliteratur und stand wegen seiner antipreußischen Einstellung und seines großen Reichtums in hohem Ansehen. Kulturelle Ansprüche, Vergnügen an gehobener Geselligkeit und – wie sich zeigen sollte – die Freude am Reisen verbanden die Ehegatten miteinander, doch belasteten im Laufe der Jahre bestimmte Charakterzüge des Mannes, seine leichte Reizbarkeit, sein Starrsinn und ein Hang zum Despotischen das Zusammenleben. Die junge Frau wußte, daß sie eine konventionelle Ehe eingegangen war, und wenn sie darüber Unbehagen empfand, kämpfte sie dieses Gefühl, wie sie berichtet, mit einem Blick auf den sie umgebenden Reichtum nieder. Sie lebte nun in einem luxuriös eingerichteten, von einem herrlichen Park umgebenen Landhaus. Die ihr bei den sonntäglichen Empfängen zufallende Pflicht zur Repräsentation, die ihre einzige Aufgabe war, konnte sie nicht befriedigen, und schmerzlich empfand sie die Abgelegenheit Danzigs von den Zentren des geistigen Lebens.

Ihr sehnlicher Wunsch nach größerer Weltkenntnis, nach Kontakt zu Menschen, die die zeitgenössische Kunst und Literatur verkörperten, ging in Erfüllung, als Schopenhauer mit ihr 1787 eine große Reise antrat. Die erste Station war Berlin, das Johanna abstieß, weil sie »nichts als Uniformen, nirgends echt

bürgerliche Wohlhabenheit« sah. Über Hannover ging es nach
Pyrmont, dem damaligen Modebad des hohen Feudaladels und
der bürgerlichen Geldaristokratie. Hier lernten die Schopenhauers die führenden Köpfe der Berliner Aufklärung, Nicolai
und Biester, vor allem aber den liebenswürdigen, als Historiker
und Publizisten bedeutenden Justus Möser kennen. In Paris,
wo sie sich vier Wochen aufhielten, spürten sie die ersten
Anzeichen der nahenden Revolution und erlebten die letzte
große Prachtentfaltung des königlichen Hauses anläßlich des
Namenstages Ludwigs XVI. Durch die bevorstehende Mutter-
schaft Johannas beunruhigt, verweilten sie mehrere Monate in
London, ihrem eigentlichen Ziel, um danach auf strapaziösen
Wegen in die Heimat zurückzukehren, wo am 22. Februar 1788
der Sohn Arthur geboren wurde.

Wie die meisten gebildeten Vertreter des deutschen Bürgertums nahmen die Schopenhauers am Ausbruch und Verlauf der
Französischen Revolution den lebhaftesten Anteil. Begeistert
begrüßten sie den Sturm auf die Bastille, die entscheidenden
Beschlüsse der französischen Nationalversammlung und die
spontanen Aktionen der Massen gegen die Träger der adligen
Unterdrückungspolitik. »Von nun an ging ein neues Leben in
mir auf, unerhörte Hoffnungen eines durchaus veränderten
Zustandes der Welt wurden in mir rege.« Mit diesen Worten
erinnerte sich Johanna ein halbes Jahrhundert später noch
ihrer Empfindungen bei dem weltgeschichtlichen Ereignis.
Das Lesen von Zeitungen wurde ihr von nun an ein dringendes
Bedürfnis, und sie glaubte an das Herannahen einer »Freiheit,
Friede und Bürgerglück verbreitenden goldenen Zeit«. Obwohl
ihr Bekenntnis zur befreienden Rolle der Französischen Revolution lebenslang ungebrochen blieb, wandelte sich wie bei der
großen Mehrheit ihrer Klasse die anfängliche Begeisterung
und Zustimmung zur entschiedenen Ablehnung und Feind-
schaft, als die Klassenkämpfe in Frankreich härtere Formen
annahmen, als der König aufs Schafott geschickt wurde und
die Jakobiner zur Macht kamen. Der überwiegende Teil der
bürgerlichen Intelligenz Deutschlands lehnte die Republik ab;
er trat nur für eine konstitutionelle Monarchie ein, mit einem

aufgeklärten Herrscher an der Spitze, unter dessen Zepter Adel und Bürgertum ihre Interessen miteinander in Einklang bringen sollten. Kein Verständnis hatte er dafür, daß in Frankreich radikal-demokratische Mittel notwendig waren, um die Errungenschaften der Revolution gegen ihre inneren und äußeren Feinde zu verteidigen. In der Jakobinerdiktatur erblickte man nur ein Regime der Gewalt und des Schreckens, nicht den Ausdruck der Entschlossenheit, die bürgerliche Umwälzung auch unter den kompliziertesten Bedingungen zum Siege zu führen.

Eine indirekte Wirkung der Revolution brachte für die Schopenhauers eine wichtige Veränderung ihres Lebens. Österreichs zeitweilige Handlungsunfähigkeit nutzten Preußen und Rußland 1793 zur zweiten Teilung Polens, in deren Verlauf die preußische Regierung die Annexion Danzigs vollzog. Schopenhauer war sich mit seiner Frau in dem Willen einig, niemals Untertan der Hohenzollern zu werden, und als die Besetzung Danzigs unmittelbar bevorstand, flüchtete er mit seiner Familie nach Hamburg, wo er ein neues Handelshaus gründete. Hier wurde im Jahre 1797 die Tochter Adele geboren. Abwechslung in Johanna Schopenhauers Leben brachte die Teilnahme an den geselligen Zusammenkünften der Hamburger Handelsbourgeoisie, das Bekanntwerden mit einigen namhaften Persönlichkeiten, mit Klopstock, dem Maler Tischbein, dem englischen Admiral Nelson. Vor allem aber waren es die Reisen, die ihren Erfahrungskreis erweiterten. Die längste Reise der Schopenhauers währte von 1803 bis 1805 und führte durch halb Europa, nach Holland, Frankreich, England, Schottland, die Schweiz, Österreich und durch weite Teile Deutschlands. Die Tagebuchaufzeichnungen dieser Reise bildeten zehn Jahre später die Grundlage für ein Buch, mit dem Johanna ihren ersten literarischen Ruhm als Reiseschriftstellerin erwarb.

Wenige Wochen nach Abschluß dieser Tour endete Heinrich Floris Schopenhauers Leben durch Selbstmord. Der Großkaufmann litt seit längerer Zeit unter zunehmender Taubheit, Gedächtnisschwäche und wiederholten Anfällen von Trübsinn, zu denen auch das Ausbleiben der erhofften ökonomischen Erfolge in Hamburg beigetragen haben mag.

Der Tod ihres Mannes stellte Johanna vor die Entscheidung, die Firma mit fremder Unterstützung weiterzuführen, bis der Sohn, der sich in einer kaufmännischen Lehre befand, zur Übernahme des Hauses in der Lage war, oder der Welt des Handels und der Banken den Rücken zu kehren, um sich ganz ihren geselligen und künstlerischen Neigungen hinzugeben. Offensichtlich ist die Wahl der vierzigjährigen Witwe nicht allzu schwer gefallen. Da ihr Vermögen ihr gestattete, ihr Leben nach eigenem Gutdünken einzurichten, und da sie jede Abhängigkeit vom Sohn vermeiden wollte, war sie entschlossen, künftig dort zu leben, wo Kunst und Literatur blühten, wo sie mit berühmten Menschen Umgang pflegen konnte.

Im Frühjahr 1806 sah sich Johanna Schopenhauer im mittleren Deutschland nach einem neuen Wohnsitz um. Nach kurzem Schwanken zwischen Gotha und Weimar entschied sie sich für die Residenz des Herzogtums Sachsen-Weimar-Eisenach. Weimar war ihr nicht nur deshalb sympathisch, weil ihr der Park und das Theater gefielen, weil sie dort Bekannte hatte wie den berühmten Verleger Friedrich Justin Bertuch und den aus Danzig stammenden Schriftsteller Johannes Falk, sondern sie hoffte im stillen, daß es ihr auch gelingen werde, die Großen der deutschen Literatur, Goethe und Wieland, an ihren Teetisch zu ziehen. Gastgeberin eines geselligen Kreises, Mittelpunkt eines Salons werden zu können – das war die Absicht, von der sich die reiche Hamburgerin bei der Suche nach einem neuen Wohnort vor allem leiten ließ. Schließlich mietete sie für 170 Taler jährlich an der Esplanade, Theaterplatz Nr. 1, eine Wohnung, die ihren Vorstellungen entsprach.

Johannas Umzug nach Weimar fiel in die Zeit, da Thüringen zum Schauplatz des großen Waffenganges zwischen Preußen und Frankreich wurde. An der Ilm traf sie am 28. September 1806 ein, vierzehn Tage später fiel in der Schlacht bei Jena die Entscheidung zugunsten Napoleons. Außerstande, aus dem von der Kriegsfurie schwer bedrohten Weimar zu fliehen, erlebte die Neuangekommene die schrecklichen Tage des Rückzugs der geschlagenen Armee, die Plünderung, die Brandschatzung, die Besetzung der Stadt durch französische Truppen. Doch inmitten des allgemeinen Elends waltete über ihrem Schicksal ein glücklicher Stern. Sie war nahezu die einzige, deren Wohnung verschont und deren Habe unangetastet blieb. Dank ihrer hervorragenden Französischkenntnisse, ihrer Geistesgegenwart und glücklicher Umstände gelang es ihr, marodierende Soldaten abzuwehren und die Hilfe führender Vertreter der Besatzungsmacht zu finden. General Murat, Napoleons Schwager, stellte ihr eine Schutzwache, und als ein französischer Kriegskommissar bei ihr Einquartierung nahm, war sie vollends gerettet.

Angesichts der schlimmen Zustände zögerte die Schopenhauerin nicht, Solidarität zu üben und das Ihre dazu beizutragen, der drängenden Not abzuhelfen. Selbstlos bot sie Bewohnern ausgebrannter Häuser Obdach, stellte Lebensmittel und Verbandszeug zur Verfügung und übernahm die Betreuung einer Unterkunft mit fünfzig verwundeten preußischen Soldaten. Ihr Beispiel erregte Aufmerksamkeit, fand Nachahmung; in wenigen Tagen hatte sie sich allgemeine Achtung erworben, und aus der Fremden war im Nu eine Einheimische geworden. Der Reputation wegen begann Madame Schopenhauer den Hofratstitel zu führen, den der polnische König einst ihrem Manne verliehen hatte.

Was sonst im adelsstolzen Weimar schwierig gewesen wäre, ließ sich in dieser Situation rasch verwirklichen. Dank ihrer liebenswürdigen Art, ihrer günstigen materiellen Lage und dem Verlangen der durch die Kriegsereignisse verstörten gebildeten Kreise Weimars nach gegenseitiger Mitteilung, nach Trost und Aufheiterung nahm Johannas Plan, rund um ihren Teetisch ohne großen Aufwand einen geselligen Zirkel ins Leben zu rufen, sofort Gestalt an. Nichts kam ihr dabei mehr zustatten als das Interesse des Mannes, der in Weimar die größte geistige Autorität verkörperte, und den sie nach kurzer Zeit ihren Freund nennen durfte. Wenige Tage, nachdem die Hofrätin ihr Domizil bezogen hatte, machte zu ihrer großen Freude Goethe ihr auf originelle Weise seine Aufwartung. Im Brief an ihren Sohn vom 12. Oktober berichtet sie darüber: »Kurz darauf meldete man mir einen Unbekannten. Ich trat ins Vorzimmer und sah einen hübschen ernsthaften Mann in schwarzem Kleide, der sich tief mit vielem Anstand bückte und mir sagte: ›Erlauben Sie mir, Ihnen den Geheimrat Goethe vorzustellen!‹ Ich sah im Zimmer umher, wo der Goethe wäre; denn nach der steifen Beschreibung, die man mir von ihm gemacht hatte, konnte ich in diesem Mann ihn nicht erkennen. Meine Freude und meine Bestürzung waren gleich groß, und ich glaube, ich habe mich deshalb besser benommen, als wenn ich mich darauf vorbereitet hätte. Wie ich mich wieder besann, waren meine beiden Hände in den seinigen und wir auf dem Wege nach meinem Wohnzimmer.«

In den Tagen der Kriegskatastrophe Weimars legalisierte Goethe seinen Bund mit Christiane Vulpius, ein Schritt, der ihm von der Hofgesellschaft, besonders von Frau von Stein und ihrer Umgebung, schwer verdacht wurde und der zur Folge hatte, daß der Dichter mehrere Monate lang die Zusammenkünfte der höfischen Aristokratie mied. Da Goethe hoffen durfte, daß die bürgerliche Hofrätin seiner Frau ohne Standesdünkel entgegenkommen würde, war es die Schopenhauerin, zu der er am Tage nach der Eheschließung, am 20. Oktober 1806, Christiane erstmals in Gesellschaft führte. Johanna rechtfertigte dieses Vertrauen glänzend, und ihrem Beispiel folgten die anwesenden Damen. Dieses Entgegenkommen, das ihr Goethe sehr gedankt hat, steht am Beginn der freundschaftlichen Zuneigung, durch die der Dichter und Madame Schopenhauer lebenslang verbunden blieben.

Mit Goethe hatte Johanna Schopenhauer alle diejenigen für sich gewonnen, auf die es ihr in Weimar ankam. Nicht nur seine regelmäßige Teilnahme an ihren Soireen erregte Aufsehen; es sprach sich auch herum, daß sich der Dichter hier mitteilsamer, ungezwungener und unterhaltender als anderswo gab. Wie ein Magnet zog er sowohl seine Freunde wie seine Verehrer ins Haus. Zu den Besuchern der zweimal in der Woche stattfindenden Zusammenkünfte gehörten der Kunstkenner und Maler Heinrich Meyer, der Philologe und Bibliothekar Friedrich Wilhelm Riemer, beides Goethefreunde, der Verleger Bertuch, der Ästhetiker Karl Ludwig Fernow, der Schriftsteller

16

Stephan Schütze, der Legationsrat von Conta, die Malerin Caroline Bardua. Aber auch der alte Wieland kam, und es wurde bald zur Gewohnheit, daß Fremde von Rang und Namen, die sich vorübergehend in Weimar aufhielten, von Goethe oder anderen eingeführt, den Salon der Madame Schopenhauer besuchten. So erschienen die Brüder Schlegel, Zacharias Werner, Bettina von Arnim, Gerhard von Kügelgen, Fürst Pückler und später Karl von Holtei und Ludwig Börne. Für die überlokale Popularität und die Gastlichkeit der Schopenhauerin sprach, daß Reisebücher ihr Haus unter den Merkwürdigkeiten der Stadt aufführten.

Was die Besucher dort erwartete, war eine Art von Geselligkeit, die eine betont bürgerliche Note trug, die anspruchsvoll, aber frei von Prätention und höfischer Etikette war und bei der es sich vor allem um Gespräche, Vorträge und Erörterungen über Novitäten auf dem Gebiet der Kunst und Literatur, der Wissenschaft und der Politik handelte. Daneben wurde musiziert, gesungen, gezeichnet und gescherzt, wurden Theatererlebnisse besprochen und künstlerische Handarbeiten angefertigt. Im Empfangszimmer stand für Goethe stets ein Zeichentisch bereit, und die Hausherrin und der Dichter machten sich nicht selten daran, kleine Schöpfungen wie etwa eine Skizze gemeinsam anzufertigen.

Die Ungezwungenheit und Gleichberechtigung, die auf den Gesellschaftsabenden herrschte, wurde nicht nur von den Gästen bestimmt; auch die Schopenhauerin hatte durch ihren Takt, ihre Zurückhaltung, ihre Weltgewandtheit und Schlagfertigkeit wie durch ihre Kunst, unauffällig ein Gespräch zu lenken und ihm neue Anregungen zu geben, großen Anteil daran, daß ihre Soireen berühmt wurden. Ein hohes Lob spendete ihnen Goethe, indem er am 25. November 1808 seinem Freund Knebel schrieb, daß die Geselligkeit »bei Frau Hofrat Schopenhauer… in kurzem… eine Art von Kunstform kriegen« werde.

Johanna Schopenhauers Salon war in Weimar der erste gesellige Mittelpunkt außerhalb der Hofgesellschaft. Sein bürgerlicher Zuschnitt schuf eine anziehende, vom höfischen Fluidum durchaus unterschiedene Atmosphäre. Das war der

Grund, weshalb ihn Frau von Stein und deren Freundinnen mieden. Doch Johanna selbst und ihre Gäste standen darum keineswegs im Gegensatz zum Hof. Die Schopenhauerin ließ es sich sehr angelegen sein, mit dem Kreis um die Herzogin Anna Amalia Verbindung zu knüpfen, und ihr Ehrgeiz ging dahin, bei Hofe eingeführt und mit einem weimarischen Adelspatent ausgezeichnet zu werden, ein Wunsch, den ihr Karl August, der der zugewanderten Hofrätin zeitlebens ablehnend gegenüberstand, nicht erfüllte.

In ihrem Salon und ihrem Freundeskreis hatte Johanna Schopenhauer die Wirkungsstätte gefunden, nach der sie sich von Jugend an gesehnt hatte. Die ersten Weimarer Jahre bildeten den Höhepunkt ihres Lebens. Der ständige Umgang mit Goethe, den sie bewunderte und verehrte, erhöhte ihr Selbstgefühl, spornte sie in ihrem Streben nach geistiger Vervollkommnung an und ließ ihre menschlichen und intellektuellen Fähigkeiten zur Entfaltung kommen. Tief beeinflußten sie seine Weltsicht und seine Urteile in allen künstlerischen, literarischen und politischen Fragen. Sie wußte sich von dem bedeutendsten Repräsentanten des deutschen Geisteslebens geschätzt und geehrt. Ihre eigenen künstlerischen Bemühungen galten der Malerei und der Musik. Dabei fand sie in dem Kunstschriftsteller und Bibliothekar der Herzogin Anna Amalia, Karl Ludwig Fernow, der sich jahrelang in Italien aufgehalten hatte, einen Freund und Vertrauten, der ihr mit Rat und Hilfe zur Seite stand. Fernow unterrichtete sie im Italienischen und machte sie mit der antiken Kunst und kunsttheoretischen Fragen bekannt. Er half ihr auch, eine wichtige Entscheidung im Leben ihres Sohnes zu treffen.

Als Mutter und Schwester nach Weimar verzogen, war Arthur Schopenhauer in Hamburg bei seinem Prinzipal geblieben. Der junge Mann, der den Kaufmannsberuf haßte, fühlte sich todunglücklich; sein Herz schlug für die Wissenschaften, und sein sehnlichster Wunsch war es, den Kontorstuhl mit dem Sitz im Hörsaal einer Universität zu vertauschen. Niemals hatte er Kaufmann werden wollen. Sein heftiges Verlangen, 1803 an der Europareise der Eltern teilzunehmen, nutzte der Vater, der voller Verachtung auf die von ihm als Hungerleider und unpraktische Menschen betrachteten Gelehrten herabsah, zu einer List, um seinen Willen durchzusetzen. Er stellte den Fünfzehnjährigen vor die Wahl, auf die Reise zu verzichten und dafür eine wissenschaftliche Laufbahn einschlagen zu dürfen, oder an ihr teilzunehmen und danach Kaufmann zu werden. Der Sohn, der sich für das Abenteuer der Reise entschied, mußte den ungeliebten Beruf ergreifen. Im Frühjahr 1807, als ihm seine Lage unerträglich geworden war, als Zukunftsangst und Depressionen ihn niederdrückten, bat er die Mutter um Hilfe. Johanna beriet sich mit Fernow, und der erfahrene Gelehrte befürwortete in einem umfangreichen Brief, der Arthur tief beeindruckte, den Berufswechsel. Daraufhin kam der junge Schopenhauer nach Gotha, wo er sich jedoch wegen einiger Spottverse bei den Lehrern unbeliebt machte und das Gymnasium verlassen mußte.

1808/09 wohnte Arthur Schopenhauer in Weimar, aber nicht bei der Mutter, die befürchtete, daß der Charakter ihres Sohnes, seine mißmutige, selbstgefällige und absprechende Art ihr Wohlbefinden empfindlich stören könne. Zunehmende Spannungen zwischen Mutter und Sohn ergaben sich vor allem aus Arthurs Mißtrauen und Argwohn, einem Charakterzug, der später zu einem der bezeichnendsten Merkmale seiner Persönlichkeit wurde. Er war besorgt, daß die Mutter nicht sparsam genug mit dem väterlichen Vermögen umging. Diese Befürchtung zerstreute sich auch nicht, als Arthur großjährig wurde und ihm ein Erbteil von 60 000 Mark, ein Drittel des Gesamtvermögens, zufiel. Noch mehr beunruhigte ihn aber der Gedanke, seine Mutter, der es nicht an Verehrern fehlte, könne sich dazu entschließen, eine neue Ehe einzugehen. Diese Besorgnis wurde schließlich zum Anlaß für den Bruch zwischen Mutter und Sohn.

Nach seinem Studium in Göttingen und Berlin hielt sich der junge Philosoph im Winter 1813/14 abermals in Weimar auf. Seine glänzende Abhandlung über die vierfache Wurzel des Satzes vom zureichenden Grunde, mit der er den Doktorhut erworben hatte, fand Goethes lebhafte Aufmerksamkeit. Arthur suchte die

Nähe des bewunderten Dichters; es gelang ihm aber nicht, Goethes Sympathie zu erwerben, die seine Mutter besaß und die seine Schwester Adele sich im hohen Maße errang. Er wohnte diesmal im Hause seiner Mutter, wo er einen Hausfreund vorfand, den Regierungsrat Friedrich Müller von Gerstenbergk, der sich auch als Literat versuchte und von dem Johanna viele künstlerische Anregungen empfing. In seiner schroffen und herrischen Manier verlangte der Sohn, nachdem heftige Auseinandersetzungen vorausgegangen waren, die Entfernung Gerstenbergks, und als sich die Mutter dem widersetzte, verließ Arthur ihr Haus und brach alle Beziehungen zu ihr ab. Einige Jahre später entzweite er sich auch mit der Schwester. Mutter und Sohn haben sich nie mehr gesehen. Ein herzliches Verhältnis stellte sich auch dann nicht her, als sie 1832 wieder miteinander zu korrespondieren begannen.

1808 war Karl Ludwig Fernow gestorben. Sein Tod gab Johanna Schopenhauer den Anlaß, sich ernsthaft mit schriftstellerischer Arbeit zu befassen. Der Ästhetiker hatte seinen unmündigen Kindern Schulden hinterlassen, deren Gläubiger der bekannte Verleger Cotta war. Als Cotta auf diese Forderung verzichten wollte, wenn er dafür das Manuskript einer Biographie Fernows erhielt, besann sich Johanna nicht lange. Sie begann zu schreiben, und im Jahre 1810 lag ihr erstes Werk vor, »Fernows Leben«. Obwohl die Schrift von der Kritik beifällig aufgenommen wurde, betrachtete die Autorin sie als einen Freundesdienst, nicht als eine literarische Leistung.

Zu ihrem nächsten Buch wurde sie von den Teilnehmern ihres geselligen Zirkels ermuntert. Man bat sie, die Erlebnisse, Beobachtungen und Eindrücke ihrer Reisen niederzuschreiben, mit denen sie von Zeit zu Zeit ihre Gäste zu unterhalten pflegte. So entstanden die »Erinnerungen von einer Reise in den Jahren 1803, 1804 und 1805«, zwei Bände, die 1813/14 erschienen. Die wichtigsten Teile des Buches handelten von England und Schottland. Wenig kritisch, weil mit den Augen einer Großbürgerin gesehen, aber lebendig und anschaulich entwarf hier Johanna Schopenhauer ein buntes Bild englischen Lebens: die Einrichtung und den Betrieb der Fabriken, das Erziehungswesen, die Vergnügungsstätten, die Theater, das Treiben der Wohlhabenden in den Bädern, die Rolle der Frau in der englischen Familie. Aber auch eingehende Beschreibungen schottischer Adelssitze fehlten nicht. Da das von der industriellen Revolution erfaßte, konstitutionell regierte bürgerliche Großbritannien von vielen Vertretern des deutschen Bürgertums und von fortschrittlich gesinnten Teilen des Adels als Modell einer positiven gesellschaftlichen und staatlichen Entwicklung betrachtet wurde, erregte das Buch Aufsehen, und es gehört noch heute zu den lesenswerten Schriften der Schopenhauerin. Der Erfolg regte zur Fortsetzung an. Gestützt auf ihre Tagebücher, verfaßte sie »Die Reise durch das südliche Frankreich«, die 1817 erschien. Im Jahr darauf folgte ein weiteres Buch, das ihre Eindrücke von einer Fahrt ins Gebiet des Niederrheins (1816) schilderte.

Was zunächst aus Freundschaft und Mitgefühl begonnen und danach aus Liebhaberei und Freude am Gestalten betrieben worden war, wurde zur Notwendigkeit, zum Mittel der Existenzerhaltung, als ein schwerer Schlag die Familie traf. Das Danziger Handelshaus, dem das Geld der Schopenhauers anvertraut worden war, machte 1819 bankrott. Von Ratgebern gedrängt, sich auf einen Vergleich einzulassen, verlor Johanna ihr gesamtes und Adele einen beträchtlichen Teil ihres Vermögens. Nur Arthur rettete, da er auf seiner Forderung hartnäckig beharrte und sich kompetenten Beistand versicherte, unverkürzt seinen Anteil. Wollte sie ihrer Tochter nicht zur Last fallen, so mußte Johanna fortan die Schriftstellerei des Broterwerbs wegen betreiben, und in der Tat ist sie die erste deutsche Schriftstellerin gewesen, die gezwungen war, vom Ertrag ihrer Feder zu leben.

Der große literarische Ruhm, den Johanna Schopenhauer vorübergehend bei ihren Zeitgenossen gewann, gründete sich nicht auf die Reisebücher, sondern auf ihre belletristischen Werke. Auf eine Novellensammlung, mit der die Zweiundfünfzigjährige 1818 in diesem Genre debütierte, folgten mehrere rasch hintereinander erscheinende Romane: »Gabriele« (1819), »Die Tante« (1823), »Sidonia« (1827). Nach größerem zeitli-

21

chem Abstand erschien 1837 »Richard Wood«. Dazwischen lagen mehrere neue Reisebücher, eine Anzahl Novellen, ein kunstgeschichtliches Werk über Johann van Eyck sowie zahlreiche Beiträge für Zeitschriften und Taschenbücher. Für Johanna Schopenhauer war es ein großer Erfolg, als der Verlag Brockhaus in Leipzig 1830/31 eine 24bändige Ausgabe ihrer »Sämtlichen Schriften« herausbrachte.

Mit Ausnahme des »Richard Wood«, der den Dekabristenaufstand zum Thema hat und der politische und soziale Bezüge aufweist, beschränken sich die Romane auf den privaten Bereich und haben Frauenschicksale zum Gegenstand. Es sind Frauen, deren Leben zwischen Neigung und Pflicht gestellt ist, die resignierend auf die Erfüllung ihrer Liebessehnsucht verzichten und in der Beschäftigung mit Kunst und Wissenschaft Erfüllung finden. Erfahrungen ihres eigenen Lebens, namentlich ihrer Ehe, und Anregungen, die die Autorin bei ihren Teegesellschaften empfangen hatte, schlugen sich in den Romanen nieder. Ihr gesellschaftliches Anliegen bestand darin, das Recht der Frauen auf persönliches Glück und auf gleichberechtigte Teilnahme am kulturellen und wissenschaftlichen Leben zu postulieren. Goethe, der eine Rezension über »Gabriele« verfaßte, lobte den Realismus der Milieuschilderung, die genaue psychologische Erfassung der Charaktere und den vom hohen Bildungsniveau der Verfasserin zeugenden geistigen Gehalt des Werkes. Dennoch gehören diese Romane zur gehobenen Unterhaltungsliteratur ohne Anspruch auf nationalliterarische Geltung. Als die auf die Befreiungskriege folgende Restaurationsperiode vorüber war, als die französische Julirevolution in Deutschland einen Aufschwung der liberalen und demokratischen Bewegung auslöste und die jungdeutsche Literatur aktuelle Gegenwartsfragen zur Diskussion stellte, fanden Johanna Schopenhauers Romane und Erzählungen keine Resonanz mehr beim Publikum.

In ihrem literarischen Schaffen hatte Johanna Schopenhauer in zunehmendem Maße auch einen Ausgleich für die nachlassende Anziehung ihrer geselligen Teeabende gefunden. Um die Hofrätin war es ruhiger geworden, seit Goethe es vorgezogen hatte, seine Abende zu Hause zuzubringen, und nachdem sich um seine Schwiegertochter Ottilie ein neuer Kreis gebildet hatte, zu dem Adele Schopenhauer enge Beziehungen unterhielt. Trotz ihrer literarischen Anerkennung machte es Johanna nach dem finanziellen Verlust des Jahres 1819 immer größere Mühe, den gewohnten Lebensstil aufrechtzuerhalten. Krankheiten suchten sie und die Tochter heim. Bäderreisen brachten hin und wieder Abwechslung. Einen neuen Vertrauten fand die alternde Schriftstellerin noch einmal in dem jungen Literaten Karl von Holtei, mit dem sie bis zu ihrem Ende einen regen Briefwechsel unterhielt. 1829 zog Johanna Schopenhauer mit ihrer Tochter an den Rhein. Der eigentliche Grund dafür war die Furcht, die Fassade vorgetäuschter Wohlhabenheit in Weimar auf die Dauer nicht wahren zu können. Von 1829 bis 1833 lebten Mutter und Tochter im Sommer in einem Landhaus in Unkel, im Winter in Bonn, das schließlich ihr ständiger Wohnsitz wurde. Aber Johanna Schopenhauer verließ nicht die Sehnsucht nach der vertrauten Umgebung, in der sie die schönsten Jahre ihres Lebens verbracht hatte. Eine jährliche Pension des Großherzogs Karl Friedrich von Sachsen-Weimar, die er ihr auf ihren Wunsch gewährte, ermöglichte 1837 die Rückkehr nach Thüringen. Ihr letztes Lebensjahr verbrachte sie in Jena. Hier starb sie am 16. April 1838 an einem Nervenschlag.

Johanna Schopenhauer war weder eine Schriftstellerin von großer literarischer Bedeutung noch eine Frau, die auf politischem Gebiet Hervorragendes geleistet hat. Ihre Größe besteht darin, ähnlich wie Rahel Varnhagen oder Henriette Herz in Berlin, in Weimar – angeregt durch den Umgang mit Goethe und ihre freundschaftlichen Beziehungen zu ihm – zur Ausprägung einer bürgerlichen Kultur der Geselligkeit beigetragen und in der geistigen Atmosphäre Weimars zu schöpferischer Kraft und zur Entfaltung ihres Wesens gefunden zu haben. Das Bild ihrer Persönlichkeit, ihres Tuns und Wirkens ist ein Mosaikstein in dem Monument der mit dem Namen Weimar verbundenen humanistischen deutschen Kultur klassischer Prägung.

Jugend-
erinnerungen

Wahrheit ohne Dichtung

Schon unzählige Male, in Versen wie in Prosa, ist bis zum Überdruß der Menschen Leben einer Reise verglichen worden; die zwischen beiden obwaltende Ähnlichkeit drängt sich unwiderstehlich jedem entgegen, und auch ich weiß dieses Vergleichs mich nicht zu erwehren, obgleich ich, eben seiner Vortrefflichkeit wegen, mich seiner schäme.

Da stehe ich nun, zwar etwas reisemüde, aber übrigens doch mit frischem Sinn und voll innerer Lebenskraft auf der Höhe der letzten Station vor dem Ziele. Ich blicke noch einmal hinab auf den zurückgelegten langen Weg, auf die lieblichen Täler, die ich durchwandelte, auf die steilen dornigen Felsenpfade, durch die ich mich winden mußte; zwar will ein wunderbar weiches, aus Freude und Leid zusammengesetztes Gefühl bei diesem Rückblicke sich meiner bemächtigen, doch bin ich im ganzen wohl zufrieden, so weit gelangt zu sein.

Als vor sechzig bis siebenzig Jahren von Eisenbahnen und Chausseen noch gar nicht die Rede war und Klopstock seiner um ihn bangenden Cidli aus der Ferne die tröstenden Worte zusang:

> Cidli, du weinest, und ich schlummre sicher,
> Wo im Sande der Weg verzogen fortschleicht –

damals freilich schlich auch das Leben so langsam gemächlich mit dem Menschen dahin wie Klopstocks Wagen im Sande; einige kleine, unterwegs nicht zu vermeidende Püffe abgerechnet, kam man, halb im Traume, ehe man sich dessen versah, an das uns allen gesetzte Ziel, dem noch keiner jemals ausgewichen ist.

Im wirklichen wie im figürlichen Sinne, wie ist doch das alles in dieser letzten Zeit, in welche die bei weitem größere Hälfte meines Daseins gefallen ist, so ganz anders geworden! Mit verdreifachter und vervierfachter Schnelle gehen Leben und Reisen in Eilwägen und auf Dampfschiffen vorwärts, sogar die Stunden galoppieren. Was aus Armen und Beinen, besonders aber aus Köpfen werden wird, wenn erst die Eisenbahnen die ganze Erde wie ein Netz umziehen und vollends Herr Green den Plan ausführt, in Zeit von drei Tagen mit seinem Luftballon nach Amerika überzusetzen und im Verlauf einer Woche die Welt zu umkreisen, das freilich ist eine Schwindel erregende Frage, deren Lösung nur die Zeit gewähren kann. Ob die Reisenden bei ihrer Heimkehr von ihren Erfahrungen so viel werden zu erzählen wissen als ihre langsamer fortschreitenden Vorgänger, ist ebenfalls sehr zu bezweifeln, doch steht zu hoffen, daß sie in keinem Falle minder unterrichtet zurückkommen werden als der größte Teil der englischen sogenannten Touristen, welche jetzt scharenweise in der Welt umherziehen.

Erzählen! Des Alters liebste Unterhaltung; und warum sollte sie es nicht sein? »Daß jeder Narr jetzt seine eigene Geschichte hat, das eben ist keine der geringsten Plagen der jetzigen bösen Zeit«, seufzte freilich einst Goethe, als einige, übrigens ganz vortreffliche Personen wenige Tage nach der Schlacht bei Jena in etwas ungehöriger Breite von ihrem während derselben und den ihr unmittelbar folgenden drei Plünderungstagen erlittenen Drangsale uns unterhalten hatten; auch ich habe manches aus meinen früheren Erlebnissen, das ich gern mitteilen möchte, doch Goethes Ausspruch klingt abschreckend genug, um wenigstens einiges Bedenken dabei zu erregen.

Ein im Unmut ausgestoßenes Wort macht indessen doch noch kein Gesetz, auch kann man ein Buch, das nicht unterhält, leichter zuschlagen, als langweilige Schwätzer zur Tür hinausführen!

Nach der dem Siebenjährigen Kriege nun folgenden dumpfen Ruhe fiel mein Leben in eine sehr ereignisreiche Zeit, und von dem ersten im Jahre 1775 in Philadelphia erfolgten Aufstande der Amerikaner bis auf den heutigen 22. Januar des Jahres 1837, an welchem der unerwartete Ausspruch der Straßburger Jury über die Empörer, zugunsten des Prinzen Louis Napoléon, die vielbesprochene Tagesneuigkeit ist, hatte ich Zeit und Gelegenheit zum Überfluß, um manches zu sehen, zu erleben, zu bemerken, was nicht allein meiner eigenen Erinnerung, sondern auch der Mitteilung nicht ganz unwürdig sein dürfte.

So sei es denn gewagt! Vielleicht gelingt es diesen meinen Erinnerungen aus meiner langen Lebensreise, sich eine nicht minder günstige Aufnahme zu erwerben, als sie meinen früheren, auf kürzeren Reisen gesammelten Erfahrungen geworden ist. Auch liegt gewissermaßen in dieser Art von Wiedererleben des längst Vergangenen ein eigener anziehender Genuß; dem Schmerzlichen darunter hat die Zeit den verwundenden Stachel abgestumpft, und welcher Seefahrer gedächte nicht gern früherer überstandener Stürme! Die glücklicheren Tage hingegen, besonders die der Kindheit, erscheinen uns im verklärenden, alles verschönenden Schimmer der sonnigsten Ferne.

Auch muß ich gestehen, ich wünsche durch diese meine Selbstbekenntnisse jenen oberflächlichen Biographien zu entgehen, die jedem nur einigermaßen bekannten Schriftstellerleben bei seinem Erlöschen drohen und mit Hilfe einiger von indiskreten Freunden und Bekannten leicht zu erhaltenden Briefen, Notizen und Anekdoten sich schnell zusammenbringen lassen, wenngleich die Verfasser derselben während der Lebenszeit des Gegenstandes ihrer Bemühungen in keiner Art von Berührung mit demselben jemals gestanden. Wahrscheinlich beabsichtigen sie nur zur Verewigung seines Namens beizutragen, mir aber erscheinen diese Herren wie Leichenfrauen, welche in Ausübung ihres Amtes den Toten, dessen Wiederbelebung nicht in ihrer Macht steht, wenigstens zum letztenmal mit traurigem Flitterstaat aufputzen, ehe er völlig dem Dunkel des Grabes anheimfällt. Und wer, solange Sonne und Mond ihm noch leuchten, möchte nicht alles anwenden, um, wenn seine Zeit vorüber ist, solchen Händen sich zu entziehen?

Und so will ich denn versuchen, mit leichten, aber sichern Zügen ein Sittengemälde meiner Zeit in ihrem Fortschreiten mit mir zu entwerfen; jener alten ehrlichen Zeit, deren Gebräuche und Lebensweise uns jetzt so fern zu liegen scheinen, als wären sie durch Jahrhunderte von uns getrennt, obgleich seit ihrem völligen Erlöschen kaum fünfzig Jahre vorübergezogen sind. Übrigens bitte ich, nicht zuviel von mir zu erwarten, aber auch nicht zuviel von mir zu befürchten, denn ich verspreche, mein Möglichstes zu versuchen, um die gefährlichste aller Klippen, die der Langweiligkeit, zu vermeiden.

Wahrheit will ich geben, reine, unverfälschte Wahrheit, ohne jede Beimischung von Dichtung, aber mit Auswahl, ohne auf eine ausführliche Darstellung aller Ereignisse meines Lebens einzugehen, die doch nur für die wenigen einiges Interesse haben können, welche persönlichen Anteil an mir nehmen. Mit meinen Herzensangelegenheiten aber will ich die Welt ganz verschonen; behaupten, ich habe deren nie gehabt, wäre ebenso nutzlos als albern, denn wer würde es mir auf mein Wort glauben?

Es war damit eben wie gewöhnlich das alte Lied:

Ä bisserl Liäb un ä bisserl Treu,
Un ä bisserl Falschheit war och mit dabei.

Um indessen meine Leser soviel wie möglich auf den Gesichtspunkt zu stellen, von welchem aus ich wünsche, daß sie meine skizzenhaften Darstellungen betrachten mögen, erlaube ich mir noch einige Worte über das, was ich bin und nicht bin, oder vielmehr über das, was ich sein und nicht zu sein glaube; denn wer wäre noch jemals zur völligen Erkenntnis seines eigenen rätselhaften Selbst gelangt?

Fürs erste bin ich keine mit philosophischem Blick und männlichem Mut in alle Verhältnisse des Lebens, des eigenen wie des fremden, tief eindringende und tief eingreifende Rahel; aber auch kein exzentrisch poetisierendes Kind, dessen übermächtige Phantasie Wahrheit und Dichtung dermaßen ineinander wirrt, daß es selbst am Ende beide nicht mehr voneinander zu sondern vermag.

Auch lief ich nicht als sechsjähriges Mädchen, wie meine berühmte Vorgängerin schreibseligen Andenkens, Frau von Genlis, von sich selbst erzählt, in der Tracht eines Cupidon du siècle de Louis XV. mit einem schön beflitterten Flügelpaar auf den Schultern in meinem elterlichen Hause umher. Ihrer eigenen Versicherung zufolge war Frau von Genlis in dieser Tracht so überschwanglich allerliebst, daß sie viele Monate hindurch sie gar nicht ablegen durfte, sondern sonntags und werktags ein französierter Amorino blieb, was mitunter wunderlich sich ausgenommen haben mag. Ich war im nämlichen Alter im kattunenen Kleidchen, mit einer feinen weißleinenen Schürze und einer kleinen Flor-Dormeuse auf dem Kopfe, unter welchem ein gepudertes Toupet hervorsah, herrlich geputzt und nahm mich ungefähr aus wie das kleine Louischen auf Chodowieckis Kupfern zur ersten Ausgabe des Weißeschen »Kinderfreundes«, diesen treuesten Modebildern damaliger Zeit.

So viel von dem, was ich weder war noch bin; viel von dem, was ich zu sein glaube, zu sprechen, steht mir nicht zu, auch werden meine Leser im Verlauf dieser Blätter es selbst wohl einsehen. Nur so viel noch: nach dem Zeugnis derer, die mich persönlich näher kennen, bin ich eine heitere, anspruchslose alte Frau, der man im geselligen Umgange die Schriftstellerin gar nicht anmerkt.

Und darauf bilde ich mir etwas ein.

Unsere Familie

Am fernen Strande der Ostsee, in der altehrwürdigen, damals noch freien Reichsstadt Danzig, erblickte ich am 9. Juli des Jahres 1766 das Licht der Sonne zum erstenmal. Ich kam an einem Posttage, deren es damals nur zwei und nicht wie jetzt sieben in der Woche gab, zur Welt, deshalb wollten einige behaupten, meine Ankunft sei an diesem Tage meinem Vater nicht ganz bequem gewesen, weil sie in seinen Geschäften ihn störte; demohnerachtet erregte sie große Freude, um so mehr, da sie meinen Eltern für den Verlust ihres Erstgebornen, eines Knaben, wenigstens einigen Ersatz bot.

Ich erhielt in der Taufe den Namen Johanna Henriette, denn meine Mutter hatte auf ihrer großen und einzigen Reise von zweiundzwanzig Meilen, von der sie immer gern erzählte, in Königsberg ein kleines allerliebstes Mädchen gesehen, das Johanna hieß und Hänschen genannt wurde. Und so hieß denn auch ich ein paar Jahre hindurch Hänschen, bis man es für anständiger hielt, mich in eine französische Jeanette zu übersetzen.

Zu meinem sehr großen Glücke blieb ich nicht lange das einzige Kind; während des Verlaufs von sieben Jahren wurden mir noch drei Schwestern geboren, von denen zwei mir schon in die Ewigkeit vorangegangen sind, die jüngste aber noch in Danzig lebt.

Christian Heinrich Trosiener, mein Vater, zählte sich zwar nicht zu den reichsten, aber doch zu den angesehenen und wohlhabenden Kaufleuten der großen Handelsstadt. Der in Rußland wurzelnde, damals sehr blühende Zweig seines Geschäftes, der jetzt ganz verdorrt ist, ließ keine Art von Sorge in ihm aufkommen. Auch war er fröhlicher und lebhafter Gemütsart, dabei verständig, von unbestechlicher Redlichkeit und unbeugsam republikanischem Sinne. Angebornes Talent und wohlbenutzte Lebenserfahrungen ließen den fast gänzlichen Mangel gelehrter Schulkenntnisse bei ihm wenig gewahren; als Mann des Volkes stand er bei seinen Mitbürgern aus dem Mittelstande in Ehren und Ansehen, denn wann hätte wohl jemals eine Republik, selbst die kleinste, ohne Oppositionspartei bestehen können?

In seinem Äußern hatte er etwas Imposantes, seine Amtskleidung auf dem Rathause, der faltenreiche, mit Sammet breit aufgeschlagene Mantel von schwerer schwarzer Seide, die lokkenreiche, weißgepuderte Allongeperücke, die bis auf den Rücken herabreichte, gaben dem großen, wohlgewachsenen Manne ein stattliches Aussehen. Für die damalige Zeit hatte er bedeutende Reisen gemacht, war in Warschau, Petersburg und Moskau gewesen, hatte in Frankreich, besonders in Lyon, mehrere Jahre zugebracht und nicht nur die Sprachen dieser verschiedenen Länder, sondern auch eine gewisse geistige und körperliche Gewandtheit sich angeeignet, durch die er auch in seiner äußeren Erscheinung sich vorteilhaft auszeichnete.

Über alle diese lobenswerten Eigenschaften warf indessen eine nicht zu zähmende Heftigkeit des Charakters zuweilen ihren sie verdunkelnden Schatten, welche denen, die ihn nicht genau kannten, den Umgang mit ihm verleidete. Gerade wenn

man es am wenigsten erwartet hatte, konnte die unbedeutendste Veranlassung zu wildestem, freilich sich schnell wieder
legendem Zorn ihn aufbringen. Dann erbebte vor seiner Don-
nerstimme das ganze Haus; wir Kinder waren ohnehin
gewöhnt, uns still zu verhalten, wenn es hieß: »der Vater
kommt«, doch alle anderen Hausgenossen, bis auf Hund und
Katze, liefen ihm dann voll Angst aus dem Wege.

Nur meine liebe sanfte Mutter ließ durch ein solches häusliches Ungewitter sich nicht aus der Fassung bringen; sie warte-
te in großer Gelassenheit, bis ihr Alter ausgetobt hatte. Sie pre-
digte ihm nicht, sie schmeichelte ihm nicht, sie redete ihm
sogar nicht zu; aber sie verstand es, ihn ganz unmerklich zu
besänftigen und ihren grimmigen Löwen dahin zu bringen, daß
er fromm wie ein Lamm seiner Übereilung sich innerlich
schämte. Uns, jung wie wir waren, entging dies nicht, und wir
hatten ihn deshalb nur um so lieber, denn ein Kindergemüt
weiß jedes rein menschliche Gefühl gleich anzuerkennen.

Eine gewisse altfränkische Galanterie gegen unser Geschlecht hielt übrigens meinen Vater stets ab, sich gegen
unsere Mutter merklich zu vergessen. Während seines langen
Aufenthalts in Frankreich hatte er sie sich wahrscheinlich
angeeignet, und sie war zur zweiten Natur ihm geworden, ohne
jedoch ins Lächerliche zu fallen. Jetzt ist diese alte Sitte dermaßen aus der Mode gekommen, daß meine Leser kaum verstehen werden, was damit eigentlich gemeint ist; sogar uns Töchtern kam diese mildere Sitte zugute. In einer ruhigen Stimmung
konnten wir als ganz kleine Mädchen vom Vater alles erhalten,
was wir wünschten; sobald wir nur nicht zudringlich ungeschickt oder in unserem Verlangen gar zu unverständig uns
bezeigten.

Mit wenigen Strichen ist das Bild meiner Mutter Elisabeth,
geborne Lehmann, recht getreu und charakteristisch darzustellen. Ein kleines zierliches Figürchen mit den niedlichsten
Händchen und Füßchen, ein Paar große, sehr lichtblaue
Augen, eine sehr weiße feine Haut und schönes langes licht-
braunes Haar, so war sie in der äußeren Gestalt.

Hübsch angezogen sein war ihre Freude, auch mein Vater

sah seine kleine Frau gern geputzt und nahm, ohne daß sie
ihn dazu aufzufordern nötig hatte, jede Gelegenheit wahr, welche seine Geschäftsverbindungen ihm boten, um aus Lyon mit
Kleidern, Blonden und Hauben, aus Italien mit den schönen
Blumen sie zu beglücken, die damals in jenem Lande aus Eier-
häutchen und Seidenwürmer-Kokons der Natur täuschend
nachgebildet wurden.

Zur rührigen Hausfrau, in dem Sinne der damaligen Zeit, eignete meine Mutter ihrer Natur nach sich wenig, auch war mein
Vater keineswegs gesinnt, dieses von ihr zu verlangen; er war
völlig damit zufrieden, daß sie die Oberaufsicht über ihr Haus-
wesen recht verständig zu führen verstand. Übrigens war sie
an ihrem Nähtisch vom Morgen bis zum Abend für sich und die
Ihrigen beschäftigt; das alte Sprichwort: was ihre Augen sehen,
wissen ihre Hände zu machen, galt im vollsten Maße von ihr.

In Hinsicht auf das, was in unseren Tagen von Frauen und
Mädchen gefordert wird, war freilich die Erziehung meiner
Mutter nicht minder vernachlässigt worden als die der Mehrzahl ihrer Zeitgenossen. Ein paar Polonaisen, ein paar Murkis
auf dem Klavier, ein paar Lieder, bei denen sie selbst sich zu
akkompagnieren wußte, Lesen und Schreiben für den Hausbe-
darf, das war so ziemlich alles, was man sie gelehrt hatte. Doch
Mutterwitz, natürlicher Verstand und jene rege, den meisten
Frauen eigene Auffassungsgabe entschädigten sie für den Mangel an erworbenen Kenntnissen.

Bis zur Erscheinung von »Sophiens Reise von Memel nach
Sachsen« hatte sie außer Gellerts Schriften blutwenig gelesen.
Romane standen in jener Zeit in sehr schlechtem Kredit, doch
bei diesem machte meine Mutter eine Ausnahme, weil er zum
Teil in Danzig spielte und Hermes, der Verfasser desselben,
eine Zeitlang in unserer Vaterstadt gelebt hatte. Außer Gellerts
schwedischer Gräfin höchst langweiligen Andenkens hatte sie
noch nie ein Buch dieser Art gelesen, und sie öffnete durch diese Lektüre sich eine ihr bis dahin ganz unbekannt gebliebene
Quelle von Genuß, deren Unversiegbarkeit weiterhin noch ihr
spätestes Alter erheiterte.

Und nun! Adam! Ehrlicher vieljähriger Diener deines Herrn;

34

Kasche! Du treue, sorgsame Pflegerin meiner hilflosen Kindheit, du, die ich so herzlich lieb hatte und doch im Verein mit meinen Schwestern täglich neue Ungezogenheiten zu deiner Plage ersann; gute redliche Seelen, möge man es mir nicht verargen, daß ich im Hintergrunde dieses Gemäldes meiner Familie euren bescheidenen Gestalten ein Plätzchen anweise, wie ihr es im Leben in derselben nicht unrühmlich ausfülltet.

Beide vermischten sich mit meinen frühesten Erinnerungen; gleich bei meiner Geburt nahm Kasche mich in ihre treuen Arme und teilte sich in der Sorge für mich mit meiner Mutter, die im Widerspruch mit dem Hausarzt und dem damals allgemeinen Gebrauch fest darauf bestand, mich keiner Amme anzuvertrauen.

Kasche war meine erste Lehrerin; von ihr lernte ich noch früher als meine Muttersprache polnisch sprechen; so wollte es mein Vater in der Überzeugung, daß durch die sehr schwere Aussprache dieser Sprache die jeder anderen, welche man späterhin erlernt, sehr erleichtert werde. Der Erfolg hat wenigstens bei mir diesen Grundsatz durch Erfahrung bestätigt; polnisch lesen habe ich indessen nie gelernt, weil Kasche selbst nicht lesen konnte; und da diese Sprache in unserem Hause bald völlig außer Gebrauch kam, indem meine Mutter sie nicht verstand, so habe ich sie sehr schnell gänzlich vergessen. Abends beim Schlafengehen nahm Kasche, als ich noch kaum sprechen konnte, mich auf den Schoß; als ich größer wurde, stellte sie mit gefalteten Händen mich vor den Tisch hin und ließ mich beten: »Des walte Gott Vater, Gott Sohn, Gott heiliger Geist. Amen«! Das war mein ganzes Abendgebet, was es eigentlich sagen wollte, wußte ich nicht, kümmerte mich auch gar nicht darum, mochte aber nicht ohne dasselbe ins Bette. Während ich einschlief, sang Kasche mit heller tremulierender Stimme: Nun ruhen alle Wälder, abwechselnd mit: Nun sich der Tag geendet hat; ich hörte aufmerksam zu, bis der Schlaf mich übermannte, und weder die ruhenden »Vieh, Menschen, Städt' und Felder« im ersten noch die »schwarzen Nachtgespenster« im zweiten Liede haben jemals den mindesten üblen Eindruck auf meine Phantasie gemacht.

Übrigens war Kasche eine Witwe in mittleren Jahren aus der Gegend um Thorn herum, wo in jener Zeit in den niederen Ständen die polnische Sprache noch die herrschende war. Jungen Mädchen seine Kinder anzuvertrauen war damals ein Unerhörtes, und der wichtige Posten einer Kinderfrau wurde nur von erfahrenen Personen ausgefüllt, die nachmals, wie unsere Kasche eben auch, als Glieder der Familie, der sie treu gedient hatten, bis an ihr Ende in Ehren gehalten wurden.

Adam war ein vielseitigeres Genie, gleich Molières Maître Jacques im »Geizigen« bekleidete er in unserem Hause die Stellen eines Kammerdieners, Hausknechts, Lakaien, Kellermeisters, sogar die eines Haushofmeisters, und zwar mit ebensoviel Redlichkeit als Geschick. Er nahm meiner Mutter alle jene Details des Hauswesens ab, die selbst zu verwalten ihr zu beschwerlich fiel, und besorgte zugleich alle bedeutenderen Einkäufe, sogar bis auf den des fetten Mastochsens, den mein Vater nach dem damaligen allgemeinen Gebrauch im Herbste zum Wintervorrat einschlachten ließ.

Adam war der einzige im Hause, der meinem Vater alles recht zu machen verstand, was selbst meiner Mutter nicht immer gelingen wollte; dafür nahm er freilich zuweilen es sich heraus, ein Wörtchen mit darein zu sprechen, doch wurde er nicht leicht unbescheiden und ließ sich schnell wieder in seine Schranken zurückweisen. Höchst selten brach eines jener oben erwähnten häuslichen Donnerwetter über seinem Haupte aus und fast nie ein recht schweres.

»Unser Herr ist auch ein rechter Narr!« monologisierte Adam einst für sich allein, indem er gleich nach einem solchen Gewitter, das er schweigend über sich hatte ergehen lassen müssen, den Teeapparat hereintrug.

»Meinst du, Adam?« erwiderte ihm unerwartet mein Vater, indem er im Sofa hinter dem Teetisch sich aufrichtete, wo Adam ihn nicht bemerkt hatte. Adam sank vor Schrecken fast in die Knie; doch fiel darüber kein Wort zwischen Herrn und Diener; beide taten, als wäre nichts geschehen, und die Sache war zu ihrer Ehre abgetan und vergessen.

Der Buchhalter des Vaters

ch kann es mir nicht versagen, diesem vielleicht etwas zu sehr Ifflandisierenden Familiengemälde eine jener ergötzlichen Karikaturen als lustiges Nachspiel anzuhängen, deren Originale in der neueren Zeit, selbst in Krähwinkel, völlig ausgegangen sind. Übrigens gehört Herr Christophorus Moser als Buchhalter meines Vaters und unser täglicher Tischgenosse ebenfalls zu meinen frühesten Erinnerungen und verdient schon für die Mühe, welche er sich gab, mich in der edlen Schreibekunst zu unterrichten, daß ich sein Andenken der Vergessenheit zu entreißen suchte.

Herr Moser war ein klein-kleines Männchen mit einer langen, roten, spitzigen Nase, neben der ein Paar schwarze Äuglein unter einer schön frisierten Perücke hervorleuchteten, an welcher ein großer majestätischer Haarbeutel befestigt war, der ihm fast den halben Rücken bedeckte.

Diese außerordentliche Haarbeutelpracht verdankte der zartesten, keuschesten und treuesten Liebe ihr Dasein; denn schon seit undenklichen Jahren war Herr Moser verlobter Bräutigam der berühmtesten Haarbeutel-Fabrikantin der Stadt Danzig, der Jungfer Nesselmann, mit welcher er ohne Nachteil für beider guten Ruf wie für ihre Tugend im nämlichen Hause wohnte.

»Die kleine Familie kostet zuviel!« erwiderte er ärgerlich, warf den Kopf auf und drehte dem Überlästigen den Rücken zu, der zu fragen sich erkühnte, ob der Hochzeitstag schon angesetzt sei.

Sein Stolz und seine Freude war: »ein Nürnberger Pürger« zu sein; so sprach er in seiner harten fränkischen Mundart es aus, die bei seinem steten Verwechseln des B mit P, des G mit K, des D mit T uns unaufhörlich zum Lachen reizte. Besonders setzte ich, »Jungfer Scharnette«, wie er mündlich und schriftlich mich nannte, ihn dadurch oft in Verzweiflung und bedachte oder vielmehr bemerkte in meinem kindischen Übermute nicht, daß der damalige gedehnte singende Danziger Dialekt, der aber jetzt mit jedem Jahre mehr verschwindet, doch auch nicht der lobenswerteste sei.

Mittags, wenn mein Vater zuweilen länger als gewöhnlich an der Börse verweilte, nahm Herr Moser gern die Gelegenheit wahr, sich ein halbes Stündchen vor Tisch in unserem Wohnzimmer einzustellen, um mit meiner Mutter zu politisieren, die ihrerseits ebenfalls froh war, von Krieg und Frieden und wie es zufolge des Hamburger Korrespondenten überhaupt in der Welt stehe, etwas zu erfahren.

Doch auch Gegenstände anderer Art kamen zuweilen zur Sprache; Herr Moser wußte Geschichten zu erzählen, für deren Wahrheit er sich hoch und teuer verbürgte und bei denen uns allen, die Mutter mit eingeschlossen, sogar am hellen Mittag kaltes Grausen überkam, die wir aber allesamt doch gar zu gern anhören mochten.

Zum Beispiel von Fausts Höllenzwang, den er mit eigenen Augen in der Bibliothek zu Nürnberg mit schweren eisernen Ketten an den Tisch angeschmiedet gesehen und nicht für die halbe Welt nur mit einem Finger das Buch habe berühren mögen. Einer seiner Jugendfreunde aber war so vorwitzig, sich in die Bibliothek einzuschleichen, sich dort einschließen zu lassen, und wollte nun darüber her, die Beschwörungen aus dem Höllenzwange zu kopieren. Doch was geschah! Über Nacht entstand ein gewaltiger Sturm, der das Dach der Bibliothek abzudecken drohte, und am Morgen fand man den jungen Frevler bewußtlos unter dem Tische liegen; er wurde zwar wieder zu sich selbst gebracht, blieb aber von Stund an tiefsinnig sein Leben lang und wollte niemandem entdecken, was in jener Nacht ihm widerfahren sei.

Auch von Nativitätsstellen wußte Herr Moser viel zu sagen und wie es damit doch sein eigenes Bewandtnis habe und gar nicht »mit Ohne« sei. Er selbst hatte einen jungen Nürnberger Patrizier gekannt, dem seine Eltern bei der Geburt die Nativität hatten stellen lassen und dem aus den Sternen geweissagt worden war, daß er in einem bestimmten Jahre, an einem bestimmten Tage durch einen schneeweißen Schimmel ums Leben kommen werde. Nichts war wohl natürlicher, als daß die gnädige Mama ihn an dem Tage nicht aus dem Zimmer ließ, und siehe da, von der nach damaliger Art mit Hautreliefs von Stukkatur geschmückten Decke löste ein schweres weißes Pferd von Gips sich ab und erschlug den nach dem Beschluß der Sterne frühe dem Tode Geweihten.

Die schönste von allen seinen Geschichten, bei deren oft von uns erbetenen Wiederholung mein kleines republikanisches Herzchen jedesmal in freudige Bewegung geriet, war die Beschreibung eines alten Gebrauches, der, wie Herr Moser behauptete, damals noch alljährlich in Nürnberg stattfand. An einem dazu bestimmten Tage hielt ein über und über geharnischter Reiter vor dem Tore und verlangte, in die Stadt gelassen zu werden; die Nürnberger fragten, in wessen Namen er Einlaß begehrte.

»Im Namen seiner Majestät des Königs von Preußen«, erwiderte der Geharnischte und nannte der Reihe nach die übrigen Titel des Monarchen, welche alle auch Herr Moser mit bewundernswürdiger Zungenfertigkeit ableierte, zuletzt kam auch: Burggraf von Nürnberg!

»Mitnichten!« riefen die tapferen Nürnberger, warfen, bautz! ihr Tor ihm vor der Nase zu, und der Geharnischte ritt wieder hin, woher er gekommen, um im nächsten Jahre wiederzukehren.

Mir schien es wirklich, als ob das etwas ungeheuer Großes sei!

Doch wie wurden alle diese Geistesgaben durch die seltene Pracht in Schatten gestellt, in welcher Herr Moser an heiteren sonnenhellen Festtagen der staunenden Welt sich zeigte! Unter dem Arme das kleine schwarzseidene Dreieck, damals Chapeau-bas genannt, ebenfalls ein Meisterwerk seiner kunstfertigen Braut, dann der prächtige postillon d'amour, ein sehr breites schwarzes Band, das, vom Haarbeutel ausgehend, lokker und leise seine Wangen umspielend, auf seiner Brust im breiten Jabot sich verlor.

Und nun noch das grasgrüne, überall, sogar links um die zahllosen Knopflöcher mit Gold besetzte Kleid! An hohen Festen, zu Ostern und Pfingsten, war dieses Kleid sogar schar-

39

lachrot, dann vermochte kein sterbliches Auge den Glanz zu ertragen. Dazu noch die Kleinodien, die lang herabbaumelnde goldene Uhrkette, den Ring am kleinen Finger, groß wie ein recht großes Achtgroschenstück, aus unzähligen kleinen Rosetten und Tafelsteinen künstlich zusammengefügt, dann die den ganzen Fuß bedeckenden funkelnden Steinschnallen. Schon damals hatte die ganze große Stadt Danzig kaum eine zweite Figur dieser Art aufzuweisen; jetzt würde man wohl vergeblich die ganze Welt darnach durchstreifen.

An solchen Tagen fiel es Herrn Moser gar nicht ein, mit meiner Mutter die Geheimnisse der europäischen Kabinette ergründen zu wollen; kerzengerade stand er wenigstens anderthalb Stunden im brennendsten Sonnenschein auf den breiten Stufen vor unserem Hause, ließ Ring und Schnallen nach allen Seiten hin ihre Strahlen versenden, kratzte mit großem Geräusch zu einem zierlichen Tanzmeister-Bückling aus und schrie überlaut: »Kehorschamster Tiener, Herr so und so!«, wenn ein bedeutender Mann auf der Straße sich zeigte.

Kurz vor Tische ging er gewöhnlich noch zur Abkühlung ein Viertelstündchen auf die Jagd; er begab sich nämlich in den schattigen Hausflur, fing Fliegen, riß ihnen einen Flügel aus und legte sie so verstümmelt unserem großen Zyperkater vor, der ruhig im Fenster sich sonnte, worüber ich dann jedesmal in heftigen Zorn geriet.

Gewiß gab es an solchen festlichen Tagen kein glücklicheres Wesen auf Erden als Herrn Moser, wenn nicht vielleicht seine Braut es war. Was mag ihr liebendes Gemüt empfunden haben, wenn der Bräutigam, aus ihren ihn schmückenden Händen entlassen, in solcher Pracht die Straße herabstolzierte! Doch leider gedeiht unterm Monde kein dauerndes Glück! Einige Jahre später fingen die Zöpfe an, die Haarbeutel zu verdrängen, Zopfperücken sogar nahmen überhand. Das gefühlvolle Herz der Jungfer Nesselmann erlag diesem Schmerz: sie starb!

Unglaublich ist es, aber doch wahr, kaum Jahr und Tag war vergangen, als der kleine Treulose mit ihrer Nachfolgerin in dem immer mehr sinkenden Geschäft sich wirklich vermählte.

40

Meine gute liebe Mutter stellte ihn darüber recht ernstlich zur Rede. »Ach!« seufzte lächelnd Herr Moser, »heißt sie doch gerade wie die selige Jungfer, Adelgunde!«

Danziger Bürgerhäuser

Das Gepräge ehemaligen hohen Wohlstandes und der aus diesem entspringenden soliden Prachtliebe ist meiner Vaterstadt so tief aufgedrückt und dermaßen mit ihrem ganzen Wesen verzweigt und verwachsen, daß es unmöglich wäre, sie zu modernisieren, ohne sie ganz zu zerstören und ein neues Danzig auf der Stelle des alten zu erbauen.

Wie in allen einst durch den alten Hanseatischen Bund vereinigten Städten stehen auch in dieser alle Häuser mit der Giebelseite der Straße zugewendet und erscheinen daher nicht nur im Vergleich zu ihrer Breite von unverhältnismäßiger Höhe, sondern sind es auch wirklich und müssen es sein, um den ihren Bewohnern notwendigen Raum der Luft abzugewinnen, welchen der durch die Festungswerke beschränkte feste Boden zu karg ihnen gewährte.

Auch wühlten unsere Vorfahren zum nämlichen Zwecke sich tief in die Erde hinein; weitläufige Keller, oft zwei Stock übereinander, ziehen unter den Häusern sich hin, deren Gewölbe einige Fuß über die Oberfläche sich erhebt und eine Art Souterrain bildet, das häufig zu ziemlich bequemen, weder feuchten noch sehr dunklen Wohnungen eingerichtet ist, zu denen man von der Straße aus hinabsteigt und die von Bürstenmachern, Korbflechtern, besonders aber von Obst-, Gemüse- und Milchverkäufern vorzugsweise gesucht werden.

Hierin scheint mir die erste Veranlassung der ganz eigentümlichen Bauart zu liegen, durch welche meine Vaterstadt von allen anderen ihr sonst so ähnlichen alten Städten sich unterscheidet. Die Hauptstraßen in Danzig sind weit breiter als in jenen; in dem Raum zwischen den beiden einander gegenüberliegenden Häuserreihen könnten zwei, ja drei Kutschen bequem nebeneinander hinfahren, und zu beiden Seiten bliebe noch Platz für einen mit Platten belegten Fußweg. Und dennoch ist die eigentliche fahr- und gangbare Straße durchweg so enge, daß ein recht gut eingefahrener Kutscher es nicht immer vermeiden kann, mit seinem ihm entgegenkommenden Kollegen in unangenehme Kollision zu geraten. Die in solch einen Wirrwarr hineinkommenden Fußgänger aber haben genug zu tun, um nur ihre gesunden Gliedmaßen zu salvieren.

Die Beischläge vor allen Häusern, von denen aber das, was man in Hamburg oder Lübeck mitunter so nennt, nicht den Schatten eines Schatten bietet, sind die alleinige Ursache dieser seltsamen Erscheinung. Doch womit soll ich sie vergleichen, um nur eine einigermaßen anschauliche Idee von diesen wunderlichen Propyläen zu geben, durch welche die alte nordische Stadt ein fast südliches Ansehen gewinnt und in denen in meiner frühen Jugendzeit ein großer Teil des häuslichen Lebens mit jetzt unglaublicher Offenherzigkeit fast so gut als auf freier Straße betrieben wurde.

Balkone sind diese Beischläge nicht, eher möchte ich geräumige, ziemlich breite Terrassen sie nennen, die, mit großen Steinplatten belegt, längs der Fronte des Hauses sich hinziehen, zu denen einige breite bequeme Stufen hinaufführen und die straßenwärts mit steinernen Brustwehren versehen sind.

Zwischen den aneinanderstoßenden Beischlägen der zunächst benachbarten Häuser bilden vier bis fünf Fuß hohe Mauern die Grenze; blecherne Röhren führen der auf derselben ruhenden steinernen Rinne das Regenwasser von den Dächern zu, die diese durch den Rachen kolossaler, zuweilen recht kunstreich in Stein gehauener Walfisch- oder Delphinköpfe wieder ausströmen läßt.

Die launigste aller Herrscherinnen, die Mode, nimmt seit einiger Zeit alles, was sonst als altfränkisch verschmäht wurde, unter dem Namen Rokoko in ihren mächtigen Schutz; möge es ihr gefallen, diesen auch den Danziger Beischlägen angedeihen zu lassen. Schwerlich gibt es ein grandioseres Rokoko, das dessen würdiger wäre.

Häuser von mehr als drei Fenstern in der Fronte gab es in

meiner Jugend in Danzig nur wenige; und sie gehören wohl noch zu den Ausnahmen; weit häufiger sind die, welche nur zwei Fenster aufzuweisen haben, und wie kahl, wie jämmerlich vereinzelt müßten diese vier bis fünf Stock hohen Häuserstreifen ohne den sie dem Auge zu einem Ganzen verbindenden Vorhof der Beischläge dastehen.

Die unbeschadet der Vorliebe für Rokoko immer weiter um sich greifende Verschönerungs- oder vielmehr Modernisierungssucht unserer Tage droht aber schon seit geraumer Zeit ihnen den nahenden Untergang. Schon sind die alten herrlichen Kastanienbäume vor den Häusern verschwunden, deren weit sich ausbreitende Zweige Kühlung und Schatten gewährten, unter welchen der arbeitsmüde Bürger in der Mitte der Seinen oder im Gespräch mit dem zu ihm sich herübergebeugten Nachbar einer Art leidlichen Genusses sich erfreute.

Denen, die durch ihre Verhältnisse die ganze Woche hindurch in der Stadt festgehalten wurden, brachten die aufbrechenden Knospen dieser schönen Bäume alljährlich Kunde von dem draußen eben angelangten Frühling und seine Einladung, am nächsten Sonntage ihn vor dem Tore aufzusuchen, wo er in aller Pracht und Herrlichkeit sie erwarte.

Und welch einen Spielplatz bot in meiner Jugend der Beischlag den Kindern! So sicher, so bequem! Dicht unter den Augen der oben am Fenster nähenden und strickenden Mutter, die zuweilen es nicht verschmähte, mitten unter ihnen des milden Abends zu genießen. Bei leidlichem Wetter brachten wir mit unseren Gespielen alle unsere Freistunden in diesem Asyl zu, das noch den unschätzbaren Vorzug besaß, daß wir unseres lärmenden Treibens wegen weniger gescholten wurden, weil es hier bei weitem nicht so lästig wurde als im Hause selbst.

Mehrere Häuser, deren Giebel mit Statuen und anderen architektonischen Verzierungen von Bildhauerarbeit geschmückt sind, zeugen noch heute sowohl von dem Reichtum als von der Kunstliebe unserer Vorfahren, welche bei deren Erbauung mit nicht unbedeutendem Geldaufwande diese Kunstwerke von guten Meistern in Italien verfertigen und nach Danzig kommen ließen. – Andere, früheren Tagen angehörende Häusergiebel stehen noch in ihrer fast noch aus der Zeit der Tempelherren stammenden Altertümlichkeit da, doch neigen sich diese ganz ihrem Verfalle zu, und ihre Anzahl wird immer geringer.

Das schönste und merkwürdigste derselben, welches ehemals meinem Onkel Lehmann gehörte und auch von ihm bewohnt wurde, ist, wie ich höre, vor einigen Jahren auf höchsten Befehl gekauft, sorgfältig abgebrochen und auf die Pfaueninsel bei Potsdam verpflanzt worden. Allerdings ist dies eine sehr ehrenvolle Bestimmung, doch fürchte ich, daß es dort bei weitem so gut sich nicht ausnimmt als in seinen ehemaligen ihm angemesseneren Umgebung in der Brodbänken-Gasse.

Die Nachbarn

Daß das Land, daß die Stadt, in welcher wir geboren und erzogen wurden, auf die Bildung unseres Geistes wie überhaupt auf die Entwickelung unseres ganzen Wesens den mächtigsten Einfluß üben, ist eine fast unbestrittene Tatsache. Bei mir aber tritt noch überdem der beinahe unglaubliche Fall ein, daß beides, ja ich möchte sagen, der Gang, den das Leben später mit mir genommen, von dem unbedeutenden Umstande abhing, daß das Haus meiner Eltern gerade an der Stelle und an keiner anderen stand. Einige Häuser höher hinauf oder tiefer herunter, sogar in der nämlichen Straße, und wahrscheinlich wäre alles anders gekommen und ich selbst eine andere geworden.

An der Mittagsseite der Heiligen-Geist-Gasse liegt das Haus, in welchem ich geboren wurde, unfern dem nach der langen Brücke führenden Tor, über welchem damals die Räume sich befanden, in welchen die dortige naturforschende Gesellschaft ihre Zusammenkünfte hielt und ihre Sammlungen aufbewahrte.

Die lange Brücke aber ist gar keine Brücke, sondern ein hölzerner Kai, an der Landseite längs den Häusern mit Buden besetzt, in welchen Früchte, Blumen und sonst noch allerlei, was ein Kinderherz erfreuen kann, zum Verkauf ausgestellt wird. Zwischen diesem Kai und der gegenüberliegenden Speicherinsel fließt die hier ziemlich breite, mit Schiffen und Barken belebte Mottlau still und ruhig der nahen Weichsel und im Verein mit dieser dem Meere zu.

Das Haus meiner Eltern gehörte zu der in Danzig gewöhnlichsten, drei Fenster breiten Mittelgattung, die man weder schön noch häßlich, weder groß noch klein nennen kann; auch wich die innere Einrichtung desselben von der dort gewöhnlichen durchaus nicht ab und war für den Bedarf unserer Familie bequem und geräumig genug.

Keine besternte Lyra bezeichnete schon vor meiner Geburt unser Dach; die einzige Auszeichnung, deren es sich zu rühmen hatte und wohl noch hat, besteht darin, daß statt der Götter, Engel, Vasen, Adler, Pferde und anderen Getiers, das dort von der Höhe anderer Häuser auf die Straße hinabschaut, auf der höchsten Giebelspitze desselben eine große metallene Schildkröte auf dem Bauche liegt und mit nach allen Weltgegenden ausgestreckten, stark vergoldeten Pfoten und Kopf beträchtlich nickt und zappelt, wenn der Wind heftig weht. Diese langmütige Kreatur mochte vielleicht schon weit über hundert Jahre sich so abgemüht haben, ohne sonderlich beachtet zu werden, aber Herrn Mosers Scharfblick entging diese Bemerkung nicht; er machte mich darauf aufmerksam, und wir beide waren die einzigen im Hause, die dieses bewundernswerte Kunstwerk gehörig zu würdigen verstanden.

Zur linken Seite stieß die englische Kirche, zur rechten ein Gasthof an unser Haus, doch bitte ich, daß dabei niemand an das alte Sprichwort denken möge, nach welchem der Teufel sogleich neben jedem Gotteshause ein Kapellchen sich anbauet, denn jene englische Kirche ist eigentlich nichts anderes als eine kleine, recht freundliche Hauskapelle, die nur höflicherweise Kirche genannt wurde; an dem uralten rostigen Schiffergilden-Hause aber, das wenigstens viermal größer ist als die Kirche, konnte der Teufel auch keine Macht haben, obgleich es einem verwünschten Schlosse sehr ähnlich sah; denn die Bewohner desselben waren sehr brave, ehrbare Leute.

Alle bürgerlichen Gewerbe waren damals noch in Zünfte und Gilden geteilt, deren jede ihr eigenes Haus besaß, wo Meister und Gesellen zu besonderen, auf ihre Privilegien, Gesetze und Gebräuche Bezug habenden Zwecken sich versammelten, besonders aber zur Fastnachtzeit zu Banketten, bei denen es hoch und wild herzugehen pflegte.

Schon der Name deutet an, daß das Schiffergilden-Haus das Eigentum der damals sehr bedeutenden und geachteten Gilde der Danziger Schiffer war. Dort kamen sie in den sich dazu vorbehaltenen Räumen zusammen, um sich über die Angelegenheit ihrer Korporation zu beraten oder auch, um auf allgemeine Kosten und zum allgemeinen Besten es sich bei Tische wohl sein zu lassen. Bunte Wimpel und Flaggen neben einer weißen mit dem Danziger Wappen bemalten Fahne, groß wie ein Segel, flatterten dann vom Beischlage herab und verkündeten der Nachbarschaft die Feier des Tages.

Die übrigen Räume des weitläufigen, winkligen Gebäudes blieben dem Gastwirt überlassen, der nicht nur für den geschicktesten Koch in Danzig galt, sondern sogar einer übereuropäischen Berühmtheit sich erfreute. S eine winzig kleinen eingemachten Glasgurken gingen unter der Flagge seiner Beschützer in alle Welt, und von seinen kolossalen Baumkuchen wurden sogar große Sendungen bis nach Amerika verladen.

Freundlicher, ewig heiserer Herr Nachbar Bergmann, leicht sei dir die Erde; dankbar gedenke ich deiner, denn in der glühenden Hitze deines Küchenherdes, mitten in den wichtigsten Arbeiten zur Besorgung einer hochzeitlichen Tafel, hast du auch deiner kleinen Nachbarin gedacht! Mit manchem Gläschen süßen Gelée, manchem Tellerchen köstlichen Backwerks, die du durch Adam mit übersandtest, erfreutest du bei solchen Gelegenheiten mein kindliches Gemüt. Dafür sei denn in diesen Blättern deinem Namen ein ewiges Denkmal gestiftet, so weit nämlich in unseren Tagen eine solche papierne Ewigkeit reichen kann.

Doch wenden wir uns jetzt der linken Seite des Hauses meiner Eltern zu.

Infolge eines in früheren Zeiten abgeschlossenen Kontrakts, der bedeutende, sonst nur dem eingeborenen Bürger zuständige Rechte ihnen zusicherte, hatte seit langen Jahren eine Gesellschaft englischer Kaufleute mit ihren Familien in Danzig sich niedergelassen und im Verlaufe der Zeit dermaßen sich eingewohnt, daß es weder von ihrer noch von unserer Seite jemandem mehr in den Sinn kam, sie als Fremde zu betrachten. An der Börse wurden ihre Häuser den ersten der Stadt gleichgestellt, in Sitten und Gebräuchen wichen sie von den übrigen Einwohnern so wenig als möglich ab. Sie sprachen Deutsch, machten die Nacht nicht zum Tage, aßen nach Landesgebrauch um ein Uhr zu Mittag, erzogen ihre Kinder, die größtenteils in unserer Mitte geboren worden waren, auf die bei uns übliche Weise und betrugen sich im ganzen, wie vernünftige Leute tun, die nicht darauf ausgehen, durch törichte Anmaßung und alberne Alfanzereien sich und anderen das Leben zu erschweren.

Das Haus meinem elterlichen zur Linken war das Eigentum dieser englischen Kolonie; mit Aufopferung des besten Teils desselben waren die belleétage und die über derselben durchbrochen worden und eine hohe, helle, ziemlich geräumige Kapelle entstanden, der es weder an einer Orgel noch an einer Kanzel fehlte, noch an dem nach englischem Gebrauche unter dieser angebrachten Katheder für den das Morgengebet ablesenden Clerk oder Küster.

Der übriggebliebene Raum des Hauses war zur Wohnung ihres Geistlichen eingerichtet, den sie selbst sich erwählte.

Doktor Jameson

Der Einladung der englischen Kolonie folgend, die unter ebenso ehrenvollen als vorteilhaften Bedingungen ihn zu ihrem Prediger berufen, war Doktor Richard Jameson ungefähr gleichzeitig mit der Verheiratung meiner Eltern in Danzig angelangt. Ob er einen Vorgänger im Amte gehabt, weiß ich nicht, bezweifle es aber, weil ich einen solchen nie erwähnen gehört.

In Edinburg zum Doktor der Theologie promoviert, brachte er unstreitig einen weit gründlicheren und ausgebreiteteren Schatz von Gelehrsamkeit mit sich, als es seine Stellung erforderte, doch wurde diese nur für ihn selbst ein Quell erhöhten Genusses, nie entschlüpfte ihm eine Äußerung, die nur von fern auf Pedantismus deutete oder daß er sich unterrichteter und deshalb besser fühle als andere Leute.

Bei seiner Ankunft in Danzig mochte er, soviel ich ihm jetzt nachrechnen kann, ungefähr vier- bis fünfunddreißig Jahre alt gewesen sein. Sein Äußeres zeichnete nur durch den Ausdruck des reinsten Wohlwollens sich aus; die regelmäßigen Züge seines nicht schönen, aber angenehmen Gesichts verleugneten keineswegs sein Vaterland: helle blaue Augen, blonde Augenbrauen und Wimpern ließen sogleich den Schotten in ihm erkennen. Übrigens war er von mittler schlanker Gestalt, in seinen Bewegungen nicht ungewandt, trug eine runde, wohlfrisierte Perücke und jahraus, jahrein bei schwarzseidenen Unterkleidern und Strümpfen einen hellgrauen Rock mit schwarzen Knöpfen.

Nie gab es ein still zufriedeneres Gemüt als das seine, nie einen jeder echten geräuschlosen Freude offneren Sinn, nie ein regeres Gefühl für alles Edle, Große und Schöne wie für jeden menschlichen Schmerz, den zu lindern die Aufgabe seines Lebens zu sein schien. Mit warmer Teilnahme umfaßte sein mitleidiges Gefühl alles, was in der Natur leidensfähig ist, die Tiere mit eingeschlossen; er konnte keines derselben mißhandeln sehen, ohne sich dessen anzunehmen; aber falsche, erkünstelte oder übertriebene Sentimentalität, wie sie zu seiner Zeit anfing Mode zu werden, war ihm unaussprechlich zuwider, und er verfolgte sie unbarmherzig spottend, wo er sie auftauchen sah.

Seine innere und äußere Erscheinung erinnerte lebhaft an Yorick, wie die »Sentimental Journey« und »Tristram Shandy« ihn darstellen. Bei aller ihm eigenen Heiterkeit des Gemüts verriet doch ein ihn zuweilen fast unmerklich überschleichender Zug von Schwermut, daß er noch die Nachwehen von freilich jetzt vernarbten Wunden empfinde, die ihm früher das Leben

*Chodowiecki verabschiedet sich
von seiner Familie*

*Chodowiecki läßt in Pyritz
sein Pferd beschlagen*

Gasthof in Plathe

*Nachtmahl
im Wirtshaus zu Wutzkow*

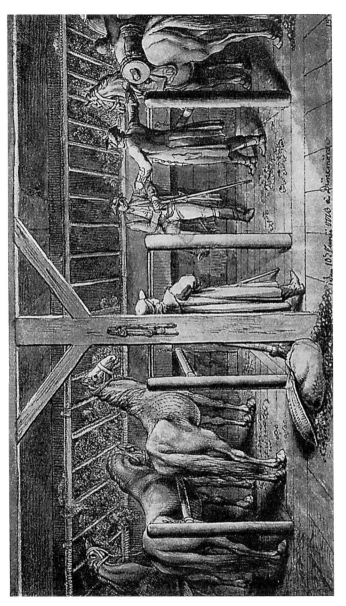

Im Poststall in Dünemörse

In einem kassubischen Dorf

*Ein polnisches Landhaus
bei Oliva*

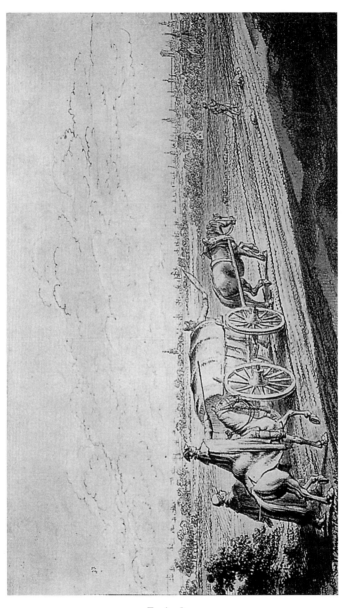

*Zwischen
Oliva und Langfuhr*

geschlagen haben mochte. Doch erwähnte er nie seine Vergangenheit, wie er denn überhaupt nicht gewohnt war, viel von sich selbst zu sprechen. Nie entschlüpfte ihm ein Wort, das auf dieselbe Bezug gehabt hätte, nie hörte ich Eltern, Verwandte oder vertrautere Freunde ihn erwähnen. Fern vom geliebten Vaterlande, in einer ihm ganz fremden Welt, stand er mit seinem warmen Herzen ganz isoliert da.

Meine Eltern als seine nächsten Nachbarn machten gar bald seine Bekanntschaft; das heitere Familienleben des neuvermählten Paares hatte viel Anziehendes für ihn; fester geknüpft durch die aneinander grenzenden Beischläge beider Häuser, ging diese anfangs oberflächliche Bekanntschaft bald in einen vertrauteren Umgang über. Man sah sich fast täglich, Jameson hatte die deutsche Sprache sich in dem Grade angeeignet, daß beinahe nur seine etwas fremdartige Aussprache als Ausländer ihn verriet, und so war auch dieses Hindernis einer innigeren Annäherung von beiden Seiten völlig gehoben.

Als Kasche an einem recht hellen Sonnentage mich zum erstenmal in den Beischlag trug, um den neuen Ankömmling dem Herrn Nachbar zu zeigen, nahm er mich freudig in die Arme, und es war, als ob dieser Augenblick das Band fester verknüpfte, das schon damals mit meiner Familie ihn vereinte.

Als ich heranwuchs, wurde Jameson mein Lehrer, mein Führer, mein Berater und blieb mir zur Seite und wachte über meine junge Seele und ließ nicht von mir, bis die Zeit herangekommen war, in welcher ein anderer die Verpflichtung, für mich Sorge zu tragen, mit meiner Hand am Altare übernahm.

Chodowiecki in unserer Schule

Kaum hatte ich das dritte Jahr meines Lebens zurückgelegt, als ich schon täglich zweimal, vormittags und nachmittags, in eine kaum zweihundert Schritt von meinem elterlichen Hause entfernte Schule auf ein paar Stunden geschickt wurde.

Kurz, wie der Weg war, fehlte doch nicht viel daran, daß ich nicht eines Tages auf demselben vom ungewöhnlich tief gefallenen Schnee wie von einer Lawine verschüttet worden wäre; Agathe, unser Jungfermädchen, wie man in Danzig die Kammermädchen zu nennen pflegte, Agathe nahm meine kleine, ziemlich schwere Person auf den Arm, weil ich zu Fuße nicht fort konnte, sie wollte einem hinter uns her jagenden Schlitten aus dem Wege laufen, glitt aus, fiel auf die Knie und rutschte mitten in einen vom Winde seitwärts an den Häusern zusammengewehten, mehrere Ellen hohen Schneehaufen hinein, aus welchem wir alle beide, ich von ihrem Arm emporgehalten, kaum mit den Köpfen heraussahen. Es war zur Mittagszeit und die Straße daher völlig menschenleer, aufstehen konnte Agathe nicht, solange sie mich auf dem Arm hielt, die Stimme versagte ihr vor Kälte und Angst. Schon schwanden ihre Kräfte, schon war sie im Begriff, mich sinken zu lassen, Gott weiß, was noch aus uns geworden wäre; da erschien gleich einem rettenden Genius Herr Moser, half uns tapfer schreien und brachte dadurch Leute aus der Nachbarschaft herbei, die uns tätigeren Beistand leisten konnten.

Stillsitzen lernen war alles, was fürs erste von mir gefordert wurde; anfangs protestierte ich sehr laut gegen diese Zumutung, doch niemand kehrte sich daran. Ich mußte den sauren Weg zur Schule gehen und ging schon am zweiten Tag ihn gern, denn außer mir waren noch zwanzig Kinder aus der Nachbarschaft, Knaben und Mädchen, zu dem nämlichen Zweck dort versammelt, von dem ich aber nicht rühmen kann, daß er dadurch sonderlich gefördert worden wäre.

Die düstere Schulstube mit ihren getäfelten Wänden von durch die Zeit gebräuntem Eichenholz, in der wir dennoch so fröhliche Stunden verlebten, das große, aus mehr als hundert kleinen runden Scheiben zusammengesetzte Fenster stehen noch sehr lebhaft in meiner Erinnerung. In der Ecke dieses Fensters thronte in ihrem geräumigen Sorgstuhl eine uralte Frau mit schneeweißem Haar in etwas fremdartiger, sehr sauberer, aber einfacher Tracht.

Das Alter hatte ihr Auge mit einem immer dichter werdenden Schleier umwoben, doch ihren heitern Sinn nicht zu umdunkeln vermocht. Deutsch sprach sie wenig und ungern, sie war eine geborne Französin und hatte als Hugenottin ihres Glaubens wegen aus ihrem schönen Vaterlande flüchtig werden müssen, aber sowohl die Tracht als Sitten und Sprache des französischen Bürgerstandes beibehalten. Ihr Alter und ihr schwaches Gesicht erlaubten ihr nicht, ihren beiden auch schon ziemlich bejahrten Töchtern in Leitung der Schule beizustehen, aber sie war doch gern mitten unter den Kindern.

Mich hatte sie zu ihrem Liebling erkoren, ich durfte dicht zu ihr hinflüchten, wenn das Getobe der wilden Knaben mir zu arg wurde. Dann nahm sie mich auf den Schoß und sagte allerlei leichte französische Worte und Redensarten mir vor, die ich zu ihrem großen Vergnügen wie ein gelehriger Papagei nachplapperte und zuletzt auch wirklich verstehen lernte.

Der Name dieser Frau wird in der Kunstgeschichte unserer Tage nie untergehen, denn sie war die Mutter des in seinem Fach bis jetzt noch unerreichten Chodowiecki.

Während eines Besuches von einigen Tagen, den er in Danzig bei seiner Mutter ablegte, ließ er auch in unsere Schulstube sich führen; neugierig sah ich, wie der fremde Mann ein Tischchen hin- und herrückte, bis es ihm recht stand. Seine beiden Schwestern, unsere Lehrerinnen, gingen indessen freundlich uns zuredend durch unsere Reihen, versprachen Thorner Pfefferkuchen, Rosinen und Mandeln die Hülle und Fülle, wenn wir nur ein kurzes Stündchen, so wie wir eben saßen und standen, uns ruhig halten wollten.

Der fremde Mann setzte sich inzwischen an seinen Tisch, legte Papier vor sich hin, packte Bleistifte und andere kleine Gerätschaften aus, sah aufmerksam umher, schrieb etwas, wie es mir schien, sah wieder auf, schrieb wieder, ich hielt mich nicht länger. Ich vergaß Rosinen, Mandeln und Pfefferkuchen und alles; leise, leise wie ein Kätzchen schlich ich zwischen und unter Tischen und Stühlen bis zu ihm hin und sah so bittend ihm ins Gesicht, daß er es nicht übers Herz bringen konnte, mich zu verscheuchen. Freundlich nickte er die Erlaubnis mir zu, neben ihm stehen zu bleiben.

Und nun sah ich auf dem kleinen Blättchen die ganze Schulstube vor meinen Augen entstehen; das hatte ich mir nie als möglich gedacht! Der Atem verging mir darüber; ich dachte und empfand nichts als Glück, dergleichen schaffen zu können. Von diesem Augenblick an ging all mein Wünschen und Trachten auf Zeichnen und Malen aus. Wer mir eine Freude machen wollte, mußte Papier und Bleifedern mir schenken; ein Nürnberger Farbenkästchen versetzte mich auf den höchsten Gipfel des Entzückens.

Und als nun der Künstler am Ende ein ander Blättchen zurechtlegte, mich vor sich hinstellte, zeichnete, ohne daß ich sehen konnte, was er machte, und mir nun das Blättchen hinreichte, um nebst einem Gruße von ihm es meiner Mutter zu bringen! Meine ganze kleine Person, von dem bedormeuseten Köpfchen an bis zu den etwas einwärts stehenden Füßen, war im verkleinerten Maßstabe dargestellt. Es fehlte nicht viel, so wäre ich aus lauter Freude in Tränen ausgebrochen, kaum konnte ich die Zeit erwarten, bis Agathe mich abzuholen kam.

In jener Stunde war die in meiner noch so unentwickelten Kinderseele tief schlummernde Neigung zur bildenden Kunst zum ersten Male erwacht, die mein ganzes langes Leben hindurch mein Trost und meine Freude blieb und nur mit diesem erlöschen wird.

Meine Mutter bewahrte das Bild bei ihren liebsten Schätzen, denn Chodowieckis Name war schon damals berühmt. Leider habe ich selbst späterhin durch einen unseligen Versuch, eben aus jenem Farbekästchen es zu illuminieren, es verdorben.

Die Schulstube hat der Künstler durch den Grabstichel verewigt, wie ich gehört habe; doch muß das Blatt wohl zu seinen seltenen gehören, denn ich habe es nie zu Gesicht bekommen.

Einer meiner Schul- und Spielkameraden aus jener frühen Zeit lebt noch in Danzig als ehrwürdig-ergrauetes Haupt des dortigen Hagestolzen-Ordens. Ein einziger unter so vielen! Auch ihm, wie mir, verlieh die Natur die Gabe, alle die großen und kleinen Beschwerden eines langen, wechselvollen Lebens leichten Mutes zu ertragen oder zu überwinden, je nachdem die Umstände es forderten oder erlaubten. Er ist wahrscheinlich noch ein paar Jahre älter als ich, denn er hatte schon im a, b, ab große Fortschritte gemacht, als ich noch das a, b, c studierte, war aber auf diesen Vorzug so wenig stolz, daß er eine ganze Woche hindurch artig zu sein sich bemühte, wenn er dafür die Aussicht erhielt, sonntags bei schönem Wetter im Beischlage mit mir spielen zu dürfen. Und dafür sende ich ihm hier, vor aller Welt Augen, von den rebenumkränzten Felsenufern des Rheins bis an das kalte flache Gestade der Weichsel meinen freundlichen Gruß.

Am Ufer des Meeres

An schönen Sommerabenden, wenn die nur eben noch über dem Horizont schwebende Sonne zur guten Nacht die Erde noch einmal anlächelt wie eine Mutter ihr entschlummerndes Kind, dann zeigt sich ringsumher im Widerschein ihrer scheidenden Strahlen, soweit das Auge nur reicht, alles in überirdischer Klarheit! Die weiteste Ferne ist uns näher gerückt, unverschleiert tritt sie in der nebelfreien Luft uns entgegen, und Gegenstände, an denen wir in der Frühe des tauigen Morgens vorübereilten, die wir später in den zitternden Dünsten, welche in der Hitze der Mittagsstunden der Erde entqualmen, völlig aus den Augen verloren, werden uns wieder sichtbar.

So ist es auch am Abend unseres Lebens, wenn die Sonne desselben ihre letzten Strahlen ausspendet; die meinige neigt sehr merklich dem Untergange sich zu, und indem ich von ihr umleuchtet den Blick noch einmal dem weit hinter mir liegenden Aufgange zuwende, drängt ein buntes Gewimmel der mannigfaltigsten Erscheinungen sich mir entgegen, die ich mit wenigen Strichen leichthin zu skizzieren versuchen will, ehe es ganz dunkel wird.

Ein großer Vorzug, der auch mir ward und den man wie jeden, mit dem die Natur uns freigebig beschenkte, gewöhnlich sehr spät erkennt, ist der, am Ufer des Meeres, im Angesicht desselben, möchte ich sagen, das Tageslicht zuerst zu erblikken. Wie oft habe ich das späterhin im Binnenlande sehnsüchtig empfunden, wenn abends ein dunkelblauer, am flachen Horizont sich hinziehender Streifen mit lieber Illusion mich täuschte.

Was dem Schweizer seine Alpen mit ihrem würzigen Kräuterduft, das ist uns am Ufer des Meeres Gebornen sein frischer Hauch, der Anblick der ewig bewegten, unabsehbaren Fläche, das nie verhallende Gebrause seiner Wogen; entfernt vom Meer wurden wir die Sehnsucht darnach niemals los. Kein Strom der Welt, nicht der Rhein mit seinen paradiesisch schönen Ufern, nicht die Donau, sogar nicht die Elbe und die Themse mit ihren großen, prächtig einhersegelnden Seeschiffen und dem zum Himmel aufstarrenden Walde von Masten in ihren Häfen, vermag uns Ersatz dafür zu bieten.

Daß es Leute geben könne, welche die See nie gesehen, kam als Kind mir ganz fabelhaft vor, späterhin fühlte ich wahres Mitleid mit den Berlinern und andern Fremden, die, zur großen, vier Wochen währenden Dominiksmesse nach Danzig gekommen, meine Eltern besuchten.

Spät abends stand ich, wenn im Hause alles stille war, am Fenster auf dem Gange und lauschte mit einem ganz unaussprechlichen Gefühl auf die feierliche, eintönige Melodie des bei gänzlicher Windstille aus den tiefsten Tiefen der spiegelglatten See zuweilen aufsteigenden Gebrauses, dieses Aufatmens der nächtlich ruhenden Natur.

»Morgen gibt es schön Wetter, die See raart«, sprach dann wohl Adam, oder wer sonst von unsern Leuten an mir vorüberging. Die See raart! Mir grauste ein wenig bei dem wunderlichen Wort, aber doch blieb ich an meinem Fenster.

Wie gern möchte ich nur noch einmal die See raaren hören! Von so manchem, das mir lieb war, bin ich jetzt unwiederbringlich geschieden und weiß es doch; doch von dem Gedanken, daß mir so gar keine Hoffnung geblieben, jemals das Meer wiederzusehen, wende ich immer mich ab.

Die Schimkys

Vor sechzig bis siebenzig Jahren konnte Danzig noch füglich für einen der nordischen Marksteine der kultivierten Welt gelten; mit Riesenschritten hat seitdem die Kultur die früher ihr gesetzten Grenzen in den Staub getreten und im Innern wie im Äußern die bedeutendsten Umwandlungen herbeigeführt. Doch behielt meine Vaterstadt, abgesehen sogar von ihrer vor andern sie auszeichnenden Bauart, noch genug von ihrer früheren Originalität übrig, um noch heutzutage dem Fremdling in ihren Mauern ein lebhaftes Interesse einzuflößen, wenn er einigen Sinn für dergleichen mitbringt. Dazu gehört insbesondere die Ankunft der mit Getreide beladenen polnischen Fahrzeuge, die noch immer ein merkwürdiges Schauspiel bietet, wenngleich nicht mehr ganz in dem Grade als in einer weit früheren Zeit.

Wenn der Frühling unter dem milderen Himmel des Rheins die ihm gebührende Oberherrschaft schon längst angetreten und nur noch einzelne, schnell vorübergehende Scharmützel mit seinem überwundenen Feinde zu bestehen hat, der im Fliehen sich zuweilen neckend gegen ihn umwendet, dann erst reißt er in meinem Vaterlande mit einem kühnen Sprunge aus dem kalten weißen Leichentuche sich los und zerbricht die kristallenen Gewölbe, unter welchen Quellen und Ströme gefesselt liegen.

Unglaublich schnell dringt dann aus Bäumen und Hecken, auf Wiesen und Feldern das frische knospende Leben warm und duftig hervor; es gibt Tage, in denen man wirklich glauben möchte, das Gras wachsen zu hören, die Veilchen sich entwickeln zu sehen. Der Frühling ist da und eilt vorüber, ehe man Zeit gehabt hat, sich seiner recht zu erfreuen. Dann schwellen auch tief in Polen die Gewässer, und die selbst für die sehr flach gehenden polnischen Fahrzeuge oft zu seichte Weichsel wird gegen Ende des Maimonats kräftig genug, um auf ihrem Rücken die goldnen Gaben der Ceres in meine Vaterstadt zu tragen, die mit vollem Recht in früherer Zeit die Kornkammer von Europa genannt wurde.

Die kleinen, längs der langen Brücke auf der Mottlau vor Anker liegenden Seeschiffe, auf welchen wie auf den Retourchaisen in Frankfurt der Ort ihrer nächsten Bestimmung auf schwarzen Tafeln zu lesen ist, »will's Gott nach Königsberg«, »will's Gott nach Petersburg«, »will's Gott nach Memel«, sie alle schließen vor der seltsamen Flotte sich gedrängter aneinander, welche nun die Mottlau bedeckt und einen höchst wunderbaren Anblick gewährt.

Schiffe sind die schlecht zusammengezimmerten Fahrzeuge eigentlich nicht, aus welchen jene Flotte besteht, sie scheinen so unbequem und zerbrechlich, daß man kaum begreift, wie sie den weiten Weg glücklich zurücklegen konnten, ohne unterzugehen; auch werden sie am Ende ihrer Laufbahn zerschlagen, das Holz wird verkauft, und die Mannschaft mag zusehen, wie sie durch Moor, Heide und unwegsame Urwälder zu Fuß wieder nach Hause gelangt.

Am füglichsten wären diese Fahrzeuge einem kleinen Floße vergleichbar, nur sind sie weniger breit, laufen an beiden Enden in Form eines Kahns etwas spitz zu und sind ringsum mit einem ziemlich niedrigen Bord versehen. Eine Hütte am Ende derselben bildet die Kajüte für den Oberaufseher; ohne Mast und Segel werden sie durch ein ziemlich unförmliches Steuer regiert und durch mehr als hundert rüstige Arme dicht hintereinander auf ihren Bänken sitzender und taktmäßig rudernder Schimkys stromabwärts geführt. Den ganzen übrigen Raum nimmt die Ladung von Weizen oder Roggen ein, so hoch als möglich aufgetürmt liegt sie ganz offen da, ohne den geringsten Schutz gegen Wind, Wetter und Nässe.

In besonders fruchtbaren und wasserreichen Jahren, als vor der ersten Teilung von Polen der Kornhandel noch gleichsam ein Monopol meiner Vaterstadt war, sah man oft den ziemlich breiten Strom mit mühsam aneinander sich fortschiebenden Fahrzeugen über und über bedeckt. Wäre es möglich gewesen, einen auf diesen Anblick ganz unvorbereiteten Fremden plötzlich auf die lange Brücke zu stellen, er hätte glauben müssen, auf eine der damals kaum entdeckten Südsee-Inseln, mitten unter die Kanus der Wilden geraten zu sein, so durchaus uneuropäisch sahen die Schimkys und die ganze Flottille noch jetzt aus. Daß dergleichen in einem übrigens zivilisierten Lande, so nahe an Deutschland, noch existiert, scheint unglaublich; ein Galeerensklave aus Toulon ist im Vergleich mit einem Schimky ein Dandy.

Trotz ihrem wilden Aussehen haben sie doch nichts Unförmliches oder Widerwärtiges, diese starkknochigen, mulattenartig gebräunten hageren Gestalten; ein wohlbeleibter behaglicher Schimky wäre eine Idee außerhalb dem Gebiete der Möglichkeit. Bis auf den nationellen, von Regen und Sonne gelb gebleichten Zwickelbart ist der Kopf durchaus kahl geschoren und mit einem großen selbstfabrizierten Strohhut oder einer flachen Pelzmütze bedeckt, Hals, Nacken und Brust sind entblößt. Die übrige Bekleidung besteht in Pantalons und einem mit einem Strick um den Leib gegürteten Kittel, beides vom allergröbsten ungebleichten Leinen. Hölzerne, mit starken eiseren Nägeln dicht beschlagene Sohlen, die sie unter den übrigens nackten Fuß binden, müssen oft die Stiefel ersetzen.

Das wirklich gräßliche Getöse, das diese Chaussüre auf den granitenen Pflastersteinen hervorbrachte, wenn eine etwas zahlreiche Gesellschaft von Schimkys die Straße heraufkam, jagte uns Kinder allemal aus dem Beischlag ins Haus, und selbst als ich schon ziemlich erwachsen war, wagte ich mich nur mit bänglichem Herzklopfen in ihre Nähe. Ich fürchtete mich vor den wilden Gestalten, die doch niemandem etwas zuleide taten; nie habe ich vernommen, daß ein Schimky des Diebstahls oder eines ähnlichen Verbrechens beschuldigt worden wäre.

Sie waren Leibeigene und sind außerhalb des preußischen Staates es wohl größtenteils noch. Ihr Leben wurde kaum so hoch gehalten wie das eines Hundes oder Pferdes. Der Edelmann, der aus Versehen oder im Zorn einen von ihnen erschlug, zahlte ohne weitere gerichtliche Prozedur zehn Taler Strafe, und damit war die Sache abgetan und vergessen.

Und doch gibt es kein zufriedeneres, ich könnte sagen, kein fröhlicheres Völkchen als diese Leibeigenen mitten in ihrer tiefen Armut, sie, die nie vermissen, was sie nie besaßen, ja wohl kaum dem Namen nach kannten. Die Freiheit, mit der sie nichts anzufangen wüßten, wäre gewiß der jetzigen Generation ein höchst unbequemes Geschenk, und vielleicht muß noch mehr als eine dahinschwinden, ehe sie lernen werden, es gehörig zu würdigen.

Wie sie im Winter daheim es halten, weiß ich nicht, den Sommer über ist ihr Leben fast das eines Wilden. Tag und Nacht unter freiem Himmel, liegen sie am Ufer des Stromes neben den ungeheuern, beinahe haushoch aufgeschütteten Weizenhaufen, die zu bewachen und fleißig umzustechen, um sie, bis sie eingespeichert werden, vor dem Verderben zu bewahren, jetzt ihre Beschäftigung ist.

Ein sehr konsistenter Brei von Erbsen oder Buchweizen, den sie in ihrem an einer quer über zwei Kreuzhölzern gelegten Stange hängenden kolossalen Kessel sich selbst kochen, ist einen Tag wie den andern ihre Nahrung; hat eine solche Tischgesellschaft ein paar Talglichter erbeutet, um den mageren Brei damit zu würzen, so ist das Mahl köstlich. Da sitzen sie dann zur Mittagszeit, dicht aneinandergedrängt, in wirklich malerischen Gruppen um ihre dampfenden Kessel, handhaben ihre großen hölzernen Löffel, die auch einen ihrer sehr beliebten Handelsartikel ausmachen, und schöpfen, schlucken und schnattern ohne Maß und Ziel.

Ein wenig naschhaft, ein wenig lecker sind sie trotz dem besten Gastronom, das ist wahr, aber ihre Leckerbissen sind eigner Art. Auf einem Gange durch die Speicher bemerkte ich eines Morgens in einiger Entfernung einen Schimky vor einem offenen Speicher, in welchem allerhand Lebensmittel zum Verkaufe standen, herumschleichen und sehnsüchtige Blicke hineinwerfen. Jameson, mein Begleiter, und ich standen einen Augenblick still, um zu sehen, was der wunderliche Gesell eigentlich beabsichtige, da sprang er plötzlich pfeilschnell auf ein in der Türe stehendes Heringsfaß los, nahm aber nicht etwa einen Hering heraus, sondern tauchte nur ein gewaltiges Stück Schwarzbrot, das er bei sich führte, tief in die Heringslake hinein und lief davon, ohne sich umzusehen, als hätte er die köstlichste Beute erjagt.

Ein tüchtiger Schluck Kornbranntwein geht freilich noch über Talglicht und Heringslake, aber wenn dieses Mittelding zwischen Kind und Affe auch etwas benebelt ist, so bleibt es doch gutmütig, es prügelt sich, verträgt sich wieder, und von Mord und Totschlag ist nie die Rede. Freilich fehlt ihnen die gewöhnliche Veranlassung zu Hader und Zwist, Weiber und Mädchen, deren Begleitung der Edelmann nicht zugibt.

Zuweilen kommt in einer durch den Branntweingeist etwas exaltierten Stimmung ein Paar von ihnen auf den Einfall, sich außerordentlich galant und höflich zu bekomplimentieren; im Bestreben, einander das Knie zu umfassen, berühren sie mit der Stirn fast den Boden, küssen einander die Hände, umarmen sich nach der allgemeinen polnischen Sitte, die selbst unter Damen damals noch gebräuchlich war, indem jeder von ihnen den Kopf so weit als möglich über die Schulter seines Freundes hinüberbeugt, um seinem Nacken einen Kuß aufzudrücken. Ernsthaft dem zuzusehen ist ebenso unmöglich, als nicht dabei an ein paar Orang-Utans zu denken.

In der durchsichtigen Dämmerung einer schönen nordischen Sommernacht gewähren, aus der Ferne gesehen, die vielen kleinen Feuer einen wirklich romantischen Anblick, um welche am Ufer der Weichsel gelagert die Schimkys ihre Nächte zubringen. Einzelne wunderlich schnarrende und klimpernde Töne schallen von dort herüber, von denen es schwer zu entscheiden ist, welche Art von Instrument sie hervorbringt. Die Schimkys sind von Hause aus geborne Paganinis, sobald man allein die Schwierigkeit in Anschlag bringen will, die der große Mann zu überwinden hatte, um auf seiner einzigen Violinsaite solchen Zauber zu üben.

Paganinis Instrument ist indessen doch eine Violine, wie sie sein soll, und die Saite derselben ist ebenfalls eine wirklich brauchbare Saite; aber etwas auch nur einer Melodie ähnliches auf einer jener kleinen, gelb mit roten Blumen bemalten Nürnberger Spielzeug-Violinen hervorzubringen, wie sie auf der langen Brücke um wenige Groschen verkauft werden, das müßte selbst dem großen Meister schwerfallen, und er greift gewiß lieber nach seiner einzigen Saite.

Solch ein sarmatischer Orpheus läßt aber durch die Mangelhaftigkeit seines Instruments sich nicht im mindesten irren; er fidelt herzhaft darauflos, früher gehörte oder selbst erfundene Melodien im echten Polonaisentakt; denn daß bei ihm von Notenlesen nicht die Rede sein kann, versteht sich von selbst.

Auch gelingt es ihm gewöhnlich, seine den wilden Tieren nicht ganz unähnlichen Zuhörer in begeisterte Bewegung zu setzen; sie fassen jauchzend einander bei den Händen und führen, paarweise gereiht, die eleganten Schwenkungen ihres Nationaltanzes, der Polonaise, durch oder ergötzen sich an den wilden lustigen Sprüngen der nicht minder nationellen Mazurka.

Wenn die Sonne recht hell scheint, besonders, wenn man, wie jetzt beinah alle Leute, etwas kurzsichtig ist, glaubt man zuweilen eine seltsame breite, ungemein prachtvolle Gestalt auf sich zukommen zu sehen; etwa einen chinesischen Mandarin in einem ihn über und über bedeckenden Mantel vom reichsten Goldbrokat; in der Nähe verwandelt sich der Mandarin in einen hinten und vorn, vom Kopf bis zu den Füßen mit breitgeflochtenen Rispen der größten, schönsten, goldig schimmernden Zwiebeln dicht behangenen Schimky, die er zum Verkaufe ausbietet.

Neben diesen Zwiebel-Mandarinen begegnet man auch wandelnden Bergen von Töpferwaren, und nur das von denselben ausgehende jodelartige Geschrei; Koop-Toopky, Top, Top, koop! verrät den in dieser zerbrechlichen Umgebung hausenden Schimky, dessen über seinem ambulierenden Warenlager nur eben herausragender Kopf gar leicht für einen Teil desselben gehalten werden kann.

In Polen wird jährlich eine Unzahl Kochtöpfe, Pfannen, Kasserollen aus einem jenem Lande eigentümlichen Ton fabriziert, ohne welche eine Danziger Köchin gar nicht bestehen zu können glauben würde. Große Quantitäten dieser Ware werden von den Schimkys zum Verkaufe gebracht, die Spekulation rentiert sich gut, die Masse der im Laufe des Jahres zerschlagenen Töpfe hält der der neueingeführten so ziemlich das Gleichgewicht; das originellste dabei bleibt immer die Art, wie sie auf der Straße feilgeboten werden.

An einem mehrere Ellen langen starken Stricke werden so viele Töpfe und Pfannen von allen Dimensionen, als derselbe nur immer fassen kann, gleich Perlen angereiht; mit diesem Strick umwickelt sich der Schimky von oben bis unten so künstlich, daß die Töpfe, ohne zu zerbrechen, traubenartig übereinander liegen. Die größten, die sich nicht wohl anders anbringen lassen, trägt er in der Hand. Daß die Beine nicht so gefesselt werden, daß er nicht bequem ausschreiten könnte, brauche ich wohl nicht zu erwähnen.

Außer mit diesen Töpferwaren wird auch noch ein Neben-handel mit feiner vortrefflicher Krakauer Grütze von den Schimkys betrieben, ebenso mit jenen schon erwähnten höl-zernen Löffeln, welche sie in langen Winterabenden selbst schnitzen und die in unsern Küchen ebenfalls für unentbehr-lich gelten.

Überselig, jauchzend vor Freude tritt solch ein armer Tropf den langen beschwerlichen Rückweg zu Fuße an, wenn er im Laufe vieler Monate im Kampfe mit unsäglicher Mühe und Not so viel erübrigen konnte, daß es ihm möglich wurde, sich mit einigen Ellen des gröbsten blauen Tuches zu beladen; kann er vollends ein Paar mit Eisen beschlagener Stiefeln hinzufügen, so kennt sein Glück keine Grenzen.

Die ebenso malerische als prächtige Nationaltracht der rei-chen Polen wird jetzt selten oder vielleicht gar nicht mehr gese-hen; in der Zeit, von welcher ich spreche, begegnete man ihr in allen Straßen. Den kahl geschornen Kopf ausgenommen, den aber schon in den achtziger Jahren nur alte Herren noch so tru-gen, gibt es wohl keine, die eine schöne Gestalt vorteilhafter und zugleich anständiger bezeichnete. Solch ein Starost! Die hohe viereckige Mütze von Samt oder Seide ein wenig seit-wärts gerückt, eine Hand am reichen Gefäß des klirrenden Säbels, mit der andern den zierlichen Schnurrbart streichelnd, den reichen seidnen Leibrock mit einer golddurchwirkten brei-ten Schärpe vielfach umwunden und darüber das den Wuchs vorteilhaft bezeichnende Oberkleid mit den über dem Rücken tief herabhängenden Ärmeln trat ein solcher so stolz einher, als ob Gottes Erdboden zu gering wäre, um seine Stiefeln von gelbem Saffian zu küssen!

Und nun als Gegenstück der nur über stumpfsinnige Tierheit eben erhobene halbnackte Wilde, der dem nämlichen Lande entsprossene Leibeigne jenes Sohns des Glücks! Der Kontrast wäre herzzerschneidend, wenn die Armen ihr Elend empfänden; doch dafür bewahrt sie für jetzt noch jede Entbehrung; jedes Unglück mildernde Gewöhnung.

Ein paar Monate vor der Erntezeit kamen auch die armen polnischen Weiber scharenweise gezogen, um für Kost und ein Tagelohn von drei Düttgen, damaliges Danziger Geld, ungefähr achtzehn sächsische Pfennige, die Kornfelder in der Umgegend auszujäten. Auch die Erscheinung dieser armen Maruschkas, wie sie durchgängig genannt wurden, hatte viel Fremdartiges. Ein weißes Tuch, oft recht graziös um den Kopf gewunden, ein langes blaues, um den Leib fest gegürtetes Gewand vom gröbsten Wollenzeug war ihre ganze Bekleidung, Schuhe und Strümpfe kannten sie gar nicht.

Hager, von der Sonne verbrannt, dürftig im höchsten Grade, wie sie es sind, verleugnet sich doch nicht bei allen unter ihnen die den Polinnen eigentümliche Anmut der Formen und der Bewegung. Ich habe zuweilen jugendliche, vom Leben noch nicht zu hart behandelte Gestalten unter ihnen bemerkt, die jedem Künstler zum Modell hätten dienen können und denen ich neben dem innigsten Mitleid meine Bewunderung nicht versagen konnte.

Einer meiner Freundinnen, die in der überschwenglich fruchtbaren Gegend des Danziger Werders wohnte, wurde eines Tages die ganz unerwartete Niederkunft auf freiem Felde einer ihrer Maruschkas gemeldet; das arme blutjunge Weib wurde sogleich unter Dach gebracht und für deren Verpflegung gesorgt, was ihr sehr wunderbar vorzukommen schien. Am andern Morgen stand sie mit Sonnenaufgang fix und fertig da, das Kind in ein Tuch gebunden auf dem Rücken, und wollte durchaus aufs Feld an ihre Arbeit. Nur unter heißen Tränen und durch die Versicherung, daß sie dennoch ihre drei Düttgen täglich erhalten solle, ließ sie sich bewegen, einige Tage Ruhe sich gefallen zu lassen. Doch hielt sie es nicht lange aus; ehe man es sich versah, war sie draußen und konnte nicht begreifen, was man eigentlich mit ihr gewollt habe.

So sucht die immer gütige Natur selbst diejenigen ihrer Kinder, die sie am stiefmütterlichsten behandelt, für diese anscheinende Härte auf eine oder andere Weise zu entschädigen.

Danzig international

Die schmutzigen polnischen Schacherjuden schiebe ich gern beiseite, die weder vom Leibzoll, den sie zahlen, noch durch die Bedrückung und Verhöhnung aller Art, die sie von christlichen Gemütern erdulden mußten, sich abhalten ließen, zahlreich sich einzustellen und an allen Ecken unter widrigem Geschnatter und Geschrei ihrem elenden Gewerbe nachzugehen.

Aber es gab auch noch andere alttestamentarische Gestalten außer diesen, deren würdiger Anblick dazu mit beitrug, dem öffentlichen Leben in den Straßen eine interessante Mannigfaltigkeit der verschiedenartigsten Erscheinungen zu gewähren: reiche israelische Kaufleute aus Warschau, Krakau, Posen und andern bedeutenden polnischen Städten in ihrer stattlichen Nationaltracht, die Geschäfte halber in Danzig sich einfanden; hochgewachsene Männer mit schwarzen blitzenden Augen und echt orientalischen Zügen, himmelweit verschieden von jenem zerlumpten Gesindel. Der wohlgepflegte, tief über die Brust sich ausbreitende, oft schneeweiße Bart, die sehr hohe, dunkle Zobelmütze, der malerische Falten bildende schwarze Talar verlieh ihnen eine auffallende Ähnlichkeit mit den gelungensten Propheten- und Apostelgestalten bildender Kunst.

Auch ihre Frauen begleiteten sie zuweilen; die Tracht derselben nahm sich freilich etwas barocker aus und machte einen sehr fremdartigen Eindruck; Röcke von schwerem, großblumigem Seidenbrokat, ein bis an die Knie reichender, unten mit Zobel besetzter Leibrock von ähnlichem Stoff und eine goldene

Haube. Über der Stirn trugen sie ein ziemlich breites Bandeau aus mehreren Reihen echter, großer, aber meistens schiefer, sogenannter monströser Perlen, das auch nicht ein Härchen sichtbar werden ließ. Eine Menge schwerer, altmodischer, goldener Ketten und Schmuck aus allen Arten von Edelsteinen vollendeten den Putz einer solchen Tochter Zions, der aber den brünetten, schwarzäugigen Gesichtern gar nicht übel stand, solange sie jung waren.

Übrigens herrschte in meiner zur lutherischen Konfession sich bekennenden Vaterstadt völlige Glaubensfreiheit. Die aus Holland abstammenden, meistens sehr wohlhabenden Mennoniten, welche in feine und grobe sich einteilten, hatten ihre Bethäuser; unstudierte Bürger ihres Glaubens, meistens Handwerker oder Krämer, verwalteten in denselben das Predigeramt und erbauten sonntags ihre Glaubensbrüder durch oft recht herzliche Reden. Auch durften sie ihre Kinder so spät taufen lassen, als es ihnen beliebte; ich selbst habe einmal der Taufe einer sechzehnjährigen Freundin von mir beigewohnt.

Die Katholiken hatten ihre Mönchs- und Nonnenklöster so ungestört, als lebten sie mitten in einem katholischen Lande, nur auf Ehrenstellen mußten sie so wie jeder andere der nicht zu Luthers Lehre sich bekannte, Verzicht leisten; nicht einmal Nachtwächter konnten sie werden.

Und doch übte der Papst auf unsere lutherische freie Stadt eine althergebrachte, aber dennoch in unserer Zeit unbegreifliche Gewalt. Nicht genug, daß in zu nahem Verwandtschaftsgrade stehende Protestanten den zu ihrer Verheiratung nötigen Dispens vom päpstlichen Stuhl zu erhalten suchen mußten; in der Mitte der Stadt lebte unter dem Titel Offizial eine Art von Nuntius des Papstes, der ebensogut als der berühmte Hufschmied von Gretna-Green ohne elterliche Einwilligung und ohne vorhergegangenes öffentliches Aufgebot über protestantische wie über katholische Liebespaare in der an seine Wohnung anstoßenden königlichen Kapelle den kirchlichen Segen aussprach; das von ihm geknüpfte Eheband war fest und hielt fest, und gegen die Gültigkeit desselben galt keine Einwendung.

Meine Mutter erzählte von einer ihrer Jugendgespielinnen, die zu großer Verwunderung ihrer Familie an einem Samstagabend mit einer neugewaschenen leinenen Schürze erschien; an einem Samstage, obendrein spät abends, es war unerhört! Das Mädchen wollte nicht gestehen, was es dazu bewogen; am folgenden Morgen aber klärte alles von selbst sich auf. Die neugewaschene Schürze hatte sie umgetan, um sich mit ihrem Herzliebsten bei dem nur wenige Häuser entfernt wohnenden Offizial in aller Geschwindigkeit trauen zu lassen.

Die moralische Nutzanwendung dieser Geschichte erfolgte in der weitläufigen Auseinandersetzung des wenigen Segens, der auf dieser späterhin sehr unglücklichen Ehe geruht habe; ich hörte kaum darauf, ich überlegte in meinem zehnjährigen Kopfe, wie es möglich sei, lieber in einer weißleinenen Schürze als in einem prächtigen Brautkleide von großblumigem Seidenstoffe, wie das noch immer viel bewunderte meiner Mutter war, Hochzeit zu machen.

Übrigens blieb dieses Vorrecht des Offizials bis zur endlichen Besitznahme von Danzig in voller Kraft, und ich habe noch einige Beweise davon erlebt, die in sehr achtbaren Familien viel Herzeleid anrichteten.

Den Offizial habe ich nie gesehen, wüßte auch niemand, der persönlich mit ihm bekannt gewesen wäre; überhaupt lag in seiner ganzen Existenz etwas Unheimliches, Scheueinflößendes, das er selbst vielleicht fühlte und deshalb in stiller Zurückgezogenheit lebte. Die katholischen Priester zeigten sich indessen in ihrer Ordenstracht überall. Auch unsere wohlehrwürdigen Herren ließen ebenfalls außerhalb ihrer Häuser sich nie anders als in vollem Ornate erblicken, vor welchem jedermann schon den Hut von weitem zog; in der lockenreichen großen Perücke, dem langen weiten Priestergewande und mit dem Bäffchen unter dem Kinn.

Weit malerischer nahmen die barfüßigen Franziskaner und Kapuziner in ihren mit einem Strick umgürteten braunen Kutten und der tief in das Gesicht gezogenen Kapuze sich aus, denen man häufig begegnete; seltener ließen die weißgekleideten Dominikaner außerhalb ihres Klosters sich sehen, am häufigsten aber die barmherzigen Brüder in ihrer ganz schwarzen Ordenstracht.

Am ersten Feiertage der hohen Feste stellten regelmäßig drei derselben, demütig sich verneigend, in unserem Speisezimmer sich ein, wo wir eben zum Mittagessen versammelt waren. Sie brachten auf einem seltsam geformten silbernen Teller einige Blätter farbiger Oblaten mit dem darauf eingedrückten Bilde des Gekreuzigten und eine Dose mit Kräutertabak, den sie in ihrem Kloster bereiteten und zum Besten der Armen verkauften.

Mein Vater stand vom Tische auf und ging ihnen einige Schritte entgegen; wir Kinder erhielten jedes eine Oblate, er aber nahm eine Prise aus der Dose und legte Geld auf den Teller; die Priester verneigten sich abermals und gingen schweigend, wie sie gekommen waren, zur Türe hinaus.

Die ganze Verhandlung, bei welcher nie ein Wort gesprochen wurde, machte immer, wahrscheinlich ebendeshalb, einen eignen feierlichen und zugleich wehmütigen Eindruck auf mich, und mir wurde etwas weinerlich zumute. Ich wußte, daß diese Geistlichen unter eignen großen Entbehrungen alle armen Kranken, wes Glaubens sie auch sein mochten, sogar Juden, in ihrem Kloster aufnahmen und sorgfältig pflegten. Adam, der selbst ein Katholik und in einer schweren Krankheit von den frommen Vätern geheilt worden war, erzählte jedesmal davon, wenn sie ihren Besuch bei uns abgelegt hatten.

In ihrer nicht prunkenden, aber soliden, ihrem Klima angemessenen Nationaltracht sah man noch während der ersten sieben bis acht Jahre meines Lebens viele russische Kaufleute alljährlich nach Danzig wiederkehren, und ihre fremdartige Erscheinung war überall willkommen, sie und ihre kleinen, von zottigen Pferden gezogenen, von langbärtigen Iswostschicks regierten Kibitken; besonders aber die Ladung der letzteren, die großen Säcke voll silberner Rubel, mit denen alles bar bezahlt wurde, weil damals die Russen mit Wechselzahlungen noch nicht umzugehen verstanden.

Ihre Kleidung im Gegensatz zu der weit brillanteren der Polen war sehr einfach, ein dem Oberkörper sich eng anschließender tuchener Rock mit ziemlich weiten Ärmeln von unentschiedener, nicht zu dunkler Farbe, über den Hüften mit einer breiten Schärpe von feinem persischen Stoff einigemal umwunden. Der untere Teil dieser Kleidung glich einem bis über das Knie gehenden, sehr weiten, oben in dichte Falten gelegten Weiberrock; dazu mäßig kurz geschnittenes starkes Haar und ein von einem Ohr bis zum andern reichender, Kinn und Brust ganz überdeckender Bart, der sehr sauber gehalten, zuweilen sogar künstlich gekräuselt wurde.

Oft versammelte mein Vater eine große Gesellschaft dieser bärtigen Männer an seinem Tisch, lauter gute Freunde, mit denen er seit vielen Jahren bedeutende Geschäfte machte. Die Anordnung eines solchen Gastmahls verursachte meiner Mutter und ihrem geheimen Kabinettsrate Adam zwar einige Mühe, besonders wenn während der endlosen russischen Fastenzeit alles mit Öl bereitet werden mußte; dafür fand sie aber auch gewöhnlich in irgendeinem Winkel ihres Zimmers einen Vorrat echten Karawanen-Tee versteckt, wie ihn selbst der Kaiser von Rußland nicht besser trinkt und der für Geld nicht zu erlangen war.

Anfangs fürchtete ich mich zwar vor den langen Bärten, aber diese Männer waren freundlich trotz ihrem grimmigen Ansehen; sie hatten die Kinder gern, das machte mir wieder Mut. Der ärmste, abschreckend häßlichste unter ihnen war mir der liebste, ein schwarzer zottiger russischer Knecht, Andruschky geheißen, der jährlich mit seinem Herrn unser Haus besuchte und in demselben so bekannt war als unsere große Zyperkatze, eine Art von zivilisiertem Bär. Stundenlang galoppierte er höchst gutmütig auf allen Vieren den Hausflur auf und ab, wenn es uns einfiel, uns auf seinen breiten Rücken zu setzen; auch brachte er uns schöne Geschenke mit, steinharte russische Pfefferkuchen und kleine, fremde, fast nie gesehene Nüsse, die vortrefflich gewesen wären, wenn man sie hätte aufmachen können. Das alles freute uns aber doch wie jedes, woraus Kinder herausempfinden, daß man sie lieb hat und auch abwesend ihrer gedenkt. Meine besondere Gunst aber erwarb Andruschky sich dadurch, daß er mir einmal ein wunderschönes Hermelin mitbrachte, so künstlich ausgestopft, daß jedes zoologische Kabinett ihm gern ein Plätzchen eingeräumt haben würde.

Ich kann es mir nicht versagen, zur Ehre seines Gedächtnisses ein paar Anekdoten von dem ehrlichen Russen hier aufzubewahren, von denen die erste selbst Yoricks Sentimental Journey nicht unwürdig wäre.

Andruschky kaufte eines Morgens vor unserer Tür einem Straßenjungen einen großen Käfig mit Vögeln aller Art ab, wie sie zur Frühlingszeit damals häufig feilgeboten wurden; es waren ihrer wohl mehr als zwanzig in dem Käfig, der Kauf schien Andruschkys Barschaft fast zu erschöpfen.

Er zahlte indessen ohne Zaudern, öffnete den Käfig, jauchzte laut auf, als die befreiten Gefangenen sich fürs erste auf den Kastanienbaum vor unserm Beischlag setzten, sich lustig schüttelten und dann über alle Häuser weg in die weite Welt flogen. Den leeren Käfig warf er einstweilen dem Verkäufer an den Kopf, hielt eine kurze, aber eindringliche Rede an denselben und ging ganz pathetisch weiter. Unsere neben ihm stehende Kasche übersetzte die Rede seinem verblüfften Zuhörer auf der Stelle, denn Russen und Polen verstehen einander ungefähr wie Portugiesen und Spanier.

»Gott der Herr schickt die kleinen Vögel in den Wald, damit sie die Reisenden auf ihren sauern Wegen durch ihren lieblichen Gesang erquicken sollen«, hatte Andruschky gesagt, »und«, setzte er hinzu, »treffe ich daher dich Galgenstrick noch einmal mit einer solchen Ladung, so breche ich dir nicht nur deinen Käfig in tausend Stücke, sondern bediene dich auch dermaßen mit meinem Kantschu, daß du nach hundert Jahren daran denken sollst.«

Ein andermal hielt Andruschkys Kibitke vor unserer Tür; er selbst trug einen Teil seiner Ladung ins Haus, in der Zwischenzeit scheute sich das mutige Pferd und ging in Pfeilesschnelle durch. Andruschky hörte das Rasseln der Räder, er stürzte hinaus, von Pferd und Wagen war nichts mehr zu hören noch zu sehen. Da stand der Arme und riß verzweifelt sich die Haare aus dem Kopfe. Das leichte Fahrzeug mußte umstürzen, der

Sack herausfallen, zerreißen, die Rubel sich verstreuen, nichts war gewisser. Was konnte er anfangen! Wohin sich wenden!

Im nämlichen Augenblicke bog das jetzt ganz verwilderte Pferd mit der noch wohlerhaltenen Kibitke um eine Ecke wieder in unsere Straße ein; mit lautem Freudengeschrei stürzte Andruschky dem wütend schäumenden Tiere entgegen und warf sich mit dem Gesicht platt auf den Boden hin, dicht vor den Hufen, die schon sich hoben, um ihn zu zermalmen.

Erschrocken fuhr das Pferd zusammen, bäumte sich nochmals hoch auf und stand dann, ohne seinen Herrn auch nur anzustreifen. Beide hatten einander wohl gekannt, das war sichtbar.

Zu den fremdartigen Gestalten, welche die bunte Welt, die meine frühe Kindheit umgab, noch bunter machten, muß ich auch die Dienerschaft der vornehmen polnischen Familien zählen, welche damals einen bedeutenden Teil des Jahres in Danzig residierten; in grellen Farben phantastisch aufgeputzte Neger, sogar auch noch ein paar mißgestaltete unförmliche Zwerge in türkischer Kleidung und als Gegenstück zu diesen in enganschließenden Jacken über und über gelb gekleidete riesengroße Heiducken.

Sogar bis auf die Schuhe schneeweiß gekleidete Läufer, hochwehende Straußenfedern auf der Mütze, trugen mit ängstlich keuchender Brust im angestrengtesten Laufe ein kleines zierliches Stäbchen vor der unbarmherzig schnell hinter ihnen dreinjagenden Equipage ihrer übermütigen Gebieter her; eine Barbarei jener Zeit, die jetzt gottlob außer Gebrauch gekommen zu sein scheint und über deren Anblick Jameson jedesmal in heftigen Zorn geriet.

Aber auch unter den in Danzig ganz einheimischen Bewohnern der Stadt war damals noch nicht jener Luxus vorherrschend geworden, der jetzt alle dem Auge gleichstellt. Auf die aus einer früheren Zeit stammende Kleiderordnung wurde zwar nicht mehr nach aller Strenge des Gesetzes gehalten; nur bei feierlichen Gelegenheiten, bei Begräbnissen, Hochzeiten, Taufen wurde sie beim Mittelstande noch in Anregung gebracht. Bei der hochzeitlichen Tafel der reichsten und angesehensten Handwerkermeister erschien unfehlbar im größten Galaanzuge, den Degen an der Seite, ein dazu angestellter Ratsdiener, um nachzuzählen, ob die Anzahl der Gäste die erlaubte überschreite, und zu sehen, ob die Braut echte Perlen, Juwelen und andern gerade an ihrem Ehrentage ihr verbotenen Schmuck trage. Eine für eine freie Republik freilich sehr aristokratisch scheinende Einrichtung, über die aber, soviel ich weiß, kein Hausvater sich jemals beklagt hat.

Mehr als das Gesetz hielt indessen die Furcht, bei ihresgleichen lächerlich zu werden, die ehrsamen Bürger nebst ihren Frauen schon von selbst in bescheidenen Grenzen; es fiel keiner ein, weder die Reifröcke, Poschen, reich garnierten Schleppkleider noch den turmhohen überladenen Kopfputz der vornehmen Damen sich anzueignen; wozu aber auch die große Unbequemlichkeit der damaligen, unter Ludwig XV. bis zum unbegreiflichen Unsinn gesteigerten Moden nicht wenig beitragen mochte.

Auch konnte man damals die Dienstmädchen in der knappen, zierlichen Tracht ihres Standes, in der sie weit besser sich ausnahmen als in den mühseligen Versuchen der heutigen Generation, sich in Damen zu travestieren, noch nicht mit ihren Gebieterinnen verwechseln. Die vor kurzem eingetretene große Revolution im Reiche der Mode, welche die weiten bauschigen Ärmel in knappe, enge verwandelte und die jetzt, fünfzig Jahre später, die zarten Gemüter ihrer Enkelinnen so sorgenvoll bewegt, wäre gewiß unbemerkt an jenen vorübergegangen.

Kandidat Kuschel

Fast sechs Jahre war ich alt, hatte von Anfang bis Ende Weißens damals epochemachendes Abc-Buch durchstudiert, diesen ersten erfreulichen Verkündiger der unabsehbaren Reihe von Kinderbüchern, die bis auf den heutigen Tag ihm gefolgt sind und noch folgen werden; ich hatte die schönen bunten Bilderchen in demselben nachgemalt, so gut es gehen wollte, und war folglich der Schule völlig entwachsen, die ich bis dahin besucht hatte.

Doch was sollte, was konnte nun an die Stelle derselben treten? Jameson vertändelte manche Abendstunde mit mir, aber Wunderkinder waren ihm ein Greuel, und ich war noch so jung! »Let the little victims play«, sprach er freundlich, wenn meine Mutter schalt, weil ich mit meiner damals noch nicht vierjährigen Schwester Lotte es zu arg trieb. Weder meine Mutter noch ich verstanden diese Worte; als ich Englisch gelernt hatte, verstand ich sie wohl, aber die eigentliche tiefe, ernste Bedeutung derselben haben erst viel später Leben und Welt mich erkennen gelehrt.

Damit denn doch etwas geschähe, wurde einstweilen ein Sprachmeister für mich angenommen, der beste in der Stadt, denn er war der einzige; ein alter, stumpfer Franzose, der seine Muttersprache halb vergessen und keine andere gelernt hatte. Der Unterricht währte nur einige Monate; mein Vater wurde bald gewahr, daß ich bei dem guten Alten nur retrograde Fortschritte machen könne, und beschränkte sich einstweilen darauf, soviel wie möglich französisch mit mir zu sprechen, um nur das wenige, das ich spielend mit aus der Schule gebracht, mich nicht ganz verlernen zu lassen.

Indessen bedurfte ich doch einer ernsteren Beschäftigung, als meine übrigens zärtlich geliebten Puppen mir gewähren konnten, obwohl ich deren Haushalt auf sehr anständigen Fuß eingerichtet hatte und mit großem Eifer ihm vorstand; und so mußten sich meine Eltern doch endlich entschließen, dem damaligen allgemeinen Gebrauch Folge zu leisten und unerachtet meiner großen Jugend einen von allen Seiten ihnen empfohlenen Kandidaten der Theologie mir zum Lehrer zu geben, der die Verpflichtung übernahm, jeden Morgen eine Stunde mit mir zuzubringen. Die Anordnung des Unterrichts, den er mir erteilen sollte, blieb dabei ihm völlig überlassen. Als ich ihm vorgestellt wurde, blickte er freilich das kleine sechsjährige Ding verwundert an, das man zur Schülerin ihm aufbürden wollte; doch er hatte sein Wort gegeben, der Versuch wurde gewagt, und es ging besser damit, als wir alle beide erwarteten.

Kandidat Kuschel, so hieß mein neuer Lehrer, war der Sohn eines nicht bemittelten, aber sehr rechtlichen Handwerkers. Der Vater war gestorben, der zweite Sohn noch zu jung, um dem Gewerbe desselben vorstehen zu können; die Sorge für die alternde Mutter fiel zum großen Teil dem älteren zu, der seinen mit Unterricht außer dem Hause gewonnenen Erwerb freudig zu ihrer Pflege verwandte.

Des Himmels Segen ruhte darauf; sein einfaches, anspruchsloses Betragen, gleich entfernt von kriechender Demut und hochfahrendem Wesen, erwarb ihm allgemeine Achtung, seine Milde und Herzensgüte die Liebe seiner Schüler. Sein Lehrtalent wurde von jedermann als ausgezeichnet anerkannt, und der Tag hätte aus noch einmal so vielen Stunden bestehen mögen, es hätte nur von ihm abgehangen, sie alle zu besetzen; er begnügte sich damit zu leisten, was menschliche Kräfte vermögen.

Es ist sehr schwer, immer und unter allen Umständen von dem schönen menschlichen Glauben zu lassen, der jedem Kinde auf Erden seinen unsichtbaren Schutzengel zugesellt. Dank sei dem meinigen, im Fall er wirklich existiert, daß er in die Hände solcher Männer, wie Jameson und mein neuer Lehrer es waren, die Aufgabe legte, mich auf das mannigfach bewegte Leben vorzubereiten, das mir, wie den meisten meiner Zeitgenossen, ohne daß man es damals ahnen konnte, bevorstand.

Nie vielleicht hat die Natur einen hellen, hochgebildeten Geist, ein weiches und doch starkes Gemüt, einen bescheidenen und doch jeder Unwürdigkeit entgegenstrebenden Sinn in eine unscheinbarere Hütte verbannt, als die Gestalt des Kandidaten Kuschel es war. Die hohe, seltsam eckige Stirn, die unförmlich lange Nase, die dicken wulstigen Lippen brachten den Eindruck eines häßlichen, aber doch nicht widerwärtigen Gesichts hervor; denn das Wohlwollen, die unbeschreibliche Milde, die aus den matten grünlich-grauen Augen sprachen, ließen bei seinen übrigen trefflichen Eigenschaften diese Unbill der Natur vergessen.

Übrigens standen bei einem ziemlich hohen Wuchse alle seine Glieder dennoch im wunderlichsten Mißverhältnis zueinander, und nur die große Ruhe und Mäßigung in seinen Bewegungen, die er sich angeeignet hatte, konnten vor einem Anstrich von Lächerlichkeit ihn bewahren. Daß eine seiner Schultern etwas höher war als die andere, fiel weniger auf, weil seine Kleidung dies verbergen half; denn die damaligen Kandidaten des heiligen Predigtamtes, gewiß sehr ehrbare und achtungswerte junge Männer, hatten genau das Kostüm der ihrer Frivolität wegen berüchtigten französischen Abbés.

Schwarz gekleidet vom Kopf bis zu den Füßen war an ihnen nichts Weißes sichtbar außer den ihren geistlichen Stand bezeichnenden beiden Läppchen unter dem Kinn; eine talergroße schwarzsamtene Kalotte auf dem Scheitel der gepuderten, lockenreichen Perücke, ebenfalls ein Aushängeschild ihrer Frömmigkeit, und den Rücken halb bedeckend ein bis an den Boden reichendes schmales Mäntelchen, das der Träger mit einer Hand in elegante Falten zusammenfassen mußte, wenn er auf der Straße sich zeigte; so verlangte es das sehr gefürchtete Oberhaupt der Geistlichkeit unserer Kirche, der hochehrwürdige Doktor Heller.

Die innere Glut des Glaubens mußte diese geistlichen Herren gegen die in unserem Klima oft bis auf zwanzig und mehr Grade Reaumur steigende Kälte schützen, denn von Pelz oder Überrock konnte bei ihnen gar nicht die Rede sein. Wehe und abermals wehe dem unglücklichen Kandidaten, der außerhalb seiner vier Pfähle in einem andern als dem ihm vorgeschriebenen Kostüm sich ertappen ließ! Die Hoffnung, jemals eine Pfarre zu erhalten, war für ihn verloren, denn Doktor Heller achtete ein solches Vergehen der ärgsten Ketzerei gleich. Nicht nur die Kandidaten, auch die schon angestellten Prediger und sogar ihre Frauen durften an Theater, Konzert und ähnliche Vergnügungen gar nicht denken; höchstens wurde unter dem Siegel des Geheimnisses, im engsten vertraulichen Kreise einem bescheidenen Partiechen L'hombre durch die Finger gesehen.

Ohne zu philanthropischen Spielereien sich herabzulassen, wie sie damals durch die neuerfundene Basedowsche Lehrmethode eben anfingen, Mode zu werden, wußte mein Lehrer bei

stetem Wechsel der Gegenstände seines Unterrichts meine
Aufmerksamkeit und Wißbegierde dermaßen zu erregen und
zu fesseln, daß ich seiner Ankunft immer mit Freuden entgegensah und nach Beendigung der Stunde, die er mir täglich gab,
mit der Bitte, doch noch ein wenig zu bleiben, ihn weidlich
plagte, weil er nur selten sie zu erfüllen vermochte.

Jameson sah, mit welcher Leichtigkeit und welchem Vergnügen ich auffaßte, was man mich lehrte, und hatte große Freude
daran. Selten ließ er jetzt einen Tag vergehen, ohne mich mit zu
sich zu nehmen; sein ganzer Haushalt wurde dann zu meiner
Unterhaltung in Bewegung gesetzt. Sein großer pechschwar-
zer Kater, Tamerlan, und sein kleines schneeweißes Hündchen, Frei geheißen, machten ihre besten Künste mir vor; Jungfer Konkordia, die alte Haushälterin, fütterte mich mit Bon-
bons und schälte mir Apfelsinen; er selbst ergötzte mich
unendlich durch allerlei artige Zauberkünste, die er mit Hilfe
einer außerordentlich zierlichen Elektrisiermaschine hervorbrachte, oder erzählte mir Märchen und allerlei Merkwürdiges
von Tieren und Pflanzen in fremden Ländern. Dabei lernte ich
nach und nach Englisch, fast ohne es gewahr zu werden; ich
lernte es wie meine Muttersprache, fürs erste nur plaudern,
dann aber auch lesen und schreiben.

Ein Mädchen und Englisch lernen! Wozu in aller Welt sollte
das ihr nützen? Die Frage wurde täglich von Freunden und Verwandten wiederholt, denn die Sache war damals in Danzig
etwas Unerhörtes. Ich fing am Ende an, mich meiner Kenntnis
der englischen Sprache zu schämen, und schlug deshalb einige
Jahre später es standhaft aus, auch Griechisch zu lernen, so
sehr ich es innerlich wünschte und so freundlich auch Jameson
deshalb in mich drang.

Der Widerwille gegen den Gedanken, für ein gelehrtes Frauenzimmer zu gelten, lag schon damals wie eben noch jetzt in
meiner jungen Seele, soviel Rühmliches mir auch mein Kandidat von Madame Dacier und Frau Professorin Gottsched sagte,
die obendrein meine Landsmännin war.

So verging ein Jahr ungefähr, einige Monate drunter oder
drüber, ich weiß es nicht und habe es nie gewußt, denn »dem

Glücklichen schlägt keine Stunde!«, und es gibt kein glücklicheres Wesen auf Erden als ein frohes, gesundes, geliebtes Kind, wie ich es war; die ganze Welt lachte mich an, vom ersten Januar bis zum Sylvestertage war es Frühling in mir und um mich her. Alles, was mich umgab, blühte in erfreulichem Wohlstande; fern von dem friedlichen Dach, unter welchem ich den ersten süßen Traum des Lebens träumte, blieben Sorge, Kummer und Not!

Im Würgegriff der Preußen

Mein Vater war vom frühen Morgen an auf dem Rathause, wohin er zu ganz ungewohnter Stunde berufen worden; Herr Moser, statt wie sonst im Comptoir hinter seinem Schreibpult wie angenagelt zu sitzen, lief unruhig im Hause herum, knackte einmal über das andere mit den Fingern und seufzte in einem fort: Ja, ja!

Im Wohnzimmer saß meine Mutter ganz erschöpft auf dem Kanapee mit fliegender Brust, glühenden Wangen und Tränen des Zornes im Auge. Ich drückte mich ängstlich in eine Ecke, denn in so heftiger Bewegung hatte ich die liebe, sanfte Frau nie gesehen.

In sehr ungewohnter Stunde, denn Morgenbesuche waren damals durchaus nicht gebräuchlich, war ein Freund unseres Hauses gekommen, der Mann einer der liebsten Freundinnen meiner Mutter, und hatte ihr etwas erzählt, das ich nicht verstand, worüber sie aber vor Schrecken totenbleich wurde und sich kaum aufrecht halten konnte. Herr M . . . sprach noch viel, meine Mutter geriet darüber mit ihm in Streit, sie, die nie stritt! Es kam mir vor, als habe er etwas über meinen Vater gesagt, das sie nicht zugeben wollte, zuletzt wies sie ihm mit großer Heftigkeit die Tür und ersuchte ihn, sie künftig mit seinen Besuchen zu verschonen; er ging, und ich blieb starr vor Erstaunen über das nie zuvor Erlebte.

Jetzt kam auch Jameson und Onkel Lehmann, der Bruder

meiner Mutter; auch Kandidat Kuschel, der aber heute mich kaum bemerkte, soviel ich mir Mühe gab, mich ihm bemerkbar zu machen. Alle drei versammelten sich um meine Mutter in angelegentlichst eifrigem Gespräch, mir aber wurde angedeutet, mich zu Kasche zu begeben, und ich mußte gehorchen, so sehr die Neugier mich plagte. Ich hätte gar zu gern erfahren, warum meine Mutter sich darüber so erzürnte, daß Herr M... behauptet hatte: mein Vater trüge seinen Mantel auf beiden Achseln; wie sollte er denn sonst ihn tragen?

Unterwegs warf ich einen Blick zum Fenster hinaus; auch auf der Straße ging es ungewöhnlich lebhaft her. Schiffer und Matrosen strömten dem Schiffergilden-Hause zu, in den Beischlägen steckten Nachbarn und Nachbarinnen in Schlafrock und Pantoffeln die Köpfe zusammen, überall an allen Ecken standen Leute haufenweise, eiferten, fluchten, weinten, rangen die Hände, stampften mit den Füßen, klagten überlaut.

Kaum sieben Jahre war ich damals alt, vierundsechzig sind seitdem vergangen; doch in früher Kindheit aufgenommene Eindrücke bleiben unauslöschlich bis ins späteste Alter, und jener Morgen, an welchem ich zuerst etwas einer Sorge Ähnliches empfand, schwebt in allen seinen Einzelheiten noch deutlich vor mir, obgleich ich nicht imstande war, all das Unheil zu fassen, das für eine lange Folgereihe von Jahren mit ihm hereingebrochen war.

»Setzt euch ruhig hin, besorgt den Puppen ihr Frühstück und zieht sie ordentlich an, aber haltet euch still, daß niemand euch hört«, ermahnte uns Kasche, indem sie mich und meine Schwester Lotte in das Eckchen zwischen Fenster und Schrank führte, das uns zum Spielen eingeräumt worden und das ich zum Wohnzimmer meiner Puppe recht nett aufgeputzt hatte.

»Kasche, liebe Kasche!« bat ich, »wir wollen mäuschenstill sein, aber sag mir nur, was vorgegangen ist? Ach, sage es mir nur, denn ich fürchte mich so!«

»Freilich wohl ein Unglück, und ein großes«, antwortete Kasche, »aber ihr Kinder versteht doch nichts davon. Der Preuß ist über Nacht gekommen – darum seid hübsch artig«, setzte sie hinzu und ging.

76

Hätte sie gesagt: der Löwe, das Tigertier, der Bär, ich hätte eine Idee damit verbinden können; aber der Preuß! Ich begriff keineswegs, was sie damit meinte; doch eben das Unverständliche ihrer Worte vermehrte meine Angst.

An jenem Morgen überfiel das Unglück wie ein Vampir meine dem Verderben geweihte Vaterstadt und saugte jahrelang ihr bis zur völligen Entkräftung das Mark des Lebens aus!

Die von den drei verbündeten Mächten im Jahre 1772 in Rußland beschlossene Teilung Polens, welche diesem Königreich wenigstens ein Viertel seines Umfanges raubte, war überraschend schnell zur Ausführung gekommen; und obgleich die freie Stadt Danzig nur bedingungsweise unter polnischem Schutze stand, ward der bei weitem wichtigste Teil ihres Gebietes ihr dennoch mit entrissen. Eine grausame Ironie des Schicksals schloß von dem gewaltsamen Raube ihrer nächsten Umgebungen sie allein aus. Ihr gleichsam zum Hohne wurde der freien, einst so mächtigen Hansastadt ihre althergebrachte, republikanische Verfassung gelassen, während der Quell ihres Wohlstandes, abgeleitet, allmählich versiegte und ihr auf kurze Zeit nur noch ein Scheinleben bleiben konnte, das mit jedem Tage gänzlicher Auflösung sich nähern mußte.

Der Hafen nebst den ihm angrenzenden Umgebungen war von Preußen besetzt, die sehr überflüssige Festung Weichselmünde aber der Stadt geblieben; kaum eine halbe Stunde von dem äußersten Tor, am Ende der damals neugepflanzten vier Reihen Linden, die jetzt zu einer der schönsten Alleen herangewachsen sind, war der preußische Adler über Nacht aufgerichtet, und wenige Schritte weiter, am Anfange des beinahe aus lauter schönen Landhäusern wohlhabender Bürger bestehenden Örtchens Langfuhr, stand der Greuel aller Greuel, das Zollamt, in welchem aus einem unbegreiflichen Irrtum des großen Königs die im ganzen preußischen Lande verhaßte französische Regie ihr Wesen trieb.

Vor einem andern Tor, näher der Stadt, fing die preußische Grenze sogar mitten in der äußersten Vorstadt Schidlitz an. Diese Vorstadt wurde während der letzten Belagerung auf Befehl des preußischen Generals niedergebrannt und wird

77

wahrscheinlich nie wieder aus der Asche erstehen; ihre geringe Entfernung von der Stadt läßt hieraus sich ermessen.

Auf der andern Seite, nach Elbing und Marienburg zu, längs dem Seestrande und der Weichsel, war der Stadt ihr ungefähr vier bis fünf Meilen weit sich erstreckendes Gebiet geblieben.

Viele Tage lang war es immerfort, als ob ein schweres Gewitter am Himmel stünde; wir Kinder hörten kein freundliches Wort, alle Leute im Hause gingen stumm und niedergeschlagen nebeneinander her. Wir hätten es machen sollen wie die Nürnberger, von denen Herr Moser erzählt; wir hätten »mitnichten!« sagen sollen, als der Preuße herein wollte, dachte ich bei mir selbst, hütete mich aber weislich davor, es auszusprechen.

Nur auf einzelne Stunden kam der Vater den Tag über vom Rathause, mit einem so finstern Gesicht, daß ich mich mit meiner Schwester Lotte gleich zu meinen Puppen retirierte, sobald ich nur von ferne ihn sah. Der Zorn der Bürger, den das Gefühl ihrer Ohnmacht bis zu verzweiflungsvoller Wut erhöht hatte, wandelte, als der erste Schrecken überstanden war, in verbissenen Ingrimm, in immer tiefer eingreifenden Haß gegen Preußen und alles, was preußisch war, sich um, der bald in den festen Entschluß überging, zur Verteidigung des letzten armseligen Scheines ehemaliger Freiheit, der ihnen geblieben war, alles daranzusetzen, Leib und Leben, Hab und Gut.

Bedeutende Wunden, welche das Schicksal uns schlug, lernen wir endlich mit einer Art stumpfsinniger Ergebung ertragen; doch nie verschmerzen wir jene tausend kleineren sich täglich wiederholenden Nadelstiche desselben, die uns gleichsam spottend verfolgen, und kommen nimmermehr dahin, uns geduldig ihnen zu unterwerfen. Die bis zur höchsten Ungebühr täglich auf das schonungsloseste sich wiederholenden Plackereien, welche das nach französischer Art eingerichtete Akzisewesen, besonders in Langfuhr, sich erlaubte, trugen daher fast noch mehr dazu bei, die Erbitterung gegen Preußen aufs höchste zu treiben, als alle anderen Maßregeln, welche die völlige Vernichtung des bürgerlichen Wohlstandes der unglücklichen Stadt allmählich herbeiführen mußten.

Die empörende Behandlung, welcher die Einwohner Danzigs ohne Unterschied der Person ausgesetzt waren, sobald sie die ihnen so eng gesteckte Grenze ihres Gebiets überschritten, muß in unsrer weit humaneren Zeit fabelhaft erscheinen. Jeder Fußgänger wurde vor dem Akzisegebäude angehalten und mußte es als eine große Gefälligkeit erkennen, wenn man, um sich zu überzeugen, daß er nichts Akzisebares bei sich führte, mit Durchsuchung seiner Taschen ihn verschonte.

Mietkutschen und Equipagen wurden ebensowenig als Fuhrmanns- und Bauernwagen mit genauester Durchsuchung verschont. Damen und Kinder mußten zuweilen im heftigsten Platzregen aus ihrem Wagen steigen und unter dem Hohngelächter ihrer Peiniger geduldig unter freiem Himmel es abwarten, bis es jenen gefiel, die Visitation auch der verborgensten kleinsten Räume im Wagen langsam zu vollenden. Dann begann noch die Durchsuchung der Personen; die damals Mode gewordenen Poschen der Damen, eine Art leichterer Reifröcke, die freilich aus sehr geräumigen Taschen bestanden, denen man ihren Inhalt von außen durchaus nicht ansehen konnte, waren dem französischen Gesindel ein Hauptgegenstand des Argwohns; keine Dame durfte sich weigern, ihre Poschen vor den Augen desselben auszuleeren, wenn sie nicht der beleidigendsten Behandlung sich aussetzen wollte. Mit Dienstmädchen und Frauen aus den geringeren Ständen verfuhr das freche Volk noch weit schonungsloser.

Sogar in ihren Landhäusern, sowohl in Langfuhr selbst als in den in weiterer Entfernung nach Oliva zu gelegenen, blieben die Danziger Bürger den Mißhandlungen jener fremden Sünder und Zöllner ausgesetzt. Haussuchungen nach Kontrebande, denen niemand bei schwerer Strafe sich widersetzen durfte, fielen täglich vor, und Kaffeeriecher, von ihrem ehrenvollen Amte so benannt, spürten in Höfen, Häusern und Küchen dem Geruch des frischgebrannten Kaffee nach, der innerhalb der preußischen Grenze nicht anders als schon gebrannt verkauft werden durfte.

Durch alles dieses steigerte die allgemeine Erbitterung sowohl gegen die französische Regie als gegen den großen

König, der dieses Unerträglichste mit dem Rechte des Stärkeren über uns verhängte, sich aufs höchste. Bald nach der Okkupation mußte ich leider selbst Zeuge davon werden, bis zu welchen schauderhaften Ausbrüchen unzähmbarer Wut und Grausamkeit ein im Grunde gutmütiges Volk getrieben werden kann, und die furchtbare Erinnerung daran hat mich noch lange nachher wachend und im Traume verfolgt.

Frecher Übermut, denn ein anderer Beweggrund zu einem so nutzlosen Wagstück wäre kaum denkbar, verleitete die französischen Zöllner, sich von Zeit zu Zeit in die Stadt zu schleichen und neue königliche preußische Verordnungen heimlicherweise am Rathaus anzuheften, die, sobald man ihrer gewahr wurde, der schon über den bloßen Anblick des preußischen Adlers entrüstete Pöbel sogleich herunterriß.

Durch öfteres Gelingen wahrscheinlich zu dreist geworden, ließen unglücklicherweise zwei dieser Elenden über der Ausführung eines solchen Unternehmens sich betreffen und waren im Nu vom wütenden Pöbel umringt. Brüllend wie die vom Sturm gepeitschten Meereswogen strömte von allen Seiten das Volk herbei; mit Pflastersteinen und Stöcken bewaffnet, erhoben sich tausend drohende Fäuste, unter wilden Flüchen und Schmähungen erscholl aus tausend Kehlen das Todesurteil der Verhaßten. Nur schleunige Flucht konnte sie retten. Aus vielen Wunden blutend, gelang es endlich dem Leichtfüßigsten unter den beiden, sich in die Hauptwache zu werfen, wo seine Verfolger von ihm abließen. Wie ein gehetzter, von einer Koppel Hunde gejagter Hirsch wurde indessen sein Begleiter durch die halbe Stadt, durch Gassen und Gäßchen im angestrengtesten Lauf unter einem Hagel von Steinwürfen erbarmungslos fortgetrieben; nur die mit jedem Schritt sich mehrende Anzahl seiner Verfolger, die endlich in den engen Straßen eine dicht zusammengedrängte Masse bildeten, verhinderte sie, ihn zu ergreifen.

Brüllend, heulend vor Todesangst und Schmerz, mit Blut bedeckt, die Überreste seiner Kleider in Fetzen um ihn herumflatternd, sah ich das Jammerbild, ganz nahe hinter ihm drein der tobende Haufen, an unserm Hause vorüberjagen; er stürzte vor Entkräftung, raffte sich aber schnell genug wieder auf, und erst in der nächsten Straße ereilte ihn endlich das Schicksal, dem er vergeblich zu entfliehen strebte.

Ich kann und mag das Schreckensbild nicht weiter ausmalen, ungerächt wie unbeklagt verendete der Unselige im eigentlichsten Sinn des Worts unter den Fäusten und dem Hohngelächter der zur wildesten Rache empörten tief beleidigten Volksmenge; sie wollte und mußte ihr Opfer haben, und jeder Versuch, es ihr zu entreißen, wäre jetzt ebenso vergeblich als wahrscheinlich in seinen Folgen verderblich gewesen.

Die freundlichen Gartenhäuser in Langfuhr, Strieß, Oliva, standen eine Zeitlang verödet da; ihre Eigentümer wollten anfänglich den gewohnten Gartenfreuden lieber entsagen als so schmählichen Bedrückungen sich aussetzen. Doch die Stadttore wurden nach damaligem Festungsgebrauch schon mit Untergang der Sonne geschlossen, die sehr hohen Wälle, die hinter diesen sich erhebenden noch weit höheren Hügel, welche man in einer übrigens flachen Gegend wohl verleitet werden kann, Berge zu nennen, verhindern den freien Durchzug der Luft; Danzig liegt gewissermaßen in einem nach der Seeseite zu sich eröffnenden halben Kessel, so tief, daß man vom Meere aus die Stadt selbst gar nicht gewahr wird und die hohen Türme derselben sich geradezu aus den Wellen zu erheben scheinen.

An recht heißen Sommertagen herrscht daher in den engen, von himmelhohen Häusern umgebenen Straßen eine höchst drückende Schwüle, in die freiwillig sich einsperren zu lassen fast unmöglich ist, wenn man bedenkt, daß ganz in der Nähe in einer der schönsten Gegenden ein oft von Großvater und Vater ererbtes geliebtes Eigentum ungesehen und ungenossen verblüht. Meine nach frischem Abendhauch lechzenden Landsleute fingen daher an, auf Auskunftsmittel zu sinnen, und wer gehörig sucht, der findet, wenn auch nicht immer das Rechte, doch wenigstens ein Surrogat dafür.

Hat doch Doktor Faust sogar mit dem Bösen ein Paktum geschlossen und wurde demungeachtet nach seinem Ableben von Engeln in die ewige Seligkeit getragen, wie Goethe uns berichtet; daher darf man den Danziger Gartenbesitzern es wohl verzeihen, wenn sie sich herabließen, mit der nicht weniger als der Teufel selbst ihnen verhaßten französischen Regie in Unterhandlung zu treten, welche die Folge hatte, daß jeder um eine nicht unbedeutende jährlich zu zahlende Summe für die Zeit seiner Villeggiatura sich Zollfreiheit erkaufen konnte, wodurch ein großer Stein des Anstoßes gehoben ward.

Wem es nur irgend möglich war, der zog jetzt hinaus ins lang entbehrte Freie, und auch meine Mutter wollte, wie sie gewöhnlich tat, in der wärmsten Sommerzeit mit uns Kindern ein kleines artiges Gartenhaus in der Vorstadt Schidlitz beziehen, denn auf eine weitere Entfernung von der Stadt hatte mein Vater sich nie einlassen wollen. Jubelnd zogen wir mit ihr hinaus, doch ach, wie verändert fanden wir alles!

Dicht neben dem mit Bäumen besetzten Grasplatz vor dem Hause, dem eigentlichen Tummelplatz unsrer Freuden, streckte der schwarz- und weißgestreifte Schlagbaum, den niemand gern sah, sich quer über den Weg, denn unser Haus war das letzte auf Danziger Grunde geblieben; schräg gegenüber war die Hauptwache errichtet, dicht daneben die verhaßte Akzise. Auf dem nur durch eine niedrige Hecke von dem unsrigen getrennten Grasplatze sahen wir dicht neben uns unter Schimpfen, Fluchen und Prügeln vom Morgen bis zum Abend Rekruten exerzieren und vor der Hauptwache die Fuchtel blutjunger Offiziere über dem Rücken alter Soldaten blitzen und niederfallen. Jene Zeit ist vorüber und kommt nie wieder, doch damals war das Prügelsystem an der Tagesordnung, so wollte es der gottlob jetzt gebannte Geist des ehemaligen preußischen Militärs.

Das überlaute »Abgelöst!« der Wachen rief stündlich herbe Erinnerungen auf, und abends sahen wir mit innigem Mitleid den Mißhandlungen zu, welche die armen Kassuben, die auf ihren mit Ochsen bespannten kleinen Wägelchen Holz und Lebensmittel dem Danziger Markt zuführen wollten, von den französischen Zöllnern zu erdulden hatten.

»Was ist das für ein seltsames ängstliches Getrommel?« fragte meine Mutter eines Morgens.

»Hochgeehrte Frau«, antwortete der Gärtner, denn damals

gab es bei uns noch keine Madams, »hochgeehrte Frau, das ist der Spießrutenmarsch auf dem Felde hinter unserm Garten; Gott erbarme sich des armen Menschen, er läuft dreimal auf Leben und Tod. Nächsten Freitag kommt sein Kamerad an die Reihe, dem wird's nicht besser ergehen, sie haben desertieren wollen.«

Am Abend des nämlichen Tages waren wir schon wieder in der Heiligen-Geist-Gasse unter dem Schutz der unser Dach hütenden Schildkröte und verlangten nie wieder nach unserm Gartenhäuschen.

Begeistert für Römer und Griechen

Allmählich geriet das Leben in Danzig wieder in den alten Gang, aus welchem das allgemeine Unglück es eine Zeitlang verstört hatte. Die große Wohlhabenheit, zu der die Einwohner durch Fleiß, Sparsamkeit und ihre den Handel so sehr begünstigende Lage im Verlauf von Jahrhunderten gelangt waren, ließ im Innern ihrer Häuser die Folgen desselben nicht gleich fühlbar werden, und wie ein an unheilbarer Auszehrung Leidender anfangs in glücklicher Unbewußtheit dem Grabe zusinkt, so gingen auch sie, ohne eine Ahnung davon zu haben, dem jammervollen Lose des langsamen Verarmens entgegen. Klagen über schlechte Zeiten wurden zwar von allen Seiten geführt und machten den Hauptgegenstand aller geselligen Unterhaltung aus, doch fürs erste fiel die Einwirkung derselben nicht sonderlich auf.

Wie alles, wovon mein Kindskopf zu keinem deutlichen Begriff gelangen konnte, beängstigten auch diese Klagen mich oft bis zum Weinen; denn was schlechte Zeiten eigentlich wären, wußte ich in der Tat nicht und war nicht übel geneigt, sie wie Pocken und Masern für eine Art Krankheit zu halten.

»Können wir aber nicht wohin reisen, wo keine schlechten Zeiten sind?« fragte ich furchtsam leise aus meinem Puppeneckchen hervor, wenn Herr Moser sein Lieblingsviertelstündchen vor Tische benutzen wollte, um durch seine trübseligen

Jeremiaden meine Mutter bis zum weichherzigsten Einstimmen in seine Klagen zu rühren, erhielt aber entweder gar keine Antwort oder wurde kurzweg zum Schweigen verwiesen.

Mein Vater nahm es weniger tragisch; denn Klagen war durchaus nicht seine Sache, aber er war innerlich ergrimmt, und seine tiefe Erbitterung über die himmelschreiende Ungerechtigkeit, welche die Stadt von ihrem übermächtigen Nachbar zu erleiden gezwungen war, sprach in jedem seiner Worte, in all seinem Tun und Lassen ganz unverhohlen sich aus. Jameson stimmte völlig ihm bei, mein Onkel aber trieb es noch weiter; wie alle angehenden Hagestolzen, zu denen er damals noch sich zählen konnte, pflegte er gern über Kindererziehung zu sprechen, obgleich niemand bereiter war als eben er, seine Nichten, besonders mich, die älteste von ihnen, zu verziehen. »Hamilkar ließ seinen Sohn Hannibal von früher Jugend an unversöhnlichen Haß den Römern am Altare schwören – jeder Danziger Bürger muß als Pflicht es anerkennen, diesem großen Beispiele zu folgen und seine Kinder ohne Unterschied des Geschlechts das gleiche Gelübde gegen Preußen ablegen lassen«, rief er in seinem Eifer. Ich hoffte, mein Vater würde sogleich zu der vom Onkel vorgeschlagenen Feierlichkeit Anstalt treffen; ein Gelübde: gar zu gern hätte ich erfahren, was das heiße.

Ich suchte indessen wenigstens von Hamilkar und seinem Sohn etwas Näheres zu erfahren, als ich sah, daß nicht so schnell, als ich es wünschte, zur Ablegung des Gelübdes geschritten werden würde, und fand meinen Lehrer nicht nur sehr bereit, meine Wißbegierde recht umständlich zu befriedigen, sondern auch sonst noch viel schöne, herzerhebende Geschichten von alten Griechen und Römern mir zu erzählen, an denen ich die größte Freude hatte. Kandidat Kuschel war in seinem Innern nicht minder republikanisch gesinnt, dem preußischen Wesen nicht minder abhold als mein Vater oder mein Onkel, aber er behielt in seinen Äußerungen darüber die bescheidene Zurückhaltung bei, welche seine persönliche Lebensstellung ihm von Jugend an aufgedrungen hatte.

Absichtlich oder nicht wählte er aber ein kräftigeres Mittel, als jenes Gelübde gewesen wäre, das meinem kindischen Sinn so wohl gefiel, um in früher Jugend für Freiheit und Recht, für alles Große und Edle mich zu begeistern, indem er durch Beispiele aus der alten Geschichte über den Druck und die Jämmerlichkeit der Gegenwart mich zu erheben trachtete.

Unerwartet kam aber auch diese in seinem Bestreben ihm zu Hilfe; ich hatte eben mein neuntes Jahr erreicht, als Anno 1775 der erste Aufstand der Amerikaner gegen die stolzen Gebieter der Meere in Philadelphia ausbrach. Glühend vor Begeisterung brachte mein Lehrer mir die erste Nachricht davon und teilte in der Folge alles mir mit, was er von den denkwürdigen Ereignissen dieses gerechtesten aller Kriege im Laufe der Jahre erfuhr. Penn, Washington, Lafayette, der unglückliche Major André, alle bedeutenden Namen jener Zeit waren mir so geläufig als die meiner nächsten Umgebungen.

Wie liebte ich sie alle! Wie triumphierte ich über jede Niederlage der Briten! Wie freute ich mich, daß Frankreich den Unterdrückten zu Hilfe kam, und wie verabscheute ich den Landgrafen von Hessen, der seine Landeskinder wie Leibeigene an England verkaufte und nicht nur für jeden im Kriege Gebliebenen, sondern auch noch nach einem von ihm ersonnenen Tarif für die einzelnen Gliedmaßen derselben, für die Arme und Beine, die sie, ohne zugleich das Leben einzubüßen, etwa in der Schlacht verlören, sich besondere Entschädigungsgelder ausbedingte.

Über dem Interesse, das die tapferen Amerikaner mir einflößten, vergaß ich indessen doch meine alten Römer und Griechen nicht. Die letztern waren mir zwar weniger lieb und die Spartaner sogar völlig widerwärtig, weil sie die Kinder nicht bei ihren Eltern lassen wollten, sie peitschten, ohne daß sie etwas verbrochen hatten, und obendrein den Diebstahl für lobenswert erklärten. Auch ärgerte ich mich sehr über den dummen spartanischen Jungen, der einen Fuchs gestohlen hatte und sich in aller Gelassenheit von ihm totbeißen ließ. Welche Albernheit, einen Fuchs zu stehlen! Und wem kann er ihn wohl gestohlen haben? Hunde hält man sich wohl zur Jagd und zum Vergnügen, aber Füchse?

Die Römer, die prächtigen Römer! Das waren meine Leute! In einem alten Schranke meines Vaters fand ich eine ziemlich holperige Übersetzung von Rollins römischer Geschichte und unterlag trotz meiner sehr moralischen Gesinnungen der Versuchung, dem Beispiele des spartanischen Knaben zu folgen und sie mir heimlich zuzueignen. Sonntags nachmittags und in jeder andern freien Stunde, wo ich sicher war, daß man mich nicht stören würde, verbarg ich mich damit in abgelegene Winkel, oft auf dem Boden oben unter dem Dache. Vier dicke Oktavbände! Mit welchem Eifer, mit welchem unbeschreiblichen Interesse habe ich sie gelesen, und wenn ich damit fertig war, wieder gelesen, und wenn ich mir ein besonderes Vergnügen machen wollte, meine Lieblingsstellen darin aufgesucht.

Mucius Scävola, Brutus, Virginius, das waren meine Helden, und die ehrwürdigen Senatoren mit ihren langen, schneeweißen Bärten, wie sie in ihren elfenbeinernen Sesseln sich auf dem Markte nebeneinander hinsetzten und schweigend von dem eindringenden wilden Feinde sich erschlagen ließen! Auch Cicero gefiel mir ungemein, wenn er den gottlosen Catilina öffentlich heruntermacht; die berühmte Rede, die er an diesen richtete, habe ich mir selbst so oft vorperoriert, bis ich sie größtenteils auswendig wußte. Vor allen andern aber ehrte und bewunderte ich den Diktator Cincinnatus! Stundenlang malte ich in Gedanken es mir aus, wie er in Rom als Sieger triumphierend einzog und dann still und bescheiden zu seinem Pfluge und seinen Teltower Rübchen zurückkehrte, die auch ich sehr gern aß, denn daß der große Mann mit einer schlechteren Sorte als dieser seit der Erscheinung des berühmten Briefwechsels späterhin klassisch gewordenen vorlieb genommen haben sollte, war mir nicht denkbar.

Niemand, auch nicht mein Kandidat, erfuhr etwas von den römischen Studien, die ich ganz in der Stille neben den Lehrstunden, die er mir gab, betrieb; warum ich so heimlich damit tat, weiß ich selbst nicht; wahrscheinlich weil ich in meiner Begeisterung mich nicht irremachen lassen wollte. Übrigens lernte ich mit großem Eifer alles, Geographie, alte und neue Geschichte, Mythologie und noch vieles, vieles mehr, wovon ich jetzt wenig oder gar nichts mehr weiß; denn ich war in meinem zwölften Jahre weit gelehrter, als ich jetzt in meinem einundsiebenzigsten es bin.

Auch mit der schönen Literatur unseres deutschen Vaterlandes, die freilich damals erst im Erblühen war, wollte Kandidat Kuschel mich allmählich bekannt machen und gab mir Kleists »Frühling« zu lesen. Als einen seinen trefflichen, vertrauensvollen Charakter, aber auch seine Unbekanntschaft mit der Welt bezeichnenden Zug muß ich hier anführen, daß er die Stellen im Gedicht mit Bleistift bezeichnete, die ich überschlagen sollte, weil ich noch zu jung sei, um sie zu verstehen. Es fiel dem guten Manne gar nicht ein, daß ich als eine echte Tochter unserer Urmutter Eva doch nicht anders können würde, als gerade diese angestrichenen Stellen zu allererst zu lesen.

Und so geschah es denn auch: »Honni soit qui mal y pense«, ich hatte wenig davon. Ich las und las wieder und konnte gar nicht begreifen, was der gute Kandidat mit seinem Verbot eigentlich gemeint habe. Der Frühling draußen kam mir überdies tausendmal schöner vor als der in dem Buche.

Es war mit mir wohl noch nicht an der Zeit, in das Wunderreich der Poesie einzudringen, und nicht dem durch die Prosa des wirklichen Lebens doch etwas niedergehaltenen Kuschel, sondern meinem glücklicheren Freunde Jameson war es vorbehalten, mir ein Gebiet zu erschließen, in welchem er einheimisch war.

Unterricht bei Jameson

Mit verdoppelter Liebe und verdoppeltem Eifer nahm Jameson seines kleinen Lieblings sich jetzt an. Auf welche Weise er meinen Unterricht betrieb, was er mich lehrte, wie ich von ihm lernte, ist nicht recht wohl zu beschreiben; ich möchte unabsichtlich es nennen, denn er lehrte und ich lernte, ohne daß wir alle beide uns dessen deutlich bewußt waren.

An schönen Sommerabenden, wenn die Kinder zu Bette geschickt waren, mein Vater unter dem Kastanienbaum, der unsern Beischlag beschattete, sein Abendpfeifchen rauchte, meine Mutter still freundlich neben ihm saß, dann zeigte Jameson, der nie versäumte, sich ebenfalls einzufinden, mir die Sterne, soweit der beschränkte Horizont sie zu übersehen uns erlaubte. Wie hing ich so innig an seinen Worten, wenn er von dem geheimnisreichen Walten jener Myriaden hoch über uns kreisender Welten sprach! Er lehrte mich die Namen der bekanntesten Sterne; am folgenden Morgen suchte ich die Sternbilder, denen sie angehören, auf seinem Himmelsglobus auf, abends fand ich am nächtlichen Himmel sie wieder. Auch die Längen und Breiten der Lagen der verschiedenen Länder mußte ich berechnen, ich wußte auf ein Haar ihm zu sagen, wieviel um drei nachmittags bei uns, in Paris oder Archangelsk die Uhr sei. Von jedem Schmetterlinge, jedem Käfer, der vorübersummte, wußte er mir etwas zu erzählen. So lernte ich immerfort; vergessen habe ich das meiste, aber ich gewöhnte mich dabei doch auf das zu merken, was um mich her vorging, und nicht gedankenlos in die Welt hineinzustarren.

Mit meinen astronomischen Kenntnissen hat es aber ein besonders klägliches Ende genommen; von den Sternbildern kenne ich nur noch den Großen Bären und den Jakobstab; aber das stille Entzücken, mit welchem ich damals in der Betrachtung des gestirnten Himmels mich verlieren konnte, ist mir unverkümmert geblieben und wird, sollte ich auch ein noch weit höheres Alter erreichen, solange ich lebe, mich nicht verlassen.

Der englischen Sprache war ich inzwischen ganz unvermerkt fast ebenso mächtig geworden als der mir angebornen deutschen; ich las und verstand und sprach sie mit großer Fertigkeit. Vom »Spectator«, den »Tales of the genii« und den Briefen der Lady Montagu ging Jameson nun mit mir zu den Poeten über, und eine Welt voll warmen entzückenden Lebens öffnete sich mir.

Zuerst lasen wir den Homer, freilich nur in Popes Übersetzung, die eher eine lahme Travestie genannt werden sollte; doch Unsterbliches läßt sich nicht töten. Von Youngs »Nachtgedanken«, Miltons »Verlornem Paradiese« lasen wir nur einzelnes, doch nun kam Shakespeare.

Römer, Griechen, Shakespeare, Homer, welchen Wirrwarr mußte das alles in einem so sehr jungen Mädchenkopfe anrichten! Gewiß war ich, obgleich Kuschel und Jameson alles dagegen taten, in eminenter Gefahr, ein unerträglich überspanntes und verschrobenes Persönchen zu werden, so eine Art von gebildetem jungem Frauenzimmer. Doch eine neue Erscheinung bewahrte glücklicherweise mich davor; eine Erscheinung, der ich, meine damaligen Zeitgenossen, unsere Kinder und sogar noch teilweise unsere Enkel unendlich viel verdanken.

Weißens Kinderfreund, der erst vor kurzem ans Licht getreten war, dieses vortreffliche, in seiner Art noch immer unübertroffene Werk war es, das, wenn meine poetische Exaltation gar zu überschwenglich zu werden drohte, mich immer wieder in das Element zurückführte, in welches ich eigentlich noch gehörte, in die stille, freundliche Kinderwelt, die eben damals von dem schweren Joche der trübsinnigsten Pedanterie und unverständiger Härte langsam befreit wurde, unter welchem sie bis dahin geseufzt hatte.

Ich lebte mit Karl und Lottchen, mit Fritz und Louischen; sie waren mir meine liebsten Spielgesellen; an allen kleinen Ereignissen, die ihnen begegneten und an deren Wahrheit ich steif und fest glaubte, nahm ich den wärmsten Anteil. Nur eines tat mir leid, daß kein Herr Spirit sich ausfindig machen lassen wollte, denn Jameson paßte als Engländer gar nicht dazu; aber den Magister Philoteknos, bis auf die Perücke sogar, mit welcher Chodowiecki ihn abbildete, hatte ich dafür in meinem Kandidaten Kuschel, wie er leibte und lebte, der mir, nachdem ich diese Entdeckung gemacht, noch weit lieber wurde, als er mir früher gewesen; was ich denn auch nicht unterließ, ihm auf alle Weise an den Tag zu legen.

Blatternimpfung

Im Laufe der siebenziger Jahre des vorigen Jahrhunderts fing es in ganz Deutschland an mächtig zu tagen, wie jedermann weiß. Goethes jugendlicher Genius entfaltete die gewaltigen Schwingen, Klopstock hatte seiner dem erhabensten Gegenstande geweihten Lyra schon die ersten Töne entlockt. Ohne von seiten der gekrönten Beherrscher der Völker sich besonderer Aufmunterung oder Begünstigung zu erfreuen, wurden im Reiche der Wissenschaft, der Kunst, der Poesie die Geister wach. Nur in meiner Vaterstadt und wenigstens dreißig Meilen in die Runde blieb mit wenigen Ausnahmen noch alles, wie es früher gewesen.

War es ihre von dem damaligen Teile der kultivierteren Welt sie absondernde Lage im fernen Norden, was jeder Erfindung neuerer Zeit sie so abhold machte und Kunst und Poesie als nutzlose Spielereien betrachten ließ? War es der hauptsächlich nur baren Gewinn berücksichtigende Kaufmannsgeist der Mehrzahl ihrer Bürger? Oder vielleicht der seit den letzten ihr so gewaltsam aufgedrungenen traurigen Neuerungen noch starrer gewordene reichsstädtische Sinn der alten freien Hansestadt? Wahrscheinlich bewog sie ein Zusammenwirken von diesem allen, sich fester als jemals an dem Althergebrachten zu halten und jedem Versuche, verjährte Vorurteile zu bekämpfen, die unerbittlichste Strenge entgegenzusetzen.

Die heilsamste Erfindung des achtzehnten Jahrhunderts, die wohltätige Erhalterin des Lebens zahlloser Kinder, die Inokulation der Blattern, war besonders ein Gegenstand des allgemeinen Widerwillens, gegen den alle Stimmen sich erhoben. Vergebens ging das Lob derselben vermittelst der Zeitungen wie ein Lauffeuer durch halb Europa. Auf viele, viele Meilen weit rings um Danzig her dachte niemand auch nur auf das entfernteste daran, ein solches gottversuchendes, vorwitziges und frevelhaftes Wagestück zu unternehmen, wofür es von eifrigen Zeloten überlaut, sogar mitunter öffentlich von der Kanzel herab erklärt ward.

Nur genaueste Bekanntschaft mit dem finstern Geiste jener noch immer dunklen Zeit kann den Mut meines Vaters gehörig würdigen lassen, mit dem er, sobald er von der Wahrheit der im südlichen Europa schon seit mehreren Jahren gemachten günstigen Erfahrungen sich überzeugt hatte, in seinem Innern beschloß, allem auf ihn einstürmenden Widerspruch Trotz zu bieten und die erste Gelegenheit, die sich ihm zeigen würde, zu benutzen, um seinen zagenden Mitbürgern zum Beispiel die drei ältesten seiner geliebten Töchter der neuen Kur zu unterwerfen und im Bewußtsein seiner redlichen Absicht den Erfolg mit ergebenem Gemüt Gott anheimzustellen.

Gewiß hatte er dabei manchen harten Kampf mit seinem eignen Herzen zu bestehen, und es kostete ihm nicht wenig Überwindung, unsere ihm ganz vertrauende, aber doch sehr besorgte Mutter zu bewegen, einer so mörderischen Krankheit, als die Menschenblattern es damals waren, uns hinzugeben.

Die dabei obwaltende Gefahr blieb ihm keineswegs verborgen, manches abschreckende Beispiel vom unglücklichsten Ausgange einzelner Fälle ward neben dem der Inokulation erteilten gerechten Lobe ebenfalls durch die Zeitungen bekannt, doch der gesunde Verstand meines Vaters ließ dadurch sich nicht irreführen; das Übergewicht des Wohltätigen eines Verfahrens, durch welches viel tausend junge Leben unverkrüppelt erhalten wurden, sprach gar zu deutlich sich aus.

Ich kann nicht unterlassen, daran zu erinnern, daß immer nur von der Inokulation der wirklichen Menschenblattern die Rede sein konnte. Die allgemeine Verbreitung von Doktor Jenners wundergleicher Entdeckung der jede Idee von Gefahr beseitigenden Schutzblattern war erst mehr als dreißig Jahre später unserm erfindungsreichen neunzehnten Jahrhundert vorbehalten.

Indessen waren unsere Danziger Ärzte in jener fernen Zeit noch so seltsam geartet, daß mein Vater die Möglichkeit, seinen zu unserm und seiner Mitbürger Heil gefaßten Entschluß mit ihrer Hilfe zu bewerkstelligen, gar nicht absehen konnte. Fürs erste waren sie alle samt und sonders uralt, in vorgefaßten Meinungen ergraut. Ob sie jemals jung gewesen, wo sie gelebt, was sie getan, solange sie es waren, weiß ich nicht, kann aber mit Wahrheit versichern, daß ich während der ersten zehn bis vierzehn Jahre meines Lebens keinen jungen Arzt jemals gesehen, von keinem etwas vernommen, ja nicht einmal einen nennen gehört habe.

Exzellenz wurden diese ehrwürdigen Herren betitelt, und dieses nicht etwa nur in ihren Häusern, von ihren eigenen Bedienten, sondern überhaupt im geselligen Leben mit der Welt; nur sehr vertraute Bekannte durften zuweilen es wagen, ein respektuöses Herr Doktor sich zu erlauben.

Ihr Haupt bedeckte eine schneeweiß gepuderte lockenreiche, dreizipflige Allongenperücke, einer dieser Zipfel hing über den Rücken hinab, die beiden andern wiegten sich auf den Schultern; ein goldbesetzter, scharlachroter Rock, sehr breite Spitzenmanschetten und Jabot, weiße oder schwarzseidene Strümpfe, Knie- und Schuhschnallen von blitzenden Steinen oder vergoldetem Silber und ein kleines plattes Dreieck von schwarzer Seide unter dem Arm, chapeau-bas genannt, vollendeten die prachtvolle Toilette einer solchen über Tod und Leben Gewalt übenden Exzellenz. Dazu denke man sich noch ein ziemlich starkes spanisches Rohr mit einer goldenen oder aus Elfenbein künstlich geschnitzten Meerfrau als Krückenkopf darauf, um in schweren, bedenklichen Fällen Kinn und Nase zu stützen, und gewiß gibt jedermann mir die Unmöglichkeit zu, in Gegenwart einer solchen Figur an eine Neuerung nur auf das allerentfernteste zu denken.

Unverhofft und unerwartet erschien indessen zur Hilfe in dieser Not ein Arzt aus der Fremde, ein nicht ganz junger, aber doch weit jüngerer Mann als jene, seine ehrwürdigen Kollegen, modern gekleidet, in einfach dunkelfarbigem Rock, sogar mit eignem frisiertem Haar und einem Zopf, damals noch eine seltene Erscheinung.

Doktor Wolf, so hieß er, war ein vielgereister, sehr erfahrener und gelehrter Arzt, ein erklärter Feind jedes Schlendrians und aller konventionellen Umständlichkeit; wie sehr willkommen, besonders in jenem Zeitpunkt er meinem Vater sein mußte, ist leicht zu erachten. Die Verbreitung der Blatterninokulation war der Hauptzweck seiner Reise. Er kam ans England mit Empfehlungen an Doktor Jameson, der ihn sogleich in unserm Hause einführte, und gehörte übrigens zu den damals eben Mode werdenden Ärzten, von denen ich noch viele Jahre später das letzte Exemplar in der Person des zu seiner Zeit sehr berühmten Wundarztes von Theden in Berlin kennengelernt habe, die mit der ausgesprochensten Verachtung aller gesellschaftlichen Anstandsregeln einer an rücksichtslose Grobheit grenzenden Einfachheit des Betragens sich befleißigten und gerade dadurch, vermutlich wegen des Kontrastes mit dem Altgewohnten, das allgemeine Zutrauen sich erwarben, besonders aber bei den vornehmsten Damen und selbst bei regierenden Fürsten in Ehre und Ansehen standen.

»Nun, ihr Rangen? Könnt ihr brav fressen?« war das erste Wort, das wir von dem neuen Doktor vernahmen, als wir, ich und meine Schwestern, ihm vorgestellt wurden. »Das sollt ihr aber schön bleiben lassen, hungern müßt ihr, hungern, daß euch die Seele pfeift«, setzte er auf meine bejahende Antwort lachend hinzu und hielt leider Wort.

Wassersuppe, Tee ohne Milch, Weißbrot, Zwieback und Johannisbeergelee war die damals für unumgänglich notwendig gehaltene, vorbereitende Diät, der wir uns viele Tage lang unterwerfen mußten, bis endlich der zur Ausführung des großen Wagestücks vorherbestimmte herankam. Die halbe Stadt war auf den Ausgang desselben gespannt, und viele fromme Seelen nahmen ein großes Ärgernis daran.

Mit welcher ermüdenden Umständlichkeit ging damals noch alles vor sich, was in unsern jetzigen Tagen mit spielender Leichtigkeit, fast unmerklich und doch nicht minder sicher und vollkommen vollbracht wird! Wie schwer machte man sich damals noch das Leben in allen und jeden seiner Obliegenheiten! Die zärtlichste Mutter wird jetzt gegen ihre vertrautesten Freunde höchstens beiläufig erwähnen, daß sie am Morgen ihren Kindern die Schutzblattern einimpfen ließ; bei uns wurde an jenem großen Tage das ganze Haus in Alarm gesetzt.

Unsere Eltern, wir drei unglückseligen Hauptpersonen, Doktor Wolf, Herr Nixius, unser Wundarzt, Kasche und unser Jungfermädchen Florentine, das alles wurde an einem recht unfreundlichen Apriltage in Kutschen gepackt und im abgelegensten Winkel der Stadt mitten in einem sehr schmutzigen Hühnerhofe vor einem alten, ärmlich aussehenden Hause abgeladen, dessen Schwelle wir uns nicht nähern durften aus Furcht, von den im vierten Stock liegenden Blatternkindern innerlich angesteckt zu werden, was Doktor Wolf für lebensgefährlich erklärte.

Da saßen wir nun unter freiem Himmel, wir armen kleinen Mädchen, zitternd vor Angst und Kälte, umschnattert von Gänsen und Enten, umschnüffelt von neugierigen Ferkeln. Jeder von uns brachte Doktor Wolf mit einer in Blatterneiter getauchten goldenen Nadel acht kleine Wunden bei, zwei an jeder Hand, zwischen Zeigefinger und Daumen, und zwei auf jedem Knie; daß wir dabei eine ziemliche Weile vor allen Leuten mit bloßen Knien dasitzen mußten, um das Gift eintrocknen zu lassen, war in dieser herben Stunde nicht das geringste meiner Leiden, indem ich diesen Teil der Operation höchst unanständig fand.

Überhaupt wurde sie mit einer umständlichen Weitschweifigkeit ausgeführt, von der man heutzutage sich kaum einen Begriff zu machen fähig ist. Zu jeder der acht kleinen Wunden, die wir erhielten, mußte neuer Eiter von den Blatterkranken geholt werden, folglich mußte Herr Nixius vierundzwanzigmal bis zum vierten Stocke unter dem Dache des baufälligen Hauses hinauf- und wieder herabsteigen. In der Haustür nahm Florentine ihm die Nadel ab, um jeder durch ihn möglichen Gefahr der so gefürchteten innern Ansteckung vorzubeugen. Florentine überreichte sie unserer einige Schritte weiterhin stehenden Kasche, von dieser erhielt sie, abermals in einiger Entfernung, unsere Mutter, die sie dann endlich dem Doktor Wolf übergab.

Halbtot waren wir oder glaubten doch, es zu sein, als wir von dieser peinlich quälenden Expedition zu Hause ankamen; gern wären wir allesamt gleich zu Bette gegangen, doch daran war nicht zu denken; wir mußten spielen und lustig sein auf hohen Befehl. Und so ging es von nun an alle Tage, spielen und spazierenlaufen vom Morgen bis zum Abend, obgleich wir bei der mit großer Konsequenz fortgesetzten magern Diät endlich ganz von Kräften kamen. Doktor Wolf sah sich zuletzt genötigt, uns etwas Bouillon reichen zu lassen, um nur die Blattern zum Ausbruch zu bringen, und von dem Augenblick an ging es meinen Schwestern vortrefflich: das gefürchtete Übel schlicht leicht und schonend an ihnen vorüber, ohne die geringste Spur zu hinterlassen.

Anders, ganz anders war es mit mir; über und über mit Blattern bedeckt, fühlte ich mich sehr leidend, und die unablässige, sogar etwas ängstliche Sorgfalt, welche Doktor Wolf mir widmete, verriet, daß er meinen Zustand für nichts weniger als ganz gefahrlos ansah.

Abgerechnet davon, daß er wirklich ein gutmütiger, menschenfreundlicher Mann war, mußte unter diesen Umständen an meiner Erhaltung ihm ohnehin alles gelegen sein; auch wich er einige Tage lang fast nicht aus unserm Hause, und keine junge Prinzessin kann von dem hochfürstlichen oder gar königlichen Leibarzte ihrer Eltern mit größerer Aufmerksamkeit behandelt werden, als ich von ihm es wurde.

Eine Blatter, die auf einem meiner Augen sich bilden wollte und mich vielleicht blind gemacht hätte, verursachte ihm besonders große Sorge, doch gelang es seinem unablässigen Bemühen, sie im Entstehen zu zerstören. Zum Umsinken kraftlos, vermochte ich kaum mich auf den Füßen zu halten, und doch mußte ich den Tag über außer dem Bette bleiben; glühend im heftigsten Fieber sank ich ermattet auf dem Fußboden zusammen, meiner Mutter und Kasche wollte darüber das Herz brechen, doch Doktor Wolf riß mich empor, nahm mich auf den Arm und lief, bei Hitze und Kälte, bei Regen und Sonnenschein, die lange Brücke mit mir auf und ab. Fast bewußtlos hing ich still wie ein Lamm ihm über der Schulter, während unter lautem Bedauern die uns begegnenden Leute uns nachsahen.

Doch auch diese bösen Tage gingen vorüber; die Kur war glücklich vollbracht. Doktor Wolf ließ eine kurze Beschreibung des Verlaufs derselben drucken; das Büchelchen ging von Hand zu Hand, alle unsere Bekannten besuchten meine Eltern;

die, welche nicht zu denselben gehörten, gingen wenigstens an unserm Hause vorüber, um mich und meine Schwestern frisch und gesund im Beischlage herumspringen zu sehen. Das Vorurteil gegen die Inokulation hatte einen Stoß erlitten, der endlich als tödlich sich erwies, und Doktor Wolfs Glück war auf ewige Zeiten begründet.

Er ließ in Danzig sich förmlich nieder, wurde der Modearzt aller reichen und vornehmen Leute, behielt teils aus Gewohnheit, teils aus Gescheitheit seine wunderliche, rauhe Sitte bei und lebte viele Jahre lang in meiner Vaterstadt in Ehre und Ansehen. Infolge einer in seinem Testamente von ihm getroffenen Anordnung wurde er unter von ihm vorgeschriebenen Vorbereitungen auf dem Bischofsberge, der höchsten Anhöhe in der Nähe der Stadt, in ein Grab gelegt, das er selbst unter seinen Augen hatte graben lassen; dicht neben der Sternwarte, wo er gewöhnlich die sternhellen Nächte in Beobachtungen zuzubringen pflegte und deren Entstehung nebst mancher andern wissenschaftlichen Einrichtung die Stadt großenteils seiner Anregung verdankte.

Nach Verlauf von hundert Jahren sollte das Grab an seinem Begräbnistage wieder geöffnet und untersucht werden, so hatte er in seinem Testamente es bestimmt, doch kaum die Hälfte dieser Zeit ist verflossen, und die Stätte desselben ist nimmer zu finden. Die zweimalige Belagerung meiner unglücklichen Vaterstadt hat dort alles vernichtet; von der Sternwarte und den übrigen damaligen Gebäuden auf dem Bischofsberge ruht kein Stein mehr auf dem andern, wie Spreu vor dem Winde ist alles verweht.

So steht es um menschliche Pläne, um menschliche Anordnungen der Zukunft und um menschliche Voraussicht.

Zögling von Mamsell Ackermann

Eine Reise von fünfzig bis hundert Meilen, die man jetzt kaum des Erwähnens wert achtet, galt vor sechzig bis siebenzig Jahren bei dem damaligen Zustande der Wege und überhaupt aller Reiseanstalten schon für ein bedenkliches Unternehmen. Sollte es vollends noch weiter gehen, in entfernte fremde Länder, dann überschritt die Trostlosigkeit der Zurückbleibenden alle Grenzen; ich erinnere mich noch aus meiner frühesten Kinderzeit ganz deutlich, wie Großmutter, Mutter und Tanten in Tränen zerflossen, als mein Onkel eine Reise nach Kaluga antrat, vor welcher er auf Leben und Sterben sein Haus förmlich bestellen mußte; denn alle waren fest überzeugt, daß er aus jener weitentlegenen Wildnis nie wieder heimkehren werde.

Längst schon trug mein Vater sich mit dem Gedanken an eine nicht minder weite, wenngleich weniger gefährlich aussehende Reise. Seine russischen Handelsfreunde konnten bei der gegenwärtigen Lage der Dinge Danzig nicht mehr besuchen; der zwischen ihm und ihnen so lange bestehende Verkehr war durch die von preußischer Seite getroffenen Zolleinrichtungen völlig gestört, eine andere Bahn mußte ihm eröffnet werden, und diese bot am bequemsten die Leipziger Messe. Nach Leipzig wollte fortan mein Vater seine Waren direkt von Frankreich aus versenden und mit den russischen Kaufleuten dort zusammentreffen. Doch eine Reise nach Lyon war zu dieser neuen Einrichtung durchaus erforderlich, und wie lange eine solche ihn von den Seinen entfernt halten könne, ließ sich vorher nicht bestimmen.

Haus und Kinder waren gut versorgt, die Furcht vor den Blattern beseitigt. Unsere Mutter, so lieb sie ihn hatte, war doch viel zu verständig, um sich nicht ohne Widerwillen in alles zu fügen, was er zum Besten der Seinen für gut und nützlich hielt. Fröhlichen Mutes ohne ferneren Verzug würde er die Reise gleich angetreten haben, nur die Sorge um mich und meine Erziehung hielt ihn noch zurück. Ich hatte das neunte Jahr erreicht, ich bedurfte anhaltender Beschäftigung, und ich hatte noch vieles zu lernen, so trefflichen Händen ich auch anvertraut war, was weder meine Mutter noch Jameson, noch Kuschel mich lehren konnten.

»Ich liebte nur Ismenen« oder: »Ich schlief, da träumte mir, charmantes Kind, von dir«, zum Klavier singen, ein paar Polonaisen oder ein Masurek recht taktfest aborgeln, ein Menuett regelmäßig tanzen und höchstens ein paar französische Redensarten ängstlich herausstottern können, war alles, was damals zur Vollendung der Erziehung einer Tochter erforderlich schien. Dem Tanzmeister war ich schon längst überantwortet und wunderlicherweise schon um neun Uhr des Morgens; die Musikstunden waren auf mein Bitten nach wenigen Monaten aufgegeben worden, weil mein alter verdrießlicher Lehrer mich immer versicherte, ich habe einen hölzernen Kopf, während alle andern mich lobten. Mein Vater sann lange darüber nach, was nun ferner mit mir anzufangen sei, und fand keinen ihm genügenden Ausweg.

Pensionsanstalten gab es damals bei uns nicht und konnte keine geben; ja ich glaube sogar, daß man kaum einen eigentlichen Begriff von dem Wesen einer solchen Treibhausanstalt hatte. Von seinem Kinde sich trennen, um es in einem fremden Hause von Fremden erziehen zu lassen, war damals den Müttern noch ein Undenkbares; verwaiste Kinder wurden bei ihren Vormündern oder in befreundeten Familien untergebracht und wuchsen dort ebenfalls in ruhig stiller Häuslichkeit auf. An Zeit, sich mit ihren Kindern zu beschäftigen, konnte es überdem den Müttern nicht fehlen, denn der ganze Tag gehörte dem Familienleben an; Morgenbesuche und Morgenspaziergänge kannte man gar nicht, und die geselligen Pflichten und Freuden nahmen nur die spätern Abendstunden in Anspruch.

Gegen den Vorschlag, eine Gouvernante anzunehmen, hatte meine sonst immer zum Nachgeben geneigte Mutter sich gleich auf eine Weise erklärt, die deutlich bezeigte, wie wenig sie willens sei, sowohl in der Liebe als in der Leitung ihrer Kinder mit einer Fremden zu teilen: »Lernen mögen sie von andern, denn ich weiß zu wenig, ihnen zu lehren, doch erziehen soll niemand sie als ich«, hatte sie meinem Vater erwidert, was er später, wenn wir irgendeine Unart uns zuschulden kommen ließen, ihr zuweilen vorhielt.

Und wäre sie auch anderer Meinung gewesen, eine Gouvernante finden, wie mein Vater es wollte, wäre immer ein schwer zu erfüllender Wunsch geblieben. Die Fabriken in Genf, in Lausanne, in Vevey, welche halb Europa mit ganzen Kutschenladungen dieses Artikels jetzt versorgen, die ein Vetturino regelmäßig zweimal im Jahre nach Deutschland führt und von dort wieder abholt, waren damals noch nicht organisiert.

Die französischen Mamsells jener Zeit, so nämlich wurden ein für allemal die Gouvernanten genannt, die französischen Mamsells waren sämtlich geborene Berlinerinnen aus der französischen Kolonie, was man aus ihrem Dialekt sowohl in deutscher als in französischer Sprache sogleich erraten konnte, und hatten Frankreichs Boden nie betreten.

Das allgemeine Vorurteil war schon des Ortes ihrer Geburt wegen gegen sie gestimmt, und auch ihnen konnte der Aufenthalt in der alten formellen Kaufmannsstadt so wenig zusagen, daß nur völlige Hoffnungslosigkeit, ein angenehmeres Unterkommen zu finden, sie zu bewegen fähig war, sich zu demselben zu bequemen. Auch war ihre Anzahl in Danzig sehr beschränkt; in Familien, mit welchen meine Eltern Umgang hatten, erinnere ich mich deren nur zwei gesehen zu haben, und der Widerwille meiner Mutter gegen diese Art von Erzieherinnen wurde gerade durch diese beiden auf das vollkommenste gerechtfertigt.

Doch der Zufall, welcher vor einigen Monaten zur gelegensten Zeit den Doktor Wolf aus England herbeiführte, begünstigte auch diesesmal die Wünsche meines Vaters für das Wohl seiner Kinder; plötzlich und unverhofft führte er die Erfüllung derselben ihm zu, und zwar aus einer Stadt, aus welcher man es nimmer erwartet hätte, aus Stockholm.

Eine schöne schwedische Prinzessin, die jetzt wahrscheinlich schon längst in der Königsgruft ihrer Ahnherren den langen Schlaf schläft, hatte gerade zu jener Zeit ihre letzten Kinderschuhe ausgetreten. Ihre Erziehung wurde für vollendet

99

erklärt, und das mit derselben beauftragt gewesene Personal zerstreute sich in alle vier Winde. Alle wünschten den schwer erworbenen Lohn vieljähriger Dienste im Vaterlande zu genießen; nur eine französische Untergouvernante, welche viele Jahre lang in der nächsten Umgebung der Prinzessin gelebt hatte, ließ von dem sehr bescheidenen Zuge ihres Herzens nach der ihr ganz unbekannten Stadt Danzig sich führen, um in einer Entfernung von einigen zwanzig Meilen der Nähe ihres seit vielen Jahren ihr verlobt gewesenen Freundes, eines Herrn Hofrats, sich zu erfreuen, den jetzt noch Geschäfte in Königsberg festhielten und noch lange festzuhalten drohten.

Sie brachte bedeutende Empfehlungen an einen in Danzig etablierten schwedischen Kaufmann, einen alten Bekannten meines Vaters, mit, welche in Hinsicht auf ihr Betragen wie auf ihre Kenntnisse auch nicht dem kleinsten Zweifel Raum geben ließen.

Schön war sie nicht, jung auch nicht, vielmehr ein wenig das Gegenteil von beiden, ziemlich lang, hager, etwas spitzig an allen Gliedmaßen, etwas unklar in der Gesichtsfarbe und obendrein mit einem ziemlichen Ansatz zu dem, was man höflich einen kleinen Verdruß zu nennen pflegt, den sie aber in vollem Anzuge recht geschickt zu maskieren verstand. Übrigens durchaus nicht zurückstoßend, sondern höflich zuvorkommend und auf ihre Art sogar liebenswürdig, wenn man an ihre steife Haltung und nach damaliger Weise abgezirkelten Hofmanieren sich einigermaßen gewöhnt hatte.

Leider war auch sie eine in Berlin geborene französische Mamsell, doch lange Entfernung vom Vaterlande und die während dem Lauf einer bedeutenden Reihe von Jahren in Stockholm sie umwehende französierende Hofluft hatten jede Spur dieses Makels vertilgt. Sie sprach deutsch ohne allen Berliner Akzent, ihre französische Aussprache aber galt für unübertrefflich; der wahre accent d'Orléans in höchster Vollkommenheit, versicherte mein Vater. Auch fehlte es ihr nicht an für jene Zeit nicht ganz gewöhnlicher Geistesbildung, sie war mit der damaligen französischen schönen Literatur wohlbekannt und wußte mit Auswahl sie zu würdigen. Der Feder vollkommen mächtig, schrieb sie nicht nur recht gut Französisch, sondern noch überdem eine sehr schöne französische Damenhand, worauf mein Vater großen Wert legte.

In einer Hofrobe von schwerem zitrongelbem Seidenstoff mit großen roten Blumen prachtvoll angetan, machte sie meiner Mutter »ihre Aufwartung«, wie sie es nannte, und wurde von der guten einfachen Frau, der bei ihrem Anblick ein schwerer Stein vom Herzen fiel, auf das freundlichste aufgenommen, denn daß die viel gepriesene Französin ihr nicht zur Hausgenossin aufgedrungen werden könne, wie sie noch immer heimlich gefürchtet hatte, davon überzeugte sie der erste Blick auf die vornehme, kostbar geputzte Dame vom feinsten Ton, die höchst graziös sich vor ihr verneigte.

Eine meinen Eltern genau befreundete Familie hatte sich entschlossen, auch ihre älteste Tochter, die mit mir im nämlichen Alter stand, mit mir zugleich der Mamsell Ackermann anzuvertrauen. Das Übereinkommen über die Bedingungen, unter welchen dies geschehen sollte, war zur völligen Zufriedenheit aller dabei Beteiligten leicht getroffen, und mein Vater trat völlig über mich beruhigt seine so lange verschobene Reise an, in der festen Überzeugung, für meine Beschäftigung hinlänglich gesorgt zu haben.

Auch war dieses fast bis zum Übermaße geschehen; Jameson, Kuschel, der Tanzmeister und eine gute alte Frau, die im feinen Wäschenähen und Stopfen mich zu unterrichten kam, nahmen bis Mittag meine Morgenstunden in Anspruch, um zwei Uhr nachmittags wurde ich zur Mamsell Ackermann gebracht, bei der wir bis sieben Uhr verweilten, und bei meiner Nachhausekunft fand ich oft noch meinen freundlichen Jameson auf mich wartend, bei dem ich denn noch das letzte Abendstündchen vor dem Nachtessen recht vergnügt zubrachte.

Kaum hatte meine neue Lehrerin sich einige Monate mit mir beschäftigt, als ich schon anfing, zu aller Welt Erstaunen so fertig französisch zu plaudern, als hätte ich zeitlebens nichts anderes getan; bei meiner frühen, mit Hilfe meines Vaters fortgesetzten, wenngleich sehr unvollkommenen Bekanntschaft mit dieser Sprache war dieses aber nichts Außerordentliches, doch das bedachte niemand. Mamsell Ackermann wurde durch mich kleinen Papageien bald so bekannt und berühmt, daß sie in kurzem unter den heranwachsenden Töchtern der bedeutendsten Danziger Familien die Wahl hatte. In weit weniger als Jahresfrist war die Zahl ihrer Zöglinge vollständig, deren nie mehr als zwölf anzunehmen sie meinem Vater versprochen, was sie auch immer redlich gehalten. Auch hatte sie in der Tat mit uns vollauf zu tun.

Ich bin überzeugt, daß sie früher nie einer Erziehungsanstalt vorgestanden, wahrscheinlich keine gesehen hatte, die vielleicht ausgenommen, in welcher sie in ihrer Jugend selbst Unterricht erhalten. Die Einrichtung der ihrigen war so abweichend von allen, die ich seitdem gekannt, und dabei so zweckmäßig für die Absicht, der Erziehung heranwachsender Mädchen aus den feiner gebildeten Ständen die letzte Vollendung zu geben, daß es mir unmöglich wird, sie ganz mit Stillschweigen zu übergehen, obgleich ich heimlich befürchten muß, das Andenken der guten Ackermann einigem leisen Spott auszusetzen; haben wir sie doch leider auch nicht immer damit verschont, da sie noch unter den Lebenden wandelte.

Erziehungsinstitute kannte man bei uns damals unter diesem Namen noch nicht; ein Ort, wo Kinder zum Unterricht hingeschickt wurden, hieß schlechtweg eine Schule, aber die Exgouvernante einer schwedischen Prinzessin schauderte vor dem plebejischen Worte ängstlich zurück. Eine Schule! Quelle horreur! Quelle platitude! Eine Société des jeunes dames war es, die sie fünfmal in der Woche nachmittags bei sich empfing. Sie war die gutmütigste Seele, aber dem Unglücklichen, der sich erkühnt hätte, ihren Namen mit jenem erniedrigenden Ausdruck in Verbindung zu bringen, hätte sie weder im Leben noch im Tode verziehen.

Wahr ist's, ihr Zimmer sah gar nicht wie eine Schulstube, sondern wie das einer eleganten, vornehmen Dame aus; hübsche, zum Teil Mahagonimöbel, Pfeilerspiegel mit marmornen Konsolen davor, Wandleuchter von Porzellan in Gestalt großer Blumensträuße an den Wänden, Blumenvasen, Amorinen von Biscuit, welche die mit kleinen Diamanten besetzte Taschenuhr ihrer Gebieterin hielten: das alles war ungemein zierlich. Vieles mochte sie als Andenken früherer Zeiten aus Stockholm über die See mitgebracht haben; es hatte ein fremdartiges Ansehen und gefiel mir deswegen nur um so besser.

Natürlicherweise mußte auch unser Betragen nach diesen Umgebungen gemodelt werden; auch nicht der kleinste Verstoß gegen konventionellen Anstand und gesellige Sitte wurde, ohne auf der Stelle gerügt zu werden, uns durchgelassen. Ungeschicktes Auftreten, ein schwerfälliger Gang, Türenwerfen, überhaupt unnötiges Geräusch zogen lange Strafpredigten nach sich, die eine sehr harte Strafe uns dünkten, weil sie die gräßlichste Langeweile uns erregten. Auch der damals beim Eintritt ins Zimmer noch übliche Knicks an der Tür durfte nicht unterlassen werden; wer ihn vergaß, mußte ihn auf der Stelle nachholen, wer in der Eile ihn nachlässig hinschleuderte, mußte ihn nochmals so lange einüben, bis es gelang, ihn graziöser auszuführen.

Leicht obenhin betrachtet, sieht das alles zwar ungemein lächerlich aus, wird aber weniger so erscheinen, wenn man einige sechzig Jahre sich zurückzuversetzen imstande ist; zwar heißt es: andere Zeiten, andere Sitten, doch nur die Form ändert sich, der Grund aber bleibt. Frühe Gewöhnung an das, was Anstand und gesellschaftliche Konvenienz von uns verlangen, so daß wir uns durch sie weder gefesselt noch verlegen fühlen, weder aus linkischer Blödigkeit verstummen noch in jene zu warme Zutraulichkeit verfallen, die anfangs als köstliche Naivität bewundert, dann als zu täppische Dreistigkeit verspottet wird, ist jetzt wie damals beim Eintritt in die frisch erblühende Rosenzeit des Frühlingslebens ein großer Gewinn. Auch in späterer Zeit kommt der ernsteren Hausfrau eine gewandte Sicherheit des Betragens im häuslichen wie im geselligen Verhältnis wohl zustatten und hilft ihr, über ihrem eignen wie über dem Leben der Ihrigen einen Hauch von Ruhe und Anmut zu verbreiten, der sich empfinden, doch nicht analysieren läßt.

Mamsell Ackermann war, wenigstens für die damalige Zeit, auf das rechte Mittel verfallen, ihren Zöglingen jene Lebensleichtigkeit, die später zu erwerben oft unendlich schwer wird, durch Gewöhnung zur zweiten Natur zu machen. Sie legte vielleicht einen zu großen Wert auf diesen Vorzug, sie wandte zuviel daran, ihn uns anzueignen; doch wenn ich die jungen, eben flügge gewordenen Vögelchen so unsicher, so ängstlich oder auch so blind verwegen dem Gewahrsam entflattern sehe, in dessen Schutz sie bis dahin sich sicher fühlten, so will es mir zuweilen bedünken, als ob man in unsern Tagen in den entgegengesetzten Fehler verfiele.

Daß diese strenge Beobachtung aller Anstandsregeln uns anfangs sehr langweilig, verdrießlich, mitunter lächerlich erschien, ist nicht zu leugnen; dennoch mochten wir nicht förmlich uns dagegen auflehnen. Von unserm stillen Mißmut, von unserm störrigen Widerwillen die kleinste Notiz zu nehmen hielt aber Mamsell Ackermann nicht für nötig.

Und so blieb es, wie es gewesen. Wir gewöhnten uns mit der Zeit daran, wir blickten zuletzt mit kindischer Selbstzufriedenheit auf die neuen Ankömmlinge herab, die noch nicht gelernt hatten, wie man in guter Gesellschaft zu gehen, zu stehen, zu sitzen und zu knicksen habe, und waren stolz darauf, ihnen den ersten Unterricht darin zu erteilen.

An Zank und Streit war unter uns gar nicht zu denken; wir nannten einander ma chère amie und waren sanft und lieb wie die Englein im Himmel, denn wir mußten immer französisch sprechen. Kein deutsches Wort durfte über unsere Zungen gleiten, außer im Falle der höchsten Not. Wer in aller Welt aber kann in einer fremden Sprache, deren er nicht ganz mächtig ist, zanken und streiten?

Schriftlich oder mündlich aus dem Französischen ins Deutsche oder umgekehrt übersetzen, Leseübungen auswendig lernen, Hersagen des Gelernten nahmen die ersten Stunden in Anspruch; bis die Reihe an sie kam, ihre Lektion herzusagen, beschäftigte jede von uns sich still vor sich mit der ihr zugeteilten Aufgabe, und dieser Wechsel unserer Arbeiten erhielt uns in stets reger Aufmerksamkeit. Aufgaben zu Hause auszuarbeiten wurden uns nie zugeteilt. Übung im Schönschreiben und, wenn noch etwas Zeit dazu übrig war, etwas Geographie brachten gegen fünf Uhr die Teestunde herbei, und wie durch einen Zauberspruch waren wir nun aus Schülerinnen in eine wirkliche Société des jeunes dames umgewandelt.

Der Teetisch wurde serviert, wie es eine solche Gesellschaft erfordert. Mamsell Ackermann präsidierte dabei auf dem Sofa und ließ unter ihrer Leitung die Ältesten von uns wechselweise die Rolle der Wirtin übernehmen; die übrigen ordneten sich um den Tisch oder standen und gingen im Zimmer umher, lachten und plauderten nach Belieben, alles, was sich ziemte, war erlaubt, als wäre es wirklich eine zur geselligen Unterhaltung geladene Damengesellschaft, nur deutsch reden war und blieb hoch verpönt.

Doch dieses Intermezzo währte nicht lange. Der Teeapparat wurde beseitigt, die Filetkästchen hervorgesucht. Da saßen wir nun, wie es für junge Damen sich gebührt, und fabrizierten für unsere Papas gewöhnlich sehr unbrauchbare Geldbeutel und Manschetten von jenem feinen Netzwerk, das damals, wie jetzt Tapisseriesticken, die Modearbeit war.

Während der Zeit lasen die besten Leserinnen unter uns unter Aufsicht unserer Lehrerin das Magasin des enfants mit lauter, deutlicher Stimme uns vor. Möge der guten seligen Madame le Prince de Beaumont noch heute in der Ewigkeit ein absonderlich guter Tag dafür werden, daß sie auf den vortrefflichen Gedanken verfiel, ihr an sich lobenswertes, aber doch ein wenig langweilig zu werden drohendes Buch durch Einflechtung der köstlichsten Märchen zu beleben; durch sie ging eine bis dahin mir unbekannt gebliebene Welt, die weite reiche Feenwelt in blendender Glorie mir auf, so daß ich sogar Gefahr lief, meine Römer und Griechen darüber zu vergessen. Alles, alles schien mir anders und bedeutsamer als sonst, jedes alte Bettelweib erhielt von mir einen Groschen, wenn ich einen besaß oder was ich sonst Gutes ihr zuwenden konnte; dann dachte ich in meinem phantastischen Wahn, wer kann wissen, ob in den schmutzigen Lumpen nicht vielleicht eine Fee steckt? Und wenn die nun abfallen, und sie steht da, strahlend von Schönheit, von Gold und Diamanten? Ah!

Wenn ich dann aber mir selbst wieder vernünftig zureden,

mir bedeuten wollte, daß dergleichen Wunder nicht mehr geschehen, daß diese schönen Geschichten alle mir zum Vergnügen ersonnen und kein Fünkchen Wahrheit dabei wäre, wie betrübte mich das! Wemen hätte ich mögen, daß mir so gar keine Hoffnung bleiben sollte, nur einmal, nur ein einziges Mal eine Fee, wäre es auch nur von weitem, zu sehen.

Ich war nun aber in dieser Zeit einmal bestimmt, der Märchenwelt zu verfallen, denn ein Ungefähr, ich weiß selbst nicht mehr welches, spielte die unvergleichlichen Contes de ma mère l'Oye mir in die Hände. Das unscheinbarste Büchlein von der Welt, ein Duodez auf grauem Löschpapier, die holprigste deutsche Übersetzung, kolonnenartig neben dem französischen Originale so schlecht als möglich abgedruckt und jedem Märchen ein ganz kleiner Kupferstich, eine Hauptszene aus demselben darstellend, beigegeben.

Welch ein Fund war das! Kein eifriger Philologe kann über die seltenste und prachtvollste Ausgabe eines alten Klassikers größere Freude empfinden als ich über diesen Schatz. Das waren ganz andere Märchen als die im Magasin des enfants, und wie erzählt! Von Blaubart, der auf einem der Kupferchen abgebildet ist, wie er seine arme Frau, die er bei ihren Locken gepackt hält, mit einem Säbel, zweimal so lang als er selbst, enthaupten will, wandte ich mich mit Grausen ab, aber die kluge Prinzessin Finette mit ihrem gläsernen Spinnrad und die allerliebste Cendrillon mit dem gläsernen Schuh und klein Däumchen mit seinen sieben nichtsnutzigen Brüdern und Prinz Rikett mit dem Zopf, wie entzückten sie mich! Vor allen aber der gestiefelte Kater, ihm zu Ehren hieß das ganze Buch das Katzenbuch, bis ich sogar den eigentlichen Titel desselben darüber vergaß. Chat botté war mein allen vorgezogener Held, durch den in einem verborgenen Winkelchen meines Herzens sogar Mucius Scävola und Cincinnatus in Schatten gestellt wurden.

Von schwerer Krankheit genesen

Wo lebt der im Wechsel der Zeiten, im Gedränge der Welt, in Freude und Leid, in Arbeit und Ehrenstellen ergraute Geschäftsmann oder Gelehrte, der die Erinnerung seiner Universitätsjahre aufgeben möchte? Der nicht, wenn ein Ungefähr es ihm vor Augen führt, das im Laufe der Jahre sehr unscheinbar gewordene kleine Büchelchen wehmütig anblickte, das die Geister meist längst vergessener, verschollener, verstorbener Jugendfreunde für den Moment ihm wieder erweckt, deren Namen seinem Gedächtnisse längst entfielen?

Nur ein solcher könnte vielleicht den ersten Stein auf mich werfen wollen, weil ich mich hinreißen ließ, über Zustände zu weitläufig mich zu verbreiten, die ernsthaften, vernünftigen Leuten von einem gewissen Alter gar zu alltäglich und unbedeutend erscheinen müssen, um sie mehr als höchstens ganz beiläufig mit einigen wenigen Worten zu erwähnen. Aber es gibt keinen solchen; im höheren Alter, in welchem die Freuden der Gegenwart ohnehin immer dünner uns aufkeimen, richtet jeder an der Erinnerung seiner rosigen Frühlingszeit gern sich auf, vergißt den Schnee, der seine Scheitel deckt, und möchte um keinen Preis sie entbehren.

Mögen daher meine edlen Zeitgenossen gegen zu bittern Tadel mich in Schutz nehmen; denn was ihnen ihre akademische Zeit war, ist mir, obgleich es fast lächerlich klingt, jene Société des jeunes dames gewesen. Freilich fehlten mir damals wenigstens noch zehn Jahre an dem Alter, in welchem Eltern ihre Söhne die Universität beziehen lassen, aber mein Geschlecht läuft immer dem männlichen um zehn Jahre voraus. Ob das als ein Vorzug desselben uns angerechnet werden darf, mag ich nicht entscheiden; mit fünfzehn Jahren scheint es so, mit vierzig wird man gewöhnlich anderer Meinung.

Jene Société wird und muß in der Erinnerung mir immer wert bleiben, weil sie einen neuen, reichhaltigen Freudequell mir eröffnete; durch sie geriet ich sowohl aus dem engbe-

schränkten Kreis des Familienlebens als aus meiner zu weit
ausgedehnten Ideenwelt in den fröhlichsten geselligen Verkehr
mit Mädchen meines Alters und kam doch immer wieder aus
unserm frischen jugendlichen Treiben zu allem, was von frühester Kindheit an mir lieb gewesen, mit unverkümmertem
Genuß zurück.

Noch war seit der Ankunft unserer Lehrerin, denn das war
sie doch eigentlich, kein volles Jahr verflossen, als ich an
einem Nervenfieber erkrankte, schwer und gefährlich, wie
man später mir sagte; ich aber erinnere mich nicht, dabei viel
gelitten zu haben. In dumpfem, halbbewußtem Hinbrüten lag
ich viele Tage lang; mein Vater war noch nicht aus Frankreich
zurückgekehrt, meine Mutter hatte nicht gewagt, den Doktor
Wolf rufen zu lassen, und so war ich unserer alten scharlachro-
ten Haus-Exzellenz, dem Doktor de la Motte, übergeben, der
meine Krankheit, die er dem von der Inokulation zurückgebliebenen Gifte zuschrieb, für so gefährlich hielt, daß er den Beistand seines noch ältern Herrn Kollegen, des Doktor Reinecke,
verlangte.

»Lassen Sie das Töchterchen ruhig im Herrn entschlafen,
hochgeehrte Frau!« erinnere ich mich deutlich gehört und halb
wie im Traume gesehen zu haben, daß die beiden scharlachro-
ten Männer meine arme, ganz zusammengesunkene Mutter zur
Tür hinausführten, dann ward es plötzlich Nacht, und ich
schlief ein unter wirren, ängstlichen Träumen.

Als ich erwachte, schimmerte die hochstehende Sonne
durch die grünen Fenstergardinen; beide scharlachrote Exzel-
lenzen saßen zu beiden Seiten meines Bettes, die Nasen
bedenklich auf ihre spanischen Rohre gestützt, und sahen sehr
verdrießlich aus. Meine Mutter aber kniete mir zur Seite,
Kasche weinte schluchzend helle Freudentränen. Vierundzwanzig Stunden waren verflossen, seit ich meine Mutter hinausführen gesehen, und ich hatte die Zeit benutzt, mich zu aller
Erstaunen gesund zu schlafen; ich war wie durch ein Wunder
gerettet.

Nun aber fing meine eigentliche Qual erst an, die bei meinem
sehr langsam fortschreitenden Genesen immer peinlicher

mich drückte. Völlig entkräftet lag ich da, nur einzelne Stunden konnte ich, von vielen Kissen unterstützt, in meinem Bette aufrecht sitzen; später habe ich Wochen damit verbracht, wieder gehen zu lernen; die Gegenwart mehrerer, besonders fremder Personen, war mir unerträglich, im ganzen war jeder Besuch mir verhaßt, ich verstand kein Wort von dem, was gesprochen wurde, denn ich war aus Nervenschwäche fast völlig taub. Bei alledem litt ich unbeschreiblich an der quälendsten Langeweile; doch nichts von allem, was Mutter, Freunde, Verwandte zu meiner Unterhaltung ersannen und herbeibrachten, konnte auch nur minutenlang mir gefallen. Ich fühlte mit Schmerz, wie lästig ich andern sein müßte, und war mir selbst die ungeheuerste Last.

Vielleicht war es jene Nervenschwäche, unter welcher meine körperlichen Kräfte erlagen, die meine Seelenkraft unbegreiflicherweise erhöhte: ich weiß nur, daß ich mich innerlich nie lebhafter aufgeregt gefühlt, nie nach geistiger Unterhaltung und Beschäftigung mich inniger gesehnt habe als damals; aber ich schwieg, ob aus Eigensinn, oder weil ich mich dessen schämte? Ich weiß es nicht, ich war eben ein krankes, todmüdes Kind.

Meinem guten, treuen Magister Philoteknos war es endlich beschieden, den Talisman zu entdecken, der aus diesem widerwärtigen, einer bösartigen Verzauberung ähnlichen Zustande mich zu befreien Kraft besaß. Schwer beladen mit vier dicken, glänzend eingebundenen Quartanten erschien Kandidat Kuschel vor meinem Schmerzensbette, und sobald ich das erste beste Blatt in einem derselben hastig aufgeschlagen, fühlte ich von meiner Qual mich erlöst.

Die große Prachtausgabe der damals eben erschienenen »Physiognomischen Fragmente« war seltsamerweise in die Bibliothek der Sankt Johanniskirche geraten, wo sie ziemlich unbeachtet ihren Platz füllte. Der Bibliothekar derselben war ein Freund des Kandidaten Kuschel und hatte von diesem sich bewegen lassen, das sehr kostbare Werk meinen kindischen Händen anzuvertrauen, Kuschel kannte mich wohl und meine Ehrfurcht vor fremdem Eigentum, besonders dieser Art.

Mit rastlosem Eifer warf ich mich sogleich in das Studium von Lavaters wie seltsame Prophezeiungen klingenden Orakelsprüchen; sie beschäftigten mich unaufhörlich, ich las, verstand einiges, mißverstand vieles, blieb über dem meisten ganz in Dunkel, glaubte manches zu erraten; die Stunden flogen an mir vorüber, ich war ruhig, heiter, sehr zufrieden sogar, wenn man mich nur gewähren ließ, ohne sich viel um sich zu bekümmern. Die Furie Langeweile, die so lange mich gepeinigt hatte, war endlich gebannt.

Doch der bei weitem interessanteste Teil dieses wunderbaren Werkes, dessen wie aus lauter Rätseln zusammengesetzter Inhalt mir verwirrend durch den Kopf schwirrte, waren und blieben mir die Kupfer, um derentwillen es mir auch eigentlich anvertraut worden war, denn daß ein kaum zehnjähriges Kind an den Text zu denselben sich wagen würde, schien kaum denkbar. Höchst mühselig hatte ich einst versucht, die Kupfer aus Raffs Naturgeschichte nachzuzeichnen; diese, einige in einzelnen Büchern zerstreuten Bildchen und Chodowieckis allerliebste kleine Meisterstücke im Gothaer Kalender, den mir Jameson jedesmal zum neuen Jahre schenkte, waren fast alles, was ich jemals an Kunstwerken gesehen. Die Wände mit Kupferstichen zu beleben war ein damals unter uns sehr seltener Luxus, der sogar für altmodisch galt. Papiertapeten, die man durch das Einschlagen der Bildernägel nicht verderben mochte, begannen eben an die Stelle der weißen, oft mit vergoldeter Stukkaturarbeit geschmückten Wände zu treten; so stand es damals bei uns um den Kunstgeschmack.

Jetzt aber stürmte aus Lavaters Fragmenten eine Welt zwar immer geahnter, aber nie gesehener Erscheinungen auf mich ein; diese Köpfe, diese Gestalten! Schöne und häßliche, besonders aber die Porträts, mit den mir wohlbekannten Namen von Königen, Helden und Gelehrten bezeichnet, die ich wenigstens oft gehört hatte, und daneben die breite, meistens ganz unverständliche Auseinandersetzung des Verfehlten und Lobenswürdigen in der Ausführung dieser Kunstwerke, die ich nicht genug bewundern zu können meinte! Wochen vergingen, ehe ich dazu gelangte, mit dem allen mich zu befreunden; dann aber entzün-

110

dete der Funke, den Chodowieckis Besuch in der Schule vor einigen Jahren in meine kindische Seele geworfen, sich zu brennender Sehnsucht und ließ mir Tag und Nacht keine Ruhe.

Zeichnen lernen, malen lernen war mein höchster, einziger Wunsch, der aber leider unerfüllt bleiben mußte, so gern meine Eltern ihn mir gewährt hätten; denn in der ganzen großen Stadt war kein Lehrer, wie ich ihn bedurft hätte, aufzufinden.

Ein seltsamer Einfall

Meine Taubheit verschwand, ich lernte wieder gehen, wurde wieder kräftiger und stärker und war endlich nach einigen Monaten völlig genesen. Auch mein Vater war wieder heimgekehrt, meine Lehrstunden begannen von neuem; angelegentlicher und eifriger als je zuvor beschäftigten Jameson und Kuschel sich mit mir, um die verlorne Zeit mich einbringen zu lassen. Ich ging wieder wie gewöhnlich zu meiner Mamsell Ackermann, und im Äußern war alles anscheinend, wie es zuvor gewesen, doch in mir selbst war es nicht mehr so.

Mein ganzes Sinnen und Trachten ging fortwährend auf Zeichnen und Malen, meine schwachen Versuche, mir allein zu helfen, mißlangen, und doch gestaltete sich meinem Auge alles zum Bilde. An jeder fleckigen Mauer, in den am blauen Himmel hinwogenden Wolken wie in den Draperien der Fenster und jedem achtlos hingeworfenen zerknitterten Tuch sah ich Gesichter, Köpfe, Gestalten und brannte vor Begier, sie zu zeichnen, und wollte vor Unmut darüber, daß mir dieses nicht geraten könne, vergehen.

Schattenrisse wenigstens wollte ich aufnehmen. Dies ärmliche Surrogat eines Porträts, das damals eben anfing, zur herrschenden Mode zu werden, hatte ich aus Lavaters Fragmenten kennengelernt. Mein Onkel ließ von seiner Vorliebe für neue Erfindungen sich leicht bewegen, mir dabei Hilfe zu leisten; jeder, dessen wir beide nur habhaft werden konnten, mußte sich hinsetzen, um seinen auf einen an der Wand angehefteten Bogen

Papier fallenden Schatten von mir nachkritzeln zu lassen, während mein Onkel ihm den Kopf festhielt. Auch Jameson gesellte sich zu uns; er verschaffte mir ein Reißbrett, ließ chinesische Tusche und einen schönen metallenen Storchschnabel aus England für mich kommen, lauter bis dahin mir ganz unbekannte Gegenstände. Nun ging es mit großem Eifer an ein Zeichnen, Verkleinern und Schwärzen ohne Ende; viel gutes Papier, viel treffliche Tusche wurden verdorben; eine Zeitlang befriedigte mich das neue Spiel, aber bald empfand ich das Unzulängliche desselben und strebte etwas anderes aufzufinden.

In meinem Lavater hatte ich das Porträt einer gelehrten und zu ihrer Zeit sehr berühmten Jungfer Anna Schürmannin gefunden, von welcher zugleich erwähnt ward, daß sie ungemein zierliche und feine Bilderchen aus freier Hand in Papier ausgeschnitten, von denen noch heutzutage einige in Kunstkabinetten, ich weiß nicht mehr, ob in Nürnberg oder in Augsburg, zu ihrem Andenken aufbewahrt werden.

Das Talent für diese unbedeutende Kunst war auch mir angeboren. Sobald man es nur hatte wagen mögen, meinen Händen ein so gefährliches Instrument, wie eine Schere ist, anzuvertrauen, hatte ich auf meine kindische Art sie geübt. Jetzt griff ich wieder darnach, um dem Beispiele der Jungfer Schürmannin zu folgen. Freunde und Bekannte überhäuften meine sehr unbedeutenden Kunststückchen mit Lob, das sie wahrlich nicht verdienten. Mich selbst befriedigten sie gar nicht, bis ich auf den Gedanken kam, Profile von Bekannten, wie ich bis jetzt an der Wand sie gezeichnet, im kleinsten Maßstabe aus freier Hand auszuschneiden. Dies gelang über alles Erwarten; in kurzer Zeit hatte ich deren eine unglaubliche Anzahl zusammengebracht, die meinen Eltern und unsern Freunden viel Unterhaltung gewährten. Alle waren von unverkennbarer, wenngleich oft etwas karikierter Ähnlichkeit. Das einzige Merkwürdige dabei war wohl, daß ich nie das Profil gegenwärtiger oder vollends gar mir dazu sitzender Personen, sondern nur solcher, die eben nicht zugegen waren, darstellen konnte.

Mit diesen Künsteleien beschwichtigte ich mich eine Zeitlang, bis Jameson, um mir eine recht große Freude zu machen,

Pater Mathis

*Ein lutherischer Geistlicher
und seine Magd*

Betende Kirchgängerin

Kaufmann Vernezobre

Inspektor Sydow

Chodowieckis Tanten

*Der wiederhergestellte
Maler Lohrmann*

Ein Glaser

einen schönen, in Farben abgedruckten Kupferstich mir brachte: eine heilige Cäcilia, meinem Gefühl nach der Inbegriff alles Graziösen, nach einem Gemälde von Angelika Kauffmann.

Angelika Kauffmann! Wer war Angelika Kauffmann?

Sie ist eine noch in Italien lebende, allbewunderte, hochverehrte Malerin, erhielt ich zur Antwort. Eine Malerin, also kann es auch Malerinnen geben? Ich hatte noch nie von einer gehört. Und von neuem überfiel mich die innere ängstliche Unruhe bei dem bloßen Gedanken; immer flüsterte eine leise Stimme mir zu: was andere können, warum solltest du es nicht auch?

Fürs erste versuchte ich auf alle Weise, das Wunderbild zu kopieren, quälte oft unter heißen Tränen unsäglich mich damit ab; es mißlang mir durchaus.

Da erwachte mitten in meinem Jammer ein tröstender Gedanke in meiner Seele, ich bedachte, daß kein Meister vom Himmel fällt und folglich selbst Angelika ohne allen Unterricht keiner geworden wäre. Lernen will ich; was andere können, kann mir nicht unmöglich bleiben, und eine Malerin, eine zweite Angelika will ich werden; dieser Entschluß stand mit jedem Tage fester in meinem Gemüt; auch den Weg, die Ausführung desselben möglich zu machen, glaubte ich nach vielem Nachsinnen darüber endlich gefunden zu haben.

Die Zeit nahte heran, in welcher mein Vater verabredetermaßen mit seinen russischen Handelsfreunden in Leipzig zusammentreffen wollte, als ich mir endlich ein Herz faßte und zu einer mir sehr gelegen scheinenden Stunde meinen Eltern meinen Wunsch entdeckte. Inniger, herzlicher, als ich je etwas erbeten, zitternd, glühend, kaum fähig, meine Worte verständlich herauszubringen, beschwor ich meinen Vater, mich mit sich zu nehmen, mich von Leipzig nach Berlin zu bringen und mich dort bei Chodowiecki, dem größten Maler, der meiner Meinung nach in der Welt oder doch wenigstens in Deutschland existierte, förmlich in die Lehre zu geben. Ich hatte von Malerschulen gehört, ich hielt sie für etwas unsern Zünften und Gilden Ähnliches, wie sie in noch früheren Zeiten es wirklich gewesen sind, und meinte in meinem kindischen Wahn, nur auf diese Weise eine wirkliche Malerin werden zu können.

Die Art, wie diese meine Bitte aufgenommen wurde, war die erste recht bittere Erfahrung meines Lebens. Mein bei aller ihm eignen Heftigkeit dennoch gegen Unerfahrenheit und Unverstand seiner Kinder sonst so nachsichtiger Vater – ich erkannte ihn nicht wieder.

Und noch jetzt, nach mehr als sechzig Jahren, verweile ich ungern bei der Erinnerung, wie unbarmherzig er meinen kindisch-abgeschmackten Einfall, wie er ihn nannte, verlachte.

Spottender Hohn ist viel zu scharf, viel zu schneidend für ein armes, weiches, argloses Kind; er verletzt, er erbittert, statt zu belehren und zu bessern. Niemand vermag die Tiefe und Dauer der Narben zu ermessen, die er in dem jungen Herzen zurückläßt; das sollten Eltern wohl bedenken.

Meine liebe Mutter suchte zwar nach ihrer gewohnten milden Weise mich zu trösten, indem sie zugleich sich bemühte, das, was auch sie eine kindische Albernheit nannte, mir aus dem Kopf zu bringen, aber sie konnte sich nicht überwinden, den seltsamen Einfall ihrer Jeanette den nächsten Verwandten zu verschweigen.

Welch ein Ungewitter brach abermals über mich Arme los! Alle waren empört, daß ein zu ihrer Familie gehörendes Kind auf den erniedrigenden Gedanken hatte verfallen können, gewissermaßen ein Handwerk treiben zu wollen. Sogar mein Onkel Lehmann, auf den ich doch fest gebaut hatte, nahm sich meiner nicht an, sondern schüttelte nur schweigend den Kopf.

Jameson litt mit mir, als ich mit meinen Klagen zu ihm flüchtete; auch er war weit entfernt, auf meine Idee einzugehen, aber suchte doch wenigstens mich von der Unausführbarkeit derselben zu überzeugen. Er bewies mir, daß Chodowiecki eigentlich kein Maler, sondern ein Kupferstecher und zugleich der bewundernswürdigste Genrezeichner im kleinen sei, der wenigstens in dieser Zeit seinesgleichen nicht habe und in der kommenden ihn schwerlich finden werde. Er machte den zwischen diesen beiden Kunstzweigen bestehenden Unterschied mir deutlich und zugleich begreiflich, daß der berühmte, bis zum Übermaß mit Arbeit überladene Meister sich unmöglich darauf einlassen würde noch könne, ein zehnjähriges, sogar in den ersten Anfangsgründen der Kunst noch völlig unerfahrenes Mädchen als Schülerin aufzunehmen.

Und so war ich denn von allen Seiten auf immer und ewig abgewiesen und mußte in mein Schicksal mich ergeben.

Doch der tief in meinem ganzen Wesen eingewurzelte Trieb, das, was sichtlich mich umgab oder auch nur bildlich mir vorschwebte, zu fassen, zu halten und schaffend nachzubilden, ließ sich nicht ausrotten; dreißig Jahre später führte er mich an den Schreibtisch, um mit der Feder auszuführen, was der Geist der Zeit, in der ich geboren ward, mit Griffel und Pinsel zu können mir verweigert hatte.

Daß Jameson, dem ich immer und in allem unbedingt glaubte, mein Unternehmen als hoch über die Verhältnisse und meine schwachen Kräfte hinausreichend mir darstellte, statt, wie meine Eltern und Verwandten getan, schon den bloßen Gedanken als mich und meine Familie erniedrigend zu betrachten, trug viel zur Milderung meines Kummers bei; es versöhnte mich mit mir selbst und mit ihnen. Sie wissen es nicht anders, Jameson versteht das besser, dachte ich, hütete mich aber wirklich, es auszusprechen.

Auch ihre Entscheidung, wäre ich vierzig Jahre später oder auch zweihundert Jahre früher geboren, würde vielleicht anders ausgefallen sein – ob besser? – Pope zwar sagt:

> And spite of pride, in erring reasons spite,
> One truth is clear, what ever is, is right.

Erster Heiratsantrag

Der Dominik, so wurde damals und wird auch noch heutzutage der einzige Jahrmarkt der Stadt Danzig genannt. Jetzt hat er als solcher an Bedeutung viel verloren, doch in meiner Jugend hätte er mit Recht als eine große Messe bezeichnet zu werden verdient. Die lange Reihe der Buden auf dem Dominiksplan und die noch reicher ausgestatteten Magazine in der Stadt boten vom größten bis zum geringsten alles dar, was Luxus, Mode und die allgemeinen Bedürfnisse des häuslichen Lebens verlangen können. Käufer und Verkäufer, aus der Nähe wie aus weiter Ferne, zogen in großer Anzahl herbei. Am fünften August, dem mit dem Namen des heiligen Dominik bezeichneten Tage, wurde mit dem Schlage zwölf Uhr den fremden Kaufleuten durch Glockengeläute die Erlaubnis, ihre Magazine zu eröffnen, feierlich erteilt und dadurch zugleich das Signal zu einer Art von Volksfest gegeben, das von dem Augenblick an vier Wochen lang anhielt.

Musik und Tanz, sonntäglich geputzte Leute, fröhliche Kinder, ungezogene Straßenbuben und mitunter auch Taschen- und Ladendiebe traf man sonntags und in der Woche überall; aber auch andere, bei uns seltenere Genüsse boten sich dar.

Die Schuchische Schauspielergesellschaft, eine altberühmte, von einer der größten Städte zur andern in unserer Gegend herumziehende Truppe, zählte damals und auch noch mehrere Jahre später Mitglieder, welche selbst in unsern jetzigen viel fordernden Tagen bei den besten stehenden Theatern eine ehrenvolle Aufnahme finden würden und von denen mehrere späterhin eine Berühmtheit sich erwarben, die in den Annalen dieser Kunst ihren Namen nicht untergehen läßt; wie zum Beispiel der Schauspieler Koch, den ich noch den Hamlet spielen sehen und der noch vor wenigen Jahren in Väterrollen ganz Wien entzückte.

Diese Gesellschaft bezog alljährlich zur Dominikszeit die baufällige bretterne Bude, welche eher einer Scheune als einem Theater glich; auch Seiltänzer, wilde Tiere, Kunstreiter und was sonst noch zu dem unentbehrlichen Gefolge aller Jahrmärkte gehört, blieben nicht aus und fanden ihre Rechnung dabei. Für mich und meinesgleichen war dies alles eine Quelle der Freude, des Entzückens, wie ich später in den größten glänzendsten Städten sie nicht wieder gefunden habe. Wie schön ist die Jugendzeit und der Rosenglanz, der alles, was mit ihr in Berührung kommt, umschwebt! Die wenigen Male, daß meine Mutter mich alljährlich mit sich ins Theater nahm, konnte ich vor freudigem Herzklopfen weder die Nacht vorher noch die Nacht darauf ruhig schlafen.

Es war zur Dominikszeit; ich hatte im Laufe des vergangenen Monats mein dreizehntes Jahr vollendet und fing an, mich als ein ziemlich erwachsenes Mädchen zu betrachten, obgleich ich noch nicht allen Umgang mit meinen Puppen abgebrochen hatte, meiner Schwester Lotte zu Gefallen, wie ich mir selbst und andern weismachen wollte.

Verständige Hausfrauen dachten in diesen geschäftigen Tagen nicht bloß daran, durch die neuesten Erzeugnisse der Mode ihre eigene Garderobe zu ergänzen und zu vergrößern, sondern suchten sich auf das nächste Jahr mit einem Vorrat jener mannigfaltigen und unentbehrlichen Gegenstände zu versehen, die man während des Jahrmarktes am besten und am wohlfeilsten einkauft und von denen im Laufe von zwölf Monaten auch im geregeltsten Haushalt unendlich viel teils wirklich verbraucht wird, teils auf andere Weise zugrunde geht.

An einem recht heißen, sonnigen Vormittage stand denn also auch meine Mutter auf unserm kühlen Hausflur, mit einem bömischen Glashändler über die Rekrutierung ihrer Tischgläser in eifrigster Verhandlung. Glühend, atemlos, eilend wie ein dem Netz entflatternder Vogel flog ich die Treppe hinunter, ihr in die Arme.

»Mutter«, keuchte ich ängstlich, »der Kandidat will mich heiraten«, und klammerte mich fester an sie an; vor Schrecken ließ sie die Gläser, die sie eben in der Hand hielt, fallen. Doch faßte sie sich bald, der Glasmann wurde einstweilen verabschiedet und zu einer gelegeneren Stunde wieder bestellt, das Töchterchen aber vorläufig in Verhör genommen. Viel kam nicht dabei heraus; was ich ihr alles vorgeklagt, mitunter auch vorgeweint haben mag, weiß ich nicht mehr, aber es bewog sie doch, den Kandidaten in dem Zimmer aufzusuchen, wo ich ihn gelassen, als ich mitten in der Lehrstunde ihm davonlief. Ich aber schlich ganz verschüchtert in die Kinderstube, die noch immer meine eigentliche Heimat, mein Asyl in allen Nöten war.

Nicht ich, wie meine Mutter im ersten Schrecken wohl gefürchtet haben mochte, sondern mein guter Philoteknos war es, der, um es höflich auszudrücken, ein wenig die Tramontane verloren. Die herzliche Liebe, die ich ganz unverhohlen bei jeder Gelegenheit ihm bewies, die unverstellte Freude, mit der ich alles vollbrachte, was er mir auftrug, dazu noch meine kindische Art, mich so weit als möglich aus dem Fenster hinauszubeugen, um ihm nachzusehen, wenn er ging, und womöglich noch einen Gruß ihm nachzuwinken, alles dies zusammengenommen hatte bei seinem Mangel an Weltkenntnis und Lebenserfahrung der gute Kuschel ganz mißverstanden. Es hatte ihn verleitet, zu vergessen, daß ich mit meinen dreizehn Jahren doch nichts weiter sei als ein gut geartetes, dankbares Kind.

Schon seit einigen Monaten hatte jener feine Takt, der bei Mädchen weit früher erwacht, als man gewöhnlich es glaubt, in dem Betragen meines Lehrers, in seiner Art, mich anzusehen, mitunter auch in seinen Äußerungen manches Fremdartige, mir zwar ganz Unverständliche mich bemerken lassen, das aber ein dumpfes Mißfallen in mir erregte, welches ich nicht zu bemeistern imstande war, soviel Mühe ich mir deshalb auch geben mochte.

Von jenem Morgen, der mich in die Flucht jagte, weiß ich nur, daß der Kandidat mich umfassen und an sich ziehen wollte, er, der noch nie auch nur meine Hand berührte! Dazu hatte er gerufen: »Sie werden doch noch meine liebe kleine Frau!« Doch das war genug und übergenug, um wie mit Sturmesflügeln die zwei hohen Treppen hinab in den Schutz meiner Mutter mich zu treiben. Vom Schreck ganz verwildert war mir, als eile drohende Gefahr dicht hinter mir drein, als werde die Heirat gleich vor sich gehen, als müsse ich eine Frau Pastorin werden, ich Weltkind, das schon seit dem Einläuten des Dominiks sich Tag und Nacht darauf freute, nächstens zum erstenmal mit in die Komödie genommen zu werden.

Obendrein fühlte ich, als habe mein Lehrer ein ungeheures Verbrechen begangen, meine frühere Liebe zu ihm war verschwunden, mir graute vor dem Gedanken, ihn wiedersehen zu müssen, und doch weinte ich vor Kummer darüber, ihn auf diese Weise verloren zu haben.

Meine Mutter wußte indessen als eine sehr verständige Frau und ohne alles Aufsehen uns beide, den Kandidaten sowohl als mich, wieder zur Vernunft zu bringen. Kuscheln sein Unrecht und seine kaum zu entschuldigende Übereilung begreiflich zu machen, war ihr vermutlich nicht sehr schwer geworden; denn nachdem sie etwa anderthalb Stunden mit ihm zugebracht hatte, hörte ich ihn fortgehen und sah bald darauf, wie sie ein paar Bilderchen, die ich ausgeschnitten, meine Silhouette, eine kleine Bandschleife. die mir einst, ich wußte nicht wie, abhanden gekommen, und noch ein paar ähnliche Kleinigkeiten sorgfältig aufbewahrte, welche von seiten des Herrn Kandidaten ihr zugeschickt wurden und deren er, ohne daß ich es gewahr geworden, habhaft zu werden gewußt.

Mit mir hatte sie schon einen etwas schwereren Stand; mein durch den Umgang mit der Welt noch nicht abgestumpftes Gefühl für Recht und Unrecht ließ sich nicht so beschwichtigen. Die Jugend ist immer ein weit strengerer Richter als das Alter; je höher ich meinen Lehrer gestellt, je inniger ich ihn bewundert und verehrt hatte, desto tiefer war er jetzt in meinen Augen gesunken. Der ängstliche Widerwille, den ich gegen ihn empfand, war nicht zu besiegen, und nur das Versprechen meiner Mutter, mich nie mit ihm allein zu lassen, konnte mich einigermaßen mit dem Gedanken versöhnen, ihn wiederzusehen.

Ob mein Vater von dieser tragikomischen Verirrung des guten Kuschel jemals etwas erfahren hat, weiß ich nicht, in meinem Beisein wurde ihrer nie erwähnt, was unstreitig das vernünftigste war. Auch in seinem übrigen Verhältnis zu unserm Hause sowie im Betragen meiner Eltern gegen ihn wurde auch nicht die kleinste Abänderung bemerkbar, was zu seiner Beruhigung viel beizutragen schien.

Das im Grunde alberne Ereignis war also abgetan, fiel der Vergessenheit anheim, für mich aber hatte es doch die ernste Folge, daß ich gegen den herrschenden Gebrauch wenigstens zwei Jahre früher, als sonst üblich war, zur Konfirmation gelangte. Durch den ausgezeichneten Unterricht, den das Glück mir zugewendet hatte, war mein Erlerntes meinen Jahren gewissermaßen vorangeeilt. In vieler Hinsicht blieb ich aber doch noch an Alter wie an Verstand ein recht kindisches

Kind, während ich unzeitig früh in die Reihe der Erwachsenen geschoben wurde.

Meinen Eltern blieb indessen keine andere Wahl, um mich auf milde Weise von meinem Lehrer zu trennen, dessen frühere Verdienste um meine Erziehung die größte Schonung zur Pflicht machten.

Von nun an erhielt ich von ihm, um auf die Konfirmation mich vorzubereiten, ausschließlich Religionsunterricht, bei welchem meine Mutter immer gegenwärtig blieb. Den Unterricht, den der Kandidat mir zuletzt in Gemeinschaft mit meiner Schwester Lotte gegeben, teilte meine dritte Schwester Annette anstatt meiner mit ihr.

So war alles auf das beste geordnet. Der Winter verging, Pfingsten nahte heran, und endlich kam der bängliche Tag, an welchem ich ganz allein zu dem an der uralten, weit entlegenen Graumünchenkirche angestellten Prediger Weidemann mich begeben mußte, dem vieljährigen Beichtvater meiner Eltern.

Kandidat Kuschel erwartete mich im Zimmer des Wohlehrwürdigen; nach einem in Gegenwart desselben ehrenvoll bestandenen Examen, das dem alten Herrn fast zu gründlich und zu weitläufig zu werden schien, wurde ich als wohlunterrichtete lutherische Christin eingesegnet, und ich fuhr mit sehr erleichtertem Herzen wieder nach Hause.

Nie und nirgend als damals in jenen alten freien Städten, in denen die vollkommenste Gleichheit unter den Bürgern bestehen sollte, hat wohl ein ans Lächerliche grenzender Aristokratismus tiefere Wurzel geschlagen; bei jeder öffentlichen, besonders kirchlichen Feier, bei Trauungen, Taufen, sogar vor Gottes Altar, beim Abendmahl, trat er schreiend hervor und gab oft Veranlassung zu höchst ärgerlichen Auftritten, besonders unter den Frauen.

Um keinen Preis hätte ich damals an der öffentlichen Konfirmation der Kinder teilnehmen dürfen, denn diese wurde nur für den niedern Bürgerstand schicklich gefunden; auch durfte der Prediger nicht in mein väterliches Haus eingeladen werden, um in Gegenwart meiner Familie und teilnehmender Freunde die feierliche Handlung zu vollziehen, wie es doch wohl anständiger gewesen wäre; dieses war in der reformierten Gemeinde der Brauch, und die in der lutherischen Stadt in allem bevorzugten Lutheraner suchten an ihren eigenen alten Gebräuchen unabänderlich festzuhalten. So wollte es der noch immer dunkle Geist der damaligen Zeit, die keine Ahnung von dem wohltätigen Lichte hatte, das nach mehreren Jahren hereinbrechend die Gemüter jetzt erhellt und beruhigt.

Auch noch manches andere Überbleibsel aus früheren Tagen war in den kirchlichen wie in den übrigen Einrichtungen der alten Handelsstadt gleichsam versteinert geblieben. Zu den ersten rechne ich die Privatbeichte, die der katholischen ungemein ähnlich sah. Niemand, der sich nicht Tages vorher ihr unterworfen hatte, durfte zum heiligen Abendmahl zugelassen werden. Der Ertrag derselben, besonders bei sehr beliebten Predigern, machte einen bedeutenden Teil der Einnahme der Geistlichen aus, denn ohne dabei an das Kirchspiel, in welchem man ansässig war, besonders gebunden zu sein, hatte ein jeder die freilich ganz vernünftige Freiheit, seinen Beichtvater nach eignem Gefallen sich zu wählen. Wenn aber diese Einrichtung unserer Vorfahren darauf hinzielte, die unter den wohlehrwürdigen Herren herrschen sollende brüderliche Liebe und Einigkeit zu befördern, so glaube ich kaum, daß sie ihren Zweck erreichte.

Tiefbewegt im kindlich frommen Herzen folgte ich meinen Eltern am Morgen vor dem ersten Pfingstfeste in die Graumünchenkirche, die eben nach damaligem Gebrauch mit Blumen und jungen Maien zum morgenden Feiertage ausgeschmückt wurde; der frische Frühlingsduft, das mit diesem kontrastierende feierliche Dunkel in dem ehrwürdig alten Gebäude, dessen frühere klösterliche Einrichtung fast ganz unzerstört beibehalten war, erhöhten mein Gefühl zu glühender Andacht. So kam ich an der Hand meiner ebenfalls sehr gerührten Mutter durch die nie zuvor von mir betretene Kirche an das Beichtzimmer unseres Seelsorgers, gewöhnlich die Tröstkammer genannt. Eine große Anzahl Leute aus den geringeren Ständen, Dienstboten, Handwerker, Arme, warteten vor der Tür derselben; manchen sah man es an, daß sie schon weit länger, als ihre Verhältnisse es gestatteten, auf den glücklichen Augenblick geharrt hatten, in welchem so viele von ihnen, als nur Raum fanden, eingelassen werden würden, um sämtlich zugleich zu beichten, ermahnt und absolviert zu werden und auch die unerläßlichen Beichtgroschen darzubringen.

Bei unserer Ankunft sahen sie sich abermals, Gott weiß zum wievielten Male an diesem Morgen, in dieser Hoffnung getäuscht; sie wurden zurückgewiesen, denn die Tür öffnete sich nur uns dreien.

Da thronte vor uns im vollen priesterlichen Ornat unser Seelsorger in einem weichen bequemen Großvaterstuhl. Niederkniend auf den vor ihm angebrachten Betschemeln sagten wir unsere Beichte her; mein Vater hatte die seinige in einige kurze bündige Worte gefaßt, meine Mutter einen Vers aus einem geistlichen Liede sich erwählt und ich einen sehr kurzen aus Gellerts Oden. In wenigen Minuten war das alles vollbracht; dann setzten wir uns seiner Wohlehrwürden gegenüber, hörten eine Ermahnungsrede an und wurden von unsern Sünden absolviert. Nach einem Gespräch über Wind und Wetter, über die neueste Politika und hauptsächlich über das werte gegenseitige Befinden, das mein Vater, welcher der draußen Harrenden gedenken mochte, möglichst abkürzte, begaben wir uns wieder auf den Rückweg.

Die fromme Stimmung, in der ich die Tröstkammer betreten, war, als ich sie verließ, zu meinem eignen Leidwesen größtenteils verschwunden, denn jung, wie ich war, drängte dennoch das Unzulängliche und Zwecklose dieser feierlich sein sollenden Handlung sich mir auf. Bei meiner festen Überzeugung, daß vor Gott alle Menschen gleich sind, waren schon bei meiner Ankunft die draußen Wartenden, deren Anzahl sich indessen noch bedeutend vermehrt hatte, sehr störend mir aufgefallen. Gelangweilt von der mein Gemüt durchaus nicht ansprechenden Ermahnungsrede, konnte ich es späterhin nicht unterlassen, mit neugierigen Kinderaugen umherzuschauen, und hatte manches entdeckt, das ich nimmermehr erwartet hätte, an diesem Orte zu finden: Eine Flasche Wein, ein Glas daneben und noch manches andere schlecht verborgene, hier sehr unpaßliche häusliche Gerät; ich Kindskopf bedachte nicht, daß der alte Mann viele Stunden lang in diesem Zimmerchen verweilen mußte, ohne es verlassen zu können.

Am empörendsten aber erschienen mir die Dukaten, welche mein Vater heimlich, jedoch nicht unbemerkt auf den neben dem Herrn Prediger stehenden Tisch schob, und der Seitenblick, mit dem dieser gewahr wurde, daß ihre gewöhnliche Zahl durch mein Dazukommen um einen vermehrt worden war, nebst dem frommen salbungsvollen Lächeln, mit dem er, ebenfalls verstohlen, meinen Eltern den Dank dafür zunickte.

Doch schon an der Kirchentür vergaß ich alles, was meine Andacht gestört hatte.

Indem Adam den Wagenschlag öffnete, benachrichtigte er uns, daß wir einen weiten Umweg machen müßten, um nach Hause zu gelangen. Seine Stimme klang sonderbar verändert, wir sahen ihn an, er schien erhitzt und war doch totenbleich, sein zerzaustes Haar wie seine Kleider mit Staub und Schmutz bedeckt.

»Die jungen Herrschaften sind wohl, alles bei uns in guter Ordnung, doch in der Nachbarschaft hat ein schweres Unglück sich ereignet«, setzte der treue Diener hinzu, als er im Gesicht meiner Mutter die in ihr aufsteigende Angst gewahr wurde.

Einem Unglück entronnen

Dichtes Gedränge Wehklagender füllte die Straße, als wir unserm Hause uns näherten. Langsam bahnte unser Wagen sich durch die Menge den Weg, gern wären wir ausgestiegen, doch von Grausen, Schreck und unaussprechlichem Mitleid überwältigt, vermochten weder meine Mutter noch ich uns auf den Füßen zu halten.

Es währte lange, ehe wir schaudernd das furchtbare Grab wahrscheinlich noch Lebender erblickten, freundlicher, uns allen wohlbekannter Nachbarn, die in diesem Augenblick tief unter Schutt versunken, in Nacht gehüllt, halb zerschmettert, hilfloser Verzweiflung hingegeben, den furchtbarsten Todeskampf kämpften.

Drei Häuser, die seitwärts dem Schiffergildenhause gegenüber die andere Ecke des zwischen beiden sich hinziehenden Quergäßchens bildeten, waren plötzlich eingestürzt, wenige Augenblicke, nachdem wir auf unserem Wege zur Kirche an ihnen vorüberfuhren; vielleicht war sogar die dadurch verursachte Erschütterung in dem engen, nur für einen Wagen Raum bietenden Gäßchen der letzte Stoß gewesen, der die sehr baufälligen Gebäude niederwarf. Alle drei waren bewohnt, keiner der Einwohner hatte Zeit gehabt, der über seinem Haupte einbrechenden Gefahr zu entfliehen, sie lagen alle dort unten und über ihnen hoch aufgetürmt der Graus der Zerstörung.

Wir waren vielleicht kaum hundert Schritte von der Unglücksstelle entfernt gewesen, als Adam, hinten auf dem Wagen stehend, ein dumpfkrachendes, lang nachhallendes Getöse vernahm, das er für einen Donnerschlag hielt; zugleich verfinsterte ein rauchartiger Qualm die Luft, verzog sich aber schnell wieder, indem wir weiterfuhren. Wir im Wagen hatten teils vor dem Rasseln der Räder auf dem schlechten Steinpflaster, teils in ernste Gedanken versunken nichts von dem allen bemerkt.

Die Sonne schien hell, kein Wölkchen trübte den blauen Himmel, woher denn der plötzliche Donner? dachte Adam und eilte von seltsamer Angst befallen nach Hause, statt, wie er gesollt, uns vor der Kirche zu erwarten. Dichte Staubwolken qualmten beim Eintritt in das unserem Hause so nahe liegende Gäßchen ihm entgegen, wurden immer dichter, gingen in fast gänzliche Finsternis über, benahmen ihm Luft und Atem, je weiter er vorwärts gelangte. Schutt, Steine, Gebälke, Trümmer aller Art türmten sich endlich vor ihm auf, und über dem allen herüber tönte herzzerreißendes Jammergeschrei.

Als wir vor unserem Hause anlangten, drängten Nachbarn und Bekannte sich um uns her, um uns ihre Freude über unsere Rettung aus augenscheinlicher Lebensgefahr auszudrücken, mehrere unter den ersten, die uns hatten in den Wagen steigen und gleich darauf das Entsetzliche hereinbrechen gesehen, hatten uns im ersten Schrecken für verloren geachtet; auch läßt es sich nicht leugnen, wären wir nur ein wenig später ausgefahren, so lagen vermutlich auch wir jetzt dort unter den lebendig Begrabenen.

Keiner von uns hatte noch diesen erschütternden Gedanken aufgefaßt, auch jetzt konnten wir an uns selbst noch nicht denken, nur an Hilfe, nur an vielleicht noch mögliche Rettung der Verunglückten. Mein Vater, Jameson und viele andere Männer gingen die dazu nötigen Anstalten zu treffen oder zu beschleunigen. Dem armen Adam standen nur seine beiden rüstigen Arme und sein guter Wille zu Gebot; er tat, was er gleich, da er das Unglück gesehen, getan und nur uns abzuholen unterbrochen hatte, er warf seinen Rock ab, ohne sich jetzt weiter um uns zu bekümmern, und fing an, die Umstehenden durch tätiges Beispiel und Ermahnungen zum Wegräumen des Schuttes anzuregen.

Sein menschliches Bemühen gelang; die nicht ganz gefahrlose schwere Arbeit wurde kräftiger und zweckmäßiger betrieben; nach ein paar Stunden zog man zwei Schwerverletzte aus den Trümmern hervor; andere, teils tot, teils sterbend, wurden im Verlauf des Tages bis zum Einbruch der Nacht aufgefunden. Mit grauendem Morgen begann die schauerliche Arbeit von neuem, und ehe noch das Kirchengeläute zur Feier des hohen Festes einlud, war auch die letzte Leiche der Verunglückten ans Tageslicht gebracht.

Die Zahl derselben war nicht unbedeutend, die meisten hatten dort unten in dunkler Grabesnacht den Tod gefunden, andere starben bald nach ihrer Befreiung, und nur sehr wenige Gerettete blieben am Leben.

Tragikomischerweise befand sich unter diesen der sehr schuldige Urheber des ganzen Unglücks, der Eigentümer der eingestürzten Häuser, dessen schmutziger Geiz unerachtet aller an ihn ergangenen Warnungen und Ermahnungen ihn stets abgehalten hatte, auf die Erhaltung des baulichen Zustandes seines Eigentums etwas zu verwenden.

Der eigensinnigste Zufall hatte gewollt, das sein Stuhl nebst dem kleinen vor demselben befindlichen Tische gerade auf den einzigen Teil des Gemäuers gestellt worden war, der unversehrt stehenblieb, als alles ringsumher zusammenbrach. Ganz isoliert, hoch in der Luft, in Schlafrock und Nachtmütze saß vor aller Welt Augen die bebende, fast entgeisterte Jammergestalt des widrigen Greises wie am Pranger, von keinem der rings um ihn her noch immer nachstürzenden Ziegeln und Balken getroffen. Tief unter ihm tobte mit wildem Hohn ein wütender Haufen, bereit, sobald er herunter käme, auf seine Weise über ihn Gericht zu halten.

Erst später, als der ganze Raum mit Wachen umstellt und die müßig dastehenden Zuschauer entfernt worden waren, durfte man es wagen, den vor Angst halbtoten Alten von seinem erhabenen Platz hinunter in Sicherheit zu bringen.

Die Franzosen pflegen spottend zu behaupten. daß wir Deutsche, wenn irgend jemand ein Bein gebrochen hat, ihn immer noch glücklich preisen, weil er nicht zugleich den Hals brach, was doch leicht hätte geschehen können. Sie nennen das le bonheur allemand, und leugnen läßt es sich nicht, diese Bemerkung, die obenhin betrachtet nichts weiter als ein artiger, witziger Einfall zu sein scheint, ist auf eine tief im Charakter unseres Volkes liegende, sehr schätzenswerte Eigenheit begründet, die uns treibt, noch dem schwersten Mißgeschick irgendeine leidliche, einigermaßen Trost gewährende Seite abzugewinnen.

Der Furcht vor dem bonheur allemand kühnlich entgegentretend, wage ich also die Bemerkung, daß die fürchterlichen Folgen jenes unglücklichen Einsturzes der Häuser an jedem andern Wochentage noch weit höher, ja bis zum undenkbar Unerträglichen sich gesteigert haben würden, denn in einem derselben wurde eine Schule gehalten gleich der, welche auch ich einst bei Frau Chodowiecki besuchte. Zwanzig bis dreißig kleine, fröhliche Kinder aus vielleicht ebenso vielen Familien waren, sonnabends und sonntags ausgenommen, von früh acht Uhr an dort versammelt.

Gottes Engel haben über die unschuldigen Kinder Wache gehalten! hörte man von allen Seiten, auch ich konnte damals und kann bis zur gegenwärtigen Stunde dieses frommen, tröstenden Glaubens mich nicht erwehren; ich habe zu viele demselben entsprechende Beispiele erlebt, die mich darin bestätigen, mag die widerspenstige Vernunft auch dagegen einwenden, was sie will und kann.

Aber jener bleiche schuldbewußte Sünder dort oben auf dem wankenden Gemäuer? Welche Macht nahm ihn in Schutz und wachte über ihm, damit die rings um ihn her niederregnenden Steine und Balken ihm nicht die Haut verletzten, während um seines niedrigen Geizes willen so viele Unschuldige ihr Leben unter Höllenqualen aushauchen mußten? Wer beantwortet mir diese Frage?

Richtet nicht, so werdet ihr auch nicht gerichtet!

Mißglückter Auftritt

So war ich denn plötzlich wie durch einen Zauberspruch aus einem kleinen, wenig beachteten Mädchen eine erwachsene Mamsell geworden, die allmählich die Entdeckung machte, daß sie auch jemand sei. Die Veränderung war groß, und ich mußte mich erst daran gewöhnen, ehe sie mir gefallen konnte.

Meine sämtlichen Stunden des Unterrichts waren aufgehoben, auch die Société des jeunes dames besuchte ich nur zuweilen als ein zur Teestunde geladener Gast. Mein Onkel hatte mir zwar endlich einen Zeichenlehrer aufgefunden, doch dieser trug wenig zu meiner Zufriedenheit bei; denn wir lebten in ewigem Zwiespalt miteinander. Silhouetten fabrizieren und winzige Landschäftchen nach kleinen Kupferstichen, die er mir mitbrachte, malen war alles, was ich von ihm lernen konnte, und beides widerte mich an. Der einzige Vorteil, den seine Bekanntschaft mir gewährte, war, daß er mir Preislers in Nürnberg herausgekommene Anleitung zum Zeichnen lieh, nach der ich aus eigenem Antriebe Augen, Ohren und Nasen, so gut es ohne Hilfe geben wollte, kopierte.

Auch hatte ich, von meinen Freundinnen dazu beredet, mir

wieder musikalischen Unterricht erbeten, brachte es aber mit unsäglicher Mühe unter viel Zeit- und viel Geldverschwendung in dieser Kunst nie so weit, daß die eigene Übung derselben mir wirklichen Genuß gewährt hätte. Jameson war und blieb mein einziger Trost; sein Eifer für mich erkaltete nicht; bei ihm, mit ihm und mit Shakespeare brachte ich jetzt meine genußreichsten Freistunden zu, und ich hatte der Freistunden nur zu viele.

Meine Emanzipation aus der Kinderstube fiel gerade in die schöne freudige Frühlingszeit; Bälle, Konzerte, Theater, und was sonst noch zu den eigentlichen Wintervergnügungen gerechnet wird, hatten aufgehört. Nur einige verspätete Abendgesellschaften kamen zuweilen noch vor, deren Lichtpunkte ein wenigstens zwei Stunden währendes warmes Souper bildete, bei welchem die lange Tafel unter der Last der dicht aneinandergereihten Schüsseln und Assietten zusammenzubrechen drohte. In Danzig, wie damals noch überall, überließ man gerade beim Abendessen sich am liebsten den Freuden der Geselligkeit; Diners, wie sie jetzt an der Tagesordnung sind, kannte man gar nicht.

Bei einer solchen Abendgesellschaft wurde denn auch ich zum erstenmal in meinem Leben von einer mit meinen Eltern sehr befreundeten Familie als eine konfirmierte und folglich erwachsene Person von kaum vierzehn Jahren eingeladen. Wie freute ich mich auf mein Debut in der großen Welt! Und ach! Wie kränkend für meine Eitelkeit fiel es aus!

Jedermann weiß oder könnte wissen, daß der vielfältig und vielseitig bekannte Lord Chesterfield einen noch jetzt in England für klassisch geltenden, ziemlich starken Band sehr geistreicher Briefe herausgab, in welchen er sich bemüht, seinen Sohn in alle Pflichten und Gesetze der höchsten gesellen Eleganz einzuweihen, deren Kenntnis und strenge Übung ihm über alles ging. Seine Absicht war, den jungen Mann zu einem vollkommenen Beau auszubilden, ein Wort, das in jener hundert Jahr hinter uns liegenden Zeit mit dem jetzigen Dandy, Exclusive, oder wie die Mode solch ein Wunder noch ferner zu taufen belieben wird, völlig gleichbedeutend war.

Doch die Saat, welche der edle Lord aussäete, fiel leider auf einen zu ihrem Gedeihen sich wenig eignenden Boden; zu seinem unaussprechlichen Entsetzen und höchsten Jammer mußte er nicht nur erleben, sondern sogar mit ansehen, daß sein Sohn, der honorable Mr. Stanhope, in der ersten Gesellschaft, in welcher er sich zeigte, vor den Augen der schönsten und vornehmsten Ladies der drei Königreiche, nachdem er ein Glas Gelee wie gewöhnlich mit dem Löffelchen geleert, den darin zurückgebliebenen kleinen Rest ohne Scheu mit der Zunge ausleckte, um auch die süße Neige nicht zu verlieren!

Lord Chesterfield blieb natürlicherweise darüber untröstlich sein Leben lang, und, ewig bedauernswerte Mamsell Ackermann, das wäre ohne Zweifel auch dein hartes, unverdientes Los gewesen, hätte dein guter Genius es nicht von dir abgewendet, betrübter Augenzeuge des Mißgeschicks deiner ersten Schülerin zu werden. Sie, dein Liebling, dein Stolz, deine Freude, die du schmeichelnd zuweilen die Zierde deiner Société des jeunes dames zu nennen pflegtest – hättest du es mit ansehen müssen, wie sie mit der Tür nicht eben ins Haus, aber was noch weit schlimmer war, mitten in eine große Gesellschaft festlich geputzter Herren und Damen platt auf die Nase hineinfiel! O du Ärmste! Was wäre aus dir geworden? Eine Ohnmacht wäre das geringste gewesen, um dich einigermaßen aus diesem Elend zu retten!

Mit glücklich konservierter Frisur war ich nach meinen Eltern aus dem Wagen gestiegen. Alles war in erwünschter Ordnung, nicht ein Stäubchen Puder hatte an dem hohen Haarturm sich verschoben, dessen breite Fläche ein Labyrinth von Federn, Blumen und Perlen krönte, stolz wogte das neue seidene Kleid über den ansehnlich großen Reifrock. Auf goldgestickten Schuhen mit wenigstens zwei Zoll hohen dünnen Absätzen trippelte ich an der Hand der ältesten Tochter des Hauses, die mir entgegengekommen war, zwei hohe Treppen bis zum Saal hinauf. So schön geputzt bei so bänglich pochendem Herzen war ich in meinem Leben noch nicht gewesen; die Flügeltüren flogen auf, und wir – ach!

Hatten unsere langen Schleppen sich ineinander verwickelt?

Unsere Reifröcke miteinander karamboliert? Ein Strohhalm, ein Rosenblatt auf der Schwelle unsere Füße ins Gleiten gebracht? Wir alle beide, Klementine und ich, uns fest bei der Hand haltend, im gleichen Augenblick, denn mein Fall riß sie mir nach – was soll ich weiter sagen? Daignez m'épargner le reste, seufze ich mit Grétrys Tourière.

Klementine war kein Mitglied unserer Société des jeunes dames, doch konnte auch niemand der in dieser zu erlernenden Künste leichter entbehren als sie. Ein Hauch von Anmut und unaussprechlicher Lieblichkeit umschwebte die graziöse Gestalt, wie der ihrem Innern entströmende Duft die eben sich öffnende Rose umschwebt, und neigte Augen und Herzen mit Wohlgefallen ihr zu. Klementine war ein oder ein paar Jahre älter als ich, wir hatten früher einander wenig oder gar nicht gekannt, und das tragikomische Unglück, das bei meinem im wörtlichsten Verstande ersten Austritt aus der Kinderwelt im Hause ihrer Eltern mich traf und in welches mein Ungeschick sie mit verwikkelte, würde wahrscheinlich jede andere gegen mich erbittert haben. Sie hingegen suchte, um mich zu trösten und zu beruhigen, alles Ersinnliche auf und blieb den ganzen Abend gütig und freundlich und mild, wie ich sie später immer gekannt.

Und so knüpfte ein Zufall, der uns auf immer voneinander hätte entfernen können, jenes zarte Band innig vertrauter Mädchenfreundschaft zwischen uns, dessen wir beim Eintritt in die Welt zur Vollendung unseres Jugendglücks so sehr bedürfen.

Beim ferneren Fortschreiten im Leben gestaltete unser Verhältnis zueinander wie unser Charakter sich immer ernster und fester; von unserem ersten Aufblühen an, bis unsere Locken ergrauten, war und blieb Klementine von Kampen die geliebteste, vertrauteste, ich darf sagen, die einzige Freundin aus meiner Jugendzeit. Nie hatte ich eine zweite neben ihr und habe auch nach keiner zweiten jemals ausgeschaut.

Als wir beide verheiratet waren, nahmen unsere Lebenspfade eine ganz voneinander abgehende Richtung; doch bei jedem Wiederzusammentreffen, welches ein freundliches Geschick uns zuweilen gewährte, war es, als hätten wir erst gestern uns getrennt, obgleich wir nur selten Briefe wechselten.

Im Jahre 1819, bei meinem letzten Besuch in meiner Vaterstadt, fand ich zwar an unheilbarer Brustkrankheit sie leidend, doch ruhig ergeben. Acht Tage, nachdem ich, ohne unsere so nahe Trennung für dieses Leben zu ahnen, zum letztenmal sie gesehen, schwankte langsam auf dem Wege von Oliva nach Danzig der Trauerwagen an meiner Wohnung vorüber, der ihre entseelte Hülle von ihrem schönen Landsitz in ihre Familiengruft zur ewigen Ruhe führte.

Ein vornehmes Haus

Unerachtet ihrer geringen, immer mehr abnehmenden Bedeutsamkeit in der politischen wie in der merkantilischen Welt waren meiner Vaterstadt mit dem Namen und dem Schatten dessen, was sie als freie Hansestadt gewesen, auch alle äußeren Ehren geblieben, deren sie in den Tagen ihres jetzt verblichenen Glanzes sich erfreut hatte. Behalten doch auch Offiziere, nachdem sie aus den Reihen der Krieger getreten, noch mit ihrem Range und ihren Uniformen das Anrecht auf alle militärischen Ehrenbezeugungen bei, die Wachen treten nach wie vor ins Gewehr, sobald man sie erblickt, und auch noch nach ihrem Tode erschallt kriegerischer Donner über ihrem friedlichen Grabe, ehe es sich schließt.

So waren denn auch die Abgeordneten auswärtiger Mächte, die früher dort residierten, in Danzig geblieben, keiner derselben war von seinem Hofe zurückberufen worden; obgleich es schwer zu sagen war, worin die Geschäfte eigentlich bestanden, welche ihre Gegenwart notwendig machten, so schienen die größtenteils dort alt gewordenen Herren sich doch sehr wohl dabei zu befinden, führten, zum Teil mit Frau und Kindern, ein ganz gemächliches Leben und wurden auch von den Einwohnern gern gesehen.

Immer noch wie seit wenigstens zehn Jahren zog Herr de Pons auf hohen roten Absätzen an den Schuhen Visiten machend einher, als käme er frisch von Versailles, vom Lever seines Königs. Die im Weichbilde der Stadt geborene jüngste Tochter des wackern Gascogners war sogar die Pate derselben und heißt, wenn sie noch am Leben sein sollte, noch heute Mademoiselle Dansik.

Der englische Konsul Sir Trevor Correy trug durch seine brillante Equipage zum Glanz der Stadt, durch seinen pechschwarzen Negerknaben Pharao zur Erheiterung der Straßenjugend das Seinige redlich bei. Einen Residenten, der länger und standhafter auf seinem Posten geblieben, hat die Welt nie gesehen, denn er steht noch jetzt, fünfzig Jahre nach seinem Ableben, unbegraben in der großen Pfarrkirche zu Danzig, weil der noble Baronet lebend die deutsche Erde verschmähte und der Aberglaube der Schiffer diesen nicht erlaubt, ihn nach England überzuführen.

Der dänische wie der schwedische Konsul und der holländische Resident blieben in ihren Würden und Ehren, der russische Gesandte aber überstrahlte sie alle zusammen an Rang wie an Glanz.

Unerachtet ihrer Mitwirkung zu der mit der ersten Teilung von Polen beginnenden Vernichtung dieses dem Untergange geweihten Königreichs behielt die Kaiserin Katharina doch das Ansehen bei, als ob sie, früherer Zeiten sich erinnernd, sowohl dieses Land als den unglücklichen König, den sie selbst auf den wankenden Thron gesetzt, ihrer besonderen Wertachtung würdige, indem sie beide gewissermaßen bevormundete.

Auch Danzig, das wenigstens scheinbar noch unter polnischem Schutze stand, so ohnmächtig derselbe auch zur Zeit der Not sich gezeigt, erhielt noch zuweilen Beweise, daß die mächtige Selbstherrscherin aller Russen der hart gekränkten Stadt in Gnaden eingedenk sei.

So ward denn auch der dort im Laufe mehrerer Jahre ganz einheimisch gewordene russische Chargé d'affaires einst plötzlich nach Mohilew versetzt, und ein weit vornehmerer Herr, eine Exzellenz, kam als Ministerresident an dessen Stelle. General P... war von Geburt ein Deutscher, ein Österreicher, wie ich glaube; er langte um die Zeit, als ich anfing, für ein erwachsenes Mädchen zu gelten, mit Familie und ziemlich großem Gefolge in Danzig an und bezog das weitläufige Gebäude, das die russische Krone zu diesem Zwecke in Danzig besaß. Jedes mit Vorhof und Kutscheneinfahrt versehene größere Haus wurde damals in unsern Gegenden ein Palais genannt, und so hieß denn auch dieses nichts weniger als palastartige Gebäude frischweg das russische Palais.

An Seiner Exzellenz selbst ließ sich indessen wenig entdekken, das zu diesem seinem alles Übervortreffliche bezeichnen sollenden Prädikat ihn hatte berechtigen können. Alt, vertrocknet, vergelbt, verdrießlich, obendrein hoffärtig bis zur Lächerlichkeit, behangen mit Orden und Sternen, sogar im täglichen häuslichen Leben, war er eine so durchaus widerwärtige Figur, daß man unwillkürlich auf den Gedanken geraten mußte, seine Kaiserin habe ihn nur deshalb so fern von ihrem Hofe fortbefördert, um der Gefahr zu entgehen, ihn vielleicht einmal im Jahr an den Stufen ihres Thrones zufällig von ferne erblikken zu müssen.

In lieblichster Jugendblüte, voll Geist, voll sorgfältig gepflegten Talents stand eine ätherische Nymphengestalt dem wenigstens um dreißig Jahre ältern Manne zur Seite. Frau von P... war die früh elternlos gewordene Tochter eines jener in Petersburg etablierten englischen Bankiers, die dort selten verfehlen, in kurzer Zeit ein bedeutendes Vermögen zu erwerben, und übrigens auch in der Fremde sowohl bei der Sprache als bei den Gebräuchen ihres Landes standhaft beharren. Sogar in der kolossalen Kaiserstadt konnte eine bezaubernde Erscheinung wie die ihrige nicht unbewundert vorübergehen. Eine Schar anbetender Verehrer sammelte sich um sie her, an Stand und Reichtum über sie erhaben, so tief sie auch in anderer Hinsicht unter ihr stehen mochten. Glanz, Rang und Titel üben eine gar zu verführerische Gewalt über ein junges, verwöhntes, argloses Mädchenherz, sie verlockten die Unerfahrene, ein Eheband zu knüpfen, wie deren noch heute so viele geknüpft werden; ein Mißgriff, für den sie lebenslänglich aufs härteste büßen mußte, was denn auch heutzutage selten auszubleiben pflegt.

Ein wunderschönes Kind war der einzige Trost, die einzige

Freude, welche das hart beraubte Leben ihr bot. Armer kleiner Sachy! So nannte seine Mutter ihn nach dem in Rußland gebräuchlichen Diminutiv seines Namens Alexander; noch seh ich ihn, wie er, wenn sein Vater unerwartet in das Zimmer trat, auf Händchen und Füßchen mit Anstrengung aller seiner Kräfte unter den nächsten Tisch oder hinter die nächste Fensterdraperie eilends sich verkroch, um sich zu verbergen.

Der Vater haßte den noch nicht zweijährigen Sohn, und der Kleine wußte es und wurde bleich und zitterte in stummer Angst, wenn er ihn erblickte. Alle Diener im Hause wußten ebenfalls darum und nahmen erbarmend des hilflosen Knaben sich an, den sie ihrem Gebieter aus dem Wege zu bringen suchten, ehe dieser seiner ansichtig werden konnte. Ich stand dabei, staunte und begriff nichts und nahm anfangs für ein Spiel, was so bitterer Ernst war.

Durch Miß Cramp, die Schwester der Frau von P . . ., war ich in diesem Hause gewissermaßen einheimisch geworden, in welchem alles himmelweit von dem abwich, woran ich von Jugend auf gewohnt gewesen war.

Sally Cramp war ein schönes, fröhliches, liebenswürdiges Mädchen von meinem Alter; sie fühlte sich sehr vereinsamt in der düstern, fremden Stadt, deren Sprache sie nicht verstand, und sehnte sich nach einer Gespielin, mit der sie in ihrer eigenen Muttersprache sich verständigen könne; Jameson, der wohl wußte, was uns beiden gut sei, führte uns einander zu.

Seiner Fürsprache und Sallys schmeichelnden Bitten gelang es, von meinen Eltern die Erlaubnis auszuwirken, zuweilen einen Tag bei ihr zubringen zu dürfen, und bald verging keine Woche, in der ich nicht mehr als einmal von dieser Erlaubnis Gebrauch machte. Ich hätte täglich kommen müssen, wäre es nach Sallys Willen gegangen; wir waren so glücklich, so fröhlich, so einig miteinander. Wir hatten einander so lieb! O Zeit der erblühenden Jugend! Goldene Zeit!

In der Mitte dieser Familie, zu der auch ein alter Franzose, Gilard, und Miß Corderoy, Sallys Hofmeisterin, als sehr bedeutende Mitglieder derselben zu zählen sind, ging es mir ungemein wohl; was ich alles ihren vereinten Bemühungen um mich verdanke, weiß ich kaum in Worte zu fassen. Mit Goethe möchte ich sagen, sie setzten meiner Bildung für die Welt und dem geselligen Leben das noch fehlende Tippelchen auf dem I auf, zu welchem in jener unbeholfenen Zeit zu gelangen schwer war.

Auch außer meiner Spielgefährtin Sally hatten alle mich gern und gaben in Scherz und Ernst sich viel mit mir ab; die alte verdrießliche Exzellenz ausgenommen, von der ich nicht einmal gewiß bin, ob sie mein Dasein jedesmal bemerkte. Sie zeigte sich selten anders als bei Tafel und sprach nur, um ihre Unzufriedenheit mit dieser oder jener Schüssel auszudrücken oder auch der Dienerschaft streng abgemessene Befehle im Lapidarstil zu erteilen.

Frau von P ... war eine sehr talentvolle, eifrige und fleißige Dilettantin im Gebiete der bildenden Kunst; eine Erscheinung, die mir bis jetzt bei meinem Geschlecht noch nicht vorgekommen war. Sie zeichnete meisterhaft, malte Aquarell, modellierte auf Glas oder Schieferplatten allerliebste Figürchen in Wachs. Meine Kunstliebe, ich sollte wohl eigentlicher Kunstsehnsucht sagen, erwachte in ihrer Nähe von neuem mächtiger als je. Endlich war mir nun gewährt, wonach ich jahrelang vergeblich gestrebt hatte. Frau von P ... lehrte den Zeichenstift mich führen, gab mir Studien nach der Antike, die ich zu Hause kopierte und dann zur Durchsicht ihr überbrachte, bei der sie immer sehr strenge mit mir verfuhr.

Ich erinnere mich eines Kopfes der Tochter der Niobe, den ich fünfmal zeichnete, ehe ich nur einigermaßen ihr genügen konnte, und danke es ihr noch jetzt in meinem Herzen.

Alle diese Schwierigkeiten, weit entfernt, mich abzuschrekken, machten in Übung der Kunst mich nur noch eifriger; meine Verehrung und Bewunderung berühmter Künstler wurde aber durch sie bis zum unglaublichsten Enthusiasmus gesteigert. Eines Tages sah ich an der Mittagstafel meiner verehrten Beschützerin einen ganz einfach gekleideten, hagern, kleinen Mann ihr zur Seite sitzen. Sally flüsterte seinen Namen mir zu; es war der damals sehr berühmte Pastellmaler Darbes, der auf dem Weg von Petersburg nach Berlin seine Freundin, auch wohl ehemalige Schülerin, besuchte. Vor lauter Ehrfurcht wagte ich nun kaum mich zu regen, ich hatte gehört oder gelesen, daß Frau von der Recke in einer ihrer Schriften ihn den Seelenmaler nannte, und wunderte mich nur, daß ein so großer Mann wie andere gewöhnliche Leute sich benahm, noch mehr aber darüber, daß die übrige Gesellschaft mit ihm umging, mit ihm lachte und scherzte, als ob er ihresgleichen und es weiter gar nichts Besonderes mit ihm wäre.

Wachend wie ein schützender Genius über uns beide, über Sally und mich, stand auf der anderen Seite Miß Corderoy neben uns, stets darauf bedacht, unsere Aufmerksamkeit von dem trostlosen Unfrieden abzulenken, der im Innern die Ruhe dieses Hauses untergrub. Erheiternde Beschäftigung, die keinen anderen Gedanken so leicht aufkommen läßt, schien hierzu das Zweckdienlichste zu sein; unter Sallys Beistand fing Miß Corderoy an, mich in Verfertigung jener kleinen namenlosen Zierlichkeiten zu unterrichten, – in welchen junge, frisch aus der Pension kommende Engländerinnen Meisterinnen sind und die bei uns damals als nie gesehene Wunder angestaunt wurden; allerliebste Sächelchen, aus Seide, Pappe, Eierschalen, besonders aber aus Papier gebildet, gingen in großer Mannigfaltigkeit zu unserm Jubel aus unsern schaffenden Händen hervor. Nebenher ließ Miß Corderoy mit der zartesten Schonung manche Vernachlässigung meiner Haltung sich bemerken und ermahnte mich, jene Aufmerksamkeit auf die Pflege und Erhaltung meines Äußern zu verwenden, wie sie damals nur in der größeren vornehmen Welt gebräuchlich war und an die man in unserer eng bürgerlichen reichsstädtischen Lebensweise wenig dachte. Mir selbst unbewußt, streifte ich jenes etwas gar zu steife, förmliche Wesen allmählich ab, das ich aus Mamsell Ackermanns Société des jeunes dames mitgebracht hatte, und lernte, wie man leichter und freimütiger sich in der Gesellschaft bewegen könne, ohne deshalb gegen den Anstand zu sündigen.

Gilard, dieses Musterbild aller trefflichen und liebenswürdigen geselligen Eigenschaften, durch welche im vorigen Jahrhundert die über das vierzigste Jahr hinaus gekommenen Franzosen bis zur sprichwörtlichen Redensart eine Berühmtheit sich erworben, welche nur noch durch Tradition bis auf die jetzt lebende Generation hinabreicht, Gilard nahm einen noch bedeutenderen Platz als Miß Corderoy in diesem Hause ein, ohne jedoch unter irgendeinem andern Titel als dem eines Hausgenossen dazu berufen zu scheinen.

Der kleine Sachy war noch viel zu jung, um schon jetzt eines Hofmeisters, wie Gilard mit der Zeit ihm gewiß werden konnte, zu bedürfen, und mit den Geschäften Seiner Exzellenz stand der übrigens sehr gewandte und unterrichtete Franzose durchaus nicht in Zusammenhang. Die beiden Legationssekretäre wußten ohnehin nicht, was sie mit dem ganzen langen lieben Tag anfangen sollten; abgesondert von den übrigen Hausgenossen bewohnten sie einen Flügel des Palais, und ich bin ihrer nur selten ansichtig geworden.

Unbeschränkt in seinem Tun und Lassen, führte Gilard ein anscheinend geschäftsloses Leben, was aber weit davon entfernt, die erniedrigende Rolle eines gefälligen Hausfreundes übernehmen zu wollen, wie man wohl in reichen und vornehmen Häusern sie häufig genug antrifft. Das Gefühl selbstbewußter, wenngleich anspruchsloser Unabhängigkeit, die niemand anzutasten wagte, bezeichnete sein ganzes Benehmen, sogar der General begegnete ihm mit rücksichtsvoller Achtung, beinahe als wäre der unbetitelte Mann seinesgleichen.

Und doch war Gilard Hausfreund; aber im edelsten Sinne des oft mißbrauchten Wortes. Ratend, warnend, beschwichtigend, versöhnend war es sein eifrigstes Streben, schien es die wichtigste Aufgabe seines Lebens zu sein, in diesem unseligen Hause alles zum Besten zu lenken und über dem armen Rest von Ruhe und Frieden, welcher sowohl im Innern ihres Gemüts als in ihren äußern Verhältnissen der Herrin desselben noch blieb, mit Argusaugen zu wachen. Alt genug, um ganz bequem für ihren Vater gelten zu können, ohne alle Ansprüche auf persönliche Eleganz, mit einem von tiefen Blatternarben furchtbar entstellten Gesicht durfte er dieses ungescheut; denn ohne sich lächerlich zu machen, konnten selbst der giftigste Neid, die gehässigste Klatschsucht seinem Verhältnis zu der

137

schönen, jungen, eleganten Frau keine unziemende Auslegung geben.

Mitten durch allen diesen Wirrwarr gingen Sally und ich fröhlichen Sinnes und unangefochtenen Mutes unsern leichten harmlosen Gang, ohne weder zur Rechten noch zur Linken viel um uns zu schauen; doch blieb das zwiefache Elend einer unglücklichen Ehe in den vornehmen Ständen von mir nicht lange unbemerkt, wo Zorn und Mißverstehen nicht, wie ich bei sogenannten gemeinen Leuten es wohl zuweilen gesehen, in rohen Ausbrüchen sich Luft macht und dann auf einige Zeit verraucht, sondern schweigsam und heimlich wie ein feines Gift am Leben nagt, bis dieses erlischt. In recht bänglicher Stimmung über vieles, was ich weder gegen Sally noch gegen Jameson erwähnen mochte, kam ich zuweilen abends nach Hause, wo schon an der Schwelle alles Glück der zufriedensten bürgerlichen Häuslichkeit mich umfing, und atmete aus froher freier Brust hoch auf, weil ich wieder unter den Meinigen war.

Die zahlreiche Dienerschaft, die Equipagen, die Kammerfrauen, die ganze prunkende Einrichtung jenes vornehmen Hauses ließen mich ebenso unverwöhnt als unverlockt; nie ist auch nur für einen Augenblick in meinem leichten fröhlichen Gemüt der Wunsch, einst ähnliche Herrlichkeiten zu besitzen, erwacht; ich sah zu teuer sie erkauft. Die vielen Livreebedienten, deren Zahl zuweilen die der Gäste, hinter deren Stühlen sie postiert waren, überstieg, schienen mir sehr lästig; der über und über vergoldete Jäger hinter dem Sessel Seiner Exzellenz, die nie auf die Jagd ging, der elegant wie zum Ball geputzte Kammerdiener hinter dem der Frau Generalin, der, glaube ich, lieber die Welt hätte untergehen lassen, ehe er einem andern als ihr einen reinen Teller gereicht hätte, alles das kam mir beinahe wie eine Theaterposse vor.

Am lustigsten aber war mir die Figur des Mr. Prud'homme, eines ehrlichen Danziger Kleinbürgers von französischer Abkunft, den ich oft im Vorübergehen mit der braunen Schürze und im Kamisol hinter seinem Ladentische hatte stehen sehen, wo er Sardellen, Kapern, Oliven feilhielt, und der jetzt sein

Deutsch vergessen zu haben schien und als maître d'hôtel im Galakleide und in weißseidenen Strümpfen paradierend oft sehr gewöhnliche Gerichte mit unendlicher Gravität vorlegte und herumreichte, als wären es die auserlesensten Seltenheiten.

Die Speicher der Stadt

Der bewohnteste und schönste Teil meiner Vaterstadt wird von dem Ufer der die Speicherinsel rings umfließenden Mottlau begrenzt; eine breite fahrbare Zugbrücke führt zu den Speichern, dieser großen Schatzkammer der Danziger Bürger, hinüber. Damals und wahrscheinlich auch noch jetzt wurde dieselbe bei einbrechender Nacht an beiden Enden durch feste Tore abgeschlossen, welche aber von den Wächtern willig geöffnet wurden, um Fuhrwerke oder Fußgänger durchzulassen, denn nur über die Speicherinsel konnte man zu dem gewerbreichen und weitläufigen Bezirk von Langgarten gelangen, der sowohl seiner von der eigentlichen Stadt abweichenden Einrichtung und Bauart als seiner Entlegenheit wegen beinahe wie eine Vorstadt betrachtet wird, obgleich er noch innerhalb der Wälle liegt.

Der Raum, den sie einnahmen, ihre Größe und ihre auf mehrere Hunderte sich belaufende Anzahl konnten diese Speicher beinahe einer kleinen Stadt gleichstellen; die massiv solide, wenngleich nicht in die Augen fallende Bauart, in der sie von unsern Vorfahren wie für eine Ewigkeit begründet dastanden, war ein redendes Denkmal der vormaligen glücklicheren Zeiten und des bei ihrer Einrichtung sehr hoch gestiegenen allgemeinen Wohlstandes. Um aller Feuersgefahr zuvorzukommen, war jede Feuerstelle im Bezirk der Insel gesetzlich verboten, keiner der Eigentümer durfte über Nacht in seinem Speicher verweilen, nach Sonnenuntergang wurden sie alle verschlossen und lagen bis zum anbrechenden Morgen verödet in ungestörter Einsamkeit da.

Sogar bei einer Belagerung waren sie durch ihre glückliche

Lage vor Gefahr geschützt. Von der wasserreichen, hinter Langgarten beginnenden Niederung aus konnte durch künstliche, sehr weit sich verbreitende Überschwemmungen jede Annäherung der Belagerer verhindert werden; und auf der entgegengesetzten, zugänglichen Seite der Stadt hielten die weit ausgedehnten Festungswerke das Geschütz derselben ebenfalls in zu großer Entfernung, als daß Bomben, Granaten, und wie die Tod, Flammen, Verheerung in die Häuser wehrloser Bürger schleudernden Werkzeuge des Krieges alle sonst noch heißen mögen, die Speicherinsel oder Langgarten hätten erreichen können.

Als Danzig vor jetzt ungefähr hundert Jahren wegen seiner treuen Anhänglichkeit an den unglücklichen, hart verfolgten König Stanislaus Leszczynski belagert wurde, eilten alle, die es nur irgend möglich machen konnten, in Langgarten Sicherheit zu suchen. Auch die Eltern meines Vaters flohen mit ihrem damals etwa sechsjährigen Knaben dorthin, der nicht vergaß, auch sein liebes kleines Kanarienvögelchen mitzunehmen, dem, wunderbar genug, der Splitter einer Bombe ein Beinchen zerbrochen hatte, ohne den kleinen Sänger zu töten. Mein Vater erzählte oft und gern, wie sie nebst vielen andern ganz enge und klein in der Kirche sich hatten einrichten müssen, weil alle Häuser von Flüchtigen überfüllt waren, wie unter der Pflege meiner Großmutter sein kleiner befiederter Liebling geheilt wurde, so daß noch, ehe sie ihren Zufluchtsort verließen, sein Jubellied im Gewölbe der Kirche widerhallte, und wie nach aufgehobener Belagerung jedermann wohlbehalten in seine Wohnung zurückgekehrt sei. Alles wiederholt sich nur im Leben! Achtzig Jahre später wurden die Enkel durch die französische Belagerung im Jahre 1807 getrieben, das ehemalige Asyl ihrer Ahnherren wieder aufzusuchen, und befanden sich nicht minder wohl dabei; ihr liebstes, wertvollstes Eigentum wurde in den Speichern untergebracht.

Die Erde dröhnte, die Häuser erbebten von dem furchtbaren Donner des Geschützes; wenn die Geflüchteten spät abends in der breiten Straße von Langgarten auf und ab gingen, sahen sie die Tod und Verderben verbreitenden Kugeln gleich feurigen

Meteoren am schwarzen Nachthimmel hin und her kreuzen. Sie hörten ihren schmetternden Fall, vielleicht auf ihrer Freunde, vielleicht auf ihr eigenes Dach, doch bis zu ihnen konnte der Greuel der Verwüstungen nicht dringen.

Und abermals, wenige Jahre später, nach unendlichem von den übermütigen Eroberern erduldeten Drangsale mußten alle diese Schrecken sich erneuern! Doch ein tröstender Hoffnungsstrahl ging von den zu Deutschlands Rettung verbundenen Mächten aus und leuchtete durch die schwarze Gewitternacht, welche drohender als je über meine Vaterstadt sich zusammenzog. Ermutigt durch die Aussicht auf endliche Befreiung von ihren Vampiren, bereiteten die Einwohner mehrere Monate lang auf das kommende Elend sich vor, dem zu entgehen keine Möglichkeit sich zeigte. Jedes freie Plätzchen in den Speichern wurde wieder mit ihren besten Schätzen angefüllt, die alten Quartiere in Langgarten aufgesucht, besprochen und in wohnlichen Stand gesetzt. Reiche Familien ließen mit bedeutenden Kosten feste Bombenhäuser halb unter der Erde sich erbauen, in die sie zur Zeit der höchsten Gefahr sich zurückzuziehen gedachten, andere richteten zum nämlichen Zweck die geräumigen gewölbten Keller unter ihren Häusern wohnlich ein.

Monatelang sah man dem drohenden Unheil in banger Erwartung entgegen, es brach herein, aber entsetzlicher, weit entsetzlicher noch, als man nach vorhergegangener Erfahrung es sich gedacht hatte, so schrecklich diese auch gewesen war. All den Jammer, den meine unglückliche Vaterstadt, meine alte Mutter, meine Schwestern, meine geliebtesten Verwandten und Freunde viele Monate lang erdulden mußten, den entsetzlichen Mangel an allem, die fürchterliche Hungersnot, in welcher nur sehr bemittelte Familien zuweilen ein Stück Pferdefleisch mit Gold aufwiegen konnten und ein gebratener Mops für einen unbezahlbaren Leckerbissen galt, auf den man nur seine auserwähltesten Freunde wie zu einem festlichen Mahle einlud – alles dieses zu beschreiben, liegt ebensosehr außerhalb des Bereiches meiner Feder als außerhalb des Zweckes dieser Blätter. Ich selbst litt damals nur aus weiter Ferne mit den Meinigen, Tag und Nacht von den Schreckbildern meiner Phantasie verfolgt, und diese Darstellung dessen, was alle wirklich erduldeten, gibt nur getreulich wieder, was ich einige Jahre später bei meiner letzten Anwesenheit in Danzig aus dem Munde sehr ehrenwerter Freunde vernahm, an deren Glaubwürdigkeit kein Zweifel obwalten kann. Memoiren sollen sich aber nur mit wörtlich Selbsterlebtem beschäftigen. Möge ich Verzeihung finden, daß ich, hingerissen von dem mich so nahe berührenden Gegenstande, mir dieses hors d'œuvre erlaube.

In gewohnter Sicherheit der fernbleibenden Gefahr trotzend, standen die Speicher, während ringsumher der Donner der Belagerung verheerend brüllte, von ihm unerreicht. Doch was wäre dem übermächtigen Erfindungsgeist dieses Jahrhunderts unmöglich? Congreves Raketen erreichten endlich das lange vergeblich erstrebte Ziel, und die Speicher loderten in Flammen auf.

Das Gebrause der gleich einem Glutenmeer wogenden Feuersbrunst war nur dem der vom Sturm gepeitschten Brandung der in ihren tiefsten Tiefen empörten See zu vergleichen. Der Speicherinsel gegenüber, durch die ganze Breite des Stromes von ihr getrennt, war es auf der langen Brücke vor dem gewaltigen Getöse unmöglich, dem Zunächststehenden sich verständlich zu machen, die Fenster der Häuser, welche auf der Landseite die lange Brücke begrenzen, ungeachtet der weiten Entfernung, zersprangen von der glühenden Hitze. Stadt und Umgegend waren um Mitternacht hell erleuchtet wie im mittäglichen Sonnenschein; man versichert, daß man in der sechs bis acht Meilen von Danzig entfernten Stadt Elbing beim Feuerschein unter freiem Himmel die Zeitung habe lesen können.

Dichter glühendroter Regen fiel prasselnd und zischend aus Dampfwolken in den Strom, es waren brennende Körner Weizen, Roggen, Kaffeebohnen; glühend in allen Farben des Regenbogens streckte die von Öl, Spiritus, Branntwein genährte Flamme die feurigen Zungen himmelan und gewährte ein ebenso furchtbares als bewundernswürdiges Schauspiel. Flachs, Hanf, in Massen vereint, schienen der Hölle entronnene, in Flammen gekleidete Dämonen, die in allen Richtungen

142

über der Stadt kreuzten, um schadenfroh des Elends noch mehr zu verbreiten. Durch die unnatürliche Helle in Busch und Wald aus ihrer Ruhe aufgeschreckt, kamen zum allgemeinen Grausen zahllose Vögel aller Art in dichten wolkenähnlichen Schwärmen am Himmel gezogen, flogen unter ängstlichem Geschrei über den Flammen bin und her, bis sie, von diesen ergriffen, in den großen, alles verzehrenden Scheiterhaufen, der unter ihnen glühte, herabstürzten.

Von allen in den Speichern aufgehäuften Schätzen wurde nichts gerettet, alles versank in Asche, denn so wollte es der Gouverneur, General Rapp; er ließ die Eingänge zu der Insel von seinen Truppen besetzen, die den Danziger Bürgern den Zugang zu ihrem Eigentum verwehren mußten.

Doch zurück von diesen spätern Greueln, zurück zu den harmlosen, ahnungsfreien Tagen meiner Jugend, wo die Erzählung alter Leute von der vor ungefähr fünfzig Jahren in ihrer Kindheit überstandenen Belagerung wie nie sich wiederholen könnende Sagen der Vorzeit uns klangen, wo die Speicher noch in unbedrohter Sicherheit standen und ich ganz wohlgemut an Jamesons Arm, oder auch nur von Adam begleitet, an ihnen vorüber nach Langgarten wandelte, denn dort liegt nebst einigen andern ähnlichen Gebäuden das ehemalige russische Palais, jetzt das Gouvernementshaus.

Am Tage war mir dieses ein angenehmer Spaziergang, nach Einbruch der Nacht aber hätte ich um keinen Preis mich bewegen lassen, ihn zu Fuß zurückzulegen, denn eine Schar gräßlicher Ungeheuer, denen sogar manches arme Menschenleben zur blutigen Beute geworden war, bezog dann unter den Speichern die Wache. Seit undenklicher, uralter Zeit wurde auf Kosten der Stadt eine Anzahl sehr grimmiger Hunde von einer besonders wilden, blutdürstigen Rasse in festen Zwingern gehalten, von dazu angestellten Wächtern mit rohem Fleisch gefüttert, um sie noch unzähmbarer zu machen und mit eintretender Nacht auf der Speicherinsel losgelassen, die dann verschlossen wurde.

Wehe dem Verwegenen, der unbegleitet von einem ihrer Wächter und dessen stets knallender Peitsche das ihnen eingeräumte Territorium betrat!

143

Manch armer Schimky ist unter dem blutigen Rachen und den Klauen der wütenden Tiere gefallen, wenn er überwältigt vom Geiste des Schnapses in irgendeinem dunklen Winkel zwischen den Speichern einschlief und ungesehen von den die Hunde loslassenden Wächtern dort zurückblieb. Sein Angstgebrüll und das wilde Toben der vor Blutdurst rasenden Bestien schallte zu den Wächtern hinüber, dann aber war es zur Rettung zu spät. Selbst die Wächter durften es nicht mehr wagen, ihre wahrscheinlich schon tödlich verletzte Beute ihnen entreißen zu wollen.

Wie oft sah ich aus meinem sichern Kutschenfenster die gräßlichen Hunde mit wie Kohlen brennenden Augen uns umtoben! Nur wenn Adam, ehe wir zwischen den Speichern einfuhren, sich hatte bewegen lassen, zu mir in den Wagen zu steigen, war ich der Angst entledigt, daß die Hunde ihn von dem Bedientenbrett herunterreißen könnten.

Herr Umbach, ein zu meiner Zeit allbekannter, im Aufspielen zum Tanz unermüdlicher Violoncellist, fand einst in Langgarten bei Übung seines Berufs zugleich im Weinglase den kecken Mut, spät nach Mitternacht es allein mit den Speicherungeheuern aufnehmen zu wollen. Da er fest darauf bestand, jede Begleitung von sich abzuweisen, so ließen die Wächter ihm den Willen in der Meinung, er wolle das sehr geringe Trinkgeld sparen, das sie für ihre Bemühung gewöhnlich erhielten.

Umbach trat kühnlich durch das Tor, doch kaum hatte er auf der gefährlichen Bahn einige Schritte zurückgelegt, als die fürchterlichen Hunde in hellem Haufen auf ihn losstürzten. Was konnte er tun? Er retirierte, retirierte, retirierte langsam, immer rückwärts, um den Feind im Gesicht zu behalten; stieß mit dem Rücken an die Mauer, kam darüber ins Stolpern und endlich auf einen großen Stein am Eingange eines Speichers zu sitzen. Den Rücken behielt er dadurch frei. Das Instrument senkte sich wie aus Instinkt ihm zwischen die Füße; da saß er in gewohnter musikalischer Stellung und strich in der Angst, ohne sich dessen bewußt zu sein, mit dem Bogen einmal über die Saiten; die Hunde stutzten und spitzten die Ohren, er wiederholte den Versuch: kein Hund regte sich.

Umbach spielte nun mutig darauf los, anfangs freilich nur etwas diskordante eigne Phantasien, dann aber Polonaisen, Masureks, Menuetts, rasch hintereinander fort, wie es ihm eben in die Finger kam; der Erfolg übertraf alle Erwartung. Das vierbeinige Auditorium entschlug sich jedes feindseligen Gedankens, setzte in ihn umschließenden Kreisen sich dicht um ihn her und akkompagnierte ihn einstimmig mit lautem Geheul.

Doch nur solange er spielte, hielten diese friedlichen Gesinnungen vor. Erlaubte der neue Orpheus sich nur die kürzeste Pause, gleich regten sich die Zuhörer und zeigten ihm knurrend die Zähne, zum feindlichsten Angriff bereit. Er mußte spielen, rastlos spielen, bis er den Augenblick nahen sah, wo der Bogen seiner entkräfteten Hand entsinken würde, und traf schon Anstalt, seine arme Seele Gott zu empfehlen. Da kamen die Wächter, die dem wunderlichen Konzert lange zugehört haben mochten und jetzt einsahen, daß es die höchste Zeit sei, demselben ein Ende zu machen.

Als Danzig unter preußische Oberherrschaft kam, sollten nebst mancher andern veralteten, in die jetzigen Zeitumstände nicht mehr passenden Einrichtung auch die Speicherhunde verabschiedet werden. Sie fanden eifrig am Alten hangende Verteidiger, aber sie verloren den Prozeß, wie es denn auch recht und billig war.

Kein schlaftrunkener Schimky wird mehr von den wilden Bestien lebendigen Leibes zerrissen, jeder Musikus kann bei Nacht wie bei Tage in nüchterner oder exaltierter Stimmung seinen Weg durch die Insel nehmen, ohne zu einem solchen extemporierten Konzert gezwungen zu werden, und die Speicher sind vor nächtlichem Einbruch ebenso gesichert als ehemals.

Schwärmereien des Teenagers

Unter Sonne, Mond und Sternen gibt es kein glücklicheres Wesen als Miss in her teens. Mit diesem alles erschöpfenden Ausdruck bezeichnet die englische Sprache die Zeit des Mädchenlebens zwischen dem vierzehnten und neunzehnten Jahr, den blumigen Scheideweg, der Kind und Jungfrau voneinander trennt. Unsre Sprache kann beim Versuch, ihn wiederzugeben, nur durch Umschreibungen sich helfen, die eben immer unbeholfen und schwerfällig auszufallen pflegen. Zu vergleichen aber wäre eine solche Miß am füglichsten dem eben der Puppe entschlüpften Schmetterling, der verwundert über das unerwartet ihm gewachsene Flügelpaar sich keck in die Lüfte schwingt, über die ihm ebenso neue Blütenpracht in frisches Erstaunen gerät, jede Blume neugierig umflattert, die zuletzt gefundene immer für die am süßesten duftende erklärt und dadurch doch nicht abgehalten wird, auch um die Bekanntschaft der übrigen sich emsig zu bewerben.

Auch ich war in Arkadien! Auch ich war vor vielen langen Jahren eine Miss in her teens, war ein solcher unvernünftiger, lustiger, etwas naseweiser Sommervogel, dem der Himmel voll Geigen hing, den alles entzückte, weil alles ihm neu war.

Landpartien, Komödien, Tragödien, Hillersche Operetten, ein Ball, ein Konzert, Marionetten, Kunstreiter, alles gefiel mir unbeschreiblich und um so mehr, weil meine Eltern vor Übermaß des Genusses dieser Freuden mich bewahrten, wie das ohnehin der Geist jener Zeit es mit sich brachte. Die lustige Jagd nach Vergnügen nahm damals noch nicht alle unsre Gedanken und die größere Hälfte unsrer Tage ein, Visiten fanden nur bei Kondolenz- oder Gratulationsfällen statt, zu denen die jungen Töchter des Hauses selten mitgenommen wurden. Die Vormittage und auch viele der Abendstunden blieben ganz ungestört dem gewohnten häuslichen Leben.

Ich las mit Jameson, obgleich ich abends nicht mehr zu ihm ging, zeichnete mit Frau v. P..., lernte Klavierspielen und singen, tant bien que mal, und las nebenher alles, was mir vorkam, auch Romane, die ein älterer Bruder Klementinens uns zu verschaffen wußte; eine Leihbibliothek gab es glücklicherweise damals in Danzig noch nicht.

»Werthers Leiden«, diese allgemeine Aufmerksamkeit erregende neue Erscheinung, war sogar bis zu unserm abgelegenen Welteckchen hindurchgedrungen; viele verdammten das Buch als höchst unmoralisch, dem Selbstmorde das Wort redend. Ich hörte darüber so lange, so viel, so für und wider streiten, daß ich endlich der Versuchung nicht widerstehen konnte, mich bei der ersten Gelegenheit dieses Zankapfels zu bemächtigen. Wie war ich froh, als ich unbemerkt ihn wieder auf den Schreibtisch meines Vaters an die Stelle gelegt hatte, von der ich ihn heimlich genommen! Daß vernünftige Leute so viel Redens davon machen konnten, war mir unbegreiflich, ich hatte gelesen, gelesen und gelesen, ohne zu wissen, was, und war dadurch nur immer verwirrter geworden.

Mit dem in jener Zeit hochberühmten Muster übermenschlicher Vortrefflichkeit, mit »Sir Charles Grandison« ging es mir nicht viel besser. Jameson las keine Romane mit mir, ich mußte also mit einer endlos breiten deutschen Übersetzung dieses bänderreichen Werkes vorlieb nehmen und mir viel Mühe geben, mir selbst die Langeweile abzuleugnen, die es mir erregte. War doch »Pamela«, ein anderer Roman desselben Verfassers, dessen ich aber nicht habhaft werden konnte, in England sogar von der Kanzel herab als ein höchst erbauliches Buch der christlichen Gemeinde angepriesen worden, wie alle Zeitungen zum Lobe englischer Aufklärung überlaut der Welt verkündeten.

In Deutschland machte damals »Siegwart« Epoche; dieser wirkte schon lebendiger auf mich ein; ich kaufte den Straßenbuben Vergißmeinnicht ab, bemühte mich, abends unter dem Kastanienbaum vor unserm Beischlage einen vertraulichen Verkehr mit dem heiligen keuschen Monde anzuknüpfen, versuchte sogar zu seufzen und etwas unglücklich auszusehen, kam aber mit dem allen nicht sonderlich vorwärts, es war gegen meine Natur, ich war von meiner Kindheit an zu sehr an

Wahrheit im Denken und Empfinden gewöhnt, und so gab ich den matten Zeitvertreib bald wieder auf.

In der ersten Hälfte der achtziger Jahre des letztvergangenen Jahrhunderts dämmerte noch keine Ahnung von der überschwenglichen Flut romantischer Dichtungen, die erst weit später alles zu überschwemmen begann, der deutschen Lesewelt auf. Nur wenig von dem wenigen Vorzüglichen, das damals in diesem Fache erschien, konnte bis zu uns gelangen. Klementine und ich sahen daher trotz den Bemühungen von Klementinens Bruder demnach sehr bald uns genötigt, wieder zu unsrer alten Landbibliothek unsre Zuflucht zu nehmen, einer mehr als zwanzig Bände starken Sammlung aus dem Englischen übersetzter Romane, welche Klementinens Mutter besaß. Wir taten es gern, es war uns ungefähr so zumute wie einem, der nach kurzer Abwesenheit zu alten Bekannten nach Hause kommt.

Eine unschädlichere Lektüre dieser Art ist kaum denkbar, solche unendlich tapfre, großmütige, liebende Helden im Gegensatz zu solchen pechschwarzen ruchlosen Bösewichtern, die gegen Ende des Buches jenen allemal das Feld räumen mußten! Und diese Misses! Alle nicht minder engelschön als tugendhaft! Da war von Schopenhauerschen Entsagungsromanen, wie Herr Menzel fünfzig Jahre später meine bescheidenen Versuche in diesem Fache getauft hat, keine Spur zu finden, alle jungen Ladies, wenn sie nicht in seltenen betrübten Fällen an der Schwindsucht starben, wurden zur Belohnung ihrer großen Tugenden in weißen seidenen Kleidern, errötend wie junge Rosen, zum Altare geführt mit der Aussicht auf eine zahlreiche glückliche Nachkommenschaft in unzerstörbarem Wohlergehen. Die gütigen, weisen Mamas gingen immer in Kleidern von aschgrauer schwerer Seide einher. Wer Geduld genug besaß, es auf die Länge bei ihnen auszuhalten, sah die Leute, wie sie leibten und lebten, und lebte zuletzt ganz bequem sich ebenfalls mit ihnen ein.

Weit entfernt davon, mich auf Romanlektüre zu beschränken, las ich, seit Kandidat Kuschel die Wahl meiner Bücher nicht mehr leitete, ziemlich alles, was der Zufall in meinen

Bereich brachte, und dazu gehörten Lavaters damals eben erschienene Tagebücher, die eigentlich nur als Manuskript für Freunde gedruckt und dennoch zu meiner stillen Verwunderung in jedem Buchladen für Geld zu haben waren.

Dankbar gedachte ich noch der »Physiognomischen Fragmente«, ich ehrte und liebte ihren Verfasser, er kam so groß, so wunderbar, so heilig, ich möchte sagen, so prophetenartig mir vor. Das mystisch Geheimnisvolle seiner Worte zog um so stärker mich an, je weniger ich davon verstand oder fähig war, die Deutung derselben auch nur von fern zu erraten. Kindisch neugierig brütete ich stundenlang über den vielen Stellen in den Tagebüchern, die aus Gedankenstrichen oder Sternchen statt Worten gebildet sind, um sie zu entziffern; halbe Nächte hindurch zerquälte ich mich damit, ein Tagebuch in Lavaters Sinn zu führen. Ich einfältiges, fünfzehnjähriges Kind, was für Bekenntnisse konnte ich niederzuschreiben haben, die nur der darauf zu verwendenden Tinte wert gewesen wären! Das Ende von dem allen war, daß ich einst aus Ärger und Überdruß mein Tagebuch weit von mir ab in eine Ecke schob, und da ist es denn auch liegengeblieben.

Mein Gefühl für Lavater sowie sein Andenken gingen allmählich in meinem Gemüt teils in Vergessenheit, teils in Gleichgültigkeit über; ein weit höheres, wahreres, eine Zeitlang mich fast ganz beherrschendes Interesse verdrängte ihn völlig aus meiner jungen Seele, Klopstock! Wie soll ich die hohe Ehrfurcht, die glühende, an Anbetung grenzende Bewunderung in Worten aussprechen, mit denen die einzeln erschienenen ersten Gesänge des »Messias« mich erfüllten!

Einen noch wärmeren, innigeren Eindruck machten viele seiner Oden in der ersten Sammlung derselben auf mich. Sie waren, das fühlte ich deutlich, der Erguß seines Herzens und fanden tief in dem meinigen ihren Widerhall.

Kapellmeister Neefe, dessen einst hochgepriesener Name jetzt selten noch genannt wird, hatte gerade zu meinen Lieblingen unter diesen Oden ebenso einfache als gefällige Melodien gefunden. »Willkommen, o silberner Mond, schöner stiller Gefährte der Nacht!« – »Meine Selma, wenn aber der Tod uns

Liebende trennt, wenn dein Geschick dich zuerst zu den Unsterblichen ruft!« – Wie oft habe ich in stillen, einsamen Stunden diese Lieder gesungen! Und wie mutwillig lachten meine jungen Freundinnen mich unbarmherzig aus, wenn ich auf den Einfall geriet, mich vor ihnen damit hören zu lassen.

Damals verlohnte es sich noch der Mühe, ein Buch geschrieben zu haben, gleichviel was für eins, der Autor konnte sicher erwarten, als eine große Merkwürdigkeit von der ihn umgebenden Menge bewundert zu werden. Daß es außer Madame Dacier und Frau Professorin Gottsched auch Schriftstellerinnen geben könne, daß ich selbst fünfzig Jahre später die große Anzahl derselben noch würde vermehren helfen, konnte im wildesten Fiebertraum ebensowenig mir einfallen, als ich daran dachte, daß ein berühmter Dichter ein Mensch sei wie andre, allen Gewohnheiten und Bedürfnissen desselben unterworfen.

Ein ziemlich starker Oktavband, herausgegeben von einem der enthusiastischen Anbeter Klopstocks, dem damaligen Professor Cramer in Kiel, entriß mich diesem Wahn, aber auf eine Weise, die meine Bewunderung des größten Dichters unsrer Zeit, der er damals mir war, aufs höchste steigerte. Was mußte er sein, über den man es wagen konnte, ein solches Buch zu schreiben wie dieses »Klopstock, Er und über Ihn«.

Im Schlafrock und Pantoffeln wie im Galakleide war der große Mann in Lebensgröße vor uns hingestellt, mit mehr als Walter Scottischer Ausführlichkeit; er, seine häusliche Einrichtung, seine Eigenheiten, seine Hausspäße, seine Freunde und Hausgenossen. In den jetzigen Tagen würde ein solches Buch für das Erzeugnis bitterer Ironie gelten, doch war es ehrlich gemeint und wurde in jener grundehrlichen Zeit auch meistens so verstanden. Ich hatte große Freude daran; daß man mit Klopstock umgehen und sprechen könne wie mit andern auch, war bis dahin mir ein Undenkbares gewesen. Zwar war ich in mir fest überzeugt, daß ich nie den Mut haben würde, Auge oder Stimme bis zu ihm zu erheben, wenn mein Geschick mich jemals in seine Nähe bringen sollte; aber was hätte ich nicht darum gegeben, nur einmal in bescheidener Entfernung ihn zu sehen, wie Professor Cramer ihn beschreibt, wenn er im Kaffeehause vor dem Ofen steht, stolz und erhaben wie ein König, und aus langer, horizontal hoch vor sich hingehaltener, tönerner Pfeife über die Häupter der Anwesenden bläuliche Rauchwölkchen sich hinkräuseln läßt!

Die Mode der Zeit

Ballkleider hatten wir nicht, aus dem ganz einfachen Grunde, weil damals sämtliche spinnenwebenartige Stoffe noch nicht erfunden waren, welche jetzt die eleganten Gestalten unsrer jungen Damen wie leichte Nebel verräterisch umschweben; Tüll, Petinet, Organdy, und wie sie sonst noch alle heißen mögen, lagen noch im Reiche der später sich entwickelnden Möglichkeit.

Und dennoch tanzten wir in unsern schweren, seidenen Gesellschaftkleidern, tanzten leidenschaftlich gern, wurden gesucht, bewundert, mitunter auch etwas adoriert, genauso wie eben heutzutage unsre Enkelinnen; wie dieses in unserer damaligen entstellenden Vermummung möglich war, ist mir jetzt unbegreiflich. Hoffentlich wird niemand mich unerlaubter Eitelkeit beschuldigen, wenn ich aus der Erinnerung mein Ballkostüm hier mit wenig Federstrichen leicht skizziere.

Ein ungeheurer, mit Drahtgestelle und Roßhaar unterbauter, mit großen Massen von Federn, Blumen, Bändern gekrönter Haarturm setzte über meinem Haupte meiner Länge wenigstens eine Elle zu; die weißen, kaum mehr als zolldicken Stelzchen unter den mit goldgestickten Schleifen gezierten Ballschuhen suchten dagegen am andern Ende meiner kleinen Person dieses Mißverhältnis auszugleichen; obschon sie die Höhe des Kopfputzes bei weitem nicht erreichen konnten, waren sie doch hoch genug, um mich fast nur mit den Fußspitzen den Boden berühren zu lassen. Ein aus dicht aneinandergefügten Fischbeinstäbchen zusammengesetzter Harnisch, fest und steif genug, um einer Flintenkugel zu widerstehen, trieb gewaltsam Arme und Schultern zurück, die Brust heraus und schnürte über den Hüften die Taille zur Wespenform ein. Das Vernünftigste von diesem jede freie Bewegung hemmenden Korsett war ein ziemlich starker eiserner Bügel, der den Druck desselben von der Brust abhielt.

Und nun der Reifrock! Und über diesem der mit Falbeln und allerhand unbeschreiblichen Kinkerlitzchen fast bis ans Knie hinauf garnierte seidene Rock und über diesem noch das mit einer langen Schleppe versehene Kleid vom nämlichen Stoff; dieses ging vorn weit auseinander und war zu beiden Seiten ebenso garniert wie der Rock; Hals und Brust wurden freier getragen, als man es jetzt schicklich finden würde, ein großer Strauß von künstlichen Blumen vollendete den Putz. Die Ärmel reichten bis an den Ellbogen und waren bis zu den Schultern hinauf mit Blonden und Band reich garniert; doch war dies nur die Tracht junger Mädchen, unsre Mamas trugen prächtige Engageanten von Blonden oder köstlichen Spitzen, so hießen die kleinen, Schleppkleidern ähnlichen Manschetten, die man noch an Porträts aus jener Zeit bewundern kann. Lange Ärmel waren durchaus nicht in Gebrauch, auch nicht an Hauskleidern; durch Gewöhnung abgehärtet, froren wir deshalb nicht mehr als jetzt eben auch.

Unsere Mamas waren noch viel reicher gekleidet und folglich noch weit schwerer belastet als ihre Töchter; Paris sandte ihnen seine Moden, freilich sehr verspätet, durch Übertreibungen verunstaltet, dennoch wurden sie begierig aufgenommen; eine einzige derselben machte eine Ausnahme, der Gebrauch, Rot aufzulegen. Die wenigen Damen, welche sich erkühnten, gegen den Glauben, daß sich schminken sündlich sei, zu handeln, durften dieses nur sehr vorsichtig unter dem Schleier des Geheimnisses wagen, wenn sie nicht einer öffentlichen Rüge von der Kanzel herab sich aussetzen wollten; denn Doktor Heller war gar ein strenger, zu schonender Nachsicht wenig geneigter Wächter der ihm anvertrauten Herde.

Dagegen hatte eine andere Mode bei unsern eleganten Damen allgemeinen Eingang gefunden, die so abgeschmackt war, daß ich die Möglichkeit ihrer Existenz bezweifeln würde, hätte das länglich platte, im Deckel mit einem kleinen Spiegel versehene Döschen von Perlmutter mir nicht oft zum Spielzeug gedient, das alle Damen immer, und auch meine Mutter, zur Hand hatten, um daraus, im Fall eine Musche unberufen ihren Platz verließe, die dadurch entstehende Lücke gleich wieder ausfüllen zu können. Diese aus schwarzem, sogenanntem englischen Pflaster geschlagenen, winzig kleinen vollen und halben Monde, Sternchen und Herzchen sollten, mit Auswahl und Geschmack im Gesicht angebracht, die Reize desselben erhöhen, den Ausdruck des Mienenspiels belegen. Eine Reihe kleinster, bis zu etwas größeren steigender Monde im äußern Augenwinkel diente dazu, die Augen größer erscheinen zu lassen und ihren Glanz zu erhöhen; ein paar Sternchen im Mundwinkel sollten dem Lächeln etwas bezaubernd Schalkhaftes geben, eine am rechten Orte auf der Wange angebrachte Musche auf ein Grübchen in derselben deuten. Es gab auch Muschen in etwas größerem Format, Sonnen, Täubchen, Liebesgötterchen sogar. Diese hießen vorzugsweise Assassins, vermutlich wegen ihrer mörderischen Wirkung auf die Herzen.

Der Genius des guten Geschmacks möge die jetzige, die Moden jener alten Zeit wieder hervorwühlende Generation wenigstens vor der Erneuerung dieser in Gnaden bewahren!

Auch die Kleidung der Männer war von der jetzigen himmelweit verschieden; junge Elegants fingen allmählich an, den Perücken den Abschied zu geben und ihr eigenes, gepudertes Haar, en ailes de pigeon frisiert, zu tragen. Die Haarbeutel blieben indessen, nur in etwas kleineren Dimensionen und ohne Postillons d'amour. Pantalons, Gilets und Fracks waren noch nicht erfunden. Die Röcke hatten beinahe den Schnitt der jetzigen Hofkleider, man trug sie in allen Farben, sogar weiße mit reichen Stickereien in Gold oder bunter Seide und dazu passende, gestickte seidene Westen. Ältere Männer, wie zum Beispiel mein Vater, trugen auch wohl Röcke von dunkelfarbigem Samt, bei einer Weste von Gold-Glacé, und sahen recht stattlich und anständig in dieser Kleidung aus. Manschetten und Jabots von Brüsseler Spitzen waren im Putz unerläßlich; vor allem aber bei alt und jung der Degen, ohne welchen einige Jahre früher niemand, zu der höheren Bürgerklasse gehörend, sich auf der Straße gezeigt hätte.

Mein Vater und seine Zeitgenossen bedauerten noch immer, daß die Herren nicht mehr, wie noch vor kurzem, an der Börse Degen trugen, um dadurch von ihren Gehilfen sich zu unterscheiden. Um keinen Preis wäre er in Gesellschaft, in Konzert oder auf den Ball ohne ein solches unschuldiges Mordgewehr erschienen, und manche Träne habe ich heimlich vergossen, wenn Adam es verlegt hatte, der Wagen vor der Tür hielt und ich über dem Suchen darnach die schönste Anglaise versäumen mußte.

Stiefel wurden nur bei üblem Wetter getragen, selbst die ältesten Männer gingen täglich ohne Besorgnis, sich zu erkälten, in Schuhen und seidenen Strümpfen einher; in einer Gesellschaft, wo Damen zugegen waren, in Stiefeln zu erscheinen, wäre höchst ungezogen gewesen. So wollte es damals die unter dem höheren Bürgerstande allgemein herrschende Etikette, welche besonders, wenngleich auf andere Weise, auch den Frauen manchen Zwang auferlegte. Ohne von einem Bedienten oder in dessen Ermangelung von ihrem Jungfermädchen sich folgen zu lassen, hätte keine Frau aus den höheren Ständen auch nur den kleinsten Weg über die Straße zurückgelegt; keine ging in die Läden, um ihre Einkäufe selbst zu besorgen, die Kaufleute waren darauf eingerichtet, die verlangten Waren zur Auswahl in die Häuser zu schicken. An öffentlichen Orten, auf der Promenade oder im Theater ohne männliche Begleitung zu erscheinen, galt für unschicklich; da aber die Männer nicht minder als jetzt mit Geschäften überladen, Brüder und Vettern aber nicht immer zur Hand waren, so mag diese strenge Sitte zu der häuslicheren Lebensweise der Frauen nicht wenig beigetragen haben.

Ergötzlich aber war es anzusehen, wie die Phantasie der Mütter bei der äußern Erscheinung ihrer Söhne freien Spielraum sich vorbehielt. Die Mädchen wurden mit einiger Abänderung nach der eben herrschenden Mode gekleidet, aber die Knaben liefen bis in das sechste oder siebente Jahr fast karnevalsartig geputzt einher, weil man die Kleidung der Väter zu solchen Modifikationen nicht herleihen wollte.

Die polnische Nationaltracht war die gewöhnlichste und

auch für Knaben die bequemste, sobald man nur nicht auf den Einfall geriet, sechsjährige Bübchen zu Starosten umformen zu wollen. Aber da gab es auch noch Duodez-Husärchen, Chineserchen, Ungarn, Tiroler. Zwei meiner Vettern zeichneten, der eine als holländischer Matrose, der andere als Großsultan, sich aus; letzterer war mit allem Zubehör ausstaffiert, mit Säbel, Turban, Reiherbusch, sogar mit einem mit blitzenden Steinen und Gold ausgelegten hölzernen Dolch, den er im Gürtel trug.

In andern Städten wurde dieser wunderliche Gebrauch vielleicht noch weitergetrieben, denn eine Berliner Dame, welche meine Mutter besuchte, brachte uns sogar einen allerliebst niedlichen Hamlet von fünf Jahren in vollem Theaterkostüm zum Spielgesellen mit.

Tanzfreuden

Alles, im häuslichen wie im geselligen Leben, gestaltete sich weit abweichend von dem jetzt üblichen, auch die höchste Jugendfreude, der Tanz; schwerlich würde eine unsrer jetzigen eleganten Tänzerinnen den langweiligen Vandalismus eines damaligen Balles länger als eine Stunde ertragen, und gewiß schenken alle dem Andenken ihrer längst im Grabe ruhenden Großmütter noch jetzt ihr innigstes Mitleid, wenn sie erfahren, daß damals keine tanzende Seele bei uns weder an Walzer noch Dreher, noch Galoppade dachte. Diese Tänze gehören dem südlichen Deutschland an und hatten bis zu den eisigen Gestaden der Ostsee und der Weichsel noch nicht den Weg gefunden. Unsere nordischen Volkstänze waren die Polonaise und der Masurek und sind es noch bis auf den heutigen Tag.

Wie jetzt eben auch noch, eröffnete die Polonaise damals den Ball. Doch welch ein Unterschied zwischen jenen großartig edlen, jeden Vorzug einer schönen Gestalt im anmutigsten Fortschreiten entwickelnden Tanz und dem jetzigen nachlässig-bequemen Einherschlendern, das man sehr unverdienterweise mit seinem Namen beehrt! Damals wurde die Polonaise mit einem ihr eigentümlichen Pas wirklich getanzt, nicht bloß gegangen; um recht zu verstehen, wie ich dies meine, muß man von Polinnen sie tanzen, von Polen ihre mannigfaltigen Wendungen anführen gesehen haben, die dem eben vorhandenen Raum anzupassen dem Vortänzer allemal überlassen blieb.

Der Polonaise folgte die Anglaise; die Schleppen, die bei jenem feierlichen Nationaltanz am Boden hinrauschten, wurden von den sorgsamen Mamas zierlich aufgeschürzt, und alles eilte, dem ersten Paare so nahe als möglich in Reihe und Glied sich zu stellen. Durch eine Kolonne von zwanzig bis dreißig Paaren sechs, acht, sogar zwölf Touren mit jedem einzelnen derselben durchzutanzen, dann stehenzubleiben, bis auch das letzte der Paare das erste geworden und wieder bis ans Ende der Kolonne auf die nämliche Weise sich hindurchgewunden hat, war freilich ein großes Unternehmen.

Masureks, Anglaisen, Deutsche, Quadrillen, zuweilen von einer Polonaise unterbrochen, folgten nun schnell aufeinander, bis Menuetts die große Pause vorbereiteten, welche das sehr reichliche warme Abendessen herbeiführte, das weder alt noch jung verschmähte; denn kalte Küche war nicht die Sache jener Generation, die überall dem Soliden den Vorzug gab und ebensowenig ihrer Gesundheit als ihres guten Appetits sich schämte.

Nach Tisch wurde der Tanz mit erneuten Kräften auf die nämliche Weise fortgesetzt, gewöhnlich, bis der grauende Morgen durch die Fenster hineinleuchtete.

Kein Walzer, kein Galopp, und was beinahe noch mehr sagen will, kein Kotillon! Denn diese große Geduldsprüfung der Mütter tanzfähiger Töchter war damals ebenfalls noch nicht erfunden. »Ach was war die alte Welt für eine dumme Welt!« ruft hier gewiß die jetzige junge, und doch erhob damals ein solcher Ball uns alle auf den Gipfel irdischer Seligkeit, die wenigen Bedauernswerten ausgenommen, denen das harte Los fiel, in unerwünschter Ruhe Zuschauerinnen bleiben zu müssen.

So tanzte und flatterte ich denn eine Weile zwischen Scherz und Ernst durchs Leben, ehe dieses nur zu bald mit seinen bedeutenderen Anforderungen auf mich eindrang. Nicht im-

156

mer habe ich gelacht, ich habe auch Tränen gekannt, damals, als das Herz auch in meiner Brust erwachte, wie es im Frühling des Lebens in der Brust der Bauerntochter wie in der der Fürstentochter erwacht. Die unbedeutend einfache Geschichte desselben liegt aber dem eigentlichen Zweck dieser Blätter zu fern, und ich habe versprochen, meine Leser mit derselben zu verschonen. Es sei genug, wenn ich gestehe, daß ich gerade unglücklich genug gewesen bin, um auch den süßen Schmerz der allmählich in Wehmut sich auflösenden herben Pein kennenzulernen.

Der ersten Liebe zarte Götterblume zertrat ja stets des Lebens rauher Gang, hat, ich weiß nicht mehr wer, einst gesungen oder gesagt; belehrt durch vieljährige Lebensbeobachtungen möchte ich diesem Ausspruch »glücklicherweise!« hinzufügen, denn dem im ersten entzückenden Morgentraum der Jugend auf ewig geschlossenen Bunde muß, wie die Welt einmal steht, jeder kommende Tag etwas von seinem Zauber rauben. Wir erwachen allmählich, die kalte Wirklichkeit tritt ein mit ihren Plagen und Sorgen, der Himmelsglanz erbleicht, der das hohe Ideal unsrer Phantasie zur Göttergestalt verklärte, es steht am Ende rein menschlich vor uns da, und wir wähnen uns berechtigt, unser hart beraubtes Leben für verloren zu halten, während doch nur zu hoch gespannte Erwartung die Feindin war, die uns täuschte. Und doch!

Leben muß man und lieben; es endet Leben und Liebe, Schnittest du, Parze, doch nur beiden die Fäden zugleich.

Preußische Blockade gegen Danzig

Die Influenza, die zu Anfang der achtziger Jahre zum erstenmal von Rußland aus südlicheren Gegenden sich zuwandte, brachte uns einen langen, traurigen Winter ohne Tanz, ohne Musik, fast ohne allen geselligen Verkehr, denn alle Welt war krank.

Beinahe kein Haus war von diesem zwar nicht lebensgefährlichen, aber doch sehr langwierigen und peinlichen Übel ganz verschont geblieben, und oft gingen Monate darüber hin, ehe die Genesenden die Folgen desselben ganz überwinden konnten. Meine Mutter und ich wurden sehr heftig davon ergriffen, und beide mußten, wie es schien, für unsere ganze Hausgenossenschaft büßen, die befreit davon blieb, während wir noch viele Wochen mühsam hinvegetierten, ehe es uns gelang, nach überstandenem Leiden wieder zu Kräften zu kommen.

Von Danzig aus verbreitete sich die Influenza fast durch ganz Europa und gelangte endlich auch nach Paris. Die Pariser, nach ihrer gewohnten Art, erteilten ihr lachend den Beinamen »la grippe« als Anspielung auf ihr heimtückisches Wesen, wie jeder leicht einsehen wird, der da weiß, was »prendre quelqu'un en grippe« im Französischen sagen will; und so ist denn auch wegen seiner Angemessenheit der neuere Spottname ihr geblieben, und der frühere wohlklingende ist darüber vergessen.

Ein Ereignis anderer Art, das niemand sich erklären konnte, von dem man aber eine solche Wirkung nie hätte erwarten dürfen, verbreitete ein oder zwei Jahre später ein ungewohnt reges, ich möchte sagen, ein lustiges Leben in meiner Vaterstadt. Der große König ließ plötzlich in eine Art von Blockadezustand sie versetzen, ein bedeutendes Armeekorps schloß bis dicht an die letzten Außenwerke der Festung sie ein, um jede Zufuhr von Lebensmitteln ihr abzuschneiden.

Welche Gründe den größten Helden des achtzehnten Jahrhunderts zu diesem eigentlich zwecklosen Schritt bewegen konnten, ist und bleibt unbegreiflich; schon der gänzliche Mangel an jeder Art von Belagerungsgeschütz bewies, wie wenig es ihm damit ein Ernst war oder sein konnte.

Der Bürgerschaft entging diese Bemerkung nicht, sie ahnte die mächtige Einwirkung der Kaiserin Katharine, in der sie noch immer nach alter Gewohnheit ihre Schutzgöttin verehrte, und ihr nie erstorbener, republikanischer Sinn erwachte mächtiger als je. Stolz auf den Schein von reichsstädtischer Freiheit, der ihr geblieben war und den sie noch immer so gern für Wirklichkeit nahm, trotzte sie in spottendem Übermut dem tödlich gehaßten, ihr jetzt so ohnmächtig scheinenden Feinde. Bei jedem heiteren Sonnenblicke waren ganz gegen das sonst übliche die Wälle mit geputzten Spaziergängern belebt, die auf das von unten zu ihnen aufschauende Militär stolz herabblickten; nie wurde in Danzig mehr getanzt, nie häufigere und splendidere Gastmahle gegeben als gerade während dieser Zeit. Die Bürger, gleichviel, ob vornehm und reich oder arm und gering, suchten einander in Beweisen ihrer patriotischen Gesinnungen zu überbieten.

General R..., der Kommandeur dieser seltsamen Expedition, war in Ohra bei dem Vater eines der angesehensten Danziger Handelsherrn einquartiert, welcher in diesem der Stadt sehr nahe gelegenen freundlichen Flecken in seinem ehemaligen Landhause von einem arbeitsvollen Leben in stiller Zurückgezogenheit ausruhte. Um seinen Dank für die zwar erzwungene, aber doch gastlich gefällige Aufnahme, die ihm geworden, zu bezeigen, ließ der General dem Sohne seines Hausherrn freie Einfuhr der für die Pferde desselben nötigen Fourage anbieten; ein Artikel, an welchem die Stadt in der Tat anfing, einigen Mangel zu befürchten.

»Ich danke dem preußischen General für seinen guten Willen, mein Stall ist für jetzt noch hinlänglich versehen, und wenn mein Vorrat verzehrt ist, lasse ich meine Pferde totstechen«, war die kurze bündige Antwort, die ganz unumwunden auf dieses Anerbieten erfolgte.

Sie wurde bald bekannt und von seinen Mitbürgern um so höher ihm angerechnet, da die Vorliebe für seine wirklich schönen Pferde fast sprichwörtlich geworden war. Niemand hatte größere Freude daran als ich, obgleich ich meinen echt republikanischen Landsmann nur vom Ansehen kannte. Sein Benehmen schien mir sogar eines meiner alten Römer nicht unwürdig zu sein, an denen ich noch immer mit stiller Verehrung hing. Wie weit war ich damals von der Ahnung entfernt, wie sehr nahe ich zu diesem mir damals fast Unbekannten, mit dem ich noch nie ein Wort gewechselt, in kurzem stehen würde.

Übrigens war bei uns an Hungersnot so bald noch nicht zu

159

denken; Speicher und Keller waren mit Vorräten jeder Art reichlich angefüllt, und von der Wasserseite, welche der Feind nicht absperren konnte, wurden frisches Fleisch, Wild, Fische, Federvieh fast täglich zu Markte gebracht, so daß sogar keine bedeutende Verteuerung der Lebensmittel sonderlich bemerkbar werden konnte.

Fast täglich kam irgendein ergötzlicher Schwank auf Kosten des unsere Wälle müßig und verdrossen anstarrenden Feindes zur Ausführung. Deutlich erinnere ich mich noch, wie ein Bauer seine in Mäntel und Betten wohl verpackte kranke Mutter mitten durch die Armee angeblich zum Arzte fuhr.

Mit welchem lauten Jubel die gute, in ein ungewöhnlich großes, fettes Schwein jetzt verwandelte Frau auf dem Markte ihrer Hüllen entkleidet wurde, kann man sich leicht denken. Es fehlte nicht viel, so hätte der Erfinder dieses kecken Streiches sich samt seiner Mama aus dem Stegreif wieder in sein eignes Fuhrwerk setzen und nach englischem Gebrauch von dem sich selbst vorspannenden Volke triumphierend durch die Straßen fahren lassen müssen.

Spurlos verschwand endlich die Blockade, wie sie gekommen war, und alles kehrte, auch bei uns, ins alte Gleis zurück, die Zeit, die sich ohnehin aus demselben nie bringen läßt, war wie gewöhnlich auch mit mir fortgeschritten; sie führte im Jahre 1784 dem Anfange meines neunzehnten mich zu, ohne daß dadurch eine Veränderung in meinen äußeren Verhältnissen und Beschäftigungen entstanden wäre. In meinem Innern war es freilich anders geworden; die zu frühe mir entschwundene Ruhe des Gemüts war mir zwar wiedergekehrt, doch mit ihr zugleich eine Art an Lebensüberdruß grenzender Gleichgültigkeit gegen dasselbe, die mich mir selbst fast unkenntlich machte.

Brauttage und Hochzeit

hne daß ich es wollte oder auch nur bemerkte, war indessen eben jener unbeugsame Republikaner aufmerksam auf mich geworden, der seine Pferde lieber töten als eine Gunstbezeugung des preußischen Generals hatte annehmen wollen. Er suchte während des Winters jede Gelegenheit auf, mich näher kennenzulernen; mein Onkel Lehmann, der inzwischen aus einem angehenden Hagestolz in einen jungen Ehemann sich verwandelt hatte, wurde halb und halb sein Vertrauter und kam seinen Wünschen hilfreich entgegen. Heinrich Floris Schopenhauer, so hieß der Mann, der während einer bedeutenden Reihe von Jahren mich treulich durchs Leben begleitet hat, wußte wenigstens die Gewißheit, daß ich seine Hand nicht ausschlagen würde, von mir zu erhalten, ehe er an meine Eltern sich wandte, was damals in jenen aller Romantik abholden Tagen ohne Vorwissen der am meisten dabei beteiligten Hauptperson noch oft der Fall war.

Furchtlose Offenheit war ein Hauptzug seines Charakters; auch kannte er mich schon genug, um vorauszusehen, daß mein bei der kindlichsten Anspruchslosigkeit doch stolzes Gemüt eine andere Handlungsweise nie ertragen haben würde.

Aus freiem Entschluß sprach ich in Gegenwart meiner Eltern das erbetene Ja sogleich aus, sogar ohne die damals gewohnte Bedenkzeit von drei Tagen mir vorzubehalten. Alfanzereien dieser Art strebten meinem geraden Sinn immer entgegen, und ohne es zu wissen, stieg ich durch dieses mein ungeziertes Benehmen in der Achtung des vorurteilfreiesten Mannes, den ich je gekannt.

Noch vor Vollendung meines neunzehnten Jahres war mir nun durch diese Verbindung die Aussicht auf ein weit glänzenderes Los geworden, als ich jemals berechtigt gewesen zu erwarten; doch daß dies in so früher Jugend meine Wahl nicht bestimmen konnte, ja daß ich kaum daran dachte, wird man mir hoffentlich zutrauen.

Ich meinte, mit dem Leben abgeschlossen zu haben, ein

Wahn, dem man in früher Jugend nach der ersten schmerzlichen Erfahrung sich so leicht und gern überläßt. Meine Eltern, alle meine Verwandten mußten meine Verbindung mit einem so bedeutenden Manne, wie Heinrich Floris Schopenhauer in unserer Stadt es war, für ein sehr glückliches Ereignis nehmen, doch haben weder mein Vater noch meine Mutter sich erlaubt, meinen Entschluß leiten zu wollen, obgleich Herrn Schopenhauers Betragen gegen mich zu auffallend war, als daß seine Erklärung sie hätte überraschen können.

Sein stets gleiches, rechtliches Betragen, seine warme Freiheitsliebe, seine ausgebreiteten merkantilischen Kenntnisse neben der ungewöhnlichen geistigen Bildung, die er während seines mehrere Jahre währenden Aufenthalts im Auslande, besonders in Frankreich und England, sich erworben, hatten die Liebe und das Vertrauen seiner Mitbürger in hohem Grade ihm gewonnen; ich durfte stolz darauf sein, diesem Manne anzugehören, und war es auch.

Glühende Liebe heuchelte ich ihm ebensowenig, als er Anspruch darauf machte, aber wir fühlten beide, wie er mit jedem Tage mir werter wurde. An das bedeutende Mißverhältnis zwischen achtunddreißig und achtzehn dachte ich kaum; es konnte keineswegs mir störend auffallen, war doch auch mein Vater fünfzehn Jahre älter als meine Mutter.

Mein Brautstand währte nur wenige Wochen; vom 10. April bis zum 16. Mai ist eine gar kurze Zeit; viele meines Geschlechts achten die Brauttage für die glücklichsten ihres Lebens; mir waren sie es nicht, obgleich ich gegen das Gefühl, sowohl in der Familie als in der Gesellschaft plötzlich eine Hauptperson geworden zu sein, nicht ganz gleichgültig bleiben konnte. Auch mag ich nicht leugnen, daß die geschmackvollen und zum Teil sehr kostbaren Geschenke mich freuten, mit welchen mich, die auch in dieser Hinsicht an Mäßigkeit gewöhnte, mein Bräutigam verschwenderisch überhäufte; das liebste von allen war mir immer der aus den seltensten und duftendsten Blumen zusammengesetzte Strauß, der morgens mein Erwachen begrüßte. Sonntags und bei großen festlichen Gelegenheiten war ein solcher Strauß ein althergebrachter Tribut, den jede Braut zu erhalten erwarten durfte; ich erhielt den meinigen alle Tage, weil mein Bräutigam behauptete, daß jetzt in seinem Kalender lauter Sonntage ständen.

Das Frühjahr war gekommen, der Frühling noch nicht; während bei meinen durch sorgsame Pflege lange frisch erhaltenen Blumen ein Meer von Duft mich umschwebte, starrte draußen noch alles in Schnee und Eis. Sibirische Kälte, wie sie die ältesten Leute erlebt zu haben sich nicht erinnerten, hatte im grimmen Winter des Jahres 85 bei uns geherrscht. In den Monaten Januar und Februar waren die Vögel bei hellem Sonnenschein aus der eisigen Luft erstarrt zur Erde niedergefallen, vor Kälte klafften im Walde große Bäume mit lautem Gekrach auseinander, hungernde Wölfe kamen heulend bis dicht vor die Tore der Stadt, Menschen und Tiere erfroren, und die Schildwachen auf den höchsten Posten der Wälle mußten deshalb alle Viertelstunden abgelöst werden.

Bis zum Ende des Monats März lag die Natur in starrem Todesschlaf, als werde sie nie wieder erwachen; bis in den Monat April hinein konnte man nur zu Schlitten über den bergehoch liegenden Schnee sich den Weg bahnen, und der mit Eis bedeckte Weichselstrom wurde sogar der Länge nach noch befahren.

Bänglich beklommen sah ich indessen dem Herannahen unseres Hochzeitstages entgegen, und wahrlich, ein solches Fest eignete schon an und für sich selbst in jenen Tagen sich ganz dazu, die myrtengekrönte Königin desselben im voraus in Schrecken und Furcht zu versetzen. In so zahlreichen und angesehenen Familien wie die unsrige zeigten altreichsstädtischer Prunk und altreichsstädtische Gebräuche sich dabei in ihrer vollen Kraft.

Schon bei der Einladung der Hochzeitsgäste mußte großer Rat gehalten werden, um keinen und keine der Vettern und Muhmen zu übersehen, die auf diese Ehre Anspruch machen konnten; die verwandtschaftliche Nähe, in der sie zu dem Brautpaare standen, wurde dabei auf das genaueste erwogen. In jener Zeit, zu ihrer Ehre sei es gesagt, hielt man weit mehr auf Verwandtschaftsbande als in unsern jetzigen Tagen; sie wurden bis über den dritten und vierten Grad hinaus beachtet, was aber freilich bei solchen Gelegenheiten die Zahl der Gäste fast bis ins Unübersehliche vermehrte.

Dichtes Gedränge zahlreicher Neugieriger aus den geringeren Klassen füllte oft schon um vier Uhr nachmittags Straße und Beischläge vor dem Hochzeitshause, um die Braut aus dem Wagen steigen zu sehen, denn im elterlichen Hause dieses Fest zu feiern erlaubte selten der Raum und war auch übrigens nicht gebräuchlich. Alle Fenster der benachbarten Häuser waren mit zu diesem Schauspiel eingeladenen Gästen besetzt, die ebenfalls der Ankunft der Kutschen ungeduldig entgegensahen.

Die schönsten Pferde, die brillantesten Equipagen der Stadt paradierten bei solchen Gelegenheiten, selbst die nicht zum Feste geladenen Eigner derselben liehen sie sehr bereitwillig zum Herbeifahren der Gäste her, die der Bräutigam alle abholen ließ, sie mochten eigene Equipagen besitzen oder nicht; so erforderte es damals der Gebrauch, Kutscher und Bediente prangten dabei in Galalivree mit weißen Handschuhen, weißseidenen Strümpfen und einem mächtigen Blumenstrauß im Knopfloch; sogar die Pferde wurden mit schneeweißen Leinen anstatt der gewöhnlichen Zügel regiert.

Endlich rollte gegen fünf Uhr der erste Wagen heran; in kurzen Wintertagen schufen Fackeln die früh eingetretene Nacht zum hellen Tage um. Im höchsten Putz, den Hut unterm Arm, mit weißen Glacéhandschuhen, Haarbeutel und Degen stürzten zwei der jüngsten Vettern des Bräutigams zum Hause hinaus, die Beischlagstreppe hinunter, um die Aussteigenden zu empfangen und in der Haustüre zwei andern jungen Herren zu übergeben, denen die Pflicht oblag, sie hinauf in den zur Trauung bestimmten Saal zu begleiten. Diese Zeremonie wiederholte sich oft mehr wie zwanzigmal; den jungen Gästeempfängern verging darüber Lust und Atem, bis der zuletzt ankommende Geistliche endlich den Beschluß machte. Bald nach ihm kam das Brautpaar, eine Art Beifallsgeschrei pflegte es gewöhnlich zu empfangen.

Von allen vier Führern umgeben, wankte die bleiche, zitternde Braut an der Hand ihres Verlobten durch die sie umdrängenden Zuschauer, die sich keineswegs entblödeten, ihre meistens sehr unzarten Bemerkungen nur zu hörbar einander mitzuteilen. Auf dem die kirchliche Feier andeutenden Teppich vor dem die Stelle des Altars vertretenden Tisch, die Agende in der Hand, im vollen Priesterornat, erwartete der Geistliche das Brautpaar. Nach Rang, Nähe der Verwandtschaft und Alter geordnet, bildeten die Hochzeitsgäste ihm zu beiden Seiten einen Halbkreis. Ein Choral wurde unter Musikbegleitung gesungen und leitete die gleich darauf erfolgende Trauung ein.

Ein paar langweilige Stunden waren nun zu überstehen; an Tanz konnte bei vornehmen Hochzeiten nicht gedacht werden, dies Vergnügen blieb an solchem Tage dem Mittelstande überlassen, und die Musik ließ erst bei Tafel sich wieder hören. Bei dem mehrere Stunden während Souper flossen die köstlichsten Weine in Strömen und begeisterten die älteren Herren zu kühneren Witzworten und Gesundheiten, bis endlich die Zeit des Aufbruchs herankam. Und wieder hatte vor dem Hause das Volk sich versammelt, zwar in weit kleinerer Anzahl, doch deshalb zur widerwärtigsten Lustigkeit um so aufgelegter.

Die ganze Gesellschaft, von einer langen Reihe Fackeln begleitet, fuhr jetzt wie in Prozession nach der Wohnung des neuvermählten Paares; die Frauen bemächtigten dort sich der Braut, die Männer des Bräutigams. Mit ausführlicher Beschreibung dieses aus ferner dunkler Zeit herstammenden Gebrauchs will ich mich und meine Leserinnen verschonen, der unerträglichste Teil desselben, die Strumpfbands-Zeremonie, war schon damals in der feinen gebildeten Sozietät dahin abgeändert, daß eine der älteren Verwandtinnen der Braut eine Rolle Band unter die Herren warf und es ihnen überließ, dieses Andenken an dieselbe auf selbstbeliebige Art unter sich zu verteilen.

Mein Bräutigam teilte mit mir den Widerwillen gegen den Gedanken, in solcher ernsten, das Glück und Unglück meines künftigen Lebens feststellenden Stunde mich gleichsam zum Schauspiel herzugeben, und beschloß, mich davon zu befreien.

Unser Hochzeitstag schien noch ins Ungewisse hinausgeschoben zu werden, während er in aller Stille mit Mühe und Kosten uns die Erlaubnis auswirkte, nach nur einmaligem Aufgebot von der Kanzel gleich in der Kirche uns trauen zu lassen. Ob er diese von unserem Schutzherrn, dem Könige von Polen, oder durch den Offizial vom Papste erhalten, ich weiß es nicht und habe nie daran gedacht, ihn zu fragen. Seit Menschengedenken war dieser Fall, der die ganze Stadt in Verwunderung setzte, nicht vorgekommen, und meines Wissens hat später kein zweites Paar unserem Beispiel gefolgt.

Ganz einfach in weißen Musselin gekleidet, den unerläßlichen Myrtenkranz im Haar, fuhr ich am zweiten Pfingstfeiertage mit meinem Verlobten nach Aller Engel, einer von einigen Häusern umgebenen, sehr hübschen Kirche auf halbem Wege nach Langfuhr, seitwärts gegen die Mitte der dorthin führenden prächtigen Lindenallee. Unser beider Eltern und Geschwister erwarteten uns dort, um uns an den Altar zu begleiten. Nach der Trauung fuhren wir nach meines Gatten einfachem Landhause vor Oliva.

Ohne weitere Andeutung, als nur zum Mittagessen geladene Gäste, erwarteten Jameson und mein Onkel Lehmann uns dort, eilten an unseren Wagen und fragten, ehe sie mich aussteigen ließen, nach meinem Namen, den ich zu ihrem großen Vergnügen ihnen nicht gleich zu nennen wußte. Unsere vor der Kirche haltenden Kutschen hatten beim Hinausfahren das Ereignis des Tages ihnen verraten, nur von unseren nächsten, teilnehmendsten Freunden umgeben, brachten wir den Tag in heiterer Stille zu, herzlich froh, der geräuschvollen Feier desselben ausgewichen zu sein.

Es war am 16. Mai, Vorhaus und Zimmer waren mit duftenden Blumen und Kränzen reichlich geschmückt, im Freien erhob kaum ein Schneeglöckchen das farblose Köpfchen aus der eben auftauenden Erde. An tiefen Stellen und im Schatten der Hügel lag noch Eis und Schnee, alles war öde, die Bäume streckten noch wie klagend ihre nackten Zweige zum Himmel auf. Nur an einer einzigen Stelle des Gartens, welche jeder Sonnenblick im Laufe des Tages traf, verkündeten an einer Hagebuttenhecke einige wenige dem Aufbrechen nahe Knospen, daß noch nicht alles Hoffen auf den Frühling verloren sei.

Spurlos ist die Kirche von der Erde verschwunden, vor deren Altar ich getraut worden bin, und kein Stein bezeichnet mehr die Stätte, wo sie einst gestanden. Bei der letzten Belagerung meiner Vaterstadt wurde sie abgetragen oder abgebrannt, ich weiß nicht, welches von beiden; auch nicht, ob bei ihrer Zerstörung die Kirchenbücher gerettet wurden. Von unseren Hochzeitsgästen ist nur noch die jüngste meiner Schwestern am Leben.

Sechs der sieben zwischen Strieß und Oliva unbeschreiblich schön gelegenen Landhäuser, unter ihnen auch das eben als unser Eigentum erwähnte, versinken verödet und einsam langsam in sich selbst.

In einiger Entfernung voneinander erbaut, lehnen sie mit ihren zum Teil recht grandiosen, von uralten herrlichen Buchen und Rüstern umschatteten Gartenanlagen an den ebenfalls mit großen ehrwürdigen Bäumen prangenden Anhöhen, welche den Saum eines bis in Kassuben hinein sich erstreckenden Waldes bilden. Feld und Wald, die Halbinsel Hela mit ihrem Leuchtturm, die offene See, die Reede mit den aus blauer Ferne heransegelnden Schiffen, der Hafen, der diesen als erwünschtes Ziel sich eröffnet, der in die Ostsee sich ergießende Weichselstrom mit der Festung Weichselmünde an seinem Ufer, die ganze reich angebaute Umgegend, die über die hohen Wälle der Stadt hervorragenden, noch weit höheren Türme, alles dieses zusammen, aus den Fenstern dieser etwas hochliegenden Häuser gesehen, gewährt eine der reichsten und entzückendsten Aussichten, die ich kenne; sie alle waren das Eigentum durch Wohlhabenheit sich auszeichnender Familien und wurden während der Sommerszeit von diesen bewohnt.

Jedermann beeiferte sich, die ihm empfohlenen Reisenden in diese Gärten zu führen, was die gastfreien Eigentümer sehr gern gestatteten. Niemand ging, besonders an Sonntagen, an ihnen vorüber, ohne wenigstens ein paar Minuten dem raschen, lebendigen Spiel ihrer Springbrunnen zuzusehen, von denen mehrere den reichen Wasserstrahl sechzig bis siebzig Fuß hoch himmelan warfen, der dann, den schönsten Regenbogen bildend, wie aufgelöst in Rubinen und Diamanten sich seinem Bassin wieder zusenkte.

Lautlos, unbewohnt, dem langsamen Verfalle geweiht, stehen die einst so freundlichen Landhäuser jetzt da, Unkraut und Nesseln wuchern in den Gängen der Gärten; die größte Zierde derselben, die herrlichen alten Bäume, sind größtenteils umgehauen und ausgerottet, das liebliche Plätschern und Rieseln der Fontänen ist verstummt, ihre Röhren und Wasserleitungen zerbrochen, die Stätte, die sie schmückten, versumpft.

In der das dazu nötige Material ohnehin sparsam bietenden Umgegend von Danzig hatte die bis zum völligen Erdrücken auf dieser Stadt lastende Oberherrschaft der Franzosen die Anlegung von Chausseen verhindert. Vor einigen Jahren erst wurde damit angefangen und schnell vorgeschritten, doch so, daß die große, über Oliva in die weite südlichere Welt führende Poststraße jetzt in bedeutender Entfernung an jenen Landhäusern vorbeigeht.

Durch das bequeme Neuere schnell verwöhnt, scheut man nun den alten sandigen, durch lange Vernachlässigung noch mehr verdorbenen Weg zu einem freilich wenig eintragenden und sehr kostspielig zu unterhaltenden Besitztum, zu welchem besuchende Freunde eben wegen jenes für Menschen und Pferde beschwerlichen Weges nur selten und spärlich sich einstellen würden, und wählt lieber andere bequemer liegende Orte, die keinen so bedeutenden Aufwand erfordern, zum Sommeraufenthalt.

Das größte dieser Landhäuser, ein wirklich schloßartiges Gebäude, wird, wie ich höre, jetzt zu einer wohltätigen Anstalt, einem Hospital für Alte, Kranke und Gebrechliche, eingerichtet. Das letzte in der Reihe der sieben, in einer ausgezeichnet schöneren Lage noch als die übrigen, nahe beim Flecken Oliva, ist das einzige, welches noch von dem Eigner unterhalten wird, der das von seinen edlen Eltern auf ihn vererbte Eigentum ganz im Sinne derselben erhält, verwaltet und während der schönen Jahreszeit es bewohnt.

Unser ehemaliges, durch seine terrassenartige Anlage und seinen Springbrunnen sich auszeichnendes Landhaus teilt das Schicksal der übrigen, der jetzige Besitzer desselben wohnt in der weit entfernten Stadt Memel, und mehrere Jahre vergehen, ehe er es einmal auf einige Wochen besucht. Die Gartenpartie, die nach meiner Angabe angelegt wurde, der Berg, den mein Mann mit den köstlichsten Obstarten terrassenartig bepflanzen ließ, Nesseln und wucherndes Unkraut bedecken auch diese.

Was ich in meiner Jugend geliebt, was mich gefreut, was mich beglückte in meinen eignen Frühlingstagen, Lebloses und Lebendes, alles, alles ist dahin! Versunken, verschwunden, wie nie gewesen! Warum fiel gerade mir dieses trübe Los, das Männer weit leichter zu tragen wissen als wir Frauen! Gleich einem dunklen Nachtvogel schwebt in farbloser Dämmerung mein rückblickender Geist nur noch über Gräbern und formlosen Ruinen.

Zurück, zurück von diesen Gedanken, damit ich nicht in zweckloses Mitleid mit mir selbst verfalle und das noch härtere Geschick so vieler Tausender meiner Zeitgenossen darüber aus den Augen verliere!

Weich gebettet

Vieles, unendlich vieles lag bei dieser gänzlichen Umwandlung meiner gewohnten Existenz mir nun ob zu lernen, an manches mir bis dahin ganz fremd Gebliebenes mich zu gewöhnen; es ward mir eben nicht immer ganz leicht, doch guter Wille, Jugendmut und jene nicht genug zu preisende Eigenschaft meines Geschlechts, die man im gemeinen Leben Mutterwitz nennt, haben wohl noch weit Schwereres vollbracht, als mir zu vollbringen auferlegt war. Ich fand bei meinem Manne die nachsichtigste Anerkennung meines ernstlichen Bestrebens, sogar wenn dieses sich nicht ganz zureichend zeigte, und stand mit mir selbst und meinen Umgebungen auf dem besten Fuße von der Welt, wie es eine so blutjunge Frau sich nur wünschen konnte.

Die elegante, mit allen englischen Komforts ausgestattete Einrichtung unseres nicht großen, aber freundlichen und bequemen Hauses trug nicht wenig zu meinem Wohlbehagen bei, aber auch noch andere höhere Genüsse, als ein zierliches Ameublement sie gewähren kann, standen in demselben mir zu Gebot. Eine mit Kunstsinn und Geschmack gewählte Sammlung von Kupferstichen schmückte zum Teil in schönen vergoldeten Rahmen die Wände unserer Zimmer, zum Teil war sie in großen Mappen zum seltneren Kunstgenusse aufbewahrt. Gelungene Abgüsse antiker Büsten und zur Verzierung eines Wohnhauses sich eignender Statuen waren an dazu passenden Orten aufgestellt und machten auch mit dem mir bis dahin fast unbekannt gebliebenen Zweige plastischer Kunst mich bekannt. Eine nicht sehr bändereiche, aber gewählte und mit großer Eleganz aufgestellte Handbibliothek, die mir aber immer groß vorkam, bot mir einen unerschöpflichen Quell der Belehrung und Unterhaltung.

Es währte einige Zeit, ehe ich, die in zwar nicht ängstlicher, aber doch mir erst jetzt fühlbar werdender Beschränkung Aufgewachsene, mich gewöhnen konnte, alles dieses als mein mir völlig zu Gebote stehendes Eigentum zu betrachten; schüchtern wagte ich es kaum, aus den großen, mit Spiegelgläsern verschlossenen Bücherschränken von Mahagoni ein Buch oder eine Mappe zum Durchblättern zu nehmen, ohne vorher die Erlaubnis meines Mannes mir einzuholen, die er, über meine Zaghaftigkeit mich auslachend, mir immer bereitwillig gewährte. Auch unternahm er es zuweilen, meine Lektüre leiten zu wollen, ich folgte auch in dieser Hinsicht gern und willig seinem Rate, doch seine Bildung in der großen, mir noch fremden Welt, seine Vorliebe für die damalige französische Literatur, besonders für Voltaire, dessen Ruhm damals den höchsten Gipfel erreicht hatte, machte es mir schwer, bei der von ihm getroffenen Wahl meiner Bücher mich seiner Ansicht zu bequemen; es währte lange, ehe es mir gelang, sowohl ihn selbst als seine Autoren zu verstehen, wie sie verstanden werden mußten, um nicht in Ungerechtigkeit gegen beide zu verfallen. Auch hier war Jameson mein Trost und Berater; der treue Freund hatte das Kind seiner Wahl noch nicht aufgegeben. Selten ließ er einen Tag vergehen, ohne mich zu besuchen; zu ihm durfte ich noch wie sonst mit allen meinen kleinen Sorgen und Unsicherheiten mich flüchten, er wußte mich immer auf den rechten Gesichtspunkt zu stellen, von welchem aus jede trübende Verworrenheit in Lichthelle sich auflöste.

Der erste recht warme Frühlingshauch, die ersten Veilchen, die ersten Frühlingsknospen riefen alljährlich mich hinaus nach unserm Landhause bei Oliva, wo ich bis zum Spätherbst verweilte und in der Zwischenzeit nur höchst selten in die Stadt kam. Die Einrichtung meines dortigen Hauswesens erforderte den Sommer über meine Gegenwart nicht. Unter der Leitung einer alten treuen Dienerin ging dort alles auf gewohnte Weise fort, während ich meine ebenfalls vollkommen eingerichtete Haushaltung auf dem Lande so gut führte, als es bei meiner wenigen Erfahrung in diesem Fache mir möglich war. Doch auch hier half mir mein ernstes Wollen, und gleich nach den ersten Monaten wußte ich auch in diese Aufgabe, der ich anfangs mich kaum gewachsen glaubte, mit kaum zu erwartender Leichtigkeit mich zu finden.

Im steten Wechsel zwischen tiefer Waldeinsamkeit, geräuschvollem Treiben, wie die Nähe einer großen Seestadt es herbeiführt, und dem stilleren Genuß ruhiger Geselligkeit in der Mitte einiger vertrauter Freunde meines Mannes vergingen mir in Oliva die Tage. Bei seinen sehr ausgedehnten Geschäftsverbindungen, als Chef seines Hauses, durfte Schopenhauer die Stadt fast nie auf längere Zeit als höchstens ein paar Tage verlassen, während ich auf dem Lande zurückblieb. Meine Schwester Lotte oder eine meiner Jugendfreundinnen brachten zwar zuweilen einige Tage bei mir zu, oft aber blieb ich die ganze Woche in ununterbrochener Einsamkeit, nur mir selbst gegenüber ganz allein, bis der Sonnabend meinen Mann, von ein paar Freunden begleitet, zu mir hinausführte. Mit diesen verlebten wir den Tag in friedlichster, ruhigster Häuslichkeit, an dem ihm folgenden Sonntage aber schien unser Speisezimmer für die Zahl geladener und ungeladener, fremder und einheimischer Gäste kaum Raum genug zu bieten. Alle waren will-

171

kommen und schieden in heiterer Zufriedenheit mit dem bei uns zugebrachten Tage. Montag abend aber trat die gewohnte Stille um mich her wieder ein.

Bald nach meiner Vermählung feierte ich meinen neunzehnten Geburtstag; vorbei war es nun mit Miss in her teens, auf ewig und immer, aber ich fand mich heitern Mutes in diesen Verlust, der mich durchaus nicht schmerzlich berührte. Mein Leben, so einförmig es dahinzuschleichen schien, war dennoch von dem anderer Frauen in meinen Verhältnissen hauptsächlich nur dadurch verschieden, daß diese Familienmütter waren, während ich allein stand.

Dafür aber blühte auch noch so manche Blume aus meinem Lebensfrühling zu mir herüber, an der ich mit echt kindlich gebliebenem Sinn mich freute. Was besaß ich nicht alles! Den großen, schönen Garten voll Blumen und Früchte, den Wald mit seinen herrlichen Anhöhen und seinem hohen Laubgewölbe, den großen Gartenteich mit seiner buntbemalten Gondel, die mein Mann mir aus Archangelsk hatte kommen lassen und die so leicht zu regieren war, daß ein sechsjähriges Kind damit hätte fertig werden können!

Auch Tiere hatte ich zu meiner Lust; ein paar Pferde, mit denen ich nach Belieben spazierenfahren konnte, rechnete ich kaum dazu, denn damals mochte ich noch lieber gehen als fahren; aber zwei schöne, winzig kleine spanische Hündchen, acht Lämmer, deren Toilette die Gärtnerfrau besorgte, so daß sie nie anders als wohlgebürstet und schneeweiß vor mir erschienen. Jedes von diesen trug am Hals eine Glocke von neuer in England gemachter Erfindung, und alle achte bildeten zusammen eine wie Silber tönende, sehr rein gestimmte Oktave. Auch meinen mit schönem, zum Teil sehr seltenem Federvieh wohlversehenen Hühnerhof muß ich hier erwähnen und die zahlreichen uralten Karpfen in unserm Teiche, die eilig herbeischwammen, sobald sie meine Stimme hörten, und mit aufgerissenen Mäulern die Brocken, die ich von meiner Gondel ihnen zuwarf, einander abzujagen sich bemühten.

Das Plätschern der Fische, der Vogelgesang, das Säuseln des Windes im Walde, das sanfte, unbeschreiblich liebliche Glok-

172

kenkonzert meiner auf den Rasenplätzen weidenden Lämmer boten, nachdem ich einige Stunden lang auf gewohnte Weise im Hause mich beschäftigt hatte, mir Erholung genug; ein zuweilen auf Wochen ausgedehnter Besuch meiner Schwester Lotte, Jamesons oder meines Onkels unerwartete Erscheinung an einem schönen Sommermorgen war mehr als hinlänglich, um jedes Sehnen nach einem bewegteren, an mannigfaltigeren Freuden reicheren Leben von mir fernzuhalten.

Nie legte ich in Abwesenheit meines Mannes in der Nachbarschaft Besuche ab, bediente mich des mir zu Gebote stehenden Fuhrwerks nur zu kurzen Spazierfahrten, von denen ich, ohne irgendwo anzuhalten, zurückkehrte, wählte außerhalb dem weitläufigen Bezirk meines Gartens nur von der Landstraße entlegene Wege durch Wiese, Feld und Wald zu meinen größeren Spaziergängen; also riet es zu meinem Heil mir eine gewisse innere Stimme, der zu folgen ich zeitlebens bereit gewesen bin, weil ich in seltenen Fällen, wo ich ihr widerstrebte, immer Ursache gefunden, dieses bitterlich zu bereuen.

Mein Mann war unfähig, durch direkte Äußerung von Eifersüchteleien mir das Leben zu verbittern; wie wenig er bei einem Wesen meiner Art dadurch gewinnen könne, wurde ihm immer deutlicher, je näher er mich kennenlernte. Aber er konnte doch seine Zufriedenheit mit meinem Betragen mir nicht verbergen, und diese mir zu erhalten konnte und mußte vernünftigerweise das einzige Ziel sein, das ich nie aus den Augen verlor.

Nie erwähnte er die große Verschiedenheit unseres Alters, doch wenn er in jugendlichen Umgebungen mit andern meinesgleichen mich fröhlich umherflattern sah, bemerkte ich wohl, wie diese Erinnerung sich wenig erfreulich ihm aufdrängte. Die französischen Romane, die er selbst mir in die Hände gegeben, hatten mich belehrt, daß bei seinem vieljährigen Aufenthalte in jenem Lande manche Erfahrung ihm zuteil geworden sein müsse, die sich wenig dazu eigne, mein Geschlecht in seinen Augen zu erheben.

Ich fühlte, wenn ich gleich nicht in deutlichen Worten mir es sagte, daß unser beider jetziges und künftiges Glück nur von seiner fortgesetzten Zufriedenheit mit mir abhängig sei, und ehrte und liebte ihn genug, um alles daranzusetzen, mir diese zu erhalten und mit der Zeit ein festes Vertrauen zu gewinnen, ohne deshalb zur Heuchelei und sogenannten kleinen Weiberkünsten mich zu erniedrigen. Ich blieb gegen ihn wahr und offen, wie er es stets mir gegenüber gewesen, und befand mich wohl dabei.

Und wollte auch zuweilen ein leises Gefühl von Unbehagen oder Mißmut auf mich eindringen, ein Blick auf die wundervolle Szenerie um mich her, und es war verklungen.

In der Abend- wie in der Morgenbeleuchtung, vom Sturm in seinen tiefsten Tiefen aufgeregt, erglänzend im hellen Sonnenschein oder von darüber hinfliegenden Schatten der »Segler der Lüfte« momentan verdunkelt, bot im Wechsel der Tageszeit das ewig bewegte Meer mir ein nie mich ermüdendes Schauspiel; und wenn ich abends die Jalousien vor meinem Fenster nicht schloß, weckte mich der erste Strahl der mir gegenüber aus der Ostsee glorreich sich erhebenden Sonne. Mitternacht kam oft heran, die unaussprechliche Herrlichkeit der lauen nordischen Sommernacht, während welcher die Sonne nur wie zum Scherz auf wenige Stunden sich verbirgt, hielt lange noch am offenen Fenster mich fest. Der purpurrote Streif, der am Horizont die Stelle des Unterganges der Sonne bezeichnet, war noch nicht erloschen, die zweite Morgenstunde hatte noch nicht geschlagen, und schon erglühte der östliche Himmel in immer steigender Pracht. Ich sah beide Leuchttürme, den auf der Insel Hela und den am Danziger Strande, Meteoren gleich durch die Dämmerung blinken, lauschte noch eine Weile dem Geflüster der Bäume im nahen Walde, dem wunderlichen Gezwitscher der träumenden Vögel in meinem Garten, bis endlich das Gerieseln des nie rastenden Springbrunnens unter meinem Fenster mich unwiderstehlich einlullte.

Abschied von lieben Bekannten

Gerade in der Zeit, in der auch mein Leben eine andre Gestaltung gewann, hatte mein ehemaliger Lehrer, Kandidat Kuschel, das Ziel seiner Wünsche auf die ihn ehrendste Weise endlich erreicht. Nie hatte er durch das Beispiel der Mehrzahl seiner Kollegen und den Rat seiner Freunde sich bewegen lassen, um eine Predigerstelle sich bittend zu bemühen; still ergeben baute er mit festem Gemüt auf Gottes Fügung und hoffte daneben, daß die gerechte Anerkennung seines stillen Verdienstes doch nicht ewig ausbleiben könne, war aber dabei unwiderruflich entschlossen, lieber zeitlebens in seiner gegenwärtigen Stellung zu verharren, als sich einen Schritt zu erlauben, den sein Gefühl als seiner unwürdig ihm darstellte.

Sein bescheidenes Hoffen ging endlich in Erfüllung, und ohne sein Zutun wurde er zu einer der besten Landpredigerstellen, unfern der Stadt, ernannt.

Die kurze Torheit, zu der seine Unbekanntschaft mit dem wirklichen Lebensgange der Welt ihn verleitet hatte, war längst vergessen, doch hatte ich zufällig während meines Brautstandes und selbst einige Zeit vorher ihn nicht gesehen und freute mich von Herzen, meine Teilnahme an seinem Glück endlich ihm aussprechen zu können, als ich einige Tage nach meiner Vermählung ihn unverhofft bei meinen Eltern antraf.

Freudig eilte ich auf ihn zu, er fuhr wie erschrocken zurück, er sah bleich, eingefallen, wie ein aus schwerer Krankheit Erstandener aus, auch sein Betragen gegen mich ängstigte mich; er war scheu, verlegen, demütig sogar, demütig gegen mich, seine Schülerin, die ihm so viel zu verdanken hatte! Es tat im Herzen mir weh, ich konnte es kaum ertragen. Nur als meine Mutter von den Seinigen und den guten Tagen, welche er diesen jetzt bereiten könne, sprach, schien ein Strahl von Freude in ihm aufzudämmern.

Er entfernte sich bald; es war ein Scheiden auf ewig, ohne daß wir beide es ahnten.

Der nächste Sonntag war zu seiner Antrittsrede bestimmt. Den Freitag vorher führte er freudig seine geliebte Mutter in seine neue bequeme Wohnung ein, den Sonntag hielt er seine Antrittspredigt zur rührendsten und herzlichsten Zufriedenheit seiner Gemeine. Montag morgens fand man ihn ruhig entschlummert in seinem Bette, entschlafen, um nie wieder zu erwachen!

Der Arme war des Kummers, der Sorge, der angestrengtesten Arbeit zu gewohnt geworden, sein durch Leiden mancherlei Art früh untergrabenes Leben erlag der Aussicht auf bessere Tage, auf eine ruhigere, glücklichere Existenz. Er starb am freudigen Vorgefühl seines Glückes. Der Ausdruck seiner im Tode verklärten Züge, den man lebend nie so an ihm gekannt, verkündete diese tröstende Gewißheit.

Auch meine Sally Cramp ist zur nämlichen Zeit auf Nimmerwiedersehen von mir geschieden. Während meines Brautstandes und auch schon einige Wochen vorher hatte ich sie nicht gesehen; manches Seltsame mochte in jenem Hause vorgegangen sein, wonach zu fragen ein eigenes instinktartiges Gefühl mich hinderte; daß es nicht erfreulicher Art sei, deutete Jamesons absichtliches Vermeiden, es gegen mich zu erwähnen, genugsam an.

Miß Corderoy, soviel erfuhr ich indessen, hatte unter heißen Tränen von ihrem geliebten Zögling sich getrennt und war nach England gezogen, um sich von dort aus nach Jamaika einzuschiffen, wo teure Verwandte und Freunde schon seit manchem Jahr sie sehnsüchtig erwarteten. Der kleine, jetzt ungefähr vier- oder fünfjährige Sachy war nach Petersburg in ein Erziehungsinstitut gebracht worden. Frau von P... und ihre Schwester, von Gilard begleitet, hatten unweit der Stadt ein sehr hübsches Landhaus bezogen. Der ganze Haushalt war zerrüttet, alles auseinander gegangen, nur der alte, mürrische Gebieter desselben hauste noch eulenartig in dem weitläufigen, verödeten Gebäude.

Mein Herz trieb mich; einmal, nur einmal noch mußte ich vor meinem Vermählungstage meine liebliche Sally sehen. Ich fand sie unverändert liebenswürdig und jugendfroh. Wenige Tage später nahm sie schriftlich Abschied von mir; auch sie wurde, ohne daß sie vorher darum gewußt hatte, plötzlich nach Petersburg geschickt, indem Frau von P... unter Gilards Eskorte sich nach Paris begab, weil die sehr geschwächte Gesundheit derselben ein milderes Klima erheischte.

Sally gedachte auch in der Entfernung meiner, wie ich ihrer noch heute gedenke. Einige Monate, nachdem sie Danzig verlassen, erhielt ich von ihr ein kleines Medaillon mit einer Locke von ihrem Haar und ihrer Silhouette; zugleich schrieb sie mir, wie sie im Begriff stehe, von einem Ende Europas zum andern, von Petersburg nach Lissabon zu wandern, um sich zu verheiraten, was ich freilich bequemer zu Hause habe ausführen können.

Arme, arme Sally, lange vor Erreichung ihres dreißigsten Jahres ist sie als die Gattin eines der in Lissabon etablierten reichen Engländer wahrscheinlich an dem zu gewaltsamen Wechsel des Klimas in blühender Jugend gestorben. Doch wohl ihr, sie hat das vielgestaltete Unheil, das seit einer Reihe von Jahren das schöne und unglückliche Portugal verwüstet, nicht mehr gesehen, während ihre Schwester, wie ich aus guten Gründen fürchten muß, in Paris alle Greuel der Revolution, sogar die Schreckenstage unter Robespierre, noch erlebt hat, vielleicht denselben zum Opfer gefallen ist.

Schöne holde Schwestern! Beinahe fünfzig ereignisvolle Jahre sind jetzt über euren weit voneinander entfernten Gräbern in Sturmeseile dahingeflogen, eure liebliche Erscheinung ist verschwunden, spurlos wie ein Morgentraum, und ich hier am bescheidenen Ufer der Saale bin auf der großen weiten Erde vielleicht noch die einzige, die eurer noch gedenkt!

Alexander von P..., vormals der kleine Sachy, stand, wie ich aus sicherer Hand vernommen, schon vor zwanzig Jahren als Obrist in russischen Diensten. Ist er seitdem nicht auf dem Felde der Ehren wie so viele seinesgleichen gefallen, haben Krankheit, Pest, Cholera ihn verschont, so ruht er wahrscheinlich, ein fast sechzigjähriger General, auf seinen Lorbeeren, und keine Erinnerung an die kaum gekannte Mutter, deren Gedächtnis keine Freundesstimme jemals in ihm erweckte, ist ihm geblieben.

Der Luftschiffer und der Orgelspieler

Komme ich mir doch selbst wie ein versteinerter Repräsentant versunkener Äonen vor, indem ich dieses niederschreibe.

Doch auch weniger trübe Erinnerungen aus jener Zeit sind mir geblieben. Von jeher hat es in Danzig an Besuch von Reisenden nie gefehlt, die, festgehalten von der dem Norden eignen Gastfreiheit, ob mehr Wochen da verweilten, als sie bei ihrer Ankunft sich vorgenommen hatten, Tage bei uns zuzubringen. Die Mehrzahl derselben brachte Empfehlungen an unser Haus mit, und war dieses auch nicht immer der Fall, ein einziges bedeutendes Rekommandationsschreiben war damals und ist auch heutigentages dort genug, um den Überbringer in die ersten Häuser der Stadt einzuführen. Zu lange hatte mein Mann selbst ein Fremder unter Fremden gelebt, um nicht Gastfreundschaft gern zu üben; auch liebte er es, seine junge Frau die Honneurs seines Hauses machen zu sehen, was die Geläufigkeit, mit der ich englisch und französisch sprach, mir vor vielen erleichterte.

Doch waren diese fremden Gäste größtenteils wegen merkantilischer Spekulationen und Verbindungen nach Danzig gekommen, eigentlich nur in Geschäften, wie ich deren täglich verhandeln sah und hörte. Allerdings traf ich unter ihnen manche interessante Bekanntschaft, verbrachte manche heitere gesellige Stunde in ihrer Gesellschaft, aber innerlich ging all mein Wünschen doch nur darauf hin, auch Männer kennenzulernen, deren berühmte Namen ich in Büchern und Zeitungen gelesen.

Doch diese ließen in meiner abgelegenen, fast außer aller Berührung mit eigentlich wissenschaftlichen Zwecken sich damals befindenden Vaterstadt nur äußerst selten sich blicken; ein Besuch des ehemals berühmten Reisebeschreibers Bernoulli war in Danzig noch nach vielen Jahren in frischem Andenken und wurde als ein bedeutendes, wichtiges Ereignis erwähnt. Berühmte Künstler, Schauspieler, Virtuosen pflegten wohl auf dem Wege nach Petersburg einige Tage bei uns auszuruhen, doch auch diese sogenannten Kunstreisen kamen damals weit seltener vor als eben in der jetzigen Zeit.

Wie groß und wie kindisch zugleich war daher mein zwischen Freude und Furcht schwebendes Erschrecken, als mein Mann nicht lange, nachdem wir verheiratet waren, mir in Oliva einen Besuch zuführte, dessen gefeierter Name damals auf allen Zungen schwebte – den Luftschiffer Blanchard! Ich traute weder meinen Augen noch Ohren, verlor Sprache und Atem über die seltene Erscheinung; doch muß ich nur redlich gestehen, daß eine schwer zu unterdrückende Neigung zum lauten Auflachen mich überfiel, als ich sie mir näher betrachtete, und auch in meinem Mann, als er dies gewahrte, schien sich etwas Ähnliches zu regen.

Wenn jemals die Natur ein Geschöpf für den künftigen Beruf desselben auf das vollkommenste ausstattete, so war es dieser berühmte Aeronaut! Ein Männchen, als wäre es aus Tragant geknetet oder aus Elfenbein gedrechselt, so zierlich, so durchsichtig zart, so ganz wie zum Wegblasen leicht! Blanchard oder sonst keiner war zum Luftschiffer geboren! Er wog nur fünfundsiebzig Pfund, wie er bei Gelegenheit mit einer Art von Selbstzufriedenheit gestand. Gerade soviel als ein Paar wohlgemästete pommersche Gänse, dachte ich, und vergaß darüber, daß auch meine sehr kleine Person wohl nicht viel schwerer ins Gewicht fallen werde.

Übrigens führte Blanchard eine kleine weiße langöhrige Kreatur mit sich, die er Mademoiselle nannte, indem er sie mir vorstellte, und die eigentlich ein allerliebstes Bologneserhündchen war. Im Gasthofe aber hatte er noch eine andere Person bei sich, die Madame genannt wurde, wohl aber eigentlich nur Mademoiselle hätte heißen sollen. Diese aber stellte er aus guten Gründen keiner Dame vor. Die kühne Luftschifferin, die als Blanchards Witwe vor wenigen Jahren noch zu höheren Regionen sich aufschwang, kann diese Frau, die damals schon wenigstens einige zwanzig Jahre zählte, unmöglich gewesen sein.

Ein mächtiger, Tod und Gefahr verachtender, zum glühendsten Enthusiasmus sich erhebender Geist wohnte indessen in dieser anscheinend so zerbrechlichen Gestalt. Alles Lächerliche, das in den Pariser Salons ihm angeflogen war und das aus Ungewohntheit uns noch lächerlicher erschien, fiel von dem kühnen Aeronauten ab, sobald er in Worten, die ihm nie genügen konnten, ausdrücken wollte, was er, hoch über den höchsten Gebirgen im Unermeßlichen schwebend, gesehen, gehört, gedacht und empfunden. Kein Improvisator in der Welt kann den hohen Grad poetischer Begeisterung erreichen, der dann in seinen Blicken, im Ton seiner Stimme, in der Wahl seiner Worte sich offenbarte und alle, die ihn hörten, zum unbedingten Glauben an die Wahrheit derselben fortriß.

Die höchste Freude meines Lebens wäre gewesen, auf einer seiner Himmelfahrten ihn zu begleiten, doch daran war nicht zu denken. Die erste Äußerung dieser Art, die ich mir erlaubte, wurde von allen Seiten, und diesmal gewiß aus bessern Gründen als damals, auf eine Weise aufgenommen, die mich lebhaft an jene Zeit erinnerte, wo ich verlangt hatte, Chodowieckis Schülerin zu werden.

Ich mußte mich darin ergeben, Blanchards ungeheuren Ballon in aller seiner Aufgeblasenheit vor dem Publikum einige Tage auf festem Boden ausgestellt und dann tragikomisch zusammensinken zu sehen, um wohlverpackt seinen Herrn zur großen Kaiserin zu begleiten. Die Idee, in Danzig aufzusteigen, hatte Blanchard nach den ersten Tagen seines dortigen Aufenthalts fallenlassen. Ob er fürchtete, in der alten Kaufmannsstadt seine Rechnung in pekuniärer Hinsicht nicht befriedigend zu finden? Ob die Nähe der Ostsee, der Weichsel, des frischen Haffs einige Bedenklichkeiten in ihm erregten, ich weiß es nicht.

Noch eine bedeutende Erscheinung jener Zeit drängte hier meiner Erinnerung sich auf. Abt Vogler, der weltberühmte Orgelspieler, der auf die Idee verfallen war, ganze Epopöen auf jenem, dem heiligsten Zwecke gewidmeten Instrumente ohne Worte verständlich vorzutragen. Ein großes, über jeden Begriff, den wenigstens ich von dem eigentlichen Wesen und Zweck der Tonkunst hatte, weit hinausgehendes Unternehmen.

Sein Konzert fand nicht ohne einen zuvor mit der Geistlichkeit zu bestehenden Kampf in der großen Pfarrkirche statt. Da saßen wir nun in der mit Zuhörern überfüllten Kathedrale und studierten das Programm, das man in Gestalt eines ganz profanen Konzert- oder Komödienzettels uns beim Eingange überreicht hatte. Uns war etwas ängstlich zumute; anders als zu einem religiösen Zwecke in der Kirche versammelt zu sein, war doch etwas gar zu ungewohnt Fremdes; nicht wir, nicht unsere seit grauer Vorzeit hier unter unseren Füßen ruhenden Vorfahren hatten je etwas Ähnliches erlebt.

Plötzlich brauste unter des großen Meisters gewaltiger Hand ein Strom von Tönen auf uns ein, dem jeder andere Gedanke, jedes andere Gefühl weichen mußte. Die mächtigen Säulen schienen zu wanken, das hohe Gewölbe der Kirche aus den Fugen gerissen zu werden.

Laut dem Programm wurde die Belagerung von Gibraltar dargestellt, oder war es die einer andern Stadt? Eine Belagerung war es, darüber waren wir einig; eine wirkliche konnte kaum mehr lärmen und tosen, und die Bomben, die Kanonen, die Kartaunen pafften, donnerten und knallten so natürlich als möglich.

Soweit war alles gut und schön, aber nun? Der uns noch in frischem Gedächtnis schwebende heldenmütige Opfertod des edlen Fürsten Leopold von Braunschweig sollte jetzt bis in die kleinsten Details folgen. Im Bestreben, eine ganze Familie bei einer gefährlichen Überschwemmung vom Untergange zu retten, war der Fürst selbst in der wildschäumenden Flut versunken. Deutlich sollten wir vernehmen, wie er alle, die ihn daran hindern wollen, zurückweist, wie er in den Kahn springt, wie er die Kette löst, die diesen an einen eisernen Ring befestigt. Alles war mäuschenstill, wir horchten mit angestrengtester Aufmerksamkeit, aber ach! Keiner von uns unpoetischen Reichsstädtern hatte den Prinzen springen, den eisernen Ring klopfen, die Kette klirren hören, wie das Programm es doch versprochen. Und hätte der Abt Vogler die Gefälligkeit haben wollen, das nämliche Stück noch zehnmal nacheinander uns vorzutragen, keiner, der nicht vorher davon unterrichtet gewesen wäre, hätte daraus von der Tat des hochherzigen Helden eine Silbe erfahren.

Glücklicherweise brach zum Schluß des Konzerts das Jüngste Gericht herein, ehe diese Bemerkungen lauter wurden, als es an diesem Orte passend gewesen wäre; und abermals groß, majestätisch, alles überwältigend zeigte Abt Vogler seine Macht im Reiche der Töne; leider aber erhob sich nun dicht neben mir zwischen zwei Damen ein Streit. Die eine behauptete, das verheißende Geheul der Verdammten, die andere den Jubel der Seligen zu hören. Daß keine von beiden recht hatte, merkte ich wohl, doch das war auch alles.

Bei alledem ist Abt Vogler ein sehr ausgezeichneter, mit Recht berühmter Mann. Wenngleich ein solcher Neuling in den höheren Mysterien der Kunst, wie ich es bin, nicht fähig ist, ihn so zu verstehen, wie er verstanden sein will, bemühte ich mich, ganz bescheiden zu denken, und freute mich darauf, ihn von Angesicht zu Angesicht in der Nähe zu sehen, was in der Kirche mir nicht hatte gelingen wollen. Ein Diner, das einer unserer Verwandten in seinem Landhause gab, bot mir die erwünschte Gelegenheit dazu. Zwar fand ich auch hier nicht gerade, was ich erwartete, aber doch einen recht behaglichen, etwas untersetzten Mann in mittleren Jahren, der gern lachte, von der Aufnahme, die er an Höfen gefunden, viel erzählte, die Brillantringe, die er von hohen Händen erhalten, an den Fingern blitzen ließ und eine schöne goldene Dose, ein Geschenk des Königs von Preußen, recht gemütlich rings um die Tafel zum Bewundern herumschickte.

Der schöne Abend lockte uns nach Tisch in den ringsum von einem ziemlich breiten Graben umgebenen Garten, dessen stehendes Wasser mit Wasserlinsen wie mit einem grünsamtenen Teppich bedeckt war, der weit besser aussah, als er roch. In einer Anwandlung jugendlichen Übermuts hatte Abt Vogler sich einem alten halbvermoderten Kahn anvertraut, um in diesem schlammigen Gewässer als kühner Schiffer sich zu zeigen. Waren es die zürnenden Manen Leopolds von Braunschweig, welche die gestrige Unbill an ihm rächen wollten? Genug, der Kahn war umgeschlagen, der große Mann über Kopf und Ohren in die grüne Flut gesunken, hatte sich aber, da diese zum Glück nicht tief war, sehr behend wieder auf die Füße gebracht. Da stand er, als mich das von dort ertönende Angstgeschrei herbeilockte, das aber schnell in lautes Gelächter überging. Da stand er bis übers Knie im Gewässer, eine Krone jener Wasserblüten ersetzte auf seinem Haupte die runde Abbés-Perücke, die den Graben hinunterschiffte. Doch mit ihr hatte er den Kopf nicht verloren; er zog die Tabatiere von Friedrich dem Großen hervor und nahm in Erwartung der Rettungsanstalten mit unnachahmlichen Gleichmut eine tröstende Prise.

Irgendein neckischer Kobold muß es sich zum Geschäfte gemacht haben, mir den ehrwürdigen Herrn immer in wunderbaren Situationen zu zeigen. Zehn bis fünfzehn Jahre später traf ich in Hamburg in nicht zahlreicher Gesellschaft ganz unerwartet wieder mit ihm zusammen. Er setzte sich an das Pianoforte, und abermals mußten wir die Kraft, die Fertigkeit, das ganz Originelle seines Spiels staunend bewundern. Über den seltenen Genuß, den er uns dadurch gewährte, war die Stunde des Abendessens schnell herbeigekommen; der größte Teil der Gesellschaft entfernte sich bald nach demselben, Abt Vogler aber setzte unaufgefordert sich nochmals an das Instrument und rasselte in sichtbar aufgeregter Stimmung mit gewohnter Meisterschaft donnernd durch die Saiten.

Schrillend schrie eine derselben nach der andern auf und zersprang unter seinem musikalischen Wüten; er achtete ihr unheimliches Geklirre nicht, nahm zuletzt Ellbogen und Handgelenk zu Hilfe, um dem Einschlagen des Gewitters, das er uns vortrug, den gehörigen Nachdruck zu geben, und verfehlte auch mit diesen zu unserem höchsten Erstaunen nie den Ton, den er treffen wollte.

Der Zustand der Zuhörer, der Anblick des gemißhandelten, sehr vorzüglichen Pianofortes, über den der musikalischen Eigentümerin desselben Tränen in die Augen traten, fingen an höchst peinlich zu werden, doch jeder Versuch, durch Bitten und Zureden ihn zu bereden, blieb vergeblich. Der Unbarmherzige tobte rücksichtslos fort, bis es ihm selbst genug däuchte, dann stand er auf, verbeugte sich, ohne ein Wort zu sprechen, und entfernte sich.

Auch wir folgten ihm bald. Als wir hinunter in den sehr

geräumigen Hausflur kamen, dessen hohe, fast durch zwei Stockwerke hindurchgehende Decke einige freistehende, mit Stuck bekleidete starke Säulen unterstützten, fanden wir unsern Orpheus von der neugierigen weiblichen Dienerschaft des Hauses umgeben. Leise und unheimlich in sich hineinkichernd stand er da, konnte weder vorwärts noch rückwärts und hielt mit ausgespreizten Armen eine jener Säulen umklammert.

Hatte Schwindel ihn ergriffen? War sein Zustand die Wirkung der noch gewaltsamen Erhitzung, plötzlich auf ihn eindringender Kühle oder – des Champagners?

Mit Hilfe unseres Bedienten brachte mein Mann ihn in unsern eben vorfahrenden Wagen und ließ in seine Wohnung ihn bringen, wir aber gingen zu Fuß nach Hause, und ich habe den Abt Vogler nie wieder gesehen noch gehört.

Der alte Fritz ist tot

Der alte Fritz ist tot! Endlich! Endlich!« ging es eines Tages wie ein Lauffeuer durch die Stadt, und die Leute freuten sich und riefen beinahe jubelnd die längst erwartete Nachricht einander entgegen, als wäre durch den Tod des großen Königs alles Leid von ihnen genommen, als müsse der schwere Druck, unter dem sie seit so vielen Jahren seufzten, jetzt schwinden und alles anders und folglich besser werden; denn jede Veränderung, wie sie immer auch sei, gewährt bei ihrem Eintritt dem Leidenden ein Gefühl von Erleichterung und nahender Erlösung.

Mein Vater war weit davon entfernt, diesen freudigen Taumel seiner Mitbürger mit ihnen zu teilen, obgleich er nicht durch offenbaren Widerspruch ihn zu dämpfen suchen mochte; er wußte zu gut, wie bald er ohnehin schwinden werde.

Die Verblendung, die ein keimendes Glück zu sehen glaubte, wo er nur die nahende Auflösung des armseligen Schattenbildes republikanischer Freiheit, das man uns gelassen, vorempfand, machte auf meinen Mann einen ebenso traurigen als widerwärtigen Eindruck. Lieben konnte er den großen Zerstörer unseres im Verlauf vieler Jahrhunderte durch die Zeit befestigten und geheiligten Glückes nicht, aber doch empfand er jede freudige Äußerung über das Scheiden dieses hohen, gewaltigen Geistes aus dem irdischen Leben als eine unwürdige Ungerechtigkeit.

Es war ihm unmöglich, die Eigenschaften nicht anzuerkennen, durch welche der große König seine Zeitgenossen hoch überragte; er selbst hatte in einer ernsten, verhängnisvollen Stunde dem scharf durchdringenden Blick des Auges gegenübergestanden, das nun auf immer geschlossen war, hatte den Zauber jener jetzt auf ewig verklungenen Stimme empfunden, dem niemand so leicht zu widerstehen vermochte. Bei seiner Durchreise durch Berlin, als er vor mehreren Jahren nach langem Aufenthalte im Auslande in seine Vaterstadt zurückkehrte, um dort mit seinem Bruder sich zu etablieren, war er bei der Parade dem Könige aufgefallen, dem so leicht keine neue Erscheinung entging, und wurde noch am nämlichen Tage eingeladen, am folgenden Morgen früh um sechs Uhr im Kabinett des Königs sich einzustellen. Er folgte pünktlich dem ihn ehrenden Ruf und fand den König allein, der sogleich anfing, mit bedeutender Sachkenntnis über die Handelsverhältnisse der verschiedenen Länder, in denen Schopenhauer längere oder kürzere Zeit verweilt hatte, ihn zu befragen.

Sein die Gegenwart, in der er sich befand, nie vergessender Freimut schien dem Könige zu gefallen; aus Fragen von der einen, Antworten von der andern Seite wurde zuletzt ein ebenso lebhaftes als interessantes Gespräch, das nahe an zwei Stunden währte. Das Ende desselben war eine wiederholte, beinahe dringend werdende Aufforderung des Königs, alle Prärogative und Vorteile, die ihm wünschenswert dünkten, zu verlangen und auf ihre Gewährung zu rechnen, wenn er sich entschließen könne, statt in Danzig im preußischen Lande, gleichviel wo, sich niederzulassen.

»Voilà les calamitées de la ville de Dansic«, sprach der König lächelnd, indem er auf einen mit Karten und Papieren bedeckten Tisch in einer Ecke des Zimmers hinwies. Diese wenigen

Worte brachen den Zauber, von dem Schopenhauer schon anfing, sich befangen zu fühlen; es gelang ihm, sich von jeder aus dieser Stunde entspringen könnenden Verbindlichkeit fernzuhalten, aber wie sehr es Friedrich dem Großen mit seinen Vorschlägen ein Ernst gewesen, davon habe ich von ihm eigenhändig unterzeichnete Beweise in den Händen meines Mannes gesehen, der sie als ein übrigens ganz nutzlos gewordenes Andenken jener Stunde aufbewahrte.

Fester als jemals wurzelte nach dem Tode des Königs der Entschluß in seinem Gemüt, seine Vaterstadt, alle unverkennbaren Vorteile und Annehmlichkeiten seiner jetzigen Lage aufzugeben und, sobald Danzig dem Schicksal, unter preußische Oberherrschaft zu geraten, nicht mehr ausweichen könne, für sich und mich einen andern Wohnplatz zu suchen. Er fühlte tief, wie schwer die Ausführung dieses Vorsatzes, wenn es einst so weit kommen sollte, in jeder Hinsicht ihm werden müßte. Schonend, aber ernst suchte er mich darauf vorzubereiten und wurde durch den hell aufflammenden Enthusiasmus, mit dem ich auf seine Ansichten einging, ebensosehr überrascht als erfreut. Wo er gefürchtet hatte, Tränen, Bitten, sogar heftigen Widerspruch bekämpfen zu müssen, fand er die lebhafteste Anerkennung seiner republikanischen Gesinnung, die genaueste Übereinstimmung mit seinem eigenen Freiheitsgefühl.

Solchen echt alten Römersinn in seiner kaum zwanzigjährigen Frau zu finden, hatte er nicht erwartet; ob dieser, wenn es jemals nötig werden sollte, auch in der Ausführung sich bewährt finden lassen würde, ob nicht jugendliche Unerfahrenheit oder phantastische Überspannung zu diesem hohen Aufschwung mich begeisterten, mochte er in der Freude seines Herzens nicht untersuchen.

Und hätte er es getan, ehrenvoll würde ich die ernstliche Prüfung bestanden haben; die Umgebungen, in denen ich aufgewachsen war, hatten jene Gesinnungen zu fest in meiner jungen Seele begründet. Es konnte mir gar nicht in den Sinn kommen, daß andere in dieser Hinsicht nicht fühlen sollten wie ich.

In Berlin und Potsdam 1787

Reisen sollte ich, reisen! England sehen! Und noch viele Städte und Länder auf dem weiten Wege nach Calais. Mir schwindelte vor Freude, ich glaubte zu träumen, als mein Mann die nahe Aussicht auf dies nie geahnte Glück mir eröffnete; es störte mich in meinem Entzücken durchaus nicht, daß er zu gleicher Zeit mich ziemlich deutlich erraten ließ, wie er mit dieser, eigentlich ohne Hinsicht auf merkantilische Pläne nur zum Vergnügen zu unternehmenden Reise zugleich die Absicht verbände, das häusliche Familienleben in jenem Lande der Freiheit, wie er es nannte, genauer kennenzulernen, das vielleicht, wenn die geahnte Veränderung uns auszuwandern bewöge, das Land seiner Wahl werden würde. Solange wir jung sind, liegt die Zukunft uns so fern! Ungeduldig zählte ich die Stunden bis zu dem zur Abreise festgesetzten Tage und dachte nie über denselben hinaus; ich war wieder das kleine Mädchen geworden, das die Nacht über kein Auge zutun konnte, weil die Mutter versprochen hatte, es morgen ins Theater mitzunehmen.

Endlich ging vor vollen fünfzig Jahren, Anno 1787, die längst herbeigesehnte Sonne des Johannistages auf oder vielmehr unter; denn infolge einer seiner alten Gewohnheiten hatte mein Mann die Postpferde erst um elf Uhr in der Nacht nach Oliva bestellt. In später Mitternachtsstunde abreisen gefiel mir außerordentlich, es kam so poetisch mir vor. Da stand ich und sah unsere Koffer aufpacken, sah ein dazu eingerichtetes Magazin unterm Wagen mit Weinflaschen, die großen Seitentaschen im Wagen mit Zitronen, Apfelsinen und ähnlichen guten Dingen anfüllen, wurde jetzt obendrein einen gewaltig großen Speisekorb voll Proviant, meiner Meinung nach auf viele Wochen, gewahr, der aus der Stadt gebracht worden war. »Um Gottes willen, führt denn der Weg nach Berlin durch die arabische Wüste?« rief ich verwundert.

Mitternacht war gekommen, alles zum Abfahren bereit; da sprang unerwartet eine Rührung uns noch quer über den Weg,

die, unerachtet des Heldenmutes, mit dem ich die Reise anzutreten im Begriffe war, mir ein paar Tränen ins Auge trieb. Baal,
ein wunderschöner großer Hund, seit so manchem Jahr meines Mannes treuester Begleiter, war von seinem Herrn für die
Zeit unserer Abwesenheit einem seiner Freunde übergeben
worden, bei welchem es dem Tier noch weit besser ergehen
mußte als bei uns. Baal hatte den Strick entzwei gebissen, an
dem er im Stall angebunden gewesen, hatte in dunkler Nacht
den langen Weg von Danzig nach Oliva zurückgelegt und
sprang nun, die Überbleibsel seiner Fesseln um den Hals
geknüpft, freudig bellend an seinem Herrn auf.

Das laute Heulen des armen Hundes, als er uns vom Hofe
herunterfahren sah und uns nicht folgen durfte, ging uns durch
die Seele, doch Baal wußte für die an ihm geübte Treulosigkeit
sich zu rächen. Nie hat er nach unserer Wiederkehr uns anders
als mit Verachtung angeblickt, nie sich bewegen lassen, freundlich Notiz von uns zu nehmen oder unser Haus mit seinem
Besuche zu beehren; er blieb dem Manne treu, der ihn aufgenommen, als wir ihn verlassen, obgleich sein Betragen deutlich
verriet, daß er uns kannte.

Daß ich diese ziemlich triviale Hundeanekdote für das interessanteste Ereignis hier erkläre, welches auf dem Wege von
Oliva bis Berlin uns aufstieß, möge meinen Lesern zur Beruhigung dienen, denen vielleicht eine kleine Furcht davor anwan-
delt, von meiner in diesem Fache oft erprobten Feder eine Reisebeschreibung en miniature hier überblättern zu müssen.

Langweiliger als diese Reise kann ich mir nichts denken als
etwa eine Beschreibung derselben; Schritt vor Schritt zogen
vier abgelebte Postpferde uns durch tiefen Sand, durch armse-
lige Städte und noch armseligere Dörfer, wie ungleich denen
auf dem Danziger Gebiet! Legten wir in anderthalb Stunden
eine Meile zurück, so war der Postillon sehr zu loben, brachte
er zwei Stunden damit zu, so hatten wir kein Recht, uns über
ihn zu beklagen; es gab sogar eine Station, ich weiß nicht mehr
genau, ob dicht vor oder hinter dem traurigen Städtchen Schla-
we, auf der wir einen ganzen Tag zubrachten, um fünf unbarmherzig lange pommerische Meilen mit den nämlichen Pferden

zurückzulegen; so unwirtbar öde, so hauslos, möchte ich sagen, war das Land meilenweit umher. Es war eine große Vergünstigung des Herrn Postmeisters, wenn wir nur eine Stunde auf frische Pferde warten mußten, die in der Regel erst vom Felde herbeigeholt wurden, aber auch bei längerem Verweilen blieb uns nichts übrig, als uns möglichst in Geduld zu fassen.

So ging es fort ohne Rast und Ruh, vier oder fünf Tage und Nächte lang; der abschreckenden Beschaffenheit der Nachtquartiere, die unterwegs mit Ausnahme eines einzigen im Städtchen Köslin sich uns boten, könnte nur die Feder des berühmten Beschreibers von Italien, Herrn Gustav Nicolai, in allen ihren Details das ihr gebührende Recht angedeihen lassen.

Der konsumtible Teil unseres Gepäcks schmolz indessen so zusammen, daß wir auf der vorletzten Station vor Berlin sogar den völlig geleerten Korb liegenließen; was ohne denselben in der zwar nicht arabischen, aber doch sehr trostlos dürren Wüste, die wir durchzogen, aus uns geworden wäre, weiß ich in der Tat nicht.

Trotz allem diesen kam ich doch sehr wohlgemut vor dem damals berühmtesten Gasthofe Zur goldenen Sonne, der auch vornehmer Hôtel de Russie genannt wurde, in Berlin an; erst beim Aussteigen entdeckte ich zu meinem Erstaunen, daß ich auf meinen übermäßig angeschwollenen Füßen weder stehen noch gehen könne. Mein Mann nahm ohne langes Bedenken mich wie ein Kind auf den Arm, trug mich die Treppe hinauf und suchte unterwegs mich mit der Versicherung zu beruhigen, daß ich nach einer in einem guten Bette durchschlafenen Nacht wieder ganz hergestellt sein würde, indem mein Zustand nur die natürliche Folge der ununterbrochen fortgesetzten Reise sei. Ich hätte mit dieser Versicherung mich auch ganz gern zufrieden gegeben, hätte nur die Schildwache, die irgendeinem vornehmen Reisenden zu Ehren vor dem Hause aufgestellt war, nicht überlaut gesagt: »Ein nettes Frauenzimmerchen, schade, daß es kreuzlahm ist«, was ich denn doch sehr übelnehmen mußte.

Während der sechs oder acht Tage, die wir diesmal in Berlin

zubrachten, hatte ich vom Morgen bis zum Abend mit den Merkwürdigkeiten der großen Königsstadt vollauf zu tun. Vor den Erzeugnissen bildender Kunst, die ich noch nie in so zahlreicher Zusammenstellung erblickt hatte, stand ich verstummend, furchtsam, verlegen; ich wußte eigentlich nicht, wie mir geschehen, denn ich hatte noch nicht sehen gelernt.

Der Anblick der wie nagelneu aussehenden Stadt war mir zwar auffallend, aber die unabsehbar langen und breiten Straßen kamen eben wegen ihrer Länge und Breite mir öde und menschenleer vor, ebenso auch die alle wie nach einem Modell erbauten, einander durchaus ähnlichen Häuser, von denen damals einige gar keine Häuser, sondern bloß eine Fassade waren, hinter welcher nichts als ein leerer Raum sich befand, die nur der Symmetrie zuliebe erbaut worden war, um eine entstellende Lücke in der Reihe der übrigen Häuser zu verbergen. Daß dem wirklich so sei, davon konnte mich Ungläubige nur der Augenschein überzeugen.

Stoff zur Bewunderung fand ich zwar überall und stündlich, bei jedem Schritte, doch ganz heimlich bei mir selbst verwunderte ich mich am meisten darüber, daß ich nicht noch weit mehr mich verwundern mußte; die glanzerfüllte Märchenwelt, die hohe, ernste Würde des alten Roms, die Überbleibsel gediegener Vorzeit in meiner Vaterstadt leuchteten aus meinen Kinderjahren noch zu blendend zu mir herüber. Wider mein Wollen mußte ich in Berlin immer an Theaterdekorationen denken.

Der Weg von Berlin nach Potsdam beträgt nur vier Postmeilen; die kleine Reise, jetzt eine lustige Spazierfahrt von höchstens drittehalb Stunden, war damals aber ein Unternehmen, zu dessen Ausführung man sich im voraus mit Geduld waffnen mußte. Im knietiefen Sand beinahe einen ganzen Tag lang durch einen traurigen Fichtenwald sich hinschleppen lassen zu müssen, um einen so kurzen Weg zurückzulegen, war in der Tat keine Kleinigkeit.

Der Anblick der Stadt Potsdam, als wir ihn endlich errungen hatten, entschädigte mich wenig für die überstandene Mühseligkeit; sie kam mir noch menschenleerer, noch verödeter vor als Berlin. Die äußerlich anscheinende Pracht der Gebäude kontrastierte damals gar zu auffallend mit der Ärmlichkeit der Bewohner derselben.

Uniformen rechts, links, wohin man sah, überall nichts als Uniformen, nirgends echt bürgerliche Wohlhabenheit, frohsinniger, sich selbst lohnender Gewerbefleiß. Mir war nicht wohl dabei, und ich sehnte mich bald wieder hinaus.

Auch war es draußen unstreitig weit angenehmer als in der Stadt, die Umgebung derselben gefiel mir um so mehr, da es die erste schöne Gegend war, die ich erblickte, seit ich Danzig verlassen; besonders erfreuten mich die nie zuvor gesehenen Weinberge, welche hier schon anzutreffen ich nicht erwartet hatte. Man behauptete zwar, sie brächten nur »Gewächs, sieht aus wie Wein«; aber was ging das mich an, durch eine solche Kleinigkeit ließ ich in meiner Freude mich nicht stören.

Schloß Sanssouci machte in seiner grandiosen Einfachheit einen Eindruck auf mich, den ich nicht versuchen will, durch Worte wiederzugeben. Im Sterbezimmer des großen Königs stand noch alles, wie es in jener verhängnisvollen ernsten Stunde vor einem Jahre gestanden. Leisen Schrittes näherte ich mich dem Armsessel vor dem Kamin, in welchem die peinlich drückenden Fesseln des Lebens von dem Helden seines Jahrhunderts endlich abgefallen waren; ein lautes Wort wäre hier mir unmöglich, es nur zu hören unerträglich gewesen; doch niemand unterbrach die heilige Stille, es war, als ob alle Gegenwärtigen noch unter dem Einfluß des hohen Geistes sich fühlten, der einst hier gewaltet.

Leichtfüßig schweifte ich in den Gärten umher, die ich in solcher Pracht noch nie gesehen; lachte den dickköpfigen chinesischen Pagoden ins Gesicht, die in einem Pavillon mich nickend begrüßten, wunderte mich über die übermäßigen Vergoldungen in einem andern, sah die berüchtigte Windmühle von weitem, deren Flügel ebenfalls vergolden zu lassen ein Spottvogel einst dem Könige geraten, blieb vor den Marmorbildern wie eingewurzelt stehen und meinte endlich ins Feenreich versetzt zu sein, als ich die Orangerie in voller Blüte, die wunderbaren Palmen und Bäume aus südlichen Zonen, die Fülle der in unglaublichem Farbenglanz prangenden fremden Blumen erblickte, die mit wahrhaft königlicher Pracht in Treibhäusern gepflegt wurden, deren Möglichkeit in solcher Größe und Vollkommenheit mir nie in den Sinn gekommen war.

Unfern dem Schlosse in einer von hohen Bäumen und düsterm Gebüsch umschatteten Ecke des Gartens erblickte ich mehrere kleine Leichensteine, mit Bello, Diana, Bijou und ähnlichen Hundenamen bezeichnet. Es waren die Gräber der zierlichen Windspiele, einst die vierfüßigen Lieblinge des gewaltigen Herrschers über Millionen, die er im bittern Unmut für seine »einzig getreuen Freunde« oft erklärt hatte. Wie schwarz und schwer, wie so ganz trostlos muß in jener Stunde Menschenverachtung seinen hohen Sinn gebeugt haben, in der er den Wunsch äußern konnte, hier in ihrer Mitte einst begraben zu werden.

Übrigens mag aber auch mancher Mensch das Schicksal dieser zierlichen Tierchen mit Neid betrachtet haben; sie führten ein köstliches Leben, überall war ihnen weich gebettet. Im Zimmer des Königs durften sie jede ersinnliche Freiheit sich herausnehmen, wovon Sofas und Sessel noch Beweise lieferten, und bei schlechtem Wetter fuhren sie in königlicher Equipage spazieren, um die niedlichen Pfötchen nicht zu beschmutzen. Der sie begleitende Page nahm dann im Wagen den Rücksitz ein und überließ ihnen den bequemen Ehrenplatz; auch redete er nur in der dritten Person des Plurals sie an: »Mylord! Wo denken Sie hin? Ist das auch ein schickliches Betragen? Marquis, halten Sie doch Frieden! Comtesse! Wer wird denn so bellen?«

Pyrmont – die Krone aller Bäder

Um wieder einmal die große Fontaine in Herrenhausen springen zu sehen und zugleich den berühmten Arzt, Ritter von Zimmermann, wegen kaum merklich werdender Abnahme seines Gehörs zu konsultieren, führte mein Mann mich von Berlin nach Hannover. Im Bewußtsein, nicht nur den großen Arzt, sondern auch, was mir noch viel mehr war, den berühmten Schriftsteller, dessen Werk über

Fräulein Ledikowska

*Chodowiecki
begrüßt seine Mutter*

*Chodowiecki
zeichnet seine Mutter*

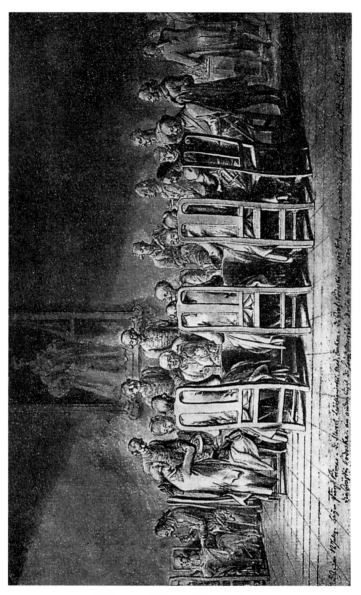

Mittagstafel beim Fürstprimas

*Chodowiecki zeichnet die Gemahlin
des Strasnik Czacki*

Besuch bei Kaufmann Gerdes

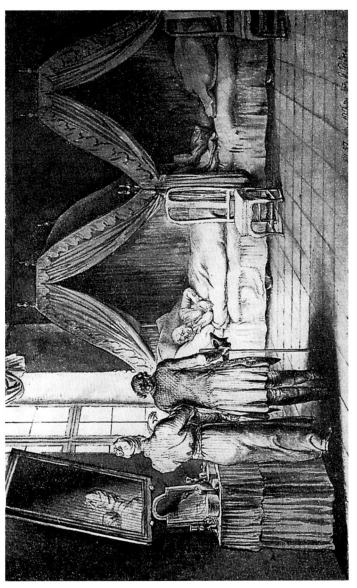

Ein Besuch bei Frau Gerdes

Die »Treckschuite«
auf der Weichsel

die Einsamkeit ich mit großem Interesse kürzlich gelesen, in seinem Hause aufzusuchen, war mir freilich beim Überschreiten seiner Schwelle ein wenig ängstlich ums Herz. Die freundliche Art, mit der er als ein früherer Bekannter meines Mannes uns empfing, beruhigte mich indessen gleich anfangs wenigstens insoweit, daß es mir möglich wurde, nicht durch kindische Scheu mich lächerlich zu zeigen; und als ich erst in seinem Zimmer auf dem Sofa mich etabliert sah, als ich nun umherschauend an den Wänden und überall Gemälde und andere Dinge entdeckte, die auf sein Buch Bezug hatten und die ich sogar aus den in demselben enthaltenen Beschreibungen wiedererkannte, da wurde die Möglichkeit, auch mit Männern dieser Art zu sprechen, ohne dabei vor lauter Ehrfurcht zu vergehen, mir einigermaßen klar.

Ritter von Zimmermann war eine stattliche Gestalt, sein Betragen das eines in den höheren Kreisen gebildeten Weltmannes; die nicht eben schönen, aber ausdrucksvoll-männlichen Züge seines Gesichts trugen Spuren jener tiefen Melancholie, welche einige Jahre später bis an das Ende seiner Tage in die trübseligste Hypochondrie ausartete. Für jetzt verrieten indes weder seine Reden noch seine Art zu sein den traurigen Verfall seiner geistigen Kraft, der, durch frühere Krankheit herbeigeführt, ihm nahe bevorstand. Er sprach viel und angenehm von seiner Fehde mit dem durch ihn berühmt gewordenen Doktor Oberreit, von seinem Besuch am Sterbelager Friedrichs des Zweiten und wußte mir so den Mut einzuflößen, dann und wann ein Wort in das Gespräch einzuschieben oder eine ganz bescheidene Frage zu wagen.

Am Ende unseres Besuches bestimmte er meinen Mann zur Brunnenkur in Pyrmont, wo er die beste Gelegenheit haben würde, ihn als Arzt zu beobachten, die Ursachen seiner angehenden Taubheit zu ergründen und womöglich zu beseitigen.

Auf Wiedersehen in Pyrmont! Wie liebte ich den Ritter um dieses einzigen Wortes willen, mit dem er von uns Abschied nahm! Pyrmont! Zwar wußte ich selbst nicht recht, was ich mir dabei dachte; ich Neuling in der Welt, wie konnte ich?

Den Sonntag mußten wir in Hannover noch abwarten, um die große Fontaine in Herrenhausen springen zu sehen, ein Schauspiel, das wie alles, was auf Gartenkunst Bezug hatte, meinen Mann sehr interessierte. Auch war es hier des Sehens und Bewunderns vollkommen wert. Mit donnerähnlichem Brausen drängte das Wasser sich unter der Erde durch die Röhren und warf dann den mächtigen, an Stärke dem Stamme eines großen Baumes zu vergleichenden Strahl siebzig Fuß hoch in die Luft. Daß dieser Strahl in der Mitte hohl sei und nur durch Kunst diese scheinbare Stärke erlange, erfuhr ich später, aber die Illusion war zu vollkommen, das Schauspiel, das sie bot, von zu erhabener Größe, um sich hier nicht gern täuschen zu lassen.

Wie erglänzte im Strahl der sinkenden Sonne beim Nachhausefahren der wunderherrliche Dom, den die nach Herrenhausen führende Allee bildet, die größte in Deutschland, vielleicht in der Welt; wie schimmerte das Laub und deckte mit Millionen kleiner, auf goldigem Grunde tanzender Schatten wie mit einem prachtvollen Teppich die Erde!

Bei unserer Ankunft wimmelte Pyrmont von Brunnengästen aus allen, besonders aus den höheren und selbst höchsten Ständen; der ganze Ort kam wie ein ungeheurer Gasthof mir vor. Von dem, was Badeleben eigentlich sei, hatte ich keinen Begriff, ich hatte bis dahin es ganz treuherzig für einen letzten Versuch gehalten, die dem Grabe zusinkende Gesundheit wiederherzustellen. In Danzig kannte man eigentlich nur zwei Badeorte, Pyrmont und Karlsbad, und zwar größtenteils nur dem Namen nach; überhaupt galt die Verordnung einer Badereise als Andeutung, daß der Arzt keinen weiteren Rat wisse und den Kranken gern aus seiner Nähe entfernen möchte, um im schlimmsten Fall weiterer Verantwortlichkeit enthoben zu sein.

An die Möglichkeit, aus Pyrmont hergestellt wiederzukehren, glaubte man einigermaßen, obgleich der Versuch dazu nur selten gewagt worden sein mag; aber das Pyrmonter Wasser wurde schon damals weit und breit, sogar bis zu uns versendet; die Verordnung, nach Karlsbad zu gehen, wurde meistens wie eine Art Todesurteil aufgenommen, jedem schauderte vor dem gleichsam aus der Hölle kochend heiß aufsprudelnden Wasser, und die dorthin Abreisenden schieden im bängsten Vorgefühl von ihren trostlos ihnen nachweinenden Freunden.

Überhaupt gab es bei sehr mangelhafter Einrichtung der Brunnenorte damals in Deutschland derselben nur wenige; jetzt würde es schwerfallen, mehr als zehn Meilen zurückzulegen, ohne auf eine größere oder kleinere, dem menschlichen Erfindungsgeist oder der Natur entspringende Heilquelle zu stoßen. Vor fünfzig bis sechzig Jahren waren viele der jetzt besuchtesten teils noch unbekannt, teils nur von in der Nähe derselben Wohnenden spärlich benutzt und ärmlich ausgestattet; an die zweckmäßige Einrichtung von Seebädern wurde aber noch gar nicht gedacht.

So war es damals nicht allein in unserem abgelegenen Norden, sondern wenig modifiziert auch im eigentlichen Deutschland; Pyrmont hatte indessen seit einigen Jahren, besonders seit König Friedrich der Zweite es besuchte, eine überwiegende Berühmtheit erlangt; es wurde als die Krone aller Bäder betrachtet, von Fürsten mit ihrer Gegenwart beehrt, von dem Landesherrn, dem Fürsten von Waldeck, auf jede ihm mögliche Weise gehoben und begünstigt, und so hatte die Aufnahme, welche man dort fand, zwar bei weitem nicht so glänzend als etwa jetzt in Wiesbaden, aber doch solcher vornehmer Brunnengäste nicht ganz unwürdig sich gestaltet. – Ob die hohen Erwartungen, mit denen ich in Pyrmont eintraf, ganz befriedigt wurden, ist eine Frage, die ich mit gleicher Wahrheit bejahend oder verneinend beantworten könnte.

Dieselbe Couleur, aber in Grün, forderte, wie eine bekannte Anekdote erzählt, ein Dienstmädchen einst in einem Laden und reichte ein Pröbchen rosenrotes Band dem Kaufmann hin; was das Mädchen eigentlich meinte, war ungefähr das, was ich in Pyrmont gefunden: Alles, wie ich es mir gedacht hatte, nur ganz anders: Gott versteht mich, tröste ich mich mit dem ehrlichen Sancho Pansa, wenn man mich hier etwas unbegreiflich finden sollte.

Während der ersten Tage war mir freilich mitten in dem bunten Treiben ungefähr wie einem ins weite Meer gefallenen Regentropfen zumute, doch auch hier trat wie immer mein Mann hilfreich ein; er führte früheren Bekannten, die er bald aufgefunden, mich zu, Männern und Frauen aus Hamburg, Bremen und Lübeck, Hanseaten eben wie wir auch, bei denen ich bald ganz einheimisch mich fühlte. Einer jungen, liebenswürdigen Hamburgerin schloß ich herzlicher als den übrigen mich an, deren Mann schon früher dem meinigen befreundet gewesen und die auch in späteren Jahren immer meine treue Freundin geblieben ist. Madame B ... war ebenfalls einem weit ältern Manne sehr glücklich vermählt, der in ruhiger Zurückgezogenheit von Geschäften seines großen, in Spanien erworbenen Vermögens mit feinem Sinn und in anständigem Wohlleben in Hamburg sich mit ihr erfreute.

Daß wir in dieser lieben Gesellschaft die oft beschriebene schöne Gegend um Pyrmont auf größeren Spazierfahrten durchstreiften, daß rüstigere Fußgänger, als meine liebe B ... es war, sich zu mir gesellten, um mit mir die Berge zu besteigen, wo Hermann mit seinen Cheruskern einst hauste, daß ich mit dem größten Interesse auf klassischem Boden hier wandelte, das alles versteht sich von selbst. Varus und seinen Legionen gönnte ich übrigens ihren Untergang, der in dieser Gegend stattgefunden haben sollte, wie meine geschichtskundigen Führer mich versicherten, waren es doch nicht meine freien, tapfern Republikaner, die ich noch immer im Herzen trug.

Morgens versäumte ich selten, an den Brunnen zu gehen, obgleich ich selbst ihn nicht trank. Alles ergötzte mich dort in seiner Neuheit; das mannigfache Getümmel der an der Quelle Genesung Suchenden, die jungen Frauen und Mädchen, die, nachdem sie ihren Becher hastig geleert, leichtfüßig wie Elfen die Allee hinunterschwebten und in ihren einfachen Morgenkleidern tausendmal hübscher waren als am Tage unter der schwerfälligen Last der damaligen geschmacklosen Mode.

Der feierliche Choral, mit welchem das treffliche Musikchor des Fürsten von Waldeck die Freuden des für uns eigentlich beginnenden Tages mit dem Schlage sechs Uhr einleitete, schuf den hoch über uns sich wölbenden, von den stattlichsten

Bäumen gebildeten grünen Dom zum herrlichsten Tempel Gottes um. Es war ein einziger Moment, der selbst auf den Leichtsinnigsten unter uns nie seine Wirkung verfehlte, die aber auch mit dem letzten zum Himmel aufschwebenden Ton meistens wieder verflog.

»Wer ist der hübsche junge Mann, der gleich nach dem Morgenliede sich einen lustigen Tanz aufspielen läßt?« fragte ich am ersten Tage. »Sie meinen den, der sich dort das niedliche Blumenmädchen herauslangt und die Allee mit ihr herunterwalzt? Das ist der regierende Herzog von Mecklenburg-Schwerin«, erhielt ich zur Antwort und mußte zwei-, dreimal sie mir wiederholen lassen, weil ich immerfort glaubte, falsch verstanden zu haben.

Ein regierender Fürst! Es war der erste, den ich jemals in der Nähe gesehen, denn damals waren so hohe Reisende noch eine Seltenheit. Daß sie nicht mehr die Krone auf dem Haupte, das Szepter in der Hand umherspazieren, wußte ich längst, aber so durchaus herablassend und human, so ganz frei von jenem Nimbus, den ich von der äußern Erscheinung eines solchen Gebieters über Leben und Freiheit seiner Untertanen mir unzertrennlich dachte, den hohen Herrn zu finden wäre mir nie eingefallen.

Was würden die Danziger sagen, wenn nur ihr regierender Herr Bürgermeister ein solches Tänzchen öffentlich wagen wollte! dachte ich.

Übrigens stand Herzog Franz von Mecklenburg damals in blühendster Jugend, was bei regierenden Bürgermeistern nie der Fall zu sein pflegt; sein Land, seine Familie haben während seiner langen Regierung sich wohl befunden und seinen Tod aufrichtig betrauert; er selbst aber hat erst am Anfange dieses Jahres, ein einundachtzigjähriger, noch immer lebenskräftiger Greis, sein froh und glücklich geführtes Tagewerk froh und glücklich beendet und ruht jetzt von des Lebens Mühen und Freuden bei seinen Ahnherren aus.

Der Nimbus von fürstlicher Glorie, den ich bei dem lebenslustigen Herzog von Mecklenburg vermißte, sollte dennoch mir aufgehen, ehe ich Pyrmont verließ; in verdoppeltem und ver-

197

dreifachtem Glanze umstrahlte er die stattliche Gestalt der regierenden Herzogin von Braunschweig, die, umgeben von Kammerherren, Hofdamen und allem, was zu einem förmlichen Hofstaat sonst noch gehört, wenige Tage nach uns eintraf, um die Brunnenkur zu gebrauchen.

An jedem Morgen sahen wir in der Allee eine lange Tafel bereitet, an welcher die Herzogin mit ihrer Gesellschaft das Frühstück einnahm; auch wir und unsere näheren Bekannten hatten zum nämlichen Zweck eine ähnliche, jener gegenüber, schon früher etabliert. Beide waren die einzigen dieser Art, die übrige Gesellschaft frühstückte an kleinen einzelnen Tischen oder zu Hause. Mich und Madame B... ergötzte es nicht wenig, das, was in jener uns ganz neuen Hofatmosphäre vorging, wie ein Schauspiel zu betrachten, über welches wir unsere mitunter ziemlich lustigen Bemerkungen einander mitteilten, aber es fiel uns nicht ein, daß auch wir unserm vornehmen vis-à-vis Stoff zu ähnlichen liefern könnten, der indessen, wie die Folge lehrte, nicht ungünstig für uns ausgefallen sein mußte.

Frau von V..., eine sehr geistreiche Dame, mit der wir zufällig in eine Art oberflächlicher Bekanntschaft geraten waren, wie das an solchen Orten so leicht geschieht, trat ganz unerwartet mit dem Erbieten hervor, Madame B... und mich der Herzogin von Braunschweig vorzustellen. Sehr freundlich bemerkte sie dabei, daß wir dadurch des Vorzugs teilhaftig werden würden, uns den großen Dejeuners anschließen zu dürfen. Vergebens erinnerte ich unsere Beschützerin an unsern durchaus nicht hoffähigen Bürgerstand; sie erwiderte lächelnd, daß an Orten wie diesem auf Hofetikette nicht so strenge gehalten werde, wandte alles an, um meine Zweifel zu heben, und lud uns endlich ein, der Herzogin noch am nämlichen Nachmittage in der Allee zufällig zu begegnen. Wir hätten dabei nichts weiter zu tun, setzte sie hinzu, als nach dem Rock oder der Hand der Herzogin uns zu bücken, um sie zu küssen, was die ungemein herablassende Fürstin aber gewiß nicht zugeben werde.

Wir, keinem Fürsten untertan, freigeborne Frauen, wir sollten einer anderen Frau, die weder unsere Mutter noch Großmutter war, die Hand küssen, oder vollends gar bis zur Erde uns beugen, um den Saum ihres Gewandes zu ergreifen? Ein Zeichen leibeigener Knechtschaft, das sogar von Seiten der Schimkys und der rohen kassubischen Bauern mich immer empört hatte! Der Gedanke, daß man ein solches uns zumuten könne, brachte mein republikanisches Blut in heftige Wallung. Feuerrot, mit blitzenden Augen und zornbewegter Stimme erklärte ich, daß ich für meine Person unter solchen Bedingungen der mir zugedachten Ehre entsagen müsse, und meine Hamburger Freundin, durch mein Beispiel ermutigt, stimmte mir bei.

Vergebens suchte Frau von V... meine Ansicht dessen, was man von uns verlangte, zu berichtigen, vergebens wollte sie als eine bloße, bei solchen Gelegenheiten zwar unerläßliche Formalität es mir darstellen, bei der es die sehr gnädige Herzogin aber nie weiter als zur bloßen Demonstration kommen lasse; auch zu einer solchen, erklärte ich, könne ich als freie Republikanerin mich nicht entschließen. Genug, wir beharrten auf unserem starren reichsstädtischen Sinn und blieben jener Sphäre fern, in deren Nähe wir uns nie gesehnt hatten. Belobt von unsern Männern, die bei dieser, meiner ersten und einzigen diplomatischen Verhandlung als passive Zeugen sich verhalten hatten, von unsern übrigen hanseatischen Freunden bis in die Wolken erhoben, dachten wir gar nicht daran, wieviel Stoff zu witzigen Einfällen unser Bürgerhochmut wahrscheinlich dem Tisch an der entgegengesetzten Seite der Allee geliefert haben mochte.

Literarische Notabilitäten

Gleichzeitig mit der Herzogin von Braunschweig hatte auch der Ritter von Zimmermann sich in Pyrmont eingestellt. Gepudert, frisiert, in vollem Anzuge, fast immer den Hut unterm Arm, mit dem Wladimirorden prangend, mußte ich ihn noch lange vor dem Morgenliede sich in der Allee schmiegen, bücken, von einem vornehmen

Brunnengast schnell zu einem noch vornehmern übergehen, kurz eine für sein Alter wie für das, was er war, ganz unpassende Rolle spielen sehen. Doch muß ich auch bekennen, daß er, weit davon entfernt, uns Nobodys darüber zu vernachlässigen, selten einen Morgen vorbeigehen ließ, ohne auch von uns Notiz zu nehmen und mich in der Allee eine kleine Strecke zu begleiten. Zuweilen suchte er im Laufe des Tages in unsrer Wohnung uns auf, in offenem traulichen Gespräch flogen dann die Stunden an uns vorüber. Er zeigte sich ganz, wie ich nach Lesung seines Buches über die Einsamkeit ihn mir gedacht und in seinem Hause ihn gefunden. Aus allem ging hervor, daß nicht Wohlgefallen an diesem Treiben, sondern übermäßige Eitelkeit ihn verleitete, sich einer Last zu bequemen, die seinem eigentlichen Wesen durchaus widersprach, was ich ohne inniges Bedauern nicht ansehen konnte.

Mein Wunsch, literarische Notabilitäten kennenzulernen, fand übrigens in Pyrmont der Befriedigung vollauf, insofern ich mit dem bloßen Anblick ihrer Persönlichkeit mich begnügen wollte. Täglich entdeckte ich neue, mir noch unbekannte Brunnengäste und hörte mit aus Journalen und Büchern mir wohlbekannten berühmten Namen sie nennen. Doch dabei blieb es gewöhnlich, höchstens kam es bis zu einem Gruß beim Begegnen und einer flüchtigen Frage nach dem gegenseitigen Befinden. Man sah es diesen Männern an, daß das Bedürfnis, nach einem langen arbeitsvollen Winter im Freien sich zu erholen, sie nach Pyrmont geführt und sie folglich wenig aufgelegt sein konnten, dem hohlen, geräuschvollen, ihnen wenig zusagenden Badeleben sich hinzugeben.

Zwei von diesen, der Buchhändler Nicolai aus Berlin und sein von ihm unzertrennlicher Freund, der Bibliothekar Biester, Herausgeber der »Berliner Monatsschrift«, hatten sich indessen uns mehr genähert. Nicolai war ein ältlicher, ernster, etwas finster aussehender Mann, was teils von seinem etwas schweren Gehör, teils von den vielen, von beiden Seiten oft mit großer Erbitterung geführten literarischen Fehden herrühren mochte, in welche er in jener Zeit verwickelt war. Doch habe ich im geselligen Umgange nichts weniger als abstoßend oder

200

mürrisch ihn gefunden. »Sebaldus Nothanker« war die einzige seiner Schriften, die ich gelesen, die besonders durch die kleinen Meisterwerke, mit denen Chodowieckis unnachahmliche Laune das Buch ausgestattet hatte, mir interessant geworden war und bei welchem eigentlich nur der darin vorherrschende Humor mich festhalten konnte, da ich von dem hinter diesem verborgenen tiefen Ernst wenig verstand. Nicolai ließ oft sehr freundlich auf mein unbedeutendes Geschwätz sich ein, doch wohl nur aus höflicher Rücksicht gegen mein Geschlecht; denn daß nicht ich, sondern mein Mann ihn an uns gezogen, ging aus den lebhaften, oft die heterogensten Gegenstände erschöpfenden Gesprächen dieser beiden täglich hervor.

Bibliothekar Biester war gewöhnlich der dritte in ihrem Bunde; doch da in seiner Persönlichkeit wenig Anziehendes für mich lag, so schwebt sein Bild nur in undeutlichen Umrissen meiner Erinnerung vor.

Das Beste hebt jede gute Hausfrau gern bis zuletzt auf, und so will denn auch ich, indem ich im Begriff stehe, von Pyrmont zu scheiden, erst zum Schlusse den Mann nennen, dessen mir höchst liebe und wohltätige Erscheinung die zerstörende Gewalt der Jahre in meinem Gemüte nie verlöschen konnte, Justus Möser.

Seine »Patriotischen Phantasien« waren zufällig unter die kleine Anzahl von Büchern geraten, die ich in Oliva vorfand; sie sind für Westfalen geschrieben, ein fernes Land, dessen Einrichtungen und Gebräuche ich nicht kannte; vieles darin mußte mir deshalb unverständlich bleiben, dennoch zog das Buch mich mächtig an, und solange ich auf dem Lande blieb, ließ ich selten mehrere Tage vergehen, ohne mich in einzelnen Stunden daran zu ergötzen. Wer es kennt, wird dies begreifen, wer es nicht kennt, wird es jetzt schwerlich kennenlernen; es ist zu neu, um durch Altertümlichkeit anzuziehen, zu alt, um in dieser ganz veränderten Zeit Anklang zu finden.

Der durch das innigste Wohlwollen und den Erguß des heitersten Humors gemilderte Ernst, mit welchem der Verfasser in jenem Buche gegen die Mißbräuche seiner Zeit ankämpft, seine treuherzige, ich möchte sagen, väterliche Art, seinen

Landsleuten guten, ja den besten Rat in wichtigen Angelegenheiten des Lebens zu erteilen, die strenge Wahrheitsliebe, welche aus jedem seiner Worte hervorgeht, mußten die allgemeinste Liebe und Achtung derer ihm erwerben, die aus seinem schriftstellerischen Wirken ihn kannten; doch wie sehr wurden diese durch seine persönliche Erscheinung erhöht!

Die Natur hatte mit ihren edelsten Gaben verschwenderisch ihn beglückt, und Kränkung, Kummer, Sorge waren seinem für anderer Wohl unermüdlich tätigen Leben immer ferngeblieben. Er stand, als ich ihn kennenlernte, schon in seinem siebenundsechzigsten Jahre und hatte noch nie erfahren, was Schmerz und Krankheit sei. Das vollkommenste Ebenmaß seiner ungewöhnlich hohen, vom Alter ungebeugten Gestalt, seine sichere, kräftige Art, sich zu bewegen, der zugleich heitere und würdige Ausdruck seines edlen Gesichts zog alle Herzen zu inniger Verehrung gegen ihn hin und zeichnete unter Hunderten ihn aus. So war er im Äußern, das mit seinem Geiste wie mit seinem Gemüt in vollkommenster Harmonie stand, wie unsere Welt sie selten aufzuweisen vermag.

Was sein besonderes Wohlwollen auf mich gerichtet, weiß ich nicht, es war wohl nur die Gunst des Augenblicks, aber er gab gern viel und täglich sich mit mir ab. Wie stolz war ich, wenn die Leute uns beiden nachsahen, indem wir miteinander die Allee auf- und abspazierten. Seine sehr hohe und meine sehr kleine Gestalt mögen sonderbar genug miteinander kontrastiert haben, auch führte er mich gewöhnlich wie ein Kind an der Hand, weil es mir zu unbequem war, meinen Arm bis zu dem seinigen zu erheben.

»God bless the tall gentleman! – Gott segne den langen Herrn!« hatten die Londoner Blumen- und Gemüseverkäuferinnen immer ihm nachgerufen, wenn er in London über Coventgarden-market ging.

Auf dem Wege nach Frankreich

Nicht in sausendem Galopp, aber doch auf gebahnten, ich glaube gar auf Chausseewegen ging es einstweilen auf Kassel zu und dann immer weiter – nach Paris, das wenigstens im Fluge mir zu zeigen Ritter Zimmermann meinen Mann bewogen hatte, wofür ich noch bis zu dieser Stunde ihm dankbar verpflichtet mich fühle.

In Höxter, einem kleinen Orte zwischen Pyrmont und Kassel, hemmte ein Gedränge vieler Leute vor dem Posthause uns den Weg; es war noch sehr früh am Tage, ein hübsches sechzehnjähriges Kind, die Tochter eines Kaufmanns dem Posthause gegenüber, tritt singend heraus, um die Fensterladen an ihres Vaters Hause zu öffnen, ein übermäßig hochbeladener Erntewagen kommt im nämlichen Augenblick die Straße herab, schlägt um! – ehe die unruhig gewordenen Pferde abgespannt, der Wagen aufgerichtet, die Ladung fortgeschafft werden kann, ist die Unglückliche erstickt. Wenig oder gar nicht entstellt sah ich sie an uns vorüber in das väterliche Haus tragen und wandte erschüttert von dem Anblick mich ab, den ich lange nicht vergessen konnte. Noch jetzt muß ich vor jedem Erntewagen unwillkürlich zurücktreten, der mir begegnet.

Das Marmorbad in Kassel blendete mich durch nie gesehene Pracht. Den Winterkasten auf Weißenstein aber, wie damals die jetzige Wilhelmshöhe genannt wurde, war ich bereit, mitsamt seinem Herkules für das achte Wunder der Welt anzuerkennen. Die rohe phantastische Größe dieses kaum zur Hälfte vollendeten Riesenbaues stand wie ein kolossales Traumbild aus einer, ich wußte nicht, ob überirdischen oder unterirdischen Wunderwelt vor mir. Mag man immerhin geschmacklos mich schelten, ich hoffe, unsere neue überschwengliche Zeit wird sich nie bis zu der Höhe versteigen, es untergehen lassen zu wollen.

Beim Abschied stattete ich noch den Herren Pythagoras, Solon, Demokrit, und wie sie weiter noch heißen, in ihren damaligen respektiven Sommerwohnungen auf dem Weißenstein einen kurzen Besuch ab, einen andern desgleichen in Kassel selbst den wächsernen Landgrafen und Gräfinnen, die damals, angetan in Prachtgewändern, die sie, als sie noch lebten, getragen, Tag und Nacht im Museum nebeneinander saßen und Hof hielten.

In Frankfurt wehte ein Hauch vaterländischer Luft mir entgegen. Die schmalen Straßen, die hohen Häuser, die kleinen Schiffchen auf dem Main, alles erinnerte mich an Danzig und an das dortige reichsstädtische Leben. Nur schien es mir enger und kleiner, die Gasthöfe und das große Gewühl abgehender und ankommender Reisenden ausgenommen. Damals rechnete man in Frankfurt auf jede Viertelstunde eine abgehende oder ankommende Extrapost. Dampfschiffe und Eilwagen haben die Zahl derselben zwar bedeutend vermindert, die Eisenbahnen werden mit der Zeit noch mehr dazu beitragen, aber die Zahl der Reisenden nimmt gewiß nicht ab. Die glückliche Lage der Stadt führt alles, was von Süden nach Norden, von Osten nach Westen will, durch sie hindurch, und jeder freut sich, einen angenehmen Ruhepunkt zu finden, wäre es auch nur für wenige Stunden.

Statt der köstlichen Promenaden, die jetzt wie ein vollblühender Kranz Frankfurt umschlingen, das seitdem an Schönheit und Größe mit jedem Tage zugenommen hat und noch zunimmt, war es vor fünfzig Jahren noch festungsartig von traurigen Wällen umgeben, für mich eine Erinnerung mehr an meine liebe Vaterstadt.

Ich wurde des Reisens nicht müde; freilich war die Sommerhitze groß, aber wir hatten Mittel gefunden, ihr auszuweichen; wir kehrten am heißen Mittage im ersten leidlichen Gasthofe ein, schliefen ruhig einige Stunden, kleideten uns um, aßen gegen fünf Uhr zu Mittag und setzten dann in beginnender Abendkühle unsere Reise fort, die schöne kurze Sommernacht hindurch dem Sonnenaufgang entgegen, bis die wieder zunehmende Hitze des Tages uns abermals bewog, ein schattendes Dach aufzusuchen.

So langten wir über Deutschlands Grenze hinaus nach Gent, nach Antwerpen, nach Lille, nach Brüssel, und ich will ehrlich gestehen, daß Bettler und Straßenjungen durch ihr Französischparlieren mir anfangs einigermaßen imponierten.

Festgehalten von alten Freunden meines Mannes, verweilten wir in allen jenen Städten einige Tage, während welcher ich im Kreise der Familien, bei denen ich eingeführt wurde, mich ungemein wohl befand, um so mehr, da ich jeden Augenblick auf etwas mir durchaus Fremdartiges stieß. Bald war es die beim Mittagessen selten ausbleibende Gegenwart eines wohlgenährten Geistlichen, des Beichtvaters des Hauses, oder einer sehr freundlichen Sœur grise, der sorgsamen Pflegerin eines kranken oder altersschwachen Mitgliedes der Familie; beide nahmen unausbleiblich die Oberstelle am Tische ein und wurden mit ausgezeichneter Ehrerbietung vor allen andern Gästen auf das aufmerksamste bedient; zuweilen war es aber auch der innere Kampf im Gemüt der Frau vom Hause, der mir ein heimliches Lächeln ablockte, wenn ihr Mann an einem Feiertage auf den profanen Einfall geriet, einen Flügel von dem Rebhuhn essen zu wollen, das sie mit großer Selbstüberwindung nur aus Nachsicht für uns Ketzer hatte auftragen lassen und sie nun nicht wußte, wie sie von einer so schweren Sünde ihn abhalten könne, ohne zugleich uns wehe zu tun.

Mehr als alles aber setzte der Frauen genaue Bekanntschaft mit den Geschäften ihres Hauses mich in Erstaunen; sie schienen davon weit unterrichteter als der eigentliche Chef desselben, der bei den Gesprächen, die sie darüber mit meinem Manne führten, sich gewöhnlich schweigend verhielt. In vollem Anzuge, reich und elegant gekleidet, von ihren erwachsenen Töchtern umgeben, denen gewöhnlich das Amt des Kassierers übertragen war, brachten die Frauen der bedeutendsten Bankiers den Vormittag im Kontor zu; da saßen sie an einem etwas abgesonderten Platz, von welchem aus sie alles, was in demselben vorging, übersehen konnten, schrieben, diktierten, rechneten, nahmen die Fremden an, die sich präsentierten, und ließen, den Kurs gehörig berechnend, ihre Wechsel ihnen auszahlen. – So war es vor fünfzig Jahren; ein mir sehr seltsam erscheinender Zustand, dem ich keinen Geschmack abgewinnen konnte. Zeit und Umstände haben seitdem freilich viel verändert.

Paris – das Wunder der Welt

Endlich sah ich Paris! Paris, das Wunder der Welt! Oxhöfte voll Tinte sind seitdem in Beschreibungen desselben konsumiert worden. Der Gegenstand ist erschöpft, was läßt ohne ermüdende Wiederholung sich weiter darüber sagen, wenn der Autor nicht seine eigene Person zum Mittelpunkt erheben will, um den die Welt sich dreht?

»Madame est belle comme elle est bonne!« rief ein altes Weib mir hohnlachend zu, dem ich nichts gegeben, weil ich nichts ihr zu geben hatte. Ich saß in meinem Wagen vor einem großen Hotel in der Rue des bons enfants, einer der gewühlreichsten Pariser Straßen, und harrte der Entscheidung meines Mannes, der ins Haus gegangen war, um sich die Zimmer zeigen zu lassen, die man uns einräumen konnte.

Mit zwanzig Jahren und einem gewissen Bewußtsein, das in jenem glücklichen Alter selten auszubleiben pflegt, kann ein Witzwort wie das, welches die Bettlerin im Zorn gegen mich ausgesprochen, keinen sehr großen Eindruck machen, ich fand im Gegenteil es sehr ergötzlich, echt französisch und war schon auf Mittel und Wege bedacht, sie vermittelst einiger Sous königlich dafür belohnen zu lassen, als plötzlich ringsumher eine Menge Ritter mit großem Geräusch zur Verteidigung meiner Schönheit aufstand; Lohnbediente, Lastträger, Kommissionäre, die, ihrem Gewerbe nachgehend, um den Wagen sich versammelt hatten, drangen mit zürnender Gebärde unter lautem Schreien, sogar mit drohenden Fäusten auf die Alte ein; die Vorübergehenden fingen an, teilnehmend stillzustehen, unser Bedienter, der kein Wort verstand, zitterte und bebte, mir verging Hören und Sehen über den Höllenlärm, den nur Pariser Kehlen bis zu dieser Höhe zu steigern vermögen.

Wie froh war ich, als mein Mann zu meiner Befreiung erschien und aus meiner ängstlichen Lage mich erlöste.

Das Entresol war besetzt, die Belle étage ebenfalls, wir mußten eine dritte Treppe ersteigen; die Wirtin lief geschäftig an mir vorüber, um die Fenster des Zimmers, in das ich eben hineingeführt wurde, zu öffnen. Ich trat auf den Balkon und blieb vor dem überraschenden Anblick wie versteinert. Das Palais royal, in all seinem damals entstehenden Glanz, lag gleich einer Feeninsel vor mir.

Vormals war dieser Zauberort der zum Palast des Herzogs von Orleans gehörende Garten gewesen; die hohen Alleen, die schattenreichen Bosketts, die alten prächtigen Bäume waren seit kurzem der Zerstörungswut und dem Eigennutz des Eigners derselben zum Opfer gefallen. – Ganz Paris hatte darüber ziemlich vernehmlich gemurrt, ganz Paris war jetzt über die neue Schöpfung entzückt, die aus jenem Chaos hervorging; Paris war in dieser Hinsicht immer Paris und wird es bleiben, so lange dort ein Stein auf dem andern ruht.

Wer kennt nicht das Palais royal, wenigstens aus Beschreibungen? Wer würde nicht mitleidig die Achsel zucken, wenn ich es unternähme, jenen vielen hier noch eine hinzufügen zu wollen? Nur soviel kann ich zu sagen mir erlauben, alles, was man im Leben bedarf und nicht bedarf, umschloß es schon damals in seinen weitläufigen Bezirken; nur keine Kirche und keine Restauration, die letztere aus dem ganz einfachen Grunde nicht, weil die Erfindung dieser sehr heilsamen Institute einer etwas späteren Zeit vorbehalten worden war.

Herr und Madame P... aus Hamburg bewohnten die Belle étage in unserem Hotel; in Gesellschaft dieser Freunde, zum Teil unter ihrer Leitung, benutzte ich unermüdlich die mir spärlich gemessene Zeit von vier Wochen. Doch daß ich dadurch meinem Zweck, Paris kennenzulernen, bedeutend nähergekommen wäre, darf ich nicht behaupten; im Gegenteil, wie in einem Ameisenhaufen wirbelte in meinem Kopfe alles durcheinander; der Gegenstände waren zu viele, der Tage, die ich ihnen widmen konnte, zu wenige. Aber hätte ich auch so viele Monate in Paris verweilen dürfen, als mir Wochen vergönnt waren, ich wäre doch nicht zu vollkommen klarer Anschauung dessen, was ich erblickte, gelangt. Wie neugeborne Kinder das Sehen durch Übung erst lernen müssen, so will auch das Sehen auf Reisen erst erlernt werden, wenn man etwas Besseres mit nach Hause bringen soll als etwa einige Anekdoten aus den häuslichen Zuständen jetzt berühmter Schriftsteller, deren man nach höchstens zwanzig Jahren nicht mehr gedenken wird; ein Surrogat, mit welchem die Mehrzahl unserer Reisebeschreiber sich einstweilen behilft.

Abends ruhte ich in einem der vielen Theater aus, deren in Paris mehrere den Schaulustigen täglich offenstanden, und kam fast immer befriedigt nach Hause. Nur eines einzigen derselben, und zwar eines der kleineren will ich hier erwähnen: les petits comédiens du Roi. Die Schauspieler waren Kinder von vierzehn bis sechzehn Jahren, die im Bezirk des Palais royal in einem eleganten kleinen Schauspielhause ihr lustiges Wesen trieben. Sie spielten zur allgemeinen Zufriedenheit eines leicht zu amüsierenden Publikums Sprichwörter, Operetten, kleine Lustspiele, Vaudevilles, alle jene zierlichen Blüetten, in denen die Franzosen alle anderen Nationen weit hinter sich zurücklassen.

»Das einzig Merkwürdige hier ist, daß einer dieser jungen Schauspieler kein Wort spricht, er spielt, während ein anderer in der Kulisse seine Rolle für ihn deklamiert; könnten Sie ihn unter den übrigen wohl herausfinden?« flüsterte jemand aus unserer Gesellschaft mir zu. Ich gab genauer acht, glaubte den Stummen entdeckt zu haben und vernahm zu meinem größten Erstaunen, daß der Knabe, den ich bezeichnete, nur ein etwas ungeschickter Anfänger sei, daß aber in der Tat kein einziger der jungen Schauspieler und Schauspielerinnen ein Wort spräche, daß das ganze Stück eigentlich hinter der Szene aufgeführt würde und die Schauspieler hier vor uns nur eine pantomimische Darstellung desselben gäben.

Die Täuschung war vollkommen; selbst als ich davon unterrichtet war, kostete es mir Mühe, daran zu glauben; kein Blick, keine zu früh oder zu spät eintretende Miene oder Gebärde verriet sie; auch nicht beim Gesange, wo man deutlich die Anstrengungen zu bemerken glauben mußte, mit welcher die jungen Sänger etwas schwierige Koloraturen herausgurgelten.

Der Nutzen dieser gewiß für Lehrer und Schüler gleich lästigen Abrichtung der armen Kinder blieb mir indessen ebenso unbegreiflich als das Gelingen derselben; auch wußte niemand mir etwas Befriedigendes darüber zu berichten. In den Stürmen der Revolution ist das ganze Gaukelspiel seitdem verweht und liegt zu sehr außer dem Geschmack der Zeit, um wieder hervorgesucht zu werden.

Das unverhoffte Wiedersehen der Gemahlin des russischen Gesandten in Danzig, der Frau von P..., die wir in Paris wiederfanden, freute und betrübte mich zugleich; persönlich fand ich sie fast unverändert, doch wie war es um sie her so gar anders geworden, als es früher gewesen! Ihr fehlte augenscheinlich alles, was Gewohnheit ihr sonst unentbehrlich gemacht. Sie bewohnte das niedrige Entresol eines sehr bürgerlich aussehenden Hauses, ohne Vorhof, ohne Torfahrt. Dicht unter ihrem Fenster rasselten Karren und Wagen vom grauenden Morgen bis tief in die Nacht in ununterbrochener Folge vorbei, und jede Art ohrenzerreißenden Straßenlärms tönte betäubend zu ihr hinauf. Ein Fenster zu öffnen, um frische Luft ins Zimmer dringen zu lassen, verwehrte der in dicken Wolken hochaufwirbelnde Staub und das wilde Getöse draußen, bei dem es unmöglich war, sich im Zimmer einander verständlich zu machen. Nur harte Notwendigkeit konnte die erwähnte Frau gezwungen haben, aus ökonomischen Gründen diese Wohnung zu wählen.

Kein Kammerdiener, keine buntgalonierten Lakaien harrten in ihrer verödeten Antichambre ihrer Befehle; von ihrer ganzen zahlreichen Dienerschaft war nur eine einzige russische Kammerfrau ihr geblieben, die ihr schon von Petersburg nach Danzig gefolgt war, von ihren übrigen Umgebungen nur das von Darbes gemalte Pastellbild einer geliebten Jugendfreundin, das ich in Danzig in ihrem Kabinette oft bewundert, und – Gilard, der alte treue Gilard. Mit unbeschreiblichem Zartgefühl suchte er durch verdoppelte Aufmerksamkeit und jede nur ersinnliche Schonung die herbe Veränderung ihrer Lage sie vergessen zu lassen, der er doch immer selbst mit tiefem Schmerze gedachte und die sie mit unbesiegbarem Gleichmut und Ehrfurcht gebietender Würde zu ertragen verstand.

Dem niederschlagenden Bilde dieser durchaus verfehlten, zerrissenen Existenz eines von der Natur zu den schönsten Erwartungen berechtigten, liebenswürdigen Wesens reiht hier in meiner Erinnerung das eines der edelsten Greise, des Abbé L'Epée, sich trostbringend an, zu welchem ein Freund desselben mich führte; denn jene öffentlichen, theatralisch pomphaften Schaustellungen, welche unter dem Abbé Sicard, seinem Nachfolger, Zeit und Umstände seitdem als notwendig bedingt haben, fanden vor fünfzig Jahren noch nicht statt.

Von einem einzigen großen Gedanken ergriffen, hatte der Abbé L'Epée sein Leben, sein Denken und Wirken der Ausführung desselben zugewandt. Mit einem sehr mäßigen, für das Ziel, das er sich erwählt, sogar dürftigen Einkommen hatte er das große segensreiche Werk begonnen und durchgeführt, unglückliche taubstumme Kinder aus tiefster, an Tierheit grenzenden Versunkenheit zu menschlicher Würde zu erheben. Ganz allein, unter Entbehrungen jeder Art, die er sich freiwillig auferlegte, hatte er die ihm später gebotenen Geschenke fremder Monarchen verschmäht, hatte nie die Aufmerksamkeit seines eigenen Hofes zu erregen gesucht und war folglich in jener frivolen Epoche, in welche sein Leben fiel, von diesem unbeachtet geblieben. Sein ganzes Streben ging nur darauf hinaus, soviel Gegenstände seines wohltätigen Wirkens, als er erreichen konnte, in seinem Hause zu versammeln und in ihrer Mitte zu leben wie ein angebeteter Vater unter seinen geliebten Kindern.

So fand ich ihn in seinem nur mit den unentbehrlichsten Bequemlichkeiten einfach bürgerlich ausgestatteten Zimmer, ein milder ehrwürdiger Greis von fünfundsiebzig Jahren mit schneeweißen Locken, die sich einzeln unter dem schwarzen Käppchen hervordrängten, das seinen Scheitel deckte. Sein ganzes Wesen trug den Ausdruck herzgewinnender Freundlichkeit und unaussprechlichen Wohlwollens. Meine warme, ungeheuchelte Teilnahme, die ich nicht verbergen konnte und mochte, wandte seine Aufmerksamkeit mir zu, er sprach viel mit mir über den Anfang und glücklichen Fortgang seines gewagten Unternehmens und erwähnte dabei, wie eigne Harthörigkeit und das daraus entstehende Bemühen, durch die Augen den Mangel des Gehörs zu ersetzen, ihm schon früher den Weg angewiesen, auf dem er seitdem mit Gelingen vorwärts schritt.

Im Schloß von Versailles

Die kurzen unserm Aufenthalte in Paris bestimmten vier Wochen nahten ihrem Ende; nur das Fest des heiligen Ludwig am 25. August wollten wir noch abwarten. Unser alter Freund de Pons, der vieljährige französische Resident in Danzig, dessen ich schon in diesen Blättern erwähnt habe, war eben damals bei seiner in Versailles wohnenden Familie auf Urlaub zum Besuch und bot uns durch seine gastfreie Einladung die schönste Gelegenheit, an diesem festlichen Tage bei der Prozession des roten Ordensbandes den Hof Ludwigs XVI. im größten Glanze zu sehen.

Das Namensfest des Königs wurde nie wieder so gefeiert, der furchtbare Orkan, der über ihn und sein dem schmählichsten Verderben geweihtes Haus vernichtend niederschmettern sollte, sammelte schon drohend sich über seinem Haupte. Bange Ahnung erfüllte zwar die Gemüter ring um ihn her, doch wie fern blieb sie hinter den Greueln zurück, die schon jetzt, sogar in der nächsten Nähe des Königs, sich heimlich vorbereiteten.

Zeichen der im Innern gärenden Unzufriedenheit der Pariser, ihres mitunter laut geäußerten Argwohns, ja sogar Widerwillens gegen die Königin, die sie nur die Östreicherin nannten, äußerten sich unverhohlen auf mannigfache Weise und rückhaltsloser als zuvor. So hatten zum Beispiel die später so furchtbaren Pariser Poissarden sich diesmal geweigert, dem Könige das sonst gewöhnliche Bukett, begleitet von einer in ihrem Stil abgefaßten Anrede, zu seinem Namensfeste zu überbringen; doch das alles ging, zwar nicht unbemerkt, nicht unbewitzelt, aber doch unbeachtet fürs erste noch vorüber. Daß es auf mich keinen Eindruck machte, war natürlich; das große glänzende Schauspiel, das sich dicht unter meinen Augen entwickelte, war dazu geeignet, alles andere ausschließend mich zu beschäftigen.

Da stand ich nun unter der Leitung unseres Gastfreundes de Pons im berühmten Oeil de bœuf zu Versailles, durch welches der königliche Zug gehen mußte, höchlich verwundert, in dem berühmten Vorsaal mich wirklich zu befinden, dessen zeitgeschichtlichen seltsamen Namen ich so oft gehört und gelesen. Wir hatten in Paris uns bei guter Zeit auf den Weg gemacht, es war noch ziemlich früh, und die Anzahl der gleich uns aus Neugier Hergezogener war noch nicht bedeutend.

Doch allmählich, so wie die Zeit vorrückte, füllte sich der weite Raum, ein Gedränge entstand, wie ich an diesem Ort es kaum für möglich gehalten. Nach der damals neuesten Mode gekleidet, mein weit über den Rücken hinabreichendes, an den Spitzen in Locken geschlagenes, stark gepudertes Haar à la conseillére frisiert, fühlte ich in der vorderen Reihe der Zuschauer mich von beiden Seiten auf eine Weise plötzlich zusammengedrückt, die mir nicht die kleinste Bewegung erlaubte. Meine langen Locken waren in dem unruhigen Hin- und Herwogen der Masse zwischen weit hinter mir stehenden Leuten, die in ihrer gepreßten Lage ebensowenig als ich selbst imstande waren, nur eine Hand zu bewegen, fest eingeklemmt worden, ich wurde vorwärts geschoben, es war einer der angstvollsten und peinlichsten Augenblicke meines Lebens. Ich fühlte brennenden Schmerz in jedem einzelnen Haar, ich sah mich in der eminentesten Gefahr, auf die gräßlichste Weise skalpiert zu werden, und würde dem, der mit einer Schere die Locken, die sonst mein Stolz waren, von meinem Haupte getrennt hätte, für meinen größten Wohltäter erklärt haben.

»Messieurs, sauvez votre compatriote!« rief Herr de Pons, der meine Gefahr sah, doch ebenfalls ohne ihr abhelfen zu können, einem von der Schweizergarde in unserer Nähe zu, zwei von den wackern Männern eilten herbei; diesen konnte es nicht schwer werden, sich Raum zu verschaffen, und ich stand im nächsten Augenblick zitternd, mit klopfendem Herzen wieder frei auf meinen Füßen, gleich einem armen Vogel, dem eine mitleidige Hand aus der Schlinge half, in die er sich verstrickt

212

hatte. Beide Schweizer, große, männliche schöne Gestalten, blieben jetzt zu meinem Schutze mir zur Seite, was sich komisch genug ausgenommen haben mag.

Ach, hätten sie und ihre tapfern Kameraden zwei Jahre später auch ihre Königin so befreien können, für die sie alle unter Mörderhänden ihr Leben verbluteten. Leider konnten sie nichts für sie tun, als für sie zu sterben! So war es dort oben geschrieben.

Jetzt nahte der Zug, und die Gefahr, der ich vor wenigen Minuten entgangen, war vergessen. Düfte des Orients verkündeten schon von ferne sein Herannahen; der blendende Schimmer der Edelsteine, der reichen Stickereien verwirrte das Auge, ich sah und wußte kaum, was. Eine deutliche Übersicht des Ganzen ist mir nach so vielen langen Jahren nicht geblieben, nur einzelne Gestalten haben in meiner Erinnerung sich festgestellt.

Zuerst der König in der Mitte der Großen seines Reichs; seine unbehilfliche, zu starke Gestalt, sein schwerfälliger schwankender Gang fielen keineswegs vorteilhaft aus; eine gewisse schüchterne Unsicherheit, wie man sie einem Könige am wenigsten zutrauen sollte, sprach in seinem ganzen Wesen wie im Ausdruck seiner übrigens nicht unangenehmen Gesichtszüge sich aus. Tief verhüllt und unerkannt im Innern dieser unscheinbaren Formen lag noch der edle Geist, der sie belebte, verborgen, der erst später, als er vom Schafott seiner eigentlichen Heimat zuschwebte, in seiner vollen Glorie sich der Welt offenbaren sollte.

Die beiden Brüder des Königs, der Graf von Provence und Graf d'Artois, in spätern Zeiten als Ludwig XVIII. und Karl X. seine Nachfolger, standen in der äußern Erscheinung hoch über ihm; schöne stattliche Männer, die jeden Vorzug, mit welchem die Natur sie beschenkt hatte, geltend zu machen verstanden. Doch auch sie wurden von ihrem Vetter, dem Herzog von Orleans, bei weitem überragt. Diese hohe, wahrhaft königliche Gestalt, diese schönen regelmäßigen Gesichtszüge; wer hätte damals das Scheusal der Welt, den Mörder seines königlichen Verwandten, den entsetzlichen Egalité hier vorahnend erkennen sollen, in dessen Brust schon damals die Hölle tobte, der so tief sich herabwürdigte, daß zuletzt selbst der Abschaum der Hefe des Volkes, dem er sich zugestellt hatte, ihn verachtend und verhöhnend von einem Gefängnis ins andere, endlich zur Guillotine schleppte, um nur seiner loszuwerden.

Und nun die Königin! Die blendendste Erscheinung ihrer Zeit. Sie stand damals in ihrem zweiunddreißigsten Jahr, erblüht zur vollkommensten Entfaltung ihrer Schönheit, ohne an Jugendreiz dadurch verloren zu haben. Schlank und hoch gewachsen, im vollkommensten Ebenmaß der edlen Glieder, unbeschreibliche Anmut in Gang und Blick, mit hoher Würde gepaart, schien die deutsche Kaisertochter geboren, eine ihr huldigende Welt zu beherrschen und zu entzücken.

Sie war blond, blendend weiß, die regelmäßigen Züge, das schöne Oval ihres Gesichts, die strahlenden blauen Augen, die sanft gebogene Adlernase, alles an ihr vereinte sich zu einer jener zaubervollen Gestalten, wie die Welt sie selten erblickt. Sogar die damals herrschende Mode in aller ihrer geschmacklosen Übertriebenheit entstellte sie nicht, wenigstens nicht in den daran gewöhnten Augen ihrer Zeitgenossen. Obwohl die Pariser, um doch einen Tadel an ihr zu finden, hin und wieder behaupten wollten, sie habe rötliches Haar, so war es doch schwer, hierüber zu entscheiden; der damals übliche bräunliche Puder à la maréchale, den auch die Königin trug, lieh allem Haar einen rötlichen Schein, von welcher Farbe es auch sein mochte.

Ich zweifle, ob die Volkswut ein gut gemaltes ähnliches Porträt der Königin unzerstört auf die Nachwelt kommen ließ. Ich habe, soviel ich auch danach geforscht, nie eines gesehen oder davon gehört; doch wäre dieses auch der Fall, so würde jenes lächerlich erscheinende Kostüm doch nie erlauben, ihr volle Gerechtigkeit widerfahren zu lassen.

Die ihr folgenden Damen, welch reicher Himmel, Stern bei Stern! Wer nennt ihre Namen? Mir wurden sie genannt, diese Namen, indem die glänzenden Erscheinungen langsam an mir vorüberzogen; welch ein Geschick stand ihnen allen ganz nahe bevor!

Wie oft habe ich viele dieser großen Namen später in öffentlichen Blättern schaudernd gelesen! Am deutlichsten erinnere ich mich noch der Schwester des Königs, der Prinzessin Elisabeth, als eines unbeschreiblich holden, lieblichen, wenngleich durch auffallende Schönheit sich nicht auszeichnenden Wesens, sie, die in Not und Tod treue Freundin; wohl war sie den Ihrigen ein tröstender Cherub vom Himmel gesandt, der auf blutiger Bahn in seine Heimat ihnen nachfolgte, als er seine schwere Aufgabe auf Erden vollendet und den bittersten Kelch der Leiden bis auf die Hefe mutig mit ihnen geleert hatte.

Auf der großen Terrasse, dicht vor dem Schlosse, saß ein kleiner lächelnder Knabe in einem Kinderwägelchen; ein etwa achtjähriges schlankes, etwas bleiches Mädchen hielt, neben ihm hergehend, ihn beim Händchen und sah mit ruhigen, freundlichen Augen in die bunte regsame Welt hinein, die sie umgab.

Der Knabe war das schuldloseste Osterlamm seiner Zeit, der Dauphin; die zierliche kleine Nymphe war seine Schwester, nachmals Herzogin von Angoulême, die unglückseligste ihres Geschlechts.

Hochgebietend, blendend schön, ging, die königlichen Kinder begleitend, Diana von Polignac; vielleicht war es nur ihr dem Volke schon damals verhaßter Anblick, das in ihr eine gefährliche Beraterin der Königin zu sehen meinte, was die zahllosen Spaziergänger im Garten abhielt, den kleinen Dauphin wie sonst jubelnd zu begrüßen.

Was könnte ich hier noch weiter hinzufügen?

> Es wenden die Götter
> Ihr segnendes Auge
> Von ganzen Geschlechtern,
> Und meiden im Enkel
> Die ehmals geliebten,
> Still redenden Züge
> Des Ahnherrn zu sehn.

Ein Gasthof in Calais

Da waren wir nun in Calais, in dem aus Yoricks empfindsamen Reisen aller Welt bekannten Hôtel Dessein, das ich bis dahin nur für eine von Sternes poetischen Fiktionen gehalten hatte und nun auf vielleicht vierundzwanzig Stunden und länger mich selbst darin einheimisch fand; denn vierzig Jahre vor der Erfindung der Dampfschiffe mußte noch günstiger Wind und ein Paketboot abgewartet werden, um von Frankreich nach Albion sich zu versetzen.

Es war noch ziemlich frühe am Tage, für heute keine Aussicht, sich einschiffen zu können, vorhanden, und wir hatten Zeit vollauf, uns in Calais umzusehen. Mit unserm Gasthofe als der uns zunächst liegenden Merkwürdigkeit fingen wir an und gaben die Hoffnung auf, hier eine größere zu finden, denn dieses wirklich kolossale Etablissement konnte an Umfang beinahe einer kleinen Stadt sich vergleichen lassen. Ich habe seinesgleichen nie wieder gesehen und glaube auch nicht, daß es noch irgendwo in der Welt anzutreffen sei. Es war ganz auf das damals durch Wind und Wetter bedingte unwillkürliche Verweilen der Reisenden, besonders der britischen, berechnet und paßt nicht mehr für unsere rastlose, niemals Zeit habende Zeit.

Der europäische Ruf, den Yorick noch neben der Anwartschaft auf literarische Ewigkeit dem Stifter dieses Hotels verliehen, hatte diesem goldene Früchte gebracht, deren Ertrag er und seine Nachkommen darauf verwandten, im Bezirk desselben alle Komforts zu vereinen, die Reisende wünschen und bedürfen können. Auf die Milords anglois, die ihm in Fülle zuströmten, um in die Fußtapfen ihres berühmten Landsmanns zu treten, war es hauptsächlich dabei abgesehen, das versteht sich von selbst. Bekanntlich aber ist in Frankreich jeder Engländer, der gut bezahlt, ein Mylord; auch gefiel es manchem derselben dort so gut, daß er einige Wochen in Calais verweilte, dann direkt in seinen Laden oder sein Brauhaus in der City zurückkehrte und zeitlebens mit der Ehre stolzierte, auf dem Kontinent und in Frankreich gewesen zu sein.

Die große Anzahl der Zimmer und Säle, die für jeden Stand und jeden Geldbeutel berechnete Einrichtung derselben will ich übergehen; dergleichen trifft man auch jetzt und mit noch weit größerem Luxus ausgestattet in viel besuchten großen Städten hin und wieder an, aber nicht so wie hier die Möglichkeit, sich mit allem zu versehen, was man auf Reisen bedarf, ohne deshalb gezwungen zu sein, sich nur einen Schritt weit von seinem Gasthofe zu entfernen.

Sattler, Schreiner, Stellmacher, Schmiede, Schlosser, Riemer, alle Gewerke, deren ein Reisender für sein weiteres Fortkommen nötig haben kann, hatten hier in für sie eingerichteten Werkstätten ihren eigenen Repräsentanten und dabei in wohlgefüllten Magazinen das rohe Material zur Hand, dessen sie zu ihrer Arbeit bedurften. Die Remise, deren Yorick erwähnt, stand noch voll Fuhrwerke jeder Art zum Verkauf, daneben ein Magazin mit Koffern und Mantelsäcken von allen Größen und Formen. Schneider und Schuhmacher, Barbiere und Friseurs waren in Masse zur Auswahl vorhanden. Modisten, Seiden- und Tuchhändler, Bijouteriehändler hielten ihre Waren, auf das zierlichste zur Schau gestellt, jeder in seinem eigenen Laden feil.

In einem großen Schuppen sah ich mehrere hundert roter Rebhühner und eine große Anzahl Hasen und Rehe sorgfältig einpacken, die mit uns nach England überschiffen sollten, und so stieß ich fast bei jedem Schritt auf neue Beweise der auf die englischen Guineen sehr weislich spekulierenden französischen Industrie.

Das alles indessen erscheint noch ausführbar, aber was außer in diesem einzigen Fall gewiß noch in keines Gastwirts Herz gekommen, ist der Gedanke, in seinem Garten ein kleines elegantes, mit dem Gasthofe in Verbindung gebrachtes Theater zu erbauen und darin für die Zeit, während welcher die eigentliche Reisesaison vorhält, auf eigne Kosten eine Schauspielergesellschaft zu etablieren. Desseins Truppe beschränkte sich auf kleine Operetten, Vaudevilles und dergleichen, die sie bei der

Darstellung, der ich am nämlichen Abend beiwohnte, mit ziemlichen Geschick und durchaus gutem Humor durchführte. Sehr zufrieden mit meinem in Calais zugebrachten Tage ging ich abends zu Bette und ahnte nicht, daß mir am folgenden Morgen noch die größte Merkwürdigkeit dieses Hauses kennenzulernen bevorstände, den Erfinder und Stifter aller übrigen, den alten Herrn Dessein selbst in eigner, lebender Person, den ich nach den vielen Jahren, die seit der Erscheinung von Yoricks empfindsamen Reisen verstrichen waren, längst zu seinen Vätern versammelt glauben mußte. Auch hatte ich im Hause, dessen Leitung er seinen Kindern übergeben hatte, nie ihn erwähnen gehört. Eine seltsam gebrochene, mit großer Geläufigkeit, jedoch sehr undeutlich perorierende Stimme machte auf dem Wege zum Garten, wo wir zu frühstücken gedachten, auf eine Gruppe von mehreren Aufwärtern uns aufmerksam, die vor der offenen Türe eines Bedientenzimmers einen uralten, wenigstens achtzigjährigen Greis umstanden, dessen lange und heftige Rede sie ganz ehrerbietig und andächtig anhörten. Der Alte war ein von der Last der Jahre zusammengedrücktes, in sich versinkendes, von einem dünnen Morgenrock umflattertes Skelett, mit einem Paar dunkelglühender Augen, in welche der ganze Rest des ihm noch inwohnenden Lebens sich augenscheinlich zurückgezogen hatte. In der Hand hielt er einen in traurigen Umständen befindlichen Strohsessel, das Thema seiner Rede, in welcher er sehr eindringlich seinen Zuhörern das Unrecht vorhielt, ein Möbel durch Vernachlässigung so weit herunterkommen zu lassen, während mit einem einzigen Hammerschlag und einem Nagel der Schaden gleich anfangs geheilt und es noch auf lange Jahre dem Hause erhalten werden könne.

Ein alter Franzose damaliger Zeit blieb höflich bis zum letzten Hauch seines Lebens. Sobald Herr Dessein uns gewahr wurde, verabschiedete er sein Auditorium auf der Stelle und eilte mit für seine Jahre bewundernswerter Leichtigkeit auf uns zu, um sich wegen der unanständigen Szene, wie er sie nannte, zu entschuldigen, von der wir wider seinen Willen Zeugen geworden waren. Er gab sich daneben als der, der er war, zu erkennen und war entzückt, als wir unsere Freude ihm ausdrückten, einen in der Welt so berühmt gewordenen Mann persönlich kennenzulernen.

»Wundern Sie sich nicht, daß ich von einer solchen Misere, als ein alter zerbrochener Strohstuhl ist, so viel Aufhebens mache«, sprach er beim Scheiden; »auch das Geringste zu beachten, ist der nächste Weg, zum Großen zu gelangen, und ich lasse noch bis auf den heutigen Tag keine Woche vergehen, ohne jedes einzelne Zimmer in diesem weitläufigen Hause recht gründlich zu revidieren.«

In London

Der Wind war indessen und günstig geworden, ein englisches Paketboot lag segelfertig, wir schifften uns ein. Ich etablierte mich in einem auf dem Verdecke festgebundenen Lehnstuhle, denn mir graute vor der schwülen dumpfen Kajüte. Das Wetter war schön, ich freute mich auf die herrliche Wasserfahrt. Aber ach! Das Meer behandelte seine Verehrerin nicht freundlich; krank, krank, sterbenskrank, wie ich meinte, war ich bereit, mein Leben für eine Nußschale hinzugeben, so entmutigte mich das für den Augenblick trostloseste aller Übel. Zum Glück währte dieser Zustand nicht lange. Nach wenigen Stunden landeten wir in Dover, und all mein Leid war vergessen.

Wir hatten, um die Kosten und Umständlichkeiten des Einschiffens zu vermeiden, unsern in England ohnehin leicht zu entbehrenden Wagen bis zu unserer Wiederkehr in Herrn Desseins Remise stehenlassen und traten noch am Tage unserer Ankunft in Dover die Reise nach London in einer Stage coach an. Es war das erste und blieb das einzige Mal, daß ich in einem solchen, aus meinen englischen Romanen mir wohlbekannten Fuhrwerke mich befand. Sehr gespannt auf alle die interessanten Ereignisse, die mir in demselben begegnen würden, setzte ich recht bequem und erwartungsvoll mich zurecht und erlebte gar nichts, außer daß ich am folgenden Morgen ganz wohlbehalten in London anlangte. Nicht einmal ein Highwayman, von denen es in meinen Romanen doch wimmelte, hatte während dieser prosaischen Nacht sich blicken lassen, und diese jetzt ganz verschollenen irrenden Ritter waren doch damals, sogar noch außerhalb der Zeitungsblätter, in der Nähe von London wirklich vorhanden.

Von allem, was ich während meines damaligen Aufenthalts in London auf unseren kurzen Ausflügen in den Umgebungen der kolossalen Stadt sah und bemerkte, will ich hier nichts erwähnen; was ich von England und Schottland zu sagen weiß, habe ich längst nach einer zweiten weit späteren Reise dem Urteile der Lesewelt unterworfen, die mit nachsichtigem Wohlwollen es aufgenommen hat.

Überdem hatte ich, mir selbst völlig unbewußt, schon von Danzig aus meine Reise in einem Zustande angetreten, in welchem Frauen keine unternehmen sollten, ohne von dringender Notwendigkeit dazu gezwungen zu werden. Ich befand mich übrigens wohl, aber es wurde mir täglich schwerer, mich mit jener Leichtigkeit von einem Orte zum andern zu bewegen, wie es doch noch ganz vor kurzem der Fall gewesen war.

Schopenhauer wie alle angehenden Väter hoffte auf einen Sohn und Erben seines Namens; jeder von ausländischen Eltern in England, ja selbst nur auf einem englischen Schiffe Geborne wird durch seine Geburt bekanntlich ein Engländer, gewinnt durch sie alle übrigens unerkäuflichen Vorrechte eines solchen und wird in jeder Hinsicht als ein echter Sohn Albions betrachtet.

Daß mein Mann unserem zu hoffenden Sohne dieses besonders für seine Verhältnisse als Kaufmann sehr bedeutende Vorrecht zu verschaffen wünschte, da die Gelegenheit dazu so vollkommen sich darbot, daß er alles anwandte, um mich zu bewegen, meine Niederkunft in London abzuwarten, war sehr natürlich; aber auch mir wird wenigstens keine Frau das offene Geständnis verargen, daß es mir diesmal unendlich schwer wurde, mich seinem Wunsche zu fügen.

Erst nach sehr harten Kämpfen mit mir selbst, die ich ganz allein bestand, gelang es mir, mein inneres Widerstreben zu besiegen, die bange Sehnsucht nach der beruhigenden Gegenwart, der wohltätigen Pflege meiner Mutter in jener mir immer näher rückenden schweren Stunde.

So ergab ich mich denn endlich auf leidlich gute Art dem Willen meines Mannes, dem ich außerdem, was mich selbst allein betraf, eigentlich nichts Vernünftiges entgegenzustellen wußte; anfangs zwar mit schwerem, dann aber mit durch äußere Veranlassung sehr erleichtertem Herzen.

Die Fertigkeit, mich in der Landessprache mitzuteilen, die leichte und willige Art, mit der ich in ihre Sitten und Gebräuche mich schickte, machten mich bei den Familien, in welche ich eingeführt wurde, zu einem gern gesehenen Gaste, während mein Zustand in einem fremden Lande bei so großer, anscheinend noch an Kindheit grenzenden Jugend mir die wärmste Teilnahme der älteren Frauen erwarb. Lange Zeit habe ich immer für weit jünger gegolten, als ich es eigentlich war, und obgleich ich damals schon vor zwei Monaten mein einundzwanzigstes Jahr vollendet hatte, so bestanden meine englischen Freundinnen doch darauf, daß ich unmöglich älter sein könne als siebzehn, höchstens achtzehn Jahre.

Von allen Seiten kamen sie mit tröstendem, wahrhaft mütterlichem Zuspruch mir entgegen, suchten meine zu ängstliche Bangigkeit zu bekämpfen, überließen so wenig als möglich mich meinen trüben Gedanken, verhießen mir die Stelle meiner Mutter gewissenhaft und liebend zu ersetzen, mich und mein Kind zu pflegen, mich unter keiner Bedingung zu verlassen und überdem alles, was ich sonst noch bedürfe, recht pünktlich zu besorgen. Doktor Meyer, ein deutscher, in London hochgehaltener Arzt, den mein Mann mir zuführte, trug durch seine Teilnahme, seine geistreiche Unterhaltung und das in der Fremde so mächtige und anziehende Band landsmannschaftlicher Verwandtschaft viel dazu bei, mich mit meinem Entschluß völlig auszusöhnen, und ich sah, von allen Seiten mit liebenden Freunden umgeben, jetzt ruhig der Zukunft entgegen.

Die schönen Monate September und Oktober vergingen unter mancherlei Freuden und Genüssen, der düstere November kam herbei mit seinen trüben, nebelvollen Tagen, während welchen man in London oft nur wenige Stunden brennende Kerzen und Lampen entbehren kann, und nun verfiel mein Mann plötzlich in die nämliche ängstliche Sorge um mich, von der ich eben mich losgekämpft hatte.

Meine stille Ergebung in seinen Willen hatten einen weit tieferen Eindruck auf sein Gemüt gemacht, als er es anfangs mir zeigen mochte, die große Teilnahme, die ich überall fand, erweckte in ihm Befürchtungen mit meinem in London-Bleiben verknüpften Gefahr, die ihn endlich zu dem Entschluß bewogen, alle Pläne für unser noch ungeborenes Kind aufzugeben, um mich nur im Schutz und in der Pflege meiner Mutter zu sehen. Wir hatten jetzt wirklich im wörtlichsten Sinne die Rollen gegenseitig vertauscht und kamen endlich nach vielem Hin- und Widerstreiten überein, daß der damals berühmte Arzt in London, der bekannte Doktor Hunter, über unser Gehen oder Bleiben entscheiden solle.

Der große Mann erhob sich ein ganz klein wenig in seinem Lehnsessel, beugte beinahe unmerklich das Haupt und lud mit einer Bewegung der Hand uns schweigend zum Niedersetzen ein, als wir sein Zimmer betraten.

Mein Mann setzte die Veranlassung unseres Besuches ihm auseinander, ich schob bescheiden ebenfalls ein paar Wörtchen ein; Doktor Hunter sah forschend mich eine Weile an, als wolle er mich durch und durch sehen, hielt ein paar Augenblicke meine Hand, um meinen Puls zu beobachten, und versicherte dann, daß für Frauen in meinem Zustande Bewegung sehr heilsam sei, daß noch nie eine an der Seekrankheit gestorben wäre, und daß wir folglich, sobald es uns bequem sei, die Reise nach dem Kontinent antreten könnten; nur wolle er uns unmaßgeblich den Rat erteilen, zu lange Tagereisen zu vermeiden.

Die ganze Verhandlung war in weniger als einer kleinen halben Stunde abgetan, Doktor Hunter steckte die beiden Guineen, die er erhielt, sehr gleichgültig ein und verabschiedete uns ebenso höflich, als er uns empfangen.

Zwei Guineen war sein festgesetzter Preis für einen in seinem Hause empfangenen Krankenbesuch; für einen außerhalb desselben verlangte und erhielt er das doppelte Honorar.

Und so war denn durch Doktor Hunters Orakelspruch alles ohne Widerrede entschieden; wir besorgten die notwendigen Reiseanstalten, und nach einem recht schmerzlichen Abschiede von meinen Londoner Freunden war ich an einem der letzten Abende des Monats November, jedoch nicht in einer Stage coach, in Dover glücklich angelangt und hinter einer Schüssel voll der größten Austern plaziert, die ich jemals früher oder später gesehen. Eine derselben mit einem Schluck zu bewältigen war unmöglich, sie mußten zerschnitten werden und wurden dadurch eben nicht einladender.

Ganz unerwartet wurden wir schon um drei Uhr geweckt, um uns bei plötzlich günstig gewordenem Winde an Bord zu begeben; gewiß eine harte Zumutung, aber wir mußten ihr folgen.

Als wir bei dem Paketboote anlangten, wollte mein Mann mich nicht auf die gewöhnliche Art hinaufsteigen lassen; es mußte von einem im Hafen liegenden Schiffe ein zu diesem Zwecke eingerichteter Lehnstuhl geholt werden, um mich hinaufzuziehen, und als dieser endlich herbeigeschafft worden war, suchte mein Mann durch reichliche Trinkgelder die Matrosen zu bestimmen, sich zuvor hinaufziehen zu lassen, um sich von der Sicherheit der Anstalt und der Stärke der Stricke zu überzeugen, ehe er mich ihnen anvertraute.

Neptuns lustige Söhne erfüllten einer nach dem andern unter lautem Lachen sein Begehren und schienen darin gar nicht ermüden zu wollen. Am Ufer des Meeres, beim Scheine der Laternen, übrigens in dunkler Nacht, gab dies eine Szene, der Darstellung des in diesem Fache unübertrefflichen Zeichners Cruikshank nicht unwert, die mich unendlich belustigt haben würde, hätte ich mit einiger Bequemlichkeit und nicht vom kalten Nachtwinde durchweht ihr beiwohnen können.

Endlich war ich glücklich an Bord und in der Kajüte in einem wohl durchwärmten Bette untergebracht; eine englische Dame, die ich in derselben vorfand, nahm sehr menschenfreundlich sich meiner an und setzte sich neben meinem Lager, um mich zu verpflegen, da sie, wie sie versicherte, der Seekrankheit nicht unterworfen sei, indem sie schon zweimal die Reise nach Ostindien bestanden habe.

Das alles war sehr tröstlich und vortrefflich, solange das Schiff ruhig lag, doch kaum waren die Anker gelichtet, als meine Pflegerin von Schwindel ergriffen sich fühlte, wenige Minuten darauf lag sie in einem Bette mir gegenüber, fast nicht minder leidend, als ich selbst war.

Der uns übrigens günstige Wind war in Sturm übergegangen, pfeilschnell flogen wir über die wildempörten Wogen hin, und die träge Novembersonne war kaum aufgegangen, als wir nach kaum vier Stunden in Calais landeten.

Unser Wagen wurde aus Monsieur Desseins gastlicher Remise wohlbehalten hervorgezogen, und ich gewann einige Stunden Zeit zum Ausruhen, während die höchst langweiligen und verdrießlichen Verhandlungen im Zollamte abgetan wurden; dann setzten wir unsern Weg fort, um bald ein leidliches Nachtquartier zu erreichen.

Auf deutschen Landstraßen

In Lille ließ ich ein paar Tage von unsern Freunden wie ein verzogenes Kind mich pflegen; in Lüttich, wo keine uns bekannte Seele lebte, mußte ich zum erstenmal seit wenigstens zehn Jahren einen ganzen Tag im Bette zubringen, weil das schnelle Reisen meine Kräfte erschöpft hatte. Dann ging es nach dem nahen Aachen. Dort verbrannte ich in einem frisch aus der heißesten Quelle geschöpften Glase Wasser aus kindischer Neugier mir die Finger und verlor darüber einen nicht kostbaren, aber mir sehr werten Ring; weiter weiß ich für diesmal von der uralten berühmten Kaiserstadt nichts zu bemerken.

Von der vortrefflichen Kunststraße, die jetzt von Köln nach Mainz längs dem Rhein durch das Paradies von Deutschland führt, war vor fünfzig Jahren noch keine Spur vorhanden; der Weg war teils unfahrbar, teils gefährlich und in keinem Fall uns zu empfehlen. Wir wandten uns also von Aachen geradezu nach Düsseldorf, um von dort aus durch Westfalen den kürzesten Weg nach Berlin einzuschlagen, ohne das wegen seiner Düsterheit damals verschriene Köln mit seinen dreihundert Kirchtürmen, welche die Sage der frommen Stadt zuschrieb, zu berühren.

Soviel ich von Düsseldorf, das ich seitdem nicht wieder gesehen, mich erinnere, machte die Stadt einen recht freundlichen Eindruck auf mich; die berühmte, damals noch nicht nach München abgeführte Bildergalerie war die erste bedeutende, die ich seit Berlin und Potsdam oder vielmehr überhaupt gesehen, und staunend über den Reichtum, der hier sich mir offenbarte, schlich ich langsam durch die weiten Räume, bis ich vor Rubens Jüngstem Gerichte stand. Auch dieses weltberühmte Gemälde habe ich seitdem nicht wieder erblickt, aber den gewaltsamen, ich kann sagen fürchterlichen Eindruck, den es auf mich machte, haben die fünfzig Jahre, die seitdem verstrichen sind, nicht völlig auslöschen können.

Alle diese wunderseltsam ineinander verschlungenen nackten Leiber verzweifelnder oder zu Paradiesseligkeit entzückter Menschen, die wilden Teufelsfratzen, die holden Engelsbilder, die alle zusammen rings um das kolossale Gemälde zu einem schauerlichen Kranz sich gleichsam verflechten! Ich konnte vor innerem Grauen den Anblick kaum ertragen und auch nicht mich davon abwenden. Lange hat er wachend und im Traume mich verfolgt. Ich wünsche, das Gemälde jetzt wiederzusehen, um es in der Wirklichkeit mit dem zu vergleichen, das noch immer meiner Phantasie davon vorschwebt.

Aber wie soll ich es anfangen, um die tragikomischen, oft unüberwindlich, oft unaushaltbar scheinenden Mühseligkeiten unserer ferneren Reise durch Westfalen gebührend zu beschreiben? Diese mit großen rohen Feldsteinen überschütteten Straßen, welche die Leute Chausseen nannten, auf welchen wir tagelang uns fortschleppen lassen mußten, wollten wir nicht zur Abwechslung auf dem daneben hinlaufenden sogenannten Sommerwege bis über die Achse in Kot versinken!

225

»Ah quel chien de pays!« rief ich an allen Gliedern wie zerschlagen, halb lachend, halb weinend mit Voltaire aus, an dessen Bericht von dem Schlosse des Monsieur le baron van Tonderstronkhausen mich hier alles erinnerte. Hilfreiche Bauern begleiteten uns oft große Strecken weit, um unsern Wagen an recht gefährlichen Stellen vor dem Umfallen zu bewahren oder mit langen Hebebäumen ihn aus den Löchern zu lüften, in die er versank.

In den jetzt nicht zu umgehenden Nachtquartieren lauschte ich Nächte hindurch dem traulichen Gepiepe gesellig mich umtanzender Mäuse; in den vereinzelt liegenden Posthaltereien, wo wir anhielten, um Pferde zu wechseln, und ich aus dem Wagen stieg, um von der langwierigen Session in demselben mich zu erholen, wurde ich jedesmal in die sehr geräumige Küche gleich am Eingange geführt, die zugleich zum Wohnzimmer diente. Mitten in derselben auf einem sehr wenig erhöhten Herde brannte ein gewaltiges Torffeuer, über welchem in an der Decke befestigten eisernen Ketten ein ziemlich großer offener Kessel hing, in welchem ein schwärzliches Gebräude brodelnd kochte, das die Leute Kaffee nannten. Übrigens war es unmöglich, hier aufrecht zu gehen oder zu stehen, ohne zu ersticken; denn wegen der unter dem Dache zum Räuchern aufgehängten Schinken und Speckseiten, dem weltberühmten Erzeugnis dieses Landes, war das Gebäude mit keinem Schornsteine versehen, und eine undurchdringliche dicke Rauchsäule senkte bis etwa zwei Ellen über dem Fußboden sich von oben herab, die den ganzen übrigen Raum ausfüllte.

Eine Gesellschaft des Rauches wegen ganz gebückt sitzender Bauern bildete, den Tabakspfeifenstummel im Munde, rings um das Feuer einen Kreis und hatte auch wohl die Gefälligkeit, zusammenzurücken, um mir in ihrer Mitte ein Plätzchen, wo ich mich erwärmen könne, einzuräumen, wenn die Wirtin sie darum ersuchte.

Und wieder seufzte ich innerlich: ah quel chien de pays! hütete mich aber, etwas dem Ähnliches zu äußern, denn die Kaffeegesellschaft sah gar nicht danach aus, als ob sie geneigt wäre, dergleichen gelassen hinzunehmen.

Dieser Zustand wiederholte sich während mehrerer Tage, denn bei dem jetzt eingetretenen unaufhörlichen Regen und den entsetzlichen Wegen kamen wir nur sehr langsam vorwärts. Mancher andere wirklich tragikomische Unfall, der uns betraf, diente uns mitunter zur erheiternden Abwechslung; so kauften wir zum Beispiel einmal unterwegs einen Hasen, freuten uns der Aussicht auf ein seltenes gutes Souper, und als wir in unserem Nachtquartier anlangten, war im ganzen Orte niemand aufzutreiben, der dem ehrlichen Lampe das Fell abzuziehen verstand.

Eine in einem guten Bette von Mäusen unbeunruhigt durchschlafene Nacht hatte in Osnabrück mir neue Kräfte verliehen; bei dem Postmeister der nächsten, nur drei Meilen entfernten Station, den wir, im Begriff nach Hause zu reisen, in unserem Gasthofe antrafen, bestellten wir ein Nachtquartier und ruhten nun getrosten Mutes bis gegen Mittag in Osnabrück aus in der festen Überzeugung, für den Abend auf das vortrefflichste gesorgt zu haben.

Wir reisten ab; anfangs ging alles herrlich bis ungefähr eine Viertelstunde vor der Stadt, dann aber empfing uns die gräßlichste aller westfälischen Chausseen, die unsere Geduld und unseren Wagen bis jetzt auf die Probe gestellt hatten; eine Sammlung der größten, ganz unbehauenen, sorglos übereinander hingeworfenen Feldsteine bildete diesen Weg; so mag vor der Schöpfung die Welt ausgesehen haben! Schritt für Schritt krochen die Pferde vorwärts, bis endlich unser Wagen es müde wurde. Ein heftiger Stoß, ein lauter Krach, und da lagen wir mit einer zerbrochenen Achse bei einbrechender Nacht und heftig strömendem Regen mitten im Wege.

Guter Rat war hier teuer, weit und breit kein Gasthof, kein schützendes, nicht mit Rauch angefülltes Obdach. Schon machte ich Anstalt, etwas zu verzweifeln; da erschien als rettender Engel der Verwalter eines nahe liegenden adeligen Gutes, den unser gescheiter Postillon ganz in der Stille herbeigeholt hatte und mit diesem noch ein halb Dutzend rüstiger Knechte. Jetzt war nur noch die Frage, wie ich fortzubringen sei, denn für unseren Wagen war nun gesorgt.

Auch hier wußte der Verwalter Rat; ein wegen seiner außerordentlichen Stärke weit und breit berühmter Mann wurde aus dem Dörfchen herbeigeschafft, um mich ins Schloß zu tragen, wo zwar die Herrschaft nicht mehr anwesend war, der Verwalter aber für diese Nacht uns dennoch unterzubringen versprach. Der Riese kam, groß und breit wie Sankt Christophorus; leicht, als wäre ich eine Feder, trug er bei Laternenschein mich Zitternde auf seinen Armen durch dick und dünn, von herabströmenden Regengüssen umsäuselt. Stark war er, das ist gewiß, und ging unter seiner Last sichern Trittes vorwärts, doch leider war er engbrüstig, wie er mir unterwegs klagte, und mußte deshalb alle acht Schritte ohne sonderliche Auswahl des Platzes mich auf die Füße stellen, um zu verschnaufen. In welchem Zustande ich daher nach allem diesem im Schlosse anlangte, ist leicht zu erraten, das übrigens gar nicht an Tonderstronkhausen erinnerte, sondern alle Bequemlichkeiten uns darbot, die wir vernünftigerweise wünschen konnten.

Um die Abenteuer dieses abenteuerlichen Tages würdig zu beschließen, mußte auch der einzige Schmied des Dorfes ein paar Stunden vor unserer Ankunft mit Tode abgegangen sein. Ein anderer wurde aus einem ziemlich weit entlegenen Orte herbeigerufen. Er kam am folgenden Morgen, schweißte die zerbrochene eiserne Achse zusammen und verlangte vier Louisdor für eine Arbeit, die mit halb soviel Talern überreichlich bezahlt gewesen sein würde.

So en Mylord anglois mitten in Deutschland behandelt zu werden, war uns doch zuviel; mein Mann stritt hin, der Schmied stritt her, endlich trat der Verwalter vermittelnd dazwischen und bestimmte beide Parteien, im nächsten Dorfe, wo heute eben Gerichtstag gehalten werde und durch welches ohnehin unser Weg ging, die Sache durch den dortigen Gerichtshalter entscheiden zu lassen.

Bei dicht verschlossenen Fensterladen hielt ich eine Stunde darauf in unserm Wagen vor dem Gerichtshofe, während mein Mann hineinging; umtobt von der muntern Dorfjugend, von unter sich zankenden Weibern laut umschrien, drückte ich ganz still mich in eine Ecke. Endlich kam sogar unter Fluchen der Widersacher mit einem Beile in der Hand, um die eben von ihm reparierte Achse wieder zu zerschlagen; bald darauf wurde der Wagenschlag heftig aufgerissen, Schopenhauer sprang sehr erhitzt herein, und wir fuhren ab.

»Ah quel chien de pays!« rief nun auch er, und diesmal gewiß nicht mit Unrecht. Der Herr Gerichtshalter hatte erklärt, die zusammengeschweißte Achse sei eine Kunstarbeit, die er nicht zu beurteilen verstehe, wir möchten daher gefälligst im Orte verweilen, bis die gehörige Anzahl Schmiedemeister aus der Umgegend versammelt werden könne, um sie zu taxieren, oder die vier Louisdor bei ihm einstweilen deponieren, von denen das etwa Übrigbleibende uns gewissenhaft nachgeschickt werden solle. Welchen von diesen beiden Vorschlägen mein Mann befolgte, ist wohl keine Frage.

Nach vielen noch erlittenen Püffen und Stößen sahen wir endlich das ersehnte Städtchen Bohmte vor uns; der Postmeister, der schon am vorigen Abende uns erwartet hatte, begegnete uns, erkundigte sich nach der Ursache unseres Ausbleibens und schlug dann einen näheren Fußsteig nach seinem Hause ein, um unsern Empfang vorzubereiten, während wir auf der Landstraße weiterfuhren.

Und wieder gab es einen gewaltigen Stoß, einen Krach, und wieder, wie am gestrigen Abend, nur bei hellem Tage und heiterem Himmel, lagen wir. Die Unglücksachse war ebenfalls an der nämlichen Stelle gebrochen. Diesesmal aber vertraute ich lieber meinen eignen Füßen und dem stützenden Arm meines Mannes, um die wenigen Schritte bis zum Posthause zurückzulegen.

Das unangenehmste dabei war, daß wir an diesem Tage nicht weiterfahren konnten, aber wir waren gut aufgehoben, bei guten, freundlichen Leuten, ach, nur zu freundlichen. Der Herr Postmeister kam gleich nach Tische, meinem Manne Gesellschaft zu leisten, die Frau Postmeisterin zu mir, sobald ihre Geschäfte dies erlaubten, und brachte noch ein halb Dutzend kleiner niedlicher Postmeisterlein beiderlei Geschlechts mir zur Erheiterung mit. Was konnte ich unter solchen Umständen

Besseres tun, als unter dem Vorwande recht großer Ermüdung recht frühe zu Bette zu gehen?

Mit diesem Tage waren auch alle Tribulationen beendet, die wir bisher standhaft ertragen; auf leidlichen Wegen erreichten wir bald die westfälische Grenze, kamen durch bekannte, befreundete Städte und endlich wohlbehalten in Berlin an.

So erging es uns, genauso, ohne alle Übertreibung, in Westfalen; aber vor fünfzig Jahren und in der Reisenden ungünstigsten Jahreszeit, das ist dabei wohl zu erwägen. Die immer höher steigende, überall sich verbreitende Kultur der neueren Zeit hat gewiß jetzt auch dort vieles, wenngleich vielleicht nicht alles, verändert und verbessert.

Arthurs Geburt

Doktor Hunters Ausspruch bewährte sich glorreich durch den Erfolg; glücklich und gesund langte ich am letzten Tage des Jahres 1787 in meiner lieben Vaterstadt, im noch lieberen Kreise der Meinen an. Die auf dem Hinwege ängstlich vermiedenen Nachtquartiere zwischen Berlin und Danzig fand ich jetzt vortrefflich, sobald ich dabei an Westfalen zurückdachte, und achtete im Gefühl des nahen Wiedersehens weder Ermüdung noch Unbequemlichkeit.

Meine Erscheinung nach der Reise führte im Kreise meiner Landsmänninnen eine große Revolution herbei. Sämtliche Poschen und Reifröcke sanken in ihr voriges Nichts zusammen, denn gleich am ersten Tage meiner Ankunft in Paris waren die meinigen als eine unerträgliche Antiquität, une mode d'avant hier, dem herrschenden Geschmacke des Tages zum Opfer gefallen. Die Frisur war von den lästigen Unterlagen befreit, und alle Damen ließen meinem Beispiel zwischen den tief ins Gesicht gezogenen, bis auf die Schultern herabhängenden, wohlpomadisierten und gepuderten Locken nur Mund, Augen und Nase sichtbar werden.

Geliebt, gehätschelt, von Mutter und Schwestern und allen

mir Nahestehenden gleichsam auf Händen getragen, vergingen mir die Tage und Wochen, bis ich am 22. Februar des Jahres 1788 die frohe Mutter eines kräftigen gesunden Knaben wurde.

Glückliche Tage in Stutthof

Wie alle jungen Mütter spielte auch ich mit meiner neuen Puppe, war fest überzeugt, daß kein schöneres, frömmeres und für sein Alter klügeres Kind auf Gottes Erdboden lebe als das meinige, und hatte am Tage wie bei der Nacht kaum einen anderen Gedanken als meinen Sohn Arthur. Diesen Namen hatte sein Vater mit Rücksicht auf die dereinstige kaufmännische Firma des jungen Weltbürgers ihm in der Taufe beilegen lassen, weil er in allen Sprachen unverändert der nämliche bleibt.

Müde des ewigen fruchtlosen Ankämpfens gegen die sich täglich erneuernden Hindernisse, welche der Fortsetzung seiner früheren Verbindungen mit seinen russischen Handelsfreunden sich entgegenstellten, faßte mein Vater ungefähr ein Jahr nach der Geburt meines Sohnes den Entschluß, sein Geschäft aufzugeben und sich mit den Seinigen aufs Land zurückzuziehen.

Stutthof, die bedeutendste Stadtdomäne, war durch den Tod des bisherigen Pächters derselben eben erledigt. Meinem am Körper wie an Geist noch immer sehr rüstigen Vater schien in der Verwaltung einer so großen Besitzung ein weites, seinem lebhaften Hange zu bedeutender Tätigkeit zusagendes Feld sich zu öffnen; er übernahm den Pacht, und ich hatte den Schmerz, Eltern und Schwestern aus meiner Nähe scheiden zu sehen. Nur mein Kind und die für mich unbedeutende Entfernung von fünf Meilen gaben mir den Mut, diese Trennung, die erste in meinem Leben, mit leidlicher Fassung zu ertragen.

Stutthof liegt ungefähr in der Mitte der Landzunge, welche die Danziger Nehrung genannt wird und die zwischen der Ostsee und einem Arm der Weichsel bis gegen das Frische Haff hin sich erstreckt. Das alte, aber bequeme, von weitläufigen Gärten, zwei geräumigen Höfen und mehreren großen Nebengebäuden umgebene Herrenhaus, das meine Eltern bewohnten, grenzt an das wohlhabige zu demselben gehörende Dorf gleichen Namens.

Ein Fichtenwald, dortzulande eine Heide genannt, so schön, als einer dieser Art es nur sein kann, zieht zwischen dem Dorfe und der sehr nahen Ostsee sich hin. Nur das melodische Geläute der unter den hohen Bäumen die duftenden würzigen Waldkräuter abweidenden Kühe unterbricht das ernste Schweigen dieser immer grünen Waldeinsamkeit.

Die Ostsee spendet hier nicht kärglich ihr kostbarstes Erzeugnis, den Bernstein; bei günstigem Winde spülen ihre Wellen meistens in kleinen, zuweilen aber auch in bedeutend größeren Stücken ihn an den Strand. Auch Fische gibt es im Überfluß, Dorsche, Steinbütte, große Lachse und Störe. Ungefähr eine Meile hinter Stutthof wird aus dem Rogen der letztern schon Kaviar gemacht, er ist aber kleinkörnig und steht dem russischen bei weitem nach.

Im Kontrast mit dieser großartigen Szenerie umfriedet der Weichselstrom auf der andern Seite ein lachendes, fruchtbares Gelände; Gärten, Wiesen, Felder, Laubgebüsch, belebt durch große einzelne Bauernhöfe, durch wohlgebaute reiche Dörfer, wie man nicht überall in Deutschland sie antrifft, bewohnt von einem schönen kräftigen Schlage Menschen, der durch manche von andern ihn unterscheidende Sitte sich auszeichnet.

Hier lernte ich das eigentliche Landleben erst kennen. Wie himmelweit verschieden ist es von dem, was wir Städter so nennen, wenn wir zur schönen Sommerzeit unsere eleganten Landhäuser beziehen! Mit dem ersten Maitage, zur Zeit, in welcher mein Mann ohnehin durch seine Geschäfte abgehalten wurde, Oliva zu besuchen, ging ich alljährlich mit meinem Kinde zu meinen Eltern, um bis zum Anfange des Monats Juni bei ihnen zu verweilen. Reif und Schnee fiel dann oft noch auf die eben knospenden Bäume, aber in jenem Klima ist der Frühling ein gar mächtiger Held, der die kurze Zeit seiner Regierung gewaltsam zu benutzen weiß. Ehe man sich dessen versah, war auch die letzte Spur des Winters verschwunden. Alles stand in herrlichster Blütenpracht, und die Nachtigall schlug im Gebüsch unter den eben sich entfaltenden Blättern.

Nur im Umkreise von höchstens anderthalb Meilen rings um Stutthof her findet die Nachtigall einen ihr zusagenden Aufenthalt; näher der Stadt, nach Oliva zu, ja, selbst weiter hinaus auf dem Wege nach Berlin läßt sich keine hören, aber um Stutthof herum stellen sie alljährlich in bedeutender Anzahl sich ein. Das Klima ist dort nicht minder rauh, an Wasser und frischem Laubgebüsch kein Mangel rings um Danzig herum, ihre besondere Vorliebe gerade für diese Gegend bleibt daher unerklärlich; daß aber der größte Teil meiner Landsleute aus der Welt geht, ohne jemals eine Nachtigall anders als hinter den Stäben ihres engen Käfigs ängstlich klagend gehört zu haben, ist gewiß.

Doch nicht nur im Monat Mai, auch im heißen Sommer ließ ich von dem weiten sandigen Wege mich nicht abschrecken, meinen Besuch in Stutthof, so oft ich es füglich nur konnte, zu wiederholen; sogar mitten im Winter flog ich im wohlverwahrten Schlitten über die eisbedeckte Fläche der Weichsel, um in der Mitte der Meinigen einige Tage zu verweilen. Glückliche, glückliche Zeit, die ich damals mit ihnen verlebte! Jeder meiner Besuche glich einem Wiederfinden nach langer Trennung. Was hatten wir nicht alles einander zu sagen, zu erzählen, zu vertrauen, meine Mutter, meine Schwester Lotte und ich! Es war so wenig, so unbedeutend und uns doch so viel, daß oft die Mitternacht über unserm traulichen Geschwätz heranschlich. Übrigens war es in jenem abgelegenen Winkel der Welt sogar im Winter bei weitem nicht so einsam, als man bei dem gänzlichen Mangel an dem, was man auf dem Lande angenehme Nachbarschaft zu nennen pflegt, es hätte erwarten sollen; am Umgang mit Menschen fehlte es keineswegs, wohl aber an sogenannter Sozietät, diesem oft langweiligsten Dinge auf Erden.

Im Sommer wie im Winter fand ununterbrochen ein Kommen und Gehen, Fahren und Reiten der Bewohner der benachbarten Dörfer statt, die meinem Vater irgendein Anliegen oder ein Geschäft vorzutragen hatten. Die vielen Knechte und Mägde, welche die sehr ausgedehnte Landwirtschaft erforderte, der im Dienste meines Vaters stehende Brauermeister, der Bäcker, der Branntweinbrenner mit ihren Gehilfen, die in dazu bestimmten Nebengebäuden diese Geschäfte betrieben, über welche eine Art von Monopol nicht zu den unbedeutendsten Vorrechten meines Vaters gehörte, alle diese an Rang und Ansprüchen unter sich so verschiedenen und in ihrer Art ebenso streng wie ihresgleichen in Städten auf diesen Unterschied haltenden Leute verbreiteten eine Art Lebendigkeit um sich her, die viel dazu beitrug, unser Familienleben vor einschläfernder Monotonie zu bewahren.

Ich trug aus diesen mir ganz neuen Umgebungen den unschätzbaren Gewinn davon, dem Leben manche wichtige Ansicht abzulauschen, die mir sonst ewig verborgen geblieben wäre; »mais c'est tous comme chez nous!« rief ich oft lachend bei der näheren Bekanntschaft mit den Sitten, der Denkungsart, den Grundsätzen der Landleute, die ich mit nie ermüdendem Interesse beobachtete.

Die Herren Poeten, besonders die aus meiner sentimentalen Jugendzeit, versündigen sich schwer an der Wahrheit, indem sie die große Treue, Redlichkeit, Frömmigkeit, Sittlichkeit des einfachen Landsmanns auf unsere Kosten erheben. Jene sind wie wir, wir sind wie sie, beide vom nämlichen Metall, nur die gröbere oder zierlichere Ausführung der Form bildet den einzigen Unterschied. Was wir an geistiger Kultur und wissenschaftlichen Kenntnissen vor dem Landmanne voraushaben, wird ihm durch den ihm angebornen Scharfblick, die ihm eigene Schlauheit und echten Mutterwitz oft in so hohem Grade ersetzt, daß unsere durch Erziehung verfeinerte Bildung kaum Schritt mit ihm halten kann.

Alles interessierte mich in Stutthof, und nicht bloß der Neuheit wegen; die eigentliche Landwirtschaft machte mir die größte Freude, an deren Spitze, zwar anfangs mit wenig Erfahrung, aber mit desto größerem Eifer und daraus entspringendem Gelingen sich meine Schwester Lotte gestellt hatte, um unserer Mutter ein ruhiges, müheloses Alter zu bereiten.

Die vielen Kühe, die Pferde, all das befiederte Getier um uns her, besonders der Storch, der seit undenklichen Jahren nie versäumte, das ihm wohlbekannte Nest auf dem Giebel der Scheune zur rechten Zeit zu beziehen, wie liebte ich, wie freute mich das alles! Und das Ballett am ersten recht warmen Maitage, wenn die jungen, im Spätherbste und Winter geborenen Tiere aus den dunklen Ställen, in welchen sie bis dahin gelebt, zum erstenmal in den sonnenhellen Hof getrieben wurden!

Die dummen täppischen Kälber, die, vom nie gesehenen Sonnenschein geblendet, mit den breiten Köpfen gegen Türen und Mauer krachend anrannten, die tollen lustigen Sprünge der zottigen Füllen, die wie betrunken einhertaumelten, das Freudengeschrei und Gelächter der Knechte und Mägde, die in Türen und Winkel sich duckten, um sich vor den Freudenbezeigungen ihrer emanzipierten Zöglinge sicherzustellen, kein noch so gewandter Grotesktänzer hat jemals so mich belustigt.

Aber Stutthof, wie alles in dieser Welt, hatte auch seine Kehrseite, und diese erschien mir dunkel genug, um, wenn ich sie recht ins Auge faßte, auf so vieles übrigens Lobenswerte einen entstellenden Schatten zu werfen. Diese Kehrseite bestand in gewissen zu dem Gute gehörenden Vorrechten, Privilegien, sogenannten alten Gerechtigkeiten, welche man füglicher Ungerechtigkeiten benennen könnte und die aus sehr früher, vermutlich noch aus der Zeit der in Danzig und Marienburg hausenden Ordensritter herstammen mochten. Sie waren traurige Überbleibsel jenes den freigeborenen Landmann zum Leibeignen herabwürdigenden Feudalismus des Mittelalters, gegen die mein Freiheitssinn sich mächtig empörte und von denen ich nicht begriff, wie sie bei der republikanischen Verfassung meiner Vaterstadt bis auf die gegenwärtige Zeit sich erhalten haben konnten.

Jeden Sonnabend sah ich zum Beispiel die Frauen und Mädchen aus dem Dorfe mit Besen und Rechen in großer Anzahl heranziehen, um den Hof vor meines Vaters Hause zu reinigen und zu ordnen, während der Fronknecht mit einer Karbatsche dabeistand, um über sie die Aufsicht zu führen. Gern hätte mein Vater auf unser Bitten diesen Gebrauch aufgehoben oder doch wenigstens den widrigen Anblick jenes Menschen uns erspart; aber er durfte keines der auf ihn übertragenen Vorrechte seinem dereinstigen Nachfolger entziehen, und selbst der Fron hielt wie auf einen Ehrenpunkt auf sein Recht bei dieser Expedition, wenigstens in der Eingangstür Wache zu halten.

Auch zur Erntezeit mußten die Bauern aus den zu Stutthof gehörenden, oft weit entlegenen Dörfern sich einstellen. Mehrere Tage nacheinander, je nachdem es erforderlich war, zogen sie zu fünfzigen und in noch größerer Anzahl mit Tagesanbruch zur Fronarbeit herbei, während ihre eigene Ernte darüber nachblieb. Mittags nahmen sie im Hofe an langen, ordentlich gedeckten Tafeln Platz. Es läßt sich nicht leugnen, sie zeigten sich lustig und guter Dinge, als wären sie zu einem Gastmahl versammelt, sie lachten, sangen, trieben allerlei Späße, denn mein Vater hielt streng auf ihre gute Bewirtung sowohl auf dem Felde bei der Arbeit als in den Ruhestunden; aber Zwang und nicht freie Wahl führte sie hier zusammen, und obgleich mein Vater sich alle ersinnliche Mühe gab, mir deutlich zu machen, wie es selbst dem wohlhabenden Landmanne weit leichter werde, seine Steuern mit Arbeit anstatt mit barem Gelde abzutragen, so war es mir doch unmöglich, auf seine Ansichten einzugehen und mich sowohl mit diesen als manchen ähnlichen Einrichtungen auszusöhnen.

Lange vor meinem Vater, in den ersten Jahren des achtzehnten Jahrhunderts, hatte der Großvater meines Mannes Stutthof in Pacht gehabt; noch lebte eine Art Reliquie aus jener frühen Zeit, ein mehr als hundertjähriger Greis, der in dessen Diensten gestanden, und wurde als ein von dem Hause unzertrennliches Stück des alten Mobiliars betrachtet und gehalten. Der alte Mann war für seine hohen Jahre noch sehr rüstig und seiner Sinne vollkommen mächtig, auch sein Gedächtnis war ihm treu geblieben, doch nur für die frühere Zeit seines Lebens; die spätere war für ihn versunken und verschwunden. Deshalb nannte er meinen Sohn immer Andreas und ließ es sich nicht ausreden, daß es der Sohn seines alten Herrn, eigentlich der Großvater meines Arthurs sei, den er in gleichem Alter noch auf dem Arm getragen.

Peter der Große war auf der Durchreise mit seiner Katharine

unerwartet nach Stutthof gekommen; er hatte beschlossen, dort zu übernachten, und die Erinnerung an diesen hohen Besuch war als das merkwürdigste Ereignis seines ganzen langen Lebens dem Hundertjährigen unvergeßlich geblieben. Der Kaiser und seine Gemahlin durchzogen das Haus, um ein Schlafzimmer sich zu wählen, und ihre Wahl fiel auf ein zu meiner Zeit noch existierendes nicht großes Zimmer, in welchem aber weder Ofen noch Kamin sich befand; nun aber galt es, bei strenger Kälte zur Winterszeit dieses Zimmer zu erwärmen. Guter Rat war hier teuer; aber der alte Herr Schopenhauer wußte ihn doch zu finden und obendrein zu großer Zufriedenheit seiner hohen Gäste. Die weißen untapezierten Wände, der nach damaliger Art mit holländischen Fliesen ausgelegte Fußboden stellten der Ausführbarkeit desselben kein Hindernis entgegen.

Mehrere Fässer voll Branntwein wurden herbeigeschaft, in das übrigens dicht verschlossene Zimmer ausgegossen und angezündet. Jauchzend vor Freude blickte der Zar in das zu seinen Füßen wogende Feuermeer, während alle ersinnlichen Anstalten getroffen wurden, um die weitere Verbreitung desselben zu verhindern. Sobald es ausgebrannt war, begab er in dem glühend heißen, mit Qualm und Dunst erfüllten kleinen Raum mit seiner Gemahlin sich zur Ruhe. Beide standen am folgenden Morgen ohne Migräne wieder auf, was in unseren nervenschwachen Tagen ihnen schwerlich jemand nachtun würde, und verließen, die ihnen gewordene Aufnahme rühmend, das gastfreie Dach ihres Wirts.

In Danzig erregte alles Merkwürdige, besonders aber die prächtige, bei weitem nicht genug bekannte Pfarrkirche die Aufmerksamkeit Peters des Großen. Da es gerade Sonntag war, verlangte er, dem Gottesdienst in derselben beizuwohnen, und wurde in den Ratstuhl geführt, eine Art abgeschlossenen, ringsum mit Schiebefenstern versehenen Kabinetts, wie man noch in Deutschland hin und wieder in Kirchen sie findet. Dort saß nun der große Kaiser, seine Blicke wanderten von dem bewundernswürdigen Gewölbe hinab auf die den weiten Raum füllende, zahllos erscheinende Menge, dann zur Orgel und von dieser zu dem Prediger, dessen Rede er mit großer Gelassenheit anhörte, obgleich er wahrscheinlich keine Silbe davon verstand. Soweit ging alles gut, aber ihn fror, denn er hatte aus Ehrfurcht vor dem Ort beim Eintritt in die Kirche seine Mütze abgelegt. Schon begann er unruhig zu werden, das Gefühl erstarrender Kälte nahm mit jedem Augenblick zu, er überlegte, welches von beiden am wenigsten unschicklich wäre, die Mütze aufzusetzen oder die Kirche zu verlassen; er sah, gleichsam Hilfe suchend, sich um, da zeigte sich ihm plötzlich ein willkommenes Auskunftsmittel. Mit einem einzigen raschen Griff nahm er die große Allongeperücke vom Haupte des hinter ihm sitzenden ersten Bürgermeisters, setzte sie auf das eigene und wohnte nun, umflossen von der reichen warmen Lockenfülle, weit zum Fenster des Ratstuhles hinausgelehnt, dem Gottesdienste ruhig bis ans Ende desselben bei, wo er nicht ermangelte, die Perücke dem Eigner derselben freundlich dankend zu überreichen.

Die Morgenröte der Freiheit

Immer schwerer, immer zerstörender begann im Lauf der Jahre der Druck äußerer Übermacht auf den ehemaligen Wohlstand meiner unglücklichen Vaterstadt einzuwirken. An alten reichen Familien, an einzelnen bedeutenden Handelshäusern, die mit großen Mitteln und ausgebreitetem Kredit ihre merkantilischen Kenntnisse und Erfahrungen geltend zu machen verstanden, fehlte es zwar nicht, und diese verbreiteten allerdings noch eine Art von Scheinleben um sich her, durch welches dem oberflächlich darüber hinstreifenden Blicke das tief im Innern zehrende Verderben verschleiert wurde. Der Kleinbürger aber, der Ladenhändler, der Handwerker, alles was zum arbeitenden Mittelstande gehört, diesem eigentlichen Herzen großer und kleinster Staaten, durch welches das Leben pulsierend sich weiter verbreitet, waren dem langsamen allmählichen Verarmen verfallen. Die Zahl unbewohnter, fest verschlossener Häuser mehrte sich überall, und nicht allein in kleinen abgelegenen Gäßchen, auch in den sonst bewohntesten Hauptstraßen der Stadt.

Viele achtbare Bürger, die unter harten Entbehrungen einen schwachen Schimmer ehemaliger besserer Tage mühselig beizuhalten suchten, waren im Grunde jenen verschämten Hausarmen zuzuzählen, gegen deren hartes Los das eines in Lumpen gehüllten, die allgemeine Wohltätigkeit öffentlich in Anspruch nehmenden Bettlers fast beneidenswert erscheint.

Jameson konnte das allmähliche Verkümmern des Ortes, den er in der Blüte des Wohlstandes gekannt, nicht ansehen, ohne selbst es mitzuempfinden; ihm war dabei zumut, als stünde er am Schmerzenslager eines langsam Hinsterbenden. Im Kreise der ihn zunächst umgebenden Freunde trat manche ihn schmerzlich berührende Veränderung nach und nach ein, war im Wechsel des Lebens so manche Lücke entstanden, welche er nicht wieder gefüllt zu sehen hoffen durfte; und als er zuletzt auch das Haus meiner Eltern verschlossen und verödet erblickte, als er, von alter Gewohnheit verleitet, wohl zehnmal des Tages sein Fenster öffnete, um in unsern Beischlag hinabzusehen, und keine der ihm ehemals so befreundeten lieben Gestalten sich mehr zeigte, da war ihm, als sei auch das letzte Band zerrissen, das in seiner jetzigen Stellung ihn festhielt. Ich, das Kind seines Herzens, sein frühester Liebling, den er mit so großer Liebe und Treue erzogen und geleitet hatte, war ihm zwar geblieben; aber durch andere Pflichten, andere Verhältnisse in Anspruch genommen, war es mir nicht möglich, ihm zu ersetzen, was er durch die Trennung von der nahen lieben Nachbarschaft derer verlor, die er im Lauf von fast dreißig Jahren sich gewöhnt hatte als ganz zu ihm gehörend zu betrachten.

Seine Gesundheit wankte, nur ein rascher Entschluß konnte vor allmählichem Versinken in Schwäche und Trübsinn ihn bewahren, und er war noch kräftig genug, um ihn zu fassen und auszuführen. Er legte seine Stelle nieder, schiffte sich ein und eilte seiner ursprünglichen, ihm beinah fremd gewordenen Heimat, seinen schottischen Bergen wieder zu. Mit welchem Gefühl, mit welchem heißen Trennungsschmerz, hat er selbst nicht auszusprechen unternommen, und so will denn auch ich seinem Beispiel folgen. Daß ich, entfernt von Eltern und Geschwistern, nach dem Verlust auch des letzten Freundes meiner frühesten Jugendjahre einzelne Stunden verlebte, in denen ich sehr vereinsamt mich fühlen mußte, liegt ja deutlich genug zutage; was bedarf es da noch vieler Worte!

Mit immer steigendem Interesse wandten indessen mein Mann und ich unsre Blicke nach Paris den dort beginnenden Kämpfen eines großen Volkes zu, das aus den Ketten des Despotismus sich loszuwinden strebte. Die eben zusammenberufene Nationalversammlung wurde mir jetzt, was meine alten Römer, was meine tapfern freigesinnten Amerikaner in den Tagen meiner Kindheit mir gewesen waren, sie erhoben mich über die mich umgebende Gegenwart; und meine warme Teilnahme an dem Versuche, ein unter Zwang, törichter Verschwendung und verdammenswürdigem Leichtsinn untergehendes Volk zum Gefühl der Würde freigeborner Menschen zu erheben, nahm mich dermaßen in Anspruch, daß ich die Lücke, welche die letzte Zeit in mein eignes Dasein gerissen, darüber weit weniger empfand.

Zeitungen hatte ich immer so fern als möglich von mir geschoben und darüber manchen halb spottend, halb ernst gemeinten Vorwurf meines Mannes geduldig über mich ergehen lassen; denn von jener Zeit her, in welcher ich die sehr unleserlich gedruckte, aber wegen ihres vortrefflichen französischen Stils damals sehr berühmte Gazette de Leyde meinem Vater posttäglich vorlesen mußte, war mir ein unüberwindliches Grauen vor allen nur erdenklichen politischen Blättern geblieben. Ich behauptete steif und fest, ich erführe ohnehin, was sich in der Welt Merkwürdiges begebe, ohne mir Zeit und Laune mit solchen Langweiligkeiten zu verderben; jetzt aber konnte ich die Ankunft des »Hamburger Korrespondenten« kaum erwarten und zürnte recht ernstlich, wenn man vergaß, ihn mir nach Oliva zu senden.

So stand ich denn an einem recht heißen Sommertage des Jahres 1789 in Oliva am Fenster in Erwartung des Boten, der mir die Zeitung bringen sollte, und sah zu meiner großen Verwunderung statt seiner meinen Mann in den Hof reiten; an einem Posttage! Nur eine wichtige Veranlassung konnte Heinrich Floris Schopenhauer an einem solchen zu diesem Besuch bewogen haben. Und so war es denn auch, er hatte Kontor und Geschäfte verlassen, um die Kunde des ersten Triumphs der Freiheit, der Eroberung der Bastille, mir selbst zu überbringen.

Von nun an ging ein neues Leben in mir auf, unerhörte Hoffnungen eines durchaus veränderten Zustandes der Welt wurden in mir rege, welche jedes Blatt des fast gleichzeitig entstandenen Moniteurs immer fester stellte. Nur wenige meiner Zeitgenossen mögen jener jetzt fast vergessenen Ereignisse sich noch lebhaft erinnern, aber dann gedenken sie auch gewiß der glühenden Begeisterung, des hohen, alles wagen, alles willig aufs Spiel setzen wollenden Freiheitssinnes, der damals im Gemüt der edelsten Jugend sich entzündete und sie antrieb, ihr Hoffen, Sinnen und Trachten einzig jener hochbewunderten Nation zuzuwenden, die für alle siegreich in die Schranken trat, verjährte Vorurteile niederbrach und, Blut und Leben nicht schonend, in Ausübung dessen, was nottat, uns mit Lehre und Beispiel glorreich voranging. Etwas Mord, einzelne Greueltaten, die bei der Eroberung der Bastille vorgefallen waren und noch täglich, leider in immer steigernder Anzahl sich erneuerten, wurden als in solchen Zeiten unvermeidlich nicht sonderlich beachtet. Verjährte Krebsschäden sind nicht mit Rosenwasser zu heilen, war ein damals sehr beliebter Kernspruch.

Und was war denn die Hinrichtung eines oder zweier Elender, die, strotzend von erpreßtem Reichtum und Wohlleben, das hungernde, nach Brot schreiende Volk zur Zielscheibe ihres Witzes zu wählen sich erkühnt hatten? Was war sie, verglichen mit dem unheilvollen Geschick jenes Greises, der bei der Zerstörung der Bastille im dunkelsten Kerker derselben aufgefunden worden war? Wie gewöhnlich ohne Verhör und Urteil hatte vor undenklicher Zeit eine lettre de cachet in jenes Grab der Lebenden ihn hinabgestoßen. Welches Vergehens man ihn anklagte, hat nicht er selbst, bat niemand jemals erfahren, auch König Ludwig XV. nicht, der gewohnt war, jene Glück und Leben tötende Waffe als eine nicht abzuschlagende kleine Gefälligkeit der Fürsprache mächtiger Günstlinge gedankenlos preiszugeben.

Wochen-, monate-, jahrelang saß der Unglückliche da, lichtlos, einsam, in Hunger und Blöße, in Nässe und Kälte und konn-

241

te nicht sterben. Er hörte zuletzt auf, die Tage, die Jahre zu zählen, vergaß endlich sogar seinen eigenen Namen und was er früher in der Welt gewesen und vegetierte in dumpfem Halbbewußtsein fort, von allen, sogar von seinem Kerkermeister vergessen, nur von dem Knecht nicht, der aus alter Gewohnheit seine karge Nahrung gleich einem im Käfig gehaltenen wilden Tiere ihm zuweilen hinwarf.

Ohnmächtig sank er zusammen, als die Befreier in seine Jammerhöhle drangen und ihn hinaustrugen in die laute, lichtvolle Welt. Als er aus langer starrer Bewußtlosigkeit erwachte, lastete die frische freie Luft mit Zentnerschwere auf seiner eingeengten keuchenden Brust, das seit fünfzig bis sechzig Jahren nicht gesehene Tageslicht war seinen gelähmten Augen die quälendste Folter, jeder Ton, der sein an lautlose Grabesstille gewöhntes Ohr traf, versetzte ihn in peinlichste Furcht.

Ängstlich, zitternd, wimmernd, mit gebrochener, kaum vernehmlicher Stimme flehte er seine Befreier an, ihn wieder hinunter zu schaffen in seine düstere Wohnung, wand sich, winselte, ächzte und entschlummerte.

Der Namenlose fand ein namenloses Grab, nach einer nicht mehr zu berechnenden Anzahl in qualvollster Gefangenschaft vollbrachter Jahre konnte nur dieses vor der Pein des ihm neu aufgedrungenen Lebens ihn bergen. So stirbt ein dem Hungertode Geweihter an Nahrungsmitteln, die nach zu langem Entbehren ihm tödlich werden, statt ihn zu erquicken.

Im Banne der Revolution

Die Eroberung der Bastille, die Zerstörung derselben, das grausenvolle Geschick jenes unglücklichen Greises, welches durch öffentliche Blätter allgemein verbreitet wurde, wirkte berauschend auf die Gemüter. Ergründen zu wollen, wieviel von jenem schaudervollen Ereignisse der französischen Verschönerungssucht angehöre, fiel keinem ein.

Lag doch in dem ganzen Vorgange an und für sich nichts Unmögliches oder Unwahrscheinliches, waren doch die entsetzlichen lettres de cachet wirklich bis zur Zerstörung der Bastille als eines der bedeutendsten Vorrechte des Königs noch in voller Kraft! Selbst Ludwig XVI., so wenig er zu türkischem Despotismus sich hinneigte, hatte aus alter königlicher Gewohnheit mehrere derselben ohne Bedenken ausgefertigt und zu beliebigem Gebrauch dem ihn darum Ersuchenden in die Hände gegeben.

Jetzt war das Rächerschwert der strafenden Gerechtigkeit in den Händen des wütenden, im Blutdurst und wilder Zerstörungssucht immer mehr sich entflammenden Volkes. Die Stelle der damals noch nicht erfundenen Guillotine vertrat einstweilen der berüchtigte Laternenpfahl, die Prozedur dabei war noch kürzer; schauerliche Mordtaten fielen täglich vor, doch wir in der Ferne gedachten nur der Missetaten der Mächtigen und Großen, die das jetzt nicht mehr zu bändigende Volk bis zur Verzweiflung getrieben, und entschuldigten, was wir nicht billigen konnten.

Lustig sangen wir »Ah, ça ira, ça ira, ça ira! les aristocrates à la laterne!« und wären halb des Todes gewesen, hätten wir einen von ihnen hinführen sehen müssen, absonderlich ich, die ich über meine gefiederten Untertanen auf dem Hühnerhofe nie ohne bängliches Herzklopfen ein Todesurteil aussprechen konnte.

Das aber ist die alles Schauerliche, alles Traurige mildernde Gewalt der Entfernung; über einen gebrochenen Arm im Hause des Nachbars, über die blutende Stirn eines auf der Schwelle gefallenen fremden Kindes traten Tränen des Mitleids uns ins Auge, aber gelassenen Sinnes lesen wir den Bericht einer Schlacht, in welcher Tausende fielen; der brennenden Wunden, des unendlichen Jammers der schwerverwundet auf dem Schlachtfelde Vergessenen, des peinlichen Todeskampfes, der verlassen Hinterbliebenen gedenken wir dabei nicht.

Wer aber hielt es aus, wer könnte die Stunde überleben, in welcher all das Elend sich recht anschaulich vor ihm ausbreitete, das nur im kurzen Verlaufe von nicht mehr als sechzig Minuten sich fortwährend über unsere Erde ergießt! Wohl uns, daß wir sind, wie wir eben sind, und daß der dichte Schleier, der unsere Zukunft deckt, auch jene durch den Raum weit von uns getrennte Gegenwart uns schonend verhüllt!

Die Macht des Wortes, die alles mit sich fortreißende Gewalt jener ohne Vorbereitung unmittelbar am Herzen, der innersten, festesten Überzeugung entströmenden Beredsamkeit zeigte sich damals in Paris in ihrer höchsten Kraft. Auf öffentlichen Plätzen, auf den Boulevards, an jeder Straßenecke erhoben sich Stimmen aus der Mitte des Volkes, deren Zauber sich unwiderstehlich erwies, indem er die Menge zu Taten hinriß, über welche, wenn sie vollbracht waren, vielleicht die Täter selbst mitunter ein Grausen überkam.

Lafayette! Mirabeau! Pétion! Bailly! und so viele noch, deren damals auf allen Zungen schwebende Namen jetzt verklungen sind! Wie erglühte ich in freudiger Begeisterung, wenn ich in stillen Abendstunden meinem Manne und etwa noch zweien oder dreien seiner vertrautesten Freunde ihre Reden vorlas, welche der Moniteur uns getreulich mitteilte!

Wie beseligte uns die sichere Erwartung einer jetzt zwar im Sturm nahenden, aber gewiß einst Freiheit, Friede und Bürgerglück verbreitenden goldenen Zeit.

Bei alledem hütete ich mich davor, mit meinem Enthusiasmus für das Treiben in Paris prunken zu wollen. Mirabeaus häßliche Fratze, von der behauptet wurde, daß sie, wenn er begeistert, in ernste Schönheit sich umwandle, war zwar auf meinem Fächer gemalt, und Lafayettes edlere Züge schmückten mein Armband; doch das waren gewissermaßen aus Paris uns zukommende Modeartikel, welche auch von Frauen getragen wurden, die weiter keine besondere Idee damit verbanden. Andere äußere Andeutungen meiner politischen Gesinnungen habe ich mir nie erlaubt; nie habe ich die drei Farben als Wahrzeichen derselben zur Schau getragen und hätte um keinen Preis die rote Jakobinermütze aufsetzen mögen, mit welcher durch Geist und Talent übrigens ausgezeichnete deutsche Frauen in Mainz öffentlich herumspazierten und zur allgemeinen Aufregung des Volkes nach Kräften beitrugen. Des berühmten Forsters Gattin, späterhin die als Therese Huber rühmlichst bekannte Schriftstellerin, wurde unter diesen besonders genannt.

Alles männliche Tun war und blieb mir von jeher an Frauen verhaßt; wenn es nottut, im Herzen männlicher Mut, übrigens aber kein Versuch, in Kleidung, Ansprüchen und Betragen uns den Männern zu nähern, schien allein mir geziemend und recht.

Bei aller innern Aufregung ging das Leben übrigens mit mir seinen gewohnten friedlichen Gang. In Stutthof, in Danzig, in meinem geliebten Oliva verlebte ich im angenehmsten Wechsel gar freundliche Tage, nur wollte, besonders wenn ich meines schönen Besitztums in Oliva mich recht innig erfreute, ohne alle weitere Veranlassung ein wehmütiges Vorgefühl mich oft beschleichen, als ob das alles mir nur gleichsam geborgt wäre und ich vielleicht bald es verlieren müsse.

Unsere Nachbarschaft hatte inzwischen durch den Nachfolger des unlängst verstorbenen Abtes in Oliva an Annehmlichkeit bedeutend gewonnen. An die Stelle jenes frommen Greises, der als ein geborener Pole nur die Sprache seines Landes kannte, in klösterlicher Zurückgezogenheit lebte und an dem, was übrigens in der Welt vorging, keinen Anteil nahm, hatte der König von Preußen den Fürstbischof von Ermland aus dem Hause der Hohenzollern ernannt. Früher Militär, wenn ich nicht irre, Obrist in französischen Diensten, hatte dieser am Abend seines Lebens das ritterliche Schwert gegen den geistlichen Krummstab vertauscht und zog den Aufenthalt in Oliva dem geistlichen Prunk seines Bistums vor, um in ländlicher Einfachheit sich der letzten Strahlen seiner sinkenden Lebenssonne zu erfreuen.

Seiner hohen geistlichen Würde unbeschadet, war der Fürstbischof im reinsten Sinne des Wortes ein lebensfroher, mit den Konvenienzen feinerer Geselligkeit wohlvertrauter Weltmann geblieben. Freilich verreiste er gern, um dem ermüdenden Pomp der Fronleichnamsprozession zu entgehen, und die drei Predigten, die einzigen, die er sein Leben lang zu halten verpflichtet war, wurden von einem Jahr zum andern verschoben, bis seine eigene Lebensuhr darüber ablief; aber er war wohltätig, nachsichtig und schonend gegen Arme und ihm Untergebene und wurde dafür allgemein geehrt und geliebt. Heiter und anspruchslos von Natur war er seinen Nachbarn in Oliva ein stets willkommener Gast, jung und alt eilte freudig ihm entgegen, wenn man seiner Abbé-Perücke, seines langen violetten Überrocks, seiner violetten Strümpfe von fern ansichtig wurde; als Bischof war er dem Tragen der Mönchstracht seines Klosters überhoben.

Zwar sagte er ein wenig öfter, als gerade notwendig gewesen wäre, »mon cousin, le Roi!«, aber wer hätte es übers Herz bringen mögen, dem freundlichen Manne diese kleine Schwäche zu verargen! Seine große Vorliebe für Gartenbaukunst, besonders für Veredlung der Obstbaumzucht, führte ein recht freundliches Verhältnis zwischen ihm und meinem Manne herbei, während ich die größte Freude an den herrlichen Blumen, besonders an den Nelken hatte, die er zog und die ich nie wieder in solch übergroßer Pracht gesehen habe.

Verzierung und Anlage seines großen Gartens war freilich barock und würde jetzt lächerlich erscheinen; doch war es der nur etwas überladene, in Deutschland ziemlich allgemein verbreitete Geschmack der damaligen Zeit, die ihn den englischen nannte. Wo nur irgendein Plätzchen sich dazu vorfand, waren poetische Inschriften angebracht, um die Spazierenden gleich zu belehren, was sie an dieser oder jener Stelle zu empfinden hätten, und da der Bischof infolge der ihm eignen Gemütlichkeit den Zutritt in seinen Garten gern erlaubte und sich freute, ihn an Sonn- und Feiertagen recht belebt zu sehen, so wimmelte es an solchen Tagen von Besuchern, die sich eifrig bemühten, die ihnen hier dargebotenen Sprüchlein zu studieren und die sie umgebende Pracht der Natur gänzlich vergaßen.

Aber noch ganz andere Raritäten drängten im Innern des aus dem Französischen ins sein sollende Englische gewaltsam übersetzten Gartens sich auf; fürchterliche chinesische und indische Götzenbilder grinsten aus Rosen- und Jelängerjelieber-Lauben die Vorübergehenden an. Grimmige Bären aus Holz, ebenfalls naturgetreu angestrichen, kletterten an den Stämmen alter Bäume empor, Affen, Eichhörnchen, Papageien, alles aus der nämlichen Fabrik, wiegten sich in den Zweigen, auch Löwe und Tigertier waren vorhanden, als ob man beabsichtige, Raffs Naturgeschichte in kolossalem Maßstabe hier plastisch darzustellen; und doch war es unmöglich, bittern Spott sich hier zu erlauben. Eines unmerklich über die Lippen hingleitenden Lächelns konnte man sich freilich dabei nicht erwehren, aber der Eigner und Erfinder dieser sonderbaren Schöpfung hatte eine so rein kindliche Freude daran, er selbst war in seinem Gebiet so unablässig für das Vergnügen anderer ihm völlig unbekannter Leute bemüht, daß es barbarisch gewesen wäre, durch herben Tadel ihm sein eigenes zu verderben.

Eine einzige alte Allee zu schwindelnder Höhe emporgewachsener geschorener Buchenhecken, derengleichen ich nie gesehen, zeichnet diesen Garten vor allen ihm ähnlichen aus; das grandioseste Rokoko, das sich erdenken läßt. Möge jetzt, wo Kloster Oliva durch den Tod seines letzten Mönchs verödet ist, der gute Genius des Ortes Wind und Frost davon abwehren und nie dulden, daß eine mörderische Axt vernichtend ihm nahe.

Im schönsten Verhältnis ihrer Breite zu der erstaunenswürdigen Höhe ihrer grünen Laubwände durchschneidet diese Allee von der Gartenfronte des Schlosses an nicht nur die Länge des Gartens, sondern reicht noch wenigstens eine Stunde über denselben hinaus bis dicht an das ferne Gestade der Ostsee, deren tiefblaue Wogen sie begrenzen. So scheint es wenigstens dem durch optische Kunst getäuschten Auge, und diese Täuschung schwindet nicht, bis man die Allee hinunter an die eigentliche durch ein breites Aha gebildete Grenze derselben gelangt. Das bedeutende, die Allee von einem ihr gegenüberliegenden Fichtenwäldchen trennende Stück Feld sowie auch das nicht kleinere, auf der anderen Seite des Gehölzes zwischen diesem und dem Meeresufer gelegene sind durch weise Berechnung der Grundfläche dem Auge völlig entzogen, der Wald so durchhauen, daß er wie eine ununterbrochene Fortsetzung der hohen Buchenwände der Allee und die Ostsee wirklich die äußerste Grenze derselben zu umspülen scheint.

Wenn man hier an die Stelle dieses Prachtstückes altfranzösischer Gartenkunst eine krausgewundene von nordamerikanischem Gesträuch umschattete englische Anlage der neueren

Zeit sich denkt, die allerdings als Umgebung eines bürgerlichen Landhauses ganz an ihrem Orte sich befindet, dann erst fühlt man, welche fast poetische Lebensweisheit in Le Nôtres Beginnen vorwaltete. Vornehme Leute müssen auch im Grünen sich vornehm ergehen können, und die ihre Paläste zunächst umgebenden Anlagen dürfen daher mit vollem Rechte nur als Übergang aus ihren Prunkgemächern in die freie Natur sich darstellen.

Gegen Ende der achtziger oder ganz zu Anfange der neunziger Jahre des vorigen Jahrhunderts führte eine Reise den König von Preußen in die Nähe von Danzig und veranlaßte ihn, Oliva als einen sehr willkommenen Ruhepunkt zu betrachten. Wie entzückt der Fürstbischof über diesen ihm zugedachten Besuch als neuen Beweis der königlichen Gnade war, wie er alles aufbot, was an Erfindungsgeist ihm zu Gebote stand, um »mon cousin, le Roi« recht ausgezeichnet zu empfangen und zu bewirten, bedarf wohl kaum der Erwähnung.

Während nun im bischöflichen Schlosse alles mit Vorbereitungen zu dem großen Tage vollauf zu tun hatte, waren aber auch meine schaulustigen Landsleute in der Stadt nicht weniger geschäftig und unerachtet ihres Hasses gegen Preußen nicht etwa in feindseliger Absicht. Es galt nur den Tag und die Stunde genau zu erspähen, in welcher der König, die Wälle der Stadt von außen umfahrend, durch die nach Langfuhr führende Allee den Weg nach Oliva einschlagen werde. Daß er, die Stadt umgehend, sie seitwärts liegenlasse, war vorauszusehen, und doch wollten die Bürger diese für den größten Teil derselben erste und wahrscheinlich einzige Gelegenheit, einen König von Angesicht zu Angesicht zu schauen, nicht unbenutzt vorübergehen lassen.

Der Tag kam, die ganze Stadt zog hinaus, nur hilflose Greise, neugeborene Kinder, Krüppel und Kranke blieben in ihren vier Pfählen. Ein unübersehbares Gewühl vieler Tausender aus allen Ständen umwogte in ungeduldiger Erwartung des Monarchen den Platz vor dem Tore, über den er fahren mußte. Friedrich Wilhelm II. war bel homme ganz im französischen Sinne des Wortes, seine imposante Gestalt reichte über das Gewöhn-

liche hinaus und überragte bei weitem die Köpfe seiner Untertanen; die weder schönen noch häßlichen, weder anziehenden
noch abstoßenden Züge seines Gesichts erinnerten keineswegs an seinen großen Vorfahren, gewannen aber ungemein,
wenn ein gewisser Ausdruck wohlwollender Freundlichkeit,
der ihm sehr wohl stand, sie belebte.

Schritt für Schritt fuhr er im offenen Wagen durch die ihn
umwogende Menschenflut, und schon aus der Ferne wirkte
der Anblick des Königs mit magischer Gewalt. Als er näher
kommend nach allen Seiten hin freundlich grüßte, da kannte
die Begeisterung keine Grenzen mehr; Hüte und Tücher wink-
ten allgemeines Entzücken ihm zu, Hurras waren außerhalb
Rußlands noch nicht gebräuchlich, aber in seliger Unbewußtheit glitt manches Lebehoch über Lippen, die bis dahin nur Ver-
wünschung Preußens und alles Preußischen gekannt hatten.
In der Stadt war den ganzen Tag nur von dem schönen freundlichen Herrn die Rede, und wer unter den Bürgern sich nahe
genug an seinen Wagen gedrängt hatte, um wähnen zu können,
daß der Gruß der Majestät ihm besonders gegolten, hörte nicht
auf, diesen merkwürdigen Glücksfall zu preisen.

Ich selbst war an jenem Tage mit dem Empfange meiner
Freunde und Bekannten in Oliva beschäftigt, die es vorzogen,
den König dort vorüberfahren zu sehen und ihm später vielleicht noch einmal auf einem Spaziergange im bischöflichen
Garten zu begegnen. Sehr glaubwürdige Männer als Augenzeugen behaupteten indessen, Friedrich Wilhelms II. Anblick habe
so durchaus berauschend die Geister aufgeregt, daß es dem
Könige möglich gewesen sein würde, vom Volke selbst in die
nach fast zwanzigjährigem Widerstande ihm freiwillig huldigende alte Hansestadt sich triumphierend einführen zu lassen,
hätte er, mit Mirabeaus Redekunst begabt, die Gunst des Augenblicks geschickt zu benutzen gewußt.

Wie aber am folgenden Tage nach ausgeschlafenem Rausche
das Erwachen aus demselben sich möchte gestaltet haben, das
freilich ist eine der Fragen, die am besten unerörtert bleiben.

Soviel bleibt indessen gewiß, wäre den Gesalbten des Herrn
der ganze Umfang der ihnen von oben verliehenen Zauberkraft

bekannt, wüßten sie genau, was sie mit einem Blick, einem Wort, einem Zeichen rein menschlicher Teilnahme über die Gemüter vermögen, sie würden Wunder bewirken, über deren glückliches Vollbringen sie selbst erstaunen müßten.

Tagebücher

Mit Mercier durch Paris

Wir brachten den Winter von 1803 in Paris zu, ich sah dort den ersten Tag des merkwürdigen Jahres aufgehen, in welchem Napoleon den höchsten Gipfel menschlicher Größe erreichte, sich auf den von ihm selbst errichteten Kaiserthron schwang und nun dastand, fest und stolz und sicher wie ein Gott, ohne nur die Möglichkeit seines nahenden Unterganges sich zu denken. Aber ich will mich hier weder in politische Bemerkungen noch in Reflexionen über die Wandelbarkeit des Glückes verlieren, die bei solchen Anlässen sich jedem ohnehin entgegendrängen; auch durch eine Beschreibung jener kolossalen Stadt, wie sie damals war und längst nicht mehr ist, will ich weder mir noch andern Langeweile machen. Einzelne Gegenstände und Gestalten, wie Glück und Zufall sie mir entgegenführten, will ich mit leichten Strichen zu skizzieren suchen, und da tritt mir gleich das freundliche Bild des guten, einst hochgerühmten Mercier entgegen, dieser lebendigen Chronik von Paris, der damals mein fast beständiger Führer und Begleiter zu allem Merkwürdigen und Interessanten seiner Stadt war.

Mich dünkt, ich sehe ihn noch vor mir, den stattlichen Mann von mittlerer Größe, den unerachtet seiner vierundsechzig Jahre eine gewisse graziöse Gewandtheit in Gang, Haltung und Bewegung noch nicht ganz verlassen hatte; in seinem altmodischen, aber sehr sauber gehaltenen braunen Rock mit großen Perlmutterknöpfen, mit der ziemlich langen mit einer gestickten bunten Blumengirlande geschmückten Weste von weißer Seide, in weißseidenen Strümpfen und Schuhen mit goldenen Schnallen. Bei alledem war Mercier weit davon entfernt, eine Karikatur zu sein, wie man nach einer solchen Beschreibung ihn sich vielleicht denken möchte; alles, was er trug, stand ihm gut und natürlich. In Frankreich herrschte damals noch unter vielen Leuten von einem gewissen Alter, sowohl Männern als Frauen, die Sitte, nach dem fünfzigsten oder fünfundfünfzigsten Jahre keine neue Mode mehr mitzumachen, und so hatte seine Figur durchaus nichts Lächerliches noch Auffallendes, man begegnete auf Straßen und Promenaden überall ihr ganz ähnlichen.

Die regelmäßigen edlen Züge seines einnehmenden Gesichts wie sein ganzes Wesen, der milde Ton seiner Stimme, jede seiner Äußerungen und Bewegungen trugen das Gepräge hoher Rechtlichkeit, kindlicher Einfachheit und Arglosigkeit und dabei unbeschreiblichen Wohlwollens gegen alles, was atmet und lebt. Sein schneeweißes, aber noch immer reiches Haar schien von selbst der alten Form der ailes de pigeon noch immer zuzustreben, die es, als es noch braun war, hatte annehmen müssen, was den alten Mann als zu seinem übrigen Anzuge passend ungemein wohl kleidete; Locken und Zopf aber waren längst als Opfer der damaligen Zeit der Schere verfallen. In meiner Jugend behauptete man, und nicht mit Unrecht, ein Franzose sei erst nach dem vierzigsten Jahre wahrhaft liebenswürdig; Mercier war ganz das Urbild eines solchen und vielleicht der letzte dieser Art, die nur noch in der Tradition existiert und nie wiederkehren wird noch kann.

Kaum erinnert man sich noch, daß Mercier während der letzten Hälfte des vorigen Jahrhunderts bis gegen Ende desselben einer der berühmtesten Schriftsteller seines Vaterlandes war. Seine bei ihrem ersten Erscheinen mit allgemeinem Enthusiasmus aufgenommenen Werke gingen späterhin in dem alles ergreifenden Strudel der Begebenheiten unter, die das unglückliche Frankreich damals zur Mördergrube machten; aber es werden Zeiten kommen, in denen man sie wieder hervorsuchen und für die Sittengeschichte der der Revolution zunächst vorangehenden Jahre als klassisch anerkennen wird. Sein »Tableau de Paris«, welches er in den achtziger Jahren in zwölf Bänden herausgab, ist noch immer in Hinsicht auf Treue, Kraft, Wahrheit und Lebendigkeit der Darstellung ein Meisterwerk zu nennen. »L'an 2240«, das einige Jahre früher erschien, erregte damals nicht weniger Aufmerksamkeit und Bewunderung. Mercier läßt in diesem Buch einen jungen Pariser nach siebenhundert verschlafenen Jahren in Paris wieder erwachen. Er gestand späterhin selbst, daß seine Phantasie unendlich weit hinter den Veränderungen zurückgeblieben sei, die er in den letzten zwanzig Jahren habe erleben müssen. Freilich waren diese Veränderungen aber auch ganz anderer Art, denn seine heitere, verständige und reine Natur konnte unmöglich solche Greueltaten ersinnen.

In früheren Tagen hatte er sich viel mit Dramaturgie beschäftigt, er hatte mehrere Dramen und Komödien geschrieben, die damals mit Beifall aufgenommen wurden und von denen noch einige bis zur neuesten Zeit sich auf dem Repertorium des großen National-Theaters in Paris erhalten haben. Ein Freiplatz in demselben und ein bestimmter Anteil an der Einnahme jeder Vorstellung seiner theatralischen Dichtung sind nach sehr löblichem französischen Gebrauch ihm lebenslänglich dafür geblieben.

Mit wahrem Vergnügen erinnere ich mich noch eines Abends, an welchem sein Lustspiel »La maison de Molière« bei ziemlich gefülltem Hause gespielt wurde. Schon mehrere Tage vorher hatte er dieses ihm wichtige und erfreuliche Ereignis mir verkündet, und ohne ihm wehe zu tun, konnte ich dem guten Alten es unmöglich abschlagen, mich von ihm an diesem seinem Ehrentage auf den sehr anständigen und bequemen Platz in der großen Galerie vor den ersten Ranglogen führen zu lassen, der nahe am Theater Dichtern und andern um die Bühne sich verdient gemachten Personen eingeräumt war. Ich bereute es wahrlich nicht, seinem Wunsche nachgegeben zu haben, der Eintritt in diesen Raum versetzte mich auf ein paar Stunden in eine mir völlig neue Welt, die mich lebhaft an jene längst versunkene erinnerte, die ich nur noch aus Traditionen kennen konnte, in welcher die Damen Du Deffand, Lespinasse, Geoffrin noch regierten, in der man weder an Revolution noch politische Händel dachte und nur für die neuen Erscheinungen der Literatur, der Kunst und Poesie sich lebhaft in der Gesellschaft interessierte.

Mehrere Männer und Frauen, viele derselben von mittlerem Alter, waren bei unserem Eintritt in die Loge schon versammelt. Als sie ihn erblickten, standen sie auf und umringten ihren ehrwürdigen Veteranen, um ihre freudige Teilnahme ihm auszudrücken. Der beste und bequemste Platz wurde uns beiden eingeräumt, alle beeiferten sich, dem Dichter etwas Angenehmes zu sagen, zu erweisen. Bei jedem vorzüglich gut gelungenen Zuge, bei jedem Händeklatschen des Publikums wurde von allen Seiten ihm Beifall zugewinkt und zugeflüstert; mein guter Mercier war überselig, das Stück schien nach langem Schlummer wieder aufgenommen zu sein, es war beinahe, als würde es zum ersten Male gegeben. Die ersten Schauspieler in Paris boten ihre Kunst auf, um es zu heben, die sonst mit vornehmem Sinn dergleichen Antikaglien zu verschmähen und sie ihren Doubleuren zu übergeben pflegen, und alle beeiferten sich, dem liebenswürdigen und geehrten Greise Ehre und Freude zu machen.

»La maison de Molière« ist ein in Deutschland vielleicht kaum bekannt gewordenes und gewiß längst vergessenes Lustspiel, das aber für die Pariser den großen Reiz der Lokalität hat. Es zeigt uns Molièren in seinem Hause, von Freunden und Feinden umgeben, an dem Tage, an welchem die große Frage entschieden werden soll, ob Tartüffe, das anerkannteste und angefochtenste seiner Meisterwerke, das unlängst wieder neues Aufsehen erregt hat, öffentlich gespielt werden soll oder nicht; ob König und die Aufgeklärten und Bessergesinnten des Hofes oder die Heuchler und Schwachköpfe diesmal den Sieg davontragen sollen. Molière selbst, die damals berühmte Schauspielerin Mademoiselle Béjart, die Plage und Freude seines Lebens, seine Freunde und seine Verfolger traten darin auf, sogar seine alte kunstrichtende Köchin. Die Schauspieler hatten sich mit vielem Gelingen bemüht, eine Art Porträt-Ähnlichkeit der merkwürdigsten Personen sich anzueignen, von denen noch Bilder vorhanden sind; auch das Kostüm jener Zeit war möglichst treu beibehalten.

Mehr als dreißig Jahre lang war der Schriftsteller Mercier die Ehre und Freude seines Volkes gewesen, seine Verdienste um die Literatur waren allgemein anerkannt; er selbst war unendlich fleißig und arbeitete gern und leicht. Dennoch aber durfte er in seinem höheren Alter sich nicht eines gewissen Wohlstandes erfreuen; er war eher arm zu nennen. Außer der gewiß

256

nicht brillanten Einnahme, welche seine theatralischen Arbeiten ihm noch zuweilen gewährten, und der Pension, die er als Mitglied des Instituts für Wissenschaft und Kunst genoß, schien er wenig zu besitzen. Aber er wußte mit einer Art ihn sehr wohlkleidenden Stolzes diese Armut auf eine solche Weise zu tragen, daß sie weder ihn selbst noch denen, welche mit ihm Umgang hatten, drückend wurde. Freilich ist diese, andern so schwer werdende Kunst ein eigentümlicher Vorzug seiner Nation, wie jeder wissen wird, der sich noch der Zeit erinnern kann, in welcher Deutschland von Emigranten wimmelte, die ihre Jugend in Luxus und Pracht verlebt hatten und jetzt in tiefer Dürftigkeit durch Talent, Fleiß und Industrie ihr armes Leben von einem Tage zum andern zu fristen suchten, ohne sich dadurch niederdrücken zu lassen oder sich erniedrigt zu fühlen.

Oft hatte Mercier die schöne, weit ausgebreitete Aussicht mir gerühmt, die er aus seiner im fünften Stock eines sehr großen hohen Hauses gelegenen Wohnung genoß, und ich legte es eigentlich darauf an, diese einmal zu sehen, nicht sowohl der Aussicht als der Insicht wegen; ich hätte gar zu gern, aus vielleicht verzeihlicher Neugier, die häusliche Einrichtung eines französischen Gelehrten seiner Art kennengelernt. Aber er wußte immer diesen Besuch so höflich als gewandt abzuweisen, obgleich ich mehrere Male mit ihm seinem Hause ganz nahe war. Ich wunderte mich darüber, denn seine Wohnung mochte noch so einfach möbliert sein, er war gewiß nicht der Mann, der seiner ehrenvollen Armut sich schämen konnte. Späterhin erfuhr ich die ihn allerdings ganz entschuldigende Ursache seiner Weigerung, mich bei sich zu sehen. Einer seiner und meiner deutschen Freunde, gegen den er nicht so zurückhaltend sein zu müssen glaubte als gegen eine Frau, hatte in seiner wirklich sehr heitern und geräumigen, wenngleich nur mit dem notwendigsten Hausrat versehenen Wohnung ihn besuchen dürfen und ihn, den nicht verheirateten Mann, von einer zahlreichen Familie umgeben gefunden, für die er väterlich sorgte; ihre Mutter, eine kräftige, noch immer angenehme Frau mittleren Alters, waltete heiteren Sinnes und fröhlichen

Mutes mitten unter ihren Kindern; seit vielen Jahren war sie die treue Pflegerin und Gefährtin seines Lebens gewesen und hatte seinem kleinen Haushalte vorgestanden. Er teilte alles, was er besaß, alle seine Leiden und Freuden mit ihr und seinen Kindern, und sie war damit zufrieden, ohne ihm durch höhere Ansprüche lästig werden zu wollen. Die Kinder wurden für den arbeitenden Mittelstand erzogen, weil die Lage ihres Vaters ihm nicht erlaubte, sie höher heben zu wollen. Mercier war überzeugt, daß er nur auf diese Weise ihr künftiges Fortkommen dauernd begründen könne, er hütete sie sorgsam vor allem, was sie bewegen konnte, höher hinauf streben zu wollen, und war glücklich in ihrer Mitte, weil er seine Kinder heiter und freudig um sich erblühen sah.

Mercier sprach gern und viel; zuviel für viele seiner Landsleute, die am liebsten sich selbst reden hören und ihn mitunter einen alten Radoteur nannten; auch mag es wahr sein, daß er in den letzten Jahren seines Lebens mit einer Art Eigensinn einige seltsame Ideen, besonders in Hinsicht auf die Kunst, aufgefaßt hatte, die er standhaft verteidigte. Aber es war doch ein hoher Genuß, ihn zu hören, wenn man im Gespräch diese Punkte zu berühren vermied, was eben nicht schwer war; denn er war an Stoff zu belehrender und geistreicher Unterhaltung unerschöpflich. Wie vieles hatte dieser Mann auf dem großen Theater der Revolution erlebt und gesehen, auf welchem er selbst eine wahrhaft ehrenvolle Rolle gespielt hatte. Daß er als Mitglied des Nationalkonvents fast allein es gewagt, das Leben seines unglücklichen Königs gegen die blutdürstigen Richter desselben zu verteidigen, daß er dafür aus dem Konvent gestoßen wurde und unter steter Todesgefahr ein Jahr lang im Gefängnis schmachten mußte, war ein Punkt in seinem Leben, auf den er im Gespräch immer wieder gern zurückkam; und wer möchte deshalb ihn tadeln?

Einer meiner Hauptwünsche in Paris war, von dieser merkwürdigen kolossalen Stadt mir eine deutliche Ansicht anzueignen; sooft dieses nur tunlich war, wendete ich zu diesem Zwekke ein paar Stunden daran, in den Straßen derselben umherzuschweifen; Mercier war bei diesen kleinen Exkursionen gewöhnlich mein Führer und Begleiter. Doch zur Winterszeit konnten sie nicht anders als fahrend stattfinden, und wie viel ich dadurch verlor, wie wenig ich eigentlich auf diese Weise sehen konnte, wird jeder leicht begreifen. Im Winter zu Fuße gehen ist in Paris für eine Frau, die nicht dort geboren und erzogen ist, rein unmöglich, davon wurde ich durch Erfahrung überzeugt, indem ich einst, durch einen Unfall mit meinem Wagen dazu veranlaßt, es unternahm, von der rue de la fesonerie bis in die rue de la lois, ehemals rue Richelieu, wo wir wohnten, zu gehen. Nur einer Pariserin kann es gelingen, den alles übertreffenden Kot dieser schönen Stadt zu überwinden.

Eines Tages fuhr ich mit Mercier durch die Vorstadt St. Antoine nach Charenton, einem nahe am Strom auf einer Anhöhe liegenden Dorfe, in dessen Nähe die Marne mit der Seine sich vereint und die über den Strom führende Brücke eine ungemein reizende Aussicht gewährt. Wir hielten auf dem Heimwege einige Augenblicke an dem Platze, wo einst die furchtbare Bastille stand. Einige Tore, Louvois' Wohnung und das Wachtgebäude der Invaliden, welche ehemals hier Wache hielten, sind noch erhalten, alles übrige ist der Erde gleichgemacht und die Stätte der alten düstern Burg nicht mehr zu erkennen. Ein Holzplatz, nicht ein Tanzplatz, wie sonst von vielen behauptet wurde, nimmt jetzt die Stelle des Schauplatzes der namenlosen Greuel ein, die hier verübt wurden. Wer möchte hier auch tanzen, wo einst so viele bange Seufzer unschuldiger Schlachtopfer ungehört verhallten! . . .

Eines der dreihundert Mitglieder des an die Stelle der ehemaligen Akademie getretenen Instituts für Kunst und Wissenschaft zu werden, ist bekanntlich der wärmste Wunsch, es zu sein, der Stolz aller Gelehrten und Künstler in Frankreich. Letzteres war Merciers Fall, und das anerkannt Ehrenvolle dieser Stellung, die neben einer nicht ganz unbedeutenden lebenslänglichen Pension damit verknüpften Vorteile mögen dieser kleinen Schwachheit, wenn es eine ist, gar wohl zur Entschuldigung dienen.

An einem Tage, an welchem eben keine akademische Sitzung war, führte Mercier mich in den Louvre, um mir wenigstens den Schauplatz der höchsten literarischen Ehre, zu der er gelangt war, zu zeigen; denn die Einlaßkarten zu der nächsten öffentlichen Versammlung des Instituts, deren fast alle Monate eine gehalten wird, hatte ich unter einem glücklich gefundenen Vorwande auszuschlagen gewußt. Die Anzahl der Damen, die bei solchen Gelegenheiten sich hier einfinden, ist freilich ebenso groß als brillant; sie hören dann endlose Vorlesungen und Reden an, von denen sie meistens wenig verstehen, was sie aber nicht abhält, davon entzückt zu sein; mir aber dünkte ein solcher Hochgenuß etwas langweilig, und so war ich froh, mich dessen überhoben zu sehen.

Der große Versammlungssaal kam mir etwas düster vor, was aber von der ziemlich veralteten innern Einrichtung desselben herrühren mochte, die noch aus dem Zeitalter Ludwigs XV. zu stammen schien. Übrigens fehlte es hier den Herren weder an gut gepolsterten und bequemen Armsesseln noch an Schreibepulten nebst allem Zubehör, und alles ringsumher sah recht gemächlich gelehrt aus. Die nicht sehr große Bibliothek des Instituts stößt an den Versammlungssaal und an diesen einige Zimmer, in welchen Modelle aufgestellt sind, welche wahrscheinlich in derselben zur Prüfung vorgelegt wurden. Eins derselben war mit architektonischen Modellen angefüllt; die von der unsrigen nicht ganz abweichende Bauart der Alten, die ohne Mörtel und Kitt felsenfeste Mauern aufführten, wurde mir hier recht anschaulich demonstriert. Keiner der Bausteine hatte eine regelmäßige Form, alle waren voll Zacken und Spitzen und Vertiefungen, die genau ineinandergefügt wurden, so daß eins das andere halten und tragen mußte, wodurch das Ganze eine unverwüstliche Dauer erhielt, zu der es keines andern Bindemittels bedurfte. Hier wurde mir auch als eine Frauen besonders interessierende Seltenheit eine viertausendjährige Tunika gezeigt, die in Ägypten in einer fest verschlossenen Höhle gefunden worden war. Das Gewand war von sehr feinem geköperten wollenen Zeuge, mit recht zierlichen Stickereien nach einem geschmackvollen Muster geschmückt; der Schnitt desselben war sehr einfach, fast wie ein gewöhnliches Frauenhemd.

260

In einem andern Zimmer waren eine Menge Modelle hydraulischer Werke aufgestellt, Schleusen, Wasserleitungen, Brükken, Mühlen und dergleichen. Interessanter als diese, von denen ich wenig verstand, waren für mich die Modelle aller Fahrzeuge, welche der verwegne menschliche Sinn jemals erfand, um, gegen Sturm und Wogen ankämpfend, von Küste zu Küste, von Land zu Land sich tragen zu lassen. Jede einzelne Art derselben aus allen Ländern, Zonen und Zeiten sah ich hier bis in die kleinsten Einzelheiten auf das pünktlichste nachgeahmt, vom einfachsten Kanu des Wilden bis hinauf zu dem ungeheuren Kriegsschiff, das eine kleine Welt im Innern birgt. Sogar der Bucentaur des ehemaligen Dogen von Venedig war nicht vergessen. Seeleute, welche oft diese Sammlung mit großer Aufmerksamkeit betrachteten, haben an allen diesen zahlreichen Fahrzeugen aller Art nie den kleinsten Mangel entdeckt und konnten die Pünktlichkeit nicht genug bewundern, mit der auch das unbedeutendste Stückchen Holz, das kleinste Seil nicht übersehen worden ist.

Mercier war in dem ältern Teile des Louvre, wohin nur selten der Fuß eines Fremden sich verirrt, so bekannt, als wäre er jahrelang der Kastellan desselben gewesen. Er führte mich über Treppen und Treppchen, durch weite Korridore und enge Gänge, wußte überall auf den Schauplatz irgendeines merkwürdigen Ereignisses mich aufmerksam zu machen, und so gerieten wir endlich auch in das Schlafzimmer Heinrichs IV., ein hohes düsteres Gemach, das wohl schwerlich ein regierender Herr unserer Zeit sich dazu wählen würde.

Es hat nur ein einziges Fenster, welches durchaus keine nur einigermaßen angenehme Aussicht gewährt. Die dunkeln gewebten Tapeten, die mit schwerfälligem Schnitzwerk überladene Balustrade, hinter welcher das Bett auf einer Estrade stand, sind noch dieselben, wie sie zu des guten Königs Zeiten waren; auch die verborgene Tür, welche über eine kleine steile Treppe ihn in die Zimmer der schönen Gabriele führte.

Unter der großen Haupttreppe zeigte mir Mercier ein kleines dunkeles Behältnis, das zum Aufbewahren des Brennholzes diente. Hierher wurde gleich nach Ravaillacs Untat Heinrichs IV.

blutige Leiche im eigentlichsten Sinne des Wortes hingeworfen, sagte Mercier; vierundzwanzig Stunden vergingen, ehe die
Königin Maria von Medici sich entschloß, dem ermordeten
Gemahl einen anständigeren Platz anweisen zu lassen, der
unter solchen Umständen der Leiche des erschlagenen Bettlers nicht versagt wird.

Wie wunderbar wechselt das Geschick der Herrscher hier
auf Erden, dachte ich still und blickte nach der nahen Stätte,
wo Ludwigs XVI. blutiges Haupt unter dem Henkersbeile fiel,
und sah dann wieder schaudernd hinauf nach dem Fenster, aus
welchem Karl IX. in wilder, wahnsinniger Lust auf seine Untertanen schoß!

Auch zu den Gobelins führte mich Mercier eines Morgens.
Diese in ihrer Art einzige Fabrik war damals in voller Tätigkeit,
um den vielen Bestellungen Bonapartes zu genügen, und arbeitete schöner als je. Zwar nicht in Hinsicht auf den Kunstwert
der Gemälde, die hier auf wirklich unbegreifliche Weise täuschend nachgebildet werden; unsere Zeit hat keinen Raffael
mehr, der die Kartons liefern könnte, aber das Kolorit hat an
Natürlichkeit und sanfter Verschmelzung der Farben in der
neuesten Zeit unendlich gewonnen, und die halbfertigen Arbeiten, die ich hier im Entstehen sah, sind bei weitem nicht so
buntscheckig aus so schreiend kontrastierenden Farben
zusammengesetzt, wie es bei der Mehrzahl der Farben der Fall
ist. Ich sah unter andern das sehr ähnliche Porträt des Grafen
Rumford hier im Werden und staunte über die Kunst, mit welcher der Weber hervorbringt, was sonst nur die kunstfertige
Hand eines ausgezeichneten Malers vermöchte, ohne das
Nachdunkeln der Farben oder ähnliche Nachteile fürchten zu
lassen, die mit der Zeit jedem Ölgemälde den Untergang drohen.

Wie dauerhaft diese Farben sind, wenn nur für ihre Erhaltung einigermaßen Sorge getragen wird, bewies mir eine ungeheuer große Darstellung einer Szene aus Racines »Athalia«,
welche im oberen Stocke des Gebäudes uns vorgezeigt ward.
Siebenzig Jahre waren seit Vollendung dieses Gewebes vergangen, und noch leuchteten die Farben so frisch, als wäre es erst

gestern vom Webestuhl heruntergenommen. Überhaupt kann ich die Lebhaftigkeit und Pracht derselben und die unbegreifliche Art, wie sie in fast unsichtbaren Übergängen ineinander verschmelzen, nur mit den Meisterwerken der alten Maler aus den niederrheinischen Schulen vergleichen. Im nämlichen Saale sah ich mehrere der neuern vollendeten Erzeugnisse dieser Anstalt; eine wirklich sehr schöne Landschaft, ein unbeschreiblich liebliches, aus Blumen und Früchten zusammengesetztes Stück, frisch und blühend, daß man den Duft der Blumen einzuatmen glaubte; mehrere Darstellungen aus der früheren Geschichte Frankreichs, französischen Meistern nachgebildet, z. B. der Tod des Admirals Coligny, alles auf das vollkommenste ausgeführt, mit so täuschender Wahrheit dem Pinsel nachgebildet, daß es auch dem schärfsten Auge ganz in der Nähe fast unmöglich wird, diese Bilder, denn Gemälde darf ich sie doch nicht nennen, für das zu erkennen, was sie eigentlich sind.

Die pünktliche Treue, mit welcher hier auf ganz mechanischem Wege kopiert wird, sollte man bei der großen Kostspieligkeit der Erzeugnisse dieser Fabrik eigentlich nur auf die höchsten Meisterwerke der bildenden Kunst anwenden, die von ihnen an Dauerhaftigkeit unendlich übertroffen werden, damit wenigstens eine Idee von dem, was jene gewesen, kommenden Jahrhunderten aufbewahrt werde.

Lange stand ich noch unten neben den Arbeitern und sah ihrem Verfahren beim Weben zu; aber was ich sah, blieb mir so unbegreiflich, als wäre Zauberei damit im Spiele. Der Webestuhl steht aufrecht, senkrecht steil aufgestellt vor dem Arbeiter, denn eine Art Webestuhl ist es doch, obgleich die Einrichtung desselben von der gewöhnlichen sehr verschieden ist. Die Fäden des Einschlags von feiner weißer Wolle, vielleicht auch von Kamelgarn, sind wie gewöhnlich eingespannt, und die vorher durch Ölpapier sorgfältig nachgezeichneten Umrisse des zu kopierenden Gemäldes sind mit fester, aber wie es sich von selbst versteht, sehr leichter Hand auf diesen Fäden angegeben. Die zahllosen Nuancen der farbigen Wolle sind nicht auf Weberschiffchen, sondern auf leichte Klöppel gewunden, denen ähnlich, deren die Spitzenklöpplerinnen sich bedienen, auch werden die Fäden des Einschlags nicht durch den gewöhnlichen Mechanismus beim Weben auseinandergebracht, um die Navette oder hier die Klöppel durchzulassen. Jeder Faden ist mit einer daran befestigten Schlinge oder Öse von gröberer Wolle versehen, vermittelst welcher der Arbeiter den einzelnen Faden, welchen er eben braucht, mit der linken Hand an sich zieht, während er mit der Rechten den farbigen Faden hindurchschlingt. Daß das Gemälde, welches kopiert wird, hinter dem Arbeiter steht und daß er selbst nur die sehr verworren durcheinanderlaufende Rückseite seiner Schöpfung erblicken kann, ist allbekannt, vermehrte aber doch mein Erstaunen über diese unbegreifliche Erfindung, als ich es mit eigenen Augen sah.

Wie fangen diese Leute es an, immer den Klöppel mit der erforderlichen Farbe zu ergreifen, da sie doch augenblicklich nichts vor sich haben, das ihnen dabei zur Richtschnur dienen könnte? Dieses muß jedem unbegreiflich bleiben, der nicht in die Geheimnisse dieser Kunst eingeweiht, um die wahrscheinlich nur diejenigen wissen, welchen die Leitung dieser merkwürdigen Manufaktur anvertraut ist. Gewiß wird alles nach künstlich berechneten mechanischen Regeln und Vorrichtungen hier betrieben, die aber kein fremdes Auge durchschauen kann. Sogar die gewöhnlichen Weber in der Fabrik kennen sie nicht, sie arbeiten, wie ihnen vorgeschrieben ist, und wissen ebensowenig, was sie tun, als sie während der Arbeit das Resultat ihrer Bemühung erblicken können.

Ein alter Mann, der mir als der Geschickteste unter ihnen bezeichnet wurde und an den ich mit meinen Fragen mich wandte, wollte sich freilich gegen mich das Ansehen geben, als kopiere er mit seinen wollenen Fäden wie der Maler mit seinen Farben; doch die Unmöglichkeit davon ist augenscheinlich. Nicht nur, weil diese Leute ihre eigene Arbeit nicht sehen und auch nicht das Original, das sie nachahmen sollen, ist ihnen auch einerlei, ob sie es der Länge oder der Breite nach kopieren, die schmälste Seite des Gewebes macht immer die Breite des Gewebes aus, und Köpfe und Gestalten auf historischen, aus mehreren Figuren zusammengesetzten Gemälden, die mehr breit als hoch sind, werden immer, ohne auf ihre Stellung Rücksicht zu nehmen, kopiert; welcher Maler könnte wohl auf diese Weise arbeiten?

Oft weben an einem großen Bilde drei bis vier Personen zu gleicher Zeit, aber die Arbeit geht doch bei der unendlichen Feinheit der Fäden nur sehr langsam vorwärts. Daß ein Arbeiter hier wie bei jeder andern Fabrik zu einem höhern Grade von Geschicklichkeit und Vollendung gelangt, wird niemand ableugnen wollen, aber ich bin fest überzeugt, daß auch der Beste unter ihnen nicht imstande wäre, im Auslande eine ähnliche Fabrik einzurichten.

In einer Taubstummenanstalt

Die öffentlichen Übungen in dem Taubstummen-Institute des Abbé Sicard, welche fast alle Monate statthaben, gewährten mir einen sehr interessanten Morgen. Mit den dazu unentbehrlichen Einlaßkarten versehen, fuhren wir, um uns gute Plätze zu sichern, schon um zehn Uhr hin; denn der Zudrang der Schaulustigen ist bei solchen Gelegenheiten in Paris sehr groß, und das weder sehr geräumige noch brillante Lokal des guten Sicard wird sehr leicht überfüllt.

Dieses Mal aber waren wir doch zu früh gekommen; der Versammlungssaal war noch verschlossen, wir mußten ziemlich lange in den Korridors und im Vorhause herumspazieren, um das Öffnen desselben zu erwarten; aber es reute uns nicht; wir gewannen dadurch die uns sonst wohl nicht gewordene Gelegenheit, die Zöglinge des Instituts ganz zwanglos sich bewegen zu sehen, sie in ihrem gewohnten Tun und Treiben zu beobachten und uns durch den Augenschein zu überzeugen, daß sie nicht bloß für die Repräsentation abgerichtet, sondern für das wirkliche Leben, soviel ihr Unglück dieses erlaubt, hier gebildet werden.

Unhörbar leise, wie kleine Elfen, frisch, in blühender Gesundheit, munter wie der Vogel auf den Zweigen, kamen aus allen Ecken eine bedeutende Anzahl jener unglücklichen Kinder herbei, deren trübes Los hier, soviel dieses möglich ist, gemildert wird; sie sahen aber nichts weniger als unglücklich aus.

Es war ein sonderbarer, halb wehmütiger, halb tröstender Anblick. Die kleinen Mädchen sonderten von den Knaben sich von selbst ab, viele unter ihnen zeichneten durch ein sehr angenehmes Äußere sich aus. Arm in Arm gingen sie, recht zierlich nach Mädchenart in kleine Gruppen geteilt, auf und ab und hatten einander wunderviel zu sagen und zu erzählen, wie es schien; denn Köpfchen, Augen und Fingerchen waren in unaufhörlicher lebhafter Bewegung.

Unter den Knaben ging es schon etwas lustiger zu. Diese trieben nach Knabenart unter sich ihr Wesen, jagten sich herum, neckten, stritten sich und versöhnten sich wieder, und das alles, ohne auch nur einen Laut von sich zu geben; da sie nicht hören, so fühlten sie wahrscheinlich nicht wie andere Kinder das Bedürfnis, zu jauchzen und sich auszuschreien. Der Diskurs unter ihnen wurde indessen nicht minder lebhaft und ununterbrochen geführt als von den Mädchen und auf die nämliche Weise. Oft sprachen drei und vier zugleich und verstanden sich dennoch recht gut; sie schienen den ihnen mangelnden Sinn und das Vermögen, reden zu können, gar nicht zu vermissen. Der Eindruck aber, den diese lautlose Stille bei so viel äußerer lebendiger Bewegung auf uns machte, läßt sich gar nicht beschreiben. Man meinte fast selbst taub geworden zu sein, indem man in dieses bewegte Treiben hineinblickte, ohne nur einen Ton des sonst nicht zu trennenden Lärmens so vieler Kinderstimmen zu hören.

Der Saal wurde geöffnet; kaum daß wir in der vorderen Reihe unsere Plätze eingenommen hatten, so war er auch dermaßen mit Zuschauern überfüllt, daß im eigentlichsten Sinne des Sprichworts kein Apfel mehr hätte zur Erde fallen können. Eine sehr wohlgekleidete Frau, welche ein auffallend schönes, ungefähr neun Jahre altes Mädchen an der Hand hielt, wurde auf den Platz neben mir geführt; sie schob das Kind zwischen uns beide ein, und bald entdeckte ich, daß auch dieses kleine, unbeschreiblich anmutige Wesen zu der Zahl jener Unglücklichen gehöre, die hier unter der Leitung ihres edlen Lehrers erst zum wirklichen menschlichen Dasein erwachsen.

Das Kind sowohl als seine Begleiterin schienen den höher gebildeten Ständen anzugehören. Noch hatte die Kleine in ihrem traurigen Zustande keinen andern Unterricht erhalten, als den die Liebe der Ihrigen für sie zu erfinden und ihr zu gewähren vermochte. Man hatte wahrscheinlich mit der Idee, sie Sicards Leitung anzuvertrauen, an diesem Morgen sie zum erstenmal hierhergeführt, um den Eindruck zu beobachten, den der Anblick und das Benehmen so vieler jungen Unglücksgefährten auf sie machen würde. Aber aus ihren großen dunkeln Augen blitzte so viel geistige Anlage, sie schien schon auf einer solchen Stufe von Bildung zu stehen, zeigte so viel Intelligenz und Empfänglichkeit für alle äußeren Eindrücke, daß sie gewiß jetzt, wenn sie noch lebt, unter Sicards Leitung dahin gediehen ist, ihren Platz in der Welt zu ihrer und der Ihrigen Zufriedenheit ausfüllen und nicht in Dumpfheit und Trübsinn ihr Leben verschmachten zu müssen.

Durch den vieljährigen Umgang mit einer sehr geistreichen, aber in ihrem zwanzigsten Jahre stocktaub gewordenen Verwandtin hatte ich und meine Geschwister von Kindheit auf eine Art von Zeichensprache erlernt, zum Teil auch erfunden, durch die wir auf eine für Fremde unbegreifliche Weise uns mit dieser Frau verständigten. Jetzt erinnerte ich mich der alten Künste wieder, ich versuchte mit meiner kleinen taubstummen Nachbarin auf die nämliche Weise, wie ich vor Zeiten mit meiner Tante mich verständigt, ein Gespräch anzuknüpfen; zu meiner großen Freude verstand auch sie mich; sie antwortete auf ihre Art durch Zeichen und Gebärden, deren Sinn ich erriet. Mit rührender Zutraulichkeit und vor Freude strahlenden Augen wendete die arme Kleine nun bei allem, was sie von den Vorgängen um uns her wissen wollte, sich an mich, und eine Art stummer Konversation kam zwischen uns zustande, die uns beide gleich lebhaft interessierte.

Nach elf Uhr erschien der Abbé Sicard, eine große Anzahl

taubstummer Kinder beiderlei Geschlechts folgte ihm; Massieu, sein Zögling, Freund und Gehilfe war ihm zur Seite. Das Äußere des guten alten Abbé machte auf den ersten Anblick einen nichts weniger als angenehmen Eindruck, der nur allmählich sich verlor. Die Natur war von jeher bei der Bildung seiner Gestalt und seiner Züge etwas stiefmütterlich mit ihm verfahren, die Zeit hatte ihn nicht verschönern können, und nun hatte er noch obendrein bei dem vieljährigen ununterbrochenen Umgang mit seinen Taubstummen sich gewöhnt, jedes Wort, das er sprach, mit gewissen, ausdrucksvoll sein sollenden Mienen zu begleiten, die allmählich zur Grimasse wurden, seine Züge bleibend verzerrten und ihn wirklich zur Karikatur umbildeten.

Im auffallendsten Kontrast mit ihm stand sein schöner junger Freund Massieu neben ihm; groß und edel von Gestalt, bescheiden, doch würdevoll, gleich einer Erscheinung aus einer andern Welt. Ein beredteres Auge, ausdrucksvollere Züge, in denen der reinste Seelenadel sich ausspricht, als die dieses Taubstummen kann es nicht geben; nie habe ich an einem lebenden Menschen ein so rein griechisches Profil gesehen, wo die hohe edle Stirn den Übergang zu der feingeformten Nase über den Augen nur durch eine unmerklich sanfte Biegung andeutet, wie bei diesem durchaus schönen Kopf. Und wie herrlich entspricht die rein edle Seele dieses Mannes der schönen Hülle, die sie bewohnt und belebt.

Liebe, die heißeste, innigste Liebe zu seinem Lehrer Sicard, dessen Stütze er geworden, ist der Grundton seines Wesens; dies Gefühl spricht in jedem seiner Blicke, jeder seiner Bewegungen sich aus. Ihm widmet er sein ganzes Leben, und Sicard gesteht selbst, daß er seiner Hilfe unendlich viel verdanke. Nächst diesem hängt Massieus Herz mit unendlichem Mitleid an seinen Unglücksgefährten. Was er für diese mit gewiß großer Aufopferung seinerselbst alles tut, läßt kaum in Worte sich fassen, wie er weder Mühe noch Geduld scheut, um den armen gefesselten Geist dieser Bedauernswerten dem Dunkel zu entreißen, das ihn umhüllt. Alle Zöglinge Sicards werden bei ihrem Eintritt in das Institut zuerst Massieu übergeben, und immer findet dieser, freilich mit unendlicher Mühe und Geduld, Mittel und Wege, sich mit ihnen zu verständigen, sich Einfluß auf sie zu erwerben. Auch die wildesten weiß er am Ende menschlicher zu stimmen und sie gewissermaßen zu der großen geistigen Umwandlung vorzubereiten, die mit ihnen vorgehen soll. Nur Liebe allein, keineswegs seine äußern Verhältnisse zwingen diesen edlen Menschen zu so beispielloser Aufopferung. Massieu ist nicht nur von sehr gutem Herkommen, er ist auch wohlhabend genug, um nach eigner Wahl ein so genußreiches Leben zu führen, als er bei der unglücklichen Mangelhaftigkeit seiner Sinne es nur könnte; er besitzt ein jährliches Einkommen von zwölf- bis vierzehntausend Franken. Aber Dankbarkeit, das Gedächtnis des Herzens, wie er dieses Gefühl einst so wahr als schön definierte, fesselt ihn unaufhörlich an seinen Lehrer und Wohltäter; sich von diesem und seinen Schützlingen zu trennen ist ein Gedanke, den er gar nicht zu fassen vermag.

Daß Massieu als sechzehn- oder achtzehnjähriger Jüngling in jener furchtbaren Schreckenszeit, an welche die Welt noch mit Schaudern denkt, seinen geliebten Sicard aus dem Gefängnisse rettete, wo das damals nicht verschonende Eisen der Guillotine schon über ihm hing, war einst allbekannt, ist jetzt wahrscheinlich schon vergessen, und so darf ich mir wohl erlauben, hier wieder daran zu erinnern. Jedes Zeichen der Teilnahme an dem Geschick eines als verdächtig Eingezogenen galt damals als Hochverrat an der Majestät des Volkes und zog unvermeidlichen Tod nach sich; aber der arme taubstumme Knabe hatte dennoch den Mut, mit einer von ihm selbst verfaßten Bittschrift um das Leben seines Wohltäters sich an jene Furchtbaren zu wenden, die damals als unbeschränkte Richter über Leben und Tod zu entscheiden hatten. Die ungekünstelte Beredsamkeit eines dem gewohnten Gange der Welt völlig fremden Gemüts rührte jene Tiger, deren Ohr sich noch nie der sanften Bitte geöffnet hatte. Sicard ward frei und seinem wohltätigen Berufe wiedergegeben.

Massieus Bittschrift wurde damals in mehreren öffentlichen Blättern mitgeteilt; jedes Wort derselben wie überhaupt jede seiner Äußerungen, jede seiner Antworten auf die an ihn gerichteten Fragen trägt unverkennbar den Stempel der Wahrheit und des reinsten tiefsten Gefühls für Gut und Böse, Recht und Unrecht; aber seine Art, dies Gefühl auszusprechen, ist höchst sonderbar und ganz so, wie nur ein so ganz einfaches Wesen sie erfinden kann, dessen Ideengang äußerst beschränkt sein muß, weil es nie eine andere Sprache hört als die seines eigenen reinen Herzens.

Ich habe nie Massieu im geselligen Leben gesehen, aber von Personen, die Umgang mit ihm hatten, viel Interessantes von ihm vernommen. Alle waren seines Lobes voll und fanden nicht Worte genug, um ihre Bewunderung seiner unbeschreiblichen Herzensgüte und seiner ausgezeichneten Geisteseigenschaften auszudrücken. Er ist von Natur sehr gesellig und dabei fröhlichen heiteren Mutes ohne eine Spur von Mißtrauen, das doch sonst den meisten Tauben das Leben verkümmert. Er ist in einigen Familien eingeführt, in deren Mitte er zuweilen die Abende zubringt als ein immer gern gesehener Gast, den alle lieben und ehren. In einem dieser Häuser, das er vorzugsweise oft besuchte, kamen einige junge Leute einst auf den Einfall, ihn absichtlich zu erzürnen, um zu sehen, wie diese sanfte, heitere Natur sich dann zeigen würde. Die Konversation mit Massieu wurde in der Gesellschaft gewöhnlich vermittelst einer Schreibtafel geführt; seine übermütigen jungen Freunde schrieben einige das Andenken des Abbé L'Epée beleidigende Worte auf, seines ersten Lehrers und Wohltäters, der seiner frühesten hilflosen Kindheit sich angenommen; aber sie mußten gar bald die Ausführung dieses Einfalls bereuen.

Sobald Massieu die frevelnden Worte gelesen, ging eine furchtbare Verwandlung mit ihm vor. Sein Haar sträubte sich sichtlich empor, sein dunkles Auge schien Flammen zu sprühen, sein Gesicht, seine ganze Gestalt nahm den Ausdruck unbezwinglicher Wut an; er brach in ein entsetzliches, fast tierartiges Geschrei aus und ward in diesem Augenblicke ganz der Wilde, der er ohne die Fürsorge und Pflege seiner Lehrer vielleicht auf immer geworden wäre. Aber er faßte sich wieder, mit zitternder Hand warf er einige kräftige Worte auf die Tafel hin, wie eben der gerechte Zorn seinem schwer beleidigten Gefühl sie eingab, und eilte zum Zimmer hinaus. Alle eilten ihm nach, Bitten, Beteuerungen, daß man sich nur einen, freilich gewagten Scherz mit ihm erlaubt habe, daß man weit entfernt sei, es so übel zu meinen, als er es glaube, besänftigten ihn allmählich wieder; er ließ sich in das Zimmer zurückführen und ward wieder sanft, freundlich und heiter wie zuvor. Aber niemand verlangte jemals wieder danach, ihn zürnend zu sehen.

In der Rede, die Sicard gleich zu Anfange an die Versammlung richtete, bemühte er sich zuerst, uns begreiflich zu machen, wie er mit den taubstummen Kindern bei ihrem Eintritt in sein Haus sich zu verständigen suche, wie er und Massieu zu diesem Zwecke ihre Mienen, ihre stummen Zeichen, ihr ganzes Benehmen mit der größten Aufmerksamkeit oft viele Monate beobachten, ehe es ihnen gelingt, in der allmählichen Ausbildung der geistigen Anlagen dieser Bedauernswerten allmählich fortzuschreiten, indem er in ihre Art von Pantomime eingeht, diese nachahmt und so auf ihre eigene Weise ihnen deutlich zu werden sucht. Ist ihm dies einigermaßen gelungen, so geht er zum Unterricht mit Hilfe des Zeichenstiftes über. Um uns die Art, wie dieses geschieht, recht anschaulich vorzustellen, zeigte Massieu den Kindern ein Messer, dann zeichnete er mit Kreide auf einer großen schwarzen Tafel die Kontur dieses Messers hin; die Kinder gaben zu verstehen, daß sie in dieser Zeichnung den Gegenstand, den sie vorstellte, recht wohl erkannten. Jetzt schrieb Massieu in die Mitte der Zeichnung das Wort couteau hin, ließ die Kinder es genau ansehen, löschte dann die Kontur aus, das geschriebene Wort blieb allein stehen, und diese Übung wird so oft wiederholt, bis die Kinder gelernt haben, im geschriebenen Wort die Sache, die damit benannt wird, sogleich wieder zu erkennen. Auf diese Weise lernen sie die Benennung aller sichtbaren Gegenstände, die in ihren Bereich kommen, auf diese Weise lernen sie schreiben, lesen und denken; welch ein mühseliger Weg!

Doch dieses ist noch nicht genug; Gefühle lassen nicht mit dem Zeichenstift sich ausdrücken, wenigstens diesen in ihrem Ideenkreise so sehr beschränkten Wesen nicht. Hier mußte

Sicard wieder zur Mimik seine Zuflucht nehmen und suchte durch ein anschauliches Beispiel uns deutlich zu machen, wie diese schwere Aufgabe von ihm gelöst werde.

Zwei Körbchen mit Obst und Blumen wurden vor ihn hingestellt. Sicard suchte durch Mienen und Bewegung den Wunsch auszudrücken, das eine derselben, welches ihm zur Rechten stand, zu besitzen, und Massieu schrieb mit großen deutlichen Buchstaben auf die Tafel: »vouloir«. Sicard wiederholte die vorige Pantomime mit größerer Lebhaftigkeit, und Massieu schrieb: »vouloir vouloir.« Sicard suchte den vorigen Ausdruck noch zu verstärken, Massieu schrieb dreimal vouloir. Der gute Sicard strengte sich nun auf das gewaltsamste an, um den heftigsten und leidenschaftlichsten Wunsch nach dem Besitz jenes Körbchens auszudrücken. Es war ein wirklich widerwärtiger Anblick, den nur der Gedanke an die ihm zugrunde liegende gute Absicht erträglich machen konnte; die ohnehin nicht angenehmen Züge seines Gesichts verzogen sich dabei zur gräßlichen Karikatur; Massieu ließ sich dadurch nicht irremachen und schrieb sein »vouloir« viermal nacheinander auf die Tafel.

Das war nun die Taubstummensprache, wie Sicard es nannte; Massieu mußte den Sinn aller dieser vouloirs ins Französische übersetzen, und nun stand das Ganze folgendermaßen auf der Tafel:

Taubstummen-Sprache	Französisch
vouloir	vouloir
vouloir vouloir	aimer
vouloir vouloir vouloir	désirer
vouloir vouloir vouloir vouloir	s'impatienter

So lehren Sicard und Massieu die Kinder die vorgeschriebene Form und die Bedeutung aller das Sichtbare andeutenden Worte kennen; auf diese nämliche Weise gehen sie, soviel dieses möglich ist, alle Gefühle mit ihnen durch, lehren sie nicht nur lesen, schreiben und denken, sondern Recht vom Unrecht unterscheiden. Daß der Ideenkreis dieser Kinder dabei sehr einfach bleiben muß, daß der Gang ihrer Gedanken von dem unsrigen sich himmelweit unterscheidet, ist wohl natürlich. Eigentlich lernen sie nicht vielerlei, aber was sie gelernt haben, wissen sie auch recht gründlich; weil sie nichts lernen können, was sie nicht auch begreifen, und vom bloßen Nachbeten bei ihnen nicht die Rede sein kann.

Dieser Teil von Sicards Unterricht schien mir bei weitem der interessanteste. Er erklärte uns noch unter anderm, wie er es anfängt, die Kinder das Alphabet zu lehren; dann führte er ein außerordentlich hübsches, recht freundlich lächelndes Mädchen von etwa zwölf Jahren vor, die er gelehrt hatte, die Buchstaben auszusprechen. Er faßte beide Hände der Kleinen, die ihm unbefangen starr ins Gesicht sah. Nun machte er mit dem Munde die Bewegung, als ob er B sage, das Kind ahmte ihm nach und sagte deutlich B. Nun drückte er ihre Hand, und die Kleine sagte P. So ging es mit D und T und mehreren Buchstaben, die er sie aussprechen ließ. Der sonderbare Ton ihrer Stimme war eigentlich unangenehm und glich mehr dem eines Papageien oder einer zum Sprechen abgerichteten Elster als der eines Kindes. Das Ganze kam mir wie eine zwecklose Spielerei vor, fand aber überlauten Beifall.

Auch die Übungen, die er mit mehreren seiner Zöglinge späterhin vornahm, schienen mir mehr auf die Unterhaltung seiner Zuschauer als auf wirkliche Belehrung berechnet. Sie gingen offenbar nur darauf aus, sein Institut im glänzendsten Lichte zu zeigen. Aber in Paris ist dergleichen nicht zu umgehen, und die kleinen Scharlatanerien, zu denen Sicard von Zeit zu Zeit sich herablassen mußte, um das Interesse des Publikums warmzuerhalten, waren gewiß nicht das kleinste Opfer, das er dem wohltätigen Zwecke brachte, dem er sein ganzes Leben geweiht hatte.

Niemand aber bezeugte bei allen diesen Verhandlungen sich aufmerksamer und teilnehmender als meine kleine Taubstumme neben mir. Ihre ganze Seele war in ihren Augen; keine Bewegung ihrer jungen Unglücksgefährten entging ihr, manche ahmte sie, sich selbst unbewußt, nach; auch schien es mir, als ob sie zwar nicht die jenen gelehrte Fingersprache, aber doch manches von dem recht gut begreife und verstünde, was sie unter sich durch Mienen und Zeichen verhandelten. Die Mädchen ihres Alters, die Sicard zuweilen hervorzog, um ihre kleinen Künste zu zeigen, interessierten sie vor allem. Oft zupfte sie mich am Arm und fragte mich mit Blicken und Zeichen, indem sie auf einzelne unter denselben hindeutete, ob diese auch taubstumm wären, und auf meine bejahende Antwort glänzte die höchste Verwunderung aus ihren beredten Augen, und ein wirklich seliges Lächeln verklärte das liebliche Gesichtchen.

Massieu war wenig von ihr beachtet worden, sie hielt ihn vermutlich nicht für das, was er war, bis irgend etwas, ich weiß nicht wie, sie auf den Gedanken brachte, es könne vielleicht ein Taubstummer sein. Lange haftete jetzt ihr Auge auf ihm allein, dann faßte sie mit beiden Händchen meinen Arm und fragte mit ungewöhnlicher Lebhaftigkeit, ob auch dieser weder hören noch sprechen könnte. Ich antwortete bejahend, aber sie mochte wohl glauben, ich habe ihre Frage nicht verstanden; sie wiederholte sie mit auffallender Heftigkeit in Mienen und Gebärden; ich antwortete ihr wie zuvor.

Eine Ahnung von Unwahrheit oder Verspottung schien in ihrem umdüsterten Gemüt sich zu regen. Tränen stiegen ihr ins Auge, sie beugte sich weit vor, faßte heftig meine beiden Hände und sah halb bittend, halb zürnend mir festen Blicks ins Gesicht. Ich suchte durch Zeichen ihr begreiflich zu machen, daß ich sie recht wohl verstanden habe, legte wie beteuernd die Hand auf die Brust und versicherte sie in der unter uns schon ziemlich in Gang gebrachten Zeichensprache, daß Massieu ebensowenig hören und sprechen könne als sie und die übrigen alle.

Der Eindruck, den dieses auf sie machte, war ebenso auffallend als groß. Mit der Gebärde des höchsten Erstaunens schlug sie ihre beiden kleinen Händchen zusammen, sprang von ihrem Sitze auf und machte Miene, von der Estrade, auf welcher wir saßen, herunterzuspringen und zu dem Abbé hinüberlaufen zu wollen. Ich und ihre Begleiterin vermochten kaum, sie wieder zur Ruhe zu bringen. Doch von nun an saß sie wie zur Bildsäule erstarrt da, verwandte keinen Blick mehr von Massieu, und nur ihr sprechendes Auge und die sehr beweglichen ausdrucksvollen Züge ihres Gesichts deuteten die rege Teilnahme an, die sie ganz in Anspruch nahm, so daß sie auch mich darüber zu vergessen schien. Ein Strahl des Lichts war in ihre junge, noch mit Dunkel und Dumpfheit kämpfende Seele blendend gefallen; wortlose Hoffnungen, Ahnungen und Wünsche waren in ihr erwacht und lasteten in diesem ersten Augenblick wie ein schwerer Traum auf einem Halberwachten betäubend auf ihr.

Leider konnte ich das Ende der Versammlung nicht abwarten. Die Hitze, die durch die im engen Raum zusammengepreßte Menge von Menschen im hohen Grade verdorbene Luft zwangen mich wider meinen Willen, das Freie zu suchen. Auch vernahm ich, daß diese Versammlungen oft vier bis fünf Stunden währen, viel zu lange, um nicht, selbst beim besten Willen, die Aufmerksamkeit, welche diese wohltätige Anstalt verdient, zu ermüden.

Seit fünf oder sechs Jahren war auch der Wilde von Arveicon Sicards und Massieus Pflege und Fürsorge übergeben. So nannte man einen Knaben, der in jener Zeit anscheinend in einem Alter von neun Jahren in den dortigen Wäldern gefunden worden war. Ein fürchterliches Schicksal muß in frühester Kindheit ihn von seinen Eltern getrennt, vielleicht diese getötet haben, und ein unbegreifliches Wunder hat ihn lebend erhalten. Allein in der öden Wildnis, ohne Pflege, ohne Bedeckung, ohne ein schützendes Obdach, der Wut der Elemente und dem Wechsel der Jahreszeiten preisgegeben, wuchs er auf wie die Tiere des Waldes. So fand man den Armen, aber keine Spur, die nur ganz von fern andeuten könnte, wem er angehört. Vielleicht mußten seine Eltern in den schrecklichen Tagen der Revolution die Flucht ergreifen, vielleicht hat seine unglückliche Mutter ihn in jenen Wäldern geboren und darüber das Leben verloren. Die Nachricht von seinem Auffinden wurde in Frankreich allgemein bekannt, aber niemand, dem er angehören könnte, meldete sich. Die Seinigen sind wahrscheinlich alle zugrunde gegangen, denn wie viele Familien in Frankreich sind in jener fürchterlichen Zeit spurlos verschwunden, von denen man nie wieder etwas gehört hat!

Sicard und Massieu haben sich unendliche Mühe mit dem unglücklichen Knaben gegeben, doch leider ohne allen Erfolg. Seine körperliche Kraft ist übermenschlich, aber kein Funke eines geistigen Daseins läßt sich in ihm erwecken; er ist und bleibt in einem tierähnlichen Zustande, der auf keine Weise sich vermenschlichen läßt. Der Zutritt zu ihm wurde uns wie allen anderen versagt, auch muß sein Anblick beides, schrecklich und demütigend zugleich, sein. Was ist der Mensch, wenn er fern von menschlicher Gesellschaft sich selbst überlassen bleibt! Wie tief steht der Neugeborene in seinem natürlichen Zustande unter dem Tiere, zu dessen Gebieter er sich hinaufschwingt!

Ich konnte mich von der Überzeugung nicht losmachen, daß beide, Sicard und Massieu, zu dem Bedauernswürdigsten gezählt werden dürfen, was Paris damals umschloß. Welche Ausdauer, welche Geduld, welche Anstrengung ihrer moralischen und physischen Kraft gehörte nicht dazu, um auf dem mühevollen Wege, den sie sich gewählt hatten, ohne Wanken fortzuschreiten!

Jeden Genuß ihres Lebens, dieses Lebens selbst opfern sie im Dienste des Unglücks willig auf, ohne damit großzutun oder auch nur Dank dafür zu fordern.

Lange, nachdem ich Sicard und sein Institut nicht mehr sah, hat das Bestreben zu ergründen, auf welche Weise diese Taubstummen ihre Gedanken bilden mögen, mich fast quälend beschäftigt. Worte haben sie eigentlich nicht, selbst der allen anderen weit vorangeschrittene Massieu hat keine, ihm und ihnen allen sind nur die konventionellen Zeichen der Worte, welche dieselben dem Auge andeuten, bekannt. Sie können ihre Gedanken innerlich nicht in Worte bilden; denn sie haben keine Idee von der Art, wie man sie ausspricht; was Ton und Klang ist, wissen sie nicht, sie haben nicht einmal eine deutliche Vorstellung davon, was Hören und Sprechen eigentlich sei, so wie der Blindgeborene nicht weiß, was Sehen eigentlich ist. An andern werden sie zwar die Wirkung des Sprechens und

Hörens gewahr, aber auf welche Weise diese entsteht, können sie unmöglich sich vorstellen. Aber mitten in der Verwirrung, in welche die mir unmöglich scheinende Lösung dieses Rätsels mich versetzt, fühle ich den Begriff von unserm innern geistigen Wesen unendlich erhoben, das dieser Vervollkommnung fähig ist, ohne nur Sprache und Worte zu haben, die uns anderen bei allem, was wir erlernen, so mächtig forthelfen und unentbehrlich uns dünken.

Im ganzen hatte der Anblick dieser Kinder mich sehr wehmütig ergriffen und doch auch wieder erfreulich, denn er bestärkte mich in meiner Überzeugung, daß wir von Natur alle gut sind. Alle diese Kinder trugen den reinsten Ausdruck innerer Ruhe und treuherziger Gutmütigkeit im Gesicht. Da war kein Zug zu erblicken, der Bosheit oder Tücke verraten hätte. Und welch ein edles Wesen ist Massieu! Ach, die Welt, das geschäftige Leben in ihr, in welchem jeder nur dahin trachten muß, dem andern den Rang abzulaufen, und was wir von Jugend auf sehen und hören, verderben uns; sonst wären wir alle dankbar, mild und arglos wie diese Armen!

Bei Pestalozzi

Mehrere Monate später, bei einem Besuche des Erziehungsinstitutes des würdigen Pestalozzi in Burgdorf, wenige Meilen hinter Bern, fühlte ich unvermutet sehr lebhaft an den Abbé Sicard und seine Erziehungsmethode mich erinnert.

Es war eben Jahrmarkt in Burgsdorf; in dem Gasthofe, in welchem wir abstiegen, fanden wir auf Treppen und Vorplätzen ein fast undurchdringliches Gewimmel lustiger, halbbetrunkener Bauern und ihrer schreienden, schnatternden Liebchen; vom Saale her schallten die ohrzerreißenden Töne einer Tanzmusik, welche Tote hätte auferwecken können, und das Jauchzen und Stampfen der Tänzer uns entgegen. Das waren traurige Aussichten für uns, die wir hier die Nacht zuzubringen und mit dem Frühesten weiterzufahren gedachten! Unsere Wirtin wußte uns indessen ein ziemlich ruhiges, abgelegenes Zimmer zu verschaffen, gab uns obendrein die tröstliche Versicherung, daß der Ball um zehn Uhr beendet sein werde, und wir, froh, dem Lärmen und Tosen zu entgehen, machten uns sogleich auf den Weg nach dem auf einer ziemlich steilen Anhöhe liegenden Schlosse, welches dem Pestalozzi, an den wir von Lausanne aus Empfehlungsbriefe mitbrachten, jetzt für sein Institut eingeräumt und das ehemals die Wohnung des Amtsmanns gewesen war.

Pestalozzi war eben spazierengegangen, aber seine recht liebenswürdigen Töchter nahmen mit treuherziger Freundlichkeit wie gute alte Bekannte uns auf; auch die Lehrer zeigten sich sehr zuvorkommend und gaben sich viel Mühe, uns die Art des Unterrichts, wie er dort erteilt ward, deutlich zu machen.

Neunzig in drei Klassen verteilte Zöglinge befanden sich damals in dem Pestalozzischen Institut, aber uns wurde geraten, nur die erste derselben als die interessanteste zu besuchen, weil in dieser der Grund zu dem Unterricht gelegt werde, der in den beiden anderen mehr auf die gewöhnliche Weise fortgesetzt wird.

In einem hohen großen Zimmer, dessen Fenster eine wirklich entzückend schöne Aussicht über Berg und Tal gewährten, fanden wir zwanzig bis dreißig Kinder, zwischen sechs und zehn Jahre alt, meistens sehr hübsche Knaben, frisch und blühend wie die Gesundheit selbst; so froh und frei, als wäre von Spiel und Zeitvertreib, keineswegs von Lehrstunden die Rede. Auch gegen uns Fremde bezeigten sie sich weder unbeholfen noch ängstlich scheu, wie das in ihrem Alter oft der Fall ist, sondern so zutraulich und unbefangen, wie recht glückliche Kinder im Kreise der Ihrigen es immer sind. Auch gefiel mir die Art, wie die Lehrer sie behandelten, die liebreiche Weise, mit der sie die, welche zu vorlaut und unruhig sich bezeigten, zu beschwichtigen und zur Ruhe zu bringen wußten. Alles, was ich hier sah, trug das Gepräge ruhigen, häuslichen Glücks im Kreise einer großen, aus vielen Mitgliedern bestehenden Familie.

Nach Pestalozzis Überzeugung lernt der Mensch wirklich nur das recht üben und fassen, was ihm so anschaulich deutlich gemacht wird, daß er es gleichsam mit Händen greifen kann.

Auf diesem Grundsatz beruht seine ganze Lehrmethode; daß dabei an bloß mechanisches Auswendiglernen nicht gedacht wurde, liegt in der Natur der Sache. Der erste, allem folgenden zugrunde liegende Unterricht zerfiel bei ihm in drei Teile. Die Zöglinge lernten Rechnen, um das Nachdenken, das Begreifungsvermögen und die Urteilskraft beim Vergleichen einer gegebenen Anzahl gegeneinander zu üben und zu entwickeln. Sie lernten reden, um das, was sie wußten, auch anderen klar und deutlich mitteilen zu können, und endlich Zeichnen, um das Auge an Vergleichung der Größen und Auffassen der Linien und die Hand in der Darstellung dessen, was sie sehen, zu üben.

Lesen und Schreiben lernen sie auch, aber dieser Unterricht wurde mehr wie der Übergang vom Reden zum Zeichnen betrachtet und machte keine besondere Abteilung ihres Unterrichts aus, er wurde gleichsam nur nebenher, als Zugabe zu jenem, ihnen erteilt. Um einen langen mit Bänken umgebenen Tisch fanden wir eine Menge Kinder versammelt. Sie saßen nicht steif da wie in einer gewöhnlichen Schule, sondern knieten auf der Bank oder standen, wie es ihnen eben gefiel. Alle bewegten sich nach Belieben, betrugen sich munter und frei, als wären sie nicht zum Unterricht, sondern zu einem gesellschaftlichen Spiele versammelt, betrieben aber doch das, was sie vorhatten, mit auffallendem Eifer und Ernst. Mitten unter ihnen saß ein freundlicher junger Mann, ihr Lehrer; die Kleinsten ritten auf seinen Knien oder kletterten an ihm hinauf; vor ihm lagen eine Menge länglicher Stückchen steifer Pappe auf dem Tische; er legte nach und nach einzeln sie vor den Knaben hin. »Das ist eins!« riefen sie, »das zweimal eins, das dreimal eins«, und so weiter. Nun legte er zwei Reihen, in der einen mehr Pappstreifen als in der andern; die Kinder mußten sagen, in welcher Reihe mehr davon wären und wie viele mehr; der Lehrer legte die Stückchen paarweise vor sich hin. »Das sind zwei, das sind zweimal zwei«, riefen die Kinder; er legte neben zweien noch zwei, »das ist vier«, riefen die Kinder; er legte noch eins hinzu, »das ist vier und der vierte Teil von vier«, sprachen sie; er legte noch zwei hinzu. »Das ist vier und dreimal der vierte Teil von vier.« »Wieviel macht das?« »Sieben.« »Was ist dieses?« fragte er und nahm ein Stückchen davon. »Der siebente Teil von sieben.« So ging das fort, durch alle Zahlen durch; die Kinder teilten die ihnen gegebene Anzahl ein, berechneten die Hälften, die Viertel, machten aus, wieviel noch dazugehöre oder abzunehmen sei, um irgendeine ihnen genannte Zahl hervorzubringen; und alles dieses geschah ohne Anstrengung, so leicht und fröhlich, als wäre es ein Spiel.

Es ist fast unglaublich, wie weit diese Kinder in sehr kurzer Zeit auf diese einfache anschauliche Weise es im Kopfrechnen brachten. Ein kleiner siebenjähriger Knabe aus Lausanne, der erst seit anderthalb Jahren in diesem Institute war, berechnete Aufgaben, die einer aus unserer Gesellschaft ihm vorlegte und die selbst einem sehr geübten Rechner auf diese Weise, ohne Tafel und Stift, nicht ganz leicht geworden wären, und tat dies mit einer Leichtigkeit, die wir nicht genug bewundern konnten.

Nun ging es an die Redeübungen, mit welchen zugleich der Unterricht in der französischen Sprache verbunden war; der einzigen, die damals dort gelehrt wurde. An die lateinische sollte mit Nächstem die Reihe kommen. An Grammatik wurde bei diesem ersten Unterrichte noch nicht gedacht, diese wird später in den beiden andern Klassen, und zwar ziemlich auf die gewöhnliche Weise gelehrt, findet dann aber auch schon den Weg gebahnt und das Fortschreiten auf demselben sehr erleichtert.

Mein kleiner hübscher Lausanner spielte auch bei den Redeübungen eine bedeutende Rolle, wahrscheinlich, weil er im Französischen als seine Muttersprache sich besser ausdrükken konnte als seine Mitschüler. Der Zweck dieses Teiles des Unterrichts geht dahin, den Kindern zu einer deutlichen Anschauung alles dessen, was sie umgibt, zu verhelfen, und fängt natürlicherweise mit dem an, was ihnen am nächsten ist, mit dem Menschen. Tiere, Pflanzen, Geräte und alles übrige kommen später an die Reihe.

Mehrere Knaben stellten sich in Reihe und Glied, mein kleiner Lausanner trat vor sie hin. »Der Kopf!« rief er ganz keck und legte die Hand auf sein blondes Lockenköpfchen, die andern Knaben ahmten und sprachen ihm nach; »la tête«, rief er jetzt, und die andern riefen ihm nach. »Le front, die Stirn«, folgte jetzt, und so wurden in beiden Sprachen alle Teile des Kopfes genannt, und immer legten die Kinder die Hand auf den eben bezeichneten Teil. Dann gingen sie ebenfalls in beiden Sprachen zu der nähern Beschreibung jedes einzelnen Teils des Kopfes über; zum Beispiel: »Die Nase befindet sich in der Mitte des Gesichts zwischen den Augen und der Stirn.« Der Lehrer stand schweigend dabei, um auf Ordnung zu halten.

Die ganze Sache wollte mir anfangs in einem etwas komischen Lichte erscheinen, aber ich wurde doch bald gewahr, wie sie das Nachdenken, die Urteilskraft der Kinder frühzeitig schärft und sie gewöhnt, auf alles, was sie umgibt, gehörig zu achten. Ich bat zum Scherz einen neben mir stehenden kleinen Knaben, mir einen ganz gewöhnlichen hölzernen Stuhl, der eben in der Nähe war, auf diese Weise zu beschreiben, und hörte mit Erstaunen an, was das Kind alles von diesem zu sagen wußte, von den Handwerkern, die dazugehörten, ihn hervorzubringen, von der Holzart, aus der er bestand, von dem Baume, der diese Holzart lieferte. Eine Menge nützlicher Kenntnisse wurden an die Beschreibung dieses unscheinbaren Stuhls geknüpft.

Das Lesen wird vermittelst langer Stäbe gelehrt, auf deren jedem ein Buchstabe steht, und die dann, nebeneinander gestellt, zu einzelnen Silben, endlich zu Wörtern vereinigt werden.

Aber das Bewundernswürdigste von allem, was ich sah, waren und blieben mir die mathematischen Figuren, welche die Knaben aus freier Hand hinzeichneten, ohne Lineal, ohne Zirkel, ohne Winkelmaß, ohne alles, was man sonst für unentbehrlich hält, nichts außer dem Bleistift in der Hand und Nähe. In diesem Hause würde Giotto sich gewiß nicht durch das Hinzeichnen eines durchaus fehlerlosen regelmäßigen Kreises aus freier Hand als den größten Maler seiner Zeit, der er war, zu erkennen gegeben haben, wie Vasari von ihm erzählt; ein halb Dutzend noch nicht zehnjähriger Knaben wären ohne Mühe zu finden gewesen, die es ihm hierin gleichzutun vermochten. Auch beim Zeichnen wird hier mit dem Uranfange jeder Figur, mit der geraden Linie, der Unterricht begonnen; erst wenn sie eine solche mit fester freier Hand hervorzubringen imstande sind, gehen die Kinder zu andern komplizierten über. Indem sie weiterschreiten, lernen sie die technische Benennung der verschiedenen mathematischen Figuren, aus denen sie dann andere zusammensetzen, so bunt und kraus sie immer wollen, bis sie zur Nachbildung der Gegenstände, die sie um sich her sehen, gelangen; mit sicherm Scharfblick und fester Hand bringen sie endlich auf diese Weise Zeichnungen hervor, die in Hinsicht auf Perspektive, Treue und Deutlichkeit durchaus tadellos sind.

Die sinkende Sonne und einige Anstalten zum Abendessen, die wir gewahrten, bewogen uns endlich, uns wieder in unsern noch immer ziemlich geräuschvollen Gasthof zu begeben; doch kaum waren wir in unserm Zimmer angelangt, als Pestalozzi selbst kam, uns zu besuchen. Diesen merkwürdigen Mann von Angesicht kennenzulernen war mir eine große, nicht mehr gehoffte Freude. Er war damals schon ziemlich bejahrt, klein von Gestalt, und sein schlichtes, einfaches Äußere hatte durchaus nichts Ausgezeichnetes. Aber eine Lebhaftigkeit wie die seine war mir bis dahin noch nie vorgekommen. Sie äußerte sich nicht nur in seinen Bewegungen, sondern sogar in seiner Sprache; er stotterte wirklich, weil ein Wort das andere jagte und er sich zu keinem Zeit ließ.

Es schien, als ob es ihm schwer würde, sich in französischer Sprache mit Leichtigkeit auszudrücken, wir gingen also zur deutschen Sprache über, aber nun wurde es meinerseits sehr schwer, sein Schweizerdeutsch zu verstehen. Er sowohl als alle Lehrer seines Instituts konnten nur in dieser, einem wirklich deutschen Ohr fast unverständlichen Sprache sich ausdrücken; die Kinder aus der französischen Schweiz, deren viele auch zur Erlernung der deutschen Sprache ihm zugesandt wurden, lernten keine andere und mögen, wenn sie späterhin nach

Deutschland kamen, die übelen Folgen davon empfindlich genug gefühlt haben.

Mit der liebenswürdigsten Offenheit erzählte er mir, wie er sich jahrelang mit seinem Erziehungsplan herumgetragen habe und wie er anfangs große Opfer habe bringen müssen, um nur Eltern zu finden, die geneigt waren, ihm ihre Kinder zur Realisierung desselben anzuvertrauen. Sein Hauptgrundsatz dabei war von jeher, daß die Kinder nicht vielerlei lernen sollen, aber das Wenige recht und gründlich; bei der jetzigen Erziehungsmethode, wie sie allgemein üblich ist, behauptete er, lernen sie von allem etwas, aber nur oberflächlich, so daß all ihr Wissen ihnen im Grunde wenig hilft, eine Behauptung, gegen die sich viel einwenden ließe, was ich aber nicht tun mochte; denn bei ihm wie bei allen interessanten Männern, die ich so glücklich war kennenzulernen, lag mir weit mehr daran, sie zu hören, als mich von ihnen hören zu lassen, es sei denn, daß längere und nähere Bekanntschaft mit ihnen mir erlaubte, auch mich gegen sie auszusprechen und in Rede und Gegenrede Genuß und Belehrung zu suchen und zu finden.

Auf meine Frage, wie er es angefangen habe, Gehilfen zu finden, die so ganz in den Gang seiner Ansichten eingingen, erwiderte er mir, er habe hierin viel Glück gehabt. Überdem wähle er keine Gelehrten dazu, sondern einfache, gut unterrichtete junge Männer aus dem Volke von gutem Naturell und hellem Geiste; diese folgten seinem Rate und seinem Willen mit guter Art und pünktlicher Treue, jene aber, meinte er, würden lieber ihren eigenen Weg gehen und ihm eher im stillen entgegen gearbeitet haben.

Ich wagte es nun, ihm zu gestehen, daß ich diesen Abend in seinem Hause unaufhörlich an den Abbé Sicard gedacht habe und daß ich die größte Ähnlichkeit zwischen seiner Erziehungsmethode und der jenes trefflichen Mannes gefunden habe. Er hörte freundlich mich an und gestand mir nun, daß bei seinem Besuche beim Abbé Sicard ihm diese Ähnlichkeit ebenfalls sehr aufgefallen wäre, daß er es aber dem Abbé nicht habe sagen mögen.

Aus jedem seiner Worte wie aus seinem ganzen Betragen

leuchtete ein heller Geist und die reinste Herzensgüte hervor. Mir tat es sehr leid, so bald von ihm scheiden zu müssen; hat er geirrt, so geschah es gewiß ohne Arg. Eigennutz, Arroganz und jede unlöbliche Absicht blieben gewiß ewig fern von ihm.

Briefe
1806 bis 1832

An Arthur Schopenhauer

Weimar, den 26. Mai 1806 ... Der Umgang hier scheint mir sehr angenehm und gar nicht kostspielig, mit wenig Mühe und noch weniger Kosten wird es mir leicht werden, wenigstens einmal in der Woche die ersten Köpfe in Weimar und vielleicht in Deutschland um meinen Teetisch zu versammeln und im ganzen ein sehr angenehmes Leben zu führen. Die Gegend um Weimar ist nicht ausgezeichnet schön, aber recht hübsch, der Park ist wirklich sehr schön. Vom Theater verspreche ich mir großen Genuß; ich habe es dreimal besucht: es ist wirklich ausgezeichnet; in Hamburg haben wir kaum den Schatten davon. Mit Wieland soll ich morgen bei Ridel zusammen sein und obendrein l'hombre mit ihm spielen; den ganzen Abend werde ich denken: O Lord, o Lord, what an honour is this! Goethe sollte ich heute sehen, er wollte mich selbst in der Bibliothek herumführen; leider ist er gestern sehr krank geworden, aber doch ohne Gefahr...

An Arthur Schopenhauer

Weimar, den 29. September 1806 Dein Brief, mein herzlich geliebter Arthur, hat mir den ersten Morgen in Weimar recht angenehm gemacht. Ich denke viel an Dich, und wenn ich erst in Ruhe sein werde, werde ich Dich schmerzlich vermissen, doch das Schicksal will es so, und woran gewöhnt man sich nicht zuletzt! Daß Du meinen polnischen Abschied so nimmst, wie er genommen werden muß, ist recht brav von Dir, gewiß es war so am besten für uns beide, ich hätte zuviel dabei gelitten, wenn ich förmlich von Dir hätte Abschied nehmen sollen. Adelen hast Du mit Deinem Briefe eine rechte große Freude gemacht, sie wollte erst gar nicht glauben, daß Du ihr geschrieben hättest... Hier ist alles gutes Muts, die Armee wird bald vorwärts gehen, wie's dann wird, liegt freilich noch im Dunkel, aber es läßt sich alles gut an, der Krieg ist aber unvermeidlich, indessen alles ist voll Mut und Leben...

An Arthur Schopenhauer

Weimar, den 6. Oktober 1806 Ich bin hier mitten im Kriege, aber guten Mutes. Das Schicksal spielt so wunderlich mit mir, daß ich mich gerade in diesem stürmischen Zeitpunkt hierher versetzt finde, in ein Land, welches wahrscheinlich der Schauplatz eines blutigen Krieges wird. Doch da niemand vermuten konnte, daß das geschehen würde, was jetzt geschieht, so ergebe ich mich in Geduld und mache mir auch keine Vorwürfe darüber; denn ich tat, was ich für mich und die Meinigen fürs Beste hielt. Persönlich riskiere ich nichts; selbst wenn im schlimmsten Falle die Franzosen Herren dieses Landes würden, so würden freilich die Einwohner durch Kontributionen viel leiden, ich als Fremde aber habe nichts damit zu tun. Niemand hier macht Anstalt zum Fortgehen, und wo die andern bleiben, bleibe ich auch, es sei denn, daß, was nicht zu vermuten ist, der Krieg sich so in die Nähe zöge, daß nahe bei der Stadt eine Schlacht gefochten würde; so etwas aber merkt man vorher, und mir bleibt dann noch immer die Flucht nach Berlin offen... Der Anblick alles dieses militärischen Wesens ist mir höchst interessant. Gestern zog die sächsische Armee unter dem Kommando des Prinzen Hohenlohe durch, ehegestern war der König, der Herzog von Braunschweig und das ganze Hauptquartier hier. So geht's alle Tage; alle Abende kommen neue Truppen, alle Morgen ziehen sie fort und machen neu ankommenden Platz, alles dies macht den kleinen Ort sehr lebendig. Die schönen großen Soldaten in den glänzenden neuen Uniformen, die Offiziere, alle die Prinzen und Fürsten, denen man auf jedem Schritte begegnet, die Pferde, die Husaren, die kriegerische Musik, es ist ein so großes gewaltiges Leben, daß es mich unwiderstehlich mit fortreißt. Nur wenn ich die unvermeidliche Folge des Krieges bedenke und wie viele von diesen Menschen, die jetzt voll Lust und Leben hinziehen, bald tot oder verstümmelt daliegen werden, dann engt es mir das Herz ein. Die Soldaten, besonders die gemeinen, sind voll Enthusiasmus; sie wünschen nur, daß der Augenblick erst da wäre; er wird bald kommen. Alles zieht nach Erfurt; auch Napoleon rückt mit großer Macht an, es muß bald etwas Entscheidendes geschehen, und viele denken wohl mit Falstaff, would it were night and all was over, die Zeit wird indessen auch kommen. Ich bitte Dich nochmals, lieber Arthur, sei meinetwegen ruhig, wenn ich auch in einiger Zeit nicht schreibe, da die Posten so unrichtig gehen, an mir soll es nicht liegen, aber Briefe bleiben jetzt leicht liegen oder gehen verloren. Für meine Person riskiere ich nichts oder mache mich beim kleinsten Anschein von Gefahr davon, von unserm Vermögen ist hier nichts als die Möblen, die man mir nicht nehmen wird, Silber und Juwelen kann ich leicht in Sicherheit bringen. Ich habe hier Freunde, die lebhaft an mir teilnehmen, Ridel sorgt wie ein Bruder für mich, der gute Falk tut auch das Seine und bringt mir gleich jede neue Nachricht zu, was ich sehr gern habe, auch Bertuch nimmt sich redlich meiner an, ich bin unter sehr gute Menschen geraten.

Ich darf nur wollen, so bin ich hier in den ersten Zirkeln, ich werde aber weislich um mich schauen, um mich nicht zu übereilen...

Siegle nicht mehr an mich mit dem Devisen-Petschaft, in diesen Zeiten ist das genug, daß ein Brief deshalb aufgemacht würde.

An Arthur Schopenhauer

Weimar, den 18. Oktober 1806 Daß ich noch lebe, siehst Du wohl; zugleich will ich Dir nur versichern, daß wir alle wohl sind und keinem in unserm Hause etwas zuleide geschehen ist. Ich habe ehegestern, da ich kaum mich ein wenig gesammelt hatte, Dir ein paar Zeilen geschrieben, um Dich zu beruhigen; denn ich fürchte, Du wirst meinetwegen sehr besorgt sein; aber ich weiß nicht, ob Du sie erhalten wirst. Die Posten gehen noch nicht; morgen, heißt es, geht die erste, und ich schreibe dies in Vorrat. Jene Zeilen hat ein französischer Offizier durch einen preußischen gefangenen Offizier unversiegelt befördert; der Preuße wurde weitertransportiert und hat versprochen, meinen Brief mit der ersten Gelegenheit auf die Post zu geben. Ich hoffe, er hat es getan; aber es ist doch möglich, daß dieser Brief eher ankommt. Nun will ich Dir in der Kürze die Geschichte – –

Den 19. [Oktober] Hier wurde ich gestern unterbrochen; wir leben noch in sehr unruhigen Tagen; ich werde auch diesen Brief nicht eher abschicken, bis ich gewiß weiß, daß er ankommt, denn ich möchte diese Geschichte nicht gern wieder zu erzählen haben. Ich schreibe Dir indes mit jeder Gelegenheit ein paar unbedeutende Zeilen in der Hoffnung, daß doch etwas davon ankommt; denn wirklich, Du mußt unsertwegen in Ängsten sein. Nun laß Dir erzählen; ich hole aber weit aus; auch ist mein Kopf noch gar nicht wieder recht beisammen; ich hoffe, das soll sich im Schreiben finden, Schreiben war von jeher ein calmant für mich. Wann ich Dir zuletzt schrieb, weiß ich nicht mehr; auch kann ich jetzt nicht zu meinem Schreibekasten kommen, um nachzusehen; ich weiß, daß damals alles hier voll Preußen und Sachsen war und niemand die Nähe dieser schrecklichen Katastrophe ahndete. Guter Gott! hätte ich gewußt, was uns bevorstand, zu Fuße wäre ich fortgelaufen und hätte sehr übel daran getan, denn jetzt ist's überstanden, und ich und die Meinen sind gerettet. Mein Logis im »Erbprinzen« ward durch die Menge Fürsten und Generäle, die dort logierten, sehr unbequem, ich eilte, meinen eigenen Herd zu haben, und bezog den 8. Oktober meine Zimmer, die ganz nach meinem Geschmacke eingerichtet waren und in welchen ich nur noch für die Gardinen und dergl. zu sorgen hatte.

Den 28. September war ich angekommen, damals war die preußische Armee in der Nähe, aber noch nicht in der Stadt. Den 1. Oktober zog sie hier durch nach Erfurt zu, wo man die Franzosen in der Nähe vermutete, das dauerte bis zum 3. oder 4. etwa. Ich beschrieb Dir damals all den militärischen Pomp; alles hoffte, niemand konnte vermuten, daß Thüringen der Schauplatz des Krieges bleiben würde. Den 3. Oktober war eine eigene Bewegung in der Armee, Truppen, die unlängst durchgezogen waren, kamen zurück. In den folgenden Tagen kam alles wieder von Erfurt; in und um unsere kleine Stadt war ein Heer von über 100 000 Mann Preußen und Sachsen. Die Soldaten waren mißmutig über die unnützen, ermüdenden Märsche, die Landeseinwohner über die starke Einquartierung und daraus entspringende Teuerung; man hoffte noch, aber ein düsterer Geist ging durch alle Gemüter; man hoffte und zitterte. Ich wollte fort, aber wo sollte ich hin? Alle rieten mir zu bleiben. Ich mußte wohl bleiben, denn es waren keine Pferde mehr zu haben, nicht einmal zu kaufen; auch machte niemand Anstalt zu entfliehen. Den 9. oder 10. Oktober traf der König mit der Königin, der Herzog von Braunschweig und viele Generäle hier ein; die Großherzogin reiste ab. Ein Lager wurde von Erfurt bis zum Ettersberge, eine Meile von hier jenseits Weimar, aufgeschlagen, welches sich bis dicht an unsern Park erstreckte. Man erfuhr mit Gewißheit, daß die Franzosen auf der Seite, wo man sie nicht vermutete, hereingebrochen wären, daß sie Coburg und Saalfeld in Besitz hatten, man hörte von fern kanonieren, man wußte nicht, was man denken sollte; man glaubte, sie zögen auf Dresden und Leipzig, und der König, die Königin und der Herzog von Braunschweig waren ruhig hier, die Armee im Lager. Jedes Herz klopfte vor Ungeduld über alles dieses. Den 11. erfuhr ich, daß der General von Kalckreuth hier wäre. Ich schickte ihm meine Adresse. Er sprach selbst mit Duguet und sagte ihm, er würde den Abend zu mir kommen. Nun sahen wir flüchtige, verwundete Sachsen und

Preußen zurückkommen, das entfernte Kanonieren hatte fast alle die Tage nicht aufgehört. Wir erfuhren, daß eine zu kleine Armee, angeführt vom Prinzen Louis, nach einem achtstündigen Gefechte gänzlich bei Rudolstadt geschlagen worden wäre, der Prinz, dessen schöne Gestalt wir noch vor wenigen Tagen bewundert hatten, war geblieben, er wollte sich nicht ergeben, er wollte dies nicht überleben. Der Anblick der Flüchtigen, noch mehr der Verwundeten, war gräßlich, es fielen herzzerreißende Szenen vor. Auf der Straße sah ich einen Offizier geritten kommen, er fragte einen verwundeten Kürassier: »Wißt Ihr etwas vom Rittmeister Bär?« – »Der ist tot«, war die Antwort, »ich sah ihn fallen«; und der Offizier war sein Bruder. Ich war noch immer entschlossen, fortzugehen, aber ich hatte keine Pferde; auch sagte mir jedermann, persönlich würde mir nichts geschehen, wenn ich in der Stadt bliebe, aber die Wege wären unsicher. Ich blieb, suchte immer im voraus nach Pferden, ließ einpacken und wollte erst Kalckreuth sprechen; er schrieb mir den Abend, er könne nicht kommen, er würde den folgenden Tag, den 12., kommen. – Man beruhigte sich. Den 12. besuchte mich erst Bertuch, der mich sehr beruhigte; man glaubte bestimmt, die Franzosen zögen nach Leipzig, alles könne gut werden, wir wären nicht in Gefahr. Kurz darauf meldete man mir einen Unbekannten; ich trat ins Vorzimmer und sah einen hübschen, ernsthaften Mann in schwarzem Kleide, der sich tief mit vielem Anstande bückte und mir sagte: »Erlauben Sie mir, Ihnen den Geheimen Rat Goethe vorzustellen.« Ich sah im Zimmer umher, wo der Goethe wäre, denn nach der steifen Beschreibung, die man mir von ihm gemacht hatte, konnte ich in diesem Manne ihn nicht erkennen; meine Freude und meine Bestürzung waren gleich groß, und ich glaube, ich habe mich deshalb besser benommen, als wenn ich mich drauf vorbereitet hätte. Wie ich mich wieder besann, waren meine beiden Hände in den seinigen und wir auf dem Wege nach meinem Wohnzimmer. Er sagte mir, er hätte schon gestern kommen wollen, beruhigte mich über die Zukunft und versprach wiederzukommen. Der Tag ging ruhig hin, Lager und alles blieb, wie es war. Den Abend kam der General von Kalckreuth; er hatte sich's ausgebeten, mich allein zu finden, und ich war allein. Er war gegen mich wie sonst, übrigens riet er mir auch zu bleiben bis zum Notfall, schien sehr unzufrieden mit dem Gange der Dinge, sagte mir, die Feinde wären in Naumburg und hätten dort das Magazin abgebrannt. »Bleiben wir morgen noch hier«, sagte er, »so sind wir verloren. Ich glaube, Sie riskieren nichts, wenn Sie bleiben, wollen Sie aber fort, so gehen Sie nach Erfurt, von dort nach Magdeburg und wohin Sie weiter wollen.« Er wollte mir viel von der Lage der Dinge sagen, indes trat sein Adjutant herein und meldete ihm, daß man wieder eine starke Kanonade höre. Er konnte kaum Abschied nehmen und eilte zum König. Es war schon spät; aber ich bat noch Conta, der seit einigen Tagen bei uns im Hause war, meinen Paß zum Herzoge von Braunschweig zu tragen, um ihn unterzeichnen zu lassen, was auch geschah. Pferde hoffte ich noch immer zu bekommen, obgleich auf der Post keine waren und die Bürger keine geben durften. Ich war noch nicht entschlossen zu gehen, aber ich wollte auf den Notfall bereit sein. Ridel und mein Landsmann Falk kamen noch, letzteren hatte ich versprochen mitzunehmen, um ihn vor dem Schicksal des Buchhändlers P[alm] zu bewahren. Ich trug ihm auf, sich auch einen Paß zu verschaffen, nach Pferden zu suchen und jede Stunde bereit zu sein, er sowohl als Ridel hielten die Gefahr noch nicht für dringend. Wir lasen das Manifest, das ich erhalten hatte, und trennten uns recht ruhig. Montag, den 13. morgens, ging ich mit Conta und Adelen ins Lager; das Wetter war alle diese Tage himmlisch schön; das Leben und Treiben im Lager, der schöne Park, der Sonnenschein erheiterten mich. Beim Nachhausegehen sahen wir alle Offiziere vor des Königs Hause und den König am offenen Fenster; mit Mühe drängten wir uns durch. Zu Hause hörte ich, Kalckreuth wäre dort gewesen; er hatte Sophien gesagt, er würde um 2 Uhr reisen, er würde mich nicht mehr sehen können; er bäte mich, ich möchte ihm einige Zeilen zum Abschied schreiben. Das tat ich; ich bat ihn, mir zu sagen, ob ich fliehen sollte und wohin, auch mir Pferde zu verschaffen, es war 12 Uhr. Ich ging also zur Hofdame der verwitweten Herzogin, Fräulein von Göchhausen, die in der Zeit meine

Freundin geworden war, ins Schloß, um etwas Neues und Bestimmtes zu hören; ich traf sie gerade mit der Herzogin auf der Treppe. Ich ward sogleich der Herzogin auf der Treppe vorgestellt, die schon von mir gehört hatte und beängstigt, wie sie war, mich doch sehr freundlich aufnahm und mich mit in ihr Zimmer nahm. Hier kamen verschiedene Offiziere, alle mit beunruhigenden Nachrichten: man hörte wieder stark kanonieren; das Lager, von wo ich eben kam, wurde abgebrochen, alles machte sich marschfertig. Wie sie fort waren, mußte ich mich zur Herzogin setzen; ich blieb eine gute halbe Stunde bei ihr; wir suchten auf der Karte den Weg, den Kalckreuth mir vorgeschlagen hatte; die Königin war eben nach der andern Seite hin aufgebrochen. Die Herzogin sagte mir, sie ließe alles einpacken zur Reise, und riet mir, ein Gleiches zu tun. Pferde konnte sie mir nicht geben, sie hatte kaum selbst welche; auch war sie nur reisefertig, nicht zur Reise entschlossen; sie wollte mir wissen lassen, wann und wohin sie ginge, so schied ich von ihr. Zu Hause fand ich Kalckreuths Antwort. Er schrieb mir, wenn es ihm möglich wäre, würde er noch einen Augenblick zu mir kommen, übrigens hätte ich, wenn beide Herzoginnen hier blieben, als Privatperson nichts zu fürchten. Pferde hätte er nicht, übermorgen würden Postpferde zu haben sein, dann möchte ich über Erfurt, Langensalza nach Magdeburg oder Göttingen, diese Route wäre sicher. Ich beruhigte mich also, weil ich mußte. Das Gewühl der abziehenden Truppen in der Stadt, die Abreise des Königs, alles das benahm mir allen Sinn für eigene Gefahr, die in der Tat niemand so nahe glaubte. Gegen vier Uhr, da die Trommel seines Regiments schon zweimal gegangen war, kam Kalckreuth selbst, er war sehr bewegt und zugleich voll der großen Ereignisse, die ihm bevorstanden. Er konnte mir nichts sagen, unser Abschied war wirklich erschütternd, da ging die Trommel zum drittenmal, und er riß sich los. Mir tat das Herz weh, den schönen alten Mann so hingehen zu sehen. Ich weiß nicht, was aus ihm geworden ist.

Dieser Abschied und der ganze Wirrwarr des Tages hatten meine Kräfte erschöpft, ich schickte Sophien mit Adelen in die Komödie, wo eben »Fanchon« gegeben ward, um allein zu sein.

Ich lag ganz still auf meinem Sofa, die Totenstille, nach dem Lärmen aller dieser Tage war entsetzlich.

Um 7 Uhr hörte ich wieder Fahren und Lärmen in den Straßen, mir wurde es im Hause zu enge; ich ließ mich von Duguet zu Ridels bringen, nur durch große Umwege konnte ich bis zu ihnen kommen; alle Straßen waren voll Pferde und Wagen; es war die Bagage, die der Armee folgte. Bei Ridels sprachen wir uns wechselseitig Mut ein; die allgemeine Meinung war noch immer, die Franzosen wären bei Leipzig, unsere Armee ginge ihnen dorthin entgegen, wo wahrscheinlich eine Schlacht erfolgen würde. Ich ging zu Hause, Ridel begleitete mich; das Gewühl war geringer geworden, die mehrsten Wagen schon fort. Ich fand Sophien und Adelen ganz lustig aus der Komödie zu Hause. Wir gingen ohne Sorgen zu Bette. Ich wachte die Nacht oft auf, alles war stille wie das Grab, und mir schauderte bei dieser Ruhe nach alle dem Lärmen, den wir bisher Tag und Nacht gehabt hatten. Ich stand erst halb 8 Uhr auf, die Schlacht hatte schon vor 6 Uhr bei Jena angefangen. Du kennst den Weg von Weimar nach Jena; Du weißt die Felsen, die mit Mauern versehen sind, damit die Wagen nicht in den steilen Abgrund fallen, unten im Abgrund liegt das Mühlental, dort waren die Franzosen, der Kaiser unter ihnen. Der Nebel war so dick, daß man im Anfange nichts sah; der Kaiser – ich weiß es von Augenzeugen – stand vor einem Wachtfeuer und wärmte sich und fragte immer, ob man die Preußen nicht sähe. Da sah man sie auf der Höhe blinken. Die wütenden Franzosen klimmten die steilen Felsen hinan. Der Sieg blieb eine Weile unentschieden, aber alle Augenblicke stießen frische Truppen zur französischen Armee. Die Preußen kämpften wie Löwen, aber die Übermacht war zu groß, sie wurden aus ihrer vorteilhaften Position, die auch wohl nicht genug benutzt wurde, vertrieben, und den Erfolg weißt Du. Ich erfuhr erst gegen 9 Uhr von Mademoiselle Conta, die bei uns im Hause ist, daß man kanonieren höre und eine nahe Schlacht vermute. Nun rief ich Sophien, mein Schmuck ward in mein Korsett genähet, das ich anzog; ich hatte mir Tags vorher von einem hiesigen Kaufmann 50 Louisdor in Silber gegen einen Wechsel geben lassen, um mein

Geld zu schonen, denn es war keins mehr in der Stadt zu haben. Ich hatte noch über 100 Louisdor in Gold, die in eine Art Gürtel genäht waren, den Sophie auf den bloßen Leib band. Mein Silberzeug hatte ich schon gepackt; dies, die Wäsche und was ich sonst der Mühe wert hielt und fortnehmen durfte, ohne das Haus ganz zu entblößen und Verdacht zu erregen, wurde in eine kleine Kammer neben meinem Boden gebracht und eine Menge Holz und Reisig darüber geworfen, so daß es wie eine Holzkammer aussehen mußte. Andere Dinge wurden im Keller vergraben und eine Menge Kartoffeln darüber geworfen; in weniger als anderthalb Stunden war alles in Ordnung; Conta, sein jüngerer Bruder und ein Liebhaber einer unserer Mädchen, der zum Glück da war, halfen meinen Leuten redlich. Meine Wirtin, die Hofrätin Ludecus, war zu mir gekommen, wir gaben einander die Hand darauf, alles zusammen zu tragen und den Mut nicht zu verlieren, komme, was da wolle. Diese wirklich brave Frau hat uns alle mit ihrer Entschlossenheit beseelt. Um 10 Uhr ließ mir die alte Herzogin sagen, sie reise in einer Stunde nach Erfurt, ich möchte mich an sie schließen, wenn ich Pferde hätte. Ich hatte keine und ergab mich mit Mut in mein Schicksal. Die gute Ludecus wollte mich mit Adelen zur Gräfin Bernstorff bringen, die als Dänin sicher zu sein glaubte, aber Sophie und Duguet konnte ich nicht mitnehmen. Wie konnte ich die treuen Menschen verlassen? Ich blieb, und wohl mir, daß ich es tat! Wir setzten uns, Madame Ludecus, Mademoiselle Conta, ich, Adele und Conta, gelassen in mein Zimmer im ersten Stocke und machten Charpie, worum uns die Regierung hatte bitten lassen. Das waren schwüle Stunden, mein Arthur; die Kanonen donnerten von fern, alles war in der Stadt wie ausgestorben, die Sonne schien auf die grünen Bäume vor meinem Fenster, alles war Ruhe von außen, und welcher Sturm, welche Angst des Erwartens in unsern Herzen! Doch sprachen wir gelassen und munterten einander auf, die gelassene Ergebung der Ludecus war unbeschreiblich tröstend; ich folgte ihr, so gut ich konnte, nur durfte ich nicht auf meine Adele sehen, dann war's mit meinem Mute aus. Adele selbst war ruhig, unbefangen, ein wahres Kind und mir ein tröstender

Engel. Nun kam eine gute Nachricht über die andere. Bertuch und viele Freunde versicherten uns, die Preußen siegten. Wir Armen hofften mit Angst, es war sehr quälend. Conta ging ins Schloß und brachte von dort die Nachricht, die Herzogin hätte einen Jäger aufs Schlachtfeld geschickt, der dieselbe Nachricht brächte. Es schlug 12 Uhr, wir hörten nicht mehr die Kanonade. Welche bange Stille! In der Zeit war Sophie nicht müßig. Wir ließen Brot und Fleisch aufkaufen, so viel wir bekommen konnten, Sophie ließ kochen und braten, Duguet mußte 50 Bouteillen Wein aus dem Keller holen. Man hatte uns diese Vorsicht geraten, weil dies das erste ist, wonach die Franzosen fragen, und man mich warnte, sie nicht in den Keller zu lassen. Madame Ludecus tat dasselbe. Um ein Uhr klopfte ein Freund ans Fenster und rief uns zu: »Sieg, vollkommener Sieg!« Oh, mein Gott! wir fielen einander in die Arme, wir wußten nicht, wie uns war, aber auf mein Herz fiel eine unsägliche Angst, eine Ahndung von Unglück, wie ich sie einmal auch schon gehabt habe. Jetzt erst zitterte ich und schalt mich selbst darum. Wenig Minuten darauf entstand ein entsetzliches Geschrei auf den Straßen: »Die Franzosen kommen!« Hunderte von Menschen strömten nach dem nicht weit entfernten Markte. Wir machten erschrocken die Fenster auf, eine preußische Schildwache rief uns zu: »Es ist nichts, sie bringen Kriegsgefangene!« Wirklich sahen wir einige Kriegsgefangene verwundet vorbeibringen. Ich sah einen über und über mit Blut bedeckten Chasseur, den ein braver sächsischer Kürassier gegen die Insulten des Pöbels verteidigte. Der Anblick jagte mich vom Fenster. Ich mußte aber doch wieder hin. Nun kamen Reiter, Sachsen und Preußen, eine unzählige Menge Bagagewagen in wilder Unordnung, in voller Karriere gejagt. Nun war's mit dem Hoffen vorbei; wir gaben einander stumm die Hände und gingen hinauf in die Zimmer der Hofrätin, die eine Treppe hoch und folglich etwas sicherer uns dünkten. Noch kamen Freunde, die uns sagten, die Bagage der 20 000 Mann, die noch frisch im Lager ständen, hätte nur retirieren müssen, weil jene vorgerückt wären und diese nicht ohne Schutz zurücklassen könnten. Andere sagten, es stände freilich nicht so gut als vorhin, aber noch wäre nichts verloren. Ach! aber es waren leidige Tröster, nicht mehr die frohen Gesichter von vorhin. Nun donnerten die Kanonen wieder, und näher, näher, fürchterlich nah. Conta war nach dem Schlosse gegangen und brachte die Nachricht, es wäre vorüber, die Wachen wären vor dem Schlosse und an den Toren schon abgelöst. Wir sahen die Sachsen wieder traurig vorbeireiten. O mein Arthur, die Erinnerung allein macht mich jetzt beben. Jetzt rasten die Kanonen, der Fußboden bebte, die Fenster klirrten. Oh, Gott, wie nahe war uns der Tod! Wir hörten keinen einzelnen Knall mehr, aber das durchdringende Pfeifen und Zischen und Knattern der Kugeln und Haubitzen, die über unser Haus und 50 Schritte davon in Häuser und in die Erde flogen, ohne Schaden zu tun. Gottes Engel schwebte über uns, in mein Herz kam plötzlich Ruhe und Freudigkeit, ich nahm meine Adele auf den Schoß und setzte mich mit ihr auf den Sofa, ich hoffte, eine Kugel sollte uns beide töten, wenigstens sollte keine der andern nachweinen. Nie war mir der Gedanke an den Tod gegenwärtiger, nie war er mir so wenig fürchterlich. Adele hatte sich den ganzen Tag, selbst in diesem schrecklichen Momente, nicht aus der Fassung bringen lassen, keine Träne, kein Angstgeschrei, immer ging sie neben mir, und wenn's ihr zuviel ward, küßte sie mich und drückte mich an sich und bat mich, nicht angst zu sein. Auch jetzt war sie ganz stille, aber ich fühlte die zarten Glieder wie von Fieberfrost beben und hörte, wie ihre Zähne aneinanderschlugen. Ich küßte sie, bat sie, ruhig zu sein, wenn wir stürben, so stürben wir ja miteinander, und ihr Zittern legte sich, und sie sah mir freundlich in die Augen. Ich war in der Tat damals weit ruhiger, als ich es jetzt bin, da ich Dir die Schreckensszene erzähle, Gott gab mir großen Mut, wie mir es not darum war; die Ludecus war ganz gelassen, die arme Conta folgte unserm Beispiel und verbarg wenigstens ihre Angst. So saßen wir; da schwiegen die Kanonen, aber nun hörten wir in den Straßen ein fürchterliches Musketenfeuer, einen dumpfen Lärm vom Markte her und das Trappeln der fliehenden Pferde durch die Straßen. Jetzt wieder einige Minuten die fürchterliche Stille des Erwartens, da trat Contas jüngerer Bruder mit der Nachricht herein, sie wären da, er hätte die Generäle vor dem Schloß absteigen gesehen, sie sähen gar prächtig aus, voll Gold und Silber. Auf dem Markte lägen viele tote Preußen und Franzosen, übrigens verkauften sie schon erbeutete Pferde auf dem Markte etc. Da kam Sophie mit der Nachricht, wir hätten fünf Husaren im Quartier; sie schienen ganz artig, einer darunter war Sophiens Landsmann. Ihre Forderungen waren Essen, Wein, Fourage. Sie waren freilich etwas ungestüm; doch Conta und Sophie beschwichtigten sie, und wir gaben her, was wir konnten. Die Einquartierung geht freilich nur den Hauswirt an, aber es wäre mir in dem Augenblicke unmöglich gewesen, nicht, was ich an Wein, Braten etc. hatte, gern zu geben, um meiner mir sehr lieb gewordenen Ludecus zu helfen. Die Not vertilgt jedes kleinliche Interesse und lehrt uns erst, wie nahe wir alle miteinander verwandt sind. Jetzt atmeten wir wieder; wir glaubten das Gräßlichste überstanden, ach! es sollte erst kommen. Es war beinahe acht Uhr; ich bestand darauf, daß wir uns ordentlich zu Tische setzten; einige Tassen Bouillon und einige Gläser Wein ausgenommen, hatte keine von uns den ganzen Tag etwas genossen, und die verzehrende Angst dabei. Eben setzten wir uns zu Tische, da entstand ein Feuergeschrei, und hoch wie der Montblanc türmte sich eine Feuersäule empor. Wir sahen wohl, daß es nicht ganz in unserer Nähe war, aber man rief: »Das Schloß brennt!« man rief: »Die Stadt wird an vier Ecken angezündet!« Lieber Arthur, tut Dir nicht das Herz um uns weh? Oh, mein Sohn, zu was für Schrecken bin ich geboren! Endlich erfuhren wir, es brenne weit von uns in der Vorstadt, wo viele kleine Häuser stehen, das Schloß wäre nicht in Gefahr. Es war stille, kein Wind wehte, wir vertrauten auf Gott und wurden ruhiger. Umsonst, neues Schrecken war uns nahe. Heulend und zitternd stürzten zwei Frauenzimmer, begleitet vom jüngern Conta, zu uns herein, sie waren aus ihrem Hause den Soldaten entflohen, man hatte ihnen Bajonette auf die Brust gesetzt, man drang in die Häuser, man plünderte. Erst konnten wir es nicht glauben, doch fühlten wir, daß wir uns nicht aus der Fassung bringen lassen mußten. Ich und Madame Ludecus bedeuteten den Damen sehr ernstlich, daß sie, wenn wir sie dabehalten sollten, ganz still in einer Ecke sitzen müßten, ohne auch nur durch Klagen und Schreien zu stören. Ich setzte die Tochter in einem Winkel, die Ludecus die Mutter in den andern, und die armen Seelen taten, was wir wollten.

Unsere Husaren waren indes von Sophien ganz gewonnen; die Gegenwart des Geistes, der Mut dieser Sophie ist unbeschreiblich; sie und Conta haben uns in dieser Schreckensnacht vor Übeln gerettet, denen fast kein anderer entgangen ist. Die Husaren ließen uns sagen, wir möchten kein Licht sehen lassen und die Türen fest verschließen; eine Türe zu erbrechen wäre bei Lebensstrafe verboten, obgleich die Soldaten, da sie keine Bagage mit sich führen durften, die Freiheit hatten, Essen und Trinken zu fordern. Aber in unserm armen Weimar war das Verbot aufgehoben, das wußten wir nicht. Kurz darauf drohte man die Haustür zu erbrechen. Sophie und Conta liefen hinunter und beredeten die wilden Menschen, Gott weiß wie, ans Fenster zu kommen. Sie forderten schnell Brot und Wein. Beides wurde ihnen zum Fenster hinausgereicht. Sie wurden lustig, sangen und tranken Sophien Gesundheit, die ihnen Bescheid tun mußte, und gingen weiter. So ging es verschiedene Male hintereinander. Wir hofften wieder, alles wäre vorüber; mit einem Male rief einer unserer Leute, die Türe wäre erbrochen, sie wären im Hause. So war s nicht, bloß die äußere Gartentür war erbrochen, sie donnerten an die Haustür und verlangten Einlaß, wenn sie die Tür nicht einschlagen sollten, ein Herr aus dem Hause hätte ihnen Einlaß versprochen. So war's auch; der jüngere Conta hatte, da er die Frauenzimmer herbrachte, auf der Straße den kopflosen Einfall gehabt, um sie sich abzuwehren. Sophie und der ältere Conta gingen also hin; wir bereiteten uns darauf, sie ins Zimmer dringen zu sehen. Wir waren alle in ein kleines Hinterstübchen zusammengedrängt, um kein Licht sehen zu lassen; Adelen hatte ich auf ein Bett gelegt, ich setzte mich darauf, meinen Beutel mit etlichen Talern in der Hand. Nun hörten wir die wilden Stimmen unten: »Du pain, du vin, vite, nous montons!« und Sophie und Conta hießen sie freundlich willkommen. Sophie sagte, sie hätte längst auf sie gewartet und für sie zugekocht, sie möchten nur stille sein, damit der Offizier, den wir im Hause hätten, sie nicht höre, ob sie im Zimmer essen wollten? Sie hätte eben den Schlüssel nicht zur Hand, aber hier auf der Diele wäre ja die schönste Gelegenheit, Tisch und alles, und damit tischte sie ihnen Brot, Wein und Braten auf. Conta, der für ihren Mann passierte, tat das Seine; die Wilden wurden wieder zahm, aßen, tranken und waren ganz fidel. Denk Dir dabei die gräßlichen Gesichter, die blutigen Säbel blank, die weißlichen, mit Blut bespritzten Kittel, die sie bei solchen Gelegenheiten tragen, ihr wildes Gelächter und Gespräch, ihre Hände mit Blut gefärbt. Ich sah sie nur einen Augenblick von der Treppe, es waren zehn bis zwölf. Sophie, mitten drunter, scherzte und lachte. Einer faßte sie um den Leib; sie drehte sich schnell um und schüttelte ihm die blutige Hand, damit er ihren Gürtel nicht fühlen sollte. Duguet hatte sie fast mit Gewalt eingeschlossen; als Franzose riskierte er nichts, aber sie fürchtete seinen Rausch, der, wie Du weißt, von der schlimmsten Art ist und den er bei der Abspannung aller Kräfte, da er den ganzen Tag nicht gegessen und viel gearbeitet hatte, leicht beim Zutrinken hätte bekommen können. Die Herren gefielen sich so wohl, daß sie gar nicht Miene machten zu gehen; da holte Sophie Adelen, die ganz niedlich mit ihnen sprach und sie bat, zu gehen, weil sie sehr schläfrig wäre, und die Unholde ließen sich von dem Kinde bereden und gingen; unsere beiden treuen Husaren waren mit dabei, die drei anderen schliefen im Vorderhause. Nun waren aber meine Kräfte so erschöpft, daß ich schlafen mußte, und wenn der Tod neben meinem Bette gestanden hätte. Zufällig war ich schon den Tag und den Tag vorher matt und nicht wohl gewesen. Unsere Türen wurden wieder verrammelt; ich legte mich mit Adelen in den Kleidern aufs Bette; Sophie tat ein Gleiches unten in ihrem Zimmer, dicht an meinem Zimmer schläft Conta. Dieser und alle die übrigen blieben wach, aber ich schlief sanft und ruhig vier Stunden lang. Das Feuer wütete noch immer, kein Mensch durfte löschen. Wenige wagten aus ihren Häusern zu gehen, die es taten, wurden von den Franzosen zurückgehalten. Die Herzogin hatte ihre Bedienten zum Feuer geschickt, man ließ sie nicht durch. Menschen wollten

301

das arme Weimar verderben. Gott war barmherzig. Eine kleine Straße, gerade über dem herzoglichen Stallgebäude, brannte unaufhaltsam; die Flamme schlug hoch in die Lüfte; nur etwas Wind, und das Schloß wäre in Brand geraten und mit ihm wahrscheinlich die ganze Stadt. Aber kein Lüftchen regte sich, das Feuer brannte still fort bis an ein Eckhaus, dann sank es von selbst zusammen. Es hat bis an den folgenden Mittag gebrannt, und doch sind nur fünf Häuser zugrunde gerichtet. Alles war von dem Feuer erleuchtet; ich sah die helle Flamme und mußte doch schlafen. Eine ähnliche Müdigkeit habe ich nie gefühlt. Die Nacht ging uns ziemlich ruhig hin, es wurde verschiedentlich gepocht; da man aber nicht aufmachte und kein Licht zu sehen war, so ging man wieder. In der Stadt war entsetzliches Elend und in den Vorstädten. Die Esplanade liegt zwar nahe, aber doch nicht im Mittelpunkte der Stadt; dies und Sophiens und Contas Gegenwart des Geistes haben uns gerettet. Die Stadt ist förmlich der Plünderung preisgegeben; die Offiziere und die Kavallerie blieben frei von den Greueln und taten, was sie konnten, um zu schützen und zu helfen. Aber was konnten sie gegen 50 000 wütende Menschen, die diese Nacht hier frei schalten und walten durften, da die ersten Anführer es, wenigstens negativ, erlaubten! Viele Häuser sind rein ausgeplündert; zuerst natürlich alle Laden; Wäsche, Silberzeug. Geld ward fortgebracht, die Möbeln, und was sich nicht transportieren ließ, verdorben; dazu der gräßliche Witz dieser Nation, ihre wilden Lieder: »Mangeons, buvons, pillons, brûlons tous les maisons!« hörte man an allen Ecken. Überall liefen sie mit brennenden Lichtern umher, die sie dann in den ersten besten Winkel schleuderten. Es ist unbegreiflich, daß nicht Feuer an allen Ecken ausgekommen ist. Auf dem Markte hatten sie große Wachtfeuer errichtet, um welche sie schwärmten und Hühner, Gänse, Ochsen brieten und kochten. Im obern Teile des Parks bis an Ober-Weimar und das Webicht hin war ihr Lager, das heißt, die nicht einquartiert waren, biwakierten ohne Zelte bei großen Feuern. Der Park ist sehr verwüstet, die schönsten Bäume zum Feuer umgehauen, alle Gebäude darin, bis auf die kleinen Behältnisse, wo das Gartengeräte aufbewahrt wurde, sogar erbrochen und beschädigt worden. Die wenigsten im Lager wußten, daß unten eine Stadt wäre; denn kamen die aus der Stadt mit Beute beladen ins Lager und erzählten, daß es unten eine ansehnliche Stadt gäbe, die ihnen preisgegeben wäre, so liefen fast alle hinunter. Die Offiziere waren außer sich darüber; aber sie durften sie nicht halten. Prinz Murat und viele Generale waren in der Stadt, der Kaiser kam erst den folgenden Morgen. Viele Einwohner flüchteten aus den Häusern in Wald und Feld und sind zum Teil noch nicht wieder da. Hunderte hatten sich ins Schloß gerettet; auch in diesem ist man in die Silber- und Wäschkammer gedrungen und hat manches daraus geraubt, auch des Herzogs Gewehrkammer ist geplündert worden. Die Herzogin hat unbegreiflich vielen Mut gezeigt und hat uns alle gerettet. Auch hat der Kaiser fast zwei Stunden mit ihr gesprochen, was noch keiner Fürstin widerfahren sein soll. Sie allein ist geblieben, während alle die Ihrigen entflohen. Wäre sie auch fortgegangen, so stünde Weimar nicht mehr. Alles, was ins Schloß geflüchtet war, nahm sie auf und teilte mit ihnen, dadurch kam es denn, daß sie und alle einen ganzen Tag nur Kartoffeln zu essen hatten. Alle, die um sie waren, versichern mich, daß die großherzige Frau sich immer ganz gleich blieb und in ihrem ganzen Wesen fast kein Unterschied gegen sonst zu bemerken war. Alle, die ihre Häuser verließen, haben fast alles verloren. Einige sind so glücklich gewesen, gleich Offiziere ins Quartier zu bekommen, die ihnen etwas Schutz, oft mit eigener Lebensgefahr, gewährten. Am besten kamen die fort, die wie wir Mut genug hatten, keine Angst zu zeigen, der Sprache und der französischen Sitte mächtig waren; darunter gehört Goethe, der die ganze Nacht in seinem Hause die Rolle spielen mußte, die bei mir Sophie und Conta spielten. Falk hat sich auch gut durchgeholfen, obgleich er schlecht Französisch spricht, und so noch einige andere. Dem Bergrat Kirsten, der bei uns im Vorderhause wohnt, haben wir durchgeholfen, denn bei ihm kann niemand Französisch. Wieland hat als Mitglied des National-Instituts gleich vom General Denon eine Sauvegarde bekommen. Die Witwe Herder, deren Logis ich jetzt bewohne, mußte ins Schloß flüchten; bei ihr ist alles zerstört,

und, was unersetzlich ist, alle nachgelassenen Manuskripte des
großen Herders, die sie mitzunehmen vergaß, sind zerrissen
und zerstreut. Ridels haben nichts als Möbeln behalten; Silberzeug, Gold, Wäsche, Kleider sind fort. Sie hatten auf meinen Rat
die Sachen auf dem Boden versteckt. Wie das Feuer ausbrach,
glaubten sie es sich sehr nahe, was doch nicht wahr, und trugen
sie in den Keller, der gleich zuerst erbrochen ward. Die silberne
Teemaschine haben sie behalten, weil man sie nicht für Silber
hielt, und einen Leuchter, den ein Soldat aus Dankbarkeit für
ein geschenktes Hemde dem andern wieder abnahm. Kühns ist
es fürchterlich ergangen. Ihr Haus liegt, wir Du weißt, in der
Vorstadt – wohl mir, daß ich es nicht kaufte! – Dort haben die
Barbaren am tollsten gewirtschaftet. Kühn reiste Montag nach
Hamburg, mußte aber wieder umkehren. Dienstag machte er
sich doch trotz der ganz nahen Gefahr davon, und was aus ihm
ward, weiß ich nicht. Frau und Kinder versteckten sich, noch
ehe die Feinde hereindrangen, im Garten, in einem Loche unter
der Erde, der Hauslehrer, ein Franzose, Perrin, blieb im Hause,
machte sich aber, wie die Plünderung anging und ihm blanke
Säbel und Bajonette drohten, davon, nun ward alles geraubt
und die Möbeln in Stücke zerschlagen. Gegen Morgen wurden
die Unglücklichen in ihrem Zufluchtsorte entdeckt, man wollte
hineinschießen, und sie kauften sich mit allem los, was sie an
Geld und Kostbarkeiten bei sich hatten. Gegen Mittag kamen
wieder andere, die ihnen den Tod drohten. Endlich gegen
Abend, nachdem sie 24 Stunden Todesangst ausgestanden hatten, sind sie herausgegangen und jetzt im Hause des Kaufmanns Desport am Markte. So höre ich noch alle Tage neue
Greuel erzählen. Professor Meyer wollte in seinem Hause bleiben, aber die fliehenden Preußen ließen drei Pulverwagen
dicht vor seinem Hause stehen, wovon einer ganz zerbrochen
war, daß das Pulver umherlag. Meyer konnte also nicht bleiben;
er eilte zu seinen Schwiegereltern, die nicht weit von Kühns
wohnten. Auch hierher drangen die Unholde, raubten alles,
trieben zuletzt mit Gewalt die unglückliche Familie zum Hause
hinaus, welche zusehen mußte, wie man ihre Habseligkeiten
ordentlich auf Wagen lud und fortfuhr. Meyers Schwiegervater

ist ein alter kränklicher hypochondrischer Mann, der eine Kasse zu verwalten hat und ängstlich Ordnung liebt, Goethe sagte mir nachher, er hätte nie ein größeres Bild des Jammers gesehen als diesen Mann im leeren Zimmer, rund um ihn alle Papiere zerrissen und zerstreut. Er selbst saß auf der Erde, kalt und wie versteinert. Goethe sagte, er sah aus wie König Lear, nur daß Lear toll war, und hier war die Welt toll. Ich habe Meyern und einigen anderen mit den Hemden und anderer Wäsche Deines Vaters ausgeholfen, bis sie wieder sich welche anschaffen können; auch mit unserm Weine habe ich schon manches traurige Herz erquickt. Den Verwundeten habe ich Erquickung ins Lazarett geschickt, die andern Einwohner der Stadt können noch nicht daran denken, weil sie zuviel verloren haben, aber ich kann es, denn mir ist alles geblieben. Sterbende haben mich gesegnet, das gibt mir wieder Freudigkeit, und der Segen wird auf uns ruhen. Des Abends versammeln sich meine Bekannte um mich her; ich gebe ihnen nur Tee, aber mein heiterer Sinn ist mir geblieben, und mancher, der traurig kam, geht erheitert fort; die gute Ludecus steht mir immer treulich bei.

Alles dies geschah, während ich schlief. Gegen 6 Uhr wurde ich geweckt, weil die Feuersgefahr sich zu nähern schien; doch diese Besorgnis legte sich bald; ich sah auf der Straße einzelne mit Beute beladene Soldaten; ich hoffte, die Unordnung wäre vorüber, man sagte, die Truppen sollten weitermarschieren: da erhob sich das wüste Geschrei von neuem. Unser ehrlicher Husar brachte eine gestern bei all dem Unglück entbundene junge Wöchnerin, ihren Mann, den Säugling und noch zwei Kinder und eine Magd, er bat um Gottes willen, wir möchten die armen Leute aufnehmen; die Barbaren hatten sie ausgeplündert und auf die Straße geworfen. Die junge Frau hatte die Gelassenheit und das Gesicht eines Engels; still setzte sie sich hin und säugte ihr Kind; ohne Klagen sprach sie von ihrem Schicksale und voll Vertrauen auf Gott mit einer so anspruchslosen Art, es ging mir durchs Herz. Ich fiel ihr um den Hals und küßte sie so herzlich, wie ich nie eine Frau geküßt habe; ich hätte ihr die Hand küssen mögen, sie flößte mir so viel Ehrfurcht ein. »Sehen Sie«, sagte sie, »ist das denn nicht schön, daß eine so gute Frau Teil an meinem Schicksale nimmt, und muß mich das nicht trösten?« Ich habe mich nachher nach den Leuten erkundigt, sie haben doch nicht alles verloren, Geld und Silber hat man nicht gefunden; Mutter und Kind sind gesund geblieben; der Mann heißt Facius, ist ein sehr geschickter Steinschneider und hat für die ganze Gegend weit und breit zu tun, er wird sich also bald wieder aufhelfen. Nun war unser Zimmer ganz voll; diese Leute, die alte gruselige Madame Jagemann mit ihrer Tochter von gestern abend, dazu die Forstmeisterin Wilhelmi, die aus der Gegend von Erfurt sich hierher geflüchtet und bei Ridels logiert hatte. Ridels waren eben des Feuers wegen, das noch immer ruhig brannte, ins Schloß geflüchtet, und sie erzählten uns, welche Greuel dort geschehen wären und wie das noch immerfort währe. Nun hörten wir am Torwege vom Vorderhause stark klopfen. Ich sah aus dem Fenster, sah das Tor in tausend Stücken brechen und zehn bis zwölf wütende Menschen mit gefälltem Bajonette in den Hof stürzen. Guter Gott, welch ein Anblick! Doch faßte ich mich; wir rangierten uns im Zimmer, die Heulenden wurden zur Ruhe verwiesen; ich stellte mich vor Adelen, wieder den Geldbeutel in der Hand; Sophie und Conta eilten hinunter. Krach! fiel die Tür unten, die den Gang nach meinem Zimmer verschließt. Die Bajonette haben auf Contas Brust gestanden, und doch gelang es ihm und Sophien, die Menschen mit Wein, Brot und freundlichen Worten hinauszubringen. Jetzt verlangte der Husar mich zu sprechen, er hatte mich noch nicht gesehen. Ich flog zu ihm, gab ihm die Hand. Er sagte, er wäre der Ehre nicht wert, er wäre nur ein Bauer; aber doch hätten seine Hände nie solche Greuel besudelt, und so gab er mir die Hand. Ich bot ihm Geld an, er wollte es durchaus nicht nehmen; doch nahm er einen Speciestaler am Ende. In der Hitze des Gesprächs zog ich meine goldene Dose heraus, er sah sie bedeutend an. »Si vous la demandez, il faut que je vous la donne«, sagte ich. Das erschütterte den großen schnurrbärtigen Menschen fast bis zu Tränen; aber um eine Prise aus der schönen Dose bat er mich. Nun riet er mir, bei einem General um eine Sauvegarde anzuhalten, und sagte mir dabei, die Plünderung hätte nun ein Ende, die Infanterie, die einzigen, die sich deren schuldig gemacht hätten, müssen nun fort; einen der Plünderer hätte eben ein Offizier vor seinen Augen auf der Straße zusammengehauen, zwei würden eben im Lager füsiliert. Niemand von uns konnte zum General gehen; Conta mußte im Hause bleiben, also faßte ich meinen Husaren unter den Arm, Adelen an der Hand, und das hin aufs Schloß zum Prinzen Murat. Welch ein Gang! überall die Spuren der gestrigen Nacht; Tote, Verwundete auf der Straße; gefangene Preußen im Park vor dem Schloßplatze, wo sie noch vorgestern stolzierten; wilde, blutige Menschen, die ich nicht Soldaten nennen kann, in weißen, zerrissenen Kitteln, Mord und Tod im Gesicht, die alle Augenblicke meinen Husaren als Camarade anredeten, dazwischen die Musik, Pferde, Reiter; ein unendliches Gewühl. Beim Prinzen wurde ich nicht vorgelassen; er hatte sich eingeschlossen und ließ niemanden vor. Ich ging zu Hause, schrieb ihm, wer ich wäre, forderte seine Menschlichkeit auf, schickte ihm meinen von Bourrienne unterzeichneten Paß, bat, diesen zu unterzeichnen, mir zu sagen, wohin ich gehen könnte, und bat um eine Sauvegarde. Dies schickte ich gleich durch meinen Husaren hin; der Prinz sprach ihn selbst, unterzeichnete meinen Paß, pour se rendre en France, schrieb dabei einen Befehl an alle Militär- und Zivilbehörden, mich zu schützen, und ließ mir sagen, ich sollte ruhig sein, als Fremde brauche ich keine Sauvegarde, überdies hätten die Unordnungen ein Ende. Aber es war nicht so, es drangen aufs neue Soldaten bei uns ein. Zum Glück kam im nämlichen Momente ein Dragoner-Offizier, der zu essen verlangte; dieser vertrieb sie mit leichter Mühe. Sowie ich davon hörte, ließ ich ihn in eines meiner Zimmer führen und eilte zu ihm und bat ihn um Schutz. Es war ein freundlicher, nicht mehr junger Mann, meine Lage ging ihm zu Herzen. Er versicherte mich, daß alle Offiziere über die Art, mit der Weimar behandelt worden wäre, empört wären; aber die Armee reiste ohne alles Gepäck, und wenn die Leute müde und hungrig, vollends nach einer Schlacht, ankämen, müsse man ihnen erlauben, Brot und Wein zu fordern; was aber übrigens hier geschehen wäre, wäre freilich entsetzlich; jetzt hätte das aber ein Ende. Indessen, indem wir sprachen, mußte er doch noch uns und unsern Nachbar, dem eben die Fenster eingeworfen wurden, verteidigen. Nach zwei Stunden wollte er fort, seine Ehre hing daran; er hatte bis morgen einen bestimmten Weg zu machen; aber ich strengte alle meine Beredsamkeit an, und so gelang es mir, ihn zu bewegen, daß er mir versprach, bis 2 Uhr des Morgens zu bleiben, wenn er keinen Offizier fände, der seine Stelle ersetzte. Er ging ins Vorderhaus, danach auszusehen, und brachte mir glücklich einen Commissaire des Guerres des Generals Berthier. Nun waren wir aus der Not. Oben war kein Platz, ich räumte also gleich mein bestes Zimmer, das ich zum Staatszimmer bestimmt hatte, ein und übernahm es, die Offiziere an meinen Tisch zu nehmen, was meine gute Ludecus umringt von allen, die zu ihr geflüchtet waren, nicht konnte. Der Dragoner ritt gleich nach Tische fort, er und Mr. Denier blieb. Einen artigeren, gebildeteren und dabei hübscheren Franzosen habe ich nicht leicht gesehen. Mein Tisch war alle diese Tage sehr schlecht bestellt; es war eben keine Teuerung, aber eine so große Seltenheit an Lebensmitteln, besonders Brot, entstanden, daß man allgemein Hungersnot befürchtete. Der gute Denier nahm an unserm Unglück teil, als ob es ihn selbst betroffen hätte. Mit feiner Schonung machte er es so, daß sein Freund beim General Berthier aß, er selbst aber blieb zu Hause; und wenn er ausging, bat er mich um Erlaubnis und sagte mir, wohin er ginge und wann er wiederkommen würde, seine Leute mußten dann Schildwache halten. Den ganzen Tag mußte er uns noch oft die Plünderer abwehren, dafür mußte ich mir gefallen lassen, daß mir den Abend wenigstens zehn Offiziere vorgestellt wurden, die bei mir Tee tranken und himmlich vergnügt waren, wieder einmal ein hübsches Zimmer, reine Tassen und ein französisches Haus zu sehen, denn dafür hielten sie mich wegen meiner Bedienung und der Adele, die wirklich jetzt nach all dem Schrecken ganz allerliebst war. Ich tat indessen doch etwas Gutes, ich schrieb allen Offizieren, die mir vorkamen, die Namen von Loder, Schütz, Froriep und Reichardt in Halle auf und bat sie, diese Häuser, wenn sie hinkämen, zu schützen. Alle gaben mir ihr Ehrenwort darauf und versprachen freiwillig, auch ihren Freunden diese Namen zu geben. Halle ist seitdem mit Sturm genommen; man hatte die Tore geschlossen, um den Preußen die Flucht zu erleichtern; vielleicht hat meine Fürbitte etwas geholfen, diese Leute zu schützen, die mir so freundlich entgegengekommen sind. Man hat in Halle gehaust wie hier; auch Jena ist fürchterlich behandelt worden. Fünfzehn Häuser sind abgebrannt; Frommanns und Fahrenkrüger sind indessen ziemlich gut davongekommen. Dr. Stark wird gezwungen, dazubleiben, um die Lazarette zu besorgen. Die schönen Weiden in dem herrlichen Tale sind umgehauen, und sie wollten hernach nicht brennen, also umsonst. Lieber Arthur, in welchen Zeiten leben wir! Jawohl, the times are out of flight. – Der folgende Tag, der 16., verging ebenso, wir wurden ruhiger, wenn das Ruhe heißen kann, wenn man es nicht wagt, sich des Abends auszukleiden; wenn man bei jedem Geräusch, jedem Pferde oder Wagen, der vorbeifährt, jeder lauten Stimme auf der Straße ängstlich zusammenschreckt; in dieser Stimmung sind wir auch lange geblieben, noch viele, viele Tage. Meine Gesundheit hat nicht merklich gelitten; ich bin aber so mager geworden, daß alle meine Kleider, die mir eben anfingen zu enge zu werden, mir jetzt viel zu weit sind. Doch das Unglück ist nicht groß; Ruhe wird es bald wieder ersetzen. – Der 17. Oktober des Morgens verließ mich mein Beschützer Denier, nachdem er Vorkehrungen getroffen hatte, zu verhindern, daß wir wieder mit Einquartierung belästigt würden. Wenige Zeit darauf marschierte das Regiment des Marschalls Augereau hier ein; gerade diese waren den 14. und 15. nebst anderen unsere Peiniger gewesen. Dies bewog uns doch wieder, um einen Offizier zu bitten. Wir bekamen zwei, einen aus der Picardie, den andern aus der Normandie. Sie mögen brave Leute gewesen sein; allein man sah ihnen ihr schreckliches Handwerk zu deutlich an. Den Tag mußte ich schon mit ihnen zubringen. Mir kam es bisweilen vor, als ob ich holländische Schiffer bei mir hätte; der Abstand zwischen der Kavallerie und Infanterie in der französischen Armee ist ungeheuer. Die ersteren tragen alle das Gepräge der Kultur bis auf den gemeinen Husaren herab, die letzteren sind ein wildes Volk, abgehärtet für alles. Glücklicherweise ward ich den Abend ganz heiser, so daß ich zuletzt keinen hörbaren Laut hervorbringen konnte, dies entschuldigte mich den folgenden Tag, nicht zu erscheinen. Die Herren ließen sich's auch ohne mich wohl sein. Ich habe dieses Übel schon vor sieben Jahren in Danzig gehabt, obgleich weniger heftig. Mein Schwager warnte mich damals, es nicht zu vernachlässigen. Den 18. war ich fast stumm und nahm, da Hausmittel nicht halfen, meine Zuflucht zum Arzt, es war kein anderer da als Dr. Huschke; er hat mich aber innerhalb zwei Tagen ganz wieder hergestellt. Ich litt unbeschreiblich dabei, daß das Regiment alle Tage dreimal vor unserm Hause versammelt und jeder Soldat mit Namen einzeln aufgerufen wurde. Der Ordnung wegen war das recht gut; allein ich sah wieder die fürchterlichen Gesichter, die weiten, schmutzigweißen Mäntel, die sie über die Uniform werfen und die die Spuren der Schlacht und aller verübten Greuel an sich trugen; so waren sie auch in jener Schreckenszeit. – Den 18. Oktober wurde der preußische General v. Schmettau hier feierlich mit allem militärischen Prunk begraben. Nach dem Begräbnis versammelten sie sich wieder auf der Esplanade, die Musik spielte Opern-Arien, und die wilden Menschen tanzten und tobten lustig umher, bis sie ins Quartier mußten.

Endlich zogen sie den 19. fort; wir behielten den General Dentzel mit einem kleinen Korps zum Schutze. Er ist ein Deutscher und hat sich seitdem sehr menschlich und brav gegen uns benommen, aber er hat in Jena vor diesem studiert, und seine genaue Kenntnis aller Wege ist der Armee sehr zustatten gekommen. Wie konnte er dazu helfen, das Paradies zu verwüsten, er, der doch gewiß seine schönsten Tage darin verlebte? – Der General von Schmettau, der hier begraben ward, wurde schwerverwundet hier eingebracht. Man kündigte ihm an, daß er in vier Tagen nach Paris müßte, in einem einsamen Augenblicke stürzte er sich aus dem Fenster und starb wenige Stunden darauf. Seitdem wurden wir wegen der Menge Verwundeter, die in Lazaretten, Gasthäusern, im Komödienhause aufeinander gehäuft lagen, ohne Pflege, Ordnung und Reinlichkeit, und wegen der entsetzlichen Anzahl unbegrabener Toten, die bis vors Schloß herumlagen, aufs neue in Angst gesetzt, man fürchtete ansteckende Krankheiten. Allmählich wird auch hier Ordnung gemacht, die Toten werden in großen, mit Kalk ausgefüllten Gruben, die von der Stadt entfernt liegen, begraben; die in der Schlacht fielen, sind alle schon begraben, und aus den Lazaretten werden sie auch gleich fortgeschafft und liegen nicht mehr wie zu Anfang hoch aufeinandergetürmt tagelang auf der offenen Straße. Von diesen Greueln des Kriegs hat man nur einen Begriff, wenn man sie wie ich in der Nähe sieht. Ich könnte Dir Dinge erzählen, wofür Dir das Haar emporsträuben würde, aber ich will es nicht, denn ich kenne ohnehin, wie gerne Du über das Elend der Menschen brütest. Du kennst es noch nicht, mein Sohn, alles, was wir zusammen sahen, ist nichts gegen diesen Abgrund des Jammers. Was mich beim Anblick alles Entsetzlichen, was man sich denken kann, noch hielt, ist, daß ich half, wo ich konnte, um den Jammer zu lindern. Mein Landsmann Falk gab mir die Wege an, und so habe ich mich einer Stube im Alexandershofe, in der an 50 Verwundete lagen, meistens Preußen, angenommen. Ich schickte ihnen altes Leinen zum Verbinden. Wein, Tee, der erst bei mir in einem großen Kessel gekocht wurde, Suppe, einige Bouteillen Madeira, wovon jeder nur ein kleines Glas bekam und doch über dieses Labsal in lauten Jubel ausbrach und mich segnete, Brot und was ich konnte, Sophie und Duguet verteilten es selbst, denn dem harten Inspektor konnte man nichts vertrauen. Es war im ganzen wenig und half doch viel, besonders da ich die erste war. Ich rettete die Armen vor dem Unglück, an Gott und Menschen zu verzweifeln. Goethe und andre haben davon gehört und sind meinem Beispiel gefolgt. Was mich am meisten freut, ist eine Quantität Äpfel, die ich wohlfeil kaufte und dann unter eine Menge Verwundeter austeilte, die ohne alle Erquickung vor dem Komödienhause lagen und nach etwas Kühlendem seufzten, auch zu dieser guten Idee verhalf mir Falk. Die mehrsten meiner Pfleglinge sind jetzt tot, ihre Stelle wird schnell ersetzt, alle Abende kommen wenigstens 300 Verwundete aus Naumburg und andern Orten hier an, alle Morgen schafft man eine noch größere Anzahl weiter nach Erfurt. Lieber Arthur, wie hartherzig macht das Unglück, ich freue mich jetzt, wenn ich höre, daß 4500 mit ihren zerschmetterten Gebeinen weitergefahren werden, ich, die noch vor wenig Wochen den Jungen, der vor unserm Hause den Arm brach, um keinen Preis ohne Hilfe fortgelassen hätte! Wir hoffen, daß in wenigen Wochen das ganze Lazarett fortgeschafft werden soll, der Tod hilft uns fürchterlich. Falk ist als Dolmetscher beim jetzigen Kommandanten angestellt; Dentzel ist fort; der jetzige kann nicht Deutsch, zeigt aber fast noch mehr Eifer, der Stadt zu helfen. Er hat alle Soldaten, die noch hier im Quartier liegen, entwaffnet und hält die strengste Manneszucht. Wie wunderbar spielt das Schicksal mit uns! Dieser Falk lebt jetzt mitten unter den Menschen, von denen ich ihn vor vierzehn Tagen retten sollte und wollte, und dient ihnen. Für die Sicherheit der Stadt ist aufs Beste gesorgt. Der französische Kommandant tut das Seine, und alle Nächte patrouillieren sechzig unserer Bürger, ohne Ansehen des Ranges und der Person, um für die Sicherheit der Stadt zu sorgen. Wir fürchten wenig mehr die Franzosen, aber wir fürchten die Einwohner der benachbarten Gegend, die an den Bettelstab und zur Verzweiflung gebracht sind. Wir erwarten den Herzog, der bald zurückkommen wird, wie es heißt, dann sind wir sicher, und die wohltätige Zeit wird unsere Wunden heilen. Ohne die Herzogin, die standhaft dablieb, wären wir alle verloren gewesen; das Schloß wäre angezündet und die Stadt an allen Ecken, glühende Kohlen waren bereit, nur auf die Nachricht, daß sie noch da wäre, blieben wir verschont, das weiß man jetzt mit Gewißheit. Es ist unbegreiflich, wie man dem größten Unglück entgangen ist; Gottes Engel wachte über uns. Noch heute sagte mir Goethe, daß man in seinem Hause überall zerstreutes Pulver und gefüllte Patronen gefunden hat. In einem Hause ihm gegenüber ist förmlich Feuer angelegt und nur durch Zufall entdeckt und ausgelöscht worden. Überall lag Pulver und Patronen, überall standen Pulverwagen, überall lief man mit brennenden Lichtern umher, und Gott erhielt uns doch. Meine Existenz wird hier angenehm werden, man hat mich in 10 Tagen besser als sonst in 10 Jahren kennengelernt. Goethe sagte heute, ich wäre durch die Feuertaufe zur Weimaranerin geworden, wohl hat er recht. Er sagte mir, jetzt, da der Winter trüber als sonst heranrücke, müssen wir auch zusammenrücken, um einander die trüben Tage wechselseitig zu erheitern. Was ich tun kann, um mich froh und mutig zu erhalten, tue ich. Alle Abende, solange diese Tage des Trübsals währen, versammeln sich meine Bekannten um mich her, ich gebe ihnen Tee und Butterbrot im strengsten Verstande des Wortes. Es wird kein Licht mehr als gewöhnlich angezündet, und doch kommen sie immer wieder, und ihnen ist wohl bei mir; Meyers, Fernow, Goethe bisweilen, sind darunter. Viele, die ich noch nicht kenne, wünschen bei mir eingeführt zu werden. Wieland hat mich heute um die Erlaubnis bitten lassen, mich dieser Tage auch zu besuchen. Alles, was ich sonst wünsche, findet sich so von selbst; und ich verdanke es bloß dem Glücke, daß meine Zimmer unversehrt blieben und daß ich Gelegenheit fand, mich zu zeigen, wie ich bin, daß meine Heiterkeit ungetrübt blieb, weil ich von Tausenden die einzige bin, die keinen herben Verlust zu beweinen hat, und nur das allgemeine Leiden, kein eigenes, mein Herz preßt. Ich fühle es wohl, wie egoistisch alles dieses klingt, und das ist eben die entsetzlichste Seite des allgemeinen Unglücks, daß es auch die Besseren unter uns zu diesem Egoismus herunterstimmen kann. – Lebe wohl, lieber Arthur, ich wünsche Dir Geduld, diesen unendlich langen Brief zu lesen; aber ich konnte mich nicht kürzer fassen, wenn ich alles erzählen wollte, und das mußte ich doch. Teile dieses meinen Freundinnen, Madame Bregard und Madame Pistorius, mit, ich weiß, mein Schicksal interessiert sie, und es ist mir unmöglich, alles dies mehr als einmal zu schreiben. Sage beiden, daß ich schreiben werde, sobald ich kann; ich habe aber noch viele, höchst nötige Briefe nach Danzig zu schreiben und bin noch immer nicht in der rechten Fassung zu einer anhaltenden Beschäftigung. Auch dieses habe ich nur in abgerissenen Viertelstunden zusammengeschrieben, wie Du leicht sehen wirst. Erzähle Herrn Böhl, was ich Dir geschrieben habe, oder laß es ihm lesen, wenn er die Geduld dazu hat, woran ich zweifle, da meine Handschrift so klein und unleserlich ist; sage ihm, daß ich oft seiner und Madame Böhl gedacht habe und ihrer Freundschaft für mich; sie sind beide meine ältesten Freunde in Hamburg; ich werde auch ihnen nächstens schreiben. Wenn Du mit dem Briefe fertig bist, so schicke ihn der Julchen nach Danzig, denn auch dorthin kann ich dies nicht noch einmal schreiben, und ich muß ohnehin über Hamburg nach Danzig jetzt schreiben. Adieu, lieber Arthur, sei meinetwegen unbesorgt, der Horizont wird täglich heller. Ich wünschte, Du könntest Tischbein meinen Gruß bringen und ihm sagen, daß ich noch lebe und für seine Empfehlungen herzlich dankbar bin. – Goethe hat nichts verloren, Prof. Meyer alles, auch seine Zeichnungen, nur nicht seine Schriften und seine gute Laune. Herders nachgelassene Manuskripte sind unwiederbringlich verloren...

An Arthur Schopenhauer

Weimar, den 24. Oktober 1806 ... so weißt Du, daß ich, Angst und Furcht abgerechnet, nichts gelitten habe, und ich bin an Erfahrung und praktischer Lebensweisheit reicher geworden, ich möchte jetzt, da es überstanden ist, jene Tage des Schreckens nicht weggeben, denn wer sieht nicht gern auf überstandene Stürme zurück?

... Jetzt ist hier alles ruhig, wir haben einen französischen Kommandanten und eine kleine Besatzung zur Sicherheit der Stadt, nur der Anblick aller der Verwundeten preßt uns das Herz zusammen, doch werden sie täglich weitertransportiert. Freilich ist unser schönes Land jetzt ein weites Grab! Aber die Toten ruhen, nur uns, die wir leben, drückt des Tages Schwüle.

... Ich bin durch die Unglücksfälle hier mit einem Male einheimischer, als ich je in Hamburg war, man hat mich gleich kennengelernt, und da ich so glücklich bin, manchen kleinen Dienst, der mir wenig kostet, andern leisten zu können, so liebt man mich, und alles bestrebt sich, mir mit Liebe und Freundschaft entgegenzukommen. Fünfzig oder sechzig Bouteillen roten Wein, mehr hat mir die Sache nicht gekostet, und dann, was ich seitdem, da der Wein hier sehr rar geworden ist, an meine Freunde und arme Verwundete gegeben habe... Goethe hat sich Sonntag mit seiner alten geliebten Vulpius, der Mutter seines Sohnes, trauen lassen, er hat gesagt, in Friedenszeiten könne man die Gesetze wohl vorbeigehen, in Zeiten wie die unsern müsse man sie ehren. Den Tag darauf schickte er Dr. Riemer, den Hofmeister seines Sohnes, zu mir, um zu hören, wie es mir ginge, denselben Abend ließ er sich bei mir melden und stellte mir seine Frau vor; ich empfing sie, als ob ich nicht wüßte, wer sie vorher gewesen wäre, ich denke, wenn Goethe ihr seinen Namen gibt, können wir ihr wohl eine Tasse Tee geben. Ich sah deutlich, wie sehr mein Benehmen ihn freute; es waren noch einige Damen bei mir, die erst formell und steif waren und hernach meinem Beispiel folgten. Goethe blieb fast zwei Stunden und war so gesprächig und freundlich, wie man ihn seit Jahren nicht gesehen hat. Er hat sie noch zu niemand als zu mir in Person geführt. Als Fremden und Großstädterin traut er mir zu, daß ich die Frau so nehmen werde, als sie genommen werden muß; sie war in der Tat sehr verlegen, aber ich half ihr bald durch. In meiner Lage und bei dem Ansehen und der Liebe, die ich mir hier in kurzer Zeit erworben habe, kann ich ihr das gesellschaftliche Leben sehr erleichtern. Goethe wünscht es und hat Vertrauen zu mir, und ich werde es gewiß verdienen. Morgen will ich meine Gegenvisite machen.

An Arthur Schopenhauer

Weimar, den 31. Oktober 1806 ... Jetzt ist hier alles sicher und ruhig. Die Verwundeten sind weitergeschafft bis auf wenige, die nicht transportabel sind; die Toten sind alle begraben, für Krankheiten ist nichts mehr zu fürchten. Auch haben wir keine Teuerung; unser Markt ist wohlversehen und alles beinahe wohlfeiler, als wie die preußische Armee hier stand. Das Land umher ist zwar verwüstet, aber doch nur in einem kleinen Bezirke, und wir bekommen unsere Zufuhr aus der Ferne ... Man läßt die militärische Straße nicht mehr über Weimar, sondern über Buttstedt, 5 Stunden von hier, gehen; das ist ein großes Glück für uns. Die Herzogin-Mutter ist mit der Prinzessin Karoline gestern zurückgekehrt; alles hofft jetzt auf die Rückkehr des Herzogs und des Erbprinzen. Ich hoffe, der Winter soll ruhig vergehen, obgleich eben nicht sehr froh. In meinem Kreise darf ich doch auf manchen fröhlichen Abend hoffen. Ich habe jetzt ein Klavier, Conta singt recht hübsch und spielt die Gitarre, seine Schwester und eine junge Malerin, Mademoiselle Bardua, die viel zu mir kommt, auch. Da machen wir des Abends Musik. Ich habe noch immer viel Besuch, der mir nichts kostet; ich darf keinen Luxus zeigen, um denen, die alles verloren, nicht wehe zu tun, und finde also das Leben trotz der schlechten Zeiten sehr wohlfeil ...

An Arthur Schopenhauer

Weimar, den 7. November 1806 ... Wir wissen nicht einmal, wo unser Herzog ist, die Herzogin-Mutter und Prinzeß Karoline sind dieser Tage eingetroffen, gestern abend kam auch der Erbprinz, allmählich wird alles ja wieder ins alte Gleis kommen, wenigstens für den äußern Schein. Wir sind jetzt ganz ruhig, wir haben einen Kommandanten, aber fast keine Garnison, unsere Bürger versehen die Posten am Schloß, beim Kommandanten und an den Toren und die Patrouillen bei Nacht, kein Rang und Stand schließt von diesem Dienste aus; possierlich ist's, wenn man so seine Bekannten Schildwache stehen sieht; letzt sah ich so den jungen Bertuch und Prof. Meyer vor der Hauptwache, sie haben recht ordentlich das Gewehr vor mir präsentiert, des Abends wird mir oft eine gute Nacht von meinen Freunden zugerufen, die in Wind und Regen für meine Sicherheit wachen. Alle tun es gerne; die Not vereint alle und weckt schlummernde Kräfte, da, wo man ihr Dasein nicht ahndete...

Den Morgen und Nachmittag bringe ich zu, wie ich will. Ich habe wieder einen Klaviermeister für mich und Adelen genommen, den ersten in der Stadt, der auch den Prinzen Unterricht gibt. Meine Malerei werde ich nächstens auch wieder hervorholen. Um 2 Uhr esse ich mit Adelen; gegen 6 Uhr trinke ich Tee, dann kommt mein Besuch, ungebeten, unerwartet, aber allein bin ich bis jetzt noch nicht einen Abend gewesen, Professor Meyer, Fernow, Falk, Goethe, Ridels, Bertuchs Familie, Mademoiselle Bardua, ein Wunder von Talent: sie wird in kurzem die erste Malerin in Deutschland sein; dazu spielt sie das Klavier und singt in großer Vollkommenheit. Conta und seine Schwester singen auch sehr hübsch. Wieland ist noch nicht gekommen, weil er krank ist, aber Hofrat Weyland, ein höchst interessanter Mann, und seine Frau. Der jüngere Bertuch, den du auch in Paris sahst, singt und spielt recht hübsch. Alle diese und noch einige andere minder Merkwürdige kommen bald alle, bald einer oder zwei. Meine Madame Ludecus, die eine der liebenswürdigsten älteren Frauen ist, und ihre Pflegetochter Mademoiselle Conta bitte ich auch immer dazu ... Wir trinken Tee, sprechen, erzählen, lachen, klagen einander unser Leid, wie es kommt; wer Lust hat, singt und spielt im Nebenzimmer; um halb neun geht jeder zu Hause. Glock neune esse ich, um elfe gehe ich zu Bette ... Ich gehe fast nicht aus dem Hause ... Jetzt ist mein Haus noch das einzige, in welchem es so hoch hergeht; die andern haben alle mehr oder weniger verloren. Hernach wird es freilich nicht mehr so sein; aber dann wird das Theater wieder geöffnet, ich werde mehr ausgehen. Künftige Woche werde ich in verschiedenen Häusern, auch wieder bei der Herzogin-Mutter, vorgestellt werden, dann werde ich weiter sehen, wie ich es mache. Auf jeden Fall bin ich hier am rechten Orte, wenn nicht gewaltsame Veränderungen die Menschen auseinander stäuben, die jetzt hier ein so harmonisches

Ganzes bilden. Das alles liegt hinter dem düstern Schleier der Zukunft, uns beschäftigt nur noch die Gegenwart. Kommt Zeit, kommt Rat. Allmählich sprechen wir mit Ruhe von der Vergangenheit. Die Blessierten sind bis auf neunundvierzig, die in wenigen Tagen sterben müssen, und ein paar hundert minder Gefährliche, die in Privathäusern einzeln verpflegt werden, fortgeschafft. Seitdem atmen wir freier. Der Anblick jenes Elends, da Tausende hier lagen und fast ohne Hilfe verschmachteten, war herzzerreißend. Einquartierungen sind jetzt sehr selten. Wir haben genug geklagt, allmählich kommen komische Anekdoten aus jener trüben Zeit an den Tag, die durch den seltsamen Kontrast den Ernsthaftesten zum Lachen bringen. Meyer hat darin eine eigene Form; sein sonderbares Ansehen und seine schweizerische Sprache machen den Eindruck unwiderstehlich, wenn er erzählt. Er selbst ist bis aufs Hemde geplündert, aber das schadet seinem Humor nicht ...

Ehegestern war ich bei Frl. Göchhausen im Palais der verw. Herzogin, ein Wagen fuhr vorbei, den wir für den Erbprinzen hielten. Tout au contraire, es war, rate einmal, eine Ladung Daahnziger, die Familie v. Kampen; er, Madame und ihre Schwester, Annette Eschmann. Wie ich zu Hause kam, fand ich die Bescherung. Sie haben die grande tour nach Paris gemacht, sind anderthalb Jahr auf Reisen, den Tag der Schlacht waren sie in Erfurt, retirierten glücklich bis Langensalza, wo sie drei Wochen saßen und jetzt hier durchkamen, um nach Leipzig, von dort nach Berlin zu gehen, wo sie sich den Winter über amüsieren wollen, es wird gewiß in Berlin recht amüsant sein. Es sind gute ehrliche Seelen, aber von der Platitüde hast du keinen Begriff, keinen Zug, der es verriete, daß sie 5 Meilen hinterm Osten hervorgewesen sind; besehen haben sie alles, Schlösser am liebsten, und dann die Sprache: kodrig, Plüngen, manck, kurz, wie das beste junge Mädchen, und dann »die niedliche Biller im Louvre«, kurz, es war zum Weglaufen. Den ersten Abend kamen glücklicherweise wenige zu mir, und gestern abend gingen sie frühe weg, um einzupacken, heute sind sie nach Naumburg gegangen, Glück auf den Weg ...

An Arthur Schopenhauer

Weimar, den 14. November 1806 Ich begreife wohl, daß er tiefen Eindruck auf Dich gemacht haben muß, aber ich denke, er muß auch Deinen Mut erheben, Du siehst, wie man durch große Gefahren sicher gehen kann, wenn uns das Glück eben wohlwill und wir nur den Kopf nicht verlieren. ... Je mehr Unglück ich in der Welt erlebe, je besser bin ich mit den Menschen zufrieden, sie sind wahrlich so böse nicht; jetzt, da Anekdoten mancherlei Art zum Vorschein kommen, finden sich Züge von Edelmut, Fassung, Herzensgüte, die mich bis tief ins Herz rühren, freilich auch Schlechtigkeit, Egoismus, Kleinheit des Gemüts, aber der Drang der Zeit entschuldigt diese und setzt jene in ein um so helleres Licht. Ich lebe jetzt ganz nach meines Herzens Wunsch, still, ruhig, geliebt von vortrefflichen Menschen und in einem zwar kleinen, aber höchst interessanten Kreise. Ich bin immer zu Hause, aber Künste und Wissenschaft teilen sich in meine Zeit. Die Musik treibe ich mit Macht. Alles dies ist hier sehr wohlfeil. Ich gebe dem ersten Meister 6 Gl., etwa 10 fl., und er läßt Grund in der Lehrmethode weit hinter sich. Dann kommt Fernow alle Morgen zu mir und lehrt mich Italienisch; er tut es ohne alles Interesse, bloß aus Freundschaft für mich. Er ist höchst interessant und dabei so gut, daß ich mit ihm wie mit dem gewöhnlichsten Menschen umgehen kann, und doch ist er einer unserer ersten Köpfe. Lies doch »Carstens Leben« von Fernow und seine »Römischen Studien«, die er mir letztens gebracht hat; es wird dich freuen. Die Malerei fange ich nächste Woche wieder an, und Professor Meyer wird mir auch als Freund mit Rat und Tat beistehen. Ich werde jetzt in Öl in Lebensgröße mit Adelen gemalt. Die Bardua ließ mich nicht eher in Ruhe, bis ich ihr zu sitzen versprach. Es ist ungeheuer, was diese Künstlerin in Zeit von einem Jahre für Fortschritte unter Meyers Leitung gemacht hat. Sie will das Bild zur nächsten Ausstellung haben...

Du mußt Dich noch auf den freundlichen alten Mann besinnen, der, wie wir zusammen in Weimar waren, mit uns ging. Er war Mitherausgeber des Modejournals, seit dreißig Jahren Bertuchs innigster Freund, ein alter Junggesell, aber der Freund und Trost aller jungen Mädchen, der ihnen Bälle und kleine Lustbarkeiten veranstaltete, der durch seine kindliche Heiterkeit jeden Zirkel belebte, liebenswürdig, freundlich, rein wie ein Kind, ohne kindisch zu sein, voll Liebe für die Kunst. Ohne sich zum Ideale zu erheben, gab er ihr die Anmut, die in seinem ganzen Wesen lag. Er war Direktor der Zeichenakademie, die seine größte Freude war, besonders die zwei Tage, wo alle Mädchen aus Weimar hinkamen. Er war der Freund und Vertraute einer jeden. Diesen liebenswürdigen dreiundsiebzigjährigen Greis haben die Barbaren förmlich gemißhandelt. Sein Zimmer hatte er ganz allerliebst eingerichtet und freute sich, wenn recht viele Frauen da waren, die seine Ordnung bewunderten ... Dieses sein Spielwerk ward vor seinen Augen zerstört. Er hielt die Nacht durch aus, dann floh er, geängstigt, mißhandelt, zur Herzogin, wo er zwei Tage blieb, bis Bertuchs ihn zu sich holten. Wie er wieder unter Freunden war, war er wieder froh und dachte nicht mehr der vergangenen Schrekken, aber seine Kraft war erschöpft. Er meinte, er würde besser, und ward immer schwächer und schwächer, bis er sanft unter frohen Phantasien aus seiner Jugendzeit entschlief, ohne die Nähe oder die Möglichkeit des Todes zu ahnen. Sonntag nachmittag wurde er dicht bei Lucas Cranach begraben. Junge Künstler trugen ihn. Goethe, Fernow, Meyer und viele folgten, auch alle Mädchen aus der Zeichenakademie. Contas Schwester, die bei uns lebt, legte einen grünen Kranz auf seinen Sarg, wie er eingesenkt ward. Es soll unaussprechlich rührend gewesen sein. Ich ging nicht mit, weil ich gern alle zu lebhaften Eindrücke dieser Art meide. Den Abend kam Bertuch zu mir. Wie er die Conta in ihrem schwarzen Kleid sah, fing er wieder unaufhaltsam zu weinen an. Es kamen noch verschiedene dazu. Kraus war das einzige Gespräch, und alle wußten so viel Gutes von ihm ...

Montag war ich mit Adelen zu Mittag bei Goethe, die Gesellschaft war klein, ich, Bertuchs, Major Knebel mit seiner Frau aus Jena, ein höchst interessanter Mann, der auch als Dichter bekannt ist, und einige Freunde. Ich kann Goethen nicht genug sehen, alles an ihm weicht so vom Gewöhnlichen ab, und doch ist er unendlich liebenswürdig; diesmal habe ich ihn einmal böse gesehen, sein Sohn, eine Art Tapps, der aber im Äußern viel vom Vater hat, zerbrach mit großem Geräuch ein Glas. Goethe erzählte eben etwas und erschrak über den Lärm so, daß er aufschrie, ärgerlich darüber sah er den August nur einmal an, aber so, daß ich mich wunderte, daß er nicht untern Tisch fiel, ein ausdrucksvolleres, mobileres Gesicht habe ich nie gesehen; wenn er erzählt, ist er immer die Person, von der er spricht, der Ton seiner Stimme ist Musik; jetzt ist er alt, aber er muß schön wie ein Apoll gewesen sein ... Den Abend kamen Bertuchs, Knebels, Fernow und Meyer zu mir. Es ward viel musiziert. Frau von Knebel singt himmlisch; die Bardua und Conta ... halfen mit, und es ging recht gut ...

Goethe war in einem seltenen Humor; eine Anekdote jagte die andere; es war ganz prächtig. Wir haben einige Male so gelacht, daß die Leute auf der Straße still gestanden wären, wenn es dergleichen hier gäbe ...

Man vergißt gleich die Fürstin bei ihr; ich blieb zwei Stunden bei ihr, und sie hätte mich gern noch länger behalten, wie es schien ...

Die leichte Art, mit der ich die vorzüglichsten Menschen für mich interessiert habe, ist mir selbst ein Wunder. Ich habe noch keine Visite gemacht; alles ist so ganz von selbst gekommen. Alle Sonntag und Donnerstag von fünf bis gegen neun werden sich meine Freunde bei mir versammeln; was an interessanten Fremden herkommt, wird mitgebracht. Ich habe Goethe den Plan gesagt; er billigt ihn und will ihn unterstützen. Ich gebe Tee, nichts weiter; das übrige Vergnügen muß von der Gesellschaft selbst entstehen. Wärst Du doch hier, lieber Arthur! welchen Wert könnte gerade dieser Zirkel für Dich haben! Goethe, Meyer, Fernow, Schütze, Madame Ludecus, Conta und die Schwester, Bertuchs, Falks, Ridels, Weylands sind vors erste eingeladen; die übrigen werden sich von selbst finden. Kosten macht das Ganze gar nicht und unendlich viel Freude. Es fehlt hier an einem Vereinigungspunkte, und sie sind alle froh, ihn bei mir zu finden. Das Theater ist noch verwaist; niemand will

321

gleich subskribieren, aber auch das wird sich finden ... Lieber Arthur, verliere den Mut nicht, auch Deine Zeit wird kommen, wo es Dir nach Wunsch gehen wird; wenn man seine Wünsche zu beschränken weiß, so kann man sicher auf Glück hoffen, das erfahre ich jetzt, denn was ist's eigentlich, was mich jetzt froh macht? Wie klein würde das alles in den Augen der großen Welt oder der eleganten Hamburger erscheinen? ... Lebe wohl, schreibe doch ja alle Wochen wenigstens, sonst wird mir bange um Dich.

An Arthur Schopenhauer

Weimar, den 28. November 1806 ... Der Zirkel, der sich sonntags und donnerstags um mich versammelt, hat wohl in Deutschland und nirgends seinesgleichen; könnte ich Dich doch nur einmal herzaubern! Goethe fühlt sich wohl bei mir und kommt recht oft. Ich habe einen eigenen Tisch mit Zeichenmaterialien für ihn in eine Ecke gestellt. Diese Idee hat mir sein Freund Meyer angegeben. Wenn er dann Lust hat, so setzt er sich hin und tuscht aus dem Kopfe kleine Landschaften, leicht hingeworfen, nur skizziert, aber lebend und wahr wie er selbst und alles, was er macht. Welch ein Wesen ist dieser Goethe! wie groß und wie gut! Da ich nie weiß, ob er kommt, so erschrecke ich jedesmal, wenn er ins Zimmer tritt; es ist, als ob er eine höhere Natur als alle übrigen wäre; denn ich sehe deutlich, daß er denselben Eindruck auf alle übrigen macht, die ihn doch weit länger kennen und ihm zum Teil auch weit näher stehen als ich. Er selbst ist immer ein wenig stumm und auf eine Art verlegen, wenn er kommt, bis er die Gesellschaft recht angesehen hat, um zu wissen, wer da ist. Er setzt sich dann immer dicht neben mir, etwas zurück, so daß er sich auf die Lehne von meinem Stuhle stützen kann; ich fange dann zuerst ein Gespräch mit ihm an, dann wird er lebendig und unbeschreiblich liebenswürdig. Er ist das vollkommenste Wesen, das ich kenne, sehr sorgfältig gekleidet, immer schwarz oder ganz dunkelblau, die Haare recht geschmackvoll frisiert und gepudert, wie es seinem Alter ziemt, und ein gar prächtiges Gesicht mit zwei klaren braunen Augen, die mild und durchdringend zugleich sind. Wenn er spricht, verschönert er sich unglaublich; ich kann ihn dann nicht genug ansehen. Er spricht von allem mit, erzählt immer zwischendurch kleine Anekdoten, drückt niemand durch seine Größe. Er ist anspruchslos wie ein Kind; es ist unmöglich, nicht Zutrauen zu ihm zu fassen, wenn er mit einem spricht, und doch imponiert er allen, ohne es zu wollen. Letztens trug ich ihm seine Tasse Tee zu, wie das in Hamburg gebräuchlich ist, daß sie nicht kalt würde, und er küßte mir die Hand; in meinem Leben habe ich mich nicht so beschämt gefühlt; auch alle, die in der Nähe waren, sahen mit einer Art Erstaunen zu. Es ist wahr, er sieht so königlich aus, daß bei ihm die gemeinste Höflichkeit wie Herablassung erscheint, und er selbst scheint das gar nicht zu wissen, sondern geht so hin in seiner stillen Herrlichkeit wie die Sonne. – Dann ist immer Meyer und Fernow da, beide auch gar interessant, jeder anders ... Dann kommen die Bertuchs, Dr. Schütze, ein sehr mittelmäßiger Dichter, aber sonst sehr gescheit, Dr. Riemer, der bei Goethe im Hause ist, auch ein sehr gebildeter guter Kopf. Das sind die Hauptpersonen, meine gute Ludecus nicht zu vergessen, die unter dem Namen Amalie Berg manchen recht hübschen Roman geschrieben hat, und noch verschiedene Nebenpersonen, die anderswo Hauptpersonen wären. Um halb sechs versammeln sie sich. Wir trinken Tee, plaudern; neue Journale, Zeichnungen, Musikalien werden herbeigeschafft, besehen, belacht, gerühmt, wie es kommt. Alle, die was Neues haben, bringen es mit; die Bardua zeichnet irgend einen als Karikatur. Goethe sitzt an seinem Tischchen, zeichnet und spricht. Die junge Welt musiziert im Nebenzimmer! wer nicht Lust hat, hört nicht hin. So wird's neune, und alles geht auseinander und nimmt sich vor, nächstens wiederzukommen ...

Er [Wieland] ist 73 Jahre alt, lebhaft genug für sein Alter. Er bat auch zu mir kommen zu dürfen. Bei schlechtem Wetter geht er nicht aus; daher ist er noch nicht gekommen, und da er ohne Spiel nicht leben kann, so wird er bei mir seine Rechnung nicht finden; denn in meinem Zirkel spielt niemand. Auch weicht er Goethen sehr an Interesse. Er trägt ein schwarzes Käppchen wie ein Abbé; das gibt ihm bei seinem weißen Haar etwas Würdiges. Er hat eine französische Physiognomie und kann nie gut ausgesehen haben; jetzt ist er, besonders ohne Brille, ziemlich häßlich. Er war gar freundlich und aufmerksam gegen mich und schien viel von mir gehört zu haben ...

An Arthur Schopenhauer

Weimar, den 8. Dezember 1806 ... Vors erste schrieb ich Dir den Tag, wie ich bei der Frau v. Fritsch sein sollte, ich hoffte Wieland dort zu finden, er war nicht da, aber Goethe, er war wieder liebenswürdig, aber doch nicht so wie bei mir, zu mir hat er sich ganz gewöhnt, er kommt donnerstags und sonntags, als ob es so sein müßte; so lange Weimar steht, hat er das nirgends getan, des Abends sticht er eine kleine Handlaterne an und geht wohlgemut zu Hause, denke Dir Goethen mit der Handlaterne ...

Er wurde schon um sieben Uhr abgerufen und war ganz verdrießlich darüber. Die Frau des Marschall Lannes kommt hier durch und sollte bei ihm logieren. Weil sie schon viele Tage erwartet wurde und nicht kam, so meinte er, sie käme gar nicht, aß richtig zu Mittag eine kalte Gänseleberpastete, die für die Dame bereitet war, und kam den Abend zu mir. Nun kam die Dame, und die Pastete war verzehrt, und er war bei mir und mußte fort ...

Denke Dir eine lange Figur in völligem Hofkostüm, mit Haarbeutel, Degen, Chapeaubas, in tiefer Trauer um den Herzog von Braunschweig; denn er ist Oberhofmeister der verwitweten

Herzogin. Ich wußte gar nicht, was ich daraus machen sollte. Zum Glück war schon meine alte Ludecus bei mir, die ihn kannte und mir vorstellte. Da freute ich mich denn wirklich über diese Bekanntschaft; er ist als Dichter auch wohl Dir bekannt und hat noch kürzlich den Terenz übersetzt, und zwar meisterhaft, wie ich höre. Er blieb nur bis um sechs, weil er die Herzogin nach Hofe begleiten muß, versprach aber recht bald wiederzukommen ... Ein anderer Kammerherr hat der Bardua eine schlagende Nachtigall, das Futter dazu für den Winter und einen Ring obendrein versprochen, wenn sie ihn bei mir einführen will. Aber dem wird's so gut nicht; er soll dumm und langweilig sein; der paßt für uns nicht.

Nun hättest Du ihn [Goethe] und seine Freunde über meine Kunst sehen sollen, wie er es gewahr wurde; er hatte mir eben ein Buquet von Runge mitgebracht, wogegen ich freilich zurückstehen mußte, aber meines war in der Art ein erster Versuch; denn die Blumen sind in Lebensgröße. Nun kamen verschiedene, die meine Arbeit für Runges Arbeit hielten, welche sie früher gesehen hatten; und Goethe rief dann ganz triumphierend, wenn sie lange bewundert hatten: »Nein, die Frau, die kleine Frau hat das gemacht! Solche Streiche macht sie! Sehen Sie einmal, sehen Sie einmal recht, wie hübsch das ist!« Er freute sich wie ein Kind zum Weihnachten drüber, es war Donnerstag. Den Abend ward nicht gelesen, aber viel Musik gemacht. Die übrigen gingen ans Klavier im Nebenzimmer, ich blieb allein bei Goethen an seinem Zeichentische; denn ich kann ihn nicht genug sehen und hören. Nun erzählte er mir von einem Ofenschirm, den ich so machen müßte, machte mir mit ein paar Strichen eine Zeichnung dazu und will mir auch beim Aufkleben helfen. Wer kann sich Goethen so denken? Hernach versammelten sich Meyer, Fernow und Schütze zu uns, wir machten einen kleinen Kreis; die Bardua kam dazu, mit welcher immer heillos umgegangen wird, und der Abend verging unter Scherzen und Lachen ...

An Arthur Schopenhauer

Weimar, den 22. Dezember 1806 ...Vorige Woche brachte ich einen sehr angenehmen Abend bei der Herzogin zu, es war niemand dort als ich, die Hofdamen, Goethe, Wieland und Einsiedel. Goethe zeichnete wie immer, ich finde ihn aber nirgends heitrer und liebenswürdiger als bei mir. Auch mit Frau von Schiller bin ich näher bekannt geworden, sie ist sehr gebildet, wie Du leicht denken kannst, ihr Umgang ist mir sehr interessant, wir sprechen fast immer von Schillern, und sie erzählt mir tausend kleine Züge von ihm, die es machen, daß ich immer mehr bedaure, so spät hergekommen zu sein. Goethe ist noch immer jeden Gesellschaftsabend bei mir. Gestern war mein Zirkel klein, aber um so interessanter, obgleich gerade niemand etwas zum Vorlesen mitgebracht hatte. Ich schnitt wieder Blumen aus, und Goethe war gewaltig geschäftig, sie zu einem Ofenschirm zu ordnen, den er selber aufkleben will; dabei erzählte er Anekdoten aller Art ... Die Bardua malt jetzt Goethen; ich glaube fast, er würde mir auch sitzen, wenn ich ihn darum bitte; den Mut dazu hätte ich wohl, aber wenn's zur Ausführung käme und er mich dann so ernsthaft mit seinen durchdringenden Augen ansähe, dann wäre ich in Gefahr, davonlaufen zu müssen. Also laß ich es lieber; die Bardua wird mir aber das Bild, welches sehr ähnlich werden soll, kopieren ...

Die Italiener mit ihrer Verwunderung über den Schnee kann ich mir lebhaft denken, ich erzählte es neulich, und Goethe, Fernow und Meyer, die lange in Italien waren, amüsierten sich sehr darüber ... Letzt sprach man bei mir vom Latein, wie notwendig es wäre und wie wenig es jetzt gelernt würde, ich sagte, Du hättest es in Deiner Kindheit durchaus nicht lernen können, obgleich Du lebende Sprachen sehr leicht vollkommen begriffest; Goethe sagte, es wundere ihn nicht, es wäre ungeheuer schwer, da hülfe keine Methode, die ganze Kindheit müsse darauf zugebracht werden, denn wenn 10 Louisdor auf einem Tische liegen, kann man sie leicht einstreichen, aber wenn sie tief in einem alten Brunnen liegen und Steine, Schutt und Gebüsch obendrauf, dann ist's ein ander Ding, ein Kind kriecht dann wohl mühsam hinein, aber ein Erwachsener muß es bleibenlassen. Ich sagte, Du hättest Lust, es noch zu lernen, ich wolle Dir aber abraten; das sollte ich auch nicht tun, sagte er, es bliebe doch immer etwas hängen, und wenn Du es noch tun wolltest, so wäre es sehr gut und nützlich, obgleich Du es zur Vollkommenheit nicht bringen können wirst ...

An Arthur Schopenhauer

Weimar, den 5. Januar 1807 ... Goethe ist ein unbeschreibliches Wesen, das Höchste wie das Kleinste ergreift er, so saß er denn den ersten Feiertag eine lange Weile im letzten meiner drei Zimmer mit Adelen und der jüngsten Conta, einem hübschen unbefangenen 16jährigen Mädchen, wir sahen von weitem der lebhaften Konversation zwischen den dreien zu, ohne sie zu verstehen, zuletzt gingen alle 3 hinaus und kamen lange nicht wieder. Goethe war mit den Kindern in Sophiens Zimmer gegangen, hatte sich dort hingesetzt und sich Adelens Herrlichkeiten zeigen lassen, alles Stück vor Stück besehen, die Puppen nach der Reihe tanzen lassen, und kam nun mit den frohen Kindern und einem so lieben milden Gesicht zurück, wovon kein Mensch einen Begriff hat, der nicht die Gelegenheit hat, ihn zu sehen, wie ich. Ihn freut alles, was natürlich und anspruchslos ist, und nichts stößt ihn schneller zurück als Prätension. Wir hatten den Abend nichts zu lesen; ein Aufsatz über die verschiedenen Mundarten der italienischen Sprache, welchen Fernow mit der ihm ganz eigenen Grazie und Klarheit geschrieben und vorgelesen und der uns einige Abende hindurch unterhalten hatte, war aus ... Also kam es dann wieder in mein Ausschneiden, wofür Goethe sich lebhaft interessiert. Mein Ofenschirm ist in voller Arbeit ... Ich fabrizierte den Abend noch mit Meyern einen transparenten Mondschein; denn Meyer muß immer so etwas vorhaben; die übrigen standen umher und konversierten im zweiten Zimmer; Conta und die Bardua sangen zwischendurch ein Liedchen, und Goethe ging ab und zu, bald an meinen Tisch, wo ich mit Meyern arbeitete, bald nahm er teil an jenem Gespräch. Mit einem Male kam man, ich weiß nicht wie, dort auf den Einfall, die Bardua, die sich ohnehin leicht graut, mit Gespenstergeschichten angst zu machen. Goethe stand gerade hinter mir. Mit einem Male machte er ein ganz ernsthaftes Gesicht, drückte mir die Hand, um mich aufmerksam zu machen, und trat nun gerade vor die Bardua und fing eine der abenteuerlichsten Geschichten an, die ich je hörte; daß er sie auf der Stelle ersann, war deutlich, aber wie sein Gesicht sich belebte, wie ihn seine eigene Erfindung mit fortriß, ist unbeschreiblich. Er sprach von einem großen Kopf, der alle Nacht oben durchs Dach sieht; alle Züge von dem Kopf sind in Bewegung; man denkt die Augen zu sehen, und es ist der Mund, und so verschiebt sich's immer, und man muß immer hinsehen, wenn man einmal hingesehen hat. Und dann kommt eine lange Zunge heraus, die wird immer länger und länger, und Ohren, die arbeiten, um der Zunge nachzukommen, aber die können's nicht. Kurz, es war über alle Beschreibung toll, aber von ihm muß man's hören und besonders ihn dazu sehen. So ungefähr muß er aussehen, wenn er dichtet ...

Jena sieht traurig aus, einige zwanzig Häuser liegen in Asche und gerade am Eingange der Stadt. Von dem Gewühl, das die Studenten dort sonst machten, ist nichts mehr zu sehen, alles tot und still. Wir stiegen in der »Sonne« ab und gingen dann zum Buchhändler Frommann. Die Frau ist eine Hamburgerin, aber sehr gebildet und liebenswürdig. Goethe hält viel auf diese Familie, besonders auf die Frau. Ich war ihr auch schon durch die Lodern empfohlen; also waren wir wie alte Freundinnen. Von da gingen wir zu Fahrenkrüger, der ein gar lustiger Kauz voll Geist und Leben ist. Den Abend brachten wir beim Major Knebel mit Frommanns sehr angenehm zu. Die Frau singt wie ein Engel ... er ist ein alter genialischer Feuerkopf, durchweg poetisch. Den andern Morgen frühstückten wir auf Hamburger Weise bei Fahrenkrüger, aßen bei Frommann und waren den Abend mit einem großen Veilchenstrauß hier; denn das Wetter war durchweg so warm, daß an dem Felsen, wo die Sonne am wärmsten wirkt, die Veilchen blühen ...

Goethe mit der Frau, Fernow, Meyer, Dr. Riemer, der bei Goethe lebt, die Bardua und der Dichter Schütze, der ihr ein wenig die Cour macht, Professor Froriep aus Halle. Bertuchs Schwiegersohn und einer der schönsten und dabei angenehmsten Männer, Conta mit der Schwester, ich und Adele, das waren wir alle und gewiß einer der angenehmsten Zirkel. Goethe war auf sein Bestes, und alle versichern mir, seit vielen Jahren keinen ähnlichen Abend erlebt zu haben. Auch war das alte Jahr schon seit zwei Stunden vorüber, wie wir uns trennten. Den Neujahrstag wurde bei mir ein Lustspiel von Schütze gelesen, das ganz hübsch ist und allgemeinen Beifall fand. Sieh doch zu, daß Du es liest; es heißt: »Der Dichter und sein Vaterland« ... Schütze hat diese Bahn noch nicht lange betreten, aber der erste Versuch ist glücklich; es ist Witz und Satire, aber ohne alle Bitterkeit, und das ist selten. Goethe hatte auch viel Behagen dran. Er war aber recht müde von der Schwärmerei der vorigen Nacht ...

Gestern war wieder Gesellschaft, Goethe fing an, von seinem herannahenden Alter zu sprechen, mit einer Weichheit des Tones, mit einem so edlen Selbstbewußtsein, daß er uns alle tief rührte. Dabei hielt er mich fest bei der Hand; er tut das oft und erinnert mich dann lebhaft an Deinen Vater, der mich denn auch so festhalten konnte. Es ist unbegreiflich, wie er sich an mich gewöhnt hat. Alles wundert sich drüber, und ich selbst wundre mich auch, aber ich freue mich darüber unbeschreiblich ... Er ist mir bei weitem hier das Interessanteste; auch lebe ich so viel mit ihm, daß er sich in alle meine Vorstellungen einmischen muß ...

Wollte ich ausgehen, so hatte ich seinen [Contas] Arm; wollte ich Schach spielen, so spielte er; wollte ich mir vorlesen lassen, so las er; wollte ich Musik, so sang er zur Gitarre; wollte ich quatre mains spielen, so spielte er; wollte ich malen, so saß er mir; wollte ich allein sein, so ging er; solch einen Cicisbeo finde ich nie wieder ...

Mein Bild kannst Du erst zum Frühling haben, weil es noch zum Einpacken zu frisch ist, auch laß ich's gern der Bardua zuliebe noch hier stehen. Über den Frieden freut man sich sehr, er wurde mit Pauken und Trompeten im Theater verkündet und dabei laut »vive Napoléon« gerufen...

An Arthur Schopenhauer

Weimar, den 9. Januar 1807 Seit Krausens Tode dirigiert Meyer unter Goethens Inspektion die hiesige Zeichenschule. Einige junge Mädchen sollen das Musterzeichnen dort lernen, um diese Anstalt, die eigentlich nicht für die höhere Kunst berechnet ist, gemeinnütziger zu machen, und nun sind die Herren Direktoren in großer Not darum. Alle Damen sind mit ihrem gestickten Putze in Requisition gesetzt, alle botanischen Werke werden nachgeschlagen, und wenn ich mit diesem Schatze auftrete, werde ich wie ein Engel in der Not erscheinen...

Das Buch für Fernow lege ich Dir nochmals ans Herz, wenn Du diesen trefflichen Menschen kenntest, Du würdest alles anwenden, ihn zu erfreuen, er ist hier mein erster Freund... Denke Dir nur nicht einen hübschen jungen Mann unter Fernow, er ist einige 40 Jahre alt und hat eine Römerin zur Frau, die ich aber nicht kenne, weil sie nie ausgeht...

Halte Dich gut, Dich froh und glücklich zu wissen ist jetzt alles, was ich zu wünschen habe.

An Arthur Schopenhauer

Weimar, den 30. Januar 1807 Vor allen Dingen, lieber Freund Arthur, sollst Du unsäglich gelobt werden, denn Du bist ein gar vernünftiger Mensch und machst Deine Sachen gut, die Zeichnungen sind nebst den Zeichenstiften angekommen und haben große Freude angerichtet. Die Kreide kam unversehrt an, hast Du sie eingepackt, so mußt Du ebenfalls gelobt werden. Ich habe Goethen, Fernow, Meyer und der Bardua jedem einen Kreidestift verehrt, und sie haben sich alle hübsch bedankt. Ich habe Goethen auch die Nachtlampe, um nach der Uhr zu sehen, gegeben, weil er letzt drüber klagte, daß er oft aufwacht und dann nicht wissen könne, wieviel es an der Zeit wäre. Dafür hat er mir einen Kasten mit transparenten Mondscheinen gegeben, und er wird mir zu dem Kasten immer mehr neue Mondscheine erfinden, und ich und Meyer werden sie ausführen, er mit dem Pinsel, ich mit der Schere. Es ist eine herrliche Sache um solche gemeinschaftlichen Arbeiten, die man mit Lust und Liebe anfängt und ausführt; es gibt kein schöneres, festeres Band fürs gesellige Leben. Ich habe immer mit meinen Freunden etwas vor, und das gibt ein Zusammenkommen, ein Beraten, ein Überlegen, als hinge das Wohl der Welt daran; am Ende wird es ein Ofenschirm. Aber es ist nicht der Ofenschirm, es ist die einzige, ewige Kunst, die ewig die Form wechselt und doch stets ein und dieselbe bleibt, die uns zusammenführt, und daß mir das Glück ward, die Kunst zu fühlen, zu lieben und auch nicht ganz ungeschickt zu üben, das ist's, was mich jetzt in der Liebe dieser vorzüglichen Menschen so glücklich macht. Klugen, vernünftigen Leuten muß unser Beginnen fast töricht erscheinen. Wenn so ein Senator oder Bürgermeister sähe, wie ich mit Meyer Papierschnitzel zusammenleime, wie Goethe und die andern dabeistehen und eifrig Rat geben, er würde ein recht christliches Mitleid mit uns armen kindischen Seelen haben; aber das ist eben das Göttliche der Kunst, sagt Dein Liebling Tieck, wenn ich nicht irre, daß ihr Beginnen, ihre Werkzeuge fast kindisch und einfältig aussehen. Der Ofenschirm ist fertig und die Bewunderung aller Welt; er ist wirklich über Erwarten hübsch. Goethe hat letzt mit dem Lichte in der Hand wohl eine halbe Stunde davor gesessen und ihn besehen, und wer ihm näher kam, der mußte mit bewundern und besehen. Jetzt wird ein anderer gemacht, und zwar wird der echte Bogen Goldpapier, den ich aus London brachte, mit dazu gebraucht. Goethe ist seit einiger Zeit nicht recht wohl; er ist

331

nicht krank, aber er fürchtet, krank zu werden, und schont sich
ängstlich, doch kommt er zu mir, wenn er irgend kann, und läßt
sich in der Portechaise zu mir tragen. Er kommt mir bisweilen
etwas hypochondrisch vor; denn seine Krankheit verschwindet, wenn er nur ein wenig warm in der Gesellschaft wird, und
das geschieht so leicht. Am Dienstag gab ich einmal eine Extra-
gesellschaft; denn ich mußte einige der adligen Häuser, in
denen ich gewesen war, einladen. Wie wenig kostet ein solcher
Zirkel und wie hübsch ist er! Ich hatte ein kleines Konzert.
Mein neues Piano ist wunderschön von Ton; Werner, mein
Musikmeister, spielt es sehr schön; auch singt er einen schwachen, aber angenehmen Tenor. Die Bardua und der erste Sänger bei der Oper, Stromeyer, sangen Duette, Arien und auch
kleine Lieder, meistens von Goethen, zur Gitarre. Dann waren
noch drei Musici von der Kapelle des Herzogs da. Alles dies
kostete nichts als einige Gläser Punsch; diese Leute spielen
nicht für Geld, sie kommen aber, wenn man sie bittet. Um neun
Uhr ließ ich Punsch, Bouillon und Butterbrötchen herumge-
hen, wie in Hamburg in der Sonntagsgesellschaft beim Spiel,
und wir blieben bis gegen zwölf Uhr lustig und guter Dinge
zusammen. Die Goethen kam allein und sagte mir, er wäre
nicht wohl, würde aber, wenn es ihm möglich wäre, eine halbe
Stunde kommen, doch sei dies nicht gewiß. Miteins sah ich ihn
aber im Nebenzimmer zwischen der Bardua und der Conta
ganz gemütlich sitzen. Ich lief gleich voller Freude zu ihm, die
Mädchen machten mir Platz, und ich habe fast eine Stunde mit
ihm geplaudert. Er erzählte mir viel von Huber, dessen »Leben«
jetzt herausgekommen ist. Er war unbeschreiblich sanft und
liebenswürdig gestimmt. Du meinst, es sei unmöglich, vis-à-vis
ihm nicht ein wenig scheinen zu wollen. Sähest Du ihn nur, Du
würdest fühlen, wie unmöglich es ist, ihm gegenüber sich
anders als natürlich zu zeigen. Er ist ganz Natur, und seine klaren, hellen Augen benehmen alle Lust, sich zu verstellen; man
fühlt, daß er doch durch alle Schleier sieht und daß diesem
hohen reinen Wesen jede Verstellung verhaßt sein muß. Ich
pflege ihn nach besten Kräften und hatte die Freude, einen
Bedienten, der schon um acht Uhr gekommen war, bis eilf mit

332

der Laterne warten zu sehen. Seit gestern ist der Herzog wieder hier und der Prinz von Gotha auch; morgen ist der Herzogin Geburtstag. Das alles macht in dem kleinen Neste viel Lärm und Spektakel und ist schuld, daß ich Goethen und manchen andern bisher nicht sah. Morgen wird der Herzogin zu Ehren »Faniska« gegeben, worauf ich mich sehr freue.

An Arthur Schopenhauer

Weimar, den 20. Februar 1807 ... Mein Leben dreht sich in dem schönen engen Kreise, je schöner es ist, desto weniger läßt sich davon sagen, doch habe ich diese Woche einige ungewöhnliche Pläsierlichkeiten gehabt. Am Montag wurde »Tasso« zum ersten Mal auf einem Theater hier gegeben und vortrefflich. Ich habe beim Lesen keinen Begriff von dem hohen Interesse gehabt, das man auf der Bühne auch an der Handlung dieses dem Ansehen nach so tatenlosen Stücks nehmen kann, aber freilich muß es gespielt werden, wie es hier gespielt ward. Ehegestern las Einsiedel und Fernow Goethen, mir, Meyer und noch einigen, die deshalb mich besuchten, eine Komödie aus dem Lateinischen des Plautus vor; sie heißt: »Das Gespenst«. Einsiedel hat sie gar hübsch übersetzt. Goethe war so bezaubert davon, daß er sie ehestens hier spielen lassen will. Trotz dem Abweichenden der Sitten ist das Ganze so durchaus unterhaltend, die Situation so komisch, daß die alte Ludecus, die oben nervenschwach auf dem Sofa liegt, ganz unruhig über den Jubel ward, den wir unten trieben. Die Alten, lieber Arthur, sind doch unsere Meister, doch Du bist in diesem Artikel ein Ungläubiger ...

Ich lese ohnehin jetzt wenig, ich lebe mehr, der Buchstabe ist doch immer ein totes Wesen.

An Arthur Schopenhauer

Weimar, den 10. März 1807 ... Schilt mich nicht wegen meiner Saumseligkeit, ich denke viel und mit rechter Liebe an Dich, ich wünsche Dich oft zu mir, und wenn Fernow und St. Schütze mir erzählen, wie sehr spät sie zum Studieren gekommen sind und ich doch sehe, was beide wurden, so fliegt mir so manches Projekt durch den Kopf, aber freilich, beide brachten Schul- und mühsam selbst erworbene Kenntnisse auf die Akademie, die Dir bei der eleganten Erziehung, die Du erhieltst und in unsrer Lage erhalten mußtest, mangeln. Beide, in sehr beschränkter Mittelmäßigkeit an einem kleinen Orte geboren, konnten so manchen Genuß, ohne ihn nur zu wünschen, entbehren, der Dir wenigstens für die Zukunft unentbehrlich sein muß, also mußt Du wohl in der Laufbahn bleiben, zu der Du Dich einmal bestimmt hast. Hier, wo niemand reich ist, sieht man alles anders, bei Euch strebt man nach Geld, hier denkt niemand daran, nur leben will man, die Freude findet man in dem, wodurch man die Notwendigkeiten des Leben sich erwirbt, ich bin hier in einer ganz andern Welt, aber ich weiß wohl, daß die Welt, in der Du lebst, auch sein muß, obgleich ich mich herzlich freue, daß ich ihr entronnen bin, indessen kann es doch nicht fehlen, daß meine Ansichten Dir bisweilen wunderbar vorkommen müssen, und ich verarge Dir es nicht...

Die »Weihe der Kraft« habe ich jetzt gelesen, es sind einzelne herrliche Stellen und Szenen drin, aber »Die Söhne des Tales« sind mir lieber. Luther selbst gefällt mir am wenigsten; er ist mir zu unbestimmt gezeichnet. Die Szene, wo er beim Übersetzen die Starrsucht bekommen hat, ist zu arg. Auch sein Ton wechselt; bald spricht er schillersch, bald shakespearsch, bald echt luthersch; das ist nicht gut. Es fehlt dem Ganzen an Haltung. Es ist schade um Werner, daß er mit dem großen Talent unter den verblasenen Berlinern lebt; hierher sollte er kommen und bei Goethe in die Schule gehen ...

Einsiedels Plautus ist noch nicht heraus und wird auch in diesen bösen Zeiten nicht so bald herauskommen, aber sein Terenz ist zu haben, sieh zu, wie du ihn zum Lesen bekommst...

Am Sonntage hatte Goethe mich mit meinen beiden Freunden Meyer und Fernow zum Frühstück eingeladen, um mir Arbeiten von Runge zu zeigen. Beschreiben kann ich sie Dir nicht, sie sind zu wunderbar; aber mach doch um Gottes willen, daß Du den Runge kennenlernst! Dir kann in Hamburg nichts Interessanteres widerfahren als diese Bekanntschaft. Ich konnte sie machen, Tischbein bot sie mir an, und ich möchte mich prügeln, daß ich's nicht tat, aber die Dresdener, Neumann und Demiani besonders, hatten mich gegen ihn eingenommen. Welch ein poetisches Wesen ist dieser Mensch! Erst sah ich viel von seinen ausgeschnittenen Sachen; sie sind sehr schön, aber ich mache sie fast so gut. Goethe sagt, ich mache sie ebensogut; das ist aber nicht wahr. Dann ist sein Gesicht in Kreide gezeichnet. Goethe sagt, er hat nie ein Profil wie seines gesehen. Dieser Kopf ist leider en face, er hat aber einen raffaelschen Blick, ohne Raffael zu gleichen. Dann sind vier große Blätter, bloße Umrisse, in Kupfer gestochen; sie werden aber nicht verkauft, er verschenkt sie nur. Die sind eben das unbeschreiblich Wunderbare; es sind Blumen und Genien wie Arabesken, aber der tiefe Sinn, der darin liegt, die hohe Poesie, das mystische Leben! Du mußt sie sehen, mein Arthur; ich kann Dir anders nicht helfen; ich weiß, du wirst davon ergriffen, entzückt, bezaubert werden. Meyern dabei zu sehen, ist höchst ergötzlich; er schimpft drauf wie ein Rohrsperling, weil er immer davor stehenbleiben muß, bis ihm der Kopf weh tut. Hernach führte Goethe mich im Parke spazieren. Daß ich immerfort dachte: O Lord, o Lord etc. wirst Du Dir wohl selbst denken. Seit ein paar Abenden liest Goethe selbst bei mir vor, und ihn dabei zu hören und zu sehen ist prächtig. Schlegel hat ihm ein übersetztes Schauspiel von Calderon im Manuskripte geschickt; es ist Klingklang und Farbenspiel, aber er liest auch den Abend keine drei Seiten, sein eigener poetischer Geist wird gleich rege: dann unterbricht er sich bei jeder Zeile, und tausend herrliche Ideen entstehen und strömen in üppiger Fülle, daß man alles vergißt und den Einzigen anhört. Welch ein frisches Leben umgibt ihn noch immer! Der arme alte Wieland kommt mir gegen ihn vor wie der alte Kommandant von Eger, wenn Wallenstein ihm sagt: »An meinen braunen Locken zogen die Jahre leicht vorüber.« Du kennst die Stelle; sie heißt anders, aber dies ist der Sinn davon. Auch fühlt Wieland sich durch Goethens Gegenwart gedrückt; deshalb kommt er nicht in meine Gesellschaft, so gern er möchte; denn wo er mich zu treffen weiß, geht er gerne hin. Letzt besuchte ich die Göchhausen, er kam gleich auch; denn er hatte von der Herzogin gehört, daß ich oben wäre. Diesmal interessierte er mich wirklich; er war traurig, denn er hatte den Tag vorher die Nachricht bekommen, daß seine erste und einzige Liebe, die alte Laroche, gestorben wäre. Er sprach viel von sich, seiner Jugend, seinem Talente. »Niemand«, sagte er, »hat mich gekannt oder verstanden. Man hat mich in den Himmel erhoben, man hat mich in den Kot getreten; beides verdiente ich nicht.« Dann erzählte er, wie er der Laroche zu Gefallen die ersten Verse gemacht hätte; wie er eigentlich nicht zum Dichter geboren wäre; nur Umstände, nicht die Macht des Genies hätten ihn dazu gebracht; er habe seine Laufbahn verfehlt. Er hätte Philosophie studieren sollen oder Mathematik, da wäre was Großes aus ihm geworden; er hätte immer so gerne gerechnet, nun aber hätte er müssen Jura studieren. Hernach wäre er Registrator oder so etwas bei einem Archive in einem kleinen Städtchen geworden; da hätte er nun Verse gemacht, um sich von der jämmerlichen Aktenkrämerei zu erholen. »Nie«, sagte er, »hatte ich einen Freund, mit dem ich meine Arbeiten teilen oder drüber sprechen konnte; immer war ich alleine; niemand verstand mich, niemand kam meinem Herzen nach.« Lieber Arthur, einen fast achtzigjährigen Greis so sprechen hören ist wahrlich betrübt. Und dieser heißt der Dichter der Grazien und ist offen genug, sich gegen mich, eine Fremde, die er wenig kennt, und gegen eine alte Hofdame, die er wohl kennen muß, so herauszulassen. Ich begreife das nicht. »Hernach«, sagte er, »kam ich hierher ins vornehme Leben, und da mußte alles eben bleiben, wie es war. Jetzt bin ich alt und stumpf und werde wohl nicht lange mehr bei euch bleiben, und ich tauge auch nicht mehr unter euch.« Die Göchhausen und ich trösteten tüchtig drauflos und widersprachen, was wir konnten. Ich führte ihm Voltaire zu

336

Napoleon 1806 in Weimar

Johanna Schopenhauer

*Johanna
und Adele Schopenhauer*

Johann Wolfgang Goethe

Friedrich Wilhelm Riemer

August von Goethe

Ottilie von Goethe

Das Hoftheater in Weimar

Gemüte; ich weiß, er hört sich gern mit ihm vergleichen. »Ach«, sagte er, »Voltaire war ein ganz anderer Mensch! Was schrieb der noch in meinem Alter! Ich habe keine Phantasie mehr; mit mir ist's vorbei.« Indessen übersetzt er doch noch den Cicero sehr emsig und mit großer Freude daran...

den 13. März Gestern war mein Teezirkel. Ich denke, ich habe Dir den Tod des Generals Schmettau, der hier verwundet lag und im Augenblick, da die Franzosen einzogen, sich aus dem Fenster stürzte, erzählt, und wie ehrenvoll er hernach vom Feinde begraben ward. Die rechte Geschichte seines Todes wurde nicht ganz offenbar; es hieß, er wäre an seinen Wunden gestorben. Die Familie läßt ihm ein Denkmal setzen, wozu Goethe die Idee gab. Ein Haus, welches einstürzt, weil Jupiters Donnerkeil drauffällt. Schmettau, in Rittertracht, das Schwert in der Hand, geht im Augenblick des Einsturzes mit festem Tritt heraus und sieht zürnend hinauf nach dem Donnerkeil, der eben einschlägt. Goethe zeichnete es mit ein paar Strichen auf, um es mir deutlich zu machen. Ich schicke Dir seine Skizze. Bin ich nicht eine prächtige Mama? Aber nimm sie gut in acht. Doch das tust Du schon von selbst.

An Arthur Schopenhauer

Weimar, den 23. März 1807 Er [Wieland] konnte es doch nicht übers Herz bringen, nicht zu mir zu kommen wie die andern, und so kam er denn mit der Göchhausen angestapft, trank Tee mit mir und war seelenvergnügt. Es war keiner meiner Gesellschaftstage, und ich hatte dem Professor Reinbeck versprochen, den Abend mir einen kleinen Roman von ihm vorlesen zu lassen, der in England spielt und über welchen er, ehe er ihn drucken läßt, gern meine Meinung wissen wollte, besonders in Hinsicht auf Sitten, Lokal etc. Reinbeck kam also mit

seiner Frau und Fernow mit einem Kammerherrn der verwitweten Herzogin, der mich ... kennenlernen wollte, auch dazu,
und ich hatte einen recht hübschen kleinen Zirkel, der den
alten Wieland recht zu erfreuen schien; besonders lieb war es
ihm, Reinbecken zu treffen, den er noch nicht kannte, und dieser freute sich ebenfalls nicht wenig darüber.

Wie Wieland fort war, fing Reinbeck dann seine Vorlesung
an. Die Geschichte ist ganz artig, aber Aufsehen wird sie wohl
eben nicht machen, und das englische Leben war sehr verfehlt;
da habe ich aber ausgeholfen, so gut ich's vermochte. Fernow
ward die Zeit darüber jämmerlich lang, er mußte dabei aushal-
ten.

Goethe verläßt mich nicht, er hat jeden Abend seinen
»Standhaften Prinzen« standhaft vorgelesen, bis gestern, wo er
ihn zu Ende brachte. Es ist ein wunderbares Wesen drum, und
es sind wahrlich Stellen darin, die gerade ins Herz dringen und
wo es mir anfängt, möglich zu erscheinen, daß man Calderon
neben Shakespeare nennt. Aber wieviel Wust, Haupt- und
Staatsaktionen sind mit hineingewebt, und dann das ganze
südliche Wesen, das Farbenspiel, das Spiel mit Bildern und
Tönen, die unsere nördlichen Naturen gar nicht ansprechen.
Indessen ist's doch ein hoher Genuß, von Goethen dies lesen zu
hören; mit seiner unbeschreiblichen Kraft, seinem Feuer, seiner plastischen Darstellung reißt er uns alle mit fort. Obgleich
er eigentlich nicht kunstmäßig gut liest, er ist viel zu lebhaft, er
deklamiert, und wenn etwa ein Streit oder gar eine Bataille vor-
kommt, macht er einen Lärm wie in Drurylane, wenn's dort
eine Schlacht gab, auch spielt er jede Rolle, die er liest, wenn
sie ihm eben gefällt, so gut es sich im Sitzen tun läßt, jede schöne Stelle macht auf sein Gemüt den lebhaftesten Eindruck, er
erklärt sie, liest sie zwei-, dreimal, sagt tausend Dinge dabei,
die noch schöner sind, kurz, es ist ein eigenes Wesen, und wehe
dem, der es ihm nachtun wollte; aber es ist unmöglich, ihm
nicht mit innigem Anteil, mit Bewunderung zuzuhören, noch
mehr ihm zuzusehen, denn wie schön alles dieses seinem
Gesichte, seinem ganzen Wesen läßt, mit wie einer eignen
hohen Grazie er alles dies treibt, davon kann niemand einen

Begriff sich machen. Er hat etwas so rein Einfaches, so Kindliches. Alles, was ihm einfällt, sieht er leibhaftig vor sich; bei jeder Szene denkt er sich gleich die Dekoration und wie das Ganze aussehen muß. Kurz, ich wünschte, Du hörtest das einmal.

Diesen Sonntag wird Fernow eine Erzählung von Stephan Schütze vorlesen, die hübsch und lustig sein soll; dann kommt Goethe wieder mit einer Ballade. Zwischendurch singt die Bardua uns ein Lied von Goethe, von Zelter oder Hummel komponiert; er hat das gern und extert die gute Bardua nicht wenig, wenn sie undeutlich ausspricht oder gar die Verse verwechselt. Letzt habe ich entdeckt, daß sein Lied »Ich hab' mein' Sach' auf nichts gestellt« recht gut zur Melodie »Es gingen drei Burschen zum Tor hinaus« sich paßt. Darüber hatte er große Freude, und nun muß die Bardua es jeden Abend singen. Diese Woche ist kein Theater, und da wird Einsiedel uns wieder einen Abend ein Stück aus dem Plautus vorlesen. Wieland wird uns auch etwas von seinen Briefen des Cicero zum Besten geben. Fernow hat sie ihm durchsehen müssen, und er rühmt sie sehr ...

An Anbetern fehlt es mir auch nicht, aber laß Dir nicht bange werden, ein, wie ich glaube reicher Frankfurter Kaufmann, der sich einer Erbschaft wegen einige Wochen hier aufhielt, hat sehr ernstlich um meine Hand geworben, ich habe ihn aber ebenso ernstlich nach Hause geschickt. Dann ist hier auch ein Kammerherr der Großfürstin, der mich gern in den Adelstand erheben möchte, ein herzlich alberner Tölpel, der aber eine geistreiche Frau gehabt hat und gerne wieder eine hätte, der mich unverhohlen veneriert, alle Welt weiß es, aber abweisen kann ich ihn noch nicht, weil er aller Welt, nur mir nicht seine Absichten erklärt. Dieser macht uns allen großen Spaß mit seiner prächtigen Uniform, seinem hohen Federbusch und seinem goldenen Schlüssel. Am Freitag hatte er mich und meinen ganzen Zirkel zu sich gebeten; die Bardua, seine Vertraute, mußte ihm eine Liste davon machen. Wir kamen auch alle, selbst Goethe. Ich machte den Tee, und er spielte die Harmonika dazu. Was das gottlose Volk für eine Lust dabei hatte, kannst Du Dir denken; indessen er war seelenvergnügt und ließ sich nichts anfechten. Solche kleine Coteriespäße gibt es denn auch, und sie beleben das Ganze ... Habe ich Zeit, so schreibe ich Dir noch ein Zigeunerlied von Goethen hin, welches nie gedruckt ward, obgleich es schon lange existiert ...

An Arthur Schopenhauer

Weimar, den 13. April 1807 ... Wir sind hier alle, wenigstens die Bessern unter uns, durch den Tod der Herzogin-Mutter in tiefe Trauer versetzt, heute wird sie in der Stille beerdigt, nachdem sie einige Stunden vorher auf einem Katafalk wird gesehen werden können, ich will mit Bertuchs hingehen, Du weißt, ich sah nie einen Toten, und ich glaube doch, es ist gut, auch dies zu können, ich denke, die traurige Pracht, die um sie verbreitet ist, wird ein rührendes, aber kein schreckliches Bild in meinem Gemüte zurücklassen, ich will sie gerne noch einmal sehen, die seltene Frau und noch seltenere Fürstin. Sie soll im Tode ihrem großen Oheim Friedrich II. sehr ähnlich sehen, sie glich ihm schon im Leben, sie hatte auch die schönen großen blitzenden Augen, die bis ins Herz hinein sahen, nur waren sie wohl milder, als seine der Beschreibung nach sein mochten. Sie hatte etwas unbeschreiblich Gütiges und Freundliches in ihrem ganzen Wesen, ich habe 3 Abende und 2 Morgen in allem bei ihr zugebracht. Sie hatte mich gern, und ich konnte mit ihr so zutraulich sprechen, als ob sie keine Fürstin wäre. Ach, sie war das Band, das die Bessern hier zusammenhielt, sie hat, während sie für ihren unmündigen Sohn regierte, Weimar aus einem elenden Dorf zu dem geschaffen, was es jetzt ist. Sie zog Goethen, Wieland, Schiller, alle die großen Geister her, die Weimar zum deutschen Athen machten, sie war keine gelehrte Dame, aber ein liebenswürdiges, ganz weibliches Wesen voll Liebe zu allem Schönen und Guten, im 18. Jahr ward sie Witwe, 56 Jahre lebte sie hier, tat unendlich viel Gutes und verbreitete

Freude um sich her wie ein guter Genius; wie ihr Sohn zur Regierung kam, wurde ihre Macht freilich sehr eingeschränkt, aber sie tat doch, was sie konnte, bis zum letzten Augenblick. Sie ist nur wenige Tage dem Anschein nach ganz unbedeutend krank gewesen, 68 Jahre ist sie alt geworden. Man konnte ihr ein weit längeres Leben versprechen, sie war fast nie krank, aber die vielen Schrecken, der Untergang ihres ganzen Hauses und alles, was sie in den letzten 6 Monaten erleben mußte, haben wohl ihr Leben untergraben, obgleich man ihr äußerlich nichts anmerkte; wie Wieland, seit 30 Jahren unzertrennlich von ihr, dies tragen wird, er, der mehr als 70jährige Greis, den sie pflegte wie einen geliebten Bruder, dessen Schwächen sie so duldend ertrug, das weiß Gott; Frl. Göchhausen und Einsiedel sind beide krank, beide danken ihr alles und sind mit ihr alt geworden, Einsiedel hatte ihr sogar als Page gedient.

Nachmittags Ich bin hingegangen mit den Bertuchs, ich traf auf Meyer, der mich hinaufführte, ich habe gesehen und nicht gesehen das schwarz behängte Vorhaus, die Treppen, mit Tuch schwarz bedeckt, die künstliche, durch tausend Kerzen erhellte Nacht, die lange schwarze Galerie, an deren Wänden die Lichter wie Sterne aussahen und kaum leuchteten, weil das Schwarz ringsumher jeden Lichtstrahl beinahe einsaugte, alles das stimmte mich wunderbar feierlich, aber eben nicht traurig. Nun trat ich in den Saal, er war noch schwärzer, Seitenwände, Decken, Fußboden, alles schwarz, er war voll Menschen, und kein Laut war zu hören, ich wurde vorgeschoben bis an das Geländer, das die Menge von dem Trauergerüste trennte, da lag sie im Sarge mit ihrem Fürsten-Mantel, ich konnte in der grauenhaften Beleuchtung ihr Gesicht nicht unterscheiden, neben ihr lag der Fürsten-Hut und der Szepter, die Juwelen dran blitzten wunderbar in dem Helldunkel, am Haupte standen zwei in Krepp gehüllte Damen, von beiden Seiten viele Männer in Trauermänteln mit großen, an beiden Seiten aufgekrämpten Hüten, von denen lange Flöre herabhingen, sie standen starr und stumm wie Geister, es waren alle, die zu ihrem Hofe gehörten, und Deputierte von der Stadt und den verschiedenen Departements, alle sahen gleich aus, alle schienen mir kaum lebendig, einer sah mich an, er war blaß wie ein Toter, ich erkannte meinen Freund Fernow, der ihr Bibliothekar und auch ihr Freund war; er kam mir vor, als wäre er auch gestorben, ich erschrak heftig; dies und die schwüle Luft, oder was es sonst, genug, mir schwindelte, ich wäre vielleicht ohnmächtig geworden, wenn Meyer mich nicht schnell ergriffen und herausgeführt hätte, unten in der Frühlingsluft unter den knospenden Bäumen ward mir gleich besser, Meyer führte mich zu Hause und blieb bis 9 Uhr bei mir, sein Gespräch erheiterte mich, er erzählte mir viel von ihr, 15 Jahre war er mit ihr im freundlichsten Verhältnis, heute hatte er die traurige Pflicht, die Verzierung und Anordnung des Sarges, Baldachins etc. anzuordnen, jetzt ist mir ganz wohl, und ich werde ruhig schlafen, nur fürchte ich für Fernow, seine Gesundheit ist nicht stark, sein Gefühl ruhig und tief, er liebte sie sehr, und sie tat viel für ihn, nun mußte er in der dumpfen Luft an ihrem offenen Sarge stehen, ich war um 5 Uhr da, um 8 Uhr gingen Sophie und Duguet mit Adelen hin, er stand noch da und hat noch eine Stunde dastehen müssen.

Meyer ist ein vortrefflicher Mensch, ihn von Weimar und dem ehemaligen Leben hier erzählen zu hören ist einzig. Er hat mich ganz wieder erheitert, Goethe schätzt und liebt wohl niemanden so wie ihn, er hat jetzt Krausens Stelle und Wohnung in der Zeichen-Akademie mit dem Hofratstitel, er ist eigentlich häßlich, aber ein reiches schönes Fräulein hat sich dennoch in ihn verliebt und ihn fast gegen Willen der vornehmen Familie geheiratet und lebt schon manches Jahr glücklich mit ihm.

Er muß hier nolens volens Verzierungsrat sein, wir haben neulich in einem Anfall von lustiger Laune eine Menge Räte erdacht, ihn nennen wir also beliebter Kürze wegen den Zierrat, und alles, was nicht Rat ist, zum Beispiel Schütze, Fernow, heißt Unrat.

Unser Theater ist jetzt der Trauer wegen geschlossen, in acht Tagen geht es wieder auf, dann wird Einsiedels Stück von Plautus gegeben, mit Masken auf Altgriechisch, ich freue mich dazu der Neuheit wegen ... Sophie läßt Dich bitten, eine Uhr, Silber oder Gold gilt ihr gleich, für Duguet zu kaufen, seine haben die

Franzosen mitgenommen, das Geld dafür wird Ganslandt Dir in ihrem Namen auszahlen...

An Arthur Schopenhauer

Weimar, den 28. April 1807 Ich habe mir den heutigen Tag recht eigens aufgespart, um recht umständlich Dir auf Deine Klagen und Deine Wünsche zu antworten, die Sache liegt auch mir am Herzen, mein Arthur, ich habe lange und viel darüber gedacht, und habe ich kein erfreuliches Resultat herausbringen können, und das, lieber Arthur, ist wohl ganz natürlich, es ist so schwer, sich in eines anderen Lage zu denken, besonders in eine so ganz verschiedene Lage, wie die deinige von der meinigen ist, bei so ganz verschiedenem Charakter. Du bist von Natur unentschlossen, ich vielleicht nur zu rasch, zu entschlossen, zu geneigt, zwischen zwei Wegen vielleicht den anscheinend wunderbarsten zu wählen, wie ich selbst bei der Bestimmung meines Aufenthaltes tat, indem ich statt nach meiner Vaterstadt zu Freunden und Verwandten zu ziehen, wie fast jede Frau an meiner Stelle getan haben würde, das mir fast ganz fremde Weimar wählte. Doch ich will mich in diesem Augenblick von alledem losmachen und Dir nur schreiben, was mein Verstand und die Lebensklugheit, die ich durch so mannigfaltige Erfahrungen gewann, mir lehren... Unruhig über Dein Schicksal, unentschlossen, wie ich uns beiden raten sollte, wußte ich keinen Ausweg, als mich an einen Freund zu wenden, dem ich Einsicht genug zutraue, mir gerade in diesem Fall zu raten, der einst auch der seine war und unter viel ungünstigeren Umständen, denn er war sehr arm und 4 oder 5 Jahre älter, als Du jetzt bist, da er sich zum Studieren entschließen konnte, freilich aber auch konnte er Latein und hatte mehr eigentliche Schulwissenschaft als Du. Dieser Freund ist Fernow, wenn Du ihn kenntest, würdest Du ihn lieben und achten wie ich, er ist hier der einzige Mensch, zu dem ich über alles mit vollem Vertrauen sprechen kann, weil ich weiß, daß alles, was mich betrifft, auch ihn lebhaft ergreift, genug, er ist mein Freund im vollen Sinn des Wortes. Mit ihm sprach ich also und las ihm die merkwürdigsten Stellen aus Deinem Briefe vor; da er Dich nicht persönlich kennt, so kann er über Deinen eigentlichen Beruf nicht entscheiden, doch sagte er mir seine Meinung, ich bat ihn, sie mir für Dich aufzuschreiben, hiebei folgt der Aufsatz ...

Um als Schriftsteller zu leben, muß man schon etwas Ausgezeichnetes liefern können, Fernow lebt so, und ich sehe, wie er arbeitet, um 5 Uhr früh sitzt er schon am Schreibpult, wenn er um 12 zu mir kommt, hat er schon des Tages Last und Hitze viele Stunden lang getragen, den Abend arbeitet er wieder, und so vergeht ein Tag nach dem andern, und was hat er dafür? Freilich die Freude an seinem Werk und den Beifall der Kenner, um diesen gibt er wenig, denn er ist nicht ehrgeizig, jene würde er um keinen Preis geben, er würde ebenso arbeiten, sagt er, wenn er reich wäre, so arbeitet er aber, um zu leben, er lebt höchst eingeschränkt, und doch wird's ihm schwer, soviel zu verdienen, dafür aber hat er jetzt im 42. Jahr schneeweißes Haar, das Ansehen eines Greises und eine zerrüttete Gesundheit, und dennoch ist er einer von denen Glücklichen, denen ein leichter Sinn und frohes rasches Blut zuteil ward, er ist von Natur lustig und guter Dinge, hat sich, wie er selbst sagt, nie über etwas gegrämt, hat ein sanftes, gelassenes Temperament und wurde gewiß von der Natur mit großer physischer Kraft ausgestattet, wie man noch an der Ruine dessen, was er sonst war, sieht ...

Ein großes Unglück hat über uns geschwebt; es ist vorübergezogen. Goethe ist dem Tode nahe gewesen. Seit vierzehn Tagen, die er krank war, habe ich ihn nicht gesehen; jetzt ist er besser und kommt hoffentlich übermorgen zu mir; dann gebe ich meine Gesellschaft zum letzten Male. Es wird jetzt Sommer, und die Zeit der Geselligkeit ist vorüber. Er hat der verwitweten Herzogin eine Standrede geschrieben, die am Tage ihres feierlichen Leichenbegängnisses in der Kirche abgelesen wurde. Gerne schickte ich sie dir, wenn sie nicht auf so dickem Papier gedruckt wäre. Wie wunderbar der große Mann jeden Ton zu treffen weiß! wie meisterhaft alles ist, was von ihm kommt! Sie ist, ich weiß nicht, ob in der hallischen oder Jenaer Literaturzeitung, abgedruckt; dort kannst Du sie finden, auch kommt sie wohl ins »Morgenblatt«. Im Modejournal des künftigen Monats wirst du einen sehr hübschen Aufsatz über sie von Fernow finden. Auch einen über eine große Katzbalgerei, die in Dresden unter den Malern bei der diesjährigen Ausstellung entstanden ist. Vor ein paar Monaten war auch etwas von meiner Fasson darin, aber nur eine Übersetzung, nämlich die englischen Moden. Bertuch hat hier niemand, der Englisch ordentlich versteht, da half ich ihm aus der Not, aber lustig war's mir, mein Geschreibsel gedruckt zu lesen. Morgen wird »Das Gespenst« von Plautus hier gespielt, welches Einsiedel übersetzte und bei mir vorlas; ich freue mich dazu; es wird ganz nach alter Weise mit Masken gespielt. Am Sonnabend wurde »Don Carlos« ziemlich gut gegeben; besonders Wolff und seine Frau als Posa und Eboli spielten meisterhaft. Das Ende war mir neu; Schiller hat's kurz vor seinem Tode verändert. Wie der König den Carlos mit der Königin überrascht (der Großinquisitor bleibt ganz weg), brennt Don Carlos zwei Pistolen auf den König ab, die beide fehlen; der König gibt Befehl, ihn der Hermandad auszuliefern. Die Königin liegt in Ohnmacht, Carlos tritt zu ihr, beteuert ihre Unschuld in einer langen Rede und ersticht sich. Fürs Theater ist dies Ende wohl befriedigender, aber mir wollte es doch nicht gefallen, vielleicht wegen des Ungewohnten...

Du weißt, Tischbein hat ein Eselsbuch, das er gar nicht aus den Händen gibt; er will es gern mit Erläuterungen bekannt machen und gab mir damals einen Brief an Professor Remer in Braunschweig, damit ich mit dem drüber sprechen und dann Tischbein meine Meinung von ihm melden sollte. Über all dem Wirrwarr schrieb ich nur durch Ridel erst und riet Tischbein davon ab, weil Remer mir nicht der Mann dazu scheint. Zugleich bat ich ihn, das Buch durch Rideln an Goethen zu schicken, mit dem ich darüber gesprochen hatte. Er hat es auch gewollt, was mich sehr wundert, und der ängstliche Ridel hat's nicht mitnehmen wollen, weil Goethe es der Esel wegen seiner Meinung nach übelnehmen könnte, ist also abgereist, ohne von Tischbein Abschied zu nehmen. Ist das nicht eine echte Eselei? ...

An Arthur Schopenhauer

Weimar, den 14. Mai 1807 Du bist also entschlossen, mein Arthur; viel Glück dazu, ich hoffe, es soll Dich nicht reuen; denn nach diesem Schritte käme jede Reue zu spät. Jetzt ist nur *ein* Weg für uns, und der geht vorwärts ... Du kannst nur glücklich werden, wenn du jetzt nicht wankst noch weichst. In Deinem Alter kann man ungeheuer viel, wenn man nur ernstlich will. Jetzt willst Du gewiß mit ganzer Seele, aber wirst Du ausdauern und werden die großen Schwierigkeiten, die sich Dir entgegenstellen, Dich nicht zurückschrecken? Nur dies Eine fürchte ich; denn an Talent fehlt es Dir nicht, aber Du bist alt und klug genug, um Dein eigenes Heil zu bedenken, und so hoffe ich getrost. Ich habe auch meinen Freund Fernow schon gesprochen, auch Meyern, der mich heute besuchte, habe ich Deinen schnellen Entschluß erzählt. Goethe nahm gestern Abschied von mir, übermorgen geht er ins Karlsbad: gebe der Himmel, daß er mit neuem frischem Leben zurückkehrte. Meyer fand unser beider Benehmen recht und billig, Fernow hat Deinen Brief gelesen und freut sich Deines Entschlusses und wird uns ferner raten und helfen. Ich denke Dich in Gotha in das Haus irgendeines der vielen vortrefflichen Schulgelehrten zu bringen, die dort sind. Fernow hat dort einen Freund, Dr. Jacobs, der ein gar trefflicher Mensch sein soll, auch nach Meyers Aussage gelehrt und gebildet wie wenige. Vielleicht nimmt er Dich, auf jeden Fall soll er Deine Studien leiten. Ich werde Ende der künftigen Woche mit Fernow hinüberfahren und sehen, wie und wo ich Dich dort anbringe. – – In Gotha sollst Du, so gut als möglich ist, wohnen, aber auf Eleganz mußt Du Verzicht tun; wenn Du erst unter uns bist und das hiesige Leben siehst, wirst Du alles dies für Philisterei halten und Dich darüber schämen; wenn Du erst ein Mann bist und Deinen eigenen Herd hast, dann magst Du Dir Dein Nest, so zierlich Du willst und kannst, aufzieren, bis dahin aber ist das lauter Ballast, der Dir nur hinderlich wird. Alle Abreden wären also genommen, Du reisest, sobald Du kannst, über Kassel gerade hierher, wenn keine Reisegesellschaft sich findet, mit der ordinären Post. Bücher, Bett, Notenpult und Schreibpult werden über Lüneburg hierher an mich geschickt, die übrigen Möbeln bleiben fürs erste bei Willinks. Ich werde in der Zeit für Dich hier sorgen. Auf dem Lande kannst Du nicht sein; es ist kein Landprediger in der Nähe, der gelehrte Kenntnisse genug besäße... In alle diesem folge ich Fernows Rat, er ist mein Freund und hat mein volles Vertrauen; er war nie in Gotha, kennt Jacobs nicht persönlich, steht aber schon lange mit ihm in einer gelehrten Korrespondenz, fürchte also nicht, daß er etwa das Interesse eines Freundes befördern will; das Gute, was ich Dir von Jacobs schreibe, ist der allgemeine Ruf: seit ich hier bin, habe ich schon viel von ihm gehört – – Denke nicht ferner über Deinen Entschluß, er ist jetzt gefaßt; aber waffne Dich mit Mut, strebe Dich von so manchem unnützen Tand loszumachen, der Dir nur hinderlich sein und nicht helfen kann. Du verachtest den Reichtum, lerne auch seinen Schein verachten und Deinen Blick einzig nach dem schönen großen Ziel zu richten, das Du Dir selbst gesetzt hast, so wirst Du glücklich sein. Auch mir ist jetzt wohler ums Herz; denn Dein Mißmut drückte auch mich; es wird jetzt alles besser, alles recht gut gehen, das hoffe ich mit Überzeugung.

An Arthur Schopenhauer

Herbst 1807 ... Fragst Du mich, so stimme ich für Altenburg, weil ich glaube, daß der Aufenthalt dort für Dich am zweckmäßigsten sein wird und daß Du dort bei weniger Zerstreuung als hier, wo Dich das Theater und anderes mehr anziehen wird, dennoch, wie ich nach aller Urteil glauben muß, ein angenehmeres Leben führen können wirst. Willst Du lieber hier sein, so habe ich auch nichts dagegen, glaube auch, daß Du mit Fleiß und Anstrengung hier Deinen Zweck wirst erreichen können; doch kannst Du nur sechs Stunden wöchentlich von Passow haben, mußt allein studieren und zusehen, wie Du Dir forthilfst; denn das hiesige Gymnasium ist nichts für Dich ... Ich würde Dir dann nicht weit von mir und Passow eine Stube und Kammer mieten.

Du wirst für uns beide zuträglich finden, daß ich dann unser gegenseitiges Verhältnis so einzurichten strebe, daß unserer beider Freiheit kein Abbruch geschieht und ich in der zwangslosen, friedlichen, unabhängigen Ruhe bleibe, die mich jetzt erst recht eigentlich des Lebens froh werden läßt. Also, lieber Arthur, wenn Du hier wohnst, treibst Du Dein Wesen für dich, als wäre ich nicht da, nur daß Du alle Mittage von 1 Uhr bis etwa gegen 3 Uhr bei mir zu Tische kommst. Den Abend bringt jedes von uns zu, wie es will, außer meine beiden Gesellschaftsabende, an welchen Du mit den übrigen natürlicherweise zu mir kommst und, wenn Du willst, auch bei mir zu Abend issest; die andern Abende speisest Du zu Hause, auch Deinen Tee trinkst Du zu Hause – – So, lieber Arthur, glaube ich, ist's notwendig für uns beide: auf diese Weise bleiben wir so ziemlich in unsern jetzigen Verhältnissen. Ich gestehe Dir, ich finde die meinigen so angenehm, ich bin diese ruhige Lebensweise so gewohnt, daß mir vor allem graut, was eine Abänderung darin zuwege bringen könnte ... Deine eigene Freiheit gewinnt dadurch auch – – An Vergnügungen hast Du drei Abende Theater und zwei Abende bei mir und daran wohl genug, obgleich ich fürchte, die Abende bei mir werden Dir nicht immer so angenehm erscheinen wie denen, die, älter und bedeutender, als Du bis jetzt noch sein kannst, tätigen Anteil daran nehmen können. Du bist der einzige ganz junge Mensch in dieser Gesellschaft; doch das Interesse, Goethe nahe zu sein, wird Dich für die Lustigkeit, die Du vielleicht vermissen wirst, hoffentlich entschädigen. – – Mir sollst Du recht willkommen sein, und ich will tun, was ich, ohne meine eigene Freiheit und Ruhe aufzuopfern, tun kann, um Dir Deinen Aufenthalt hier recht angenehm zu machen.

An Arthur Schopenhauer

Weimar, den 13. Dezember 1807 ... Von allen Gründen, die Dich bestimmten, Weimar zu wählen, sehe ich nur den einen, daß Du gern hier sein wolltest. Du bist in Weimar nicht mehr als anderswo bis jetzt zu Hause; ob Du es mit der Zeit sein wirst, werden wir sehen, ich lasse Dich eben gewähren, wie ich immer getan habe...

Nun zu Deinem Verhältnisse hier gegen mich, und da dünkt mir es am besten, ich sage Dir gleich ohne Umschweife, was ich wünsche und wie es mir ums Herz ist, damit wir einander gleich verstehen. Daß ich Dich recht lieb habe, daran zweifelst Du nicht, ich habe es Dir bewiesen, solange ich lebe. Es ist zu meinem Glücke notwendig zu wissen, daß du glücklich bist, aber nicht ein Zeuge davon zu sein. Ich habe Dir immer gesagt, es wäre sehr schwer, mit Dir zu leben, und je näher ich Dich betrachte, desto mehr scheint diese Schwierigkeit, für mich wenigstens, zuzunehmen. Ich verhehle es Dir nicht: solange Du bist, wie Du bist, würde ich jedes Opfer eher bringen als mich dazu entschließen. Ich verkenne Dein Gutes nicht, auch liegt das, was mich von Dir zurückscheucht, nicht in Deinem Gemüt, nicht in Deinem innern, aber in Deinem äußern Wesen, Deinen Ansichten, Deinen Urteilen, Deinen Gewohnheiten – kurz, ich kann mit Dir in nichts, was die Außenwelt angeht, übereinstimmen. Auch Dein Mißmut ist mir drückend und verstimmt meinen heitern Humor, ohne daß es Dir etwas hilft. Sieh, lieber Arthur, Du bist nur auf Tage bei mir zum Besuch gewesen, und jedesmal gab es heftige Szenen um nichts und wieder nichts, und jedesmal atmete ich erst frei, wenn Du weg warst, weil Deine Gegenwart, Deine Klagen über unvermeidliche Dinge, Deine finstern Gesichter, Deine bizarren Urteile, die wie Orakelsprüche von Dir ausgesprochen werden, ohne daß man etwas dagegen einwenden dürfte, mich drückten und mehr noch der ewige Kampf in meinem Innern, mit dem ich alles, was ich dagegen einwenden möchte, gewaltsam niederdrückte, um nur nicht zu neuem Streit Anlaß zu geben. Ich lebe jetzt sehr ruhig, seit Jahr und Tag habe ich keinen unangenehmen Augenblick gehabt, den ich Dir nicht zu danken hätte. Ich bin still für mich, niemand widerspricht mir, ich widerspreche niemandem, kein lautes Wort hört man in meinem Haushalt, alles geht seinen einförmigen Gang, ich gehe den meinen, nirgends, merkt man, wer befiehlt und wer gehorcht, jeder tut das Seine in Ruhe, und das Leben gleitet hin, ich weiß nicht wie. Dies ist mein eigentliches Dasein, und so muß es bleiben, wenn Dir die Ruhe und das Glück meiner noch übrigen Jahre lieb ist. Wenn Du älter wirst, lieber Arthur, und manches heller siehst, werden wir auch besser zueinander stimmen, und vielleicht verlebe ich dann meine besten Tage in Deinem Hause mit Deinen Kindern, wie es sich für eine alte Großmutter gehört. Bis dahin laß uns streben, daß die tausend kleinen Neckereien nicht unsere Gemüter erbittern und die Liebe daraus verjagen. Dazu gehört, daß wir wenig miteinander sind; denn obgleich wir bei jedem wichtigen Anlaß bald eins sind, so sind wir bei jedem andern desto uneiniger. Höre also, auf welchem Fuß ich mit Dir sein will. Du bist in Deinem Logis zu Hause; in meinem bist Du ein Gast, wie ich es etwa nach meiner Verheiratung im Hause meiner Eltern war, ein willkommener, lieber Gast, der immer freundlich empfangen wird, sich aber in keine häusliche Einrichtung mischt. Um diese bekümmerst Du dich gar nicht – – ich dulde keine Einrede, weil es mich verdrießlich macht und nichts hilft – – an meinen Gesellschaftstagen kannst Du abends bei mir essen, wenn du Dich dabei des leidigen Disputierens, das mich auch verdrießlich macht, wie auch alles Lamentierens über die dumme Welt und das menschliche Elend enthalten willst, weil mir das immer eine schlechte Nacht und üble Träume macht und ich gern gut schlafe.

An Heinrich August Ottokar Reichard

Weimar, den 13. Dezember 1808 Unser letztes Wiedersehen, lieber Herr Kriegsrat, und die freundliche Weise, mit der Sie mir bewiesen, daß das Andenken der schönen Stunden, die wir einst miteinander in der Gesellschaft eines der liebenswürdigsten Wesen, die da lebten, zubrachten, ebensowenig aus Ihrem Gedächtnis und Ihrem Herzen verschwunden sind als aus dem meinigen und daß der Freundschaftsbund, den wir auf dem Hirschgrund knüpften, noch immer hält, dies macht mir Mut, mich Ihnen wie einem alten langbewährten Freunde zu nähern, und zwar mit einer recht herzlichen Bitte, von der ich im voraus überzeugt bin, Sie erfüllen sie, wenn die Lage der Dinge es erlaubt. Sie wissen, Fernow ist tot, in ihm verlor die Kunst und Wissenschaft eine ihrer ersten Stützen, die Welt einen der edelsten Menschen und ich den geliebtesten meiner Freunde; man muß ihn kennen wie ich, um seinen ganzen Wert zu fühlen, und genoß man dieses Glück, so mußte man sich auch durch die ergebene Weise, wie er namenlose Leiden trug, erhaben und gestärkt fühlen gegen alle Stürme des Lebens. Ihm hat die Parze keinen goldenen Faden gesponnen, aber er fand sein Glück in sich, sein ganzes Leben ging unterm eisernen Druck der Not hin, nur die beiden letzten Monate seines Lebens, nachdem er seine Frau nach unendlichen Leiden hatte sterben gesehen, gelang es mir, durch schwesterliche Pflege und treue innige Freundschaft zu erheitern; wie gerne hätte ich dies schöne Amt noch länger verwaltet! Ich nahm ihn gleich in den ersten Tagen

der Trauer in mein Haus, hier kämpfte er den langen Todeskampf und schlief zuletzt wie der ermüdete Pilger sanft und
ruhig ein nach langer Mühe. Zwei ganz verlassene Kinder sind
nachgeblieben, der edle junge Bertuch ist ihr Vormund. Ich will
in Liebe ihre Mutter sein und hoffe, edle Freunde werden uns
helfen, daß dieser Nachlaß eines höchst trefflichen Menschen
nicht untergehe. Er starb sehr arm, Menschen wie er sind nicht
zum Reichwerden gemacht, außer seinen Büchern ist fast
nichts da, diese, hoffen wir, soll unser gütiger kunstliebender
Herzog in eine Leibrente für die Waisen verwandeln. Ärmer als
arm kam er schon aus Italien unter den ungünstigsten Umständen, krank mit einer fremden Frau, die weder die Sprache noch
die Sitte und Haushaltungsart des Landes kannte, nach Jena im
ungünstigsten Moment, wie alles auseinanderzugehen drohte;
der Schutzgeist alles Guten und Schönen, Amalia, nahm seiner
sich an, dem hohen Beispiel folgten, die sie zunächst umgaben,
Herr v. Einsiedel und Frl. v. Göchhausen, beide liehen ihm
Geld, ersterer hat schon unaufgefordert die Schuldverschreibung getilgt und will die ganze Sache vergessen haben. Letztere schätzte ihn wahrlich nicht weniger. Sie hätte ihm gerne
geholfen, die ihrem Alter, ihrer Kränklichkeit und unserm
Geschlecht eigene Furchtsamkeit hinderten sie, das Papier,
das er ihr auf die 200 sächs. T. gegeben hatte, zu vertilgen; wüßte ich, sagte sie mir einst in ihren letzten Tagen, daß ich bald
stürbe, ich würde dies Papier gleich zerreißen; sie zeigte es mir,
und so gerne ich sie gebeten hätte, es zu tun, so wagte ich's
nicht, sie war meine Freundin, sie dauerte mich unendlich, und
ich wagte nicht, ihr sehen zu lassen, was ich von ihrem Gesund-
heitszustande hielte. So blieb das Papier und fiel in die Hände
ihres Neffen, der jetzt Ihr Schwiegersohn ist, er kannte weder
Fernow noch dessen Lage, so war's natürlich, daß er es gelten
machen wollte. Dieser, der wirklich mit Überzeugung hoffte,
seine alte Freundin hätte ihr ihm auch halb und halb gegebenes
Wort erfüllt, erschrak darüber und brachte unter Mühe und Not
die Hälfte zusammen, und H. v. Göchhausen war so gütig, einstweilen sich damit zu begnügen. Jetzt ist er tot, das wenige, was
außer der Bibliothek da ist, reicht kaum zu seiner Beerdigung,

den ersten Bedürfnissen der Kinder und der Bezahlung kleiner Rechnungen hin. Wenn man drauf dringt, daß die Bücher gleich verkauft werden, ist die Hoffnung für das künftige Fortkommen der Kinder dahin, sie werden Bettler und müssen ohne Erziehung in Kummer und Not untergehen. H. v. Göchhausen muß ein edler Mensch sein, denn er gehört zu Ihnen, lieber teuerer Freund, bitten Sie ihn, daß er diese zweite Hälfte den Waisen schenkt und dadurch eine Tat begeht, deren Segen ihm gewiß nicht ausbleibt und bestünde er auch nur in dem Beifall seines eigenen Herzens, es wird ihn beglücken. Er ist ein junger Mann, diese Summe kann ihm nicht viel sein, sie kam doch nur durch Zufall in seine Hände; doch ich will seine schöne Tat nicht verkleinern: gewiß, es ist edel, seinen eigenen Vorteil für ganz fremde Kinder hinzugeben, aber er wird's tun, denn er ist Ihr Schwiegersohn. Erlaubt seine Lage ihm diese Großmut, nun, so schenkt er doch wohl den Waisen die Hälfte oder so viel er entbehren kann; nur ein vorzüglicher Mensch, ich wiederhole es, konnte mit Ihnen in ein so nahes schönes Verhältnis treten, und so fürchte ich, besonders mit Ihrer Fürsprache, nichts für meine Bitte. Im schlimmsten Fall wenigstens wird er sich entschließen, zu warten, sich Termine gefallen zu lassen und sich auf mein Ehrenwort zu verlassen, daß ich und mein Freund Bertuch das Möglichste tun werden, ihn zu befriedigen, nur lasse er seinen Advokaten keinen Schritt weiter in diese Sache tun, sondern lasse sich gefallen, mit mir und Bertuch die Sache freundschaftlich abzutun.

Ach wie sehnlich wünsche ich jetzt, reich genug zu sein! Doch auch so ist's gut, ich tue jetzt mehr für meines toten Freundes Kinder, als ob ich bloß in den Beutel griffe und meinen Überfluß hingäbe. Ich hoffe, Ihr Sohn wird edel und großmütig sein; sähe er nur die verlassenen Kinder, gewiß, ich hätte schon gesiegt und hätte das Glück, einen edlen Menschen mehr zu kennen und zu lieben.

Ich bitte nicht, daß Sie mir meinen Brief und mein Anliegen vergeben; können Sie es erfüllen, so bin ich überzeugt, Ihnen eine Freude damit bereitet zu haben. Nur verzeihen Sie, daß mein Brief so ungeschickt aussieht, ich wurde mit Schrecken

353

gewahr, daß ich einen halben Bogen statt eines ganzen ergriffen hatte, und zum Abschreiben kann ich mich doch nicht entschließen.

Ich hoffe Sie bald zu sehen und auf längere Zeit als das letztemal; meine Freunde sollten sich jetzt näher um mich schließen, um mir die große Lücke zu verbergen, die der Tod riß. Leben Sie wohl, mögen Sie nie wieder einen Schmerz fühlen, wie der meinige ist.

Ihre Freundin
J. Schopenhauer

An Friedrich Wilhelm Riemer

Weimar, den 1. Oktober [1809] Frau von Goethe hat gesagt, daß sie dem Geheimen Rat meine Bitte um Empfehlungsbriefe für meinen Arthur nach Göttingen vorgetragen hat und daß er wirklich so gütig war, sie erfüllen zu wollen, worüber ich mich denn sehr freue, weil ich wohl fühle, wie sehr diese Briefe meinem Arthur sein Auftreten in einer Welt, in der er niemanden kennt und von niemand gekannt wird, erleichtern muß.

Haben Sie die Güte, lieber Freund, meine Bitte wieder in Anregung zu bringen, ich wünsche sehr, diese Briefe Mittwoch oder Donnerstag zu haben, denn Freitag schnürt Arthur sein Bündel, um Sonnabend nacht abreisen zu können, sagen Sie dem Geheimen Rat, daß mir dieser neue Beweis seiner Güte gegen mich unendlich wert ist und daß ich mit Überzeugung hoffe, daß er für meinen Sohn ein neuer Antrieb sein wird, sich so zu betragen, daß er dessen nicht unwert erscheine.

Ich hoffe, die kalte Witterung treibt Sie beide wohl bald wieder in die Winterquartiere, wo niemand Sie sehnlicher wünscht und erwartet als ich. In dem Wunsch, Sie, lieber Doktor Riemer, bald wiederzusehn, mischt sich ein wenig Eigennutz, Sie sehen, wie abscheulich ich schreibe, ich habe nicht eine vernünftige Feder, und meine Ungeschicklichkeit ist weltkundig, also eilen Sie mit einem wohlgeschärften Federmesser zu mir und helfen mir aus der Not. Was tun Sie in Jena? Ich höre, die Leute sind da Braut und Bräutigam, und so etwas anzusehen ist ein schlechter Spaß, darum will ich auch nicht hin, sondern hier Sie erwarten.

Ihre Freundin
J. Schopenhauer

An Friedrich Wilhelm Riemer

Jena, den 14. November [1810] Freund Kaaz hat mir nebst vielen Briefen und Farbkästchen und anderen guten Sachen für mich und meine Freunde auch beikommenden Brief und Porträt für den Geheimen Rat geschickt, welches ich Sie bitte, an ihn abzugeben und nebenher ihn an meine kleine Person zu erinnern, die sich hier im ganzen wohl befindet, aber doch eine gewaltige Sehnsucht nach Weimar und ihren dortigen Freunden und Freuden verspürt. Ich muß mir alle Tage vorsagen, daß ich, wenn ich dort wäre, aus Besorgnis für meine Adele, die gerade jetzt nach einer langen mehrjährigen Kränklichkeit recht zu Kräften kommt, doch nicht des Lebens froh werden könnte, sonst wäre ich längst da und in meinem Beruf hinterm Teetisch. Ich hoffe, das Schlimmste ist überstanden, die Krankheit nimmt ab, und vielleicht bin ich künftige Woche da. Stark, der mein Orakel ist, soll es entscheiden.

Ich konnte diese Gelegenheit mir nicht entgehen lassen, ohne mein Andenken bei Ihnen und durch Sie beim Geheimrat aufzufrischen. Recht hübsch wäre es von Ihnen, wenn Sie mir weismachten, daß auch ich vermißt werde. Empfehlen Sie mich der Frau Geheimrätin. Sollte sie vielleicht diesen Sonnabend zum Ball herüberkommen? Ich höre, die fremden Studenten geben einen. Auf den Fall findet sie mich im Holzmannschen Hause, neben dem Papierhändler Hertel, denn in der »Sonne« ging es auf die Länge nicht.

Ich schreibe miserabel, denn ach! mit meinen Federn ist's wieder schlecht bestellt.

Adieu, lieber Doktor, tun Sie mir den Gefallen, sich recht zu langweilen, bis ich wiederkomme.

J. Schopenhauer

An Johann Diederich Gries

Weimar, den 24. Januar 1813 Zürnen Sie nicht, lieber Freund, daß Sie heute diese Zeilen statt eines Buches erhalten. Das Ihnen zugedachte ist diesmal der »Phantasus«, und da ich weiß, daß Sie ihn selbst besitzen, so hoffte ich, Sie würden mir erlauben, ihn an Ihrer Stelle zu behalten, um die Einleitung recht mit Vernunft lesen zu können. Damit Sie nicht ganz ohne Lektüre bleiben, so will ich Sie an Frommanns verweisen, welche, soviel ich weiß, das Gespensterbuch besitzen, nehmen Sie es nur, denn wer weiß, wann Majer es kommen läßt, er vertröstet mich, wenn ich mit seiner Sammlung nicht recht zufrieden erscheine, immer auf die Ostermesse.

Vorige Woche hat mir Goethe wunderschöne Stanzen aus der »Zenobia« mitgeteilt, sie sind so, daß sich gar nichts drüber sagen läßt.

Haben Sie doch die Güte, dem wohlehrwürdigen Herrn Diakonus Koethe zu sagen, daß ich vermute, daß der von ihm und Knebel projektierte Almanach wohl schwerlich so bald zustande kommen wird und ihn also bitten lasse, mir meine Erzählung wiederzuschicken, indem ich sie jetzt brauche. Sollte der Almanach zur Welt kommen, so werde ich durch einen andern Beitrag mein Wort zu lösen wissen, wenn's gefordert werden sollte.

Zu der Herzogin Geburtstag wird eine italienische Oper, »Agnes«, gegeben. Niemand freut sich drauf, sie soll aber schön sein, Stromeyer, die Heygendorf und die Schönberger haben damals bei mir manches draus gesungen; was freilich durch solche Stimmen sehr gehoben wird.

Wielands Tod hat uns alle in tiefe Betrübnis versetzt, wir waren so gewohnt, ihn bei uns zu wissen, daß uns sein Verlust fast unmöglich dünkte. Ich habe einen wahren Freund an ihm verloren. Sonntag wird er im Palais zu sehen sein, alles wird eingerichtet, wie es bei der Herzogin Amalia Leiche war, seine Werke, ein Lorbeerkranz und seine beiden Orden werden auf den Taburetts neben dem Sarge liegen, die Freimaurer werden die Totenwache beim Sarge halten. In der Nacht wird er ganz in der Stille nach Osmannstedt gefahren, wo, wie Sie wissen, im Garten sein Grab längst bereit ist, Montag wird er in Gegenwart seiner Freunde eingesenkt, Ridel als Meister vom Stuhl wird bei der Gruft eine kurze Rede halten.

Leben Sie wohl, lieber Doktor, heute über acht Tage sehe ich Sie vermutlich hier.

J. Schopenhauer

An Karl Ludwig von Knebel

Weimar, den 29. März 1813 Lange schon, lieber Herr Major, hätte ich Ihnen auf Ihre letzten freundlichen Zeilen geantwortet, nur, ich gestehe es Ihnen aufrichtig, wußte ich nicht recht, wie ich es anfangen sollte. Ihr Lob, ich gestehe es ehrlich und offen, tut mir recht im innersten Herzen wohl, und wer kann es mir verdenken, der Sie kennt? Gewiß, ich bin nicht eitel, ich unterscheide recht gut, von welcher Gattung der Beifall ist, den man mir hin und wieder zollt. Über manches Lob schäme ich mich, andres verdrießt mich, aber daß Sie und Goethe vielleicht noch zwei oder drei andre mir über meine Versuche dann und wann ein freundliches, ermunterndes Wort sagen, das ist die Freude und der Stolz meines Lebens. Diesmal aber, lieber

Major, dünkt mir, Sie loben mich doch mehr, als ich's verdiene; die Parallele, in die Sie mich mit Frau von Staël stellen, ist doch wohl viel zuviel für mich, viel, viel zu vornehm! Doch ich weiß, Sie haben mich lieb und wollen mich durch dieses Lob aufmuntern, es immer besser und besser zu machen. Das soll denn auch geschehen, soviel in meinen Kräften steht, und wenn Sie vielleicht künftig etwas von mir lesen, das Ihnen gefällt, so denken Sie nur dabei, daß Ihr Beifall mich antrieb, es so zu machen. Ich wollte, Sie lebten bei uns: oft würde ich Sie dann um guten Rat ansprechen, aber daran ist nun einmal nicht zu denken; indessen, einen kleinen Besuch könnten Sie uns wohl schenken, jetzt da Sie, wie ich höre, Strohwitwer sind. Neues meldete ich Ihnen gern; ich höre dessen genug, aber alles ist so ungewiß! Napoleon, sagt man, kommt heute nach Magdeburg, in Dresden sollen die Russen eingerückt sein; Leipzig wird in diesen Tagen evakuiert, so sagt das Gerücht.

Ich wollte, ich hörte nichts und sähe nichts als meine Freunde, meine Bücher und meine Arbeiten, und alle politischen Neuigkeiten blieben fern von mir, obgleich sie auch über mein Schicksal entscheiden. Alle diese Furcht und Hoffnung ist mir ärger als das wirkliche Übel; man trägt's doch, ist's einmal da, aber das Hin- und Herballotieren ist unerträglich.

An Arthur Schopenhauer

[Mai 1814] ... Müller verdrängt Dich nicht, er weiß nichts von dem, was wir jetzt miteinander verhandeln; denn es ist meine Art, nie von dem, was ich tue oder lasse, ohne Not zu sprechen. Ich spreche überhaupt fast nie von Dir mit ihm, obgleich er nie sich so über Dich ausdrückt, daß Du es nicht selbst anhören könntest, weil er weiß, es würde mir weh tun, wenn er es täte... Von jenen unangenehmen Vorfällen zwischen Dir und Müllern haben wir so viel gesprochen, daß es endlich genug sein

könnte. Ich war damals mit Dir nicht zufrieden, mit ihm aber auch nicht, ich sagte es ihm wie Dir, er erkannte sein Unrecht, in meiner Gegenwart sich so vergessen zu haben, bat mich um Vergebung, und die Sache war zwischen mir und meinem Freunde abgetan. Er war fest entschlossen, nie wieder in den gleichen Fehler zu fallen; aber es ging nicht: Ihr seid ein paar einander so entgegengesetzte Elemente, daß es knallen und brausen muß, wenn Ihr zusammenkommt, ohne daß jeder deshalb an sich schlechter wäre. Das sah ich deutlich, Ihr könnt nicht nebeneinander existieren, daher traf ich die Einrichtung, nach welcher wir jetzt ganz friedlich leben und uns wohl dabei befinden. Müller hat jetzt keinen Grund, Dich fern zu wünschen. Er haßt Dich nicht wie Du ihn, er ist darin gerechter als Du. Das Alleinessen mittags ist ihm recht, da er jetzt viel zu tun hat, und es ist möglich, daß diese Einrichtung bleibt, selbst wenn Du fort bist; im übrigen genierst Du ihn gar nicht. Dein Treiben und Wesen gefällt mir freilich nicht immer und ganz. Du scheinst mir zu absprechend, zu verachtend gegen die, die nicht sind wie Du, zu aburteilend ohne Not und predigst mir zuweilen zuviel... Ich weiß, dies ist die jetzige Art der jungen Welt, ich ertrage sie und denke, die junge Welt wird auch einst alt. Besonders aber verdrießt es mich, wenn Du auf die schimpfst, die, ergriffen von der großen Zeit, in der wir leben, das Schwert zur Hand nehmen, selbst wenn die Natur sie nicht dazu bestimmte. Du solltest andern ihre Weise lassen, wie man Dir die Deine läßt, denke ich. Gans ist dann froh, seine angeborene Feigheit hinter Dir zu verbergen, und pappelt Dir nach, ohne Deinen Geist zu haben. Das ist gar nicht erfreulich zu hören; lieb wär's mir, wenn Du solche Unterhaltung in Zukunft vermiedest.

Warum unser Familienband Dir zerrissen scheint, begreife ich nicht. Laß nur Gelegenheiten zur Teilnahme kommen, Du wirst sie bei mir und Adelen nicht vermissen. Schon unsere Bereitwilligkeit, Deinen israelitischen Freund aufzunehmen, sollte Dir ein Beweis dafür sein. Wollte ich Dir meinen Freund opfern, weil Ihr Euch nicht miteinander vertragt, so täte ich Unrecht an ihm und mir. Du hast mir oft bei andern Gelegenheiten gesagt: wir beide sind zwei – und so muß es auch sein. Genug, ich habe dafür gesorgt, daß Ihr einander wenigstens nie in den Weg treten könntet. Ich aber kenne Euch beide, jeder ist mir lieb nach seiner Art, und keiner tut dem andern bei mir Eintrag, keinen werde ich dem andern opfern. Da ich aus Gründen, die ich einsah, eh' ich Müllern kannte, weiß, daß wir beide nie in *einem* Haushalt auf die Dauer leben können, da ich weiß, daß Du selbst dies nie wünschtest, warum soll ich mich von einem Freunde losreißen, der mir treu ist und helfend, so wie's not tut, der mir meine Existenz angenehmer macht und den ich und viele achtungswerte Menschen für gut und rechtlich anerkennen? Bloß weil er sich, hingerissen von Zorn, Empfindlichkeit und Hitze, unartig gegen Dich betrug, der auch nicht artig war?... Da wäre ich sehr ungerecht gegen mich und ihn. Laß ihn nur immer, wo er ist, er tut Dir keinen Eintrag. Sei mild, gut, teilnehmend gegen mich und Adelen, sitze nicht immer auf dem Richterstuhl uns gegenüber, und Du wirst sehen, ob wir Dich lieben. Antworte mir nicht, es ist unnötig. Wenn Du Deine Abreise bestimmt hast, so sag es mir, doch das eilt nicht, ich brauch es nicht lange vorher zu wissen.

An Goethe

[10. November 1815] Wollten Sie wohl, lieber Herr Geheimrat, heute eine Tasse Tee bei mir trinken? Ich habe mit Fleiß nicht früher anfragen wollen, um Sie nicht zu hindern, anders über Ihren Abend zu disponieren, wenn Sie dies aber nicht getan haben und mir ihn schenken wollen, so machen Sie mir eine große Freude, denn ich habe Sie seit einer Ewigkeit nicht gesehen. Sie finden den Erbprinzen bei mir, Frau von Wangenheim, Oberforstmeister v. Fritsch, Freund Meyer und weiter niemanden außer meinen Hausgenossen, Adelen und Reg.Rat Müller, doch Clementine Milkau hätte ich bald vergessen.

Ihre ergebene
J. Schopenhauer

An Goethe

den 24. Juni [1816] Ich bitte um die Erlaubnis, Ew. Exzellenz heute abend oder morgen zu irgendeiner von Ihnen zu bestimmenden Stunde meine Aufwartung machen zu dürfen. Nicht nur der Wunsch, nach langer Zeit Ew. Exzellenz wiederzusehen, bestimmt mich zu dieser Ihnen vielleicht lästigen Bitte, ich bin im Begriff, sowie die Witterung besser wird, eine Reise an den Rhein zu unternehmen, und bedarf über manches dabei zu Bedenkende Ew. Exzellenz Rat.

Ich bitte nur, durch den Überbringer mir mündlich sagen zu lassen, ob und wann ich kommen darf.

Ergebenst
Johanna Schopenhauer

An Elisa von der Recke

Weimar, den 25. Juni 1816 Tausend, tausend Dank, meine gütige, vortreffliche Frau von Recke, für Ihre Vorsorge. Sehr lieb ist es mir, daß Sie nicht gleich ein so teures Logis für mich mieteten; dies ist es, was Sie fast von allen, die ich kenne, auszeichnet, daß Sie sich so ganz in die Lage anderer hineindenken können. Zwar wäre ich nach Karlsbad gekommen, wenn die Wohnung gemietet gewesen wäre, aber es ist so weit besser für mich, da nicht nur die Wohnungen sondern alle übrigen Bedürfnisse dort so ungeheuer im Preise gestiegen sind. Es wäre unvernünftig, wenn ich jetzt hinginge, da meine Gesundheit mir erlaubt, den Sprudel ein Jahr auszusetzen und meine Tochter Adele in andern Bädern Ersatz für Franzenbrunnen finden kann. Ich gehe dies Jahr nun nicht nach Böhmen, denn obgleich die Mitte des August nicht zu spät für mich wäre, um den Sprudel zu trinken, so würde es doch Ende September in dem kalten feuchten Franzbrunn zu spät für Adelen, ihre Kur anzufangen, und die ist mir die Hauptsache. Ist dies Kind wohl, so bin ich es auch, sie ist mein eigentliches Leben. Im künftigen Jahr folge ich Ihrem Beispiel und gehe früher nach Karlsbad, dabei gewinne ich noch die Freude, vielleicht in Ihrer Nähe zu sein. Ich wage es gar nicht, Ihnen zu sagen, wie viel es mir wäre, einige Wochen lang Sie täglich zu sehen! Jetzt habe ich den Plan gefaßt, sowie nur die ewigen Regengüsse aufhören, nach Hanau zu gehen, wo ein Pflegesohn von mir mit Frau und Kindern lebt, den ich seit zehn Jahren nicht gesehen habe, und von dort nach Schwalbach, wo Adele baden und trinken soll; hernach machen wir eine kleine Reise den Rhein herunter bis Köln, die ein für mich ganz neuer Genuß sein wird, und ich bin überzeugt, die Bewegung der Reise, das mildere Klima und der Anblick der schönen Natur werden mir so viel Kräfte geben, daß ich den Winter über recht gut damit auskommen kann. Goethe, der eben bei mir war, hat mich in diesem Entschluß noch bestärkt; er will mich auch mit Empfehlungen versehen, damit ich auch Zugang zu den Kunstschätzen finde, die jene Gegenden aufbewahren.

Seid dem Tode seiner Frau habe ich ihn heute zum ersten Mal gesehen, denn es ist seine Art, jeden Schmerz ganz in der Stille austoben zu lassen und sich seinen Freunden erst wieder in völliger Fassung zu zeigen. Ich fand ihn dennoch verändert; er scheint mir recht im innersten Gemüt niedergeschlagen. Was Sie mir bei Gelegenheit des Todes der Fr. v. Goethe sagen, hat mich tief bewegt. Gute, edle Frau; gewiß, es lebt niemand auf der Welt, der Ihnen nahe kam und dem Sie nicht wohltaten, und Sie können nur mit Ruhe und Freude an alle uns Vorangegangenen denken!

Der Tod der armen Goethe ist der furchtbarste, den ich je nennen hörte. Allein, unter den Händen fühlloser Krankenwärterinnen, ist sie, fast ohne Pflege, gestorben; keine freundliche Hand hat ihr die Augen zugedrückt, ihr eigener Sohn ist nicht zu bewegen gewesen, zu ihr zu gehn, auch Goethe selbst wagte es nicht. Die entsetzlichen Krämpfe, in denen sie acht Tage lang lag, waren so furchtbar anzusehen, daß ihre weibliche Bedienung, die zu Anfang um sie war, auch davon ergriffen ward und fortgeschafft werden mußte. Dies verbreitete allgemeinen Schrecken, und niemand wagte, sich ihr zu nähern, man überließ sie fremden Weibern, reden konnte sich nicht, sie hatte sich die Zunge durchgebissen, ich mag das Schreckensbild nicht weiter ausmalen, aber herzlich dankte ich Gott, da ich hörte, ihr Leiden wäre beendigt. Ihre Unmäßigkeit in allen Genüssen zu einer sehr bösen Periode für unser Geschlecht hatte ihr das furchtbarste aller Übel, die fallende Sucht, zugezogen. Aber eben diese Unmäßigkeit war vielleicht nur eine Folge ihrer auffallend starken, heftigen Natur und ihrer körperlichen Beschaffenheit. Auf allen Fall hat sie die kurze Freude furchtbar gebüßt, und es kränkt mich, daß niemand mit Mitleid ihres Todes gedenkt, daß alles das viele Gute, welches doch in ihr lag, vergessen ist und nur ihre Fehler erwähnt werden, selbst von denen, welchen sie wohltat und die ihr im Leben auf alle Weise schmeichelten.

Ich sehne mich unbeschreiblich, Sie, teure Frau, und meinen lieben unvergeßlichen Freund Tiedge recht bald wiederzusehen. Müller, der Ihnen sich ehrerbietigst empfiehlt, teilt diese Sehnsucht mit mir. Ist denn gar keine Hoffnung, daß Sie sich bewegen ließen, einen Winter hier zu verleben?

Möge der Sprudel auch fortwährend noch seine heilsame Wirkung an Ihnen üben; mir war oft bange, wenn ich bei diesen Regentagen an Sie dachte. Erbalten Sie mir Ihr gütiges Andenken, Müller, Adele und ich, wir bitten alle darum und grüßen den Freund Tiedge aufs herzlichste.

Ihre Johanna Schopenhauer

An Friedrich Justin Bertuch

Weimar, den 1. Juli 1816 Vor unserer beider Abreise ins Bad habe ich noch manches auf dem Herzen, das ich Ihnen jetzt vortragen will, lieber Freund, und worüber ich mir bald Ihre bestimmte Antwort erbitte, denn da ich vielleicht drei Monate abwesend sein werde, so denke ich auch in der Fremde nicht ganz müßig zu gehen und möchte irgendeine leichte Arbeit mitnehmen, da ich so sehr gewohnt bin, mich mit der Feder zu beschäftigen.

Ich habe meine »Erinnerungen« jetzt von neuem durchgesehen, ich finde, sie sind ein abgeschloßnes Ganze, das mit dem zweiten Teil völlig beendigt ist, wie Sie selbst finden werden, wenn Sie dessen letzte Seite nur flüchtig nachsehen wollen. Das Buch hat mehr Beifall gefunden, als wir beide erwarteten, deshalb muß es bleiben, wie es ist. Wollten Sie eine zweite Auflage machen, so würde ich freilich viel Zusätze und Verbesserungen anzubringen haben, aber einen dritten Teil müssen wir nicht hinzufügen, es täte dem Buche Schaden; gerade daß es kurz ist, macht eines seiner Hauptverdienste, ich bin also entschlossen, den dritten Teil nicht zu schreiben, sondern den Stoff und die Vorarbeiten, die ich dazu liegen habe, mit der Zeit zu einem für sich bestehenden Ganzen zu verarbeiten, wie, weiß ich selbst noch nicht bestimmt.

Nun frage ich aber an, ob Sie zu Ostern den zweiten Band der Novellen bestimmt haben wollen, auch zu diesem habe ich manches liegen, nur muß ich Sie dann bitten, mir in Zukunft für den Bogen zwei Louisdor in Gold zu geben. Die Anerbietungen mehrer angesehner Buchhändler, die unaufgefordert in dieser Zeit an mich ergangen sind, mir für alles, was ich ihnen gebe, wenigstens soviel Honorar zu zahlen, bestimmen mich zu dieser Forderung, die auch nicht unbillig ist, wenn Sie bedenken, daß Sie meine Reisen und die Novellen bis jetzt zu so sehr niedrigem Preise erhalten haben. Daß ich Ihnen nichts vorlüge, werden Sie als mein alter Freund mir zutrauen, dafür traue ich Ihnen die Billigkeit zu, mir nicht weniger geben zu wollen, als andere mir bieten, versteht sich, wenn Ihre Ansicht der Dinge es Ihnen erlaubt, ist dies nicht, so hoffe ich, es tut unserer vieljährigen, in Freud und Leid bewährten Freundschaft keinen Abbruch, wenn wir auch nicht mehr in dieser Art von literarisch-merkantilischem Verhältnis gegeneinander stehen. Ich schreibe zwar nicht um des Geldes wegen, sondern weil ich diese Art Beschäftigung liebgewonnen habe und der Beifall des Publikums mich immer mehr dazu ermuntert, aber wir leben in Zeiten, wo hundert Taler mehr oder weniger wohl zu beachten sind, das wissen Sie selbst.

Die Novellen sind übrigens in mehreren öffentlichen Blättern schon vorteilhaft erwähnt, z. B. in der eleganten Zeitung, auch höre ich überall, daß sie mit großem Interesse gelesen werden.

Nun, lieber Bertuch, überlegen Sie sich alles das und antworten mir bald, Freitag oder Sonnabend reise ich, wenn nicht neue Wolkenbrüche kommen, und wüßte gern bis dahin Ihre Entscheidung.

Immer mit herzlicher Ergebenheit

Ihre
Johanna Schopenhauer

An Goethe

Den 1. Dezember 1816 Doktor Blech aus Danzig, folglich mein Landsmann, wünscht sehr Ihre persönliche Bekanntschaft, lieber Herr Geheimrat. Ich hätte es ihm auszureden gesucht, da ich weiß, wie lästig Ihnen solche Besuche oft sind, aber ich denke, der junge Mann wird Ihnen nicht mißfallen, Sie werden in mancherlei Hinsicht Ansprache bei ihm finden, deshalb frage ich an, wann er Ihnen aufwarten darf, und bitte nur um mündliche Antwort durch die Überbringerin. Übrigens wohnt er im »Elephanten« und bleibt noch einige Tage hier, er hat in Berlin Medizin studiert und kommt jetzt aus Wien.

Wann werde ich Sie endlich einmal wiedersehen? Wie wäre es, wenn Sie und Meyer morgen nach dem Theater Punsch bei mir tränken, und ich lüde den D. Blech mit dazu sein?

Um freundliche Antwort bittet

Ihre
J. Schopenhauer

An Friedrich Arnold Brockhaus

Weimar, den 24. Februar 1817 Ich ergreife selbst die Feder, lieber Herr Brockhaus, um mich mit Ihnen über Ihren letzten Brief an meinen Freund v. Gerstenbergk und über so manches, was zwischen uns zu liegen scheint, uns zu verständigen, ich tue es um so lieber, da ich mich mit Vergnügen erinnere, Ihre persönliche Bekanntschaft vor einigen Jahren beim Legationsrat Falk gemacht zu haben. Schon damals wäre ich Ihnen nähergetreten und hätte vielleicht auch die Freude gehabt, Sie in meinem Hause zu sehen, wenn nicht Ihre Reisegefährtin bei aller Zuvorkommenheit mir eine Art von Scheuen erregt hätte, auch mit ihr genauer bekannt zu werden.

Sie fragen, warum ich jetzt auf höheres Honorar bestehe, da ich früher Bertuchen meine Arbeiten fast für gar nichts hingab. Das will ich treulich beantworten, vorher aber noch die Versicherung, daß Bertuch, obgleich er noch immer zu meinen besten Freunden gehört, keine Zeile von mir mehr erhält. Selbst an seinen Journalen habe ich ihm jede Teilnahme rund abgeschlagen, weil er alle, die für ihn arbeiten, zu wenig liberal behandelt, was niemand erträgt, der es nicht muß, dies ist aber leider der Fall bei allen beinahe, die er länger an sein Fabrikwesen zu fesseln weiß.

Ich trat damals ohne Namen zuerst vor dem Publikum auf, ich kannte gar nicht die Art, wie man ein Buch dem Verleger übergibt, und hatte nicht den Mut, einen meiner Freunde darum zu fragen, weil ich nur mit Schauer daran dachte, so öffentlich zu erscheinen, deshalb die ganze Sache als ein Geheimnis behandelte. Nur Bertuchs und einiger anderer Freunde unablässiges Bitten hatte ich endlich nachgegeben, als ich mich entschloß, das, womit ich oft in Erzählungen meinen kleinen Kreis um den Teetisch ergötzte, auch für den Druck niederzuschreiben. Daß Bertuch nun seine Bedingungen selbst machte und auf die ihm in solchen Fällen eigne Weise, war hiervon die natürliche Folge.

Sie werden mir einwenden, daß ich doch früher »Fernows Leben« geschrieben hatte, mit dem aber hatte es eine ganz andre Bewandtnis. Dies Buch sehe ich nie so eigentlich als mein Werk an, da es fast ganz aus Auszügen von dem Tagebuch und den Briefen meines Freundes besteht und ich nur den Faden hergab, alles aneinanderzureihen. Ich wußte auch, daß es nur ein sehr kleines Publikum hatte und haben konnte und mein Name dadurch wenig bekannt geworden war. Ich war zu tief betrübt, da ich es schrieb, um mich um irgendeine Verhandlung dabei zu bekümmern. Da es fertig war, übergab ich es dem jungen Bertuch als Vormund der Fernowschen Kinder und fragte weiter nicht darnach. Ich habe von Cotta kein Honorar dafür erhalten oder eigentlich das größte, denn er gab für dieses Buch eine Schuldverschreibung von Fernow hin, die mehr als 2000 fl. betrug. Dadurch konnten die Vormünder Fernows einzigen Nachlaß, die Bibliothek, zum Wohl und als einziges Mittel des Unterhalts der Kinder unserm Herzog überlassen.

Jetzt ist alles anders, der Buchhandel gewinnt neues Leben, und niemandem, der etwas Gutes darzubringen vermag, niemand, der einen literarischen Namen sich in der Welt erwarb, fehlt es an Verlegern.

Daß ersteres mein Fall ist, entscheidet die fast vergriffene, nicht kleine erste Auflage meiner Erinnerungen. Für das zweite sind Sie, Herr Brockhaus, mir selbst Bürge. Sie nahmen mich, ein wenig gegen mein eigenes Wollen, in die Reihe der »Zeitgenossen« auf. Ich fühlte wohl, welche Ehre Sie mir damit erzeigten, obgleich ich mich aus andern Gründen nicht darüber freue, aber ich weiß auch, daß Sie Takt und literarische Erfahrungskunde genug besitzen, um nicht den Namen einer ganz unbedeutenden Schriftstellerin in jene glänzende Reihe großer Namen einzuführen. Aus diesem Grunde glaube ich auch mich nicht zu geringern Erwartungen berechnet als andere Schriftsteller, die mit mir in einem Range stehen. Ich habe aber auch noch andere. Ich bin mir bewußt, jetzt weit besser zu schreiben als vor zwei Jahren, ich strebe darnach, immer größere Reinheit und Annehmlichkeit des Stils, größere Lebendigkeit der Darstellung zu erlangen, ich fühle, daß es mir gelingt und immer besser gelingen wird. Halten Sie mich darum nicht für eitel, Bewußtsein ist nicht Eitelkeit, das meine sagt mir, was ich schon vermag und was mir noch fehlt. Ich arbeite jede Zeile, die ich für den Druck bestimme, drei- bis viermal durch, darum schreibe ich auch für kein Journal mehr; nichts soll aus meinen Händen kommen, dem ich nicht die mir möglichste Vollkommenheit gebe; nur so kann ich hoffen, daß meine Arbeiten nicht von einer Messe zur andern vergessen werden.

So kann ich aber nicht schnell arbeiten und muß daher verlangen, Ersatz für meine Zeit und meine Geduld zu erhalten. Es ist wahr, in der Gesellschaft, selbst in Städten, wo ich Fremde bin, verschafft mir die frühere Bekanntschaft mancher, die mich nur aus meinen Schriften kennen, einen freundlichern Empfang, und ich bekenne es offen, es hat mich oft gefreut, mich von kompetenten Richtern loben zu hören. Doch dies ist nicht genug, ich muß auch dafür entschädigt werden, daß ich während der größern Hälfte des Jahres die Zeit, die ich sonst auf manches verwendete, was mich ergötzte, auf literarische Arbeiten jetzt wende, und dieser Ersatz ist, daß ich mit dem Gelde, was ich so erwerbe, mir manches Vergnügen, manche kleine Reise, manche Annehmlichkeit des Lebens verschaffe, denen ich sonst entsagen müßte. Ich bin also entschlossen, kein neues Werk in Oktavformat unter drei Louisdor den Bogen wegzugeben, wenn nicht die Not dazu mich zwingt, was nicht wahrscheinlich ist. Meine Rheinreise aber soll in kleinerem Taschenbuchformat erscheinen, Druck und Format wie Majers mythologisches Taschenbuch. Diese biete ich mich an, Ihnen Johannis zu liefern, etwa zwischen 250 bis 300 Seiten stark; für den Bogen, zu 16 Seiten gerechnet, fordere ich 2 Louisdor in Gold. Ich werde die Reise von hier bis Schwalbach, den Aufenthalt in den Bädern, Heidelberg, Mannheim, die Reise auf dem Rhein bis Neuwied, den Aufenthalt in Hanau, Mainz, Koblenz, Darmstadt beschreiben in der Art, wie ich die Erinnerungen schrieb, mit Rücksicht auf die Kunst, besonders die Boisseréesche Sammlung, die ich oft sah. Das gesellige Leben, das Theater, die Natur werde ich nach meiner Art schildern und hoffe, etwas recht Geratenes zu liefern. Ich brachte vier Monate auf dieser Reise zu und hatte also Zeit, alles zu sehen und kennenzulernen. Kupferstiche sind unnötig, wollen Sie ein hübsch gestochenes Titelblatt davorsetzen, so soll es mich freuen, auch ein farbiger Umschlag wäre wohl gut, dessen Verzierung zu wählen ich Ihnen überlasse. Über den Titel bin ich noch nicht mit mir eins, ich hätte gern darüber Ihren Rat, denn darin bin ich unbehilflich. Ich dachte

> Ausflucht an den Rhein und dessen nächste Umgebungen
> im Sommer des ersten friedlichen Jahres
> von Johanna Schopenhauer.

Ich erwarte mit nächstem Ihre entscheidende Antwort. Gehen Sie in meine Absichten ein, so wünscht ich Ihnen Pläne für Arbeiten vorlegen zu dürfen, die ich während des nächsten Winters zu vollenden denke, auch wünsche ich, für Ihre »Zeitgenossen« daran mitzuwirken. Besonders ein Leben Fernows und der Herzogin Amalie. Haben Sie doch auch die Güte, den 6. Band des Konversationslexikons mir zu schicken, er fehlt mir noch, die andern habe ich bis zum achten.

Ihre ergebenste
Johanna Schopenhauer

An Friedrich Arnold Brockhaus

Weimar, 24. Juni 1818 Die Signora Milesi ist auch einen halben Tag hier gewesen, ich habe sie aber leider nicht gesehen. Goethe war eben recht krank, da sie in Jena war, er konnte sie nicht sprechen, hat ihr aber seinen Wagen zum Spazierenfahren anbieten lassen. Im ganzen sieht es jetzt mit Goethens Gesundheit übel aus, alle seine Freunde und auch die Ärzte dringen darauf, daß er nach Karlsbad gehe, er will aber nicht gerne bin und schiebt die Reise von einem Tage zum andern auf. Jetzt will er warten, bis die Taufe des jungen Prinzen vorüber ist, dessen Ankunft wir alle Tage entgegensehn, die sich aber auch noch eine Weile verzögern kann. Geht er nicht nach Karlsbad, so fürchten die Ärzte, daß er wassersüchtig werde, er ist oft so matt, daß er beim Gespräch einschläft, und seine Füße schwellen oft sehr an, in heitern Momenten ist er aber noch ganz, was er war, ich möchte sagen, liebenswürdiger als je, er hat jetzt eine Milde, eine Freundlichkeit, eine gewisse Weichheit in seinem ganzen Wesen, die ihm sonst nicht immer eigen war...

An Friedrich Arnold Brockhaus

Weimar, den 12. Dezember 1818 Hier, lieber Herr Brockhaus, ist der zweite Teil meiner englischen Reise. Sehr lieb wäre es mir gewesen, wenn Sie mir die Korrektur dieses Werkes hätten überlassen können, denn ich gestehe es Ihnen, ich fürchte gar sehr, daß meine Verbesserungen desselben vielleicht nicht deutlich genug bezeichnet sind. Wenigstens muß der Setzer genau achtgeben, wenn er sich nicht bisweilen irren soll. Haben Sie doch die Güte, ihn zur möglichsten Aufmerksamkeit zu ermahnen und mir zu meiner Beruhigung die Aushängebogen zu schicken, sowie sie aus der Druckerei kommen.

Für die 5 Ex. der Rheinreise sage ich Ihnen den verbindlichsten Dank, sie kamen mir sehr gelegen, denn viele Freundinnen plagten mich darum. Die Leute meinen, wer ein Buch einmal geschrieben hat, der könne es auch abbacken wie Waffelkuchen, wenn der Teig einmal eingerührt ist. Verzeihen Sie mir diesen hausmütterlichen Vergleich, der mir im Grimm über diese höflich sein sollende Zudringlichkeit entfahren ist. Ich habe große Lust, mich wenigstens in diesem Punkt dem großen Goethe künftig gleichzustellen und niemandem als meinen Verwandten mehr ein Buch von mir zu geben.

Mein Roman geht piano weiter, aber daß Sie so viel davon

erwarten, macht mir ordentlich bange, den Titel melde ich Ihnen nächstens, aber bis Michael wird's sich wenigstens noch damit verziehen. Ich möchte Ihnen nicht gern Schande und Schaden machen und wende daher alles an, um diese mir neue Bahn so ehrenvoll zu betreten, als meine Kräfte erlauben.

Zu einer Erzählung oder einem Essay wüßte ich Ihnen in diesem Augenblick nicht zu verhelfen, wenigstens nicht so, daß es Ihrer »Urania« würdig wäre, aber melden Sie mir doch gelegentlich, wie früh Sie Beiträge für »Urania« für das andre Jahr annehmen müssen. Freund Gerstenbergk schreibt oft gar hübsche Sachen der Art wieder, feilt aber weiter nicht daran, und alles bleibt unvollendet; wenn ich einmal so etwas von ihm gewahr werde, will ich ihn zum Fleiße anhalten. Er und Adele grüßen Sie auf das freundlichste so wie ich.

Johanna Schopenhauer

An Ottilie von Goethe

[Anfang Juli 1820] Muß ich die Feder erst ergreifen, um Dir zu sagen, mit welcher Freude und Angst und Hoffnung ich das große Geheimnis vernahm, das Dein letzter Brief uns andeutet; muß ich Dir sagen, wie sehnlich ich wünsche, daß die bange und freudige Stunde nicht vor unserer Heimkunft schlagen möge und wie tröstlich mir alles ist, was Du über Dein besseres Befinden Adelen meldest? Ich denke, es ist überflüssig, und alles dies versteht sich von selbst, denn Du bist ja auch mein Kind, mein liebes, liebes Kind, das sich so mit meiner Adele mir ins Herz geschlichen hat, ich weiß selbst nicht wie. Ich bin recht stolz und recht erfreut, daß Du mir auch ein Ehrenstellchen bei dem zu Erwartenden zugedacht hast, Du sollst einmal sehen, was ich für eine treue Pate sein will! Ärgern mußt Du Dich nicht, aber ich kann es nun einmal nicht verschweigen, ich hoffe in der Stille auf ein Mädchen, eine kleine Ottilie wäre

gar zu niedlich. Die Mädchen sind so zierlich, gefällig und manierlich und werden es alle Tage mehr, wenn die Jungens immer mehr in die Länge und Breite sich ausdehnen. Der Flegeljahre will ich aus Höflichkeit gegen Hn. Walther nicht einmal gedenken.

Mir ist es, als verlohne es sich kaum mehr, Dir Lebewohl zu sagen, als sähen wir uns morgen, denn ich kann die Zeit unsrer Abwesenheit jetzt gottlob nur nach Tagen zählen.

Deine J. Schopenhauer

An Sulpiz Boisserée

Weimar, den 7. Januar 1821 Ich verschob es bis heute, Ihnen für Ihren Brief zu danken, denn ich wollte gern von Ihrer gütigen Erlaubnis Gebrauch machen und Ihnen mein Manuskript zugleich mitsenden, um Ihnen zu zeigen, wie ich Ihre mir mitgeteilten Notizen zu benutzen gewußt habe, und mir zugleich Ihr Urteil hierüber und Ihren ferneren Beistand zu erbitten.

Ich bitte Sie nun recht herzlich, erfüllen Sie Ihr gütiges Anerbieten, schonen Sie mich nicht, sehen Sie meine Arbeit durch und verbessern Sie oder streichen Sie weg nach Ihrer Überzeugung, denn möglichste Wahrheit ist mein Hauptbestreben. In diesem Augenblick arbeite ich an Hemmelinks Leben, wozu mir die Notizen des Herrn v. Keverberg treffliche Dienste leisten.

Hugo von der Goes, den Hirt für den Meister des Danziger Bildes hält, Gott weiß, warum, denke ich auch aufzunehmen. – Ich habe das Bild jetzt wohl zehnmal mit der größten Aufmerksamkeit betrachtet und bin mehr als je im Glauben an die alte Tradition bestärkt, die ich und schon meine Großmutter, welche mich als Kind zu diesem Bild oft führte, immer gehört haben und die dort im Munde des Volkes ist, das übrigens wohl nirgends weniger von Kunst und Kunstgeschichte weiß als in Danzig. Ich habe immer gehört, dieses Bild hätten zwei Brüder namens van Eyck gemalt, welche zuerst die Ölmalerei erfunden hätten, und es wäre durch Schiffbruch nach Danzig gekommen. So etwas im Munde des unwissenden Volkes von Urvätern auf die jetzige Generation herab vererbt, pflegt selten ohne Grund zu sein, besonders wenn wie hier der Anblick es bestätigt. Indessen da ich mit den Gelehrten nicht streiten mag, so habe ich nicht gewagt, das Bild unter denen aufzunehmen, welche ich als Johann van Eycks in seinem Leben anführe, ich will in einem kleinen Nachtrage davon sprechen, den ich um die Erlaubnis bitte, Ihnen auch zusenden zu dürfen. Ich erwarte nur noch einige Notizen von Danzig.

Goethen habe ich noch immer seine »Ursula« verheimlicht, werde sie ihm aber in diesen Tagen wiedergeben; er könnte mir freilich viel helfen, aber er täte es gewiß nicht, und so erspare ich mir die Bitte, besonders da Sie mich unterstützen. Er ist wohl, geht aber in dieser Jahreszeit und überhaupt wenig aus. So sehe ich ihn denn leider sehr selten, denn auch ich lebe den Winter über wie eine Auster zwischen meinen vier Wänden. Doch stehe ich mit Goethes Haus fortwährend in der freundlichsten Verbindung, der alte Herr hat meine Adele gern, ich liebe seine Schwiegertochter und bin Patin des jüngsten seiner Enkel, so stehen wir durch unsere Kinder in fortwährendem Verkehr und wissen voneinander, wenn wir uns auch wenig sehen. Wie schade ist es, daß seine Hefte über Kunst und Altertum eine solche Wendung nehmen! Wie erfreulich wäre es, wenn er so fortgefahren wäre, wie er im ersten Hefte anfing! Doch alles währt bei ihm nur eine Weile, weil sein Geist so überreich ist und die Zeit so gemessen.

An Sulpiz Boisserée

Weimar, den 29. März 1821 Schon längst hätte ich Ihnen meinen Dank für die Güte gebracht, mit der Sie mein Manuskript durchgesehen und alles Tadelhafte darin angezeichnet haben, wenn ich nicht durch diese Arbeit selbst vom Briefschreiben abgehalten worden wäre. Ich habe alles so abgeändert, wie Sie mir rieten; die Einleitung verkürzt und umgearbeitet, in Hemmelinks Leben das neu erfundene Geschlechtsregister benutzt und bedauere nur, daß die Entfernung und Ihre wichtigen Arbeiten mir nicht erlauben, auch den Rest meiner Manuskripte Ihrem kritischen Blick zu unterwerfen.

Ihre Probeblätter von den Lithographien nach Ihren Gemälden habe ich noch immer nicht zu sehen bekommen, obgleich ich Goethen, sooft ich ihn sah, darum bat. Er hatte immer Ausflüchte, warum er sie mir just in diesem Moment nicht zeigen könne. Es ist so seine wunderliche Art, die mit dem Alter immer zunimmt. Wenn Sie wirklich wollen, daß ich sie sehen soll, so bitte ich Sie, ihm ausdrücklich zu schreiben, daß er mir sie ins Haus sende. Es wäre mir freilich sehr angenehm gewesen, wenn ich sie früher gehabt hätte, aber was soll man mit ihm anfangen; was er einmal hat, gibt er ungern, wenn auch nur auf ein paar Stunden, wieder heraus. Meyer hat die Blätter einige Zeit bei sich gehabt, aber er war zu gewissenhaft, sie mir ohne Goethens ausdrücklichen Befehl zu zeigen; jetzt sind sie wieder bei Goethen, aber nach mehreren verunglückten Versuchen wage ich es nicht, sie wieder bei ihm zu erwähnen. Ich kenne ihn durch vierzehnjährigen Umgang zu genau, um nicht zu wissen, daß diese Art von Ungefälligkeit auf Grundsätzen beruht, die durch jeden Versuch, sie zu erschüttern, nur bestärkt werden, was er einmal abgeschlagen hat, tut er nie.

An Karl August Böttiger

Weimar, den 8. Mai 1821 Ich weiß, lieber Herr Hofrat, daß Sie mit alter Treue und Freundschaft noch stets meiner sich erinnern, und wage also mit einem literarischen Anliegen mich geradezu an Sie zu wenden, denn obgleich Sie gegen alle protestierten, die wegen der »Abendzeitung« Sie behelligen wollen, so haben Sie doch mit gewohnter Güte alte Freunde und Bekannte in diesem Protest ausgenommen, und so bilde ich mir denn ein, daß ich unter die Ausnahmen mich rechnen darf. Sie wissen vermutlich aus dem Meßkatalog, daß von mir ein neues Buch unter dem Titel »Johann van Eyck und seine Nachfolger« nächstens erscheinen wird; durch ein unbegreifliches Versehen meines Verlegers ist es dort unter die Romane geraten, wohin es gar nicht gehört, denn ich hasse alle historischen Romane. Obgleich ich mir Mühe gegeben habe, das Leben der alten Maler so angenehm, als ich es kann, ausführlich zu erzählen, so habe ich doch auch nicht den kleinsten Umstand erdichtet und brauchte es auch nicht, denn das Leben dieser alten Meister ist reichhaltig genug schon an sich. Ich habe nichts weiter getan, als die besten Quellen zu benutzen, deren ich habhaft werden konnte, besonders den Urvater aller alten deutschen Kunstgeschichte, Karl von Mander, wobei mir meine frühe Bekanntschaft mit der holländischen Sprache, in welcher er schrieb, ungemein nützlich war. Nächstdem hatte ich Fueßli, Descamps, Sandrart, die aber fast alle nur den Karl von Mander, und zwar nicht immer treu, übersetzten. Auch das Journal des Herrn von Murr habe ich benutzt und nächstdem manche andre Nachweisungen kunstverständiger Freunde. Mein Zweck ist durchaus nicht, für Kunstgelehrte zu schreiben, sondern nur für meinesgleichen, für Frauen, welche wie ich deutsche Art und Kunst lieben und gern von dem Leben der alten Meister, die so Herrliches hervorbrachten, etwas wissen wollen, höchstens für Kunstfreunde, deren übrige Verhältnisse ihnen nicht erlauben, der Kunstgeschichte ihres Vaterlandes ein eignes Studium zu weihen.

So habe ich denn die Leben der Brüder van Eyck, Memling, Bernard von Brüssel, Michael Coxië, Martin Heemskerck, Schoreel, Lucas von Leyden, Albrecht Dürer, Hans Holbein, Johann von Mabuse, Lucas Cranach und noch einiger andern geschrieben; stets bin ich der Wahrheit treu geblieben, aber ich habe gesucht, ihr ein angenehmes Gewand umzuwerfen, und habe überdem in der zum Teil sehr verworrenen und weitschweifigen Art zu erzählen, deren meine Vorgänger sich bedienten, mehr Ordnung der Zeitfolge gebracht, so daß ich hoffe, daß mein Buch sich auch gut lesen lassen soll, selbst wenn man nur Unterhaltung darin sucht.

Ich wünsche sehr, daß dies mein Werk seines guten Zweckes halber bald und allgemein bekannt und viel gelesen werde. Deshalb lege ich Schoreels Leben als Probe dessen, was ich leistete, Ihnen bei und bitte Sie, die Herren Redakteure der »Abendzeitung« zu bewegen, es sobald als möglich in Ihrem Blatt aufzunehmen. Wollen Sie, verehrter Freund, durch einige Zeilen es in diesem Blatt einführen, so bitte ich Sie nur ganz einfach den Zweck dieses Buchs darzulegen, ohne des Mißgriffs, der es im Katalog unter die Romane setzte, besonders zu erwähnen, denn Sie fühlen wohl, daß ich Gründe habe, meinen diesmaligen Verleger nicht zu verwunden.

Die Erzählung ist zwar etwas lang, aber sie eignet durch Schoreels Schicksale sich am besten für die Abendzeitung, und ich denke, daß diese noch längere Erzählungen aufgenommen hat. Da das Buch schon gedruckt wird, so wünsche ich, daß man mit dem Einrücken nicht säume, auch daß meine Erzählung soviel möglich ununterbrochen erscheine.

Nun noch ein Punkt, in welchem ich mich ganz Ihrem Zartgefühl vertraue. Ich weiß nicht, ob die Redaktion der »Abendzeitung« mit mir in Verbindung kommt und wie sie zu honorieren pflegt. Tut sie es nicht, nun, so bin ich es zufrieden, tut sie aber, so schlage ich das Honorar, das sie Schriftstellern meiner Art zu geben pflegt, nicht aus, denn die Zeiten sind vorbei, wo ich in dieser Hinsicht freigebig sein konnte, seit ich, wie Sie vielleicht wissen, durch einen unglücklichen Bankerott in Danzig mehr als die Hälfte meines Vermögens verlor. Seitdem sind auch einige Louisdor mehr oder weniger mir nicht mehr so gleichgültig als sonst. Ich lege also in dieser Hinsicht mein Interesse in Ihre Hände und bitte Sie, die kleine Summe mir mit der Post oder sonst durch Gelegenheit nach dem Abdruck zukommen zu lassen, es soll mir ohnehin lieb sein, wenn ich auf diese Art mit der Abendzeitung in Verbindung kommen und ungefähr erfahre, wie sie ihre Mitarbeiter behandelt, denn obgleich ich fest auf dem Vorsatz beharre, mein literarisches Streben nicht in Einzelheiten für Taschenbücher, Zeitschriften und dergleichen zu zerstückeln, so finden sich doch wohl zuweilen einzelne Kleinigkeiten oder auch Gelegenheiten wie diese, wo ich wohl von einem so gelesnen Blatt aufgenommen werden möchte. Doch bemerken Sie wohl und vergessen Sie nicht, verehrtester Freund, daß ich nichts fordre und auch mit dem bloßen Abdruck zufrieden bin, wenn die Redaktion es so will. Sollte, was ich indessen nicht vermute, mein Aufsatz nicht aufgenommen werden, so bitte ich Sie, es mir baldmöglichst durch einige Zeilen zu melden, ihn selbst aber mit Gelegenheit mir zurückzusenden.

Sagen Sie mir doch, liebster Herr Hofrat, wer ist der Herr Kapf, der mich in der »Abendzeitung« so artig besonettierte? Ich leugne nicht, daß es mir Freude gemacht hat, obgleich ich des vielen Hinundherschreibens über meine »Gabriele« mitunter herzlich überdrüssig bin.

Darf ich, wenn mein »Johann van Eyck« erscheint, Ihnen ein Exemplar davon überreichen? Es ist ein kühnes Unternehmen, dem kunstgelehrtesten Mann in Deutschland die Lesung desselben zuzumuten, und wenn ich es recht überlege, möchte ich fast Sie bitten, es nicht zu lesen, aber niemand ist ja nachsichtiger gegen Anfänger als der echte Meister, diese Überzeugung macht mir dennoch Mut, es zu wagen.

Daß übrigens dieser Brief unter uns bleibt, versteht sich wohl von selbst, was ich wegen des Zweckes meines Buchs Sie bitte der Welt daraus zu sagen, dazu braucht's ja meiner eignen Worte nicht, Sie werden schon bessre dafür zu finden wissen.

Und nun leben Sie wohl, es wäre unverantwortlich, jetzt in

der Messe Ihnen durch meine Plaudereien die kostbare Zeit zu rauben. Gedenken Sie meiner freundlichst

Ihre ergebne
Johanna Schopenhauer

Sollte der Aufsatz wirklich zu lang sein, so könnte man ihn dadurch abkürzen, daß die Beschreibung der Boisseréeschen Bilder wegbliebe. Dann müßte er mit dem 9. Bogen mit den Worten schließen: und dennoch steht selbst hierin Schoreel ihm neben Memling näher als alle.

An Karl August Böttiger

Weimar, den 24. Juni 1821 Wie soll ich Ihnen für alle Ihre Güte und Freundlichkeit genugsam danken, mein vortrefflicher Freund, Ihr Vorwort zu meinem Johann von Schoreel ist alles, was ich wünschen kann; besonders freut mich die Art, wie Sie das bitterböse Versehen des Meßkatalogs wieder gutgemacht haben, nur einen kleinen Druckfehler möchte ich, wenn Sie es für gut finden, in einem der nächsten Blätter gerügt sehen, der Setzer hat nämlich aus Karl von Mander durchgängig Karl von Mender gemacht, doch kann es auch so bleiben, wenn Sie glauben, daß das Weitläufigkeiten macht. Da Herr Arnold diesen Aufsatz zu honorieren bereit ist, so wäre es mir lieb, wenn er mir die kleine Summe jetzt mit der Post schickt, da ich den zehnten nach Karlsbad geben muß, um meine leider etwas wankende Gesundheit wiederherzustellen. Da während meiner Abwesenheit mein Haus zugeschlossen wird, so wäre es mir angenehm, dieses und alles vorher berichtigt zu sehen, denn das Nachschikken der Briefe nach Karlsbad ist sehr weitläufig und unsicher. Ich ruhe jetzt einige Wochen aus, obgleich ich mich dennoch fortwährend mit Plänen zu neuen Arbeiten beschäftige, und da ich mich durchaus nicht an einen Verleger binden will, so muß mir H. Arnolds Bereitwilligkeit, etwas von mir zu verlegen, ebenso angenehm als schmeichelhaft sein; nur wünschte ich einmal gelegentlich durch Sie im engsten Vertrauen zu erfahren, was für Bedingungen er mir für meinen nächsten Roman zu machen geneigt wäre, mit Brockhaus und Wilmans weiß ich, wie ich daran bin, beide nehmen gern, was ich ihnen gebe, doch habe ich mich mit keinem zu irgend etwas verpflichtet, und es ist mir in der Tat nicht zu verargen, daß ich das wähle, was mir am vorteilhaftesten dünkt. Es verdrießt mich ein wenig, daß Wilmans mit dem Druck des van Eyck so zögert, ich hätte ihn gern vor meiner Reise nach Karlsbad fertig gesehen, indessen habe ich Wilmans gebeten, Ihnen sogleich durch Buchhändlergelegenheit ein Exemplar zu senden, das Sie so gütig von mir annehmen wollen, nehmen Sie es nur mit gewohnter Nachsicht auf! Ich bin mir wohl bewußt, daß mein Buch noch lange nicht ist, was es sein sollte, aber mein Wille ist gut, und ein Schelm tut mehr, als er kann. Wenigstens habe ich die Bahn gebrochen, mögen andre es nun besser machen, soviel weiß ich, daß unsre jetzt auf die Maler ganz versessne Schauspieldichter in meinem Buch wenigstens zu zwanzig Künstlerschauspielen überflüssigen Stoff finden werden. Wie gern käme ich einmal nach Dresden! Aber im Winter, um Sie alle fein zu Hause zu finden; ich werde alt, dick und bequem, da will es mit dem Genuß der schönen Natur nicht mehr so fort, aber in einem kleinen geselligen Kreise, wie Ihr Dresden ihn bietet, möchte ich mich gern für die öde starre Kälte unsers immer vornehmer werdenden Weimars einmal entschädigen, denn hier beschränkt sich die Geselligkeit immer mehr auf den Hof, den ich nicht besuche, und alle die hellstrahlenden Lichter, die einst um meinen Teetisch glänzten, sind erloschen oder dem Erlöschen nah. Auch unser Theater eilt mit starken Schritten dem Untergange zu, und wenn ich mich recht umsehe, weiß ich gar nicht, was ich hier eigentlich tue? Mich fesselt nur noch Gewohnheit und zwei oder drei Menschen, die ich freilich liebe; wäre dies nicht, ich säße längst an der Elbe oder auch vielleicht am Rhein, wo man doch lebt.

Ich hoffe, diese Zeilen treffen Sie wieder in der lieben Heimat, wie werden Sie sich in Berlin an alle dem Herrlichen erfreut haben, was alte Kunst und neues Streben Ihnen bot. Ich hatte gehofft, in Karlsbad Sie zu treffen, und ärgere mich ein wenig neidisch über Ihre Vorlesungen im Antikensaal, die ich nicht hören werde und die Sie abhalten, denen böhmischen Najaden den gewohnten Besuch abzustatten. Doch da ich bis Mitte August dort verweile, so wäre es vielleicht doch noch wohl möglich? Aber nein, in vier bis fünf Wochen können Sie nicht fertig sein. Tun Sie aber wohl recht, auch im Sommer sich nicht einige Ruhe zu gönnen? Die Welt gewinnt freilich dabei, aber vielleicht nur wie ein Versehwender, der in kurzer Zeit verzehrt, was er mit weiser Ökonomie auf lange Jahre hinaus sich erhalten könnte. Ich freue mich, daß Sie Könneritz kennen und lieben, ich vermisse ihn hier schmerzlich. Gerstenbergk ist wohl, doch leider bis über die Ohren in Akten vergraben, er grüßt Sie herzlich und freut sich Ihres Andenkens. Leben Sie wohl und gedenken Sie meiner mit gewohnter Freundlichkeit

Ihre ergebene
Johanna Schopenhauer

An Geheimrat ... in Leipzig

Weimar, den 2. Dezember 1821 Der Antrag, die Redaktion einer ausschließend für Frauen bestimmten Zeitschrift zu übernehmen, mit dem Sie, Herr Geheimrat, in so schmeichelhaften Ausdrücken mich beehren, erforderte zu reifliche Überlegung, als daß ich ihn mit umgehender Post hätte beantworten können; erst jetzt, nachdem ich sehr ernstlich darüber nachgedacht, bin ich daher imstande, Ihnen das Resultat meiner Überlegungen mitzuteilen und Sie zu bitten, dasselbe auch Ihrerseits einer ernsten Aufmerksamkeit zu würdigen. Erlauben Sie mir indessen vor allem einige Worte über die Art des Unternehmens selbst, ehe ich auf meine künftigen Verhältnisse zu demselben komme, im Fall es wirklich zustande käme.

Alles, was Sie, Herr Geheimrat, in Ihrem Briefe über das literarische Streben der Frauen sagen und über die Art, wie demselben von seiten der Männer begegnet wird, die sich ausschließlich das Richteramt auf den Parnaß angemaßt haben, beurkundet den edlen Sinn, in dem Sie Schillers »Ehret die Frauen!« auffassen, und muß Ihnen Dank und Achtung von uns allen erwerben. Erlauben Sie mir dagegen auch zu bemerken, daß in unsern Tagen eine gar zu große Sucht, durch schriftstellerische Arbeiten sich auszuzeichnen, unter meinem Geschlecht eingerissen ist. Viele, welche weit besser täten, in dem ihnen von der Natur sowohl als durch Sitte und Erziehung angewiesenen Kreise zu bleiben, führen jetzt die Feder statt der Nadel und überschwemmen Tageblätter und Taschenbücher mit wäßrigen Produkten aller Art. Nur wenige durch Umstände und ausgezeichnetes Talent begünstigte Frauen sollten es wagen, auf diese Weise in die Reihen der Männer zu treten, und diese könnten dann auch gewiß einer bessern Aufnahme sich erfreuen, so wie das in vergangenen Zeiten der Fall war, wo die seltnen Frauen, welche außerhalb ihrer eigentlichen Sphäre bedeutend auftraten, überall mit Ruhm und Ehre gekrönt wurden und kein galligter Rezensent daran dachte, ihnen diese schmälern zu wollen. Aus diesem Grunde wäre ich also ganz dagegen, allen den sogenannten aufkeimenden Talenten in der Mädchen- und Frauenwelt durch eine eigne Zeitschrift einen Tummelplatz ihrer sentimentalen oder fantastischen Produktion zu eröffnen, sondern würde sowohl um der Ehre meines Geschlechtes als des Fortkommens der Unternehmung willen in dieser Hinsicht sehr strenge sein und nur mit der größten Auswahl bei der Aufnahme weiblicher Arbeiten zu Werke gehen. Die Zeitung, welche Sie projektieren, Herr Geheimrat, müßte durchaus als würdige Nebenbuhlerin des »Morgenblattes«, der »Eleganten«, der »Abendzeitung« auftreten, sonst wäre es besser und geratener, ein Unternehmen gar nicht zu beginnen, das gewiß nur kurze Zeit ein kümmerliches Dasein fristete und dann in sich selbst verginge. Einem solchen Unternehmen würden Sie gewiß ebensowenig Ihren Namen vorsetzen wollen, als ich dieses mit dem meinigen zu tun mich

381

entschließen könnte. Und glauben Sie mir, unsre Zeitschrift könnte unmöglich bestehen, wenn wir bloß Frauen zu Mitarbeitern erwählen und bloß weibliche Belehrung berücksichtigen! Erinnern Sie sich an die vor einiger Zeit in Erfurt erschienene Zeitung für Frauen, an das von Rochlitz herausgegebne »Von und für Frauen« und an die noch ganz kürzlich von der Frau von Chezy herausgegebne »Iduna«, alle diese Unternehmungen sind zugrunde gegangen. Die Zeiten, wo man für Frauen wie für Kinder eigne Bücher schreiben durfte, sind längst vorüber. Der weibliche Geist ergreift jetzt jede Blume im Gebiet der schönen Literatur, betrachtet alles und behält das Beste mit nicht minderem Gelingen und nicht minderer Auswahl als der männliche, und schon die Anmaßung, nur für Frauen schreiben zu wollen, würde die gebildetsten und geistreichsten Leserinnen uns verscheuchen, weil sie schon von weitem Langeweile und zum Überdruß wiederholtes moralisches Geschwätz zu wittern glauben würden. Ich spreche aus eigener Erfahrung, Herr Geheimrat, ich lebe hier in einem Kreis sehr gebildeter Frauen, wir lesen viel miteinander und teilen uns unsere Ansichten über das Gelesene mit, aber ein Buch, eine Schrift, die schon das »Für Frauen« an der Stirne trägt, wird immer mit einem gewissen Vorurteil dagegen von uns ergriffen, und so ist's überall in der weiblichen Welt, soweit ich diese kenne. Indessen würde es gar nicht schwer sein, dies Vorurteil gegen den Titel unsrer Frauenzeitung durch ihren innern Wert zu besiegen.

Mein Ideal derselben wäre ein durchaus auf heiter gemütvoll geistreiche Unterhaltung berechnetes Blatt, das nie das Ansehen sich gäbe, belehren zu wollen, und in welchem keine Zeile aufgenommen werden dürfte, die den Frauensinn für Sitte, Schicklichkeit, Recht oder Unrecht unsanft berühren könnte. Hiedurch besonders sollte das Blatt den Titel einer Frauen-Zeitung sich verdienen. Mit der größten Auswahl sollten darin Erzählungen und kleine in das häusliche und gesellige Leben eingreifende Aufsätze aufgenommen werden, auch Übersetzungen und Auszüge aus ältern und neueren Büchern des Auslandes, Proben aus noch ungedruckten theatralischen und anderen Schriften, jedoch immer nur solche, die für sich ein kleines Ganze bilden; wirklich interessante kleine Reisen oder vielmehr kleine Reiseabenteuer wären auch willkommen; der Beurteilung neuer Romane und anderer dem Publikum, das ich mir denke, interessierender neuer Erscheinungen, in der Literatur würde ich gern einen besondern Abschnitt weihen, doch möchte ich nur der ganz vorzüglichen oder solcher, die eine Warnung nötig machen dürften, hier erwähnen, um dem gewöhnlichen Kritikwesen zu entgehen. Gedichte aller Art, die durch wirklichen Wert sich auszeichnen, würde ich mit Freuden aufnehmen, aber durchaus keine Scharaden und Rätsel, diese Kammerjungfern-Unterhaltung, die jetzt überall zum Lückenbüßer dienen muß. Auch keine Theaterkritiken, mit denen wir zum Überdruß auf der letzten Seite aller Zeitschriften beinahe genugsam geplagt werden; den Raum, den diese einnehmen, würde ich auf würdigere Weise zu erfüllen suchen. Ich denke mir das Ganze wie einen geistreichen Zirkel, in welchem jeder zur Unterhaltung das Seine beiträgt und bei dem ich die Wirtin mache und dafür sorge, daß jedes zufrieden sei. Doch da kein aus lauter Frauen bestehender Kreis derart fortwähren kann, ohne zu ermüden, so halte ich es durchaus für notwendig, auch Männer dazu einzuladen, die den Frauen freundlich die Hand böten. Zum Beispiel Jakobs, Tieck, Gries, Friedrich von Gerstenbergk, Ernst von Houwald und mehrere, von denen ich manche zu meinen Bekannten und Freunden zählen darf. Von Damen würde ich zuerst einladen Frau von Fouqué, von Chezy, Fanny Tarnow, Agnes Franz, Frau von Ahlefeldt, Therese Huber und so weiter.

Sobald ich weiß, daß ich mich ernstlich damit beschäftigen darf, werde ich die Liste von Männern und Frauen, die ich Ihnen zu Teilnehmern vorschlagen möchte, noch sehr erweitern, ich habe hier nur die, welche zuerst mir einfielen, genannt.

Da es notwendig ist, gleich zuerst auf würdige Weise aufzutreten, so wird es kaum möglich sein, die Zeitung früher als Ostern erscheinen zu lassen. Neujahr ist auf jeden Fall ein viel zu kurzer Termin, die Einladungen zu Mitteilungen würden bis dahin kaum den Ort ihrer Bestimmung erreicht haben, und niemand würde etwas Besonderes einschicken können. Übrigens würde ich für das Äußre der Zeitung das der »Abendzeitung« in Hinsicht auf Format, Druck und Papier vorschlagen und glaube, daß es geraten sein möchte, alle Wochen drei halbe Bogen an drei verschiednen Tagen, natürlich immer nur einen halben Bogen, erscheinen zu lassen, damit die Fortsetzungen einzelner längerer Aufsätze nicht zu weit auseinander kämen.

Da alles daran liegt, sich die vorzüglichsten Mitarbeiter und Mitarbeiterinnen für dieses Blatt zu gewinnen, so würde ich Ihnen auch raten, wenigstens für den Anfang in Hinsicht des Honorars eine gewisse Liberalität zu beobachten, vor allem, wenn es darauf ankommt, einen berühmten Namen uns zu gewinnen.

Dies wäre ungefähr alles, was ich in Hinsicht auf das Unternehmen selbst Ihnen zu sagen wüßte; sobald Sie wirklich Lust bezeigen, meinen Plan auszuführen, werde ich mich bestreben, ihn noch mehr auszubilden, wenn Sie dies wünschen.

In Hinsicht auf mich selbst gebe ich Ihnen zu bedenken, daß die Redaktion einer Zeitung oder eines Tageblattes mit viel Zeitverlust, viel Arbeit und mancherlei Unannehmlichkeiten verbunden ist. Ich besonders würde dadurch viel an der Freiheit einbüßen, mich im Sommer durch kleine Reisen zu erheitern, was ich nur mit großer Einschränkung und vielen Vorkehrungen könnte, sobald ein bestimmtes Geschäft zu Hause mich fesselt. Auch müßte ich die Zeit dazu meinen andern literarischen Arbeiten abbrechen, Sie werden es also nicht unbillig finden, wenn ich eine diesem allen angemeßne Entschädigung in Anspruch nehme, im Fall Sie dieses Unternehmen mit meiner Hilfe auszuführen gedenken, das freilich aber auch, wenn es recht angegriffen wird, so wie das »Morgenblatt«, die »Elegante« und die »Abendzeitung« eine sehr einträgliche Spekulation werden kann.

Ich sehe dreierlei Arten vor mir, hierüber ein Übereinkommen unter uns zu treffen.

1) Sie geben zu dieser Unternehmung das Geld. Ich meinen Namen, mein Talent, meinen Fleiß und meine Zeit, auch zum Teil meine Freiheit. Am Ende des Jahres legen Sie mir die Rechnung ab, wir teilen nach Abzug der Unkosten den reinen Ertrag

miteinander. Die Zeitung bleibt unser beider Eigentum, aus welchem keiner den andern verdrängen und das keiner ohne des andern Beistimmung aufgeben darf. Doch behalte ich mir vor, nach Jahresfrist austreten zu dürfen, wenn ich einsehe, daß ich meine Rechnung nicht dabei finde.

2) Wir vereinen miteinander für ein gewisses Honorar, welches Sie für das Ganze mir zahlen, so daß ich das Manuskript von allen Kosten frei Ihnen ablieferte und Sie dabei bloß als Verleger handelten. Auf diese Weise aber müßte die Zeitung wohl mein alleiniges Eigentum bleiben, doch würde sich das unter uns leicht ausgleichen lassen.

3) Sie bezahlen Honorar, Abschreibegelder, Porto und alle übrigen Kosten, und wir vereinigen uns miteinander über eine bestimmte Summe, die Sie für meine Mühe bei der Redaktion und der Korrespondenz sowie überhaupt für alles, was ich dabei opfre, mir jährlich zahlen. Bei dieser Einrichtung würde ich aber ebenfalls einige Klauseln mir ausbedingen vorschlagen zu dürfen, welche für die Zukunft meine Stellung zu diesem Unternehmen sicherstellen müßten. Wenn Sie diesen Vorschlag eingehen, so übernehme ich die ganze Mühe der Redaktion und bringe Ihnen nur die Kosten in Anschlag. Daß übrigens die Aufsätze, die ich selbst für die Zeitung liefre, ebensogut honoriert werden als wie die von andern, bedarf wohl keiner Erwähnung.

Sollten Sie, Herr Geheimrat, auf einen dieser Vorschläge eingehen und das ganze Unternehmen so ungefähr, wie ich so frei war es Ihnen anzugeben, ausführen wollen, so erwarte ich darüber Ihre Entscheidung. Ich würde Sie dann zuvörderst um eine Zusammenkunft bitten, in der wir mündlich alles bequemer abmachen könnten. Weimar ist ja nur eine Tagereise weit von Leipzig entfernt, der Weg immer gut oder doch nie ganz schlecht, und ich werde mich außerordentlich freuen, Sie hier zu sehen, um Ihnen selbst für Ihr gütiges Zutrauen zu danken und Ihnen die ungeheucheltste Hochachtung zu beweisen, mit der ich mich unterzeichne

Ihre ergebene
Johanna Schopenhauer

An Gustav Asverus

Weimar, den 5. Juli 1823 Für Hr. Professor Asverus. Bei vollen Verstandskräften und reifer Überlegung spreche ich folgendes als mein Testament und bezugsweise als Erklärung auf den Fall meines Todes aus:

Nach dem Ableben meines Mannes wurde ich, mein einziger Sohn Arthur Schopenhauer, und meine einzige Tochter, Louise Adelaide Schopenhauer, Erben seines Nachlasses zu gleichen Teilen. Mein Sohn erhielt sein Anteil von mir herausgezahlt und quittierte darüber 1814. Meiner Tochter Anteil verwaltete ich. Er stand da, wo mein Vermögensanteil verliehen war.

Durch unverschuldete Verluste, besonders durch die Insolvenz der Handlungshäuser A. L. Muhl & Cie. in Danzig und Peter der Bühl in St. Petersburg, habe ich mein ganzes Vermögen, meine Tochter das ihrige zum größten Teile verloren, und alles, was gerettet ward, ist Eigentum meiner Tochter, da ich deren Vermögen verwaltet, es eigentlich – wie mir zu spät erklärt wurde – nur auf Hypothek ausleihen durfte und ihr zu gewähren habe. Dazu reicht aber nicht hin, was ich besitze oder vielmehr, ich besitze gar nichts, es gehört jetzt schon bei meinem Leben meiner Tochter Louise Adelaide. Letztere, die solches weiß, hat mir aber, seitdem sie mündig geworden, erklärt, daß ihr Vermögen, solange ich lebe, in meiner Verwaltung bleiben, von mir bis zu meinem Tode benutzt werden soll. Folglich gehört alles, was bei meinem Tode von mir hinterlassen wird oder vielmehr, was vorhanden ist an Kapitalien, Immobilien und Mobilien aller Art ohne die mindeste Ausnahme, Preziosen, außenstehende Forderungen, Gemälde, Bücher, Meubles, Wäsche, wär es hier auch nicht genannt, mit Einschluß des Honorars, wenn meine Schriften künftig Auflagen erlebten, meiner einzigen Tochter Louise Adelaide. Diese soll sogleich nach meinem Tode ohne gerichtliche Einmischung alles an sich zu nehmen befugt sein. Mein einziger Sohn Arthur kennt die Verhältnisse alle selbst; er hat den größten Teil seines Vermögens gerettet und hat nichts zu fordern; er weiß, was seine Schwester im Vermögen hatte, weiß, wie wenig ich ihr gewähren kann, wenn meine Tochter

Louise Adelaide auch alles nach meinem Tode in Besitz erhält, was ich nachlasse oder vielmehr, was jetzt schon ihr Eigentum ist. Für den Fall, wenn mein Sohn Arthur Schopenhauer vorstehende letztwillige Erklärung nicht anerkennen oder das Geringste von dem fordern würde, was bei meinem Ableben vorhanden ist und meiner Tochter gehört, oder wenn er ein eidliches Verzeichnis fordern oder den Weg Rechtens betreten sollte, um gegenwärtige letztwillige Erklärung und Verordnung zu entkräften, es geschehe mit Erfolg oder nicht, so will ich, jedoch nur für diesen Fall, insoweit er angenommen werden könnte: ich besäße oder hinterließe etwas, was jedoch, wie ich bei Gott versichere, nicht der Fall ist, hiermit zu dessen alleiniger und ausschließender Erbin meine einzige Tochter Louise Adelaide ernannt und meinen einzigen Sohn Arthur hiermit enterbt haben. Zu dieser Enterbung bin ich befugt durch das Benehmen meines Sohnes seit 1818, welches zu schrecklich ist, als daß ich es hier schriftlich wiederholen könnte, welches Briefe belegen, die noch unter meinen Papieren verwahrt sind, und welches der Grund des stillen Kummers ist, der seit jener Zeit an meinem Leben nagt.

Sollte mein Testament nicht als ein ziemliches gelten, so trete es in Kraft als Kodizill, Schenkung unter Lebenden oder auf den Todesfall oder als ein in den Rechten am meisten begünstigter letzter Wille.

Ich habe diese Schrift selbst geschrieben, eigenhändig unterzeichnet und mit meinem Wappen gesiegelt. Weimar, am fünften Juli eintausendachthundertzwanzigunddrei.

                        Johanna Henriette
                        verwitwete Schopenhauer
                        geborne Trosiener

An Ludwig Nauwerk

Wiesbaden, den 17. August 1823 Ihr gütiges Schreiben vom 1. Julius, mit welchem Sie mich beehrten, langte in Weimar gerade am Abend des Tages an, an welchem ich morgens die Reise hierher angetreten hatte, und kam erst viel später in meine Hände. Das Angreifende meiner Kur, die Unruhen des Badelebens verhinderten mich bis heute, es zu beantworten; möchten Sie dieses als eine gültige Entschuldigung meines langen Schweigens ansehen, nämlich ich habe keine andere, aber wenn Sie je nach einer langwierigen Krankheit Ihre Heilung in einem Bade suchen mußten, so darf ich hoffen, daß Sie sie für vollkommen gültig anerkennen werden.

Die Treue, mit der Sie an dem Andenken unseres verewigten Freundes hängen, hat für mich so etwas rührend Erfreuliches, daß ich mein Gefühl nicht in Worten auszudrücken vermag. Doch zürnen Sie mir nicht, wenn ich in Ihren Plan, es durch Herausgabe seiner Gedichte auch wieder in der Welt zu erneuern, nicht eingehen kann. Ich kann es nicht, weil ich zu genau weiß, wie Fernow in den letzten Jahren seines Lebens über seine eigenen poetischen Versuche urteilte und wie er alles getan hätte, um sie völlig aus der Welt zu schaffen. Er fühlte deutlich sein Unvermögen, sich auf dieser Bahn auszuzeichnen, und warum sollten wir, seine Hinterlassenen, seinen Willen hier nicht ehren, da er in anderer Hinsicht hell und klar bleibend sich der Denkmäler seines Geistes genug gestiftet hat, um der Nachwelt unvergessen zu bleiben, solange Kunst und Wissenschaft blühen. Warum sollten wir gerade die schwächsten Erzeugnisse dieses hellen Geistes einem Publikum darbringen wollen, das sich nicht einmal mehr in jene Zeit zurückversetzen vermag, in welcher diese selbst in der Form schon größtenteils veralteten Gedichte niedergeschrieben wurden, um nur gerade den nächsten Augenblick zu erheitern und dann zu verschwinden. Denn Gelegenheitsgedichte im weiteren Sinn des Wortes sind sie doch alle größtenteils, Fernow versuchte dabei nie aus sich herauszugehen, er schrieb sie nieder wie äußere Begebenheiten oder sein eigenes Gefühl ihn eben dann bestimmten. Vom Anfange des Jahres 1807 bis an seinem Tod war Fernow mein täglicher Gast, es gibt kein Verhältnis des Lebens, das wir nicht miteinander durchgegangen hätten, und ich darf wohl sagen, daß in dieser Zeit jeder Gedanke meines Freundes mir mitgeteilt ward. Seinen stets heiteren Gleichmut, den er bis zur letzten Stunde seines Lebens beibehielt, kennen Sie. Nie sah ich ihn verdrießlich, außer wenn die Rede auf seine Poesien kam oder wenn gar irgendein Lied von ihm neu aufgewärmt als Lückenbüßer in Journalen erschien oder auch nur im »Morgenblatt« irgendein paar gereimte Zeilen zur Überschrift eines Blattes gewählt worden waren. Oft habe ich dann über seinen Zorn gelacht und ihn damit geneckt, doch nun, da der treue Freund dahin ist, halte ich mich für verpflichtet, seine eigne Ansicht zu ehren und alles anzuwenden, um sie auch Ihnen vernehmlich zu machen. Und so bitte ich Sie denn, wenn Fernows Andenken Ihnen wirklich teuer ist, einen Plan aufzugeben, dessen Erfüllung er sich nach meiner Überzeugung kräftig entgegensetzen würde, wenn er noch lebte.

Daß ich mit meiner Ansicht Ihres Unternehmens Ihnen zur Ausführung desselben nicht behilflich sein kann, brauche ich wohl nicht auszusprechen, nun Sie diese kennen. Doch wollte ich es auch, so würde ich doch nur sehr wenig dazu tun können. Ich weiß durchaus nicht, in welchen periodischen Schriften und Journalen jener Zeit Gedichte von unserem Freunde zu finden sind. Ich habe keine in seinem Nachlaß gefunden, ebensowenig Briefe an ihn; denn da er monatelang dem Tode entgegensah, so hat er alles dieser Art vor seinem Ende sorgfältig vernichtet, die Briefe von ihm an mich sind mir zu heilig und wert, als daß ich je mich entschließen könnte, sie den Augen der Welt preiszugeben, da ich ohnehin der Überzeugung lebe, daß niemand berechtigt ist, das öffentlich zu machen, was der Schreiber selbst nicht für den Druck schrieb, und daß man wenigstens nicht vorsichtig und gewissenhaft genug dabei zu Werke gehen kann. Was ich von seinem Leben wußte, habe ich in seiner Biographie der Welt gegeben; ich schrieb diese zum Besten seiner verwaisten Kinder und hätte sogar dieses kaum gewagt, wenn er mich selbst nicht einst in einer vertrauten

Stunde zu seiner Biographin halb im Scherz, halb im Ernst erwählt hätte, indem er mir zugleich die Geschichte seines früheren Lebens so ungefähr erzählte, wie ich sie geschrieben habe. – Von seinen beiden Kindern lebt der älteste, in Rom geborene, schon längst nicht mehr, der jüngere hat sich der Apothekerkunst gewidmet und gibt alle Hoffnung, ein brauchbarer, guter Mensch zu werden, obgleich er in geistiger Hinsicht auf keine Weise sich vor anderen auszeichnet. Er ist in Blankenhain, einem kleinen weimarschen Städtchen, in der Lehre.

Mit der größten Hochachtung für Ihren guten Willen in Hinsicht auf unseren Freund füge ich noch die Versicherung hinzu, daß ich eben wegen dieses Ihres guten Willens überzeugt bin, daß Sie es mir nicht verargen werden, wenn ich meiner eigenen Ansicht folgend mich entschieden habe, und empfehle mich Ihrem künftigen Wohlwollen.

Johanna Schopenhauer

An Müller von Gerstenbergk

Frankfurt a/M., den 2. Oktober [1823] Vier Tage habe ich im wärmsten Sonnenschein am Rhein höchst glücklich verlebt, diesen vier Tagen folgten vier sehr angenehme Wochen in Mannheim, wo ich von dem Angreifenden der Badekur nach und nach mich erholte, für lauter Wohlergehen kam ich gar nicht an den Schreibtisch und machte mir um so weniger ein Gewissen daraus, da ich auch Sie auf Reisen wußte. Aber gedacht an Sie habe ich täglich, fast stündlich – aus purer alter Gewohnheit – und habe gerade, wenn es mir am wohlsten ging, Sie immer zu mir gewünscht, nicht sowohl damit Sie es mitgenießen sollten, als weil ich wußte, wie Sie sich freuen würden, mir zuzusehen, wenn es mir so ganz vortrefflich wohl erging. Nicht wahr, ich lasse Ihnen volle Gerechtigkeit widerfahren und darf hoffen, daß mein langes Schweigen Sie weder betrübt noch bekümmert hat? Grüße habe ich für Sie von aller Welt, Generals, Friedrich, die ehrliche Seele, Artaria, Herr und Frau von Kopp, hier die Fräulein Saalingers, Wilmans und was weiß ich wer noch mehr, alle trugen die freundlichsten Dinge von der Welt für Sie mir auf. Von alle diesem und überhaupt von allen Details dieser sehr glücklichen Reise mündlich ein mehreres. Meine Gesundheit bessert sich mit jedem Tage.

Ich kann stundenlang spazierengehen, ohne viel müder zu werden wie sonst, ich hinke gar nicht mehr, Krämpfe, Nervenanfälle, Herzklopfen sind fort, mein Puls geht vernünftig und stockt nicht mehr, die Treppen gehe ich wie sonst, nur fühle ich noch immer die Spannung in der linken Seite, bald mehr, bald minder, aber ganz verläßt sie mich nie, das ist aber zu ertragen. Schonung bedarf ich noch immer, geistig und körperlich, doch macht es der Winter nur nicht gar zu arg, so hoffe ich doch auch noch wieder in jeder Hinsicht stärker zu werden.

Der verwünschte Israelit will uns also wirklich vertreiben? Ich kann es immer noch nicht recht glauben, doch jetzt ist der Michaelistag vorbei, die Sache muß entschieden sein, und ich bitte Sie nur, mit umgehender Post mir zu schreiben, wie es steht, damit ich weiß, woran ich bin. Sie fragen, ob ich Spiegels oder Ulmanns alte Wohnung vorziehen würde, lieber Freund, ich kenne Ulmanns Haus nicht, die Lage desselben gefällt mir. Spiegels Wohnung ist sehr schön, aber nicht zu haben. Ich bitte Sie um alles, begehen Sie keine Torheit, um mich unter Dach und Fach zu bringen, und kaufen etwa ein Haus, das Sie in Sorge und Kummer stürzte. Es werden schon Wohnungen sich finden, wir brauchen ja nicht in einem Hause zu leben, um im gewohnten Verhältnis zueinander zu bleiben, da Sie nach Weimar kamen, wohnten wir ja auch nicht beisammen. Und kommt das Schlimmste zum Schlimmen, müssen wir Ostern ausziehen und es findet sich keine passende Wohnung, so biwakiere ich den Sommer über, ziehe nach Jena oder miete eine Gartenwohnung, vielleicht Goethens oder der Henckel ihr Gartenhaus, vielleicht muß ich späterhin wieder ins Bad und bringe dann einmal einen Winter in Mannheim zu, in der Zeit findet sich dann wohl etwas für mich in Weimar, denn solange Sie dort leben, kann und mag ich den Ort doch nicht verlassen. Bewunderer und neue Bekanntschaften drängen überall sich mir auf, desto höher lerne ich den Wert erprobter Freundschaft stellen und gebe nie diese auf, solange sie mich nicht aufgibt, was ich nicht fürchte, kaum denken kann, daher muß ich bleiben, wo Sie sind, solange die Umstände es mir erlauben. Sie sehen also, der Jude beunruhigt mich nicht sonderlich, daher seien auch Sie ruhig und quälen sich meinetwegen nicht. Nur schreiben Sie mir gleich, wie es geworden ist. Mein größter Wunsch wäre, die Anwartschaft auf die Wohnung der alten Frau v. Stein zu erhalten. Die Frau ist 89 Jahre alt und kann doch nicht ewig leben. Hören Sie doch ein wenig um sich, ob nicht etwas in dieser Hinsicht für mich zu tun wäre. Hinge es vom E. G. H. ab, freilich da wäre es ein leichtes. Er hat in Mannheim mich besucht und war recht herzlich und gut.

Seit dem letzten September bin ich hier unter Wilmans gastfreiem Dach, das Wetter ist schlecht, übrigens alles gut. Ich denke bis zum 16. oder 17. hierzubleiben, um bei der Heimkehr den Mondschein benutzen zu können, schreiben Sie mir mit umgehender Post, ob ich etwa den 20. oder 21. die Schimmel mit Ihrem Wagen in Eisenach vorfinden könnte, damit ich hier meine Einrichtung darnach machen kann, geht es nicht recht, so miete ich einen Hauderer bis Weimar, wäre aber das Wetter schön, so bleibe ich vielleicht einen Tag in Eisenach, der Wartburg wegen, und besuche auch Ihre Schwester in Gotha. Ich erwarte bestimmt Ihre Antwort, die ich sehr bald haben kann, und schreibe Ihnen dann nur flüchtig, wann ich in Eisenach einzutreffen gedenke. Wenn ich die Schimmel nicht haben kann, so gebe ich freilich die Wartburg auf, aber das tut nichts.

Und nun adieu, die Mittagsstunde schlägt, Adele grüßt. Mögen auch Sie sich frischen Lebensmut und Gesundheit am Strande der Ostsee geholt haben wie ich an den Ufern des Rheins.

In alter Treue
J. Schopenhauer

An Ludwig Tieck

Weimar, den 2. Dezember 1823 Ich wage mich mit einer Bitte an Sie, verehrter Freund, deren Gewährung ich mit Gewißheit von Ihnen hoffe, besonders da ich sie Ihnen so bequem als möglich zu machen gedenke. Ich kenne Ihre große Bekanntschaft mit dem englischen Theater, in der Ihnen in Deutschland niemand und vielleicht auch in England keiner gleichkommt, und bitte Sie daher, mir die Titel von etwa ein Dutzend englischer Lustspiele aus dem vorigen Jahrhundert aufzuschreiben, die Schröder noch nicht benutzt hat und die gehörig modernisiert und umgearbeitet vielleicht den Stoff zu deutschen Lustspielen liefern könnten, wenn eine geschickte Hand sich darübermachte. In diesem Jahrhundert ist, glaube ich, nichts Bedeutendes erschienen, die Engländer wie die Deutschen ergötzen sich meistenteils an Nachahmungen französischer Melodrams, doch wären Ihnen auch einige neuere für diesen Zweck passende Stücke bekannt, so bitte ich ebenfalls ihre Titel mir mitzuteilen.

Ihnen will ich es nicht verhehlen, daß ich selbst Lust und Trieb in mir fühle, mich auch einmal in diesem Fach zu versuchen, doch würde ich aus Gründen, die Sie selbst fühlen, dieses nie unter meinem Namen tun, daher bitte ich Sie, gegen niemand etwas von diesem Vorsatz, nicht einmal von meinem jetzigen Anliegen an Sie zu erwähnen. Ich glaube, daß das englische Theater noch viele Schätze bietet, die, gut benutzt, endlich dazu beitragen könnten, die französischen kleinen Lustspiele, die für Deutsche doch nie ganz passen, von der Bühne wenn nicht zu verdrängen, doch wenigstens ihre jetzige Alleinherrschaft zu beschränken. Ob ich das dazu nötige Geschick habe, kann freilich nur die Zeit lehren, aber ich habe Lust, den Versuch zu wagen, besonders da ich bei meiner jetzigen Kränklichkeit einer erheiternden und leichtern, weniger anstrengenden Arbeit bedarf.

Ich weiß, lieber Herr Doktor, Sie schreiben ungern Briefe, ich entsage also schon im voraus der Freude, diese Zeilen von Ihnen beantwortet zu sehen. Ich bitte Sie nur die Namen der Stücke, die Sie für meinen Zweck tauglich halten, ohne weiteres aufzuschreiben und unter meiner Adresse mir zu senden. Ich habe eben in etwa vierzehn Tagen eine Gelegenheit, sie ohne Nebenkosten aus England kommen zu lassen.

Um Sie nicht zu ermüden, entsage ich jetzt sogar der Lust, noch länger mit Ihnen zu plaudern, und unterschreibe mich bloß als

Ihre
Sie innig verehrende
Johanna Schopenhauer

An Theodor Hell

Weimar, den 25. Oktober 1825 Es brauchte wahrlich nicht der Erinnerung an unseren Freund Könneritz, lieber Herr Hofrat, um mir Ihre Persönlichkeit ins Gedächtnis zu rufen. Sie haben von jeher sich mir zu freundlich bewiesen und geben mir jetzt in der Art, wie Sie zur Teilnahme an der »Abendzeitung« mich auffordern, mir einen neuen Beweis dieser Freundlichkeit. Für den Augenblick bin ich mehr mit Arbeiten überhäuft, als meine seit einigen Jahren sehr heruntergekommene Gesundheit mir eigentlich auszuführen gestattet. Sie selbst kennen ja aus Erfahrung die Taschenbüchernot. Es gibt keine Erlösung, wenn man auf diese sich einmal eingelassen hat, und doch ist es fast unmöglich, ihren Lockungen zu entgehen. Komme ich aber einmal zu Atem und kann mich dazu entschließen, für Tageblätter zu arbeiten, so sein Sie versichert, daß ich ganz zu allererst bei Ihnen anfragen werde, ob Sie meine Arbeiten aufnehmen wollen. Bis dahin erhalten Sie mir Ihr Wohlwollen und sein Sie meiner aufrichtigen Hochachtung gewiß.

Johanna Schopenhauer

Mit vieler Freude würde ich auch unter die Mitarbeiter an Ihrem so vorzüglichen Taschenbuch mich zählen und hoffe auch es zu können, sobald ich nur mich ein wenig frei gearbeitet habe.

An Ludwig Tieck

Jena, den 10. August 1827 Wie es zugehen mag, weiß ich nicht, aber die Leute bilden sich ein, ich hätte einen großen Stein bei Ihnen im Brette, mein innigst verehrter Freund, und plagen mich deshalb, sie Ihnen zu empfehlen und bei Ihnen ein gutes Wort für sie einzulegen, so daß ich am Ende fürchten muß, Ihnen überlästig zu werden. Ich kann nichts dafür, lieber Herr Hofrat, wahrlich nicht. Ich prahle nie mit Ihrer Güte gegen mich, obgleich ich oft im stillen mit Freude daran denke, wie oft und wie freundlich Sie mir von dieser Beweise gegeben haben, die ich nie vergessen kann.

Aus dieser Vorrede erraten Sie wohl schon, daß ich abermals auf dem Wege bin, Sie für andre in Anspruch zu nehmen, doch tue ich es dieses Mal recht aus dem Herzen und wünsche sehnlich, daß Sie dem Manne helfen könnten, der meine Fürsprache bei Ihnen in Anspruch nimmt. Es ist dieser der Schauspieler Löwe aus Mannheim, der, wie ich höre, sich schon an Sie gewendet hat um die Erlaubnis, auf dem Dresdner Theater einige Gastrollen spielen zu dürfen.

Als ich vor etwa sechs Jahren einige Wochen in Mannheim mich aufhielt, habe ich seine Bekanntschaft gemacht; im Umgange habe ich an ihm einen gebildeten, liebenswürdigen Gesellschafter gefunden, der sich sehr vorteilhaft vor den gewöhnlichen Schauspielern auszeichnet und, wie es mir schien, mit mehr als gewöhnlichem Ernst über seine Kunst nachdenkt und nach dem Höheren strebt; und auf dem Theater ragte er weit über seine Mitspieler hervor, die freilich fast alle kaum eine der höheren Stufen der vielgepriesenen Mittelmäßigkeit erreichten. Er hat eine sehr schöne Gestalt und ein ausdrucksvolles, angenehmes Gesicht, eine reine wohltönende Sprache und, obgleich er auch wohl nicht mehr jung ist, so nimmt er besonders in Heldenrollen sich noch sehr gut aus, überdem weiß er sich sehr gut zu kleiden und hat einen edlen vornehmen Anstand. So war es wenigstens damals, ob es noch so ist, weiß ich nicht; er hat seitdem viel gelitten, viel Kummer und Verdruß gehabt und mag wohl merklich gealtert sein. Unter den Rollen, die ich ihn spielen sah, erinnere ich mich besonders des Bayard; er brachte es damals wirklich dahin, daß ich diesem jämmerlichen Wesen mit Aufmerksamkeit zusah. Auch im Leben hat er den Ruf eines sehr rechtlichen Mannes und wurde damals allgemein geachtet und mit in die Gesellschaft gezogen, was keinem andern Schauspieler widerfuhr.

Der arme Mann hat nun, ich weiß nicht, auf welche Veranlassung, seinen Abschied erhalten und muß nun mit einer ältlichen Frau und sechs Kindern ein andres Engagement suchen, er hofft dieses zu finden, indem er auf andern Theatern Gastrollen gibt. Ist es irgend möglich, so lassen Sie auf Ihrem Theater ihn auftreten, das übrige muß dann von selbst sich ergeben; erhält er Ihren Beifall, so erwähnen Sie seiner vielleicht einmal auf eine Weise, die ihm weiterhilft. Ich wünsche dem armen Löwe alles mögliche Gelingen, würde ihn aber gewiß nicht, wenigstens nicht auf die Weise Ihnen empfehlen, wenn ich nicht überzeugt wäre, daß er es vor vielen andern verdient.

Ich bringe diesen Sommer wieder hier in Jena in einem kleinen Landhause zu und befinde mich besser dabei als bei dem Besuche eines Badeortes; die Ruhe, der stündliche Genuß der freien Luft tun mir unbeschreiblich wohl, und meine mit den Jahren zunehmende Trägheit findet auch ihre Rechnung dabei. Meine Adele treibt sich in der Welt umher, jetzt hält sie in Rödelsheim nahe bei Frankfurt a. M. bei einer Freundin sich auf und wird nächstens mit einer andern auf einige Monate nach Köln gehen. Sie empfiehlt sich Ihnen auf das angelegentlichste und möchte gern auch für Löwen ein gutes Wort bei Ihnen einlegen, wenn sie nur den Mut hätte.

Nehmen Sie noch meinen herzlichen Dank für die gütige Aufnahme unsrer Freundin Kleefeld, sie war entzückt davon und preist sich überglücklich, Sie lesen gehört zu haben.

Gedenken Sie meiner mit gewohnter Güte und Freundlichkeit.

Ihre treuergebene
Johanna Schopenhauer

An Henriette von Pogwisch

Jena, den 11. [September 1827] Ich habe ein paarmal die Botenweiber versäumt, die jetzt sehr frühe abgehen, darum habe ich Ihnen noch nicht geschrieben, daß ich sehr ungern der Hoffnung entsage, Sie auf ein paar Tage hier bei mir zu sehen, das Wetter ist heute wieder himmlisch schön, der Winter so lang, daher werde ich, wenn die Witterung es erlaubt, wohl noch bis zu Ende der nächsten oder zu Anfange der folgenden Woche hierbleiben. Vielleicht ändern Sie Ihren Entschluß und kommen noch auf ein paar Tage. Sie brauchen es mir gar nicht vorher zu melden, wenn Sie sich so einrichten, daß Sie zwischen 10 und 11 Uhr hier sind oder auch nachmittags kommen, damit ich dafür sorgen kann, daß wir alle beide nicht mit einem einzigen Feldhühnchen oder etwas dergleichen uns behelfen müssen. Liene ist, höre ich, auch wieder da, leidlich wohl und obendrein völlig frei, es wäre gar zu hübsch, wenn sie sich bereden lassen wollte, mit Ihnen zu kommen, ich kann Sie alle beide recht gut beherbergen, aber das alles sind wohl nur Châteaux en Espagne. Ihr seid böse Leute, die mich nicht halb so lieb haben als ich Euch, sonst kämt Ihr wohl.

Die Erde habe ich besorgt, liebste Frau, ich bringe auf meinem Möbelwagen sie Ihnen mit, eher werden ja auch wohl die Blumenzwiebeln nicht kommen; nun aber habe ich noch eine Bitte, nämlich, daß Sie mir beim Töpfer 4 Dutzend Hyazinthen-

Aschen bestellen, wie man in Belvedere sie hat, nämlich verhältnismäßig enge, aber höher als die gewöhnlichen. Sie wissen gewiß, was ich meine, die Blumen kommen in solchen Aschen besser fort, und sie nehmen auf meinem Blumentisch weniger Platz ein, was mir sehr wichtig ist. Wir sprachen, dünkt mir, schon im vorigen Winter darüber, und Sie wollten sich auch welche anschaffen.

Legen Sie mich der Gräfin Henckel zu Füßen und sagen Sie ihr, daß ich mich sehr freue, daß sie wieder da ist und daß D. Schmalz, wie ich höre, sie jeder ernstlichen Besorgnis wegen ihrer Augen enthoben hat, auch mein Aurikelchen grüße ich freundlichst und freue mich höchlich, daß er ziemlich wohl sich befindet und in Teplitz sich gut amüsiert hat.

Zu meinem großen Trost höre ich, daß Ottilie sich as well as may be expected befindet, die böse Stunde naht, Gott helfe ihr sie überstehen und uns auch, die wir sie lieben. Sagen Sie ihr bitte, daß Adele sich wohl befindet und sogar, wie sie mir schreibt, merklich stärker wird, auch ihre Gemütsstimmung ist besser als bisher. Den 16. oder 17. wird sie mit dem Dampfschiff nach Köln gehen und wahrscheinlich den Winter über dort bleiben. Wenn meine Freundinnen sich meiner nicht etwas mehr annehmen als bisher, werde ich sehr einsam sein, aber ich bin es zufrieden, wenn nur Adele sich wieder erholt, wie ich hoffe. Adele hat mich neulich recht dringend um Nachrichten von ihrer Ottilie gebeten, ich habe ihr geschrieben, was ich wußte. Ottilie kann jetzt wohl nicht schreiben, sonst wünschte ich wohl, daß sie mir nur zwei Zeilen für Adelen schickte, um sie zu beruhigen. Der Hofrat Vorst von hier, der heute mit dem Eilwagen nach Frankfurt geht, wird Adelen auf der zehnstündigen Fahrt von Mainz nach Köln unter seinen Schutz nehmen, und dort wird die Geheime Rätin Brahl sie mit ihrem Wagen am Hafen erwarten, also ist alles für sie auf das beste besorgt.

Gott befohlen, liebste Frau, wir haben beide unsere Not mit our brats and bairns, das ist aber einmal nicht anders. Wenn Ottilie einen hübschen englischen Roman hat, soll sie ihn mir schicken, ich lese viel und schnell, »Matilde« hatte ich eben

398

französisch gelesen, ich blätter sie aber doch durch und will sie dann an Frommanns geben, wie Ottilie früher mir aufgetragen hat.

J. Schopenhauer

An Karl von Holtei

Weimar, den 26. September 1828 Anfangen will ich wenigstens in dieser etwas späten Abendstunde, der ersten, die mir der unruhige Tag freiläßt, um Ihnen, mein wirklich lieber Getreuer, für das schöne Vertrauen zu danken, mit dem Sie voraussetzen, daß ich nicht in der Heimat in Ruhe und Ordnung mich befinden könnte, ohne Ihnen baldmöglichst zu schreiben. Ich verdiene dieses Vertrauen, obgleich ich vier ganzer Monate einen Brief unbeantwortet lassen konnte, der gleich die ersten Tage meines Aufenthaltes in dem unaussprechlich lieblichen Godesberg mich zu meiner großen Freude begrüßte. Tausendmal habe ich dort an Sie gedacht, Sie zu uns gewünscht, mir fest vorgenommen, Sie zu bereden, wenn ich im künftigen Jahre wieder dort bin, die Reise zu unternehmen, die für einen einzelnen Mann sehr leicht ohne große Unkosten auszuführen ist und Ihnen gewiß nicht minder wohltun wird, als sie mir getan. Auch nahm ich mir fest vor, Ihnen zu schreiben, tat es aber doch nicht, weil ich einmal zur ordentlichen Korrespondentin verdorben bin und wirklich vor all dem Lieben, Erfreulichen, Herrlichen, das mich umgab, in einen wahren Dusel geraten war. Wenn das Gewissen mich schlug, was wohl zuweilen geschah, so tröstete mich der Gedanke, daß ich Ihnen meine »Sidonie« geschickt habe, die wohl so gut ist wie ein Brief, und nahm mir vor, sobald ich daheim sein würde, die Schuld abzutragen. Auch hätt ich dieses gewiß getan, und zwar sobald ich wirklich in Ruhe war, selbst wenn Laroche mir nicht den zweiten, lieben Brief von

Ihnen gebracht hätte, der mich ordentlich gerührt hat, indem er zugleich mich ein wenig beschämte.

Wovon soll ich also zuerst anfangen? Von mir oder von Ihnen? Von mir, denn das wird schneller abgetan sein, und ich kann desto länger bei dem, was Sie, ich möchte eigentlich sagen, uns betrifft, verweilen. Die arme gute Wolff, die ich herzlich von mir zu grüßen und meiner innigsten Teilnahme zu versichern bitte, hat Ihnen recht gesagt: ich wurde an einem Montage hier erwartet, aber nicht am 15. d. M., sondern am 22., an welchem Tage ich denn nun auch wirklich angelangt bin. Den 17., an dem Tage, wo Sie mir schrieben, saß ich noch ruhig in Frankfurt. Seit meiner Ankunft in Weimar bin ich vor häuslichen Einrichtungen und Besuchen noch gar nicht zu mir selbst gekommen, um fünf Uhr traf ich vorigen Montag ein, und um sechs Uhr saß ich schon von einem zahlreichen Kreise umgeben auf meinem gewöhnlichen Platz hinter der Teemaschine an dem Ihnen wohlbekannten runden Tisch. Heute hab ich mir endlich ein Herz gefaßt, setzte mit meiner Adele mich in den Wagen, den Zapfe hinten auf, und fuhr wie toll von einer Haustür zur andern. Viele waren unbarmherzig genug, mich aussteigen zu lassen, um nach so langer Abwesenheit Adelen und mich (über und über in Schwarz gehüllt) zu sehen. Indessen die Visitenrunde ist überstanden, morgen früh tritt die alte Ordnung wieder ein, meine Tür bleibt den Vormittag allen verschlossen, die ich nicht durchaus sprechen muß, und ich kehre freudig zu meiner alten Lebensweise wieder zurück, bei der ich am besten mich befinde.

Die Geschichte meiner Reise will ich soviel wie möglich in aller Kürze Ihnen geben; ich denke, Sie sollen sie einmal umständlicher erfahren.

Mehr als halb krank reiste ich den 20. Mai mit meiner »Griseldis« von hier ab, denn Adelens Sehnsucht nach mir ließ mir nicht Ruhe, um an mich selbst zu denken. Ich ertrug die Reise, freilich in einem sehr bequemen Wagen, weit besser, als ich es erwartet hatte, hielt mich in Frankfurt nur auf, um einige Geschäfte zu besorgen, und eilte dann nach Mainz, schiffte mich ein, flog auf dem Dampfschiff mit unaussprechlichem

Entzücken durch die paradiesische Gegend und war um drei
Uhr an Plittersdorf, wo Adele meiner harrte. Wie ich in das
Boot gekommen bin, das mich ans Land bringen sollte, weiß
ich nicht. Ich hatte nach jahrelanger Trennung meine Tochter
wieder, noch immer bleich und abgefallen, aber doch gesünder, lebensfrischer, heiterer, als ich sie entlassen. Unter meiner
Pflege hat sie seitdem sich fast wieder ganz erholt. Zwei Monate weilte ich mit ihr in Godesberg und lebte mit ihr ein schönes
Leben, in ländlicher Stille – und im Geräusch der sehr gemisch-
ten Gesellschaft, die doch manche interessante Erscheinung
mir bot; immer, wie es mir gerade am gemütlichsten war, von
alten und neuen Freunden umgeben, von allen Seiten verhät-
schelt. Dann ging's den 1. August nach Köln, nach Aachen, von
dort längs den Ufern der Maas über Lüttich, Namur, Dinant,
über das Schlachtfeld von Belle-Alliance nach Brüssel, von
dort nach Gent, Brügge, Antwerpen und sodann über Malines,
Louvain, Maastricht, Aachen, Köln, Bonn zurück nach meinem
Godesberg, wo ich noch vierzehn Tage verweilte und dann von
Bonn aus per Dampf nach Koblenz, Mainz, Frankfurt in die
Winterquartiere mit meiner Adele heimeilte. – Wie Weimar aussieht? – Eigentlich sieht es gar nicht aus; alles ist noch in der
Schwebe; der neue Großherzog wird mit seiner Gemahlin erst
in einigen Tagen von Karlsbad erwartet. Die verwitwete Großherzogin ist sehr betrübt; aber der Kummer bekommt ihr gut;
sie ist gesünder, als sie seit einem Jahr gewesen. Im Fürsten-
hause wird eine Wohnung für sie eingerichtet. Denn unerachtet
der Bitte ihrer Kinder will sie künftig dort wohnen und zeigt
sich abermals als die kluge, verständige Frau, die sie von jeher
gewesen.

Auch Goethe ist heitrer, gesünder, wohlaussehender als seit
Jahren; er trägt den Verlust seines fürstlichen Freundes mit der
allen Alten eignen stillen Ergebung. Übrigens hat der Tod hier
fürchterlich die Sense geschwungen und, ohne daß die Sterb-
lichkeit deshalb größer gewesen wäre wie sonst, lauter
bekannte Häupter aus unserer Mitte getroffen. Die fast täglich
einlaufenden Todesnachrichten erschreckten mich so, daß ich
schon deshalb noch einmal so lange ausblieb, als ich es mir

anfangs vorgenommen; denn am Ende, dacht ich, nimmt der Tod en compagnie mich mit weg, wenn ich in Weimar ihm so unversehens über den Weg laufe.

Auch meine geliebteste Schwester hab ich in dieser Zeit verloren. Sie starb in Danzig. Ich hatte keine Hoffnung, sie jemals wiederzusehen; aber daß sie lebte, gehörte doch zu meinem Glück.

Und nun zu Ihnen, lieber Holtei. Daß Sie aus freien Stücken auf den Gedanken kommen sollten, hierher zu ziehen, um in Weimar zu leben, wagte ich kaum zu denken. Sie äußerten diesen Frühling gerechten Widerwillen gegen das hiesige Theaterunwesen. Aber freilich hat jetzt alles eine andere Wendung genommen oder wird sie eigentlich nehmen; denn für jetzt ist noch nichts getan, nichts beschlossen, obgleich den 1. Oktober die Vorstellungen wieder anfangen. Ich hatte mir vorgenommen, sobald ich nur von allem, was geschehen ist und geschehen kann, gehörig unterrichtet wäre, Ihnen zu schreiben und von Ihnen zu erfragen, was Sie in einem möglichen Falle zu tun gedenken? oder was Ihre hiesigen Freunde, die treulich an Ihnen hängen, für Sie tun können? Jetzt kommen Sie auf halbem Wege mir entgegen, und das ist um so besser. Hören Sie also fürs erste, wie die Sachen stehn.

Frau von Heygendorf hat allen Einfluß aufs Theater verloren; sie wird nie wieder auf demselben erscheinen und wahrscheinlich Weimar verlassen. Doch ist letzteres nur eine Vermutung. Sie selbst habe ich noch nicht gesprochen. Auf jeden Fall ist sie aus dem Spiele.

Hummel, der Liebling der jetzigen Großherzogin, ist der Oberherrschaft Stromeyers entzogen, selbständiger Direktor der Oper geworden. Stromeyer hat um Entlassung von der Direktion des Theaters gebeten und hat weislich daran getan, denn sie wäre ihm sonst genommen worden. Der jetzige Großherzog war sehr gegen diese wunderliche Intendanz. Er wollte anfänglich ganz abgehen, wird aber, vorderhand wenigstens, doch als Sänger bleiben; und so ist das ebenfalls fürs erste in Ordnung, und wir brauchen einen neuen Intendanten.

Wagner hat durch Gottes Schickung in Dresden Furore

gemacht als Tell, man hat ihm 1400 Taler Gehalt geboten, und er hat sie angenommen, Kontrakt und alles unterzeichnet; doch mit dem Vorbehalt, die Rückkunft des Großherzogs abzuwarten, um diesem die Wahl zu lassen, ob er ihm dieselben Vorteile gewähren will, welche die Dresdner ihm bieten, um ihn zu behalten. Daß solches aber nicht geschehen wird, versteht sich von selbst. Wagners Kontrakt geht in einigen Monaten zu Ende, und den Regisseur wären wir also auch los.

Um die Besetzung der letzteren Stelle kümmert man sich aber im Publikum noch nicht. Alles ist auf den Intendanten gestellt. Man ist sehr darauf gespannt und meint, der Herzog werde sie einem Hofherrn übertragen.

Nach Goethes Abgang vom Theater trat anfangs ein Interregnum ein, bei dem wenig Kluges herauskam. Dann wurde ein Liebling des verstorbenen Großherzogs, Graf Edling, Intendant. Als dieser nach einigen Jahren Weimar und seinen fürstlichen Freund eben nicht auf lobenswerte Art verließ, übernahm der Kammerherr von Vitzthum die Stelle, legte sie aber aus Überdruß nach Jahr und Tag nieder. Dann schleppte sich das Theater eine Weile noch so fort, bis Stromeyer durch den Einfluß seiner Freundin Oberdirektor wurde. Das ist nun vorbei. Jetzt werden verschiedene Namen genannt, die zu dieser Ehre kommen sollen. Herr von Beulwitz hat sie ausgeschlagen, einige andre auch. Nun nennt man noch die Herren von Vitzthum, von Gerstenbergk, von Groß und von Holtei. Vitzthum hat erklärt, daß er sie nicht annehmen wird; so sagt man wenigstens. Gerstenbergk kann es nicht, weil er mit eigenen und Staatsgeschäften überhäuft ist; auch wird er Ihnen nie in den Weg treten wollen. Groß schwankt. Er sagte mir gestern, daß er sie nicht wünsche. Er ist ihr auch nicht gewachsen, obgleich er auf unserem Liebhabertheater einer der besten Darsteller war. Läuft er indessen dem Herzog zur rechten Stunde in den Weg, so steh ich für nichts.

Dann aber brauchen wir noch immer einen Regisseur. Viele Stimmen wünschen, daß Sie beide Stellen in Ihrer eigenen Person vereinigen möchten. Ich könnte fast sagen: die meisten – wenn nicht der Adel (namentlich Spiegels) befürchtete, daß

403

Sie die Rechte Ihrer Geburt geltend machen und bei Hofe erscheinen wollten. Selbst der Herzog würde darin keine Ausnahme machen, wenn der Gedanke ihm bei seiner Ankunft eingeblasen würde. Denn Sie haben doch einmal das unverzeihliche Verbrechen begangen, nicht durch Herumschranzen, sondern durch eigne Kraft und eignes Talent Ihr Fortkommen in der Welt zu suchen, ja sogar selbst auf der Bühne gestanden.

Doch diese lächerlichen Besorgnisse niederzuschlagen wird Ihnen nicht schwer werden, sobald nur einiges für Sie geschehen kann und Sie selbst hierher kommen, was aber vor der Zeit ja nicht geschehen muß. Die Schauspieler wünschen sehnlichst, Sie an ihrer Spitze zu haben, wenigstens die Besseren unter ihnen. Laroche und Seidel haben mich besucht und den Abend bei mir Tee getrunken, eigentlich nur, um mir dieses zu sagen und meinen Einfluß, den sich die Leute weit bedeutender denken, als er ist, für Sie in Beschlag zu nehmen. Die guten, dummen Tiere! Gerstenbergk kam dazu, und auch er wurde sogleich geworben. Daß er, von mir angetrieben, alles tun wird, um den Herzog für Sie zu gewinnen, versteht sich von selbst; sobald der Allergnädigste nur erst wieder in Weimar ist. Daß ich, wenn sich mir die Gelegenheit dazu bietet, das nämliche tue, ebenfalls. Ottilie ist eifriger als wir alle, um Sie hier zu haben, denn sie behauptet, ihr bißchen häusliches Glück, mit dem es jetzt trauriger steht als jemals, hinge davon ab, daß Sie wieder den gewohnten Einfluß auf ihren Bären übten, der sie jetzt baß quält und während Ihres Hierseins fromm wie ein Lamm war. Sie will den Alten für Sie gewinnen und hofft, es zu können, dessen Wort freilich das kräftigste wäre. Sie hat auch schon die alte Gräfin Henckel, ihre Großmutter, auf Ihre Seite gebracht, die anfangs gegen sie war, weil sie sich einbildete, es könne zwischen Ihnen und U. ein Malheur geben. Eine Furcht, die Sie, wenn Sie wieder hier sind, ihr leicht benehmen können.

August ist ganz für Sie, ihn werden Sie in Berlin sehen, wohin er den elften Oktober reisen will; Ottilie behauptet: um Sie zu sprechen. Bis dahin wird man auch hoffentlich wenigstens insoweit klar sein, daß man absehen kann, was für Schritte und überhaupt welche getan werden müssen und ob Sie als Regisseur, als Intendant oder als beides hier angestellt werden sollen.

Sie sehen, lieber Freund, daß Sie diesmal Ihre resignierende Philosophie zu früh angewendet haben, Sie besitzen Freunde, die für Sie wünschen und handeln, sobald letzteres erst möglich wird. Doch möchte ich auch weder Ihre Hoffnungen noch die unsrigen keineswegs zu hoch spannen. Alles kann noch scheitern an dem bösen Willen irgendeines einzelnen, an einer fürstlichen Laune, an einem albernen Zufall.

Und nun lassen Sie mich auch die Kehrseite des von Ihnen und uns erwünschten Glückes darstellen. Wahr ist es, Sie gewinnen eine sichere Anstellung, die für Sie das Wünschenswerteste ist, aber diese wird keineswegs brillant von finanzieller Seite sein; denn wir sind gewaltig ökonomisch und müssen es sein malgré nous. Sie werden zu literarischen Arbeiten Zeit behalten; Sie werden zwei Monate im Jahre zu kleinen Reisen übrigbehalten; Sie werden Ihren Sohn zu sich nehmen und ihm hier ohne große Kosten eine gute Erziehung geben können; – das alles ist schon etwas wert. Überdem sind Sie von Natur genügsam und haben keine Bedürfnisse sich angekünstelt; das ist ein Reichtum, der Ihnen nie geraubt werden kann. Aber, mein Freund, Sie opfern einen bedeutenden Teil Ihrer Freiheit auf; Sie werden nicht mehr arbeiten, wenn Sie wollen, sondern wenn Sie müssen. Und tausend Unannehmlichkeiten sind mit dem Geschäfte, das Sie übernehmen wollen, enge verbunden, die Sie besser kennen als ich. Sie werden Launen, Torheiten, alberne Zumutungen von allen Seiten zu bekämpfen, befriedigen, zu beseitigen haben. Doch jeder Stand hat seine Last!

Aber Sie verlassen Berlin, das dortige heitere, freie, unbeschränkte Leben, an das Sie einmal gewöhnt sind, um in einer kleinen Residenz sich niederzulassen, die trotz ihrem Vornehmtun doch ziemlich kleinstädtisch ist; wenigstens gegen Berlin gehalten.

Und noch eins, lieber Holtei, ich vertraue Ihnen ein Geheimnis an, um das bis jetzt außer Adele und G. niemand weiß; ich bin überzeugt, es ist bei Ihnen gut aufgehoben und darf es Ihnen in diesem Augenblicke nicht verschweigen. Mir ist, als handelte ich falsch gegen Sie, wenn ich's täte, obgleich ich nicht eingebildet genug bin zu glauben, daß es auf Ihren Entschluß, hierher zu kommen, einen bedeutenden Einfluß haben könnte. Ich verlasse im nächsten Sommer Weimar – wahrscheinlich auf immer!

Tausend gültige Gründe, die hier aufzuführen für uns beide zu langweilig wäre, bestimmen mich zu diesem Entschlusse; diesen Gründen gesellt sich der Wunsch, in einem besseren Klima, in einer schöneren Gegend mein Leben zu beschließen, und die Sorge um Adelen, die nun einmal ungern in Weimar lebt und deren Gesundheit ein milderes Klima bedarf. Ich ziehe an den Rhein, nach Bonn, wo ich alles beinahe wiederfinde, was ich hier verlasse – nur gottlob das Hofwesen nicht, in das ich bei jetziger Lage der Dinge immer mehr hineingezogen werden würde. Ich komme in ein wunderschönes Land, wo die kleinen Reisen, die, solange ich noch mobil bin, zur Annehmlichkeit meines Lebens gehören, auf eine Weise mir erleichtert werden, von der wir in unserem Norden keinen Begriff haben. G. ist hier der einzige, den zu verlassen mir recht schmerzlich wird, nicht sowohl weil ich seiner zu meinem Glücke bedarf, als weil er sich einbildet, meiner zu dem seinigen zu bedürfen. Und daß ich so wenig tun kann, ihm ein gewissermaßen selbst verpfuschtes Leben zu erleichtern, schmerzt mich am tiefsten; in einiger Hinsicht wird es mir auch wohltun, diesen Schmerz nicht täglich sich erneuern zu sehen.

Wenn Sie nun hier leben, so wird mir der Abschied von Weimar noch schwerer werden, das gestehe ich mit der mir eigenen Offenheit. Aber die Furcht davor darf mich nicht halten, wo es mir Pflicht ist zu gehen, um das Wohlsein des einzigen Wesens zu begründen, für welches zu leben mir noch vergönnt ist. Halten Sie mich nicht für eitel, wenn ich sage, daß auch Sie an mir verlieren. Daß mein Fortgehen Ihnen wehe tun wird; daß Sie meine Nähe entbehren werden, welche Ihnen die Aussicht, in Weimar zu leben, vielleicht in angenehmerem Licht erscheinen ließ. Eine treue Freundin zu haben, zu der man in Mißmut wie in Freude mit Vertrauen sich hinflüchten kann, ist viel. Und diese würden Sie immer an mir finden, wenn Sie in meiner Nähe lebten. Ich könnte durch Rat, durch warme Teilnahme auf mancherlei Weise Ihnen nutzen. Aber das soll nicht sein. Auch Ihre freundliche Nähe würde mein.Leben wieder erfrischen, erheitern, guter Holtei. Ich und Sie wissen ja, was wir aneinander haben! Aber es gibt nichts Vollkommnes in der Welt. Meine Entfernung darf und kann auf Ihren Entschluß keinen Einfluß haben. Dennoch mußte ich Sie darauf vorbereiten, daß wenigstens diese Annehmlichkeit, die mein Hierbleiben Ihnen bieten dürfte, Ihnen wahrscheinlich nicht werden wird. Entscheidet sich Ihr Schicksal indessen bald und nach unserem Wunsch, so bleibt mir dennoch die Aussicht, mehrere Monate mit Ihnen an einem Orte zu leben und Ihnen bei Ihrem Auftreten nützlich werden zu können. Geht es nicht mit Ihrer Anstellung, wie wir wünschen, so werden Sie doch Ihren früheren Plan ausführen und Ihrer Ehre unbeschadet auf einige Wochen herkommen können, um noch einmal die guten lieben Abende dieses Winters zurückzurufen. Und bin ich erst am Rhein eingerichtet und in Ordnung, so lasse ich mit Bitten nicht nach, bis Sie kommen, mich zu besuchen, Sie mögen auch leben, wo Sie wollen. Auf immer von Ihnen Abschied nehmen kann und will ich nicht.

Jetzt wissen Sie alles, was Sie wissen mußten. In einigen Tagen ist der Herzog hier; vielleicht übermorgen schon. Ihre Freunde werden tätig sein, doch muß dieses mit Vorsicht geschehen, um der guten Sache nicht durch Übereilung zu schaden. Was ich tun kann, tu ich gewiß. Wäre August nur erst bei Ihnen, damit Sie sich mit ihm beraten könnten. Sobald Sie sich tätig bezeigen sollen, melde ich es Ihnen. Und schlägt alles fehl, nun so bleibt uns freilich Ihr philosophischer Trost: »Es sollte nicht sein« und Ihnen wie mir der leichte Mut, der an keinem verfehlten Wunsche scheitern kann.

Ihren »Faust« erwarte ich mit Sehnsucht. Aber ich sage es Ihnen im voraus: ich werde eine strenge Richterin sein, eben weil ich Sie lieb habe, als wären Sie mein eigenes Kind oder mein Bruder, Vetter und was es sonst noch dergleichen in der Welt gibt. Gedichte, Journale, kurz nichts, gar nichts von Ihnen hab ich wieder gefunden noch erhalten, und das ist recht häßlich von denen, die daran schuld sind. Schicken Sie mir doch etwas durch August. Und wie steht es um die »Schlesischen Gedichte«? Schreiben Sie ja recht bald an die Voigt. Ihr Schweigen muß ihr weh tun; sie ist kränklich, unglücklich, verlassen und deshalb sehr reizbar. Sein Sie gut und schreiben Sie ihr noch in dieser Woche, um ihr eine Freude zu machen. Sie hat deren nicht viel.

Was hab ich mich gefreut über das glückliche Gelingen Ihrer »Leonore«! Der »Faust«, höre ich, ist durch den Einfluß des Grafen Brühl verdrängt worden? Vielleicht war es gut. Die Aufführung war ein Wagestück, zu dessen Gelingen vielleicht größere Kräfte gehören, als Ihr Lieblingstheater aufzubieten hat.

Daß mein Aufsatz im »Konversationsblatt« Ihnen Freude gemacht, freut auch mich. Zu schämen haben weder Sie sich desselben noch ich, denn was ich gesagt, ist Wahrheit; nur wünsche ich, daß niemand erfahre, daß ich es war, die sie sagte. Ich hab innerlich herzlich gelacht, als Hofrätin Voigt (aus Jena), die ich in Frankfurt bei ihrer Schwester traf, mir erzählte: die Jenenser zerbrechen sich darüber den Kopf, wer in aller Welt diesen Aufsatz aus Jena geschrieben haben könne? Ihres Wissens habe doch niemand von dort all Ihren (hiesigen) Vorträgen beigewohnt. Endlich fragte sie ganz treuherzig, ob ich nicht etwa die Verfasserin wäre? Die Leute hätten's gemeint. Ich log frisch weg, meinte, es könne der alte Präsident Motz gewesen sein, der keine Ihrer Vorlesungen versäumt habe, und wurde dabei über und über rot, denn mit dem Lügen weiß ich noch nicht recht umzugehen; zum Glück aber saß ich den Rükken gegen das Fenster.

Motz kommt wahrscheinlich nach Weimar. Er ist an des alten Einsiedel Stelle zum Oberhofmeister der verwitweten Herzogin ernannt. Das wäre gut für Sie, lieber Holtei, denn er ist Ihr treuer Freund und Verehrer.

Über all diese Geschichten habe ich die Hauptsache vergessen: Ihre Gesundheit, guter Freund! Daß Sie nach Breslau reisen, um dort krank zu werden, ist gar nicht vernünftig von Ihnen. Haben Sie sich denn nicht wieder Ihrer heißflammen-

408

den russischen Bade-Nymphe in die Arme geworfen, die diesen Frühling Wunder an Ihnen getan? Gesund müssen Sie sein, wenigstens so leidlich.

Über Ihre Entschuldigung, daß Sie den Brief nach Godesberg nicht frankiert hatten, hab ich mich ein wenig lustig gemacht. Ich liebe das Frankieren überhaupt nicht. Auf jeden Brief, den man frankiert erhält, muß man die Antwort wieder frankieren und ärgert sich hinterdrein, wenn man's vergessen hat. Also, lieber Freund, zwischen uns beiden geht hinfort alles unfrankiert, selbst dieser Brief, über dessen Länge ich erschrecke.

Vom 28., so lange hab ich dran geschrieben. Adieu!

mit alter Treue J. S.

An Friedrich Arnold Brockhaus

Weimar, den 31. Oktober 1828 ... Schon vor drei Jahren erhielt ich die Nachricht eines in Stuttgart beabsichtigten Nachdrucks meiner sämtlichen Werke, und schon damals stieg der Wunsch in mir auf, demselben durch die Herausgabe derselben zuvorzukommen, nur dünkte es mir damals noch nicht an der Zeit. Es gelang mir vor 2 Jahren durch die Gnade unsrer Frau Großfürstin, von dem Könige von Württemberg ein Privilegium für meine künftigen Schriften und die Herausgabe meiner sämtlichen Werke auf zwölf Jahre zu erhalten. Herr Wilmans hat auf dem Titelblatte der »Sidonie« davon Gebrauch gemacht, und Sie werden bei meiner neuen Reise es auch, aber wenn wir den Stuttgartern nicht bald durch eine Ankündigung zuvorkommen, so können sie ihren alten Plan mit Weglassung der »Sidonie« doch vielleicht wieder hervorsuchen, denn wahrscheinlich, um mir Kosten zu ersparen, hat der König mir das Privilegium nicht geschickt, sondern mir gemeldet, daß ich nur den Titel und Verleger des neuen Buchs ihm zu melden habe, wonach es denn gleich in seinem Lande bekanntgemacht wird, daß es unter seinem Privilegium erscheint. Auch für die Sammlung muß ich die Verleger zuvörderst nennen, sie selbst kann dann später erscheinen. Aber auch von der andern Seite droht mir eine Art von Nachdruck. Die Herren Meyer aus Gotha und New York haben mir geschrieben, sie wollten mir die Ehre erzeigen, mich unter die deutschen Klassiker aufzunehmen, ich möchte ihnen nur melden, welche meiner Schriften ich dazu bestimme und unter welchen Bedingungen. Daß ich ihnen geantwortet habe, unter gar keinen, trauen Sie mir wohl zu, aber wer kann wissen, was diese Herren dennoch tun?...

An Louis Mertens

Weimar, den 18. Januar 1829 Nochmals, lieber Herr Mertens, sage ich Ihnen den herzlichsten Dank sowohl dafür, daß Sie die glückliche Idee gehabt haben, uns Ihr Haus und Garten in Unkel zu überlassen, als für Ihr ungemein gütiges und freundliches Schreiben vom 6. dieses. Verzeihen Sie es mir nur, daß ich es erst heute beantworte, Kopf- und Zahnreißen und Schnupfen haben die Zeit her mich geplagt, wie das bei dem schnellen Wechsel der Witterung nicht wohl anders möglich ist. Bis Neujahr hatten wir wahres Frühlingswetter, und nun seit zehn bis zwölf Tagen immer zwischen 12 und 14 Grad Kälte, Schnee bis über die Ohren, und das Schlittengeläute klingelt ewig durch die Straßen. Ich hoffe an den Ufern des Rheins auch in Hinsicht des Klimas mich zu verbessern, was meiner Gesundheit sehr zuträglich sein wird.

Die Bedingungen, unter denen Sie Ihr Besitztum mir überlassen wollen, nehme ich alle mit herzlichem Dank für Ihre Güte an und wünsche nur, daß Sie das Zimmer, welches Sie sich vorbehalten, recht fleißig auch außer der Herbstzeit besuchen mögen. Ich wünsche die Miete mit dem ersten Mai anzutreten;

auf einige Tage später, wenn H. Schaaffhausen es so bequemer wäre, kommt es natürlich nicht an. Fürs erste aber wünsche ich nur auf ein Jahr zu mieten und bitte Sie, unsern Kontrakt darauf zu stellen, auch die Zeit der gegenseitig freistehenden Aufkündigung und den Termin der Zahlung der Miete nach Ihrem Gefallen zu bemerken. Ich bin zwar im voraus überzeugt, daß Unkel mir ungemein wohlgefallen wird, aber es ist doch vernünftig, alles vorher recht genau kennenzulernen, ehe man einen festen Entschluß auf längere Zeit faßt. Daß ich einige Meublen darin vorfinde, die Sie die Güte haben wollen, mir mit dem Hause zu überlassen, ist mir ganz besonders angenehm, der ersten Einrichtung wegen, die ich nun mit mehr Muße vollbringen kann, ich werde Sie um ein genaues Inventarium derselben bitten und hoffe, Sie sind von mir überzeugt, daß Sie dieselben einst in demselben guten Zustand wieder erhalten werden, in welchem ich sie übernehme. In Hinsicht des Gemüsegartens habe ich schon meine liebe Frau Mertens, der ich mich auf das herzlichste zu empfehlen bitte, gebeten, dafür zu sorgen, daß er zur rechten Zeit auf meine Kosten bearbeitet und bepflanzt werde, indem ich dazu zu spät nach Unkel kommen werde, und ihr besonders die Anpflanzung einiger guten, tragbaren Artischocken ans Herz gelegt, die nun einmal ein Lieblingsgemüse von mir sind, auch wünsche ich, einige leergelassene Beete vorzufinden, denn ich möchte nach hiesiger Landesart den Sommer hindurch junge Erbsen und Bohnen nachlegen lassen, wir haben hier auf diese Weise oft noch spät im Oktober, oft noch anfangs November die herrlichsten jungen Erbsen wie mitten im Juni. Verzeihen Sie mir nur, lieber Herr Mertens, daß ich Ihnen mit dergleichen Kleinigkeiten beschwerlich falle, aber Sie sehen daraus, wie sehr ich schon im voraus auf meine künftige Gartenwirtschaft mich freue, die meiner Gesundheit zuträglicher sein wird als Doktor, Apotheker und alle Bäder der Welt.

Auch wegen Ihres gütigen Rates in Hinsicht des Transports meiner Meublen bin ich Ihnen sehr dankbar, ich werde ihn gewiß befolgen, soviel ich kann; Wäsche, Betten, Bücher und einige Gemälde, von denen ich mich nicht trennen will, ma-

411

chen schon viel aus; einige Möbels, die ich sehr liebe, weil sie mit mir alt geworden sind, ohne ihrer ursprünglichen Solidität wegen zu veralten, kommen dazu. Ich hoffe doch, daß man die Sachen von Frankfurt aus zu Wasser gerade nach Unkel bringen kann, und würde Ihnen sehr verbunden sein, wenn Sie die Güte haben wollen, mir einen guten Spediteur in Frankfurt zuzuweisen und mich demselben als eine Freundin Ihres Hauses noch besonders zu empfehlen.

Den Johann Dettenfeld habe ich oft in Ihrem Hause in Plittersdorf gesehen, lieber Herr Mertens, und er ist mir immer als ein recht braver, treuer und brauchbarer Diener vorgekommen. Sollte er dienstlos sein, so möchte ich sehr gern ihn fürs erste monatsweise in meinen Dienst nehmen, sobald ich selbst in Unkel anlange, das heißt Ende Juni oder anfangs Juli. Meine Tochter aber wird früher kommen, um die Sachen, die ich vorausschicke, in Empfang zu nehmen, und ich baue darin auf Ihre und Ihrer lieben Frauen Güte, daß Sie ihr dabei mit Rat und Tat freundlichst beistehen werden; ich selbst kann, durch mancherlei Geschäfte gehalten, nicht früher abkommen, und Adele will auch gern vorher alles ein wenig einrichten, damit ich nicht in allzu große Unordnung gerate. Ob sie den Johann Dettenfeld sogleich nötig haben wird, weiß ich nicht, das findet sich bei ihrer Ankunft, auf jeden Fall will ich ihn aber gern auf drei Monate gewiß mieten, in der Zeit werde ich ja sehen, wie ich mit ihm zurecht komme und inwiefern ich seiner Dienste benötigt bin.

Nochmals meinen herzlichsten Dank, die freundlichsten Grüße an die liebe Frau Mertens, auch Adele empfiehlt sich Ihnen allen beiden auf das angelegentlichste; ich aber bleibe mit der ausgezeichnetsten Hochachtung und Ergebenheit
          Ihre dankbare
          Johanna Schopenhauer

An Karl von Holtei

Weimar, den 19. Februar 1829 Wie danke ich Ihnen, lieber, guter Holtei, für Ihr Vertrauen, das Sie seltsam nennen, das ich aber so natürlich und für mich wahrhaft ehrend finde. Auch danke ich Ihnen herzlich, daß Sie in dieser Angelegenheit, von deren Entscheidung denn doch nicht nur Ihre Zukunft, sondern die eines liebenswürdigen Mädchens abhängt, meinen Rat nicht verlangen. Ihr Herz und Ihr Kopf müssen hier Ihre einzigen Ratgeber sein und bleiben, und mit beiden ist es gottlob so gut bestellt, daß sie vereint Sie unmöglich irreführen können. Sehr begierig bin ich auf Ihren nächsten Brief, der mir wahrscheinlich von der Entscheidung Ihres Geschickes, auch in Hinsicht auf das Königsstädter Theater, Kunde bringen wird. Ihre Verlegenheit, Ihr Streben, einer Anstellung auszuweichen, der hundert andere mit Kratzfüßen nachlaufen würden, hat etwas rein Komisches. Entgehen werden Sie Ihrem Schicksal nicht, das sage ich Ihnen im voraus; aber Sie sind auf dem rechten Wege, es sich nach Wunsche zu gestalten. Vergessen Sie nur nicht, sich für alle Sommer den nötigen Urlaub auszubedingen, um Ihr liebes Vaterland oder auch den Rhein besuchen zu können, das bitte ich sehr.

Wie gut kennen Sie mich! Wie so ganz haben Sie mein Schweigen über ein Gerücht verstanden, das freilich auch mir von allen Seiten zugetragen wurde. Ich wußte ja, daß Sie mir alles sagen würden, sobald Sie selbst mir etwas zu sagen hätten. Neugier ist nicht Freundschaft, und von jeher war mir nichts verhaßter als jene zudringlichen Freunde, die da wollen, man soll ihnen Dinge vertrauen, über die man mit sich selbst noch nicht im klaren ist, die man sich selbst kaum gesteht. Daß niemand herzlicheren Anteil nimmt an allem, was Ihnen widerfährt, als ich, das wissen Sie, wie ich von Ihnen weiß, daß Sie ebenso für mich empfinden. Wir beide können uns fest aufeinander verlassen, und das ist ja die Hauptsache. Alles übrige ist vom Übel.

Morgen also lesen Sie zum letzten Male, und dann kommen Sie, vielleicht schon in künftiger Woche. Wie ich mich darauf freue, glauben Sie nicht. Es wäre hart, wenn auch diese Freude mir zu Wasser würde.

Sie werden die alten Freunde finden, wie Sie sie verließen, übrigens aber manche Veränderung. Die Stadt ist viel stiller. Die Verlobung der Prinzessin und der Geburtstag der Großfürstin haben freilich seit einigen Tagen einen Schein von erhöhterem Leben uns gebracht; aber nun ist es auch wieder damit vorbei. Morgen ist der erste Ressourcen-Ball; ist dieser vorbei, versinken wir wieder in unsern alten Krepp und in die alte Langeweile, die mir freilich nicht viel anhaben kann, wenn man mich nur mir selbst überläßt.

Ihren Brief an August habe ich gelesen und dann besorgt. Daß Sie sich die Mühe gegeben, die Erscheinung Ihres Melodramas »Faust« gewissermaßen zu erklären, ist ein neuer Beweis Ihrer Herzensgüte. Sie hätten nach der Art, wie der alte Herr sich in der Sache benommen, es kaum nötig gehabt. Aber der alte Herr ist achtzig Jahre alt, und da ist es kein Wunder, daß er oft kaum begreift, wie andere sich unterstehen können, auch existieren zu wollen. Adele, die er zuweilen zu einem Diner tête-à-tête einladet, war eben bei ihm, als ein Brief ankam, der über Ihren »Faust« aburteilte. Was darin stand, wollte sie nicht berichten, doch soviel ist gewiß, daß es Ihnen schlecht ergangen ist und daß der Alte seine Freude daran hatte. Also machen Sie sich nur darauf gefaßt, ihn, wenn Sie wieder herkommen, ein wenig unzugänglicher zu finden als früher. Er ist es überhaupt. Er fühlt, daß ihm in seinem Hause nicht wohl bereitet ist, und diniert deshalb schon seit ein paar Monaten in seinem Zimmer ganz allein oder mit einem einzelnen Gast, den er sich einladet. Das wird aber auch wieder anders. Er hat fast alle Winter solche Sonderbarkeiten, die, wenn die Tage länger werden und die Kälte abnimmt, ihn wieder verlassen.

Dem Herzoge werden Sie freilich einmal aufwarten müssen, das wird aber weiter keine lästigen Folgen nach sich ziehen. Er ist sehr freundlich für Sie gesinnt.

Bei unserm Theater ist es in den letzten Wochen bunt hergegangen; die Leute wußten sämtlich nicht, wo ihnen die Köpfe standen vor Gastrollen und Anforderungen aller Art. Also zürnen Sie dem armen Laroche nicht, wenn er Ihnen noch nicht geantwortet hat. Er ist in diesem Augenblicke tief gekränkt und nicht ohne Grund. Er gibt sich unsägliche Mühe mit dem Theaterpersonale, tut als Schauspieler, was er kann (und das ist viel!), ist der Liebling des Publikums, verdient es zu sein, und dennoch hat man, hinter seinem Rücken möcht ich sagen, Genasts engagiert, weil der alte Genast Hummels Spezial ist und unser Herr Intendant seine eigenen Ursachen hat, mit Hummel, Haide und noch einer Legion anderer es nicht zu verderben. Madame G. hat nicht gefallen. Er als Sänger ebenfalls nicht; am wenigsten kann er Stromeyer ersetzen. Aber er ist ein gewandter Schauspieler. Als solcher hat er das nämliche Rollenfach, in welchem Laroche sich auszeichnet. Diese beiden Leute erhalten 2400 Taler, was bei uns sehr viel ist; man sagt auf Lebenslang. Sie fühlen wohl, wie das Laroche wehe tun muß. Man fürchtet ihn darüber zu verlieren. Er hatte sich sehr darauf gefreut, in »Minna von Barnhelm«, die seit undenklicher Zeit hier nicht gegeben wurde, den Wachtmeister zu spielen. Nun gab ihn Genast, und mit vielem Beifalle, als Gastrolle. Sie kennen das Komödiantenwesen besser als ich und werden also fühlen, wie verdrießlich das ist.

Laroche werd ich immer verteidigen; ich weiß, er hat Sie lieb und erkennt Ihr Talent, wie sich's gehört und gebührt. Den Herrn Intendanten aber gebe ich Ihnen gern preis nebst allem, was drum und dran hängt.

Nun adieu, lieber Freund. Hoffentlich schreib ich Ihnen sobald nicht wieder, denn ich denke, Sie kommen. Adele freut sich darauf; auch Gerstenbergk, der drei Wochen recht krank war, sich jetzt aber wieder erholt. Ich bin recht begierig, wie Adele Ihnen gefallen wird. Lassen Sie sich vom ersten Augenblick nicht abschrecken, denn dieser macht keinen angenehmen Eindruck. Nicht war, ich bin eine recht ehrliche unparteiische alte Mama?

Gerstenbergk ist Vizekanzler geworden, was dem Herrn Kanzler wohl nicht ganz recht sein mochte, aber man hat ihn durch den Geheimeratstitel zu beschwichtigen gesucht.

J. S.

An Friedrich Wilmans

Weimar, den 23. März 1829 So betrübend der Inhalt Ihres heute erhaltenen Briefes für mich ist, so tröstend ist mir aber auch die herzliche Teilnahme, die Sie, edler Freund, mir darin beweisen. Gott segne Sie dafür. Ach warum mußten Sie mich nicht behalten, wieviel glücklicher wäre ich jetzt! Doch das steht nun nicht mehr zu ändern, und so muß ich denken, daß es so gut sei. Gott weiß am besten, warum er gerade über mich so vieles Unglück verhängt hat, und ich bin schon lange daran gewöhnt, mich seinen Fügungen, ohne zu murren, zu ergeben. Ich lege jetzt den Brief Ihres H. Bruders an H. v. Gerstenbergk bei, verzeihen Sie, daß ich in der Bewegung, in die das Schreiben an Sie mich notwendig versetzen mußte, den unrechten ergriff, ich wünsche doch auch, daß Sie dieses Dokument lesen und hernach es verbrennen.

Und nun, lieber gütiger Freund, erlauben Sie mir, Ihnen zu sagen, was ich ferner zu tun mich entschlossen habe, denn meinen Verleger der sämtlichen Werke, dem ich versprochen habe, ihn vorderhand nicht zu nennen, möchte ich ungern den Antrag tun, mit Ihrem Bruder zu unterhandeln. Ich will noch einen Versuch wagen. Ich will ihm selbst schreiben, den Brief aber in einen andern an seine Schwiegermutter einschließen und diese bitten, mir bei ihm das Wort zu reden; ich halte sie für eine gute, mild gesinnte Frau, sie hat mir immer viel Teilnahme bewiesen, ich will ihr einen kurzen Abriß meines Lebens geben, wie ich ihn Ihnen mitgeteilt habe, sie ist alt, sie hat eine einzige Tochter wie ich, ich denke, sie wird an meinem vielen Unglück teilnehmend sich bezeigen und vielleicht H. Wilmans bewegen, einmal in seinem Leben von seiner gewohnten Härte abzugehen, denn wie es mir scheint, gilt sie viel bei ihm, und das hat wohl seine guten Gründe. Glauben Sie aber, lieber Herr Wilmans, daß Ihr Bruder es übelnehmen könnte, wenn ich diesen Schritt wagte, so melden Sie es mir gütigst sogleich, dann unterlasse ich ihn und schreibe ihm allein. Ich fürchte, wie die Sachen stehen, daß Ihr Herr Bruder nur noch mehr über mich erzürnt werden möchte, wenn er erführe, daß ich mich zuerst

an Sie gewendet habe, vielleicht aber würde er auch sich vor
Ihnen schämen und vielleicht gern die Gelegenheit ergreifen,
Ihnen wieder näherzutreten, ich bin mir selbst hier nicht klug
genug, man weiß nicht, wie man einen solchen wunderbaren,
aus gut und böse zusammengesetzten Charakter angreifen soll.
Lieber, gütiger Herr Wilmans, denken Sie nur einen Augenblick, ich wäre Ihre Schwester und treten Sie hier entschei-
dend für mich ein. Könnten Sie sich überwinden, meinen Brief
an Sie mit ein paar von Ihrer Hand geschriebnen Zeilen, in
denen Sie Ihre gütigen Gesinnungen gegen mich ausdrückten,
an Ihren Bruder zu schicken, ich glaube, mir wäre vielleicht
damit geholfen, er würde die Gelegenheit ergreifen, Ihnen zu
zeigen, daß er noch einer guten menschenfreundlichen Handlung fähig und besser sei, als Sie es von ihm denken. Sein Stolz
würde dabei seine Rechnung finden, und übrigens habe ich
mich doch zu einem Vergleich mit ihm in dem Briefe erboten,
der den möglichen Verlust, den er durch das Aufgeben seines
alleinigen Verlagsrechtes erleiden könnte, ungemein mildern
müßte. Glauben Sie aber, daß dieser Schritt zweckwidrig sei,
oder können Sie sich nicht entschließen, auch nur schriftlich
an ihn sich zu wenden, um für mich zu sprechen, nun, so bitte
ich Sie, senden Sie mir meinen Brief an Sie mit umgehender
Post zurück, damit ich aus ihm die beiden Briefe zusammensetzen kann, die ich an die Frau Syndikus Schmidt und an Ihren
Bruder dann schreiben muß, die saure Arbeit wird mir dadurch
ungemein erleichtert werden, ich habe keine Abschrift davon
zurückbehalten, und die Geschichte aller meiner früheren Leiden wieder in meinem Gedächtnis zusammenzusuchen, fällt
meinem Herzen zu schwer. Ich wollte Sie ohnehin bitten, den
traurigen Brief zu verbrennen, damit er nach unser beider Tod
nicht einmal in unrechte Hände fiele, denn nichts ist mir widerwärtiger als der Mißbrauch, der in unsern Tagen mit Briefen
Verstorbener im Publikum getrieben wird.

Darf ich hoffen, daß Sie, mein würdiger verehrter Freund,
nur in ein paar Zeilen mir baldmöglichst melden, ob Sie den
Brief Ihrem Herrn Bruder übergeben haben?

Künftigen Sommer sehe ich Sie, mein Schicksal mag sich

auch wenden, wie es wolle, immer fühle ich mich im Herzen Ihnen dankbar verpflichtet, und der Besuch bei Ihnen soll der erste sein, den ich in Frankfurt machen werde.

Ihre dankbar ergebene
Johanna Schopenhauer

An Karl von Holtei

Unkel, den 25. August 1829 Freilich, lieber Holtei, sollen Sie mir schreiben und das gleich, und einen langen ordentlichen Brief. Ich habe Ihnen aus Weimar nicht wieder geschrieben, erstlich, weil ich Ihren zweiten Brief, den Sie im ersten ankündigten, erwartete, zweitens, weil ich in den letzten Wochen meines dortigen Aufenthaltes gar nicht mehr ich selbst war. Jetzt, gottlob, bin ich wieder im Gleise, die alte Frau Johanna, die Sie kennen und liebhaben. Ihr Brief war der erste, der mich in meiner Einsamkeit von allen Freunden begrüßte. Sie sind nicht alt, aber zu meinen alten Freunden rechne ich Sie doch. Er rührte und erfreute mich auf das innigste. Was Sie gelitten, kann ich mit Ihnen fühlen. Es ist überstanden und leidlicher, als Sie es fürchteten, also nichts weiter davon!

Auch ich will Ihnen nicht lang und breit erzählen, wieviel die Trennung von Weimar und meinen dortigen alten Freunden mich gekostet hat. Es war ein schmerzlicher Riß; weit schmerzlicher, als ich es erwartete. Erst wenn die Freunde sterben oder man sonst auf immer von ihnen getrennt wird, fühlt man recht, wie lieb man sie hatte. Und dann von zweiundzwanzigjährigen Gewohnheiten zu scheiden; von den vier Mauern, in denen man so viele trübe und frohe Stunden verlebte, obendrein in meinem Alter – es ist kein Kleines, lieber Freund. Aber so, wie meiner Meinung nach die Besorgung der Trauer und des Begräbnisses eines abgeschiedenen teuren Wesens uns (freilich etwas gewaltsam) über den ersten furchtbaren

Schmerz hinaushilft, so half mir das Geräusch des Einpackens, die körperliche Ermüdung, und so mancher kleine unvermeidliche Ärger über die letzten Tage hinaus, die ich sonst völlig unerträglich gefunden haben würde. Enfin, ich bin seit dem zweiten Juli hier, gesünder und heiterer, wie ich seit Jahren nicht gewesen. Ich kam hier eben auch nicht gleich auf Rosen zu liegen. Es sah bei uns ungefähr aus, wie es vor der Schöpfung in der Welt ausgesehen haben mag. Meine arme Adele war drei Wochen vorher eingezogen, Haus und Garten ward in der unbeschreiblichsten Unordnung gefunden, und mit größter Anstrengung war's ihr doch nicht gelungen, mir gleich für den Anfang einen nur einigermaßen leidlichen Aufenthalt zu bereiten. Dazu kam das fürchterliche Wetter dieses niederträchtigen Unsommers, dessengleichen ich noch nicht erlebt habe. Vierzig Tage lang strömte der Regen, wüteten Sturm, Donner und Blitz, und jetzt ist es, einige wenige hübsche Tage ausgenommen, noch nicht viel besser damit geworden. Ich hoffte auf einen schönen Herbst, aber eine ordentliche Weinlese wird es schwerlich geben, obgleich die Reben unter der Last der Trauben fast sinken. Jetzt ist endlich Ordnung bei uns. Unser Haus ist von außen sehr häßlich, von innen sehr nett und bequem. Mein Wohnzimmer sieht genau wie das in Weimar aus, wo wir beide so manche schöne Stunde miteinander saßen. Alle meine Meublen, die ich dort um mich stehen hatte, stehen darin. Stühle und Tische, Gemälde und Spiegel; ich konnte mich von den alten Freunden nicht trennen, obgleich sie mir große Reisekosten gemacht haben. Als ich meine Uhr zum erstenmal wieder schlagen hörte, war ich ordentlich gerührt über die altbekannte Stimme. Ihnen darf ich so etwas sagen, andere würden es kindisch finden. Kommen Sie nur, ich weiß, es gefällt Ihnen bei uns. Die Gegend ist eine der schönsten, die ich kenne. Ich habe einen Garten, der mir unsägliche Freude macht, voll der herrlichsten Obstbäume, Spargel-, Erdbeerbeete, Aprikosenbäume wie bei uns die großen Birnbäume und vor dem Hause eine nicht große, aber sehr hübsche englische Gartenpartie mit ein paar schattigen Lauben, prächtigen Platanen, Ahorn und eine Menge fremder Sträucher und Bäume, die ich nicht zu nennen weiß. Blumen werden künftiges Jahr kommen. Der Garten ist von meinen Vorgängern sehr vernachlässigt worden, desto mehr Freude macht es mir, jetzt alles darin nach Lust und Willen zu ordnen. Ich bin viel im Freien, und das tut meiner Gesundheit unbeschreiblich wohl. Einsam sind wir, das ist wahr, mir aber der Abwechslung wegen durchaus nicht zuwider. Das Wetter ist schuld, denn wir haben in der Umgegend viele Bekannte, doch der ewige Regen, die Gewitter, die Stürme heben fast alle Kommunikation auf. Im nächsten Monate wird's in Unkel selbst lebhaft genug werden, mehrere Kölner Familien haben hier ihre Landhäuser, die sie erst von September an bis anfangs November bewohnen, was mir ganz recht ist, denn während der langen Abende ist es angenehm, eine gesellige Nachbarschaft zu haben. Anfangs November ziehen wir auf vier Monate ungefähr nach Bonn, wo ich einstweilen nur eine Art Absteigequartier mir gemietet habe. Ich will erst als Fremde dort leben und sehen, wie mir die Leute gefallen, eh' ich mich förmlich niederlasse. Koblenz, Neuwied, Köln, Düsseldorf liegen auch nicht weit entfernt, der große Strom erleichtert jede Verbindung, und ich kann's ja folgenden Winter in einem dieser Orte probieren, wenn mir Bonn nicht gefallen sollte, was ich aber doch nicht glaube.

Sie fragen, was ich schaffe? Wenig, lieber Freund. Meine Reise nach Flandern und Brabant, die um Ostern bei Brockhaus herauskommen wird, beschäftigt mich für den Augenblick. Ein paar Erzählungen für Taschenbücher habe ich gemacht, an denen nicht viel Besonderes ist, das ist vorderhand alles. Bin ich erst ganz eingewohnt, werde ich wohl wieder etwas Bedeutenderes unternehmen.

Vor drei Wochen ungefähr war ich mit Adelen in Bonn. Wir logierten im »Stern« und aßen meiner Liebhaberei nach an table d'hôte. Der Zufall wollte, daß mehrere Bekannte uns gegenüber saßen, die mich freundlich begrüßten, meinen Namen nannten und dadurch die Aufmerksamkeit eines Teiles der Gesellschaft auf uns richteten. Neben mir saß eine Physiognomie, die mir nicht sonderlich gefiel. Das Gesicht hatte mir etwas Bekanntes und war mir doch fremd. Der Herr mischte sich ins Gespräch, tat ganz bekannt mit mir, fragte nach Goethen, nach dem Herzog, nach allem möglichen. Ich antwortete höflich, aber doch mit einiger Zurückhaltung. Auf einmal fragte mein Nachbar: hat Herr von Holtei Ihnen kürzlich geschrieben? Ich sah verwundert ihn an, Ihr Freund Hermann Franck fiel mir ein, aber so kann der nicht aussehn. Ich versicherte, ich hätte lange nichts von Ihnen gehört und wüßte nicht einmal, wo Sie in diesem Augenblick wären. Er war besser unterrichtet, sagte er mir, Sie wären in Schlesien, sprach von Ihrem Plane wegen des »Adlers Horst«, erbot sich einen Brief an Sie zu bestellen, nun mußte ich natürlich um seinen Namen bitten, er nannte sich Beer, und nun erst sah ich, daß er dem Dichter (Michael) Beer ähnelte. Sind Sie Meyerbeer? fragte ich. Nein, erwiderte er: ich bin der obskure (Wilhelm). Mit dem Namen Holtei hatte er indessen mich natürlicherweise ihm gleich geneigter gestimmt, ich fing nun meinerseits auch an, ihn über dieses und jenes zu befragen, wir führten eine ganz leidliche Konversation, er erzählte mir, wie sein Bruder, der Compositeur, und Sie sich diesen Winter mit meinem »Adlerhorst« geplagt haben und alle beide die Sache doch nicht aufgeben wollten. Ich bin begierig, was daraus werden wird? Ich bin schon ein paarmal auf gutem Wege gewesen, eine Art Szenarium aufzusetzen, wie ich denke, daß es werden könnte; nur versteh' ich leider zu wenig von theatralischer Einrichtung in Hinsicht auf das Technische.

Nun, lieber Holtei, bitte ich Sie noch recht herzlich, mir mit allem Vertrauen recht viel von sich selbst, von Ihren Plänen für die Zukunft, von Ihren Aussichten zu erzählen. Werden Sie nach Berlin für den Winter zurückkehren? Werden Sie mit dem Königstädter Theater wieder sich in Verbindung setzen? Wird das für Sie und Julie, die ich herzlich achte und vielleicht auch lieben würde, wenn ich sie kennte ... wird das für Sie beide gut sein? »Denk a bissel nach!«

Gern, sehr gern säh ich Sie einmal wieder, mein Freund; noch lieber möcht ich Sie in meiner Nähe haben, und in der Tat, ich sehe nicht ein, warum Sie nicht auch einmal in Köln oder Bonn einen Winter zubringen könnten, um sich das Land zu betrachten? Ich bin noch zu fremd hier, um einigen Einfluß zu haben oder auch nur auf den Grund der Dinge sehen zu können, aber ich habe eine Freundin, die beides kann, eine sehr geistreiche, obgleich etwas seltsame Frau, die mit unendlicher Liebe an mir und Adelen hängt, sehr reich ist und mit allen ausgezeichneten und einflußreichen Männern Kölns in Verbindung steht. Von dieser weiß ich, daß dem Theater in Köln eine große Veränderung bevorsteht. Die Stadt ist groß, hat noch immer etwas Reichstädtisches wie jede wirklich große Handelsstadt. Einige reiche Männer haben auf gemeinschaftliche Kosten ein neues, wie ich höre, schönes Schauspielhaus gebaut. Die Direktion desselben wird von einem Ausschuß der Aktionäre betrieben, und diese sind für den Augenblick uneins unter sich. Ein gewisser Ringelhardt hat das Theater noch auf einige Jahre in Pacht, aber sowohl das Publikum als der größte Teil der Aktionäre sind mit seiner Direktion höchst unzufrieden. Er hat ein schlechtes Repertoir und eine schlechte Truppe und steht auf dem Punkte, Bankerott zu machen, weil niemand das Theater besuchen will und sogar der größte Teil der Abonnenten zurückgetreten ist. Ein Teil seiner Truppe spielt auch einen großen Teil des Jahres in dem vier Meilen von Köln entfernten Bonn.

Warum ich Ihnen das alles so ausführlich erzähle, weiß ich selbst nicht deutlich. Die Idee, daß Sie, wenn des Herrn Ringelhardt Reich ein Ende mit Schrecken nähme, hier vielleicht eine Ihnen angemessene Beschäftigung finden könnten, liegt dabei wohl zum Grunde, wenn ich gleich nicht glaube oder wünsche, daß Sie selbst das Theater übernehmen sollten. Aber mich dünkt es gut, daß Sie nach Köln kämen; teils um sich persönlich den Leuten hier bekannt zu machen, teils um sich das Ding einmal anzusehen. Freilich aber würden Sie dann dramatische Vorlesungen hier, nämlich in Köln, und vielleicht auch in Bonn halten müssen, und das werden Sie nicht wollen, vielleicht Ihrer Gesundheit wegen auch nicht können?

Doch eins bitte ich mir von Ihnen recht ernstlich aus, und wenn Sie's nicht tun, so »schieße ich!« Sie müssen auf einige Wochen zu mir kommen. Wird es Ihnen zu einsam bei uns, nun dann gehn Sie nach dem nur anderthalb Meilen entfernten Godesberg, wo Sie Menschen die Menge finden, und kehren, wenn Sie des Lärmes überdrüssig sind, hierher zurück. Und wechseln, so lange es Ihnen gefällt. Wenn Sie mit einem Mansardstübchen zum Schlafen und Arbeiten vorlieb nehmen, wie ich gewiß von Ihnen hoffe, so kann ich Sie logieren, ohne daß es uns die mindeste Gène auferlegt.

Auf diesen unerlaubt unanständigen Sommer folgt wahrscheinlich ein schöner Herbst, obgleich leider wohl keine Weinlese, denn die Trauben werden dieses Jahr nicht reif.

Können Sie sich also entschließen, die weite Reise von Schlesien hierher zu unternehmen, so hoffe und wünsche ich Sie im September hier zu empfangen. Sonst aber rechne ich fest darauf, Sie im nächsten Frühlinge mit den Nachtigallen ankommen zu sehen. Mich wird die in mir neu erwachte Lust am Landleben wahrscheinlich schon in der letzten Hälfte des Monat März nach meinem Unkel zurückziehen.

Und nun addio! und einen langen, langen Brief zur Antwort!

Adresse: Unkel, über Linz am Rhein. Schreiben Sie ja: Linz am Rhein, sonst geht der Brief nach Österreich oder an den Bodensee.

Ihre
alte treue J. S.

An Karl von Holtei

Köln am Aschermittwoch 1831 Schon der Anblick dieses Bogens erzählt Ihnen alles; daß ich zum lustigen Fasching hergekommen bin (denn einmal im Leben mußte ich doch eine ganz toll gewordene Stadt sehen); daß ich alles Lustige angesehen und mitgemacht habe, soviel mein lahmes Bein es mir erlaubte; daß ich mit Narren ein Narr war, drei volle Tage lang, und daß ich endlich an diesem frommen, der Reue und Buße geweihten Tage in mich ging, meine Sünden bedachte, die hauptsächlich in Unterlassungssünden bestehen; daß Sie Sie dabei mir schwer aufs Herz fielen. – Denn ein so herzlicher lieber Brief wie Ihr letzter hätte wohl verdient, augenblicklich beantwortet zu werden, und daß ich nun die erste freie Stunde ergreife, um meine Sünde zu bekennen und Sie zu bitten, wieder einmal Gnade für Ungnade gelten zu lassen.

Unterlassen habe ich Ihnen zu schreiben, lieber Freund, das ist nicht zu leugnen. Aber wahrlich nicht, weil ich Ihrer vergaß. Glauben Sie fest, ich hänge an Ihnen mit einem alten treuen Herzen und werde nie aufhören, Sie als einen meiner geliebtesten Freunde zu betrachten, an allem, was Sie betrifft, Anteil zu nehmen, als wären Sie mein Bruder oder Sohn, und Ihnen mit Rat und Trost beizustehen, soviel ich immer kann. Denn mehr zu tun steht leider nicht in meiner Gewalt.

Doch wer kann gegen seine Natur? Ich bin einmal eine träge Korrespondentin. Und eigentlich war Ihr Brief selbst schuld, daß ich nicht gleich wieder schrieb. Er ist zu gut. Ich kann Ihnen nicht sagen, wie mich alles tief in der Seele bewegte, was Sie über den Tod des beklagenswerten August mir sagen. Es war mir so ganz aus dem Herzen geschrieben; indem ich es las, wurde mir selbst erst recht klar, was ich gefühlt hatte, indem ich die erste Nachricht – leider durch die Zeitungen – erhielt. Auch Adele war betrübt um ihn, so sehr sie Ottilien liebt und so aufgebracht sie oft über das Betragen des Verstorbenen gewesen. Und was für Berichte hatten wir dagegen aus Weimar erhalten! Der Kanzler, der ewige Pasquale, hatte mit Vogel übernommen, dem Vater die Trauerpost kundzutun. Der Alte hat sie nicht ausreden lassen. »Als er fortging, gab ich ihn schon verloren!« hat er gesprochen, hat sie verabschiedet, und die Herren konnten mit sich selbst nicht einig werden, ob er sie wirklich verstanden. Zu Ottilien sagte er: August kommt nicht wieder, desto fester müssen wir beide aneinander halten. Und sie...? An uns schrieb die Pogwisch in ihrer Tochter Namen. Der Alte schloß seinen Schmerz in sich, wie er immer tut.

Die Kinder bekommen Vormünder. Sie sind dereinst, Gott gebe, so spät als möglich, des Großvaters einzige Erben. Auf welche Weise er für die Mutter sorgen will, hängt von ihm ab. Gewiß geschieht es nicht auf die Weise, daß ihre Wünsche, ins Ausland, besonders nach England, zu ziehen, befriedigt werden können; wenigstens werden die Vormünder nicht zugeben, daß sie die Kinder mitnimmt. Solange indessen der Großvater lebt, bleibt alles vorderhand beim alten. Ottilie wohnt bei ihm und beträgt sich sehr gut gegen ihn. Übrigens ist sie, wie sie war; was soll man weiter darüber sagen?

Ihr Brief, lieber Freund, kam gerade in einer Zeit des Herbstes, wo unser sonst so stilles Unkel von allerlei Leuten und Besuchen wimmelt. Dann kam mein Umzug nach Bonn in die Winterquartiere, der immer etwas tumultuarisch ausfällt. Zur Ruhe endlich gelangt, wollt ich Ihnen schreiben, da kam Goethes gefährliche Krankheit. Und daß diese mir allen Mut benahm, begreifen Sie wohl. Der wunderbare Greis erholte sich wieder. Gerstenbergk gab jede Woche ein paarmal Nachricht von ihm. Vierzehn Tage, nachdem er der Todesgefahr entgangen, traf sogar ein Brief von ihm ein an Adelen, die hier sein Geschäftsträger ist. »Nach großem Verlust und drohender Lebensgefahr hab ich mich wieder auf die Füße gestellt«, heißt es in diesem, freilich wie immer von fremder Hand geschriebenen Briefe; aber einige von ihm selbst mit gewohnter Festigkeit am Ende hinzugefügte Zeilen machten uns große Freude. Adele schickte ihm eine Zeichnung von unserer ländlichen Wohnung in Unkel und noch einiges, das ihn freute, seine Antwort folgte sehr schnell. Er ließ sich offener als sonst über sich selbst darin aus, sprach »von der Art, wie die Natur des Menschen nach jeder großen Erschütterung im Innern auf irgendeine Weise das Gleichgewicht wieder herzustellen sucht; seine Krankheit sei die Folge davon gewesen; jetzt wolle er also alles tun, um nach gewohnter Weise auf dem Wege des Wissens und der Kunst fortzuschreiten. Dabei habe er auch von neuem die schwere Rolle des deutschen Hausvaters wieder aufzunehmen, wenngleich, wie er dankbar erkenne, unter den günstigsten äußeren Umständen.« Auch unter diesen Brief hatte er mit eigener Hand ein paar herzliche Zeilen geschrieben.

Am folgenden Tage erhielten wir die Nachricht, C ... sei bankerott. Wir wissen, wie tief er noch bei Goethe in Schulden steckt. Ich kann Ihnen nicht sagen, wie sehr es mich schmerzte, daß Goethen am Spätabend seines Lebens auch noch dieser harte Schlag treffen sollte. Ich dachte an Sie, wie ich denn oft bei allem, was uns beide gleich interessiert, zuerst an Sie denke; aber schreiben konnt ich nicht.

Gottlob, die Gefahr ist vorüber. Die Könige von Bayern und Württemberg haben den Papierkönig in ihre Mitte genommen und ihn kräftig unterstützt, und so bleibt alles beim alten. Ich wünsche nichts sehnlicher, als daß Ottilie nur verständig genug wäre, um Hirngespinsten zu entsagen, durch die sie am Ende unglücklich werden müßte; daß sie in ihre jetzige Lage sich zu finden lernt. – Alles dieses, dazu die politischen Unruhen, von denen ich fürchtete, daß sie mich wieder von meinem lieben Rhein vertreiben könnten; Todesfälle naher und entfernter Freunde; alles dieses nahm mir den Mut, Ihnen zu schreiben, und die Zeit nahm mir das Ordnen meiner sämtlichen Schriften, das noch lange nicht beendet ist, auch die Vollendung meiner Reisebeschreibung an den Niederrhein und in Belgien, die in diesen Tagen bei Brockhaus erscheinen wird.

Für Taschenbücher habe ich im vorigen Jahre nichts schreiben wollen außer einer kurzen Erinnerung aus früheren Reisen, die besonders Ihr liebes schönes Schlesien betrifft und die Sie in der »Minerva« sich suchen können; doch ist es kaum der Mühe wert. In diesem Jahre werden Sie in der »Penelope« und im »Berliner Kalender« Erzählungen von mir finden. Übrigens liegen bei mir zwei Bände Novellen für Sie, die ich nächstens Ihnen schicken will.

Von meinem übrigen Leben kann ich Ihnen nur sagen, daß ich ziemlich wohl bin, daß ich unendlich auf den Frühling, auf mein stilles Landleben im friedlichen einsamen Unkel, auf meinen lieben Garten dort mich freue und kaum den Mai erwarten werde, um wieder hinauszuziehen.

In Bonn geht es mir gut. Die Gesellschaft mißfällt mir nicht, die Leute sind zuvorkommend, aber Wurzel habe ich hier noch nicht fassen können; ich bin fürs erste noch immer fremd unter Fremden. Das liegt hauptsächlich an meinem zugvogelartigen Dasein. Kaum bin ich fünf Monate eingerichtet hier, so zieht die erste warme Frühlingsluft mich wieder fort. Und da Unkel am andern Rheinufer liegt, so wird es meinen hiesigen Freunden und Bekannten schwerer, mich dort zu besuchen, als es bei gleicher Entfernung der Fall wäre, wenn sie nicht über das Wasser zu setzen brauchten. Kann ich mich einst entschließen, Unkel zu entsagen und ganz in Bonn zu leben, so wird das anders werden. Es ist ein Schritt, den ich wahrscheinlich tue, wenigstens in ein paar Jahren. Auch ist die Lage Bonns ganz geeignet, mich für das eigentliche Landleben zu entschädigen. Sie ist eine der schönsten am Rheine. Nur kommt es darauf an, daß ich eine artige Wohnung mit einem hübschen Garten und einer Aussicht auf den Rhein und das Siebengebirge finde. Das muß ich abwarten.

Und nun zu Ihnen, mein guter Holtei. In Köln (denn ich gestehe Ihnen, ich habe diesen Brief unvollendet von dort hierhergebracht und heute, da ich ihn vollende, schreiben wir schon den 26. Februar), in Köln also las ich zu meiner großen Freude, daß Sie in Frankfurt gewesen und dort im Museum gehört worden sind und daß alle Welt darüber entzückt ist.

Ihren Herrn Loebell mag ich nicht; er schmeichelt Schlegeln auf eine gar zu kriechende Weise und hat überhaupt eine Manier, die ich nicht mag. Ich seh ihn so wenig als möglich und spreche mit ihm nur, wenn es nicht zu vermeiden ist. Der also hat mir nichts von Ihnen sagen können. Desto mehr aber hat Schlegel mir von Ihnen erzählt, auf den ich, unerachtet seiner Eitelkeit und seiner mancherlei Schwächen, doch recht viel halte. Durch die Art, wie er bei jeder Gelegenheit Ihrer erwähnt, hat er mein Herz vollends erobert. Neulich noch nahm er gegen eine sehr schöne Frau, in die er obenein nach seiner Art verliebt ist, Sie eifrig in Schutz. Ich will Ihre Bescheidenheit schonen. Er sagte nur die Wahrheit, aber diese von ihm und so ausgesprochen zu hören, tat mir recht im Herzen wohl.

Auf das, was Sie von Ihrer jetzigen Lage mir andeuten, kann ich nur erwidern, daß ich das alles längst im stillen geahnt habe, ohne mir es gestehen zu wollen. Ich höre allgemein: Das Darmstädter Theater wird aufgehoben. Die Nachricht macht mir große Sorge um Ihre Zukunft. Wie leid es mir tut, Sie wieder aus meiner Nachbarschaft zu verlieren, mag ich gar nicht erwähnen. Mein einziger Trost dabei ist Ihre Unzufriedenheit mit Ihrer jetzigen Stellung, die Sie doch früher oder später gewiß aufgegeben hätten. Ich bitte Sie, wenn Sie mich wirklich liebhaben, so schreiben Sie mir, was Sie zu tun gedenken. Wahrscheinlich gehn Sie wieder nach Berlin, wo Ihre Frau mit Freuden aufgenommen wird und Sie auch den gewohnten Wirkungskreis wieder finden. Ich weiß, Sie sind einmal an das dortige Leben gewöhnt; es wird Ihnen schwerlich an einem andern Orte gefallen; wenigstens nicht in den nächsten zehn Jahren. Und doch wüßte ich Sie so gern anderswo!

Haben Sie denn an Brockhaus eine Erzählung eingesandt? Ich hab es abgeschlagen. Ich mag mich auf keine Preisbewerbung einlassen. Wer sind denn die unbekannten Richter, die über unsereinen aburteilen wollen?

Leben Sie wohl, Freund, mein lieber, treuer, schreiben Sie und dann kommen Sie!

Ach Gott, das Leben ist so kurz, und Freunde, wie wir einander sind, findet man nicht alle Tage. Darum muß man fest aneinander halten, solange dieses möglich ist.

Ihre alte Freundin
Johanna Schopenhauer

An Karl von Holtei

Bonn, den 27. Oktober 1832 Sie sammeln glühende Kohlen auf mein sündiges Haupt, lieber Freund! Lange schon hätt ich Ihnen schreiben sollen, und es war mein fester Vorsatz. Ich freute mich ordentlich darauf wie auf einen lieben Besuch; und doch ... Jetzt soll es anders werden. Wenn man so auf dem Lande, in paradiesischer Gegend, einen Tag wie den andern hinlebt, hinträumt sollt ich sagen, versinkt man endlich in eine Art geistiger Lethargie, die freilich einen eigenen Reiz hat. Das selige far niente! Eigentlich taugt es für unsereins nicht, daß man keinen andern Gedanken habe, als ob das Wetter morgen so schön sein wird, wie es heute war, stundenlang sitzt, den Schwalben zuzusehen, wie sie ihre Kleinen füttern, und den Wolken, wie sie ihren goldenpurpurnen Abendputz anlegen.

Das hab ich denn ernstlich bedacht und so, mit Gott, mich entschlossen, Unkel aufzugeben, so weh es mir auch tut. Die fast ununterbrochene Einsamkeit, in der ich dort die Hälfte des Jahres verlebte, war auf gutem Wege, mir die Gesellschaft gänzlich zu verleiden und auf Adelen denselben Eindruck zu üben. Das zweimalige Umziehen im Frühlinge und Herbst wurde uns beiden immer lästiger. Und kamen wir im Spätherbst wieder nach Bonn, so waren wir wildfremd geworden und mußten herumfahren und Visiten machen, als kämen wir aus fernen Landen. Kaum waren wir binnen fünf Monaten ein wenig warm geworden, ein wenig eingebürgert, so ging es wieder fort. Und doch ist es mein fester Plan, mit diesen Leuten zu leben.

Fragen Sie mich nicht, ob sie mir gefallen? Ich weiß es wahrlich nicht, obgleich ich schon über drei Jahre unter ihnen lebe. Indessen bin ich ziemlich leicht zu befriedigen. Ich bin überzeugt, daß ich doch ein halb Dutzend Menschen finden werde, aus denen ein kleiner, interessanter Kreis sich bilden läßt. Und was bedarf ich dann mehr in meinem Alter?

Der Auszug war diesmal entsetzlich, weil wir alles mitnahmen. Er währte fast einen Monat lang, denn wir wollten's uns bequem machen und schickten alle Wochen ein paar beladene Kähne den Rhein hinunter, um nicht durch die gar zu große Masse unserer Habseligkeiten erdrückt zu werden. Da hab ich denn recht eingesehen, was man ein Tor ist, mit wie vielen fast unnützen Dingen man sich belastet, die man das ganze Jahr hindurch kaum zweimal braucht. Ich habe eine für mich passende Wohnung gefunden, mit einem recht hübschen Garten, so groß, wie man im Mittelpunkt der Stadt ihn kaum erwarten konnte. Noch heute blühen Rosen und bunte Herbstblumen, und die Bäume sind grün wie im Sommer. Ich fürchte mich ordentlich vor dem ersten Frost, der all dieser Herrlichkeit ein plötzliches Ende machen wird.

Wir sind recht wohl aufgehoben und haben obendrein eine gefällige Hauswirtin, die über uns ihr stilles Wesen treibt und deren Tochter Adelen zuweilen eine liebe Gesellschafterin ist.

Ich bilde mir ein, daß Sie gern wissen werden, wie es jetzt, da ich endlich einen festen Wohnplatz habe, um mich hier aussieht, und daß es Sie freuen wird, wenn ich Ihnen sage: fast ganz wie in Weimar!

Als zweiten Beweis, wie sehr es mit meiner Besserung mir Ernst ist, muß ich Ihnen sagen, daß ich eine Zeichnung von Goethe und ein durchaus von seiner Hand geschriebenes Billett an mich hervorgesucht habe und beides mit diesem Briefe zugleich auf die Post geben werde für Ihre Freundin in Darmstadt. Erstere (die Zeichnung) ist zwar nur eine Kleckserei, wie er deren an meinem Teetisch in einem Abende zuweilen drei bis vier »anfertigte« – sagen die Berliner. Er wollte sie immer zerreißen, und ich erhielt sie nur, weil ich behauptete, sie wären auf meinem eigenen Papier mit meiner eigenen Tusche gezeichnet, er habe folglich kein Recht daran. Wäre das Geschmiere von anderer Hand, es hätte längst im Kehricht den Untergang gefunden, und ich schäme mich, nichts Besseres geben zu können. Aber ich bin bis jetzt zu splendid gewesen; von den eigentlichen Zeichnungen Goethes ist mir nur eine geblieben. Von diesen Schmieralien, die denn doch als augenblickliche Erzeugnisse seiner Phantasie vielleicht um so interessanter sind, habe ich noch einige und schicke der Frau Ministerialrätin Halwachs eine der besten. Desto merkwürdiger ist das Billett. Ich hab es zehnmal überlesen, in der Hand herumgedreht, es wieder weggelegt, es wieder aufgenommen, ehe ich mich wirklich entschloß, mich davon zu trennen. Ich habe nur noch zwei oder drei diesem ähnliche... aber Sie haben die

Frau lieb, und so geb ich's mit gutwilligem Herzen, weil es Ihnen Freude macht.

Ich höre, daß die alte Fabel sich wiederholt: als der Löwe tot war, gab der Esel ihm kühn einen Fußtritt. Man soll unglaublich frech mit Goethes Andenken in Journalen und Tageblättern schalten. Ich weiß wenig davon, als was ich so von andern im Gespräch vernehme, denn ich lasse keins dieser Klatschblätter über meine Schwelle. Damit erfahre ich auch freilich von Ihnen nichts, als was so zuweilen in der »Berliner Spenerschen« steht, die ich hauptsächlich Ihretwegen regelmäßig durchblätterte. Aber auch da finde ich wenig. Das wirklich Bedeutende aber, was Sie erfreut oder betrübt, was Sie tun und treiben, das, denke ich, wird mein Getreuer mir selbst melden, wenn er will, daß ich es erfahre.

Von den gleich nach unseres Meisters Tod herausgekommenen Broschüren hab ich doch einiges gelesen. Falks Buch ist ein Gemisch von Lügen, in denen hin und wieder etwas Wahrheit eingeflickt ist. Er selbst hat Goethen nie nahegestanden, der ihn eigentlich nie leiden konnte. Selten erhielt er Zutritt. Vom Jahre sechs an hat er ihn nur bei mir gesehen, und wir alle, Goethes nähere Freunde, bildeten dann eine Phalanx, um den unerträglichen Schwätzer wenigstens zehn Schritte weit entfernt zu halten. Goethes Schwelle durfte Falk vom 14. Oktober 1806 an fast nie betreten, denn sein Herumziehen mit den Franzosen und sein Brandschatzen in den kleinen Fürstentümern hatte ihn gar zu verächtlich gemacht. Sie können also leicht erachten, wie es um die Gespräche, die er im Garten Goethes mit diesem gehalten haben will, steht. Ungefähr wie um den prachtvoll blühenden Feigenbaum, unter welchem er Goethen gefunden. Sie wissen, daß der Feigenbaum nie blüht, sondern gleich Früchte ansetzt.

Die Broschüre von Doktor Müller ist Bedientengeschwätz. Müller selbst, ein obskurer Mensch, kam nie in Goethes Nähe. Die Sterbestunde ist indessen wahr beschrieben. Ich habe Ursache zu glauben, daß sie Goethen nicht unerwartet beschlich, obgleich er, um die Seinen, wohl auch um sich selbst zu schonen, nichts davon merken ließ. Auch Ottilie und die

Kinder haben keine Ahnung davon, ich aber habe (von jemand, dem ich trauen darf) erfahren, daß er Vogeln befragte, ob er noch Hoffnung habe? Vogel antwortete, wie er in diesem Falle mußte: keine! – Goethe schwieg eine Weile ... Nun, dann muß man sich schon drein ergeben, sprach er gelassen, und nun war nicht weiter die Rede davon.

Wie so ganz in Goethes Geist und Sinn ist diese Antwort, dieses männlich gefaßte, durchaus natürliche Benehmen!

Haben Sie das »Büchlein von Goethe« gelesen? Wenn nicht, so tun Sie es gleich und sagen mir dann, wer es geschrieben. Es ist ein wunderbares Ding. So wahr! und doch wieder so innerlich boshaft und falsch! Es muß jemand der Verfasser sein, der in Goethens und auch in meiner nächsten Nähe gelebt hat, wenigstens eine Zeitlang. Was er von Einzelheiten erzählt, hat zum Teil in meinen eigenen Zimmern, zum Teil in meiner Gegenwart sich zugetragen. Ich bitte Sie, finden Sie es aus und melden Sie es mir! Ich habe keine Ruhe ...

Von Ihrer Totenfeier (auf der Bühne) weiß ich leider nichts, als daß sie stattgehabt; ich war in Unkel, wo ich nicht einmal die »Löschpapierne« zu sehen bekam. Sein Sie ein gutes Kind, sammeln Sie alles, was Sie glauben, daß es mich interessieren könnte, und schicken Sie es mir, wenn Sie einen ganzen Stoß beisammen haben. Ihr »Trauerspiel in Berlin« läse ich so gern! Wenn es auch nicht gedruckt ist; Sie haben ja wohl schon eher ein Manuskript mir anvertraut. Auch das Buch Ihrer oder soll ich sagen unserer Oper »Des Adlers Horst«. Mit meinem Namen auf dem Zettel halten Sie es, wie es Ihnen am besten scheint. Mir ist alles recht; aber lesen möcht ich es doch gar zu gern.

Recht herzlich hab ich mit Ihnen um Ihre Toten getrauert. Möge Ihnen nur bleiben, was Sie noch besitzen, dann sind Sie noch immer reich. Mit mir ist es anders; ich habe sehr wenig noch zu verlieren, und in meinem Alter ist auf keinen Ersatz mehr zu hoffen. Man muß sich mit der Erinnerung begnügen. Welch ein Glück jetzt, daß Sie diese liebe Frau haben, die Ihr Leben erheitert, Ihren Kindern eine liebende Mutter ist und den mir wohlbekannten Arten – und Unarten meines Freundes so herzlich zu begegnen weiß. Darum hab ich sie lieb ... und halten Sie sie hoch! und (soit dit entre nous) haben Sie, wenn es irgend möglich ist, keine Götter oder Göttinnen neben ihr! Noch eine Frage will ich in der Geschwindigkeit tun, da ich eben daran denke und sie mir schon lange auf dem Herzen liegt. Können Sie mir etwas Näheres und Bestimmtes über den Präsidenten Heinke, Ihren ehemaligen Widersacher in Breslau, sagen? Wie geht es ihm und den Seinigen? Vor allem aber möchte ich wissen, ob es wahr ist, daß er unter die Frommen gegangen? – Hier kenne ich nur ein schlesisches Ehepaar, den Obristen von Kursel und dessen Frau, die beide auch Sie kennen und mir zuweilen von Ihnen sprechen. Frau v. K. behauptet, Ihnen ewig dankbar zu sein, weil Sie einst auf einem Liebhabertheater, wo sie aus ihrer Rolle gekommen war, durch eine in der Geschwindigkeit erfundene Redensart ihr aus Angst und Not halfen. »Mein teurer Feldherr, denkst Du noch daran?«

Wissen Sie, daß die Pogwisch, Ottilie und ihre beiden Söhne mich diesen Sommer in Unkel besucht und drei bis vier Wochen bei mir zugebracht haben? Die Veranlassung dieses Besuches ist wunderlich genug. Erzählen möchte ich sie Ihnen mündlich, aber es schriftlich zu tun wage ich nicht ...

Die Mutter mit den beiden (Enkel-)Söhnen kam gleich zu uns nach Unkel. Ottilie zog noch ein wenig am Rhein herum bis nach Köln und kam dann ebenfalls zu uns; liebenswürdig, unerträglich, verrückt, geistreich – wie Sie's kennen.

Nach einigen Wochen gingen sie alle nach Frankfurt, wo sie Ulrike, Alma, den Hofmeister der Knaben etc. antrafen, die wegen der Cholera in Erfurt sich geflüchtet hatten. Sie nahmen dort Privatlogis, und Adele ging nun auch nach Frankfurt, wo sie vierzehn Tage bei ihrer Jugendfreundin blieb ...

Die Geschichte ist seitdem, ich weiß nicht wie? (in Schlesien würde man, glaub ich, sagen: »So gerne!«) auseinander gegangen. Ottilie sitzt wieder in Weimar, ist krank und wieder gesund. Das Schlimmste bei dem allen ...

Nun noch ein paar Worte über die neue Kunstbahn, die Sie sich erwählt. Anfangs stutzte ich, das gestehe ich offen; aber nach einiger Überlegung rufe ich mit gutem Gewissen und aus warmem Herzen: Glück auf! Was Sie unternehmen, ist neu (in Deutschland wenigstens), doch Sie fühlen sich von Ihrem Genius getrieben; und diese Stimme darf man nicht überhören. Von Ihrem Talent denken Sie übrigens viel zu bescheiden; daß es gerade dem Ziele, worauf Sie jetzt hinarbeiten, sich zuneigt, läßt sich nicht ableugnen. Genug, ich weiß nichts hinzuzusetzen und wiederhole mein: Glück auf!

Daß über Vollendung dieses am 28. Oktober begonnenen Briefes der achte November herbeigeschlichen ist, müssen Sie so genau nicht nehmen. Der Brief an Ihre Darmstädter Freundin soll aber auch heute noch abgehen.

Gehaben Sie sich wohl und lassen bald wieder von sich vernehmen.

J. S.

Anhang

Wort- und Sacherklärungen

Unsere Ausgabe enthält die unvollendet gebliebene Autobiographie Johanna Schopenbauers, die ihre Tochter Adele unter dem Titel: »Johanna Schopenbauers Nachlaß – Jugendleben und Wanderbilder«, in zwei Bänden, Braunschweig 1839 herausgegeben hat. Bis auf die lyrischen Mottos vor den Kapiteln wird der Text ungekürzt gebracht. Von der Verfasserin stammt die Kapiteleinteilung; die Überschriften wählte der Herausgeber. Der Autobiographie folgen drei weitere Kapitel aus dem von Adele Schopenhauer herausgegebenen Nachlaßband: »Mit Mercier durch Paris«, »In einer Taubstummenanstalt«, »Bei Pestalozzi«. Es handelt sich dabei um bis 1839 noch nicht oder nur auszugsweise gedruckte Abschnitte von Johanna Schopenhauers Tagebuch ihrer Europareise von 1803 bis 1805, die sie in ihre Memoiren aufnehmen wollte. Fast alle Briefe entstammen dem Werk: »Damals in Weimar. Erinnerungen und Briefe von und an Johanna Schopenhauer«, gesammelt und herausgegeben von H. H. Houben, 2., erweiterte Auflage, Berlin 1929. Nur die drei letzten, vom 25. August 1829, vom Aschermittwoch 1831 und vom 27. Oktober 1832, wurden der von Holtei besorgten Sammlung: »Johanna Schopenhauer, Briefe an Karl von Holtei«, Leipzig 1870, entnommen. Die Kürzungen der Briefe sind das Werk der damaligen Herausgeber. Rechtschreibung und Zeichensetzung wurden dem heutigen Gebrauch angeglichen.

27 *Cidli, du weinest...* – Anfangszeilen des 1752 entstandenen Gedichts: »Furcht der Geliebten«. Cidli ist Klopstocks spätere Frau Meta Moller.

28 *Schlacht bei Jena* – 14. Oktober 1806.

Siebenjähriger Krieg – Im Siebenjährigen Krieg von 1756 bis 1763 zwischen Preußen und dem mit Rußland und Frankreich verbündeten Österreich verfolgte Friedrich II. das Ziel, das eroberte Schlesien zu sichern und Sachsen zu annektieren.

Aufstande der Amerikaner – Der am 10. Mai 1775 in Philadelphia abgehaltene zweite Kontinentalkongreß der vereinigten dreizehn englischen Kolonien in Nordamerika bildete den Auftakt zum nordamerikanischen Unabhängigkeitskrieg gegen England von 1776 bis 1783.

Ausspruch der Straßburger Jury – Mit einer Verschwörung hatte am 30. Oktober 1836 Prinz Louis Bonaparte, der Neffe Napoleons I., der spätere französische Kaiser Napoleon III., vergeblich versucht, sich Straßburgs zu bemächtigen, um sich zum Staatsoberhaupt Frankreichs ausrufen zu lassen. Um keine Märtyrer zu schaffen, wurde der Prinz nach Amerika verbannt, während seine militärischen und zivilen Mitverschworenen am 18. Januar 1837 vom Straßburger Geschworenengericht freigesprochen wurden.

30 *Rahel* – Rahel Varnhagen von Ense.

exzentrisch poetisierendes Kind – Anspielung auf Bettina von Arnim.

Cupidon du siècle . . . – (franz.) Liebesgott des Jahrhunderts Ludwigs XV.

31 *Amorino* – (ital.) Liebesgott.

Flor-dormeuse – (franz.) Flor-Nachtmütze.

Weißescher »Kinderfreund« – Die von Christian Felix Weiße herausgegebene und von Chodowiecki illustrierte Wochenschrift »Der Kinderfreund« erschien von 1775 bis 1782 in 24 Bänden.

32 *Allongeperücke* – Langlockige Männerperücke.

34 *Blonden* – Eine Seidenspitze.

Murkis – Im 18. Jahrhundert spöttische Bezeichnung für die Baßoktaven, mit denen sich ein derber Tanzrhythmus erzielen ließ.

»Sophiens Reise von Memel nach Sachsen« – Dieser Briefroman von Johann Timotheus Hermes erschien 1769 bis 1773 in 5 Bänden.

Gellerts schwedischer Gräfin – »Die schwedische Gräfin von G . . .«, 2 Bände, 1747/48.

38 *Hamburger Korrespondent* – Der 1731 unter dem Titel »Staats- und Gelehrte Zeitung des Hamburgischen unparteiischen Correspondenten« gegründete »Hamburgische Correspondent« war am Beginn des 19. Jahrhunderts die meistgelesene Zeitung Europas. Sie erschien bis 1904 und ging danach in der »Hamburger Börsenhalle« auf.

Nativitätsstellen – Deutung des Standes der Gestirne bei der Geburt.

39 *Hautrelief* – (franz.) Hochrelief, eine aus der Fläche stärker hervortretende plastische Darstellung.

Chapeau-bas – (franz.) zusammenlegbarer Hut.

postillon d'amour – (franz.) Liebesbote.

Jabot – Spitzenkrause am Halsausschnitt.

41 *Hanseatischer Bund* – Vom 13. bis 17. Jahrhundert existierender und zunächst unter Führung Lübecks stehender wirtschaftlicher und politischer Zusammenschluß deutscher Städte und Kaufleute. Danzig trat der Hanse im Jahre 1358 bei.

42 *salvieren* – retten, in Sicherheit bringen.
Propyläen – Tempelvorhallen, Zugänge.
Fronte – Vorderseite, Stirnseite.

44 *Zeit der Tempelherren* – Von 1309 bis 1454 gehörte Danzig dem 1198 gegründeten Deutschen Ritterorden an, der von Oder und Weichsel aus im Kampf gegen die nichtchristliche Bevölkerung die Ostexpansion betrieb.
auf höchsten Befehl – auf Veranlassung des preußischen Kronprinzen Friedrich Wilhelm im Jahre 1823.

45 *Lyra* – Leier, das älteste Saiteninstrument der Griechen, auch Sinnbild der Musik.

47 *Alfanzereien* – närrische Streiche.
belle étage – (franz.) erstes Stockwerk.
Clerk – (engl.) Angestellter, hier: Geistlicher.

48 *Yorick* – Pseudonym des englischen Schriftstellers Lawrence Sterne und zugleich mit autobiographischen Zügen ausgestattete Figur mehrerer seiner Romane.
»Sentimental Journey« – Lawrence Sterne, »The Sentimental Journey through France and Italy by Mr. Yorick« (»Yoricks empfindsame Reise durch Frankreich und Italien«), 2 Bände, 1768.
»Tristram Shandy« – Sternes anonym erschienener Roman »The Life and Opinions of Tristram Shandy« (»Leben und Meinungen des Tristram Shandy«), 9 Bände, 1759–1767.

50 *Elle* – Altes Längenmaß, ursprünglich Länge des Vorderarms, zwischen 50 und 70 cm.

51 *Hugenottin* – Angehörige der französischen Calvinisten (Protestanten), die durch die Aufhebung des Edikts von Nantes 1685 gezwungen wurden, zum Katholizismus überzutreten oder auszuwandern.
Gesicht – Hier: Augenlicht.
Besuches von einigen Tagen – Chodowiecki reiste 1773 nach Danzig. Die auf dieser Reise entstandenen Federzeichnungen enthält sein berühmtes »Skizzenbuch einer Reise von Berlin nach Danzig«.

52 *bedormeuset* – mit der Nachtmütze versehen.
illuminieren – bunt ausmalen.

54 *Dominiksmesse* – Jahrmarkt in Danzig; er begann am Tage des heiligen Dominik, am 5. August.

55 *Schimkys* – Flößerknechte.
Ceres – Römische Göttin der Feldfrüchte.

56 *Retourchaisen* – Lohnkutschen.

vor der ersten Teilung von Polen – Vor 1772. An der ersten Teilung Polens waren Rußland, Preußen und Österreich beteiligt.

57 *Pantalons* – lange Hosen.

Chaussüre – chaussure (franz.), Fußbekleidung, Schuhwerk.

60 *sarmatischer Orpheus* – Sarmatien: Im Altertum Bezeichnung für das Land zwischen Weichsel und Wolga; Orpheus: In der spätgriechischen Mythologie berühmter Sänger.

Mandarin – Hoher chinesischer Würdenträger.

ambulierend – wandernd.

61 *Starost* – Stammesältester, Gemeindevorsteher; im alten Polen: Statthalter des Königs.

64 *Bandeau* – (franz.) Kranz, Einfassung, Rand.

Tochter Zions – Tochter der Stadt Jerusalem: Jüdin.

Mennoniten – Gemäßigte Richtung der Täuferbewegung in der Reformationszeit. Die Zuwanderung friesischer und flämischer Mennoniten nach Danzig erfolgte seit 1561. Im Jahre 1808 vereinigten sie sich zu einer Gemeinde.

Offizial – Vertreter des Bischofs bei Ausübung der Gerichtsbarkeit.

Nuntius – Päpstlicher Botschafter.

Gretna-Green – Ort in der schottischen Grafschaft Dumfries am Flüßchen Sark, das England von Schottland trennt. Hier war es üblich, daß Trauungen ohne vorherige Formalitäten, nur in Anwesenheit von Zeugen, vom Friedensrichter, der auch der Schmied des Dorfes sein konnte, vollzogen wurden. Jährlich sollen etwa zweihundert aus England geflohene Paare im Zollhaus von Gretna-Green getraut worden sein. Erst 1856 wurden einschränkende Bestimmungen erlassen.

65 *endliche Besitznehmung von Danzig* – 1793.

66 *Iswostschick* – (russ.) Kutscher, Fuhrmann.

Kibitka – (russ.) Leichter Reisewagen.

68 *Kantschu* – Lederpeitsche.

69 *Heiducken* – In Ungarn plündernd umherziehende Söldner, die 1605 in einem Distrikt angesiedelt wurden und Adelsvorrechte genossen. Als Heiducken bezeichnete man im 18. Jahrhundert Bedienstete an Fürstenhöfen.

70 *Poschen* – la poche (franz.): die Tasche; aus geräumigen Taschen bestehende leichte Reifröcke.

travestieren – verkleiden.

70 *Abc-Buch* – das »A-B-C- und Lesebuch« erschien 1772.

71 *Let the little . . .* – (engl.) Laßt die kleinen Opfer spielen.

retrograde – rückläufige.

73 *Abbé* – Niederer katholischer Weltgeistlicher in Frankreich.

Kalotte – Käppchen der katholischen Geistlichen.

zwanzig und mehr Grade Reaumur – In der nach dem französischen Physiker René-Antoine Ferchault de Réaumur (1683–1757) benannten Temperaturskala entsprechen 20 Grad minus 25 Grad minus Celsius.

L'hombre – (franz.) Lomber: spanisches Nationalkartenspiel zu dritt.

philanthropisch – menschenfreundlich.

Basedowsche Lehrmethode – Im letzten Drittel des 18. Jahrhunderts entstandene, von Basedow am Dessauer Philanthropinum zuerst angewandte bürgerlich-fortschrittliche Unterrichtsmethode, deren Ziel die Vorbereitung der Schüler auf ihre spätere Berufstätigkeit war und die vor allem auf die modernen Sprachen, die kaufmännischen Fächer, auf die patriotische und körperliche Erziehung sowie auf den Werkunterricht orientierte.

75 *Comptoir* – (franz.) Kontor.

77 *bedingungsweise unter polnischem Schutze* – Nach der Lossagung vom Deutschen Ritterorden hatte sich Danzig 1454 dem polnischen König unterstellt, erhielt aber durch das Privilegium Casimirianum den Status eines Freistaates. Die Stadt besaß die volle Gerichtsbarkeit, das Münzrecht, das Recht auf selbständige Ämterbesetzung und die freie Entscheidung über Krieg und Frieden. Der polnische König war im Stadtrat von Danzig durch den Burggrafen vertreten. Auf den polnischen Reichstagen und bei Königswahlen besaß Danzig eine Stimme.

französische Regie – Nach französischem Vorbild eingerichtete und vorwiegend mit Franzosen besetzte Behörde unter Friedrich II. in Preußen, der die Eintreibung bestimmter Zölle und Steuern oblag.

der letzten Belagerung – der elfmonatigen Belagerung des von den Franzosen besetzten Danzig durch preußische und russische Truppen im Jahre 1813.

78 *retirieren* – sich zurückziehen.

Akzisewesen – Akzise: Verbrauchs- und Verkehrssteuer, Zoll.

79 *Visitation* – Durchsuchung, Untersuchung, Besichtigung.

Kontrebande – Schmuggelware, Schleichhandel.

80 *nach der Okkupation* – Ein Teil der Bevölkerung Danzigs leistete am 28. März 1793 den nach der zweiten Teilung Polens mit der Okkupation beauftragten preußischen Truppen bewaffneten Widerstand.

82 *Villeggiatura* – (ital.) Sommerfrische, ländlicher Erholungsauf-
enthalt.

Kassuben –Angehörige eines westslawischen Volksstammes.

84 *Jeremiaden* – Klagelieder.

85 *Landgraf von Hessen* – Friedrich II., Landgraf von Hessen-Kassel, vermietete seit 1776 der englischen Regierung für mehrere
Jahre ein Heer von 12 000 Mann zum Kampf gegen die nordameri-
kanische Unabhängigkeitsbewegung.

86 *Rollins römische Geschichte* – »L'Histoire Romaine«, fortgesetzt
von Crevier, Lebeau und Ameilhon, 16 Bände, 1738 bis 1748.

vorperorieren – vor sich hin reden.

berühmte Briefwechsel – Der »Briefwechsel zwischen Goethe
und Zelter in den Jahren 1799 bis 1832«, den Friedrich Wilhelm
Riemer 1833/34 in 6 Bänden in Berlin herausgegeben hatte. Goethe erhielt von Zelter regelmäßig im Herbst Teltower Rübchen.

87 *Kleists »Frühling«* – Das naturphilosophische Gedicht »Der
Frühling« von Ewald von Kleist erschien 1749.

Honni soit . . . – (franz.) Schande dem, der Böses dabei denkt.

88 *»Spectator«* – »The Spectator« (»Der Zuschauer«), von R. Steele
und J. Addison 1711/12 und 1714 herausgegebene bedeutende
englische Wochenschrift.

»Tales of the genii« – (engl.) »Geistergeschichten«. Verfasser bzw.
Herausgeber und Erscheinungsjahr sind nicht nachweisbar.

Briefen der Lady Montagu – »Turkish letters« (Briefe über die
Türkei), 3 Bände, 1763.

Travestie – Dichtung mit einem Mißverhältnis zwischen ernstem
Inhalt und unangemessen komischer Form.

Youngs »Nachtgedanken« – »The Complaint, or Night Thoughts
on Life, Death and Immortality« (»Die Klage, oder Nachtgedanken über Leben, Tod und Unsterblichkeit«), 1742.

89 *Miltons »Verlorenem Paradiese«* – »Paradies Lost«, 1667 (erwei-
tert 1674).

90 *Inokulation* – Einimpfung.

Zelot – Glaubenseiferer.

95 *kurze Beschreibung* – Nathanael Matthäus von Wolf: »Unterricht
gegen die Kinderblattern«, Danzig 1774.

96 *zweimalige Belagerung* – Danzig wurde 1807 von den Franzosen
und 1813 von preußisch-russischen Truppen belagert.

98 *Masurek* – (poln.) Masurka, Mazurka, ein nach dem Volksstamm
der Masuren benannter Volkstanz.

99 *Vetturino* – (ital.) Lohnkutscher, Fuhrmann.

100 *accent d'Orléans* – (franz.) In Orléans übliche Aussprache.

102 *Quelle horreur! Quelle platitude!* – (franz.) Welcher Schrecken! Welche Geschmacklosigkeit!

Société des Jeunes dames – (franz.) Gesellschaft junger Damen.

Amorinen von Biscuit – Kleine Liebesgöttinnen aus Porzellan.

103 *Konvenienz* – Herkommen, Schicklichkeit, Übereinkunft.

104 *ma chère amie* – (franz.) meine liebe Freundin.

105 *Filetkästchen* – Häkelkästchen.

Tapisseriesticken – Kreuzstichsticken.

Magasin des enfants – (franz.) Kinderzeitschrift.

106 *Contes de ma mére l'Oye* – (franz.) Märchen meiner Mutter Gans. Diese Märchensammlung des französischen Dichters Charles Perrault (1628–1703) erschien 1697 und hat für Frankreich die gleiche Bedeutung wie für Deutschland die Hausmärchen der Brüder Grimm.

Duodez – Buch im Kleinformat.

Cendrillon – (franz.) Aschenbrödel.

Chat botté – (franz.) der gestiefelte Kater.

109 *Philoteknos* – (griech.) Kinderfreund.

Quartant – Buch im Quartformat (bis 35 cm hoch).

»Physiognomischen Fragmente« – Johann Kaspar Lavaters »Physiognomische Fragmente zur Beförderung der Menschenkenntnis und Menschenliebe«, 4 Bände, 1775 bis 1778.

110 *Raffs Naturgeschichte* – »Naturgeschichte für Kinder zum Gebrauch in Stadt- und Landschulen«, Göttingen 1778.

Gothaer Kalender – »Gothaischer Hofkalender zum Nutzen und Vergnügen«, erschienen von 1764 bis 1815.

111 *Draperien* – Vorhänge, Gardinen.

112 *Storchschnabel* – Vorrichtung zum Vergrößern und Verkleinern von Zeichnungen.

115 *»And spite of pride...«* – (engl.) »Trotz des Stolzes, trotz irrender Vernunft ist eine Wahrheit offenbar: was immer ist, ist richtig.« Schlußzeilen der ersten Epistel von Alexander Popes »Essay on Man« (»Versuch über den Menschen«), 1733/34.

116 *Annalen* – Jahrbücher, hier: Geschichtsbücher.

117 *die Tramontane verlieren* – tramontana (ital.): Norden, Polarstern; die Richtung verlieren.

121 *reformierte Gemeinde* – Eine christliche Gemeinde, für die die Lehre der Schweizer Reformatoren Zwingli und Calvin verbindlich war. Strenge Bindung an die Bibel, die Prädestinationslehre,

443

die Lehre von der Vorherbestimmung, sowie schlichte gottesdienstliche Formen waren für die Reformierten charakteristisch.

Maien – Junge Birken, Maibäume.

123 *Dukaten* – Goldmünze, seit 1559 Reichsmünze in Deutschland. Sie hatte den Wert von drei Reichstalern oder 4 ½ Gulden.

126 *le bonheur allemand* – (franz.) das deutsche Glück.

127 *Richtet nicht . . .* – Neues Testament, Lukas 6, 37.

Anleitung zum Zeichnen – Johann Daniel Preißler: »Die durch Theorie erfundene Praktik oder Anleitung zu Zeichenwerken«, 4 Teile, Nürnberg 1754 bis 1763.

128 *Souper* – (franz.) größere Abendmahlzeit.

Assietten – (franz.) Teller, flache Schüsseln.

Diners – (franz.) Mittagessen.

Band sehr geistreicher Briefe – »Letters to his son« (»Briefe an seinen Sohn«), 1774.

Beau – (franz.) Stutzer.

129 *Zoll* – Altes Längenmaß landschaftlich unterschiedlicher Größe, ursprünglich 2,2 bis 3 cm.

130 *karambolieren* – zusammenstoßen.

Daignez m'épargner le reste – (franz.) Haben Sie die Güte, mir den Rest zu ersparen.

Tourière – (franz.) Klosterpförtnerin, Gestalt aus einer Oper Grétrys.

131 *merkantilische Welt* – Handelswelt.

Lever – (franz.) Morgenempfang.

132 *Gascogner* – Bewohner der südwestfranzösischen Landschaft Gascogne, auch Bezeichnung für Prahler.

Resident – Regierungsbevollmächtigter.

Baronet – Adelstitel in England.

unglücklichen König – Stanislaus II. August Poniatowski.

Chargé d'affaires – (franz.) Geschäftsträger.

General P. – Christoph de Petersen.

134 *Diminutiv* – Verkleinerungsform.

135 *Lapidarstil* – lapidar: kurz und bündig.

Niobe – In der griechischen Sage eine Mutter zahlreicher Kinder, die in ihrem Stolz die Götter herausforderte. Zur Strafe für ihre Überheblichkeit wurden alle Kinder von den Göttern getötet.

137 *Argusaugen* – scharfblickende, wachsame, alles bemerkende Augen; nach Argos, einem vieläugigen Riesen der griechischen Sage.

444

138 *Kamisol* – Kurzes Wams, Unterjacke.

139 *maître d'hotel* – (franz.) Oberkellner.

140 *vor jetzt ungefähr hundert Jahren* – im Jahre 1734.

145 *diskordante* – unstimmige.

146 *Auch ich war in Arkadien* – Anfangsworte des Schillerschen Gedichts »Resignation«. Arkadien: ein von Hirten bewohntes Gebirgsland auf dem Peleponnes, das in der klassischen Literatur als Inbegriff des Idyllischen gilt.

147 *tant bien que mal* – (franz.) mehr recht als schlecht.

»*Werthers Leiden*« – Goethes Briefroman »Die Leiden des jungen Werthers« war im Jahre 1774 erschienen.

»*Sir Charles Grandison*« – Roman von Samuel Richardson: »The History of Sir Charles Grandison« (»Die Geschichte des Herrn Carl Grandison«), 1753/54.

»*Pamela*« – »Pamela or Virtue Rewarded« (»Pamela oder Die belohnte Tugend«), 1740.

»*Siegwart*« – 1776 erschienener, im Stile der Empfindsamkeit geschriebener Roman von Johann Martin Miller (1750 bis 1814), eine Klostergeschichte.

149 *Lavaters Tagebücher* – »Geheimes Tagebuch von einem Beobachter seiner selbst«, 2 Bände, 1772/73.

ersten Gesänge des »Messias« – Die ersten drei Gesänge von Klopstocks Epos erschienen 1748 in den »Bremer Beiträgen«.

150 *Oktavband* – Buch im Oktavformat (bis 25 cm hoch).

»*Klopstock, er und über ihn*« – Der erste Band dieses Werkes erschien 1779, die weiteren vier bis 1792.

151 *Petinet* – gazeartige Wirkware aus Seide oder Baumwolle mit regelmäßigen Durchbrechungen.

Organdy – feiner, leichter, gefärbter Baumwollstoff in Leinwandbindung.

adorieren – verehren, anbeten.

153 *Musche* – mouche (franz.): Fliege; auch Schönheitspfläster-chen.

Assassin – (franz.) Mörder.

en ailes de pigeon – (franz.) nach Art von Taubenflügeln. Die Frisur bestand aus zwei großen toupierten Locken zu beiden Seiten des Kopfes.

Postillons d'amour – (franz.) Liebesboten.

Gilets – Ärmellose Westen.

Gold-Glacé – Goldglanz.

154 *Anglaise* – Aus England stammender Gesellschaftstanz.

155 *Duodez-Husärchen* – Husar in Kleinformat.
Vandalismus – Barbarei.
Galoppade – schneller Rundtanz.

156 *Pas* – (franz.) Tanzschritt.
Quadrille – Gesellschaftstanz, eine Mischung von Walzer und Polka, Rund- und Contretanz.
Kotillon – Abart des Contretanzes und der Quadrille mit scherzhaften Überraschungen.

157 *»Leben muß man und lieben«* ... – Goethe, »Vier Jahreszeiten«, Sommer, 37. Distichon. Der Zyklus erschien 1796.

158 *la grippe* – (franz.) Laune, Grille, Abneigung.
prendre quelqu'un en grippe – (franz.) jemanden nicht leiden können.
ein oder zwei Jahre später – im Jahre 1783.
große König – Friedrich II. von Preußen.

159 *General R* ... – General Karl Albrecht Friedrich von Raumer.
Fourage – Futter.

165 *Agende* – Buch mit der Gottesdienstordnung.
Sozietät – Gesellschaft.

168 *Oberherrschaft der Franzosen* – Nach dem Tilsiter Frieden von 1807 wurde Danzig als ein unter dem Schutz Frankreichs, Preußens und Sachsens stehender Freistaat wiederhergestellt, erhielt aber einen französischen Gouverneur.

170 *Ameublement* – (franz.) Wohnungseinrichtung.

177 *vielgestaltete Unheil* – Anspielung auf den portugiesischen Bürgerkrieg von 1828 bis 1834.

178 *»Äonen«* – Weltalter, unermeßlich lange Zeiträume.
Rekommandationsschreiben – Empfehlungsschreiben.
Honneurs machen – Aufmerksamkeiten erweisen.

179 *Aeronaut* – Luftschiffer.
Tragant – Vorderasiatische Pflanze, deren Gummiharz als Bindemittel für Pillen verwendet wird.

180 *großen Kaiserin* – Katharina II. von Rußland.
Epopöe – Erzählende Darstellung.

181 *Kartaunen* – große Geschütze.

182 *Manen* – In der römischen Mythologie die Seelen der Verstorbenen.

183 *Tabatiere* – Schnupftabakdose.

185 *Prärogativ* – Vorrecht, Privileg.
Voilà les calamitées ... – (franz.) Das ist das Unglück der Stadt Danzig.

446

188 *pommerische Meile* – 7532,48 m.

189 *Gustav Nicolai* – Sein Buch »Italien wie es wirklich ist. Bericht über eine merkwürdige Reise in den hesperischen Gefilden, als Warnungsstimme für Alle, welche sich dahin sehnen« (Leipzig 1834) schilderte in allen Details die Mißlichkeiten, mit denen ein Reisender in Italien zu rechnen hatte, von schlechten Straßen und Raubüberfällen bis zum Ungeziefer in den Gasthäusern.
konsumtible – eßbare.

190 *Postmeile* – 7500 m.
drittehalb Stunden – zweieinhalb Stunden.

192 *Werk über die Einsamkeit* – Die Neubearbeitung des 1756 erschienenen Werkes »Von der Einsamkeit« hieß »Betrachtungen über die Einsamkeit« und erschien 1784/85.

193 *Hypochondrie* – Schwermütigkeit, eingebildete Krankheit.

195 *Fürst von Waldeck* – Friedrich (gest. 1812).
Couleur – (franz.) Farbe.
Sancho Pansa – In Cervantes' Roman der Knappe von Don Quichote; Sinnbild des derben, pfiffigen Wirklichkeitsmenschen.

196 *Madame* B. – Madame Böhl.

197 *Herzog von Mecklenburg-Schwerin* – Friedrich Franz.

198 *Herzogin von Braunschweig* – Auguste, geb. Prinzessin von Wales.
vis-à-vis – (franz.) Gegenüber.
Dejeuner – (franz.) Frühstück.

199 *Wladimirorden* – Von der Zarin Katharina II. 1782 in vier Klassen gestifteter russischer Zivildienstorden. Mit seiner Verleihung war die Erhebung in den Adelsstand verbunden.

200 *Nobody* – (engl.) Niemand, unbedeutender Mensch.
»Berliner Monatsschrift« – »Berlinische Monatsschrift«, ein Organ der deutschen Aufklärung, von 1783 bis 1796 herausgegeben von Gedicke und Biester; unter Biesters alleiniger Herausgeberschaft von 1799 bis 1811 unter dem Titel »Neue Berlinische Monatsschrift« fortgesetzt.

201 *»Sebaldus Nothanker«* – »Leben und Meinungen des Herrn Magisters Sebaldus Nothanker«, 3 Bände, 1773 bis 1776.
»Patriotische Phantasien« – Mösers »Patriotische Phantasien« erschienen in vier Bänden 1774 bis 1778.

202 *Covent-garden-market* – Marktplatz in London.

205 *Sœur grise* – (franz.) Graue Schwester, Krankenschwester.
Ketzer – Hier: Protestanten, die keine Fastentage kennen.

206 *Oxhoft* – Altes niederdeutsches Flüssigkeitsmaß, besonders für Wein. Ein Oxhoft war in Preußen 2,06 hl.

Madame est belle . . . – (franz.) Madame ist ebenso schön, wie sie gut ist.

Sou – Ehemals gebräuchliche französische Silbermünze.

Kommissionärs – Geschäftsvermittler.

Entresol – (franz.) Hochparterre, Halbgeschoß.

207 *Palais royal* – (franz.) Königspalast.

Bosketts – Ziergebüsche, Lustwäldchen.

208 *les petits comédiens du Roi* – (franz.) Die kleinen Schauspieler des Königs.

Vaudevilles – (franz.) Possenhafte Theaterstücke mit eingestreuten witzigen Liedern.

Bluette – (franz.) Feuerfünkchen, Witzfunke.

209 *buntgaloniert* – buntbetreßt.

Antichambre – (franz.) Vorzimmer.

211 *Königin* – Marie Antoinette, eine Tochter der österreichischen Kaiserin Maria Theresia.

Poissarden – Marktweiber, Fischweiber. Die Frauen der unteren Klassen von Paris griffen am 5. Oktober 1789 mit einem Zug nach Versailles ins Revolutionsgeschehen ein. Später bildeten sich revolutionäre Frauenklubs.

212 *Oeil de bœuf* – (franz.) wörtlich: Ochsenauge; mit runden und ovalen Fenstern ausgestatteter Vorraum des königlichen Schlafzimmers, beliebter Aufenthaltsort der Höflinge.

à la conseillère frisiert – (franz.) nach Art der Rätin frisiert.

»Messieurs, sauvez votre compatriote!« – (franz.) »Meine Herren, retten Sie Ihre Landsmännin!«

Schweizergarde – Aus geworbenen Schweizern bestehende Leibgarde der französischen Könige vom 16. bis 18. Jahrhundert. Noch heute Leibgarde des Papstes.

213 *Herzog von Orleans* – Ludwig Philipp, gen. Philipp Egalité. Er stimmte als Mitglied des französischen Nationalkonvents im Dezember 1792 für die Hinrichtung Ludwigs XVI.

214 *Puder à la maréchale* – (franz.) Puder nach der Art der Marschallin.

215 *Cherub* – Engel.

Dauphin – Titel des französischen Thronfolgers.

»Es wenden die Götter . . .« – Goethe, »Iphigenie auf Tauris«, 4. Aufzug, 5. Auftritt.

216 *Albion* – Alter Name für England.

Milords anglois – (franz.) Englische Herrschaften.

448

217 *City* – Hier: Innenstadt von London.

Remise – Wagenschuppen.

Bijouteriehändler – Schmuckhändler.

englischen Guineen – Nach dem Golf von Guinea benannte Hauptgoldmünzen Englands in der Zeit von 1663 bis 1816. Eine Guinee = 21 Schillinge.

218 *perorierende* – sprechende, lebhaft redende.

219 *Stage coach* – (engl.) Landkutsche.

220 *Highwayman* – (engl.) Straßenräuber.

dem Urteile der Lesewelt unterworfen – In dem Buch »Erinnerungen von einer Reise in den Jahren 1803, 1804 und 1805«, 2 Bände, Rudolstadt 1813/14.

223 *Neptun* – Römischer Gott des Meeres.

226 *»Ah quel chien de pays!«* – (franz.) »Welch scheußliches Land!« Zitat aus Voltaires 1759 erschienenem Roman »Candide ou l'optimisme« (»Candide oder der Optimismus«). Im ersten Kapitel des Werkes werden die Lebensgewohnheiten und Auffassungen der Bewohner des Schlosses des westfälischen Barons von Thunderten-thronckh verspottet.

Session – Sitzung, Aufenthalt.

228 *Sankt Christophorus* – Legendärer Heiliger, riesenhafter Mann von ungewöhnlicher Stärke. Die katholische Kirche zählt ihn zu den 14 Nothelfern.

Louisdor – Französische Hauptgoldmünze, ursprünglich benannt nach dem König Ludwig XIII.

Taler – Silbermünze, vom 16. bis 18. Jahrhundert als Reichstaler im deutschen Reich üblich. Der preußische Taler hatte im 19. Jahrhundert den Wert von 3 Mark.

en Mylord anglois – (franz.) als englischer gnädiger Herr.

230 *Tribulation* – Quälerei, Drangsal.

une mode d'avant hier – (franz.) eine Mode von vorgestern.

234 *»mais c'est tous . . .«* – (franz.) »Aber das ist alles wie bei uns.«

235 *Karbatsche* – Riemenpeitsche.

236 *auf der Durchreise* – Peter der Große besuchte im Februar 1716 Danzig, um mit August II., dem König von Polen, zusammenzutreffen.

240 *Gazette de Leyde* – (franz.) Leidener Zeitung.

241 *»Moniteur«* – Der »Moniteur« (»Ratgeber«) wurde am 24. November 1789 als »Gazette nationale, ou le Moniteur universel« gegründet und war von 1800 bis 1869 das Amtsblatt der französischen Regierung.

lettre de cachet – (franz.) Geheimer Verhaftungsbefehl.

243 *»Ah ça ira, ça ira ...«* – (franz.) »Es wird gehen, die Aristokraten an die Laterne!«

244 *die drei Farben* – blau, weiß, rot; die am 21. Oktober 1790 zur Nationalflagge Frankreichs erklärte Trikolore.

245 *Fürstbischof von Ermland* –Vgl. Personenverzeichnis unter: Johann Karl Graf von Hohenzollern.

246 *»mon cousin, le Roi«* – (franz.) »Mein Vetter, der König.«

247 *Aha* – Im Französischen Bezeichnung für einen unerwarteten Durchblick durch eine Gartenumfriedung.

248 *in le Nôtres Beginnen* – Bezugnahme auf den französischen Gartengestalter André de Le Nôtre.

bel homme – (franz.) schöner Mann.

254 *Sein »Tableau de Paris«* – Das Werk (»Ein Bild von Paris«) erschien in 12 Bänden in Amsterdam 1781 bis 1790. Seinetwegen wurde Mercier verfolgt und mußte fliehen. Es wurde fortgesetzt mit der Schilderung der Revolutionszeit in »Le nouveau Paris« (»Das neue Paris«), 6 Bände, 1800.

»L'an 2240« – (franz.) (»Das Jahr 2240«) ein sozialutopisches Werk, erschien 1770.

255 *»La maison de Molière«* – (»Das Haus Molières«). Das Schauspiel entstand 1776.

256 *Antikaglien* – kleine Altertümer.

Doubleur – (franz.) Ersatzspieler.

Tartüffe – Molières »Le Tartuffe« (»Der Heuchler«) wurde 1664 uraufgeführt.

258 *Radoteur* – (franz.) alberner Schwätzer.

260 *Tunika* – Untergewand, auch Überwurf über den Frauenrock.

geköpert – gewebt.

261 *Bucentaur* – Bucintoro (ital.): goldene Barke; Prachtgaleere, mit der die Dogen von Venedig von 1311 bis 1789 alljährlich am Himmelfahrtstag in See stachen, um einen goldenen Ring ins Meer zu werfen, wodurch der Anspruch auf die Seeherrschaft bekundet werden sollte.

Estrade – erhöhter Tritt, Platz.

262 *Fenster, aus welchem Karl IX ... schoß* – In der Bartholomäusnacht, der Hochzeitsnacht Heinrichs von Navarra mit Margarete von Valois, am 23./24. 8. 1572, wurden die hugenottischen Gäste auf Betreiben der Brautmutter Katharina von Medici von fanatischen Katholiken niedergemetzelt. An dem Blutbad beteiligte sich auch der Bruder der Braut, der französische König Karl IX.

Gobelin – Wandteppich mit eingewebten Bildern; so benannt nach der französischen Herstellerfamilie.

Karton – Zeichnung auf starkem Papier als Vorlage für die Ausführung eines Gemäldes, hier eines Wandteppichs.

»Athalia« – Das Werk, das einen Stoff aus dem Alten Testament behandelt, entstand 1691.

263 *Kamelgarn* – Urspr. Garn aus dem Haar der Angoraziege, später alle Gespinste aus langer Wolle.

264 *Navette* – Weberschiffchen.

269 *furchtbaren Schreckenszeit* – In der Zeit der Jakobinerdiktatur 1793/94.

271 *Pantomime* – Mienenspiel, Gebärde.

couteau – (franz.) Messer.

272 *vouloir* – (franz.) wollen.

aimer – (franz.) lieben.

désirer – (franz.) wünschen.

s'impatienter – (franz.) die Geduld verlieren.

282 *wie Vasari von ihm erzählt* – In seinem 200 Künstlerbiographien umfassenden Werk: »Le vite de piu eccellenti pittori, scultori e architetti« (»Die Lebensbeschreibungen der bedeutendsten Maler, Bildhauer und Architekten«), 1550.

287 *O Lord, o Lord, what an honour is this!* – (engl.)»O Gott, o Gott, was für eine Ehre!« Es handelt sich hier um kein direktes Shakespearezitat.

polnischen Abschied – ohne Abschied fortgehen.

288 *Kontributionen* – Kriegssteuern.

der König – Friedrich Wilhelm III. von Preußen.

Herzog von Braunschweig – Karl Wilhelm Ferdinand.

289 *Falstaff, would it were night and all was over* – (engl.) »Ich wollte, es wäre Schlafenszeit, Heinz, und alles gut.« Shakespeare, »König Heinrich IV.«, 5. Aufzug, 1. Szene.

Devisen-Petschaft – Handstempel zum Siegeln mit eingeprägtem Namenszeichen oder ähnlichem.

290 *calmant* – (franz.) Beruhigungsmittel, Linderung.

291 *der König mit der Königin* – Friedrich Wilhelm III. von Preußen und seine Frau Luise.

Großherzogin – Luise Auguste, die Frau Karl Augusts von Sachsen-Weimar.

292 *Prinz Louis* – Prinz Louis Ferdinand von Preußen.

293 *Sophien* – Sophie Duguet.

der verwitweten Herzogin – Anna Amalia.

451

294 *»Fanchon«* – Singspiel von Friedrich Heinrich Himmel.

296 *Charpie* – Zupflinnen, als Verbandzeug benutzt.

297 *Chasseur* – (franz.) Jäger.

Insulten – Beschimpfungen.

Bagagewagen – Gepäck-, Troßwagen.

in voller Karriere – im schnellsten Galopp.

retirieren – sich zurückziehen.

299 *Fourage* – Pferdefutter.

300 *»Du pain, du vin ...«* – (franz.) »Brot, Wein, schnell, wir kommen hinauf.«

302 *»Mangeons, buvons ...«* – (franz.) »Wir essen, trinken, plündern, wir zünden Häuser an ...«

Webicht – Gehölz zwischen Weimar und Schloß Tiefurt.

303 *Sauvegarde* – (franz.) Schutzwache.

305 *König Lear* – Titelheld des gleichnamigen Dramas von Shakespeare.

306 *Speciestaler* – Konventionstaler, damals offizielle Münzeinheit in Österreich und Süddeutschland.

»Si vous la *demander ...«* – (franz.) »Wenn Sie sie begehren, schenke ich sie Ihnen.«

307 *füsilieren* – erschießen.

pour se rendre en France – (franz.) um sich nach Frankreich zu begeben.

308 *Commissaire des Guerres* – (franz.) Kriegskommissar.

309 *the times are out of flight* – Wahrscheinlich ist der Vers aus Shakespeares »Hamlet« ungenau zitiert. Es müßte beißen: The time is out of joint: Die Zeit ist aus den Fugen.

310 *Paradies* – Mit Alleen bestandene Wiese bei Jena.

314 *Julchen* – Johannas Schwester Julie Trosiener.

316 *Herzogin-Mutter* – Anna Amalia, Mutter des Herzogs Karl August.

Erbprinz – Karl Friedrich.

317 *Klaviermeister* – Werner.

318 *Tout au contraire* – (franz.) Ganz im Gegenteil.

grande tour – (franz.) große Reise.

319 *daß er* – Gemeint ist Johannas Brief vom 18. und 19. Oktober 1806.

Gl. – Gulden.

fl. – florenus (lat.): Gulden; in Österreich und Süddeutschland im 18. und 19. Jahrhundert übliche Währungseinheit.

»Carstens Leben« – »Leben des Künstlers Carstens«, 1806.

Römische Studien – Sie erschienen 1803 bis 1806.

Modejournal – Das von Friedrich Johann Justin Bertuch und Georg Melchior Kraus seit 1786 in Weimar herausgegebene »Journal des Luxus und der Moden«.

321 *Apoll* – Griechisch-römischer Gott der Dichtkunst.

die Fürstin – die Herzogin-Mutter Anna Amalia.

322 *subskribieren* – vorausbestellen.

324 *lange Figur* – Johanna spricht vom Besuch des Freiherrn von Einsiedel.

325 *meine Kunst* – ein Blumenscherenschnitt Johannas.

Buquet – Bouquet, Bukett: Blumenstrauß; hier: Blumenscherenschnitt.

327 *Prätension* – Anmaßung.

329 *Cour machen* – den Hof machen.

quatre mains – (franz.) vierhändig.

Cicisbeo – (ital.) Hausfreund, Galan.

Über den Frieden – Karl August von Sachsen-Weimar schloß am 16. Dezember 1806 Frieden mit Frankreich und trat dem Rheinbund bei. Der Frieden zwischen Frankreich und Rußland/Preußen kam erst im Juli 1807 zustande.

330 *in Requisition gesetzt* – Hier: um Hilfe angegangen.

mit diesem Schatze – Von Hamburg geschickte Stickmuster, um die Johanna ihren Sohn bat.

332 *Portechaise* – (franz.) Sänfte, Tragsessel.

dessen »Leben« jetzt herausgekommen ist – Ludwig Ferdinand Huber: »Sämtliche Werke seit dem Jahre 1802 samt seiner Biographie«, 4 Teile, Tübingen 1806 bis 1819.

333 *»Faniska«* – Oper von Luigi Cherubini (1760–1842).

»Tasso« – Goethes »Torquato Tasso« war bereits 1789 vollendet worden, wurde aber erst 1807 in Weimar aufgeführt.

334 *in der Laufbahn bleiben* – als Kaufmann leben.

»Weihe der Kraft« – Zacharias Werners 1807 erschienenes, gegen das Papsttum gerichtetes Drama »Martin Luther oder die Weihe der Kraft«.

»Die Söhne des Tales« – Zacharias Werners Schauspiel »Die Söhne des Tales« war 1803 entstanden.

335 *en face* – (franz.) von vorn.

Genien – Beflügelte Götter der griechischen und römischen Sage.

Arabesken – Rankenförmige Ornamente.

O Lord, o Lord – O Gott, o Gott, was für eine Ehre!

Schauspiel von Calderon – »El principe constante« (»Der standhafte Prinz«).

336 *wenn Wallenstein ihm sagt* – Der Satz lautet bei Schiller:
»Dir gegenüber, ja, so möcht ich rühmend sagen
Daß über meinem braunen Scheitelhaar
Die schnellen Jahre machtlos hingegangen.«
»Wallensteins Tod«, 5. Aufzug, 4. Auftritt.
der Dichter der Grazien – In seiner frühen Verserzählung »Musarion« (1768) entwickelte Wieland die »Philosophie der Grazien«.

337 *Jupiter* – (griechisch Zeus) Als Weltenherrscher mächtigster aller römischen Götter.

338 *Bataille* – (franz.) Schlacht.
Drurylane – Berühmtes Theater in London.

339 *extert* – quält.
Kammerherr der Großfürstin – Ludwig von Schardt.
veneriert – verehrt.

340 *Coteriespäße* – Späße im Kränzchen, in einer kleinen Gesellschaft.

341 *Departements* – Regierungsämter.

342 *nolens volens* – (lat.) wohl oder übel.

344 *Standrede* – Goethes Rede »Zum feierlichen Andenken der durchlauchtigsten Fürstin und Frau Anna Amalie« wurde gedruckt und verteilt sowie auch von den Kanzeln des Herzogtums Sachsen-Weimar-Eisenach verlesen.

345 *»Morgenblatt«* – Das »Morgenblatt für gebildete Stände«, von Cotta in Tübingen herausgegeben, wurde 1807 gegründet.
»Don Carlos« – Schillers 1787 entstandenes Versdrama.
Hermandad – (span.) Bruderschaft; Bündnisse kastilischer Städte im Mittelalter zum gegenseitigen Schutz. Die 1476 geschaffene heilige Hermandad hatte im 15. und 16. Jahrhundert polizeiliche Funktionen, jedoch bestand keine Beziehung zur Inquisition.

351 *Parze* – Schicksalsgöttin.

352 *sächs. T.* – sächsischer Taler, eine Silbermünze.

356 *»Sonne«* – Gasthaus in Jena.
der »Phantasus« – Ludwig Tiecks »Phantasus«, eine Sammlung von Märchen, Erzählungen und Schauspielen, erschien in drei Bänden von 1812 bis 1816.
das Gespensterbuch – Es erschien in mehreren Bänden und wurde von Apel und Laun 1810/12 herausgegeben.
Stanze – Strophenform.
»Zenobia« – Drama von Calderon, das 1815 unter Goethes Regie in Weimar aufgeführt wurde.
»Agnes« – Oper von Ferdinando Paër (1771–1839).

357 *Taburett* – Niedriger Stuhl ohne Lehne.

Meister vom Stuhl – Rang im Freimaurerbund: Logenmeister, Leiter der Logenangelegenheiten.

Ihr Lob – Der erste Band von Johanna Schopenhauers »Erinnerungen von einer Reise in den Jahren 1803, 1804 und 1805« war Anfang 1813 erschienen, der zweite Band folgte 1814.

358 *Hin- und Herballotieren* – Hin- und Herschwanken.

Müller – Müller von Gerstenbergk.

362 *ein Pflegesohn* – Ein Pflegesohn Johannas ist nicht bekannt.

364 *meine »Erinnerungen«* – »Erinnerungen von einer Reise in den Jahren 1803, 1804 und 1805«.

den zweiten Band der Novellen – Der erste Band der Novellen war 1816 unter dem Titel »Novellen, fremd und eigen« erschienen.

365 *elegante Zeitung* – Die »Zeitung für die elegante Welt« erschien von 1801 bis 1832 in Leipzig.

366 *»Fernows Leben«* – »Carl Ludwig Fernows Leben«, Tübingen 1810.

367 *das zweite* – »Reise durch das südliche Frankreich«, Rudolstadt 1817.

In der Reihe der »Zeitgenossen« – Eine kurze Biographie Johannas erschien im Brockhausschen Sammelwerk »Zeitgenossen« 1816, Bd. 1, Abt. 4, S. 171–178.

368 *meine Rheinreise* – »Ausflucht an den Rhein und dessen nächste Umgebungen im Sommer des ersten friedlichen Jahres«, Leipzig 1818.

Majers mythologisches Taschenbuch – Friedrich Majer: Mythologisches Taschenbuch für das Jahr 1811 bzw. 1812; Weimar 1811/12. Beide Bände erschienen auch unter dem Titel: »Geschichten aller Religionen oder Darstellung und Schilderung der Mythen, religiösen Ideen und Gebräuche aller Völker.«

Johannis – Johannistag: 24. Juni, Geburtsfest Johannes des Täufers.

369 *unser Prinz* – Karl Alexander, Enkelsohn des Herzogs Karl August.

370 *zweiter Teil meiner englischen Reise* – Johannas »Erinnerungen von einer Reise in den Jahren 1803, 1804 und 1805«, 1813/14, erschienen 1818 in zweiter verbesserter Auflage in zwei Bänden unter dem Titel: »Erinnerungen von einer Reise durch England und Schottland«.

Mein Roman – »Gabriele«, erschienen 1819/20.

piano – (ital.) leise; hier: langsam.

371 *Michael* – Michaelisfest: 29. September, Fest zu Ehren Michaels, eines der sieben Erzengel.

»*Urania*« – »Urania. Taschenbuch für Damen« erschien bei Brockhaus in Leipzig von 1810 bis 1834.

treue Pate – Johanna wurde Patin des zweiten Goethe-Enkels Wolfgang.

372 *mein Manuskript* – Johannas Arbeit: »Johann van Eyck und seine Nachfolger«, Frankfurt/M. 1822.

Hemmelinks Leben – Die Biographie des niederländischen Malers Memling.

373 *seine »Ursula«* – »Prinzessin Ursula«, ein Roman von Herrn von Keverberg.

seine Hefte über Kunst und Altertum – Die von Goethe herausgegebenen Hefte »Über Kunst und Altertum« erschienen von 1816 bis 1827 in sechs Bänden.

375 »*Abendzeitung*« – Die in Dresden erscheinende »Abendzeitung« wurde 1805 von Theodor Hell und Friedrich Kind begründet. Seit 1821 war K. A. Böttiger Mitredakteur. Johannas Aufsatz erschien am 1. Juni 1821 in dem Blatt.

Journal des Herrn von Murr – »Journal zur Kunstgeschichte und allgemeinen Literatur«, erschienen von 1775 bis 1789 in 17 Bänden.

376 *unglücklichen Bankerott in Danzig* – Im Mai 1819 verloren Johanna und ihre Tochter Adele durch den Bankrott des Handlungshauses Muhl & Comp. in Danzig fast ihr ganzes Vermögen.

377 *besonettieren* – ein Sonett widmen; Kapfs zwei Sonette in der »Abendzeitung« vom 14. April 1821 trugen die Widmung: »An Johanna Schopenhauer nach dem Lesen ihrer Gabriele.«

380 *Najaden* – Quellnymphen; gemeint sind die böhmischen Bäder Karlsbad, Marienbad, Franzensbad.

für Frauen bestimmte Zeitschrift – Die Zeitschrift kam nicht zustande.

381 *Parnaß* – Parnassos (griech.): Im Altertum Name eines Gebirges in Mittelgriechenland, das als Sitz Apolls und der Musen galt.

Schillers »Ehret die Frauen« – Das Gedicht »Würde der Frauen«.

382 *in Erfurt erschienene Zeitung für Frauen* – »Allgemeine deutsche Frauenzeitung«, Erfurt 1816–1818. Herausgeber waren Fr. Keyser, J. M. Läubling und Fr. Gleich.

von Rochlitz herausgegebene »Von und für Frauen« – Gemeint ist wahrscheinlich der von Rochlitz von 1817 bis 1820 herausgege-

bene »Leipziger Kalender für Frauenzimmer«. In Gemeinschaft
mit Wieland, Schiller und Seume hatte Rochlitz von 1805 bis 1808
das »Journal für deutsche Frauen« in Leipzig herausgebracht.

»Iduna« – »Iduna. Schriften deutscher Frauen, gewidmet den
Frauen«, herausgegeben von Helmina von Chezy und Fanny Tarnow; es erschien ein Band in zwei Heften 1820.

383 *Scharaden* – Silbenrätsel.

Jakobs – Johanna meint hier offensichtlich Friedrich Johann
Jacobsen (1774–1822), einen Schriftsteller aus Altona, der 1820
ein Buch: »Briefe an eine deutsche Edelfrau über die neuesten
englischen Dichter« veröffentlicht hatte.

386 *Insolvenz* – Zahlungsunfähigkeit.

Immobilien – Liegenschaften, Grundbesitz.

Mobilien – bewegliches Eigentum.

Preziosen – kostbarer Schmuck, Geschmeide.

387 *Kodizill* – letztwillige Verfügung, Zusatz zum Testament.

391 *Generals* – Die mit Johanna befreundete Familie des Generalleut-
nants Vincenti.

die Fräulein Saalingers – Julie und Marianne Saaling.

biwakieren – im Freien lagern.

392 *E. G. H.* – Erbgroßherzog Karl Friedrich von Sachsen-Weimar-
Eisenach.

Hauderer – Mietfuhrmann.

393 *Bekanntschaft mit dem englischen Theater* – Tieck übersetzte
mit seiner Tochter Dorothea und Wolf Graf Baudissin Shakespeare und Dramen der Shakespearezeit. 1811 hatte er »Alteng-
lisches Theater« in zwei Bänden herausgegeben; 1823 und 1829
folgten die beiden Bände »Shakespeares Vorschule«.

Melodrams – (engl.) Melodramen, Schauspiele mit Musikbegleitung.

394 *an Ihrem so vorzüglichen Taschenbuch* – »Penelope«, das von
1811 bis 1833 in Leipzig erschien.

396 *Bayard* – Drama August von Kotzebues (1761–1819).

397 *Liene* – Karoline von Egloffstein.

Chateaux en Espagne – (franz.) Luftschlösser.

398 *Aurikelchen* – Kosename für Johannas Patenkind, Goethes Enkel
Wolfgang.

as well as may be expected – (engl.) so gut, als man erwarten
kann, den Umständen entsprechend; Ottilie von Goethes Tochter
Alma wurde am 29. 10. 1827 geboren.

our brats and bairns – (engl.) unseren Bälgern und Wänstern.

457

399 *»Sidonie«* – Johannas 1827 erschienener Roman.

400 *Die arme gute Wolff* – Die Schauspielerin Amalie Wolff hatte kurz vorher ihren Mann verloren.

in Schwarz gehüllt – In Weimar herrschte Hoftrauer, da Großherzog Karl August am 14. Juni 1828 gestorben war.

mit meiner »Griseldis« – Johannas Wirtschafterin Grisern.

401 *Schlachtfeld von Belle-Alliance* – In der Schlacht bei Belle-Alliance oder Waterloo südlich Brüssel, am 18. 6. 1815, wurde Napoleon I. von preußischen und britischen Truppen endgültig besiegt.

der neue Großherzog – Karl Friedrich.

Die verwitwete Großherzogin – Luise Auguste.

402 *en compagnie* – (franz.) in Gesellschaft.

meine geliebteste Schwester – Charlotte Trosiener.

403 *Interregnum* – Zwischenherrschaft.

404 *ihren Bären* – Goethes Sohn August, mit dem Holtei befreundet war.

den Alten – Goethe.

U. – Ulrike von Pogwisch, die Schwester Ottilie von Goethes.

August – August von Goethe.

405 *malgré nous* – (franz.) gegen unseren Willen.

G. – Müller von Gerstenbergk.

407 *Ihren »Faust«* – Karl von Holteis Melodrama »Faust, der wundertätige Magus des Nordens« erschien 1832.

408 *»Schlesischen Gedichte«* – Die mundartlichen »Schlesischen Gedichte« Holteis erschienen 1830.

»Lenore« – Das Singspiel wurde 1829 gedruckt.

»Konversationsblatt« – »Literarisches Konversationsblatt«, Leipzig 1820 bis 1826, danach unter dem Titel »Blätter für literarische Unterhaltung« fortgeführt.

409 *neuen Reisen* – 1830 erschien Johannas Reiseschilderung unter dem Titel: »Ausflug an den Niederrhein und nach Belgien im Jahre 1828«.

den Stuttgartern – Es dürfte der Cottasche Verlag gemeint sein.

410 *die Herren Meyer aus Gotha und New York* – Joseph Meyers »Bibliographisches Institut« in Gotha, seit 1828 in Hildburghausen, gab mehrere Reihen deutscher Klassiker heraus, u. a. eine »Familienbibliothek«, eine »Nationalbibliothek« und eine »Groschenbibliothek«.

411 *Inventarium* – (lat.) Bestandsverzeichnis.

414 *Ressourcen-Ball* – Ressource (franz.): Erholung: Name geselliger Vereine.

der alte *Herr* – Goethe.

tête-à-tête – (franz.) vertraulich, unter vier Augen.

415 *Spezial* – Busenfreund.

Madame G. – Madame Genast.

»*Minna von Barnhelm*« – Gotthold Ephraim Lessings Lustspiel entstand 1767.

416 *betrübend* – Offenbar im Zusammenhang mit Johannas Versuch, die Verlagsrechte für einige ihrer Bücher zurückzuerhalten, die Heinrich, der Bruder Friedrich Wilmans, besaß. Sie benötigte die Rechte für die Gesamtausgabe ihrer Werke, die 1830/31 in 24 Bänden bei Brockhaus in Leipzig und Sauerländer in Frankfurt/M. erschien.

419 *Enfin* – (franz.) endlich, schließlich.

420 *Kommunikation* – Verkehr, Verbindung.

table d'hôte – (franz.) gemeinschaftliche Gasthaustafel.

421 »*Adlers Horst*« – »Des Adlers Horst«, eine 1832 entstandene Oper von Joseph Franz Glaeser (1798–1861). Den Text der Oper schrieb Karl von Holtei unter Verwendung der gleichnamigen Novelle Johanna Schopenhauers.

Compositeur – (franz.) Komponist.

422 *so* »*schieße ich*« – Stehende Redensart von August von Goethe: »Wenn du das nicht tust, so schieße ich.«

423 *Gène* – (franz.) Zwang, Belästigung, Verlegenheit.

424 *August* – August von Goethe war am 27. Oktober 1830 in Rom gestorben.

ewige Pasquale – Von Holtei verwendeter Spitzname für den Weimarer Kanzler Friedrich von Müller. Pasquale ist in Goldonis »Diener zweier Herren« eine überaus geschäftige und nach allen Seiten Verwirrung stiftende Figur.

426 *C...* – Cotta, der Verleger Goethes.

die politischen Unruhen – Im Gefolge der französischen Revolution von 1830 kam es in vielen deutschen Staaten, besonders in Mittel- und Süddeutschland, zu antifeudalen Volksaktionen, zu Tumulten in den Städten, Bauernbewegungen und Volksversammlungen.

»*Minerva*« – »Minerva, Taschenbuch für Damen«, erschien in Leipzig von 1809 bis 1833.

»*Penelope*« – von Theodor Hell in Leipzig herausgegebenes Taschenbuch.

»*Berliner Kalender*« – »Berliner Kalender für Damen«, erschien von 1798 bis 1807, unter dem Titel »Berliner großer Etui-Kalender« von 1821 bis 1833.

459

429 *far niente* – (ital.) Nichtstun.

430 *Freundin in Darmstadt* – Frau Halwachs.

431 *»Berliner Spenerschen«* – Die nach ihrem ursprünglichen Herausgeber benannten »Berlinische Nachrichten von Staats- und gelehrten Sachen« erschienen von 1740 bis 1874 und waren zeitweise halboffizielles Regierungsorgan.

Falks Buch – »Goethe aus näherem persönlichem Umgang dargestellt«, erschien 1832, sechs Jahre nach dem Tode Falks.

Broschüre von Doktor Müller – Karl Wilhelm Müller: »Goethes letzte literarische Tätigkeit, Verhältnis zum Ausland und Scheiden, nach Mitteilungen seiner Freunde dargestellt«, Jena 1832.

432 *»Büchlein von Goethe«* – Der Verfasser des »Büchleins von Goethe, hrsg. von Mehreren«, das 1832 erschien, war der Jenenser Universitätsprofessor für neuere Sprachen Oskar Ludwig Bernhard Wolff, der mit einer Jugendfreundin Adele Schopenhauers verheiratet war.

Totenfeier – Am 10. 4. 1832 hatte Holtei auf dem Berliner Königstädtischen Theater eine Totenfeier zum Gedenken Goethes veranstaltet. Ähnliche Feiern fanden auf zahlreichen anderen Bühnen statt.

»Trauerspiel in Berlin« – Dieses Stück Holteis mit der Figur des Eckenstehers Nante wurde 1845 aufgeführt und von Glaßbrenner wegen Romantisierung und Schönfärberei kritisiert.

433 *soit dit entre nous* – (franz.) unter uns gesagt.

Ihren ehemaligen Widersacher – Heinke war nicht Gegner, sondern stets Gönner Karl von Holteis gewesen.

die Pogwisch, Ottilie und ihre beiden Söhne – Henriette von Pogwisch, ihre Tochter Ottilie von Goethe und deren Söhne Walther und Wolfgang.

Ulrike, Alma – Ulrike von Pogwisch, die Schwester Ottilie von Goethes, und Alma, die Tochter Ottilies.

neue Kunstbahn – Karl von Holtei, der seit über einem Jahrzehnt nicht mehr auf der Bühne gestanden hatte, kam 1832 mit der Direktion des Königstädtischen Theaters in Berlin überein, erneut als Schauspieler in einer Serie selbstverfaßter kleiner Stücke aufzutreten, wobei er sich nur als Interpret zu einem fixen Satz pro Abend, nicht als Autor honorieren ließ.

Personenverzeichnis

Ackermann Leiterin einer Erziehungsanstalt in Danzig, Lehrerin Johannas

Adam Diener in Johannas Elternhaus

Agathe Kammermädchen bei Johannas Eltern

Ahlefeld Charlotte von (1781–1849), deutsche Schriftstellerin, schrieb Gedichte und Unterhaltungsromane

André John (1750–1780), englischer Major italienisch-französischer Herkunft, als Spion im Unabhängigkeitskrieg von den Nordamerikanern hingerichtet

Andruschky Knecht eines russischen Kaufmanns

Angoulême Marie-Thérèse-Charlotte, Herzogin von (1778–1851), Tochter des französischen Königs Ludwig XVI.

Anna Amalia (1739–1807), Herzogin von Sachsen-Weimar-Eisenach, Nichte des preußischen Königs Friedrich II., Mutter des Herzogs Karl August

Arminius (16 v. u. Z. – 21 u. Z.), Fürst der Cherusker, besiegte in der Schlacht im Teutoburger Wald im Jahre 9 den römischen Feldherrn Varus

Arnim Bettina von, geb. Brentano (1785–1859), Schriftstellerin und Frau des Dichters Achim von Arnim

Arnold Verleger der Dresdner »Abendzeitung«

Artaria rheinischer Kunsthändler

Asverus Gustav (1798–1843), Jurist, zunächst Advokat, seit 1832 Professor der Rechte an der Universität Jena

Augereau Pierre-François-Charles (1757–1816), Herzog von Castiglione, Marschall von Frankreich, einer der Feldherrn Napoleons I.

August (1772–1821), Prinz von Gotha

Augusta (1811–1890), Prinzessin von Sachsen-Weimar-Eisenach, Tochter des Großherzogs Karl Friedrich, heiratete 1829 den preußischen Prinzen Wilhelm, später Kaiser Wilhelm I.

Auguste (1737–1813), geb. Prinzessin von Wales, Frau des Herzogs Karl Wilhelm Ferdinand von Braunschweig

Bailly Jean Silvain (1736–1793), französischer Astronom und konstitutionell-monarchischer Politiker, von 1789 bis 1791 Bürgermeister von Paris, wurde als Royalist hingerichtet

Bär preußischer Offizier

Bär preußischer Rittmeister

Bardua Caroline (1781–1864), Porträt- und Historienmalerin in Weimar, später in Berlin, mit Johanna befreundet

Basedow Johann Bernhard (1724–1790), Pädagoge und Schulreformer der Aufklärung, Gründer des Philanthropinums in Dessau

Beaumont französische Aristokratin, Herausgeberin einer Kinderzeitschrift

Beer Michael (1800–1833), deutscher Dramendichter, Bruder des Komponisten Meyerbeer

Beer Wilhelm (1797–1850), deutscher Astronom, Bruder des Komponisten Meyerbeer

Béjart Armande (1645–1700), französische Schauspielerin, seit 1662 Frau des Dichters Molière

Bergmann Gastwirt in Danzig

Bernard altflämischer Maler, lebte in Brüssel

Bernoulli Johann (1744–1807), Astronom in Berlin, Schriftsteller, schrieb einen Bericht über seine Reise nach Danzig

Bernstorff Charitas Emilie Gräfin von, geb. von Buchwald (1733 bis 1820), seit 1779 in Weimar lebende Witwe eines dänischen Ministers

Berthier Louis-Alexandre (1753–1815), Fürst von Wagram, Marschall von Frankreich, seit 1799 Kriegsminister und seit 1805 Generalstabschef Napoleons I.

Bertuch Friedrich Justin (1747–1822), Schriftsteller, Verleger, Kunst- und Buchhändler in Weimar, Herausgeber zahlreicher Zeitschriften, mit Goethe und Wieland befreundet

Bertuch Karl (1777–1815), Buchhändler und Landkammerrat, Sohn von Friedrich Justin Bertuch

Beulwitz Friedrich August von (1785–1871), weimarischer Kammerherr und Offizier, zuletzt Oberst und Generaladjutant

Biester Johann Erich (1749–1816), Journalist und Bibliothekar in Berlin, Herausgeber der »Berlinischen Monatsschrift«

Blanchard François (1753–1809), französischer Luftschiffer, überquerte 1785 mit einem Ballon den Ärmelkanal

Blanchard Marie-Madeleine-Sophie (1778–1819), französische Luftschifferin, Frau von François Blanchard, verunglückte bei einem Ballonaufstieg

Blech I., Arzt in Danzig

Böhl Ehepaar in Hamburg, Freunde Johannas

Boisserée Sulpiz (1783–1854), deutscher Kunstgelehrter, Begründer einer berühmten Sammlung altdeutscher Kunst, seit 1835 Generalkonservator der Denkmäler Bayerns, wirkte später in preußischen Diensten an der Vollendung des Kölner Doms mit

Börne Karl Ludwig (1786–1837), Publizist und radikaler Demokrat

Böttiger Karl August (1760–1835), Philologe und Archäologe, Direktor des Gymnasiums in Weimar, Publizist, redigierte mehrere Zeitschriften, seit 1806 Studiendirektor und Leiter der Antikenmuseen in Dresden

Bourrienne Louis-Antoine Fauvelet de (1769–1834), französischer Diplomat und Schriftsteller, 1804 bis 1806 Gesandter in Hamburg, seit 1814 Polizeipräfekt von Paris, später Staatsminister der bourbonischen Restauration

Brahl Frau eines Kölner Bankdirektors

Bregard Madame de, Freundin Johannas in Hamburg

Brockhaus Friedrich Arnold (1772–1823), Verlagsbuchhändler und Buchdrucker in Leipzig, Herausgeber des nach ihm benannten Konversationslexikons und zahlreicher Zeitschriften

Brühl Karl Graf von (1772–1837), preußischer Offizier und Kammerherr, von 1815 bis 1828 Generalintendant der königlichen Schauspiele in Berlin, danach Leiter der Berliner Museen

Brutus Marcus Junius (85–42 v. u. Z.), römischer Republikaner und Heerführer, führend an der Verschwörung gegen Cäsar beteiligt

Bühl Peter der, Handelshaus in Petersburg

Calderon de la Barca Pedro (1600–1681), spanischer Dramatiker

Catilina Lucius Sergius (108–62 v. u. Z.), führender Kopf einer Verschwörung in Rom, mit der er vergeblich das Konsulat anstrebte

Chesterfield Philip Dormer Stanhope Graf von (1694–1773), englischer Politiker, zeitweise Vizekönig von Irland, Schriftsteller

Chesterfield Stanhope, Sohn des Schriftstellers, an ihn waren dessen »Letters to his son« gerichtet

Chezy Wilhelmine Christiane von (1783–1856), deutsche Schriftstellerin, schrieb Gedichte, Erzählungen, Novellen und Romane

Chodowiecki Daniel Nikolaus (1726–1801), deutscher Maler, Radierer und Zeichner, hervorragender Illustrator, seit 1793 Direktor der Kunstakademie in Berlin

Chodowiecki Lehrerin, aus Frankreich geflüchtete Hugenottin, lebte in Danzig, Mutter des Malers

Chodowiecki Lehrerinnen einer Danziger Schule, Schwestern des Malers

Cicero Marcus Tullius (106–43 v. u. Z.), römischer Redner; Schriftsteller, Politiker und Philosoph, Ideologe der aristokratisch-republikanischen Staatsform

Cincinnatus Lucius Quinctius (etwa 520 bis etwa 435 v. u. Z.), römischer Konsul und Feldherr, zweimaliger Diktator Roms, galt als Muster altrömischer Tugend und Einfachheit

Clemens XIV. (1705–1774), seit 1769 Papst

Coligny Gaspard de (1519–1572), französischer Admiral, Führer der Hugenotten in den Religionskriegen, erstes Opfer der Bartholomäusnacht

Congreve Sir William (1772–1826), englischer Artillerist und Ingenieur, Leiter des königlichen Laboratoriums, erfand 1804 die Brandrakete

Conta Karl Friedrich Anton von (1778–1850), Legationsrat, später Minister in Sachsen-Weimar-Eisenach, mit Johanna befreundet

Conta jüngerer Bruder Karl Friedrich Anton von Contas

Conta Schwester Karl Friedrich Anton von Contas

Conta Schwester Karl Friedrich Anton von Contas, Pflegetochter von Johanna Caroline Amalie Ludecus

Corderoy englische Hofmeisterin im Hause des russischen Ministerresidenten in Danzig

Correy Sir Trevor, englischer Konsul in Danzig

Cotta Johann Friedrich (1764–1832), Buchhändler, Besitzer der Cottaschen Buchhandlung in Tübingen, seit 1810 in Stuttgart; Herausgeber zahlreicher Zeitschriften, Verleger Goethes, Schillers und Herders

Coxië Michiel van (1497–1592), niederländischer Maler, Hofmaler König Philipps II. von Spanien

Cramer Karl Friedrich (1752–1807), Schriftsteller, seit 1775 Professor in Kiel, wegen Sympathien zur Französischen Revolution amtsenthoben, seit 1795 in Paris, übertrug Klopstocks und Schillers Dichtungen ins Französische

Cramp Sally, Engländerin, Schwägerin des russischen Ministerresidenten in Danzig, Jugendfreundin Johannas

Cranach Lucas d. Ä. (1472–1553), deutscher Maler, Kupferstecher und Zeichner

Cruikshank George (1792–1878), englischer politischer Karikaturist, Radierer und Zeichner, bedeutender Illustrator

Dacier Anne, geb. Lefebre (1654–1720), französische Übersetzerin, Herausgeberin antiker Schriftsteller

Darbes Joseph Friedrich August (1747–1810), deutscher Porträtmaler, zunächst in Polen, dann in Petersburg und seit 1785 in Berlin tätig

Demiani Carl Friedrich (1768–1823), Miniatur- und Porträtmaler, seit 1816 Inspektor der Gemäldegalerie in Dresden

Demokrit (etwa 460 bis etwa 370 v. u. Z.), griechischer Philosoph, schuf das bedeutendste materialistische System des Altertums

Denier französischer Kriegskommissar, Beschützer Johannas im Oktober 1806 in Weimar

Denon Dominique-Vivant (1747–1825), französischer Maler und Kunstschriftsteller, Sammler und Graphiker, seit 1804 Generaldirektor der Museen Frankreichs

Dentzel Georg Friedrich (1755–1828), französischer General deutscher Herkunft, Theologiestudent in Jena, Pfarrer in Landau, 1793 Mitglied des Konvents in Paris, 1806 französischer Militärkommandant in Weimar

Descamps Jean-Baptiste (1714–1791), französischer Maler und Kunstschriftsteller, Gründer einer Zeichenschule in Rouen

Desport Kaufmann in Weimar

Dessein Gründer und Besitzer eines berühmten Hotels in Calais

Dettenfeld Johann, Diener der Familie Mertens

Du Deffand Marie de Vichy-Chamrond, Marquise (1697–1780), geistreiche französische Aristokratin und Briefschriftstellerin; ihr Salon war zwischen 1740 und 1760 Sammelplatz der führenden Persönlichkeiten der französischen Aufklärung

Duguet Franzose, Bedienter Johannas in Hamburg und Weimar

Duguet Sophie, Frau des Dieners

Dürer Albrecht (1471–1528), deutscher Maler und Graphiker der Spätgotik und der Renaissance

Edling Albert Cajetan Graf von (1772–1841), Oberhofmarschall und Staatsminister in Weimar, seit 1814 Mitglied der Hoftheaterkommission

Egloffstein Karoline von (1789–1868), Hofdame der Großherzogin Maria Pawlowna, Freundin Adele Schopenhauers

Einsiedel Friedrich Hildebrand Freiherr von (1750–1828), Kammerherr der Herzogin Anna Amalia, Oberhofmeister der Großherzogin Luise, Schriftsteller und Übersetzer antiker und spanischer Dramen

Elisabeth (1764–1794), Prinzessin von Bourbon, Schwester des französischen Königs Ludwig XVI.

Eschmann Annette, Schwester von Frau von Kampen

Estrees Gabrielle d' (etwa 1570–1599), Geliebte des französischen Königs Heinrich IV.

Eyck Hubert van (um 1370–1426), niederländischer Maler

Eyck Jan van (um 1390–1441), altniederländischer Maler, Bruder Hubert van Eycks

Facius Angelika (1806–1887), Stein- und Stempelschneiderin, Tochter von Friedrich Wilhelm Facius

Facius Friedrich Wilhelm (1764–1843), Stein- und Stempelschneider in Weimar

Fahrenkrüger Johann Anton (1759–1816), Pädagoge, Schriftsteller, lebte von 1805 bis 1812 in Jena, vorher und später in Hamburg

Falk Johannes (1768–1826), satirischer und patriotischer Schriftsteller, seit 1796 in Weimar, Gründer und Leiter einer Erziehungsanstalt für verwaiste Kinder

Fernow Karl Ludwig (1763–1808), Kunstschriftsteller, seit 1802 Professor der Philosophie in Jena, seit 1804 Bibliothekar der Herzogin Anna Amalia in Weimar, Freund Johannas

Fernow (gest. 1808), eine Italienerin, Frau Karl Ludwig Fernows

Florentine Hausmädchen bei Johannas Eltern

Forster Johann Georg Adam (1754–1794), Schriftsteller, Naturforscher, bedeutendster demokratischer Vertreter der deutschen Aufklärung, seit 1788 Bihliothekar in Mainz, einer der Führer des Mainzer Jakobinerklubs

Fouqué Karoline, geb. von Briest (1773–1831), deutsche Schriftstellerin, schrieb zahlreiche Trivialromane, Novellen und Erzählungen, Frau des romantischen Dichters de la Motte-Fouqué

Franck Hermann, Freund Karl von Holteis

Franz Agnes (1794–1843), Schriftstellerin, schrieb Gedichte, Romane und Erzählungen für Kinder

Friedrich (gest. 1812), Fürst von Waldeck

Friedrich II. (1712–1786), seit 1740 König von Preußen

Friedrich II. (1720–1785), seit 1760 Landgraf von Hessen-Kassel

Friedrich Franz (1756–1837), seit 1785 Herzog, später Großherzog von Mecklenburg-Schwerin

Friedrich P., Hofkammerrat in Frankfurt (Main), von 1813 bis 1819 Mitdirektor des Mannheimer Theaters

Friedrich Wilhelm II. (1744–1797), seit 1786 König von Preußen

Friedrich Wilhelm III. (1770–1840), seit 1797 König von Preußen

Fritsch Frau von Friedrich August von Fritsch

Fritsch Friedrich August Freiherr von (1768–1845), seit 1794 Oberforstmeister in Weimar

Frommann Johanna (1765–1831), aus Hamburg stammende Frau von Karl Friedrich Ernst Frommann

Frommann Karl Friedrich Ernst (1765–1837), Buchhändler in Jena, mit Goethe befreundet

Froriep Ludwig Friedrich von (1779–1847), Medizinalprofessor in Jena, Halle und Tübingen, leitete seit 1818 das Verlagsgeschäft seines Schwiegervaters Friedrich Justin Bertuch in Weimar

Fueßli Johann Rudolf (1709–1793), schweizerischer Maler und Kunsthistoriker, Verfasser eines Künstlerlexikons

Gans Student, Freund Arthur Schopenhauers

Ganslandt mit der Auflösung des Handelshauses Schopenhauer in Hamburg Beauftragter

Gellert Christian Fürchtegott (1715–1769), Dichter der deutschen Aufklärung, seit 1754 Professor in Leipzig

Genast Anton (1765–1831), Schauspieler, von 1793 bis 1817 Regisseur am Hoftheater in Weimar, Mitarbeiter Goethes

Genast Eduard Franz (1797–1866), Sänger und Schauspieler, seit 1829 am Hoftheater in Weimar

Genast Karoline Christine (1800–1860), Schauspielerin, Frau von Eduard Franz Genast

Genlis Félicité Ducrest de Saint-Aubin, Gräfin (1746–1830), französische Schriftstellerin

Geoffrin Marie Therese, geb. Rodet (1699–1777), geistreiche Französin, deren Haus zum Sammelplatz berühmter Gelehrter und Künstler der französischen Aufklärung wurde; sie ermöglichte den Druck der »Enzyklopädie«

Gerstenbergk Georg Friedrich von, gen. Müller Gerstenbergk (1760–1839), Archivar und Regierungsrat in Weimar, seit 1829 Vizekanzler in Eisenach, Freund Johannas

Gerstenbergk Müller von, Schwester von Friedrich Müller von Gerstenbergk

Gilard Franzose, lebte im Hause des russischen Ministerresidenten de Petersen in Danzig

Giotto di Bondone (etwa 1266–1337), italienischer Maler und Architekt, Begründer der Freskomalerei

Göchhausen Konstantin von, Kammerherr in Weimar, Neffe von Louise von Göchhausen

Göchhausen Louise von (1752–1807), Hofdame der Herzogin Anna Amalia, Freundin Goethes und Johannas

Goes Hugo van der (etwa 1440–1482), niederländischer Maler, Vorsteher der Malergilde in Gent

Goethe Alma von (1827–1844), Enkelin Goethes

Goethe August von (1789–1830), Kammerrat in Weimar, Sohn Goethes

Goethe Christiane von, geb. Vulpius (1765–1816), Goethes Frau

Goethe Johann Wolfgang von (1749–1832)

Goethe Ottilie von, geb. Freiin von Pogwisch (1796–1872), Goethes Schwiegertochter, Freundin Adele Schopenhauers

Goethe Walther von (1818–1885), Komponist, Enkel Goethes

Goethe Wolfgang von (1820–1883), preußischer Legationsrat und Schriftsteller, Enkel Goethes, Johannas Patenkind

Gottsched Luise Adelgunde Victorie, geb. Kulmus (1713–1760), deutsche Lustspieldichterin, Bearbeiterin ausländischer Stücke und Übersetzerin, erste Frau des Dichters Johann Christoph Gottsched

Green Charles (1785–1870), englischer Luftschiffer, flog 1836 im Ballon von England nach Deutschland, plante als erster eine Atlantiküberquerung, absolvierte über 500 Ballonaufstiege

Grétry André-Ernest-Modeste (1741–1813), französischer Opernkomponist

Gries Johann Diederich (1775–1842), Dichter und Übersetzer, lebte in Jena und Weimar, seit 1837 in Hamburg

Grisern gen. Griseldis, Johannas Wirtschafterin

Groß Freiherr von, Kandidat für den Posten des Theaterdirektors in Weimar

Grund Musiklehrer in Hamburg

Haide Friedrich (1770–1832), Schauspieler, von Goethe und Schiller hochgeschätztes Mitglied des weimarischen Hoftheaters

Halwachs Frau eines Ministerialrates in Darmstadt, Freundin Karl von Holteis

Hamilkar gen. Barkas (gest. 229 v. u. Z.), Oberfeldherr Karthagos, Vater Hannibals

Hannibal (247–183 v. u. Z.), karthagischer Heerführer, Oberfeldherr im zweiten Punischen Krieg, Sieger der Schlacht bei Cannae 216 über die Römer

Heemskerck Martin van (1498–1574), niederländischer Maler, Radierer und Zeichner

Heinke Ferdinand Wilhelm (1782–1857), 1813 preußischer Offizier, von 1819 bis 1821 Mitdirektor des Breslauer Theaters, danach Polizeipräsident von Breslau

Heinrich IV. (1553–1610), seit 1594 König von Frankreich

Hell Theodor, Pseudonym von Karl Gottfried Theodor Winkler

468

(1775–1856), Schriftsteller und Vizedirektor des Hoftheaters in Dresden, von 1817 bis 1843 Redakteur der »Abendzeitung«

Heller Jonathan (gest. 1792), seit 1758 erster Pfarrer zu St. Marien, Oberhaupt der protestantischen Geistlichkeit in Danzig

Henckel von Donnersmarck Ottilie Gräfin von, geb. Gräfin Lepel (1750–1843), Oberhofmeisterin der Großherzogin Luise, Großmutter Ottilie von Goethes

Herder Johann Gottfried von (1744–1803), Schriftsteller, Geschichts- und Religionsphilosoph, bedeutendster Theoretiker des Sturm und Drang und der deutschen Klassik

Hermann s. Arminius

Hermes Johann Timotheus (1738–1821), Schriftsteller, Professor der Theologie in Breslau, schrieb moralisierende Romane

Hertel Papierhändler in Jena

Herz Henriette, geb. de Lemos (1764–1847), Mittelpunkt eines Kreises von Künstlern und Gelehrten in Berlin, Frau des Arztes Markus Herz

Heygendorf Frau von, s. Jagemann, Henriette Karoline Friederike

Hiller Johann Adam (1728–1804), Komponist, Musikschriftsteller, Begründer des deutschen Singspiels, Leiter einer Singschule, von 1789 bis 1801 Thomaskantor in Leipzig

Hirt Aloys (1759–1836), Kunsthistoriker und Archäologe, seit 1810 Professor in Berlin

Hohenlohe-Ingelfingen Friedrich Ludwig Fürst von (1746–1818), preußischer General, führte die Armee, die in der Schlacht bei Jena 1806 besiegt wurde

Holbein Hans d. Ä. (1465–1524), deutscher Maler und Zeichner, lebte in Augsburg

Holbein Hans d. J. (1497/98–1543), Bildnismaler und Zeichner, bedeutender Künstler der deutschen Renaissance

Holtei Julie, geb. Holzbecher (1809–1839), Schauspielerin in Berlin und Darmstadt, zweite Frau Karl von Holteis

Holtei Karl von (1798–1880), Romanschriftsteller, Dramendichter, Schauspieler, Theaterdirektor, mit Johanna befreundet

Holzmann Hausbesitzer in Jena

Homer legendärer griechischer Dichter, vermutlich Schöpfer der »Ilias« und »Odyssee«

Houwald Christoph Ernst Freiherr von (1778–1845), Landsyndikus der Niederlausitzer Stände, Schriftsteller, schrieb Dramen und Bücher für Kinder

Huber Ludwig Ferdinand (1764–1804), kursächsischer Beamter, später Schriftsteller, Publizist und Kritiker

Huber Therese (1764–1829), Schriftstellerin, schrieb vorwiegend Erzählungen, seit 1819 Redakteurin des »Morgenblattes« in Stuttgart, war mit Georg Forster und seit 1794 mit Ludwig Ferdinand Huber verheiratet

Hummel Johann Nepomuk (1778–1837), Komponist, seit 1820 Hofkapellmeister, seit 1828 Operndirektor in Weimar

Hunter John (1728–1793), englischer Anatom und Chirurg, Begründer eines anatomischen Museums

Huschke Wilhelm Ernst Christian (1760–1828), Leibarzt des Großherzogs Karl August

Iffland August Wilhelm (1759–1814), erfolgreicher Dramatiker, Schauspieler, Theaterdirektor und Dramaturg, seit 1796 Direktor des Nationaltheaters in Berlin

Jacobs Christian Friedrich Wilhelm (1764–1847), Altphilologe und Pädagoge, Gymnasiallehrer und Bibliothekar in Gotha, später in München

Jagemann Frau des Privatbibliothekars und Schriftstellers Christian Joseph Jagemann, Mutter der Schauspielerin

Jagemann Henriette Karoline Friederike (1777–1848), Schauspielerin und Sängerin, seit 1797 am Hoftheater in Weimar, als Mätresse des Großherzogs Karl August seit 1809 Frau von Heygendorf

Jakobs wahrscheinlich *Jacobsen*, Friedrich Johann (1774–1822), Jurist in Altona, Unterhaltungsschriftsteller

Jameson Richard, schottischer Geistlicher, von 1765 bis 1785 Prediger der englischen Kolonie in Danzig, Lehrer und väterlicher Freund Johannas

Jenner Edward (1749–1823), englischer Landarzt, Begründer der Pokkenschutzimpfung

Johann Karl (gest. 1803), Graf von Hohenzollern, zunächst Oberst in französischen Diensten, Fürstbischof von Ermland

Kaaz Karl Ludwig (1776–1810), Landschaftsmaler in Dresden, mit Goethe und Schiller befreundet

Kalckreuth Friedrich Adolf Graf von (1737–1818), preußischer Feldmarschall, nach der Schlacht bei Jena und Auerstedt 1806 Oberkommandierender der preußischen Armee, Bekannter Johannas

Kampen Klementine von, Jugendfreundin Johannas

Kampen von, Danziger Patrizierfamilie

Kampen von, Klementines älterer Bruder

Kampen von, Klementines Mutter

Kapf K. S., schwäbischer Dichter

Karl IX. (1550–1574), seit 1560 König von Frankreich

Karl X. (1757–1836), seit 1824 König von Frankreich, Bruder Ludwigs XVI., als Prinz Graf von Artois

Karl Alexander (1818–1901), seit 1853 Großherzog von Sachsen-Weimar-Eisenach, Sohn Karl Friedrichs

Karl August (1757–1828), seit 1775 Herzog von Sachsen-Weimar-Eisenach, später Großherzog, Freund Goethes

Karl Friedrich (1783–1853), seit 1828 Großherzog von Sachsen-Weimar-Eisenach, Sohn Karl Augusts

Karl Wilhelm Ferdinand (1735–1806), preußischer General, seit 1780 Herzog von Braunschweig, 1806 Oberbefehlshaber des preußischen Heeres

Karoline (1786–1816), Prinzessin von Sachsen-Weimar, Tochter Karl Augusts, Prinzessin von Mecklenburg

Kasche Kinderfrau in Johannas Elternhaus

Katharina I. (1684–1727), seit 1725 Zarin von Rußland, Frau Peters des Großen

Katharina II. (1729–1796), seit 1762 Zarin von Rußland, entstammte dem deutschen Fürstenhaus Anhalt-Zerbst

Kauffmann Angelika (1741–1807), Malerin und Radiererin, lebte seit 1782 in Rom

Keverberg von, Schriftsteller, Kunstsachverständiger

Kirsten J. G. Friedrich, Bergrat und Stadtrat in Weimar

Kleefeld Julie, Freundin Adele Schopenhauers in Danzig

Kleist Ewald von (1715–1759), preußischer Offizier, Lyriker, schrieb empfindsame Naturidyllen, klassizistische Oden und Fabeln

Klopstock Friedrich Gottlieb (1724–1803), Dichter, hervorragender Vertreter der Aufklärung und Wegbereiter der deutschen Klassik, wurde Ehrenbürger der Französischen Republik

Knebel Karl Ludwig von (1744–1834), Übersetzer und Dichter, zunächst preußischer Offizier, dann Hofmeister am Weimarer Hof, Freund Goethes, lebte seit 1804 in Jena

Knebel Luise Dorothea von, geb. Rudorf (1777–1852), bis 1797 Kammersängerin bei der Herzogin Anna Amalia

Koch Siegfried Heinrich (1754–1831), Schauspieler, Mitglied der Schuchischen Truppe, später in Wien

Koethe Friedrich August (1781–1850), Theologe, Dichter geistlicher

471

Lieder, seit 1810 Professor der Philosophie und Kirchengeschichte in Jena, seit 1812 Diakon an der Jenenser Stadtkirche, später Pfarrer in Allstedt

Konkordia Haushälterin des englischen Predigers Jameson in Danzig

Könneritz Hans Heinrich von (1790–1863), von 1815 bis 1820 Regierungsrat in Weimar, danach Generaldirektor des Dresdner Hoftheaters, sächsischer Diplomat und Minister, mit Johanna befreundet

Kopp Ulrich Friedrich von (1762–1834), Altertumsforscher, seit 1808 Professor in Heidelberg, später Privatgelehrter in Mannheim

Koppenfels Johann Friedrich von (1737–1811), Kanzler und Regierungsrat in Weimar, Schwiegervater des Kunstgelehrten Heinrich Meyer

Kraus Georg Melchior (1737–1806), Landschaftsmaler und Zeichner, seit 1778 Direktor der Zeichenakademie in Weimar

Kügelgen Gerhard von (1772–1820), Porträt- und Historienmaler, seit 1805 Professor in Dresden

Kühn mit Johanna befreundete Familie in Weimar

Kursel von, Frau des preußischen Obersten Kursel

Kursel von, preußischer Oberst, mit Johanna bekannt

Kuschel Kandidat der Theologie, Lehrer Johannas

Lafayette Marie-Joseph de Motier, Marquis de (1757–1834), französischer General und konstitutionell-monarchistischer Politiker, nahm als Freiwilliger am amerikanischen Unabhängigkeitskrieg teil, 1791 und 1830 Oberbefehlshaber der französischen Nationalgarde

Lannes Frau von Jean Lannes

Lannes Jean (1769–1809), Herzog von Montebello, französischer Marschall, befehligte in der Schlacht bei Jena 1806 das französische Zentrum

Laroche Ritter Karl von (1794–1884), vielseitiger Schauspieler, seit 1823 in Weimar, seit 1833 in Wien

Laroche Sophie von, geb. Guttermann von Guttershofen (1731 bis 1807), deutsche Schriftstellerin, schrieb Romane in Briefform, Jugendfreundin Wielands

Lavater Johann Kaspar (1741–1801), schweizerischer religiös-empfindsamer Schriftsteller, Vertreter der Aufklärung, seit 1775 Pfarrer in Zürich

Lehmann Danziger Bürger, Onkel Johannas

Leopold Maximilian Julius (1752–1785), Prinz von Braunschweig, preußischer General, Bruder der Anna Amalia, Neffe des preußischen Königs Friedrich II.

L'Epée Charles-Michel Abbé de (1712–1789), ursprünglich katholischer Geistlicher, entwickelte eine Zeichensprache für Taubstumme, Leiter einer Taubstummenanstalt in Paris, wurde von der französischen Nationalversammlung zum Wohltäter der Menschheit erklärt

Lespinasse Julie de (1732–1776), französische Erzieherin und Gesellschafterin, unterhielt einen Salon in Paris

Leyden Lucas van (1494–1533), niederländischer Maler, Kupferstecher und Zeichner

.Loder Justus Christian von (1753–1832), Anatom und Chirurg, seit 1778 Professor der Medizin in Jena, seit 1803 in Halle, später in Moskau

Loder von, Frau des Medizinprofessors Justus Christian von Loder

Loebell Johann Wilhelm (1786–1863), Historiker, Professor in Bonn, Freund Karl von Holteis

Louis Charles (1785–1795), Dauphin von Frankreich, Sohn Ludwigs XVI.

Louis Ferdinand (1772–1806), Prinz von Preußen, preußischer General, Neffe des Königs Friedrich II.

Louis Napoléon (1808–1873), seit 1852 als Napoleon III. Kaiser von Frankreich, Neffe Napoleons I.

Louvois François-Michel Le Tellier, Marquis de (1641–1691), französischer Staatsmann, seit 1668 Kriegsminister Ludwigs XVI., seit 1677 Kanzler von Frankreich

Löwe Ferdinand (1787–1832), Schauspieler in Leipzig, Mannheim und Frankfurt/M.

Ludecus Johanna Caroline Amalie (1757–1827), Schriftstellerin, veröffentlichte vornehmlich unter dem Pseudonym Amalie Berg, Hofdame der Herzogin Luise von Sachsen-Weimar, Johanna wohnte in ihrem Haus

Ludwig I. (1786–1868), von 1825 bis 1848 König von Bayern

Ludwig XV. (1710–1774), seit 1715 König von Frankreich

Ludwig XVI. (1754–1793), von 1774 bis 1792 König von Frankreich, wurde abgesetzt und hingerichtet

Ludwig XVIII. (1755–1824), seit 1814 König von Frankreich, als Prinz Graf von Provence, Bruder Ludwigs XVI.

Ludwig Philipp (1747–1793), Herzog von Orléans, unter dem Namen Philipp Egalité Mitglied des französischen Nationalkonvents während der Revolution, wurde hingerichtet

Luise (1776–1810), Königin von Preußen, Frau Friedrich Wilhelms III.

Luise Auguste (1757–1830), Prinzessin von Hessen-Darmstadt, seit 1775 Herzogin von Sachsen-Weimar, Frau Karl Augusts

Luther Martin (1483–1546)

Mabuse Jan, eigtl. Jan Gossaert (1478 bis etwa 1536), niederländischer Maler, Zeichner und Kupferstecher

Majer Friedrich (1772–1818), Privatdozent und Bibliothekar in Weimar, Kulturhistoriker, Orientalist, Übersetzer, Freund Herders

Mander Karel van (1548–1606), niederländischer Maler und Schriftsteller, Kunsthistoriker

Marie Antoinette (1755–1793), Königin von Frankreich, Frau Ludwigs XVI., Tochter der österreichischen Kaiserin Maria Theresia

Maria Pawlowna (1786–1859), Großherzogin, Frau Karl Friedrichs von Sachsen-Weimar

Maria von Medici (1573–1642), Königin von Frankreich, zweite Frau Heinrichs IV.

Massieu Schüler und Assistent des Pariser Taubstummenlehrers Sicard

Memling (Hemmelink), fälschlich auch Hemling, Hans (1440 bis 1494), niederländischer Maler, wirkte in Brügge

Menzel Wolfgang (1798–1873), Kritiker und Literaturhistoriker der Restaurationszeit, lebte in Stuttgart, Gegner Goethes und des »Jungen Deutschland«

Mercier Louis-Sebastian (1740–1814), französischer Schriftsteller, Dramatiker und Schilderer des Pariser Volkslebens, während der Revolution Mitglied des Nationalkonvents

Mertens Louis (1781–1842), Kaufmann und Fabrikant, Mitinhaber des Schaaffhausenschen Bankgeschäftes in Köln, Besitzer des Landhauses in Unkel, das Johanna mietete

Mertens-Schaaffhausen Sybille (1797–1857), Tochter des Kölner Bankiers Abraham Schaaffhausen, Kunstsammlerin, lebte lange in Italien, Freundin Adele Schopenhauers

Meyer deutscher Arzt in London

Meyer Johann Heinrich (1759–1832), aus Zürich stammender Maler und Kunstgelehrter, seit 1807 Direktor der Weimarer Zeichenschule, Freund Goethes und Johannas

Meyer Joseph (1796–1856), Verlagsbuchhändler, Publizist und Unternehmer, Gründer und Leiter des Bibliographischen Instituts in

Hildburghausen, Herausgeber des Meyerschen Konversationslexikons

Meyerbeer Giacomo, eigtl. Jakob Liebmann Beer (1791–1864), deutscher Opernkomponist, lebte vorwiegend in Paris

Milesi eine Italienerin

Milkau Clementine von, Freundin Adele Schopenhauers

Milton John (1608–1674), englischer Dichter, Anhänger der bürgerlichen Revolution, seit 1649 im Staatsrat der Republik

Mirabeau Honoré-Gabriel-Victor Requeti, Comte de (1749 bis 1791), französischer Politiker, führender Ideologe der Großbourgeoisie, 1791 Präsident der Nationalversammlung

Molière Jean-Baptiste Poquelin, genannt Molière (1622–1673), französischer Lustspieldichter, Schauspieler, Begründer der nationalen französischen Komödie

Montagu Mary Pierrepont, Lady Wortley (1689–1762), englische Schriftstellerin, Mittelpunkt eines Kreises von Dichtern, machte sich auch um die Einführung der Pockenschutzimpfung verdient

Moser Adelgunde, Frau von Christopherus Moser

Moser Christopherus, Buchhalter von Johannas Vater

Möser Justus (1720–1794), Publizist, Historiker, Staatsmann, lebte in Osnabrück, verfaßte bedeutende kulturgeschichtliche Werke

Motte de la, Arzt in Danzig, Hausarzt von Johannas Eltern

Motz Philipp Wilhelm von, Kurator der Universität Jena, seit 1828 Oberhofmeister der Großherzogin Luise, Gönner Karl von Holteis

Mucius Scävola Gajus, Gestalt der römischen Sage, entschiedener Republikaner, soll ein Attentat auf den Etruskerkönig Porsenna im Jahre 507 v.u. Z. verübt haben

Muhl A. C. u. Cie., Handlungshaus in Danzig

Müller Friedrich Theodor Adam von (1779–1849), seit 1815 Staatskanzler des Großherzogtums Sachsen-Weimar-Eisenach, Freund Goethes und dessen Testamentsvollstrecker

Müller Karl Wilhelm, Philologe, Verfasser einer Schrift über Goethes Tod

Murat Joachim (1767–1815), Marschall von Frankreich, seit 1808 König beider Sizilien in Neapel

Murr Christoph Gottlieb von (1733–1811), Amtmann m Nürnberg, Polyhistor, Literat und Übersetzer, Herausgeber gelehrter Zeitschriften

Napoleon I. (1769–1821), seit 1804 Kaiser der Franzosen

Nauwerk Ludwig Gottlieb Karl (1772–1838), Kammersekretär in Ratzeburg und Neustrelitz, Maler und Schriftsteller

Neefe Christian Gottlieb (1748–1798), Kapellmeister und Komponist, lebte von 1782 bis 1754 in Bonn, später in Dessau, Lehrer und Förderer Beethovens

Nelson Horatio (1758–1805), englischer Admiral

Nesselmann Adelgunde, Herstellerin von Haarbeuteln in Danzig

Neumann Maler in Dresden

Nicolai Christoph Friedrich (1733–1811), Buchhändler und Verleger in Berlin, Schriftsteller und Vorkämpfer der Aufklärung, schrieb Romane und Reisebeschreibungen, Freund Lessings

Nicolai Gustav (1795, gest. nach 1840), preußischer Garde-Auditeur, Verfasser eines kritischen Italienbuches

Nixius Wundarzt und Chirurg in Danzig

Nôtre André de le (1613–1700), französischer Gartenarchitekt, Direktor der Gärten von Versailles

Oberreit Arzt, trat mit einer Polemik gegen Johann Georg von Zimmermanns Werk »Von der Einsamkeit« an die Öffentlichkeit

Paganini Niccolò (1782–1840), italienischer Violinvirtuose und Komponist

Palm Johann Philipp (1766–1806), Buchhändler in Nürnberg, wurde wegen patriotischer Propaganda auf Befehl Napoleons I. erschossen

Passow Franz Ludwig Karl Friedrich (1786–1833), Philologe, seit 1807 Gymnasiallehrer in Weimar, seit 1815 Professor an der Universität Breslau

Penn William (1644–1718), englischer Philanthrop, gründete Pennsylvanien in Nordamerika als Siedlungsgebiet für in England verfolgte Quäker

Perrin Hauslehrer der Familie Kühn in Weimar

Pestalozzi Johann Heinrich (1746–1827), schweizerischer Sozialreformer und Volkserzieher

Peter I. der Große (1672–1725), seit 1682 Zar von Rußland

Petersen Alexander de, genannt Sachy, Sohn von Christoph de Petersen, später russischer Oberst

Petersen Christoph de, russischer General, Ministerresident Rußlands in Danzig

Petersen geb. Cramp, Tochter eines englischen Bankiers in Petersburg, Frau von Christoph de Petersen

Pétion Alexandre (1770–1818), 1790/91 einer der Führer der Mulattenerhebung in Haïti, seit 1808 Präsident der Mulattenrepublik in Haïti

Pharao Negerpage des englischen Konsuls in Danzig

Pistorius Freundin Johannas in Hamburg

Pius VI. (1717–1799), seit 1775 römischer Papst

Plautus Titus Marcius (um 260 bis 184 v. u. Z.), römischer Komödiendichter

Pogwisch Henriette von, geb. Gräfin Henckel von Donnersmarck (1776–1851), Hofdame der Großherzogin Luise, Mutter Ottilie von Goethes

Pogwisch Ulrike von (1804–1899), später Priorin eines adligen Fräuleinstifts, Schwester Ottilie von Goethes

Polignac Yolande-Martine-Gabrielle de Polastron, Gräfin von (1749–1793), Freundin der Königin Marie Antoinette

Pons François-Raymond-Joseph de (1751–1812), französischer Diplomat, Resident Frankreichs in Danzig

Pope Alexander (1688–1744), englischer Dichter, Hauptvertreter des englischen Klassizismus, Homer-Übersetzer

Preisler Johann Daniel (1666–1737), Zeichenlehrer in Nürnberg, verfaßte mehrere Anleitungen zum Zeichnen

Prud'homme Ladenbesitzer französischer Abstammung in Danzig

Pückler-Muskau Hermann Fürst von (1785–1871), Großgrundbesitzer in Muskau und Branitz, Reiseschriftsteller und Landschaftsgestalter

Pythagoras von Samos (etwa 580 bis 496 v. u. Z.), griechischer Philosoph und Mathematiker

Racine Jean-Baptiste (1639–1699), Tragödiendichter der französischen Klassik

Raff Georg Christian (1748–1788), Pädagoge, Rektor in Göttingen, Jugendschriftsteller

Raffael Santi (1483–1520), italienischer Maler

Rapp Jean Graf von (1771–1821), französischer General, von 1807 bis 1813 Gouverneur in Danzig

Raumer Karl Albrecht Friedrich von (1729–1806), preußischer Generalleutnant, leitete 1793 die preußische Annexion Danzigs, danach Gouverneur in Danzig

Ravaillac François (1578–1610), französischer Lehrer, Mörder des Königs Heinrich IV.

Recke Charlotte Elisabeth (Elisa) von der, geb. Gräfin von Medem (1756–1833), kurländische Schriftstellerin, schrieb Gedichte, religiöse Lieder und autobiographische Bücher

Reichard Heinrich August Ottokar (1751–1828), Publizist, Reiseschriftsteller und Kriegsrat, von 1775 bis 1779 Leiter des Hoftheaters in Gotha

Reichardt Johann Friedrich (1752–1814), Komponist und Musikschriftsteller in Berlin und Halle, Herausgeber mehrerer Zeitschriften

Reinbeck geb. von Pallandt (gest. 1816), Frau Georg von Reinbecks

Reinbeck Georg von (1766–1849), Schriftsteller und Ästhetiker, seit 1808 Gymnasiallehrer in Stuttgart, Redakteur des »Morgenblattes«, Freund des Dichters Nikolaus von Lenau

Reinecke Arzt in Danzig

Remer Wilhelm (1775–1850), Mediziner, seit 1799 Professor in Helmstedt, später in Königsberg und Breslau

Richardson Samuel (1689–1761), englischer Romanschriftsteller, Begründer des bürgerlichen Briefromans

Ridel Cornelius Johann Rudolf (1759–1821), Prinzenerzieher, Kammerdirektor in Weimar, mit Johanna befreundet

Riemer Friedrich Wilhelm (1774–1845), Philologe, Gymnasialprofessor und Bibliothekar in Weimar, Lehrer und Erzieher von Goethes Sohn

Ringelhardt Friedrich Sebold (1785–1855), Theaterpächter in Köln, später erfolgreicher Theaterunternehmer in Leipzig

Robespierre Maximilien de (1758–1794), französischer Jakobiner, einer der Führer der bürgerlichen Revolution in Frankreich, stand 1793/94 an der Spitze des Wohlfahrtsausschusses

Rochlitz Friedrich (1769–1842), Unterhaltungs- und Musikschriftsteller, Herausgeber einer Frauenzeitschrift

Rollin Charles (1661–1741), französischer Historiker und Jugendschriftsteller, Theologie- und Geschichtsprofessor

Rubens Peter Paul (1577–1640), flämischer Maler des Barocks

Rumford Sir Benjamin Thompson Graf von (1753–1814), englischamerikanischer Physiker, stand im nordamerikanischen Unabhängigkeitskrieg auf britischer Seite, später im englischen und amerikanischen Staatsdienst

Runge Philipp Otto (1777–1810), Maler der romantischen Richtung in Hamburg

Saaling Julie (1788–1864), Tochter eines preußischen Hofjuweliers, Mutter des Schriftstellers Paul Heyse

Saaling Marianne, ältere Schwester Julie Saalings

Sandrart Joachim von (1606–1688), deutscher Kupferstecher, Maler und Kunsthistoriker

Schaaffhausen Angehöriger der Kölner Bankierfamilie Schaaffhausen

Schardt Ludwig von (1748–1826), Kammerherr der Großfürstin Maria Pawlowna, Bruder der Frau von Stein

Schiller Friedrich von (1759–1805)

Schiller Charlotte von, geb. von Lengefeld (1766–1826), Schillers Frau

Schlegel August Wilhelm von (1767–1845), Schriftsteller und Kritiker, Mitbegründer der romantischen Schule, seit 1818 Professor in Bonn, übersetzte neben Shakespeare auch Stücke von Calderon

Schlegel Dorothea, geb. Mendelssohn (1763–1839), Erzählerin und Übersetzerin, in zweiter Ehe mit Friedrich Schlegel verheiratet

Schmalz Arzt in Weimar

Schmettau Friedrich Wilhelm Karl Graf von (1742–1806), preußischer General der Infanterie

Schmidt Frau eines Frankfurter Rechtsanwaltes

Schönberger Marianne, geb. Marconi (1785–1882), Sängerin in Weimar, Mannheim und Wien

Schopenhauer Andreas, Großkaufmann in Danzig, Johannas Schwiegervater

Schopenhauer Arthur (1788–1860), idealistischer Philosoph, Hauptvertreter des Irrationalismus und Pessimismus, Johannas Sohn

Schopenhauer Eltern von Heinrich Floris

Schopenhauer Großkaufmann in Danzig, Bruder von Heinrich Floris, Schwager Johannas

Schopenhauer Heinrich Floris (1747–1805), Großkaufmann in Danzig, später in Hamburg, Johannas Mann

Schopenhauer Louise Adelaide (Adele) (1797–1849), Erzählerin und Übersetzerin, Johannas Tochter

Schoreel Jan (1495–1562), niederländischer Maler

Schröder Friedrich Ludwig (1744–1816), Schauspieler, Dramatiker und Theaterdirektor in Hamburg

Schuch Franz (1716–1763), Schauspieler, leitete seit 1740 eine Schauspielergruppe

Schürmann Anna Maria von (1607–1678), Geschichtsschreiberin einer im altchristlichen Sinne lebenden Sekte, Frau eines französischen Theologen

Schütz Christian Gottfried (1747–1832), Philologe, Professor, Begründer der »Allgemeinen Literatur-Zeitung« in Jena, seit 1803 in Halle

Schütze Stephan (1771–1839), Schriftsteller, Journalist und Redakteur in Weimar, mit Johanna befreundet

Scott Sir Walter (1771–1832), schottischer Dichter und Romanschriftsteller, begründete den historisch-realistischen Roman in England

Seidel M. J., Schauspieler in Weimar

Shakespeare William (1574–1616)

Sicard Roche-Ambroise-Cucurron (1742–1822), französischer Geistlicher und Pädagoge, Leiter einer Taubstummenanstalt in Paris

Solon (etwa 640 bis etwa 560 v. u. Z.), griechischer Gesetzgeber, Staatsmann und Dichter, führte bedeutende Reformen in Athen durch

Spiegel von und zu Pickelsheim Karl Emil Freiherr von (1783 bis 1849), Hofmarschall in Weimar und 1828–1849 Intendant des Theaters

Staël-Holstein Anne-Louise-Germaine de, genannt Madame de Staël (1766–1817), französische Schriftstellerin, Gegnerin Napoleons I., von dem sie verbannt wurde, verfaßte u. a. ein Buch über Deutschland (»De l'Allemagne«, 1810)

Stanislaus II. August Poniatowski (1732–1798), von 1764 bis 1795 letzter König von Polen, Günstling der russischen Zarin Katharina II.

Stanislaus Leszczynski (1677–1766), von 1704 bis 1709 und von 1733 bis 1735 König von Polen

Stark Johann Christian (1753–1811), seit 1799 Medizinalprofessor in Jena, Leibarzt des Großherzogs Karl August

Stein Charlotte von, geb. von Schardt (1742–1827), Hofdame in Weimar, Freundin Goethes

Sterne Lawrence (1713–1768), englischer Schriftsteller irischer Herkunft, Vertreter des Sentimentalismus

Stromeyer Carl (1780–1844), Opernsänger, seit 1806 m Weimar, von 1817 bis 1828 Mitdirektor und zuletzt Direktor des Weimarer Theaters

Tarnow Fanny (1779–1862), Erzieherin, Schriftstellerin, Übersetzerin, schrieb vorwiegend Erzählungen

Terenz Publius Terentius Afer (etwa 190 bis 159 v. u. Z.), römischer Komödiendichter

Theden Johann Christian Anton (1714–1797), preußischer Militärarzt

Tieck Johann Ludwig (1773–1853), Dichter, Kritiker und Theoretiker der Romantik, Übersetzer und Herausgeber

Tiedge Christoph August (1752–1841), Dichter, Verfasser des lyrisch-didaktischen Gedichtes »Urania«

Tischbein Johann Heinrich Wilhelm (1751–1829), klassizistischer Maler, Radierer, Altertumsforscher und Kunstsammler, mit Goethe befreundet

Trosiener Annette, Schwester Johannas

Trosiener Charlotte (1768–1828), Schwester Johannas

Trosiener Christian Heinrich (1730–1797), Großkaufmann, Ratsherr und Kirchenvorsteher in Danzig, Johannas Vater

Trosiener Elisabeth, Johannas Mutter

Trosiener Großeltern Johannas

Trosiener Julie (gest. 1849), Schwester Johannas

Ulmann Hausbesitzer in Weimar

Umbach Violoncellist in Danzig

Varnhagen von Ense Rahel, geb. Levin (1771–1833), Mittelpunkt eines Kreises von Gelehrten und Künstlern in Berlin, Frau des Schriftstellers und Diplomaten Varnhagen von Ense

Varus Publius Quinctilius (gest. 9 u. Z.), römischer Heerführer, Oberbefehlshaber in Germanien, in der Schlacht im Teutoburger Wald vom Cheruskerfürsten Arminius geschlagen

Vasari Giorgio (1511–1574), italienischer Maler, Baumeister und Kunsthistoriker, schrieb zahlreiche Künstlerbiographien

Vincenti Franz Jakob von (1759–1830), Generalleutnant und Stadtkommandant von Mannheim

Virginius berühmter Römer, der seine Tochter erstach, um sie nicht in die Hände eines Machthabers fallen zu lassen

Vitzthum von Egersberg Friedrich August Johann Freiherr von, weimarischer Kammerherr, 1818–1820 Intendant des Weimarer Hoftheaters

Vogel Carl (1798–1864), seit 1826 Leibarzt des Großherzogs Karl August in Weimar und Hausarzt Goethes

Vogler Georg Joseph (1749–1814), Komponist kirchlicher Werke, Orgelspieler und Musikschriftsteller, Lehrer Carl Maria von Webers und Meyerbeers

Voigt Amalie von, geb. Hufeland (1766–1843), Frau des weimarischen Staatsministers Christian Gottlob von Voigt, des Freundes von Goethe

Voigt Marie Henriette Karoline, geb. Schmidt, verwitwete Herder (gest. 1837), als Frau des Hofarztes Gottfried von Herder Schwiegertochter Herders, später Frau eines weimarischen Regierungsrates

Voltaire eigtl. François-Marie Arouet (1694–1778), Dichter und Philosoph, einer der bedeutendsten Vertreter der französischen Aufklärung

Vorst Hofrat in Jena

Vulpius s. Goethe, Christiane von

Wagner Schauspieler in Weimar und Dresden

Wallenstein Albrecht Wenzel Eusebius von (1583–1634), Herzog von Friedland, kaiserlicher Feldherr im Dreißigjährigen Krieg

Wangenheim Frau von

Washington George (1732–1799), nordamerikanischer Staatsmann, Heerführer im Unabhängigkeitskrieg, von 1789 bis 1797 erster Präsident der USA

Weidemann Prediger in Danzig, Beichtvater der Eltern Johannas

Weiße Christian Felix (1726–1804), Liederdichter, Dramatiker, Jugendschriftsteller und Publizist

Werner Klavierlehrer in Weimar

Werner Zacharias (1768–1823), Dramatiker, Verfasser zahlreicher epigonaler und mystifizierender Schauspiele, wurde 1814 katholischer Priester

Weyland Philipp Christian (1765–1843), seit 1790 Geheimsekretär des Herzogs Karl August, Hofbeamter und Geheimer Rat in Weimar

Wieland Christoph Martin (1733–1813), Schriftsteller der deutschen Aufklärung, Wegbereiter der Klassik, seit 1772 Prinzenerzieher in Weimar

Wilhelm I. (1781–1864), seit 1816 König von Württemberg

Wilhelmi Frau eines Forstmeisters aus der Gegend von Erfurt

Willink Hamburger Logierwirt Arthur Schopenhauers

Wilmans Gerhard Friedrich (1764–1830), Buch- und Kunsthändler in Frankfurt/M.

Wilmans Heinrich, Buchhändler und Verleger in Frankfurt/M.

Wolf Nathanael Matthäus von (1724–1784), seit 1774 Arzt in Danzig, führte dort die ersten Blatternimpfungen durch

Wolff Amalie, geb. Malcolmi (1783–1851), Schauspielerin, Frau von Pius Alexander Wolff

Wolff Oscar Ludwig Bernhard (1799–1851), Improvisator, Schriftsteller, Herausgeber, 1832 Professor für Literatur in Jena, Verfasser des »Büchleins von Goethe«

Wolff Pius Alexander (1782–1828), Schauspieler und Dichter, lebte von 1803 an in Weimar, später in Berlin

Young Edward (1683–1765), englischer Dichter, Verfasser der »Klagen, oder Nachtgedanken über Leben, Tod und Unsterblichkeit in neun Nächten«

Zapfe Lohndiener Johannas in Weimar

Zelter Karl Friedrich (1758–1832), Maurermeister, dann Komponist, seit 1800 Leiter der Berliner Singakademie, Freund Goethes

Zimmermann Johann Georg Ritter von (1728–1795), Arzt und populärwissenschaftlicher Schriftsteller, seit 1768 königlich-britischer Leibarzt in Hannover, später in Berlin, leidenschaftlicher Gegner der Aufklärung

Abbildungsverzeichnis

Nach Seite 48

(1) Chodowiecki verabschiedet sich von seiner Familie
(2) Chodowiecki läßt in Pyritz sein Pferd beschlagen
(3) Gasthof in Plathe
(4) Nachtmahl im Wirtshaus zu Wutzkow
(5) Im Poststall in Dünemörse
(6) In einem kassubischen Dorf
(7) Ein polnisches Landhaus bei Oliva
(8) Zwischen Oliva und Langfuhr

Nach Seite 112

(9) Pater Mathis
(10) Ein lutherischer Geistlicher und seine Magd
(11) Betende Kirchgängerin
(12) Kaufmann Vernezobre
(13) Inspektor Sydow
(14) Chodowieckis Tanten
(15) Der wiederhergestellte Maler Lohrmann
(16) Ein Glaser

Nach Seite 192

(17) Fräulein Ledikowska

(18) Chodowiecki begrüßt seine Mutter

(19) Chodowiecki zeichnet seine Mutter

(20) Mittagstafel beim Fürstprimas

(21) Chodowiecki zeichnet die Gemahlin des Strasnik Czacki

(22) Besuch bei Kaufmann Gerdes

(23) Ein Besuch bei Frau Gerdes

(24) Die »Treckschuite« auf der Weichsel

Nach Seite 336

(25) Napoleon 1806 in Weimar
     Zeichnung von Theodor Goetze

(26) Johanna Schopenhauer
     Ölgemälde von Gerhard von Kügelgen, 1814

(27) Johanna und Adele Schopenhauer
     Ölgemälde von Caroline Bardua, 1806

(28) Johann Wolfgang Goethe
     Aquarell von Heinrich Meyer

(29) Friedrich Wilhelm Riemer
     Kreidezeichnung von Joh. Jos. Schmeller, 1824

(30) August von Goethe
     Ölgemälde von Ehregott Grünler, 1828

(31) Ottilie von Goethe
     Kreidezeichnung von Heinrich Müller

(32) Das Hoftheater in Weimar
     Stich von E. Bögehold nach einer Zeichnung von H. Schmidt

Die Abbildungen 1 bis 24 sind Daniel Chodowieckis »Tagebuch einer
Reise von Berlin nach Danzig« aus dem Jahre 1773 entnommen. Verlag
und Herausgeber danken den Staatlichen Museen zu Berlin, Kupfer-
stichkabinett und Sammlung der Zeichnungen, die die Reproduktionsvorlagen zur Verfügung stellten. Für die Reproduktionsvorlagen der
Abbildungen 25 bis 32 danken Verlag und Herausgeber den Nationalen
Forschungs- und Gedenkstätten der klassischen deutschen Literatur
in Weimar.

Inhalt

Einleitung 5

Jugenderinnerungen

Wahrheit ohne Dichtung 27
Unsere Familie 31
Der Buchhalter des Vaters 37
Danziger Bürgerhäuser 41
Die Nachbarn 44
Doktor Jameson 47
Chodowiecki in unserer Schule 49
Am Ufer des Meeres 53
Die Schimkys 55
Danzig international 63
Kandidat Kuschel 70
Im Würgegriff der Preußen 75
Begeistert für Römer und Griechen 83
Unterricht bei Jameson 87
Blatternimpfung 90
Zögling von Mamsell Ackermann 97
Von schwerer Krankheit genesen 107
Ein seltsamer Einfall 111
Erster Heiratsantrag 115
Einem Unglück entronnen 123
Mißglückter Auftritt 127
Ein vornehmes Haus 131
Die Speicher der Stadt 139
Schwärmereien des Teenagers 146
Die Mode der Zeit 151
Tanzfreuden 155
Preußische Blockade gegen Danzig 157
Brauttage und Hochzeit 161
Weich gebettet 169
Abschied von lieben Bekannten 175

Der Luftschiffer und der Orgelspieler 178

Der alte Fritz ist tot 184

In Berlin und Potsdam 1787 187

Pyrmont – die Krone aller Bäder 192

Literarische Notabilitäten 199

Auf dem Wege nach Frankreich 203

Paris – das Wunder der Welt 206

Im Schloß von Versailles 211

Ein Gasthof in Calais 216

In London 219

Auf deutschen Landstraßen 224

Arthurs Geburt 230

Glückliche Tage in Stutthof 231

Die Morgenröte der Freiheit 238

Im Banne der Revolution 242

Tagebücher

Mit Mercier durch Paris 253

In einer Taubstummenanstalt 265

Bei Pestalozzi 277

Briefe 1806 bis 1832

An Arthur Schopenhauer 26. Mai 1806 287

An Arthur Schopenhauer 29. Sept. 1806 287

An Arthur Schopenhauer 6. Okt. 1806 288

An Arthur Schopenhauer 18. Okt. 1806 290

An Arthur Schopenhauer 19. Okt. 1806 290

An Arthur Schopenhauer 24. Okt. 1806 314

An Arthur Schopenhauer 31. Okt. 1806 315

An Arthur Schopenhauer 7. Nov. 1806 316

An Arthur Schopenhauer 14. Nov. 1806 319

An Arthur Schopenhauer 28. Nov. 1806 322

An Arthur Schopenhauer 8. Dez. 1806 324

An Arthur Schopenhauer 22. Dez. 1806 326

An Arthur Schopenhauer 5. Jan. 1807 327
An Arthur Schopenhauer 9. Jan. 1807 330
An Arthur Schopenhauer 30. Jan. 1807 330
An Arthur Schopenhauer 20. Febr. 1807 333
An Arthur Schopenhauer 10. März 1807 334
An Arthur Schopenhauer 23. März 1807 337
An Arthur Schopenhauer 13. April 1807 340
An Arthur Schopenhauer 28. April 1807 343
An Arthur Schopenhauer 14. Mai 1807 346
An Arthur Schopenhauer Herbst 1807 348
An Arthur Schopenhauer 13. Dez. 1807 349
An Heinrich August Ottokar Reichard 13. Dez. 1808 . . 351
An Friedrich Wilhelm Riemer 1. Okt. [1809] 354
An Friedrich Wilhelm Riemer 14. Nov. [1810] 355
An Johann Diederich Gries 24. Jan. 1813 356
An Karl Ludwig von Knebel 29. März 1813 357
An Arthur Schopenhauer [Mai 1814] 358
An Goethe [10. Nov. 1815] 360
An Goethe 24. Juni [1816] 361
An Elisa von der Recke 25. Juni 1816 361
An Friedrich Justin Bertuch 1. Juli 1816 363
An Goethe 1. Dez. 1816 365
An Friedrich Arnold Brockhaus 24. Febr. 1817 366
An Friedrich Arnold Brockhaus 24. Juni 1818 369
An Friedrich Arnold Brockhaus 12. Dez. 1818 370
An Ottilie von Goethe [Anf. Juli 1820] 371
An Sulpiz Boisserée 7. Jan. 1821 372
An Sulpiz Boisserée 29. März 1821 374
An Karl August Böttiger 8. Mai 1821 375
An Karl August Böttiger 24. Juni 1821 378
An Geheimrat... 2. Dez. 1821 380
An Gustav Asverus 5. Juli 1823 386
An Ludwig Nauwerk 17. Aug. 1823 388
An Müller von Gerstenbergk 2. Okt. [1823] 390
An Ludwig Tieck 2. Dez. 1823 393
An Theodor Hell 25. Okt. 1825 394
An Ludwig Tieck 10. Aug. 1827 395
An Henriette von Pogwisch 11. [Sept. 1827] 397

An Karl von Holtei   26. Sept. 1828 399
An Friedrich Arnold Brockhaus   31. Okt. 1828   409
An Louis Mertens   18. Jan. 1829 410
An Karl von Holtei   19. Febr. 1829   413
An Friedrich Wilmans   23. März 1829 416
An Karl von Holtei   25. Aug. 1829   418
An Karl von Holtei   Aschermittwoch 1831 423
An Karl von Holtei   27. Okt. 1832 428

Anhang

Wort- und Sacherklärungen 437
Personenverzeichnis   461
Abbildungsverzeichnis   483